油气工业
数字化架构与生态

孙旭东　编著

中国石化出版社

图书在版编目(CIP)数据

油气工业数字化架构与生态／孙旭东编著．—北京：
中国石化出版社，2023.4
ISBN 978-7-5114-7015-7

Ⅰ．①油…　Ⅱ．①孙…　Ⅲ．①石油工业-数字化②天
然气工业-数字化　Ⅳ．①F407.22-39

中国国家版本馆 CIP 数据核字(2023)第 048066 号

中国石化出版社出版发行

地址:北京市东城区安定门外大街 58 号
邮编:100011　电话:(010)57512500
发行部电话:(010)57512575
http://www.sinopec-press.com
E-mail:press@sinopec.com
北京艾普海德印刷有限公司印刷
全国各地新华书店经销

*

710×1000 毫米 16 开本 30 印张 496 千字
2023 年 7 月第 1 版　2023 年 7 月第 1 次印刷
定价:198.00 元

序 1

PREAMBLE ONE

在过去十年中，数字化和智能化技术已逐步成为推动工业变革的核心要素。

特别是面对国际油气资源领域的降本增效、风险防控以及竞争力提升的挑战时，数字化技术已成为油气勘探开发产业转型升级的关键工具。在科技研发方面，数字化技术以推动油气资源勘探开发研究新范式的应用，通过创新研究模式，提升了资源发现和高效低碳开采的全局性解决方案能力。在产业生态方面，数字化技术正在催生新的业态，通过构建全球规范标准和互联互通机制，使得不同规格的专业数据和不同技术架构的专业软件能够融合，推动大规模的油气产业协作，并逐步形成国际油气资源的数字化生态体系。

旭东博士的技术探索为我们提供了全球油气产业数字化规划、设计和推进的系统思维、专业方法和全面视野。这对于国内油气企业在构建开放、共建和共享型的油气资源数字化平台，推动油气资源和新能源行业的高效、安全与可持续发展，起到了重要的参考作用。

本专著的特点可以概括为三种思维：顶层设计思维、模型化思维和数字生态思维。

首先，本书采用了顶层设计思维来探索架构开发方法论。随着油气数字化技术体系研究的深化，我们需要一个面向全生命周期的顶层设计，以油气勘探开发全周期的商业价值链为起点，深入剖析和归纳基础业务逻辑、油气数据模型和油气应用软件，推演出业务架构、应用架构、数据架构和技术架构。通过采用 TOGAF 企业架构设计理论，为油气数字化实施制定了一套技术框架和实施流程。结合 DELFI、OSDU、RESQML 等先进案例进行优化，深入分析了油气数字化建设的架构分解和设计溯源。最终，以业务目标为中心，借助数字化方法论和精细化项目规划，成功推动了油气上游领域的数字化建设项目落地。

其次，本书借助模型化思维，从数据到知识的过程得以描绘。这种模型化思维，描绘了各类数据处理与融合的过程，生动展示了数据在不同的计算分析模型中逐步塑形、复杂和转化为知识的过程。从盆地到油藏，从储层到井筒，油气领域的研究过程就是一个建模、模拟、分析、决策的模型化流程，这种模型化思维渗透在地质构造研究、生排烃研究、油气系统运聚研究、油藏流体模拟，以及钻完井与储层改造设计等诸多环节。伴随油气模型化思维的，是数据的处理、加工、计算、重构和整合等步骤。无论是测井、地震处理解释还是地质建模与油藏数值模拟成果，数据从一开始就不断地融入人类的知识与经验中，最终转化为针对油气机理的深入认知。

最后，本书引入了数字生态思维，关注产业融合。油气勘探开发数字化的本质，是一个以业务流程框架和油气模型思维为核心的系统。出于这一视角，就需要针对油气勘探开发的各种资源，如数据资源、知识资源、业务计算分析模型的应用软件模块，进行组织和管理，也需要根据业务的特性进行具体操作。并且，需要综合应用企业架构、大数据、云计算、人工智能等技术，构建一个集成的、易于交流和协同工作的技术架构，实现数字化资源的管理与共享。本专著提出的“油气数字化整合方法论”系统地阐述了如何将商业、业务、数据、软件、架构和数字化转型等要素打通。这有助于我们更系统、更专业和更有序地进行数字化升级的工作，特别是在某些特定的局部场景中，以此形成共建共享的数字生态。

综上所述，本专著面向油气数字化技术发展时，基于顶层设计、模型化及数字生态等思维进行了理论探索，也提供了国际视野下的数字化方法对比，并为国内油气数字化架构设计者提供了一套框架流程，对于团队专业化技术与产品发展，以及国内协同共享数字化生态构建，均提供了重要的示范和指导。

序2

PREAMBLE TWO

认识孙博士，是从阅读他2018年创立的《数字盆地》公众号开始。正值油气行业着手探索如何实施数字化转型的开端，专业领域技术进入与互联网、物联网、人工智能等通用技术加速融合的阶段。和广大追踪这一技术巨变的从业者一样，我们一方面感叹以国内外互联网大厂所引领的数字化技术的威力，一方面绞尽脑汁思考和尝试如何在新的架构框架和技术范式下，为油气勘探开发领域的提质增效提供改进或全新的解决方案。孙博士以一己之力，为我们分享了大量的对国外相关前沿技术的剖析，以及从亲身的大量实践探索中获得的真知灼见，读来感同身受、酣畅淋漓，更是受益匪浅。同时无比敬佩的是孙博士长年累月的高产，如果没有极大的工作热情以及深厚的技术功底，很难想象孙博士能够以极高的频率整理推出大量的、图文并茂的“干货”。

年初，在我们的团队和孙博士的一次交流讨论中，得知本书即将出版并有幸尝鲜做了提前阅读。目前本书已经成为研发团队内部的技术指南，熟悉互联网开发技术的工程师能够全面感受到油气勘探开发相关的数据状况、业务概况，以及业内最前沿的软件现状和趋势等；熟悉专业领域算法的工程师能够迅速了解到真正能实现数字化转型的架构设计，从而展开更有威力、面向勘探开发一体化研究及地质工程一体化应用的云协同平台研发。

5月初接到孙博士的邀请为本书作序，内心着实兴奋激动了一阵。敬佩孙博士日积月累下来的海量成果梳理之外，作为近20年来带领团队一直专注于油藏软件研发的技术从业者，对于本书的大量观点从心底里感受到强大的共鸣。

比如在第五章中孙博士强调“模型是构建油气数字化的最基本要素”“建模和模拟是油气模型思维的表现形式”“只有模型思维才是构建油气上游工业全业务链数字化的底层逻辑”。这里的“模型”指的是对物理实体反映其几何形态及物理化学演化规律的“数字化呈现”，本身是集成了大量观测解释数据及学科领域知识之后，对研究对象的数学逼近。长期以来业内所追求的“建模数模一体化”，通用行业所强调的“数据—模型—模拟—决策”体系，再到近期油气领域开始探索的“油气藏数字孪生”，无一例外都是“模型”作为研究核心。以油藏为例，我们倡导无论是否有需要或者有必要做流动模拟，建立标准的地质模型(包括构造、网格、相、属性)都完全必要且可行。基础资料的充分程度和准确程度会影响地质模型的品质，但只要建模结果最大限度上融合了已有的数据和认识，即便缺乏地震体做约束，或者井点硬数据不够多，模型仍然是已有条件下最好的研究成果。油藏模拟作为考虑因素最为全面的油藏预测手段，本质上是在对油藏所有信息进行汇总(除了地质建模成果之外，再加上流体 PVT 数据、岩石–流体交互作用的描述、所有井的完井及生产历史等等)的基础上，对整个油藏流动系统在控制方程约束下进行时空计算求解。油藏模拟被证明对于均质性高、开发方式简单的常规油藏普遍有效，而对于非均质性高、完井及开发方式复杂、流动机理相对不明的复杂油藏挑战很大。其实对油藏系统的“模拟”不一定追求数学物理方程体系的求解，反过来如果对模型的井间非均质性描述严重偏离实际(比如对于复杂裂缝体系的预测失准)，或者对特殊流动机理的表达仅仅只在微观层面有效，这样的油藏模拟合理性存疑、模拟结果的可用性差。相比之下，如果除了井的生产历史之外，我们还能获取和整合大量的储层压力测量、饱和度测井、生产测井等动态监测数据，可能有机会直接实现“数据建模”，即建立油藏动态与储层物性参数、井控参数等等的数据关联模型，据此实现油藏及单井动态的预测，并通过动态监测数据的校验直接校正数据模型。因此除了严格的地质建模–油藏模拟可以对应从“模型”到“模拟”的表达之外，融合大数据思想的任何形式的数学建模，仍然是标准的“模型思维”，甚至在一些复杂多井、监测资料丰富的油气藏条件下，能够成为非常有效的油藏预测手段。

再如在第七章中孙博士提到“慢循环与快循环，油气智能化开启了新赛道”，并指出“慢循环一般指利用传统的勘探开发技术体系提供的数据整合和软件整合，依据长久建立的表征油藏和工程的机理算法模型，构建油气勘探开发模型化思维和模型化工作流程，将基础研究做扎实”；“快循环，就是利用技术创新结合物联网实时数据分析、人工智能和大数据分析实现快速准确决策，实现升级发展”。我们在具体的研发和应用工作中一直追求“传统工作方式下的建模数模”与“人工智能技术下的快速迭代”两种模式的并重与互补，发现与孙博士总结的“慢模式”和“快模式”两条线路同出一辙。事实上以地质油藏研究为例，我们认为成功的数字化转型，包含了慢模式下系统的初始化，以及快模式下系统的敏捷迭代更新两个环节。依赖扎实的地质油藏专业知识和软件工具，对研究区块的数据进行整合，在慢模式下完成细致、系统的地质建模—油藏模拟—历史拟合—方案预测—优化决策全流程研究工作，形成当下对目标油藏的最优认识、最可靠预测、最合理决策，这是基础的第一步。进而借助智能平台，通过系统接入的、不断增加的各种动静态数据，在智能算法和自动化工作流程的辅助下，实现地质模型的自动校正、油藏动态预测的自动更新，以及工程决策的实时优化，这先慢后快两大环节的结合，是实现“智能油藏”的合理途径。否则，一味强调将原本应该慢下来的系统初始化工作也通过高度自动化、智能化的工作流程来实现，既违背了“地质油藏研究应当是在专业技术人员主导下，充分融合客观数据及专业认知”的客观规律，又造成了眉毛胡子一把抓，陷入“既要打造能完整实现建模数模，又要具备能完全自动分析决策”的过于庞大的系统困境之中。我们在智能油藏建设工作中曾遇到一些技术难度极高的需求，例如通过一套全自动的智能软件平台，实现初始地质模型的自动构建、油藏模拟工区的自动建立，以及后续在新增数据驱动下地质与数模模型的全自动校正更新；或者建立一套智能的大数据系统，通过对国内外大量油藏动静态数据及模型成果的训练学习之后，形成类似于“GPT”的大模型，对于还没有参加训练的新区块，也能够完成自动建模数模、实现精准的预测和决策。我们认为这些愿望过于美好，既不必要更不现实。相比之下，孙博士所倡导的快慢两种循环的相辅相成，是实现数字化转型的现实路径。

最后对孙博士在第十章中所感叹的“油气软件研发困难超过任何时刻”，“油气工业软件追赶者面临巨大的技术陷阱和市场困境”，必须“从用户、场景和产业的三个层次思考产品的定位、实现差异化拓展”深表认同。多年来我们过于强调储层地质构造的特殊性、流动机理和开发方式的特殊性，以及管理体制和工作方式的特殊性，将大量的时间和精力花在“特色小软件”的立项和研发上，日积月累下来，虽然软件数量越来越多，但无论是技术水平还是用户规模，距离市场上主流的商业软件越来越远。从软件的应用土壤和场景来看，油田各个区块地质油藏研究项目做了一轮又一轮，但由于种种原因，并不强调严格把控与已有项目的横向衔接、与历史项目的纵向承接，几乎每隔一两年都会推倒了重来。大家习惯于将这种局面的形成归结到机构设置、管理体制等原因下的无奈，但作为技术工作者，我们深感着急的是工业级平台软件的缺失。历史上任何革命性的转型都是技术实现在先、方式转变在后。这要求我们排除干扰心理，专心将一体化协同工作环境及核心的专业软件体系建立起来，将能形成全方位的“自主替代”作为长期目标进行持续的研发投入；同时面向地质工程一体化、智能化的核心需求，通过差异化思维，运用最新的技术结构和研发理念，在主流商业软件暂未形成统治的场景领域加大、加快研发力度，短期内尽快实现新一代智能软件平台的落地和规模化应用，强力推动行业的数字化转型。

相信本书的出版会迅速成为油气行业数字化转型工作者的首选读物。作为业内第一本兼顾系统性、完整性、前瞻性和实用性的技术指南，本书无疑会帮助所有的从业者系统梳理相关的油气专业知识，建立完整的平台架构思维、全面了解行业的技术前沿，并结合国内现状思考合理实用的技术方案。

前言

PREFACE

这是一本面向油气行业的数字化架构设计的专著，重点阐述油气勘探开发领域的软件架构及数字化生态构建的方法。

2018年年底，面向含油气系统计算模拟的专著《数字盆地》出版了。当时便萌生了从数字盆地中抽取油气数字化理论框架内容、独立形成一本帮助油气数字化从业者认识行业、切入行业并重构行业的技术总结。2019年正式启动了构思与编纂工作，2020年开始基于油气领域软件研发经验，同时借助“数字盆地”技术公众号运营，开始系统编写油气勘探开发领域的数据模型、算法模型、软件架构、人工智能等专题文字。三年多来，基于大量油气领域论文报告研读与大型开源软件项目摸索，陆陆续续写了数十万字的总结报告和技术博客，这构成了本书的主要内容。

该专著能够开始编写以及之所以有如下的内容设计，是基于以下几个方面的想法。

1. 拓展油气数字化研究的业务视野

“不谋全局者，不足以谋一隅”。国内油气数字化项目启动的需求很多，但无论是哪一种，均需面向全产业、全周期的顶层设计。近年来，虽然国内油气行业在数据采集、自动生产和智能决策等方面取得大量成果，但由于在油气勘探开发核心方法及其数字化、软件化方面的薄弱，导致很多数字化建设项目难以落地。因此，希望借助本书对基础理论的系统整理，实现将商业、业务、数据、软件、架构、AI和数字化转型这些新理论打通，使我们能够更加胸有成竹地开启油气数字化的新时代。

业务愿景和业务架构是油气数字化建设的基础与出发点，因此，第一章的“理论基础：油气地质、价值链和企业架构”与第二章“业务链与业务场景：油气工业价值实现形态”是从油气勘探开发的业务角度针对油气业务体系进行了概要性的描述，为后续的数字化技术开展提供设计背景。

2. 交流关于油气数字化的科学发展路线

油气工业本质是一个以业务流程框架和业务逻辑方法为核心的数字化系统。大数据、云计算、物联网、人工智能等新技术仅仅是实现流程和逻辑的方法之一。数字化工作不应该停留在单一技术的研究上，而应该将其转化为业务逻辑，进而将业务逻辑形成数字化积淀(数据+算法)，再将这些数字化积淀构建成业务场景的解决方案(软件)，最后依托这些业务场景解决方案将参与者聚合为油气数字化生态。

模型化思维是油气数字化的核心本质，数据被模型一步步加工成为最终的知识成果，而这个加工过程最终形成了解决特定场景需求的软件。第三章介绍了油气数字化中的框架性与核心性应用软件，第四章介绍了油气数字化中的数据模型和知识模型概念，第五章介绍了油气数字化最为核心的本质要素——模型。在当前的油气数字化解决方案中，模型化思维以及基于该思维形成的油气知识体系都是极为薄弱的环节，但也是油气数字化中最为核心的环节。

以业务和模型为核心，针对数字油田构建至关重要的云计算、大数据与人工智能等技术得以展开。第六章介绍以云原生为主的技术架构设计，尤针对工业软件架构设计与开发技术开展深入阐述，说明为什么云平台是构建未来共建共享的数字生态的最优方案。

第七章的智能平台是针对人工智能技术及其工业化应用的阐述，较为系统地阐述了人工智能技术在油气领域的应用场景、应用流程和应用趋势。

3. 剖析学习国际油气数字化发展的趋势

国内的数字油田和油气的数字化、智能化概念提出较早，但在企业架构分析、业务方法数字化以及数字化技术应用三个方面缺乏系统的流程和科学的方法论，尤其对于国际新方法新技术的引进学习严重不足。我们开始创造的同时，首先应该认真地向国际同行们学习。目前国内不仅油气商业化专业软件领域较为薄弱，在油气数字化规划方法论上也落后于 OPG、Energetics 等团队。因此，我们需要尊重油气行业数十年发展形成的数字化体系，尊重每一个现行的信息化规范，尊重每一项业务逻辑的定义，尊重每一个技术流程的严谨性，尊重每一项方法的可实践性，在学习中不断构建和完善具有自身特色的油气数字化技术路线。

第八章的 OSDU，是一个云端的一体化油气上游数据平台，也是近年来国际油气数字化领域最大的生态化举措。第九章的 DELFI 是斯伦贝谢公司的勘探开发一体化数字工作环境，该工作环境以 OSDU 做数据底层，以云原生整合现有多形态应用软件，实现打通勘探开发与石油工程的业务流程。这两个产品都是油气数字化领域可供借鉴的划时代产品。

4. 探讨油气数字化建设的方法

要实现国内油气数字化领域的突破性发展，就需要抛弃单薄与华丽的概念，练内功、夯基础、积跬步、打呆仗，逐步脱离重复性研究和低水平竞争的藩篱，持续充实核心业务方法和解决方案。

国际油气数字化技术发展风起云涌，一场产业生态的变革正在酝酿。基于公有云的全球化油气数字化大整合时代已经到来，统一的数据体系、可交换的模型成果、可协同专业领域整合、研发与市场的无缝整合，以及前所未有的统一数字化生态……，国际领先的油公司、油服公司、油气软件公司、油气数据公司、数字化技术公司大多已融入其中。国内企业不仅要关注新技术新方法研究，更要跟进并融入本期产业大融合，实现与国际领域在数字化技术上的协作、跟进与同步。

第十章的油气数字化整合方法论，则围绕顶层设计、架构融合、软件融合、数据融合、业务融合、开源融合并落实到应用研发，并将这种融合落实到具体的技术实现。第十一章的油气数字化转型中的思维升级，则针对技术文化、核心原则、合作模式与生态模式，表达了见解。

在过去漫长而转瞬即逝的几年中，无论是日常的散步、运动与地铁通勤，还是深夜的摸索与实验，对技术的思考无时不在、无处不在，但是这种思考带来的如泉涌的创意和醇厚如醴的想法，以及将这些想法变成文字带来的那种喜悦，令我乐在其中。技术工匠总是愿意分享自己的最为珍贵的探索，为自己热爱的行业添砖加瓦，所以，希望借助本书，与你共同分享油气行业新技术研究带来的喜悦。由于研究范围、业务领域及团队力量的有限，本书内容很难覆盖油气数字化的全部领域。大量并不专业的归纳以及并不成熟的表述，一些并不完全适用的理论、技术与方法，这些都令我诚惶诚恐、心怀歉意，只希望能够为您从事的油气数字化研究，提供更广的视野、更多的借鉴与更深的思考。

感谢王成善院士为本书作序。您在地学新方法上的宏观性设计，在新范式上的战略性思考，在新技术上的前瞻性构建，以及在大型科学规划上的落地推动策略，在过去的一年中令我受益匪浅。您对新知识的学习态度和钻研深度，以及提出的一系列深度问题，使得本书得以系统地重构了理论框架。

感谢我的朋友龚斌教授为本书作序。您在油气藏建模及数字化技术的研究实践，展现出极高的科学性、客观性、严谨性、系统性和务实性，对于油气数字化这个主题切入肯綮、拨云见日的见解虽文字平淡却令人震撼。教授兼具理论深度、实践经验和国际视野的序言，就如我们曾经多次的面对面交流一样，不仅处处闪现着科学与严谨，其中的客观思考与真知灼见也令我肃然起敬且惺惺相惜。

感谢斯伦贝谢、哈里伯顿、艾莫森与帕拉代姆、贝克休斯、GNT 等团队专家的长期支持，感谢 OPG 与 OSDU 中国团队的帮助，感谢昆仑数智、石化盈科、华为、胜软、侏罗纪等团队技术专家的沟通交流，感谢中国石油大学、东北石油大学、西安石油大学、西南石油大学、长安大学等的各位教授们的指导，感谢来自中国石化、中国石油与中国海油各领域朋友的碰撞，感谢我的导师吴冲龙教授及中国地质大学的师兄弟们的研究成果，感谢一直关注“数字盆地”的朋友们，还有这几年里许许多多我频繁打扰的专家们，谢谢你们几年来在技术与思想上的指引、疑问、碰撞与建议，虽然无法写下你们的名字，但心怀感激。

感谢中石化石油工程技术研究院领导同事对于本研究的鼓励，以及对于本书出版的支持，没有什么能够阻挡我们砥砺奋进、勇毅前行的脚步。

2023 年 6 月 8 日 于北京

目录

CONTENTS

第三章 应用软件：面向业务场景的数字化

第四章 数字化本质：数据加工与知识创造

第六章　技术架构：工业软件架构设计与开发技术

第七章　智能平台：从慢模式到快模式

第○章 绪论

第一节 油气领域数字化现状及问题剖析

一、油气工业有多重要

石油是工业的血液，是现代文明社会的重要物质基础。石油和天然气产业作为事关国计民生的基础产业，不仅影响着我们生活的方方面面，而且还影响着国家和国际政治经济军事的发展，甚至影响人类文明和经济社会发展（张烈辉，2021）。

中国是一个重要的产油国，但也是油气资源供需不平衡的国家。

2021 年世界各国石油储量排名：第一，委内瑞拉，3008 亿桶。第二，沙特，2664 亿桶。第三，加拿大，1697 亿桶。第四，伊朗，1584 亿桶。第五，伊拉克，1425 亿桶。第六，科威特，1015 亿桶。第七，阿联酋，978 亿桶。第八，俄罗斯，800 亿桶。第九，利比亚，483 亿桶。第十，美国，392 亿桶。中国的石油剩余可开采量，大约是 256 亿桶，在世界排第 13 位。

2021 年全球天然气探明储量的国家排名：第一，俄罗斯储量为 37. 791 万亿立方米，占比达到了全球探明储量的 28%。第二，伊朗储量达到了 32. 017 万亿立方米。第三，卡塔尔储量达到了 24. 681 万立方米。第四，土库曼斯坦储量达到了 19. 486 万亿立方米。第五，美国储量达到了 13. 832 万亿立方米。第六，中国储量达到了 12. 468 万亿立方米。

与庞大的人口体量相比，中国的油气资源并不丰富。中国石油消费量近期稳定在 7 亿吨上下，如 2019 年为 6. 96 亿吨，约占全球年消耗量 50 亿吨的 14%，其中 70%左右依赖于进口从这个角度，中国虽然是一个重要的油气资源国和产油国，但也是油气资源供需非常不平衡的国家。因此，如何加大勘探和开发科技，提升油气资源量与生产效率至关重要。

以石油为研究对象的书籍可谓汗牛充栋，它们挖掘了石油与经济、社会和政治的联系。也有专著从经济、社会和政治角度简单介绍石油的发展史，然后探讨人类在石油勘探、生产、运输、提炼和销售中遇到的无数问题。可以说，人类在开采、加工石油的过程中逐渐积累了巨大的创造力，使原油成为世界上最重要的能源(瓦茨拉夫·斯米尔，2020)。

油气工业科技在中国的发展受到极大的重视。新中国成立以来，在油气工业上游领域创建了6所石油高校，包括东北石油大学(原大庆石油大学)、中国石油大学(华东)、中国石油大学(北京)、西安石油大学、西南石油大学、长江大学(原江汉石油学院)，除此之外，还有大量综合性与专业性高校开设了石油专业的院系配置。这些石油院校的设置从技术角度说明了油气工业的科学与工程技术的复杂性。

二、油气工业数字化转型的挑战

石油工业的发展史是一部科技创新史。1859年现代石油工业诞生以来，油气产业总是走在新技术应用的最前端，数字化领域也是如此。

什么是数字业务转型？Gartner明确定义：数字业务转型是开发数字技术和支持功能，以创建强大的新数字业务模型的过程。

但是，物联网、云计算、大数据、人工智能、工业4.0、智能制造……这些新概念有些时候像雾霾一样影响我们的视线，影响我们对世界本质的认知。安筱鹏指出，数字化转型的本质，就是企业对外部市场环境变化作出响应的能力。在具体实现上，数字化是实现从个体优化到局部优化，再到整体优化的过程(安筱鹏，2019)。

因此，数字化转型本质是借助于数字技术实现的业务资源优化和竞争力重构的过程。

美国国家标准与技术研究院(NIST)2021年也提出企业智能化表现在三个方面：(1)差异性更大的数字化服务；(2)更小生产批量；(3)对不可预知的供应量的变更。央视2021年度纪录片《工业传奇》，在第二集“我们的智造”中提到，“需要打造科学的技术和管理体系，如果不能在体系上形成规范，只靠工艺技术上的一些闪光点，根本无法实现企业未来的专业化和产业化发展”。

国内油气田针对油气领域数字化背后的业务资源优化，也有着清醒而准确的认知。如中国石化胜利油田在其企业公众号“中国石化胜利油田”上提出，“降低平衡油价是一个全要素全方位全链条措施，是一个全要素的资源优化和价值创造”。与此同时，中国石油、中国石化、中国海油等大型油公司均针对油气上游的数字化转型提出了系统的架构设计和发展规划。

三、油气工业数字化发展存在的分歧问题

油气行业数字化建设正处于蓬勃发展之中，但在发展过程中也存在大量关于

建设方法的分歧。这些分歧一方面暴露了我们在油气数字化上的认知差异；另一方面也为正确的顶层规划提出了问题。我们对油气上游工业的数字化建设的剖析，首先应该从这种问题展开，从问题中思考油气数字化设计的方法和流程，找到油气数字化顶层设计方案。

（1）规划设计重信息技术、轻业务逻辑，缺乏核心竞争力。

数字化转型本质是借助于数字技术实现的业务资源优化和竞争力重构的过程。因此油气领域的数字化转型核心在于剖析业务流程和业务逻辑，通过技术综合应用建立局部和整体的能力提升。

大数据、人工智能、云计算、工业互联网等数字化技术和产品，只是数字化业务转型实现方式和外在表象，其技术选型和应用需要围绕业务流程特点来构建，而非将业务逻辑向信息技术进行适配。

（2）以数据平台、软件平台、人工智能平台主导的平台建设，忽略场景化交叉迭代。

目前的数字化转型中开展了数据平台、软件平台、人工智能平台的建设模式，过于突出大数据、云计算和人工智能的技术特点，未能将技术与业务实现融合，也未能建立技术应用与业务场景的流程与方法，这导致大型信息化建设工程表象化、概念化问题。

面向业务转型构建的大数据平台、软件平台、云服务平台、人工智能平台等先进的技术平台，需要以业务场景作为实践实现技术的融合。因此，这种设计应该从业务场景出发来选择并构建技术融合方法，将各类数据处理分析和模拟计算的新技术，以基础组件的形式融入一个场景环境中，实现一个完整业务逻辑的构建。

这种基于场景的技术方法与业务逻辑的融合，应该贯穿企业数字化建设的始终，这是一个不断融合迭代和互促共建的过程。

（3）忽略了油气专业软件的核心地位及其统一规划。

油气勘探开发的专业软件是油气工业最核心的领域，也是数字化的主要内容。专业软件覆盖广泛，包括基于地震与井筒数据处理分析，实现地质构造沉积相研究，圈闭发现与评价、地质建模与油藏模拟、油藏开发方案设计，钻完井工程、井下作业工程和采油工程的设计与优化，其最终结果是各类模拟、评价与设计的图件与报告等，它是生产管理与决策的主要知识来源。

专业软件由于其具有一定的方法难度和商业竞争而难以形成产品。因此，我们长期将油气软件分为专业软件、生产管理决策软件的做法是一种历史过程的无奈。但随着信息化、数字化建设逐步进入深水区，面向勘探开发全业务流程的专业软件布局以及关键功能模块的自给自足就变得至关重要。我们的油气数字化建设不能停留在将大量的商业软件买回来安装共享这样的层面，尤其是大型油气公司必须建立稳定的专业软件来配合业务研究和管理流程，将油气数字化的关键技术抓在自己手里。

(4)缺乏对于工业模型(计算、模拟与分析)的剖析和规划。

油气勘探开发各类专业软件，本质是一个数据输入与处理、计算与模拟分析、最终知识成果输出的过程。而其中的计算与模拟分析方法就构成了油气勘探开发最为关键的部分。这些油气上游的工业模型是基于地震与井筒数据处理分析，实现面向地质油藏的构造解释、沉积相解释、储层物性计算及地质建模、油藏模拟，以及由此衍生的钻完井工程、井下作业工程和采油工程的模拟分析功能。

油气上游工业的数字化过程，本质是全业务链的业务场景的模型化思维的实现，其本质是油藏地质和流动机理的量化实现。通过量化的数学模型积累，企业可以打破数据孤岛和软件孤岛，建立全产业链的数据流动、加工、计算和决策的自动化与智能化。

业务数字化最核心的功能就是基于工业模型的剖析，统一规划工业模型的设计与研发，形成以工业模型为核心的全业务链自动化数据流转过程，实现生产、研究、管理、决策等业务层次基于模型的工具化支持，进而促成从局部智能到整体智能的升级。

(5) 缺乏企业数字化的顶层设计与实施方法论。

国内油气公司与油田企业的数字化规划长期以结论为借鉴，即直接套用已经完成的模板化数据、软件、平台的实施方案。其带来的问题和隐患是忽略了企业自身的发展背景、基础条件、目标方向、业务框架和特色需求，从而导致大量的数字化方案与企业发展战略路线严重不配套，既不能有效解决企业的整合问题，也不能解决发展痛点和场景需求问题。

企业数字化架构设计需要一个系统而成熟的架构设计方法论，通过这套方法论从愿景入手，通过价值链与业务链分解，逐步构建应用架构、数据架构、技术架构，最终形成有效方案。目前在企业数字化转型分析领域，国际上已经形成非常系统、复杂与庞大的理论体系、技术流程和方法工具，只有这种规范化、科学化的顶层设计方法论，才能构建一个精确的、高效的、可落地的企业数字化设计方案。

(6) 混淆了人工智能与工业智能之间的概念与关联。

人工智能是20世纪40年代诞生的信息技术概念，其技术领域非常宽泛，人工智能在过去十年由于所属的机器学习中一个重要分支——深度学习的发展而获得了广泛应用。机器学习通过在数据中挖掘规则、构建模型而成为一种面向复杂系统的重要解决方案，相对于传统机理模型具有建模简单、设计周期短、见效快等优势。

人工智能中的专家系统、数据挖掘、机器学习等分支领域在油气行业的深度应用也有数十年的历史了。但人工智能本质是一种对数据分析和挖掘的方法，并非油气工业智能化的唯一解决方法。工业智能，或者说油气上游工业的智能化，本质是综合利用基础科学理论、业务流程、业务逻辑、建模模拟方法以及数据分析方法，构建一种数据互通、模型互通、业务互通的综合性方法，工业智能更多的是用技术方法来替代和减少人在系统的交互，从而让系统本身达到面对问题的数据获取、处理、计算、分析和决策的自动化，进而通过这种自动化和局部模型自我学习自我更新，来实现面对复杂问题的自适应性。

可以说人工智能技术只是工业智能实现的众多要素和方法之一，工业智能体现的是面向企业价值目标和业务目标而构建的一个复杂智能体，人工智能技术的不断发展为工业智能提供强大助力，但远远不能等同于工业智能所具有的面向业务的复杂逻辑与流程。

(7) 技术架构设计一刀切，忽略产业发展历史传承。

信息技术发展具有高迭代的特性，技术框架与技术架构几乎以 5 年一个周期进行高速迭代，这导致企业的技术架构设计总是面临新技术的选择。然而与此不同的是，油气企业的数据规格和软件功能(方法)具有一定的稳定性，一些工业计算分析方法可能需要相当长的时期才能逐渐稳定并实现工业化应用。这就决定了油气行业的数字化技术不能理想化地全部切换到某个特定的新技术框架，而必须设计一种混合架构，一方面充分保证长期积累的方法知识的传承性；另一方面实现多种技术框架的团队能够协同研发和统一整合。

(8) 忽视数字化集成中的多元生态构建。

国内不同油服公司及与油公司之间的相互孤立性，导致了国内油气数字化整合与统一的步伐缓慢。后果是数据规范多如牛毛、软件产品低水平重复、理论研究量化与方法研究产业化受阻，其最终导致了多学科、多业务板块之间的协同能力发展受商业软件局限，油企的整体竞争力提升受限。

随着国际油气数字化领域的充分竞争，油气数字化产品已经越过同质化竞争而进入了生态整合与特色化竞争的时期。随着云计算带来的弹性计算、软件即服务、松耦合架构等系列新技术支撑，基于云的统一数据平台和软件平台开始出现，全球领域的数据共享和软件互通开始实现，基于 Energetics、OSDU 的数据规范和平台规范逐步将各个环节密切关联起来，为各类油公司、油服公司、专业软件公司、数据公司、云技术公司提供了一个协作共生的生态化发展空间。这对于国内油公司的生态化整合发展提供了很好的借鉴意义。

第二节　面向油气商业价值链的数字化技术

1985 年，迈克尔·波特提出，“每一个企业都是在设计、生产、销售、发送和辅助其产品生产过程中进行各种活动的集合体，这些互不相同但又相互关联的生产经营活动，构成了一个创造价值的动态过程，即价值链。综合价值链的基本活动及辅助活动的分析，确认企业内部管理中存在的优势和劣势”。

迈克尔·波特的“价值链”理论揭示，企业与企业的竞争，不只是某个环节的竞争，而是整个价值链的竞争。油气工业领域中，如果要有效地研发专业化应用软件、普及数字化与智能化、推进数字化转型，这个问题必须要说清楚。

在一套业务系统或者业务软件模块开发的过程中，本着务实的态度，我们的业务专家常常将“实践效果”放在第一位。这就是我们听到的，如：

“该系统对业务最后带来哪部分的效率提升？”

“该系统对我现在的业务模式带来什么改变？”

“系统最终会得到一个什么应用效果？”

……

这种注重实效的做法是每一个业务板块和工作部门开展工作的出发点。但在这种效果的背后，起着推动作用的，其实是一个面向业务全领域和全周期的商业价值链。是的，商业价值链将一个行业的所有业务活动串接和整合在了一起，将最终的商业价值，逐步分解和传递到全流程的每一个环节，为每一个流程节点确定了合理的投入产出约束、风险规避以及考虑更多因素的综合效益。

举例来说，全球市场需求影响并部分决定了成品油甚至原油价格，由此，油气勘探、油气藏开发、油气的开采和管网集输等成本被逐级确定，进而，油气服务价格最终落实到每一口井、每一次施工、每一项服务条目，最终，所有生产活动都被落实到了具体的市场价格上。

而那些能够带来更高质量的施工、更高效率和更低风险的服务，往往会获得更高的效益。这就是为什么我们会在每一个环节不断地提高其技术含量，不断地提升其自动化水平，不断地提升其稳定性和强壮性。其本质，就是追求这个过程的最高质量、最低成本、最低风险，从而将利润最大化。

所以，商业价值链是一切企业活动的出发点。它整合的不仅是各类勘探开发、工程施工等业务活动，甚至还有管理和战略决策活动。数字化工作，都是基于这个业务流程系统为获取最大价值而构建的工业生态。

由于技术，尤其是近年蓬勃发展的数字化技术对于价值链的巨大推动作用，导致油气工业领域的参与者们正在构建一种基于数字化的全新的产业生态系统。

但无论是这个庞大的油气产业生态系统，还是企业内部花费高昂的成本开展的那些数字化工作，如采集各种数据、管理数据、开发软件、分析模拟、决策支持，其实都是基于价值链在背后的推动。

第三节 业务系统的解构是油气数字化第一步

行业在特定环境下构成了独具特色的业务模型，而特定的业务模型描述了业务需求、目标、内容、流程及组织方式。在数字化转型升级的时代中，面对庞大的油气工业产业链优化过程，业务模型分析是实现其商业价值的第一步。因此，所有的数字化技术的设计和实施，都是以业务系统的需求为出发点。

一、什么是业务系统

商业价值链塑造了整个业务流程的形态。业务流程的框架形态和动态流程，我们统称为业务系统。在这个业务系统中，由于基于核心商业价值链的市场化推动，每一个工作环节，无论是地震、构造解释，还是建模模拟、自动举升、二次三次采油、油气集输，都是由商业价值链催生并支撑其构建成为现今的产业生态。

二、什么是业务模型

商业价值链塑造了业务框架和业务体系，而业务体系的高效运转，就需要一个驱动、组合、连接各业务要素的内核，这个内核就是业务模型。模型(模型、建模、模拟、仿真)其实就是面对一个现实世界的问题而构建的一个分析方法，从而模仿真实世界中生产对象的各种特征和规律。而业务模型，就是基于模型化思维面向特定产业构建的一套表征、模拟、分析的逻辑体系。

三、什么是油气工业的业务模型

油气工业的模型，则是一个非常复杂的理论体系。我们不断采集的重磁电、岩矿与古生物、地球物理等数据样本，其实就是为了构建一个地质和油藏的模型，同时基于这个模型来实现面向生产目标的模拟分析，通过地质和油藏的模型建模和模拟，继而推动实现钻完井、压裂求产、采油等过程的优化。用来构建这个油气工业业务模型的，是一系列基础地质、物理、化学、数学等“基础科学”，和信息、计算机、软件工程等“应用科学”所共同构建的一个巨大的模型化生态，所有这些，是油气工业业务模型的基础。

经过数十年的发展，油气工业已经形成了系统化的业务分工和层次分级，这就是我们常说的油气业务板块。各个业务板块作为油气上游业务整体系统的组成部分，分别承担着勘探、开发、采油、工程建设等环节的价值体现，从而实现对于油气价值链的打通。

要开展油气勘探开发的数字化技术研究，有两项事情必须梳理清楚。首先需要明确油气作为最重要的能源，其本身的理论和技术体系；其次是要厘清油气上游工业的业务流程和业务逻辑，明确油气这种重要资源是如何从发现到量化，最后通过开采和集输完成商业价值的实现。

本书第二章“业务链与业务场景：油气工业价值实现形态”，为了清晰阐述后面的油气数字化转型，会与你一起将油气勘探、油藏开发、采油工程、钻完井工程等业务板块及其相互关系进行简略的梳理，进而发现油气业务之中的业务流程、梳理数字化所依托的业务框架。

第四节　专业软件是油气业务模型的数字化形态

应用软件是对业务系统或局部场景提供解决方案的工具，油气行业应用软件的核心部分是油气工业软件。作为理论方法与知识经验的载体，油气工业软件一方面是长期业务知识积累的结果；另一方面其覆盖油气业务所有的关键领域并指导业务系统高效运行。

面对复杂的地质与油藏目标以及油气勘探与开采的复杂工艺与工序，油气勘探开发与石油工程业务具有高度的复杂性。目前，从一个矿权(探矿权，采矿权)进入到退出，从勘探开发到石油工程，每个业务板块都有着复杂而相对独立的理论方法和软件工具。油气行业的数据成果极其复杂，不仅包括各个行业的结构化数据，还有大量的从地球物理数据、地质构造数据、油藏模型到工程数据模型，这些数据模型是从油气井的钻测录，到地震处理解释、地质综合研究、地质与油藏建模、模拟、钻进与压裂等一系列专业数据加工与分析构建的过程。

过去数十年，国内外都针对这个数据格式逐步规范化和标准化，在数据加工分析过程中更是逐步形成并积累了大量复杂的工业方法和系统化的量化研究。这些研究成果不断被有形化成为软件产品和模块，通过统计分析、二、三维图形可视化和仿真模拟等手段实现了方法的工具化。

这种竞争态势下形成的每一个商业化专业软件，都具有其特定的业务场景和独具竞争力的技术方法，而这些理论、技术、方法、知识、经验，构成了这些软件特有的市场竞争力，正是这些竞争力的存在，让这些商业化软件具有了顽强的生命力。

统一的软件基础平台首先是作为一个行业的企业级的软件架构而存在。

目前，面向勘探开发核心业务提供专业级软件开发的架构，是国际油公司与石油技术服务公司研发的重要共识。

国际油气专业软件研发中，已经形成了“商业化油气软件+油气软件二次开发平台+统一油气数据模型与数据平台”三个层次产品的有效整合。基于这种思路，无论是斯伦贝谢、哈利伯顿、贝克休斯等领先的数字化油服公司，还是一些小型专业软件提供商，均已经完成业务服务与业务软件、软件平台、数据平台的整合，形成了企业内部的软件生态。

国内各油田先后提出了以软件集成为核心的勘探开发一体化软件架构设计，但均局限于解决内部数据集成的问题，在专业化软件研发方面一直缺乏一个具有行业影响力的统一的软件架构与技术规范，商业化的油气专业软件和软件开发平台都没有形成竞争力。

油气专业化软件就是油气数字化的主要表现，也是数字化架构的第一层次组成。

软件是对于油气上游工业中的理论方法、工作流程、工作场景以及运行规范的承载者，也是长期运行过程中各类数据、方法、知识和经验的有形化沉淀。可以说，每一套油气软件系统，都是对于油气工业中某个板块或者工作场景的一个全面的解决方案。

首先，油气应用软件为油气工业上游业务提供了工作平台。面对生产过程管理、理论与方法研究、分析决策三个层级，这些应用软件又面向应用场景而划分了三个不同层次(生产管理软件，专业研究软件与分析决策软件)，我们过去长期的信息化建设工作，基本就围绕这三类应用软件系统对油气勘探开发的全业务流程实现数字化支持。

其次，油气应用软件通过数据平台和软件开发平台实现应用软件的全流程支持。油气行业的应用软件为油气全业务流程的管理研究和决策提供了理论、方法、流程和规范的有形化组织。然而，这些软件系统只是信息化与数字化技术的一个外在表现。支撑大量应用软件集成整合并服务于业务体系的，是底层的软件平台和数据平台，这就是我们常说的软件集成和数据集成。

因此，油气工业上游的软件体系，不仅包括外在的三个层次的应用软件，也包括隐藏在应用软件之下的、用以构建应用软件的两大基础平台。

第三章“应用软件：面向业务场景的数字化”，将在业务广度和技术深度上剖析一个立体化、系统化和耦合复杂化的庞大应用软件体系，我们不仅可以发现全业务领域的应用系统如何运转，同时还能剖析他人是如何规划、设计、研发、集成、整合并形成面向业务场景竞争力的。

第五节　模型思维是油气工业数字化的核心能力

我们常常说“让数据说话”，但数据其实并不会说话，而处理、加工和计算数据的那些模型，才是真正帮助我们决策的核心要素。也就说，油气行业本身就是一种由模型思维构建的科学体系。

油气工业的生产、管理和决策都是建立在对地质、油藏、工程施工的理论研究分析之上，而通过油气业务链分析可以发现，油气工业的模型思维一般体现在建模、模拟、分析、决策四个层次。

建模：我们以地球物理勘探技术为主的地震、井筒测井等技术，来逐步分析地下地层、岩石、流体的属性，并且将这些属性以数据体、构造格网、体格网等方式进行属性的固定。这是第一步。

模拟：进而将构造演变、温度压力应力场、流体和有机质的成分变化、运移和聚集的过程进行历史模拟；而后，在预设计的井网、钻井、压裂等施工方案参数下，开展基于预期效果模拟的方式来探索可行的设计和施工方案。这是第二步。

分析：基于建模和模拟的结果，我们开始反推最初的理论模型、物理模型以及方案设计参数，通过分析以发现前期认知的不足，以及参数设计得不合理，从而通过人机联作(专家智能+机器智能)方式进行面向业务系统的认知提升。这是第三步。

决策：将模型的模拟分析结果直接应用到具体的决策环境中去，这也是模型思维最终的落脚点。模拟分析的结果，可以用来完成一个施工设计，可以用来作出生产过程的预测，可以对复杂事务的发生作出一个判断，也可以针对复杂的方案作出一个实施的选择……但无论是设计、预测、判断还是选择，模型思维最终的一步都是提出一个明确的可供实践的决策。这是第四步。

建模、模拟、分析、决策，这样基于模型的创造活动不仅仅存在于研究环节，实际上，模型化思维作为油气工业的核心，存在于全周期管理和决策的每一个环节。这个行业发明了模型化思维，就是为了避免直观地观察数据带来的表面性和迷惑性，通过提供人类更为复杂的分析方法而使得专家们具有了对世界的改变能力。

这种模型化思维贯穿了从盆地区域地质到局部构造、油气藏、井筒，也贯穿了地质构造研究、生排烃研究、油气系统运聚研究、油藏流体研究、钻井与储层改造工程设计等。我们用数据建立了物理世界的描述模型，然后通过基于基础规律构建的数学模型辅助进行模拟、分析和设计。这才是我们油气工业的核心。

所有设计方案，设计，模拟分析，管理和决策的出发点，都是模型。没有这些模型，我们生产管理决策的各个过程，都会陷入主观臆断，或者导致简单的、低层次的循环和重复。因此，价值链塑造业务模型，业务模型对数字化提出需求，数字化满足需求的方式就是建立分析模型，而支撑模型运转的是数据。所以，在我们谈论数据、软件、平台、智能等概念的时候，都要记住它们的核心只有一个——模型。

模型才是一套软件中最关键、最具含金量的部分，而油气模型思维中的算法（计算、模拟、分析）又是最为关键的部分，只有掌控核心模型，才能在油气应用软件的研发中抓住关键、实现市场的突破。

模型最为重大的意义是其数字化转型过程中的连接作用。在企业进行数字化和智能化升级的过程中，面向业务场景及需求的数据加工、计算与分析的方法是其最为核心的功能，企业通过关键模型的设计实现和相互连接，可以有效打破业务壁垒和应用软件壁垒，实现从最基础的部件进行整合，从而快速形成整体性的数字化解决方案。

本书第五章"模型思维：油气勘探开发思维本质"，就是要打开这个代表油气领域真正科技竞争力的最基础、最核心要素——"模型"。通过解构油气上游工业中的核心模型，尤其是解构这些模型如何在云原生技术场景下进行研发部署、存储管理、调用整合和集成共享，才能在"第一性原理"的层面厘清油气工业的本质。而在未来，只有将模型从一个个独立的应用软件中抽取出来，才能实现模型和模型之间的高效连接和协作，进而形成不同学科、板块和流程之间的连接与协同，构建面向全产业链的数字化系统。

第六节　数据加工是油气数字化的典型特征

软件的核心是模型，尤指那些面向地质、油藏和井筒的计算分析模型，而模型加工的原材料和最终产出物都是数据。油气行业的业务流程，本质上是一个从数据采集管理到逐步转化为领域知识的过程，也是通过知识的持续创建而有效支撑价值链实现的过程。

（1）油气数据模型覆盖和贯穿全业务流程。

油气数据模型分类具有较多的规范和标准。很多通用油气数据模型一般将数据模型分为地震数据模型、井筒数据模型、油藏数据模型、采油数据模型四种，如国际 POSC 数据模型及 OSDU 数据平台（开放组织）都有类似的分类。

每一类数据模型中其实都包含基础数据和各类业务流程处理成果，从物探数据、钻测录数据，分析化验与采油数据，到数据加工环节，包括测井解释、地震解释、地质研究、构造建模、属性建模、油藏模拟、采油优化分析等成果数据，这些数据是随着业务流程的逐渐前进而产生的各类研究成果，它们覆盖和贯穿油气上游工业的全业务流程。

（2）数据模型在不同技术下具有多种模型定义。

在国际油气数据库建设的过程中，我们除了使用数据模型的概念，还会使用到数据库模型（包含数据库系统的概念模型、逻辑模型和物理模型）、对象模型、领域模型、交换模型等概念。它们分别是数据架构与业务架构、软件架构、服务架构进行对接而定义的基本概念，其代表着数据被加工的过程中的不同组织形态和应用形态，在油气数字化的过程中具有不可替代的作用。其中，对象模型隐藏在软件代码中，领域模型是基于业务角度的对象化表达，交换模型是不同模型结构定义中的元素级定义以实现异构数据内容交换。

（3）油气工业中的数据和知识并无明确分界。

从数据角度看，从基础数据到建模成果、模拟成果再到最后的图形报告成果，其本质上是一个从数据到知识的加工过程。因此，这体现出油气行业的业务流程，本质上是一个从数据采集管理到逐步转化为领域知识的过程，也是通过数据的逐步加工而有效支撑价值链实现的过程。

从知识管理的角度看，油气勘探开发的工作流程，是一个基础数据的采集、处理和加工的过程，因此，我们也需要从知识管理和知识工程的角度来探索油气知识体系的定义和建设方法。

在完整的油气上游业务流程中，各类数据从现场获取之后就进入了漫长的处理、加工、计算、重构和整合的过程，无论是测井解释、地震解释还是地质建模，数据从一开始就被带入了人类知识与经验的整合。因此，图件和文档可以作为知识，解释成果、地质模型和油藏模型也可以作为知识。

（4）从业务逻辑来拆解数据，而非其技术属性。

目前用来界定数据概念的表示方法是本体。信息技术中的本体，又称为知识本体，是人类用以打通机器世界（软件）和物理世界的信息化概念。它是借鉴哲学中本体论（Ontology）的概念，是事物及其范畴的形式分类系统，是掌控概念体系的规范。施图德等在格鲁伯和波尔斯特的定义的基础上给出了更加明确的解释："知识本体是对概念体系的明确的、形式化的、可共享的规范。"

本体不仅是知识管理的基础，也是数据管理的基础。所有的油气领域的概念和活动，无论人为创造的抽象概念，还是物理存在的实体概念，都有一个明确的、具体的可描述的规范，我们使用本体对其全面而明确的定义。如，Energitics（油气咨询公司，原名 POSC）通过 RESQML（一种数据交换模型）为油气地下数据（井、地震、地质模型）提供一个业务上不可再分的元素级定义，它通过一个叫作"知识层级"的数据表示方法，来提供一套不同专业软件之间数据(知识)交换的解决方案。

要做好油气勘探开发数据管理和应用，就不要刻意地造成数据、信息与知识的隔离。真实的情况是，在油气勘探开发领域中，我们更多将数据、信息和知识看作一个整体。通常我们通过业务流程、阶段和学科来分类和规范数据，而不是单纯从信息和知识的技术属性来研究它们。

本书第四章“数字化本质：数据加工与知识创造”描述了油气上游工业从数据到知识的过程，结合油气工业的模型化思维，我们就可以理解油气工业的数据管理和知识管理在内容上的高度连续性，也能意识到知识管理在应用目标和技术方法上的典型特点。

第七节　云计算是油气数字化升级的重大机遇

油气业务中各学科、流程和板块之间的融合主要是通过数据集成和软件集成两种方式来实现。其中软件相互连接的核心是模型，包括传统的机理模型和人工智能模型，因此，数据和模型的统一存取是解决业务集成的两个重要方法。

在云计算，尤其是云原生的技术体系下，油气上游产业第一次有了全产业链和全学科的统一集成方法。

技术架构设计的首要目标是将业务架构落实到具体的软件技术选型中，从而保证业务需求和业务愿景的实现。油气的数字化工作最终是系列软件的研发与集成，从技术角度讲就是一种软件集成平台，因此，建设初期首先要实现的，就是一个油气勘探行业的企业级软件架构设计。

油气数字化软件架构设计，首先便要将数据管理、数据发布和软件三个层次分开，在软件层面继续将通用软件功能、业务功能、系统解决方案等几个层面的技术分开，通过软件架构机制提供几个层面相互通信的机制。架构最重要的作用便是将长期的业务逻辑和业务知识以软件模块的方式沉淀下来，实现业务知识的共享，从而建立一种针对行业的长期的业务知识积累，这是形成今后企业发展能力的关键，也是打造行业领先竞争力的一个重要基础设施。

目前的油气数字化建设普遍开始推进云原生的技术架构，我们的软件架构设计也逐渐从 SOA 架构、云计算架构向着云原生方向发展。基于云的软件架构设计目标是企业资源整合和协同研发，这种架构模式使得数字化建设中的油公司能够与系统集成、数据管理、软件功能研发等团队在保证自身成果的独立性、自主性、安全性的基础上，实现成果的高效集成。

为什么说云原生架构是油气工业数字化转型中的技术趋势？我们可以从云原生对于企业数字化过程中的技术架构、数据架构、应用架构和业务架构的四个层次推动，来说明这种技术的变革性作用。

云计算及后续的云原生架构，首先是一种技术架构的升级。通过上云，实现软件中的数据处理、模型计算、模块应用和用户交互的高度组件化和模块化，通过服务接口和微服务机制实现了各类要素的组合与整合。

数据架构随之改变，通过建立基于数据湖的全领域油气数据统一管理、统一交换和统一共享，打破了原有油气数据复杂规格带来的壁垒。

应用架构随之改变，业务框架要求信息传递快，那么必须打破软件之间的藩篱。传统的专业软件通过对于数据、数据计算、业务逻辑、交互功能的分离，基于新的覆盖各种软件技术的数据通信模式，实现软件层面的数据统一和算法模型统一。通过实现软件之间的相互链接和协同运行，为更大规模的业务流程整合和理论升级提供了基础。

最后是业务架构的改变。业务架构方面，由于数字化转型要求业务快速迭代，这就需要业务之间信息传递更加快速。在油气工业的数字化转型中，新的技术架构带来了数据和应用架构的改变，最后带来了业务流程标准化，这种标准化通过自动化和智能化流程，实现价值链和业务链的快速迭代。

本书第六章“技术架构：工业软件架构设计与开发技术”，在对云计算及云原生架构技术剖析的基础上，探讨了云原生技术对于企业架构设计的作用以及油气上游工业中技术架构的设计方法。

第八节　人工智能技术为油气数字化开启了新模式

人工智能技术的应用，依赖于业务架构而发展。基于这一现实，油气人工智能化技术的研发，也依赖于面向业务架构建立的数据体系与应用支撑体系。近年来，得益于物联网和工业互联网带来的海量数据和数据处理能力，人工智能正在开启第四范式的应用模式，这种基于数据密集型新范式带来的新模式、新方法，正在成为继实验科学、理论推演、计算机仿真这三种科研范式之后的科学研究第四范式，即数据密集型科学发现范式（TonyHey，2012）。

一、基于数据的机器学习方法提供了油气数字化的快循环方法

目前，油气行业的软件化解决方案，出现了另一条道路，我们一般称为“快循环”。

慢循环一般指利用传统的勘探开发技术体系提供的数据整合和软件整合，将基础研究做扎实，降低风险提高效益。快循环，就是利用技术创新结合物联网实时数据分析、人工智能和大数据分析实现快速准确决策，实现升级发展。

这两种循环一方面是相辅相成的，另一方面这两种技术体系其实并不存在明显的应用层面界限。在一定程度上，慢循环方式才是真正的主要框架和实施主体，作为一种积累了数十年的专业理论和方法体系，我们无法跳过慢循环。从数字化转型角度看，快循环的新路线无疑提供了一个快速发展的新机遇。

二、智能化技术路线具有鲜明大数据和云端化特点

智能化技术及其行业应用方法有极其广阔的发展前景，但也有着与传统方式明显的区别。由于智能化应用技术目前仍旧处于局部应用和散点应用的状态，因此非常有必要针对这种应用模式的特点，建立有针对性的推进方法和生态化策略。

目前看，基于智能应用长期发展的愿景目标，为了构建完全不同的业务支持模式，我们首先将智能化业务生态与传统业务生态对比，发现它们具有典型的特征。这些特征表现在以下几个方面：

① 计算方法：从演绎方法到归纳方法；

② 数据资源：从样本数据到数据和大数据；

③ 知识来源：从基于专家经验的规则到基于数据挖掘的规则；

④ 运行模式：从单机运行模式到云端资源与算力下的资源整合；

⑤ 数据处理：从局部数据模型到多模型数据的融合分析；

⑥ 分析方法：从单一专业领域研究到全业务领域的协同分析。

如上所述，这种面向大数据和机器智能的方法研发与技术路线，需要一种新的信息技术生态模式来支撑。而这种生态模式的构建策略和构建过程，在一定程度上正在形成一个全新的产业模式。这种新产业模式(循环)，即我们所说的数字化转型的技术核心，在未来，这一模式将随着数据采集、处理、分析、应用的流程逐步完善，带来产业的变革，以及目前尚难以估量的巨大商机。

三、油气智能化需要充分应用油气数字化建设成果积累

在数字油田建设的过去，国内靠的是云计算、物联网等这些新技术的加持，实现了降本增效。要赢得数字油田的未来，就需要充分利用数据和智能，提升勘探开发技术水平和竞争力。因此，智能化时代，我们油气的软件发展，具有三个大的优势，能否充分利用这三个优势，是我们专业软件崛起的关键。

第一个是大数据与智能化技术的开源和共享。国际开源项目为技术的应用提供了基础技术，如何高层次地应用这些新技术是一个重要课题。

第二个是我们在数字油田云平台与物联网建设当中取得的成就。各油田基于物联网实现的少人化和自动化进程，为智能化提供了必要的数据基础。

第三个是基于互联网的人工智能技术已经逐步成熟。基于大数据和人工智能技术搭建的智能应用 API、智能中台、智能建模软件逐步成熟。

将上述一切资源和成果的积累整合在一起，是油气产业智能化技术路线成功的基础。

四、油气田建设中的智能化技术应用，需要一个智能化平台的规划设计

大数据与人工智能在技术上的优势体现在算法上，要让这种算法实现工业的普遍应用，需要一个面向研究范式升级和工业模式升级的工作流程和工作模式设计。这就要求我们结合上述行业应用生态的现状，针对智能应用研发中的问题与需求，思考一个智能化应用架构。

我们需要通过这个智能化应用架构的设计，解决智能化应用的设计、优化、落地应用的数据支撑和技术支撑，快速构建一个新的油气软件智能化生态。我们需要通过这个油气智能化软件生态，来开辟一个新的战场，在这里充分应用油田企业以及国内外团队在新技术上研发的优势，助力油气行业转型升级。

本书第七章“智能平台：从慢模式到快模式”结合国际油气智能化发展趋势，剖析和描述了智能平台的轮廓并探讨如何将其实现业务架构的深度融合。

第九节　数字生态：从软件到平台，从企业到产业

商业价值链塑造了业务框架，业务框架的高效运转依赖于数字化分析模型，而数字化分析模型需要基础数据支撑。油气工业的数字化体系就是以这种模型为核心而构建的生态。首先是面向业务系统的模型化表征，然后是建立模型之间的数据流，基于模型的信息流转，进而实现自动化、智能化的工作流程。

将这一切流程整合起来的，就是软件。

油气工业软件解决了工具和组织的问题，或者说油气工业软件重点解决了工作手段和工作流程两个问题。工作手段方面，围绕业务场景将数据输入、模型计算、知识产出的流程固化到一个软件系统中，实现工作手段的工具化；工作流程方面，就是通过将工作标准、步骤、规范整合到一个软件中，通过软件应用的流程规范化实现生产科研工作流程的规范化。

一套软件并不仅仅是一个解决某个场景问题的工具，甚至可以说油气工业软件正在自发地逐步演化和整合，将业务系统整合为一个庞大的相互连接的数字化体系。

但是，软件带来效率的同时也带来了场景的孤立。从工业信息化过渡到数字化，就要打破软件之间的壁垒，实现更为基础的数据融合和方法整合，从孤立的

工业软件过渡到数字化生态。

如何从油气工业软件到数字化生态?

油气工业的数字化生态构建，关键是一种架构的设计。也就是说，我们需要厘清产业中各个模型以及模型之间的相互运作的关系，建立一种信息加工的自由流动和快速联动，从而将这种业务体系构建成为一个数字化生态体系。

这就涉及了数字化架构的概念。所以我们所说的数字化架构，可以叫作软件架构与数据架构。这种架构本身，本质是运用信息技术来构建一个业务理论的模型体系，从而让这个模型体系能够自动化、智能化地运转。架构设计需要一种符合层次规律的技术体系，这就是技术架构。技术架构就要建立起来从数据到模型，最后形成一个面向业务场景价值链实现的纵向闭环，而这个业务场景闭环是完成价值链的最终体现。

数字化转型，或者说数字化行业生态的构建存在的最大问题，就是将转型本身与数字化技术完全等同，这种做法既忽略了业务模型的衔接作用，也忽略了价值链的驱动作用。因此，目前数字化转型最大的问题就是将业务架构与数字技术架构进行孤立的思考。或者说，由于油气工业本身复杂性以及数字技术的复杂性，我们习惯于将业务价值链、业务系统、业务模型及数字化技术架构这四个重要的层次割裂开来。这导致每个技术板块都在自己的层次去思考发展问题，失去了对于企业愿景整体实现的统筹规划。

油气工业体系的数字化架构的层次设计和实现流程应该是什么样子?更进一步地说，一个完整的数字化顶层设计该如何一步步落实并体现在数字化项目实施上，这是数字化顶层设计要考虑的核心问题。在油气行业当中，也极其需要这样一种顶层的、系统的思维方式。

企业架构设计方法论提供了一个明确的流程和解决方案。

我们需要通过企业架构设计方法(如TOGAF)逐层地构建这种数字化架构，突出业务模型思维以及业务价值链的重要引导，进而确定一个顶层设计完整的改造实施流程。

数字技术不是企业数字化的目标，数字只是构建工业数字化体系的底层技术。而这种技术，是通过你的业务愿景和业务模型落实到应用场景上，进而面向业务流程的应用场景，提供应用软件支持和数据支持，最终实现将数据、方法、应用软件、业务场景的业务流程闭环确立起来，而当所有的业务场景被串接起来，就形成了一个完整的商业价值链。

第一章 理论基础：油气地质、价值链和企业架构

油气地质、价值链和企业架构是油气工业及其数字化转型的核心理论。油气勘探开发面对的生产对象是复杂的地质与油藏，油气地质理论研究是工业运行的基础；油气企业运行是一种商业活动，其商业目标决定了油气生产的产业形态和运行规律，油气业务本质是一套完整的商业价值变现的过程；油气工业的数字化战略需要将商业价值和业务愿景，通过地质理论方法的数字化，转化为可实践的解决方案，这个过程需要一个科学的企业架构设计与实施过程。因此，构建油气行业的数字化转型，需要从商业价值链、油气地质理论、企业架构设计方法三个方面进行有机融合。

本章从以下几方面对这三项核心理论进行说明，为我们后续的业务剖析和技术设计奠定思维主线、基础理论和设计方法的基础。

第一节　石油地质理论：油气何去何从

作为地质学分支学科，石油地质学是研究石油和天然气在地壳中生成、运移和聚集规律的学科，是石油和天然气地质学的简称。大量的勘探和开采实践，积累了很多有关油气生成、运移和聚集规律的知识，逐渐形成这门学科。石油地质学理论由于在油气行业中的核心地位，是我们开展油气勘探与油藏开发工作的理论基础。

一、石油的成因及成油阶段

根据对原始生油物质的不同认识，石油的成因，有无机成因说和有机成因说两种学派，前者认为石油及天然气是在地下深处高温高压条件下的无机物合成；后者主张油气是地质历史发展过程中分散在沉积物中的动植物等有机物质逐步转化生成的。按照现今的油气成因理论，石油主要是有机成因的，天然气大部分也是有机成因的，但不排除一部分天然气是无机成因的。

有机成油理论的机理研究决定了后期数字盆地建设的数据体系和功能体系，也直

接影响针对油气成藏过程的模拟和评价。因此，本节针对这一理论展开简单介绍。

根据有机晚期成油理论，石油是脂类、碳水化合物、蛋白质及木质素四种有机化合物演化而成的，但普遍认为最有利生油的是脂类。而生成油气的原始物质是沉积岩中的那些不溶于有机溶剂的分散有机质——干酪根，干酪根是原始有机质在成岩作用阶段经过生物化学作用和缩聚作用形成的。沉积有机质在埋藏过程中必然经历地质条件下的生物、化学和物理作用，并发生与介质环境相适应的变化及有机和无机的相互作用。沉积有机质经过微生物分解、化学水解和聚合作用形成腐殖酸，腐殖酸进一步聚合演化形成干酪根，成为生成大量石油及天然气的来源。

干酪根形成之后，随着埋藏深度的进一步增加，各种类型的干酪根将进一步演化，通过热降解作用和热裂解作用生成石油和天然气。随着埋藏深度的增大，只有当温度升高到一定数值时，干酪根才开始大量生烃，这个温度界限成为干酪根的成熟温度和生油门限温度，这个成熟温度所在的深度成为成熟点或生油门限深度。

由于有机质所处的环境和所受的动力因素不同，致使有机质所发生的反应性质及形成的主要产物都具有明显的区别，从而使得有机质的演化过程和烃类的生成过程具有明显的阶段性。目前国内外有两种阶段划分方案应用较为普遍，一种是根据有机质的成熟度对有机质演化阶段的划分；另一种是根据油气生成的机理和产物类型对有机质演化阶段的划分。

有机质成熟度是指在温度的作用下，有机质的热演化程度。有机质的成熟度可以通过一系列的指标来衡量，目前常用的指标是镜质体（有机质的一种显微组分，主要是植物的茎叶和木质纤维经过凝胶化作用形成）反射率（R_o）。随着镜质体演化程度增加，其反射光的能力增强。根据有机质镜质体反射率的大小，一般将有机质演化过程分为四个阶段：未成熟阶段、成熟阶段、高成熟阶段和过成熟阶段。各个阶段由于所处的环境不同，促使有机质演化和油气生成的动力也不同，有机质演化的产物也有显著的区别。根据有机质演化过程中油气生成机理和产物类型的变化，对应的四个阶段分别是：生物化学生气阶段、热降解生油气阶段、热裂解生凝析气阶段和深部高温生气阶段。当然，上述的各阶段有机质成烃演化过程是连续过渡的，对于不同类型的有机质，每一个演化阶段的界限和产物特征可能有所变化。

石油地质学，地质学分支学科，是研究石油和天然气在地壳中生成、运移和聚集规律的学科，是石油和天然气地质学的简称。石油是流体，与固体矿产相比，有其独特的生成和聚集规律。石油聚集的地方并不是生成的地方，石油在生成后，必须通过运移才能聚集在有利的圈闭中（图 1-1）。大量的勘探和开采实践，积累了很多有关油气生成(烃源岩)、运移和聚集(油气运聚)、储存(储集层)、保存(圈闭、盖层、保存条件)等规律的知识，逐渐形成这门学科，包括油气田地质学、调查和勘探油气的各种地质学、地球物理学和地球化学的原理和方法，以及油气田开发的地质学原理和工艺技术等内容。

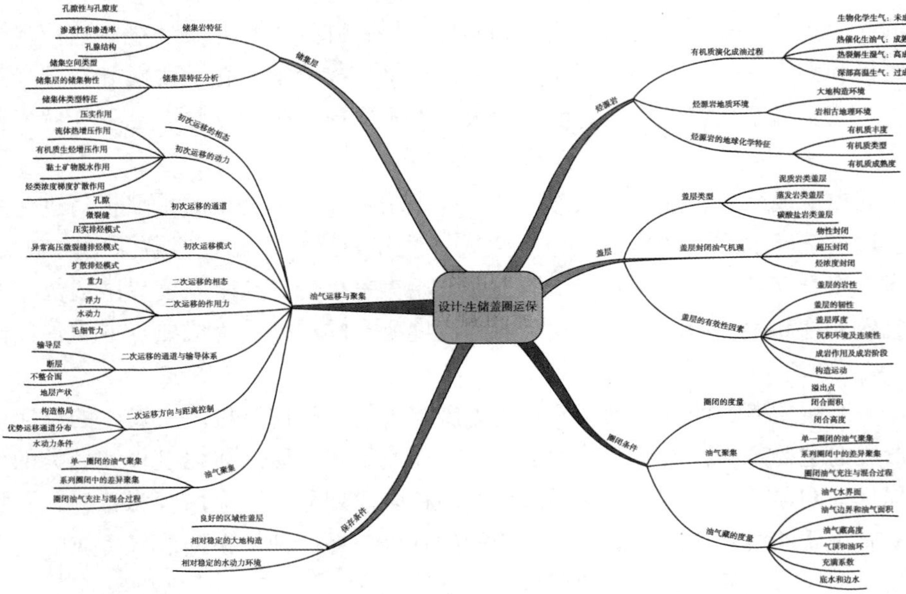

图 1-1　石油地质的理论体系知识图谱

石油地质学主要研究石油及其伴生物天然气、沥青的化学组成、物理性质和分类；石油成因与生油岩标志；储集层、盖层及生储盖组合；油气运移，包括油气初次运移和二次运移；圈闭和油气藏类型；油气藏的形成和保存条件。油气藏的形成过程就是在各种因素的作用下，油气从分散到集中的转化过程。能否有丰富的油气聚集，并且被保存下来，主要取决于是否具备生油层、储集层、盖层、圈闭、运移和保存六个条件。其中最重要的两个条件是充足的油气来源和有效的圈闭。

石油地质学基础理论来源于油气勘探实践并指导着油气勘探实践工作，在具体的勘探方法实践和石油地质综合研究工作中，石油地质理论是基础和出发点，也是开展勘探工作的指导，因此，无论是油气勘探开发的生产科研，还是管理与决策，要建立数字化的信息体系，就必须在每一个技术环节充分发挥石油地质理论的指导作用。

基于以上地质理论和具体实践方法，如果需要建立数字化的油气信息支撑体系，就要基于以上的地质目标特点来考虑数据特点、软件特点、框架选型以及不同算法模型的相互协调模式，只有充分明确各个地质阶段的内容与机理，才能有效地设计数据体系、软件体系、算法体系和应用流程。

二、生：烃源岩及其评价

烃源岩是指富含有机质、在地质历史过程中生成并排出了石油和天然气的岩石。烃源岩的概念中既强调已经生成或正在生成油气，也强调已排出或正在排出油气。由烃源岩组成的地层称为烃源层或源岩层。源岩层是自然界生成石油和天然气的岩层，在沉积盆地中，油气是从源岩层中生成并运移到具有多孔介质的储集层中储存并聚集的，因此，烃源岩研究既对探讨油气成因具有理论意义，也是指导油气勘探实践的主要依据。烃源岩评价的主要目的，就是根据大量地质和地球化学的分析结果，在一个沉积盆地中从剖面上确定烃源层，在空间上确定出有利的烃源区，为油气勘探提供科学依据。

（1）烃源岩生成的地质环境。

干酪根晚期生油理论认为油气生成必须具备两个条件，一是有足够的有机质并能够保存下来；二是有足够的热量保证有机质转化为油气。因此，具有形成烃源岩的地质环境一般应为水体安静、气候温暖、生物繁茂、稳定沉降。这样的环境有利于大量有机质的形成、堆积和保存，也有利于有机质的成熟和演化，这种环境受到区域大地构造和岩性古地理条件的严格控制。

首先，为了确保有机质不断堆积并长期处于还原环境，且能够提供足够的热能供有机质降解，必须有一个长期持续下沉，以及沉积物得到相应补偿的大地构造环境。其次，丰富的有机质堆积和保存是油气生成的基本前提，这不仅取决于生物的大量繁殖，而且取决于周围的氧化还原环境，只有在还原条件下，有机质才得以保存并向油气转化。目前来看，具备此条件的岩相古地理环境包括海相、陆相和海陆过渡相。

（2）烃源岩的岩石类型。

有机质的堆积、保存、演化和油气形成是在上述特定的环境下发生的。这个特定的环境就是前海、深湖—半深湖、浅水湖泊和沼泽等水体安静缺氧、稳定下沉的区域。因此，烃源岩一般是细粒度、色泽暗、富含有机质和微生物化石的岩石，其中常含原生分散状的黄铁矿和游离沥青质。一般来说，泥岩和灰岩是石油原始物质大量赋存的场所。世界上所有的大油气区大多都和泥岩、灰岩密切相关。

（3）烃源岩的地球化学特征。

在一个沉积盆地中，只有有效的烃源岩才能提供商业的油气聚集。有效的烃源岩首先必须具备足够数量的有机质、良好的有机质类型，并具有有机质向油气演化的历史过程。烃源岩的地球化学特征包含三个方面：有机质丰度、有机质类型和有机质成熟度。通过对上述烃源岩的地球化学特征进行研究，可以判断和评价岩石的生烃能力。

1）有机质丰度指标。

有机质是决定岩石生烃能力的主要因素，因此采用有机质丰度来代表岩石中的有机质相对含量，衡量和评价岩石的生烃能力。普遍采用的有机质丰度指标包括：总有机碳含量（TOC）、氯仿沥青"A"和总烃含量等。有机碳是指岩石中干酪根的碳和岩石中可溶于有机质中的碳，也称总有机碳，总有机碳含量就是一单位质量岩石中有机碳的质量百分数；氯仿沥青"A"是指能够溶于氯仿的可溶有机质（能够用氯仿从岩石中提取出来的有机质）占岩石质量的百分数；总烃含量是指氯仿沥青"A"中的饱和烃和芳香烃组分含量，总烃含量就是用总烃与岩石质量的百分数来表示。与总有机碳含量一样，氯仿沥青"A"含量与总烃含量也是最常用的有机质丰度指标。

2）有机质类型。

有机质类型不同的岩石具有不同的生烃潜力。有机质类型是从可溶有机质（沥青）和不可溶有机质（干酪根）的结构和组成来区分的。通常使用的方法是根据干酪根的元素分析将其分为Ⅰ型、Ⅱ型、Ⅲ型和Ⅳ型。

3）有机质成熟度。

有机质成熟度是表示沉积有机质向油气转化的热演化程度。沉积岩中的有机质只有达到一定的热演化程度后才能开始大量生烃。只有在成熟烃源岩分布区才有较高的勘探成功率。

由于在烃源岩的演化过程中，烃源岩有机质的许多物理化学性质都发生了相应的变化，并且这一过程是不可逆的，因而可以应用有机质的某些物理性质和化学组成变化特点来判断有机质的热演化程度，划分有机质的热演化阶段。因此，评价有机质成熟度的方法包括：镜质组反射率、孢粉与干酪根颜色、岩石热解法、可溶有机质化学法、TTI等。如，镜质体反射率法中的镜质组，是有机质中富含氧的显微组分，由同泥炭成因有关的腐殖质组成，具有镜煤的特征。镜质组反射率就是镜质组反射光的能力，作为温度和加热时间的函数，它具有不可逆性，因此是目前研究干酪根演化和成熟度的最佳参数之一。

目前国内外有机质成熟度的衡量参数较多，参数的标准和参数间的对应关系还不统一，在实际应用时应该选择适合本地区的参数指标来综合评价。

三、储：油气的储集层

地下的油气，储存在那些具有相互连通的孔隙和裂缝的岩层内，而具有一定储集空间、能够储存并渗滤流体的岩石称为储集岩，由储集岩所构成的地层称为储集层。孔隙性和渗透性是储集层的两个基本特性，也是衡量储集层的储集性能好坏的基本参数。

（1）储集层的种类。

储集层一般按照岩石类型可分为三种：碎屑岩储集层、碳酸盐储集层和特殊岩储集层。储集层中如果含有具有工业价值的油、气流则被称为油层、气层或者油气层，这是油藏的核心。油气层的层位、类型、发育特征、内部构造、分布范围以及物性的变化规律等，与油气储量、产能以及产量密切相关，直接影响到油气勘探开发的部署。

（2）碎屑岩储集层的主要特点。

碎屑岩储集层是目前世界上各主要含油气区域的重要储集层，其油气储量占全世界总储量的60%左右。对于我国来说，这个比例更高，中国的碎屑岩储集层是最重要的储集层类型，其油气储量占全国总储量的90%左右，如大庆、胜利、大港及新疆油田都属于这一类型。碎屑岩储集层的岩石类型主要包括砂岩、砂砾岩、砾岩、粉砂岩等碎屑沉积岩，其中以中砂岩、细砂岩和粉砂岩储集层最为常见，其次为砾岩等。碎屑岩储集层的差异性、非均质性等特征很大程度上归结于沉积环境的多样性。碎屑岩储集层是在一定的沉积环境下堆积下来的碎屑沉积物经过漫长而复杂的成岩后生变化而形成的，因此，其储集物性受到物源、沉积环境以及成岩后生作用等方面的控制。

我国主要含油气盆地的碎屑岩储集层多是陆相，大多数属于浅湖相、滨湖相以及河流相、三角洲相及半深湖—深湖相浊积扇相等沉积。与海相盆地相比，陆相盆地具有多物源、多沉积体系、砂岩体类型多、各相带大致呈环形分布的特点。纵向上，不同时期、不同成因的砂岩体互相叠加。因此，对砂岩体的岩性、岩相、厚度、几何形态及古地理恢复的研究尤为重要。

四、盖：油气的盖层

盖层是指位于储集层之上的，能封隔储集层，使其中的油气免于向上逸散的岩层，其作用是阻碍油气的逸散。在油气源充足的条件下，盖层的分布和封盖性能控制油气的运移、聚集和保存。良好的盖层可以阻滞油气渗流运移、降低天然气的扩散散失，使其在盖层之下聚集成藏，是油气成藏的必要条件。按岩性可以将盖层分为泥质岩类盖层、蒸发岩类盖层和碳酸盐岩类盖层，其中泥质岩类盖层约占65%，我国绝大多数油气田的盖层为泥质岩盖层。

根据盖层阻止油气运移的方式，可以把盖层封闭机理分为物性封闭、超压封闭和烃浓度封闭。

(1) 物性封闭。

物性封闭是指依靠盖层岩石的毛细管压力对油气运移的阻止作用。因此，也称为毛细管压力封闭，也有人称为薄膜封闭。它是盖层封闭油气最普遍的机理。

(2) 超压封闭。

盖层依靠异常高流体压力而封闭油气的机理称为流体压力封闭，简称超压封闭。封盖能力取决于超压的大小，压力越高，能力越强。

(3) 烃浓度封闭。

所谓烃浓度封闭是指具有一定的生烃能力的地层，以较高的烃浓度阻滞下伏油气向上扩散运移。这种封闭主要对以扩散方式向上运移的油气起作用。

在特定时刻，油气要通过此盖层进行运移，必须首先排替其中的水，克服毛细管压力的阻力，即油气的浮压必须要达到进入毛细管的最小压力。如果油气的浮压小于毛细管压力的阻力，则油气被遮挡于盖层之下。

评价毛细管压力的封闭能力一般使用排替压力，即岩样中的非湿润相流体排驱湿润相流体所需要的最小压力。由于盖层孔喉十分细小导致排替压力很高，在实际的地层条件下油气向上运移的动力难以达到这样的数值，因此被遮盖在盖层之下。由于针对盖层的排替压力是一定的，它所能遮挡的最大油气柱高度(最大封存烃柱高度)是一定的，因此根据盖层这一特点并结合其他地质条件，可以估算油气藏可能的最大油气柱高度。

此外，从另一个角度考虑，较薄的盖层由于难以在较大范围内保持横向的连续性且不破裂，因此，从盖层的有效性考虑要求盖层具有一定的厚度，根据对世界各油区的统计看，有效盖层的厚度一般在15m以上，针对大油藏而言其厚度最好在30~40m(廖明光等，2011)。

五、运：油气的运移

地壳中的油气在地层条件下、在各种自然因素的作用下所发生的位置移动称为油气的运移。油气从烃源岩运移到储集层是一个漫长的地质过程，其运移过程受到多种地质因素的限制，也是一个十分复杂的过程。烃源岩生成的油气，从烃源岩向储集层的运移称为初次运移，从油气进入储集层之后的一切运移活动称为二次运移。经过初次运移和二次运移，从分散的状态逐渐在圈闭中聚集的过程称为油气的聚集，分散的油气在圈闭汇总聚集起来就形成了油气藏。

(1) 油气运移。

石油和天然气在地层中的任何移动，都称为油气运移。石油和天然气的运移，在油气生成的同时已经开始。

在生油岩中正在生成的石油是分散的。生油岩所生成的石油首先需要从孔隙细小、渗透率极低的生油层中运移出去，汇集在有一定孔隙性和渗透性的储集层中，然后再从储集层向适宜于油气聚集的地质体中运移。显然，油气从生油层向外运移与油气在储集层中的运移在许多方面是很不相同的。因此，在油气运移领域，很自然地就形成了油气初次运移和油气二次运移这两个基本概念或研究范畴。

在生油层中生成的油气，自生油层向邻近的储集层中的运移，称为初次运移。相应地，把油气进入储集层后的一切运移，称为二次运移。

显然，无论是油气初次运移还是油气二次运移，对于油气藏的形成都是十分重要的。要形成有工业价值的油气藏，就必须经过运移聚集的过程。要实现这一过程，生油层生成的油气首先就必须从生油层向外、向邻近的储集层运移(即初次运移)，才能开始和继续油气聚集成藏的过程。由此可见，油气初次运移是十分重要的。如果比较清楚地了解、掌握了油气初次运移的特点和规律，这对研究其后的油气二次运移和油气藏的形成规律，都将具有重要的意义。

1）油气初次运移的时间。

油气初次运移的时间，始于生油层生油开始，止于生油结束。现今比较一致的看法是，石油是一边生成一边运移的。要使生油过程得以继续，也必须让已生成的石油陆续外移。当然，油气初次运移的高峰期应在生油层大规模进行生油的时期。研究油气初次运移的时间，有助于推断油藏形成的时期，任何油藏的形成，不会早于其油气初次运移的时期。

2）油气初次运移的通道。

天然气可以比较容易地从生油岩的细小孔喉中排出，但液态石油就难以通过生油岩的细小孔喉。那么，石油是怎样排出生油层的呢？比较一致的看法是：石油是通过生油岩中的微裂缝完成其排出生油层的初次运移的。在生油层埋藏深度增加、压实作用增强的同时，差异压实常可产生一定数量的裂缝。此外，许多研究认为，在压实作用最强烈的阶段，沉积岩大量脱水，会产生类似水力压裂的作用，导致泥质岩类产生相当数量的微裂缝，这都会有利于油气的初次运移。

3）油气初次运移的物理状态与载体。

由于烃类难溶于水，因此多数看法认为：在油气初次运移时，大部分石油是以原有相态(液态石油)运移的，只有少量油气可能以溶于水的方式运移。

生油层中含有大量的原生水。随着埋藏深度的增加，压实作用的增强，这些水将会从生油层中大量排出，而这时正是生油层生油的时期。这些原生水的运动，对油气的初次运移起着极重要的“运载体”作用。

4）油气初次运移的动力。

由于生油岩孔喉细小，渗透率很低，油气在其中运移困难，显然需要特别的动力。关于油气初次运移的动力，已有许多研究认识。主要的运移动力有：压实作用，使孔隙流体受压外排；水热增压作用，由于埋深增加，温度增高，使地层中大量的水受热膨胀产生外排动力；渗透压力的作用（泥页岩中部盐度低，边部盐度高，流体由低盐度处向高盐度处流动）；黏土脱水作用（蒙脱石在埋深2000~3200m时，会大量脱水转化为伊利石，脱水既提供油气运移的载体，又产生油气自生油层向外排油的动力）等。总之，油气初次运移的动力较多，单独一种动力的情况可能较少。由此看出，油气的初次运移是不乏动力的。

5）油气初次运移的方向与距离。

关于油气初次运移的方向，一般认为以向上或向下的垂直运动为主，横向的水平运动较为次要。因为油气初次运移主要发生在孔喉细小的生油岩中，在这样的条件下要想长距离运移显然是不现实的。生油层生成的油气只有向其上、下最接近的储集层运移才是最容易、最可能的（其横向运移可以在油气进入储集层后比较容易地进行）。

（2）油气二次运移。

石油和天然气自生油层进入储集层后的一切运移，都称为二次运移。它包括油气在储集层内的运移，以及油气沿断层或不整合面等通道的运移，也包括已形成的油气藏遭受破坏使油气发生重新分布的运移。可见，油气的二次运移是紧接着初次运移进行的。也可以说，油气二次运移是初次运移的继续。油气进入储集层之后，其运移的环境条件有了很大的改善。最根本的改善是运移通道的渗透性大大提高，这就为油气的二次运移提供了良好的条件，使油气可以在很大范围内运移、聚集、富集、成藏。

1）油气二次运移的动力。

石油生成并从生油层运移出来以后，要形成具工业价值的油气聚集，必须经过较长距离、较大规模的二次运移，才能使分散的油气富集成藏。显然，这种较长距离、较大规模的油气运移，是需要较为强大、较为持久的动力的。油气二次运移的动力可能是多方面的，但主要的动力有如下三种。

① 构造作用力。在地质历史时期中，地壳的构造运动是频繁的。每次构造运动，地层中都会有应力活动，这些应力必然会促使地层流体产生运移和重新分布。与此同时，多数构造运动都会使地层产生一定的褶皱、弯曲、断裂等变形，从而为油气进行较长距离、较大规模的二次运移提供动力与通道。

地壳中的油气总是沿着动力最大、阻力最小的方向运移，这是油气运移的基本规律。油气运移动力的大小主要取决于运移通道的倾斜程度。运移通道较陡，则油气运移的动力（浮力）较大；运移通道平缓，则油气运移的动力较小。其具体运移的主要方向则受多种因素控制，其中最重要的因素是区域构造背景，即凹陷区与隆起区的相对位置和发展历史。在一般情况下，位于生油凹陷附近的隆起带和斜坡带，常是油气运移的主要方向。

② 浮力。天然气比水轻，液态石油一般也都比水轻。当油气进入饱含水的储集层后，油、气、水就会按密度大小进行分异。天然气最轻，居上部；水最重，居下部；液态石油居中。在储集层出现倾斜或上下两个分隔的储集层之间出现断层、裂缝连通时，油气就会在浮力的作用下持续向上运移，直到遇到某种封隔遮挡才会停止。

③ 动水压力。当某些储集层与地表连通，并有外界水源供给时，其中的流体会出现经常性的定向流动。当生油层生成的油气进入这样的储集层时，其中的油气自然会随动水压力的作用进行运移。

2）油气二次运移的主要时期。

虽然油气二次运移是在油气初次运移开始不久即已开始，即油气生排烃与二次运移几乎是同时发生的，但油气二次运移的主要时期一般是在主要生油期之后的第一次构造活动时期。一般来说，只有构造运动的作用力才会促成油气的大规模运移。

正是由于构造活动使地层发生了倾斜、褶皱和断裂，破坏了油气的平衡，从而导致已经进入储集层中的油气，在浮力、水动力和构造的运动力作用下，向着流体势梯度变小的方向发生较大规模的迁移，并在局部的圈闭中聚集起来。当然，如果在油气聚集后发生了第二次、第三次甚至更多次的构造运动，则每一次运动对油气运移和聚集都会产生一定的作用。起作用的大小，取决于构造运动对原有圈闭的改造程度。

3）油气二次运移的距离。

关于油气二次运移的距离，长期以来一直是石油地质界争论的问题。有人主张长距离运移，有人主张短距离运移。从我国油气田的情况看，它们大都有靠近油源区分布的特点，根据对中国含油气盆地远距离运移的统计（庞雄奇，2006），大中型油气储量的95%分布在距油源中心50km以内的范围，这说明油气二次运移的距离一般不会很大。

4）油气二次运移的通道。

油气二次运移的主要通道应是连续的储集层、大型层间裂缝、断层、不整合面等可在平面、剖面的较大范围连通的地方。连续的储集层和区域不整合面可将油气输送到较远的地方，大型层间裂缝和断层可将下部储集层的油气转送到中部、上部的储集层。这就大大扩大了油气运移聚集的范围，有可能形成大型、特大型油气藏。

5）二次运移的主要结果。

油气二次运移的最终结果是停止运移，在圈闭中聚集成藏。此外，运移过程中的油气也要发生一些性质和数量上的变化。二次运移中的石油高相对分子质量成分以及极性成分容易被矿物表面吸附，轻烃和无极性成分比较容易通过，即产生天然的色层效应。色层效应的结果往往是使石油中的胶质、沥青质与重金属减少，轻组分相对增多，在烃类中烷烃增多，芳香烃减少，烷烃中低分子增多，高分子烃相对减少。反映在物理性质上就是密度变小、颜色变淡、黏度降低。

油气二次运移还会发生脱气、晶出和氧化等作用。石油在二次运移过程中，还会留下一些原始的微样品——有机包裹体，研究其成分、盐度、均一化温度和相态，都能提炼出许多有关追踪油气运移方向和时期的信息，这在盆地模拟和含油气系统模拟评价等数学模型中可以提供至关重要的参数。

六、圈闭：油气的存储

（1）圈闭与油气藏。

适合于油气聚集、形成油气藏的场所称为圈闭。圈闭一般由三个部分组成：①储存油气的储集岩；②储集岩之上有防止油气散失的盖岩；③有阻止油气继续运移的遮挡物。这种遮挡物可由地层的变形如背斜、断层等造成，也可以是因储集层沿上倾方向被非渗透地层不整合覆盖，以及因储集层沿上倾方向发生尖灭或物性变差而造成。但是圈闭中不一定都有油气，只有足够数量的油气进入圈闭聚集，才可形成油气藏。

圈闭的大小和规模往往决定着圈闭储集油气数量，圈闭大小取决于圈闭的溢出点、闭合面积和闭合高度三个因素，可用其最大有效容积来度量。其中，闭合面积是指通过溢出点的构造等高线所圈出的面积，溢出点系指流体在圈闭中开始外溢的点。闭合高度是指从圈闭的最高点到溢出点间的海拔高差。可见闭合面积和闭合高度越大，圈闭的有效容积也越大。此外，圈闭的有效容积也与储集层的孔隙度有关。油气藏的大小是用油气的储量来度量，它主要取决于圈闭的大小和油气在圈闭中的充满程度。

油气藏是油气在单一圈闭中的聚集，是地壳上油气聚集的基本单元。一个油气藏一般具有独立的压力系统和统一的油气水界面。若油气聚集的数量足够大，具有开采价值，则称为工业油气藏（或者叫作商业油气藏），否则称为非工业油气藏（非商业油气藏），而这个聚集量则随着时间和技术的发展，取决于政治、技术和经济等各个方面的条件，过去认为没有开采价值的油气藏会随着开采技术和工业条件的发展成为具有开采价值的商业油气藏，所以，工业油气藏（商业油气藏）的概念可以随着时间和条件的改变而变化。

（2）圈闭的分类。

划分圈闭类型的方法很多：①按储层形态，可划分为层状、块状、不规则状；②按圈闭的封闭性，可划分为封闭型、半封闭型和不封闭型；③按成因，可划分为构造圈闭、地层圈闭和复合圈闭；④近代有人将圈闭概括为构造圈闭和非构造圈闭两大类，他们把由非构造作用形成的圈闭统称为非构造圈闭，一般包括地层圈闭、岩性圈闭、水动力圈闭及复合圈闭，与以前所论述的隐蔽圈闭—地层圈闭、不整合圈闭及古地貌圈闭大致相当。至于对非构造圈闭如何进一步细分，尚无统一的意见。目前，中国基本上采用 A I Levorson（1967）提出的圈闭分类，即根据圈闭的成因把圈闭分为构造圈闭、地层圈闭和复合圈闭三大类。有的石油地质学家还加上水动力（流体）圈闭。

1）构造圈闭。

构造圈闭是指储集岩层及其上盖层因某种局部构造形变而形成的圈闭。主要有褶皱作用形成的背斜圈闭，断层作用形成的圈闭，裂隙作用形成的圈闭，刺穿作用形成的圈闭和由上述各种构造因素综合形成的圈闭。

其中，背斜圈闭是世界上最早被认识的圈闭类型。在石油工业发展的初期，人们从广泛的实践中，总结出了背斜学说，提出了要在有背斜的地方去找油，卓有成效地推动了当时石油工业的发展。实践表明，背斜圈闭是最主要、最普遍、最明显也最易找到的圈闭类型；而非背斜圈闭成因复杂，形态多样，非背斜圈闭的勘探难度大，但也可以形成大油气田。随着勘探的深入发展，非构造圈闭将愈来愈显示出其勘探价值，特别是在老油气区，它将成为勘探的主要目标。

2）地层圈闭。

地层圈闭是指由储集层岩性横向变化或地层连续性中断而形成的圈闭。主要有由透镜体砂岩、岩相变化、生物礁体等形成的原生地层圈闭；由地层不整合、成岩后期溶蚀作用等形成的次生地层圈闭。

3）水动力圈闭。

水动力圈闭是指储集岩层中水动力发生变化造成流体遮挡而形成的圈闭。如酒泉盆地北部单斜带的单北油田，即属于这一类圈闭。

4）复合圈闭。

复合圈闭是指上述两种或三种圈闭因素共同形成的圈闭。主要有构造—地层复合圈闭，构造—水动力复合圈闭，地层—水动力复合圈闭和构造—地层—水动力复合圈闭。

圈闭类型是划分油气藏类型的主要依据，反映油气藏的成因，并对勘探具有指导意义。多年来，它一直是石油地质工作者研究的重要课题之一。

（3）油气藏的分类。

主要是根据圈闭的成因分类，相应地把油气藏分为构造油气藏、地层油气藏、水动力油气藏和复合油气藏四大类。构造油气藏包括背斜油气藏、断层油气藏、裂缝性背斜油气藏和刺穿油气藏四个亚类。地层油气藏包括岩性油气藏、地层不整合油气藏、地层超覆油气藏和生物礁块油气藏四个亚类。水动力油气藏包括构造型水动力油气藏和单斜型水动力油气藏两个亚类。复合油气藏包括构造—地层复合油气藏、构造—水动力复合油气藏、地层—水动力复合油气藏和构造—地层—水动力复合油气藏四个亚类。中国有人把油气藏按圈闭成因分为构造油气藏、地层油气藏和岩性油气藏三大类，甚至也有简单地分为构造油气藏和地层油气藏两大类。这一分类方案认为，在复合油气藏中总可以找到一种起主导作用的圈闭因素，没有必要单列一类，而水动力圈闭发现不多，还不足以独立为一类。

圈闭的成因不同，油气藏的类型也就不同，对油气藏的勘探和开发方法也就不同。通常认为，圈闭的成因分类较之于形态分类更科学而且更具实际意义。单纯的形态分类往往把成因上互不相干的油气藏归为一类，不能真正反映它们之间的区别和联系。

在油气工业发展的初期，世界上油气勘探的主要对象是背斜构造油气藏。后来，由于1930年发现了美国的东得克萨斯大型地层油气藏，地层油气藏才日益引起人们的重视。

七、保：油气聚集与成藏

（1）油气聚集的原理。

油气在圈闭中积聚形成油气藏的过程称为油气聚集。在油气进入圈闭之前，圈闭中是充满了水的，由于油、气、水的密度不同，在圈闭中会产生重力分异。在单个圈闭中则会形成气在上、油居中、水在下的分布状态；而在一系列溢出点依次抬高的连通圈闭中则会形成油气的差异性聚集现象，因此，油气在不同类型的圈闭中聚集的机理和聚集过程也存在差异。

1）单一圈闭内的油气聚集过程。

在静水压力条件下，如果油气源源不断地进入圈闭中，油气在单个圈闭中的聚集过程可以分成三个阶段。第一阶段：圈闭中聚集了油气，原来占据圈闭的水，被排出一部分，由于重力分异，气体占据在圈闭的顶部，油在中部，水在下部；第二阶段：油气数量继续增加，油水界面一直降低到溢出点，但油气数量还在继续增多，一部分石油便从溢出点沿上倾方向溢出；第三阶段：油气继续进入圈闭，天然气向圈闭上部聚集，将石油推向溢出点，石油不断被排出，当天然气的数量足够占据整个圈闭时石油便不可能再进入圈闭，而是沿溢出点向上倾方向溢出，于是圈闭完全被天然气所充满。

2）油气在系列圈闭中的差异聚集。

油气差异聚集原理是由加拿大地质学家 W C Gussow 提出的（Levorson，1967），指的是在静水压力条件下，统一渗透层的连通圈闭的溢出点海拔依次递增，而且在没有局部支流运移和溶解气体影响的条件下，会出现以下油气差异聚集的结果：

① 距离供油区最近且溢出点最低的圈闭中，在气源充足的前提下，形成纯气藏；距离稍远且溢出点较高的圈闭中，可能形成油气藏或者纯油藏；在溢出点更高、距离油源区更远的圈闭中，可能只含水。

② 一个充满了石油的圈闭仍然可以作为有效的天然气圈闭，而一个充满了天然气的圈闭则不再是一个聚集石油的有效圈闭了。

③ 若油气按相对密度分异比较完善，则距油源区较近且溢出点较低的圈闭中，聚集的石油或者天然气的相对密度应小于距油源区较远且溢出点较高的圈闭中的油气密度。

④ 所形成的纯气藏、油气藏和纯油藏的数目，取决于油气来源供应的充分程度及圈闭的大小和数目。

但是，在实际地质情况下，只有一些大型沉积盆地才能够达到 W C Gussow 提出的差异聚集条件，更为普遍的是，油气并不一定是充满圈闭后从圈闭的最低部位溢出。如果盖层质量不高，圈闭中聚集的油气达到盖层能够封堵的最大油气柱时，部分油气便可能突破盖层发生渗漏并向上运移。油气的分布出现多样性，造成最轻的烃类占据高的层位，最重的烃类占据最底部的层位，这类油气运移聚集模式成为渗漏型油气差异聚集。

（2）圈闭中的油气充注过程。

油气在单一圈闭和系列圈闭中的聚集过程揭示了油气在圈闭中的宏观特征。实际上，由于储集层孔隙结构的非均质性和油气流体的非均质性，油气在圈闭中的微观聚集过程是十分复杂的，它包括了油气进入圈闭时由于储集层不同部分孔隙性和渗透性的差异造成的充注过程的微观差异，也包括在油气充满圈闭后，由于流体的非均质性所发生的混合作用和分异作用。

1）充注过程。

充注是油气不断进入圈闭储集层空间的过程。由于储集层的非均质性，储集层的空隙大小不一，造成油气在进入不同孔径的孔隙时受到的毛细管力大小也不同，因此，油气是优选毛细管力较小的大孔隙，呈树枝状进入储集层；随着油气不断地向圈闭中充注，烃柱随之增高，浮力增大，油气在增大的浮力作用下逐渐进入较小的孔隙并将储集层的地层水排出；如果充注的油气充足，最后将充满整个储集层的孔隙空间。

2）混合过程。

储层的非均质性和充注过程造成了圈闭中的油气组成和性质在横向和纵向上的非均质性。这种非均质性主要表现为油气在组分和密度上的差异。这种组分和密度上的差异，构成了油气在圈闭中混合的动力。

油气进入圈闭往往早期注入的成熟度较低、密度较大的石油聚集在储集层的顶部，晚期注入的成熟度较高、密度较低的石油聚集在储集层的下部。在密度差的驱动下，高密度的石油将下沉，低密度的石油将上浮，从而使得圈闭中的石油发生纵向上的混合，直到石油按照密度分异完全为止，这叫作“密度差驱动的混合作用”。

油气充注的过程也可以导致石油组分在横向和纵向上存在非均质性，造成同一烃类组分在圈闭不同部位的浓度不同。基于这种浓度差，烃类组分将发生扩散作用，使组分的浓度趋于平衡而发生混合作用，这叫作“浓度差驱动的混合作用”。一般而言，油田规模的油气充注造成的非均质性不会由于扩散作用而达到均质化。

第二节　价值链：油气上游工业的价值实现

一、油气工业的价值链

迈克尔·波特的价值链概念提出了企业活动的三个特点，即企业各项活动之间存在密切的联系；每一项活动都给企业带来了有形或无形的价值；企业的价值量还包括企业与外部之间的关系。油气工业的商业价值链将各类角色的勘探开发业务串接整合在一起，即将商业价值分解到全流程环节，并为每个流程节点确定了合理的投入产出约束、风险规避以及考虑更多因素的综合效益。举例来说，全球市场需求决定了成品油甚至原油价格；由此，勘探、开发、开采和管网集输成本被逐级确定；进而，服务价格最终落实到每一口井、每一次施工、每一项服务条目；最终，所有生产活动都被落实到了具体的市场价格上。

所以，油气数字化工作是通过商业价值链的方式实现驱动的，其所有工作内容的开展都是基于业务价值的最大化。对于信息人员来说，即便我们花费高昂的成本开展的那些数字化工作，如采集各种数据、管理数据、开发软件、分析模拟、决策支持，其实都是基于商业价值链在背后的推动。

二、面向价值链优化的成本控制方法

在油气价值链的优化过程中，成本控制和效率提升是一直以来的主题，通过

成本控制，在保证每个环节的目标和效益的基础上，将成本控制在最低水平，从而实现企业的整体性盈利。而这，也是油气工业进行竞争力提升的重要原则。

对于负责设计和执行项目的团队而言，如何保证设备安装能够安全、可靠、高效地运转是团队面临的主要挑战。在原油和天然气价格低廉的年代，降低成本是需要首先考虑的因素。在最近的几年时间里，相比于技术进步带来的产业升级，成本最小化已经成为开发商长期考虑的一个重要因素。法国石油与发动机工程师学院经济与管理中心对于油气成本与经济评价进行了研究认为，国际对石油项目的经济评估，除了需要假设石油天然气的价格以外，更需要对成本进行精细的评估。成本种类通常来说，石油工业的上游项目中会涉及勘探成本、投资成本、开发成本、运营成本四类成本，其中投资成本是发生在储量描述和评估阶段的成本，是获取储层状况必需的成本。而勘探成本、开发成本和运营成本属于成本控制的关键(法国石油与发动机工程师学院经济与管理中心，2014)。

1. 勘探成本控制

勘探成本指在发现油气储层之前发生的成本，其中包括地震勘探、地质学以及地球物理解释，勘探钻井及测试。一般来说，勘探成本在总体成本中的比例较小，但对于风险控制和效益保证至关重要。为了进行勘探成本的控制，油气行业在如何清晰表述勘探发展规律和战略研究方面进行长期的理论探索(郭元岭，2010)。此外，油气勘探的科研工作的思维模式也是国内油气勘探提升的重点(郭小哲，2011)，其本质都是面向勘探中的目标保证和投资风险规避。

勘探成本的回收与公司勘探项目的成功密切相关，一般以地球物理、勘探钻井为主。一般而言，占比10%~30%。

在计算勘探生产和投资成本时，石油地球物理学主要运用地震勘探法。在大规模勘探特别是在地形复杂不容易勘探的地区，最常使用的是二维地震勘探法。随着区块勘探的逐渐成熟，地球物理勘探逐渐使用三维勘探以及三维高精度勘探，其成本比例也在逐渐升高。

探井钻探是常规勘探项目中最主要的成本支出项目。陆上钻井和海洋钻井都有各自的技术特点，如果不考虑钻井持续的时间，海洋钻井由于环境因素其成本要高得多。因为存在诸多不确定的地质因素，如岩石的可钻性、地层孔隙间的液体压力、钻探深度等，以及井涌井漏、卡钻遇阻等各种各样的困难和风险都会造成数天延误。钻井费用主要和钻井时间成正比，因此，只能大致估算钻井成本的25%~30%。这些成本会随着钻井深度的不同而有所变化。

在勘探成本估算中，石油工程服务公司的有效成本都包括直接成本和间接成本。直接成本是石油工程服务公司列出的所有支付账单，间接成本包括给正在进行钻井施工的工程服务公司造成的停工费用。钻井中测录井成本的多少取决于操作水平的高低和所钻油井的类型，不同类型的油井都或多或少地规定了复杂的测量标准，通常以每米的钻探成本来表示，这样可以对不同区域的开发前景进行评估和比较。

2. 开发成本控制

开发成本包括钻探开发井的成本，生产装置的成本以及运输石油所需系统的成本。包括：①开发的生产井与注水井钻井；②地面设施建设，如油气集输管网，油气分离及处理设施，储油罐、泵及测量装置；③运输设施建设，如管道和装货码头等。

这些投资与项目起初的界定有密切联系。实际上，建造的系统必须和这个阶段的要求相匹配，所以说，在项目授权之前进行的各项评估非常重要。

（1）项目设计成本。

对项目进行了研究和评估之后，授权是最终结果，而项目设计的每个阶段都力求把项目及其相关的投资规模和运营成本界定得更准确些。第一步是探索性研究，以后依次为初步研究和概念研究，最后是初步设计，这是授权项目前的四个关键设计步骤。

（2）开发钻井成本。

开发钻井不同于探井钻井，其出现的重复操作更容易规定建造周期和控制成本。在任何情况下，钻探开发井的速度通常比钻探勘探井的速度快，如果在同一个油田连续钻探多个开发井，就有可能对连续几口井的技术参数加以优化，这样就能减少钻井时间。

相对通用的直井钻井来说，斜井与水平井、高温高压井、深水深层井等特殊钻井需要更高的成本。现今的大多数开发井都是斜井或水平井。水平井的成本比垂直井高出 20%~30%，但其生产能力是垂直井的 3 倍（法国石油与发动机工程师学院经济与管理中心，2014）。另一个是高温高压井，这种油井需要更加复杂的油井装置和完井设备，使总成本增加 20%。此外，海洋钻井由于环境条件的限制同样会影响到钻井成本。为了遵守国家法规，如果需要处理钻井过程中产生的碎石或液体废弃物，也要增加钻井成本。

（3）生产设备和运输设备成本。

虽然开发钻井过程中使用的所有设备的费用无法全部罗列，但不论海上钻井还是陆上钻井，其生产、储集、分离、处理及运输原理都是一样的。根据流出物成分和运输销售产品规格的差异，其结构和设备也有相应的变化。

概算开发成本方法是指对工业项目的成本费用进行预估，需要在未确定所有投资参数之前就对成本费用作出详尽阐述。概算得到的是项目成本的最可能数值，但不是最低值。概算提供的只是成本估计的数字，不是精确的预测。成本概算包括直接成本、间接成本和机动费用。

直接成本的一部分是钻柱、分离器、动力头等主要设备的成本，这些设备都是加工厂和公共设施必需的；另一部分是二次设备和散料设备的成本；其他还包括各种施工费用，以及预先制造配件和海上平台模块的费用和现场施工费用。间接成本包括运输设备、材料和各种框架结构的费用以及船舶设备的转移和固定费用。机动费用是对工程项目的技术界定和对周围环境的熟悉程度决定的成本预算的精确性差异。

3. 运营成本控制

运营成本指的是工厂经营过程中的所有花费支出。

运营成本主要涉及运营公司提供的所有支持、井下/井上施工费用、维修和后勤管理费用等项目，其他则是签约、采购和服务的费用。最后涉及的各种项目的花费包括工程验收、安全防范、油井维修及增加新的劳动等。

为了严格控制运营成本，在起初的概念研究阶段选择开发架构和运营方案时就确定采取的方法。在这个阶段，整体优化方案尤其是资本支出和运营支出之间的权衡就能明确地确定下来。整体优化是通过各种工程研究（如详细的安装设计、设备的选择）和准备工作（如合同补充及转包政策、组织后勤工作）来实现。

4. 新技术对成本控制的作用

对于负责设计和执行项目的团队而言，如何保证设备安装能够安全、可靠、高效地运转是面临的主要挑战。此外，如果一个石油项目获得成功，还必须用最低的成本实现其目标。在过去原油和天然气价格很低廉的年代，降低成本是需要首先考虑的因素。在最近的几年时间里，成本最小化已经成为开发商长期考虑的一个重要因素。

技术成本是一种完全不同的成本，它的使用本身就是为了降低成本。从2000年开始，技术成本得到不断提高，从2006年开始已经远远超过了过去几年的水平。技术方面取得的多项进步成果促成了产品成本的降低，从而使得企业总体运行成本明显降低。而这，正是从企业价值链角度体现出来的总体价值提升优势。

首先，现代信息技术加工处理能力的提高使地质学领域从中受益，并且取得了巨大的进展。如，因为全面使用了三维图像技术，就可能减少为寻找有开发价值的油气储量而钻探的开发井数量。三维图像技术能够进行最理想的定位，因而省去了多余的勘探工作带来的麻烦。

其次，钻探技术的进步有助于降低成本。如，斜井、水平井甚至多孔钻井等，使得在一个地方（如钻井平台）进行勘探能够完成的任务增加了，而且从一口井可以到达多处油气产层。钻探技术的进步减少了钻探的油井数量，大幅度地简化了相关的连接设施。

另一个突破是采集系统的简化，钻井数量减少是其中的一个原因，更大程度上是因为多项传输领域取得了重大进展。因为不必再把液相和气相相互分离开来，这样在有些情况下就可能使管道数量减少一半。

最后，技术上的进步也使生产设备(发电设施、仪表、管道、转盘等)在安全性、实用性和易用性等方面都有了很大的改善。其他技术方面的进步还有：数字处理控制系统的开发和广泛应用，高性能个人通信网络的出现，等等。

近年来蓬勃发展的数字化技术对于油气成本的大幅度降低作用是巨大的。数字化技术本身具有一定的成本，但相对于对企业各类直接成本(如设施、材料、人工等成本)和间接成本(如时间、效率、风险等)的降低却是值得的。同时，数字化技术对于企业长期的自动化与智能化发展带来的市场适应力和竞争力的提升，更是企业在这方面持续投入的关键。

上述各项技术的发展进步对成本的影响很难得以量化，但这种影响带来的效果是巨大的。今后，可能会有更多的技术进展，有很多机会能够在不同方面节省开支、提升效益，进而提升企业的总体价值。

第三节　企业架构理论：价值变现的数字化方法论

一、企业架构设计的定位

Gartner Group 对企业架构(Enterprise Architecture，简称 EA)的定义是“企业架构是通过创建、沟通和提高用以描述企业未来状态和发展的关键原则来把商业愿景和战略转化成有效的企业变更的过程”。企业架构设计是油气工业业务价值链数字化的最重要方法，它是通过将企业愿景使命一步步转化为应用架构和技术架构设计，最终形成企业数字化战略规划的最佳实践。

数字化转型是面向企业业务竞争力提升和商业价值实现的实践活动。应对数字化转型，企业需要将业务、应用、数据、技术等架构领域紧密关联，使得各领域形成一个有机整体，快速响应外部驱动、技术进步、战略调整等带来的各种变化，精确控制和协调各部分的协作，以打造敏捷性企业。因此，建立有效机制使信息技术(IT)与业务更好地融合，进而产生更多的业务价值，提高企业的核心竞争力等成为企业亟待解决的问题，结合了战略、业务及软件系统的企业架构由此产生。

企业要想实现长期可持续发展，需要保证企业战略、业务架构、信息技术架构的一致，而企业架构就是其中的方法论。一般来说，企业架构包括业务架构和信息技术架构，其中信息技术架构一般分为应用架构、数据架构和技术架构三种。

1. 业务架构

把企业的业务战略转化成日常运作的渠道，承载了企业所从事业务的核心逻辑，涉及从战略到商业模式、价值链的转化，以及业务能力、业务流程，还包括组织结构和运营体系等。

2. 信息技术架构

也叫信息系统架构，是指导信息系统设计，推动企业信息化建设的蓝图，包括应用架构、数据架构。

应用架构更多关注领域服务和对应的软件功能。数据架构突出数据模型，包括相关的实体、属性、关系等，以及相关的数据分布存储、管理和共享机制。

企业架构经过几十年的发展，已经形成比较系统的理论和方法体系。自1987年约翰·扎克曼(John Zachman)开展开创性工作以来，这个领域积累了大量的研究和实践，国内外很多专家和学者从不同角度做过探讨和分析。此外还有大量的咨询公司和研究机构等也提出了各自的理论框架。尽管目前企业架构的定义并没有统一标准，但可以明确的是，企业架构是企业战略和总体规划的组成部分，目的是帮助企业有效地组织资源和完成IT战略。

企业架构要从企业整体业务战略出发，从整体运作和提升竞争力角度出发，站在全局的高度，明晰企业所处的行业、发展阶段、目标和竞争环境等，认清核心业务战略和IT战略，提出关键业务流程和业务逻辑，明确总体目标，并根据进一步与之匹配的信息架构进行多方位呈现，同时通过实施的落地项目进行架构落地，最后通过架构治理，提升日常运营及架构治理能力，完成迭代闭环。

二、企业架构框架理论方法

企业架构经过几十年的发展，有很多专家、组织、企业、研究机构活跃在这个领域，他(它)们提出了很多理论并收获了很多相关实践。企业架构，即“企业”+“架构”，前文中我们对“架构”进行了讨论，架构的本质是对复杂性事物的管理，是对一个企业、一个公司、一个系统复杂的内部关系进行结构化、体系化的抽象，并把相关的目标和当前现状通过不同的视图进行直观展示，方便相关人员达成一致的认识，指导和驱动数字化项目落地实施。企业架构经过几十年的发展，形成了许多架构框架理论，由于目前国际流行的企业架构设计方法较多，这里我们重点介绍其中比较典型的Zachman、TOGAF、DoDAF、ArchiMate等，并以此为基础剖析油气企业架构设计的基本出发点。

1. Zachman

Zachman 框架理论是 John Zachman 于 1987 年提出的，它是世界上第一个企业架构框架，也由此衍生了众多的企业架构理论与框架设计技术。

Zachman 框架是一种用于企业描述表示的二维分类方案(图 1-2)，它包含 36 (6×6)个单元格的矩阵构成，每个单元格都关注企业的某个特定方面。

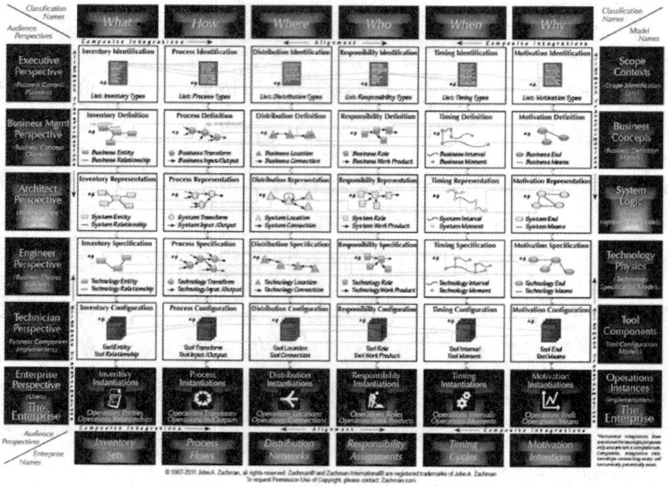

图 1-2　企业架构本体：企业架构中的 Zachman 框架(Zachman，2008)

更具体地说，Zachman 框架是一种本体论——关于对象的一组结构化基本组件的存在理论。这些组件可能是显式存在的对象，也可能是创建、操作和更改对象所必需的(对象是一个企业、一个部门、一条价值链、一个解决方案、一个项目、一架飞机、一栋建筑、一个产品、一个职业或其他)任何东西。Zachman 框架不是创建对象实现(实例化)的方法。框架是描述企业的本体，框架(本体)是一种结构，而方法是一种过程。结构不是过程。结构建立定义，而过程提供转换(Zachman，2008)。

Zachman 框架从本质上来说是对企业架构描述的一种分类法，可以用来对复杂的系统进行分解，确保每个人的每个关注点都被照顾到，并确保业务需求可以被映射到技术实现上，同时技术实现可以回溯到业务需求上。这样就可以加强业务人员与信息技术人员的沟通和协同。

2. TOGAF

TOGAF(The Open Group Architecture Framework，开放组架构框架)是提供了一整套方法和工具的企业架构框架。

TOGAF 的关键是 ADM 架构开发方法(Architecture Development Method)，对开发企业架构所需要执行的各个步骤及它们之间的关系进行详细的定义，以发展能够满足客户需求的企业架构。早在2010年，市场咨询和顾问机构IDC公司发布了《架构企业未来——2010企业架构中国管理者调查报告》。报告显示中国逾七成大型企业已开始构建企业架构，TOGAF不仅是国际，也是国内认知度与接受度最高的架构框架。

3. DoDAF

DoDAF(Department of Defense Architecture Framework)是由美国国防部制定的架构框架理论，DoD是美国国防部的简称。在企业架构领域，DoDAF并没有TOGAF的知名度高，它主要是在军队系统内应用。DoDAF借鉴美国国防部总体架构的基本原则，定义整个与国防有关的信息系统总体架构，目的是确保各个指挥组织、服务提供和各个部门的系统架构描述一致。DoDAF提供解决人员、流程和技术融为一体且结构化的架构方法集，各种架构相互融合，具体应用时需要针对场景来设计具有自身特点的架构标准方法。

4. ArchiMate

ArchiMate是一种整合多种架构的可视化业务分析模型，属于企业架构描述语言。ArchiMate从业务、应用和技术三个层次，物件、行为和主体三个方面，以及产品、组织、流程、资讯、资料、应用、技术等多个领域来进行描述。ArchiMate起源于荷兰，一开始聚焦于领域建模角度，在建设过程中得到了荷兰政府及各工业院校的支持。2008年，ArchiMate的主导权被转移到The Open Group的手中，如今，ArchiMate是The Open Group发布的企业级标准，可以作为TOGAF的图形建模工具。

作一个对比。相对来说，Zachman是所有企业架构设计方法的起源和鼻祖，它提供了一种通用的架构建设方法，有着非常重要的意义。但Zachman并没有明确提出企业架构的概念，它主要提出一种企业架构描述的内容分类方法。另外，Zachman虽然描述了企业架构的内容，但缺乏对架构开发过程的描述，它更像静态画面，缺乏企业架构治理和动态演化。同时，Zachman缺乏判别标准，即没有高成熟度框架可以参考。

TOGAF相对于其他框架理论，具有更加标准、更加通用的特点。TOGAF提出的是一套经过高度抽象的方法论，包括从企业愿景到具体的业务架构、IT架构，进而到项目实施等全生命周期，不依赖于任何一个具体的组织形式。企业均可对TOGAF进行裁剪或与其他框架进行整合。因此，TOGAF得到了广泛的应用，也是业界十分流行的企业架构框架。但TOGAF偏理论框架，对结果的保证程度和业务联系不紧密，同时在云计算、互联网时代，其针对企业的快速变化应用还比较有限，但是这一情况在2022年4月即Togaf10.0版本发布后有了很大改善。

DoDAF 主要应用于美国国防部，目的是在架构和信息化建设方面，提高部队的指挥效能，其主要在军队方面应用较多。DoDAF 对企业架构的影响虽然不如 Zachman 和 TOGAF 大，但其也推动了现在学术界比较热门的关于"System of Systems"(分散系统)理论的研究，DoDAF 对企业架构也有着重要的借鉴价值。

ArchiMate 是一种整合多种架构的可视化业务分析模型，属于企业架构描述语言，提供了具有参考价值的各层架构的元数据模型，也提出了分层架构的概念，不过其在国内应用得比较少。

各类架构框架理论虽然各有不同和侧重，不过总体上殊途同归，都是从企业实际的角度出发，指导企业创建符合自身特点的企业架构。下面我们来看一下它们的一些相似之处。

首先，企业架构都强调生命周期的迭代。企业架构设计是面向企业架构生命周期进行迭代，通过迭代来将企业价值链和企业战略与需求落实到构架规划和项目实施，而且，这种迭代是一个长期的演进过程。

其次，所有企业架构设计都强调业务需求的落实过程。即通过多级视图设计，将企业业务需求落实到信息系统中，进而避免以技术为主导带来的缺乏全局思考、与业务脱节、上线新系统无法有效支持业务需求以及无法适应快速变化需求。

最后，企业架构必然有结构化指导。就是说所有企业架构框架理论都包含企业架构的过程、内容及对应建设过程、方法及指导原则，且提供相关架构产出物管理。

目前，大多数企业架构框架包含业务架构、应用架构、数据架构、技术架构。这些架构的细节在不同的理论中不尽相同，但都是从不同视角来对其具体内容进行归纳和分类的。

三、架构设计方法——TOGAF ADM

国内油公司的信息化和数字化分析工作一般由专业咨询公司承担，典型如普华永道、SAP、Gartner、安永等，而咨询公司一般通过一定标准化的分析设计流程进行架构设计与项目分解，而这些咨询公司的架构分析方法创建的过程普遍从 TOGAF 中获得了大量借鉴。

TOGAF 是提供了一整套方法和工具的企业架构框架。TOGAF 是一个跨行业、开放的框架，在全世界得到了广泛的使用。它基于一个迭代的过程模型，包含企业最佳实践和可重用的架构资产。它可以帮助企业设计、评估并建立机构的正确架构，为企业提供可落地的方法体系和参考。在国际上 TOGAF 已被验证可极其有效地帮助构建企业 IT 架构，在提升业务灵活性的同时，还可提高信息系统应用水平。TOGAF 得到了 IBM、惠普、SAP、Oracle 等厂商的积极推动及大部分福布斯排行榜 50 强企业的应用。

TOGAF 由 OPG 组织(The Open Group)于 1995 年发布，The Open Group 是一个非营利性标准化组织，是一个技术中立的机构，致力于提出各种技术框架和理论结构。

TOGAF 历经演化，2018 年发布 TOGAF9.2 版本，2022 年发布 TOGAF10.0 版本。TOGAF 还有官方 The Open Group 的认证体系，架构师可以通过考试获得 TOGAF 企业架构师资格国际认证。TOGAF 的关键是架构开发方法(Architecture Development Method，ADM)，对开发企业架构所需要执行的各个步骤及它们之间的关系进行详细的定义，以发展能够满足客户需求的企业架构。

ADM 是 TOGAF 中最为核心的部分，提供架构开发方法，它将企业架构的建设过程划分为几个步骤，并对每个步骤的输入、输出及过程都进行了详尽的说明(图 1-3)。ADM 可以帮助企业了解和改善现有架构，在此过程中可以进行裁剪，可以多轮迭代，也可以多个项目并行在 ADM 的不同阶段。ADM 各个阶段的内容如下：

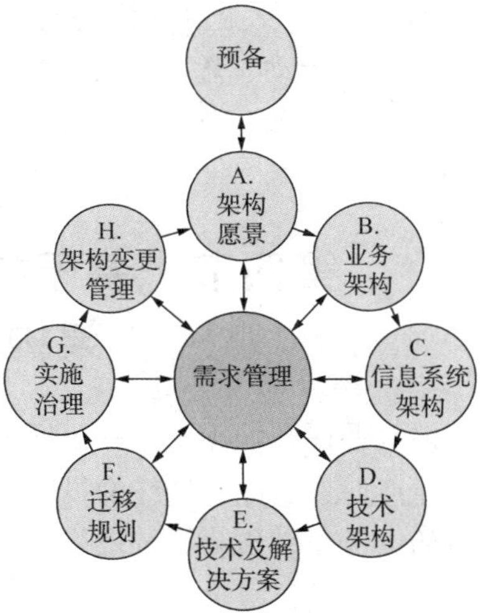

图 1-3 TOGAF 架构设计方法(ADM)

预备阶段：架构设计的准备过程，也是迭代的起始过程，目的是做好企业架构项目的准备，包括定义特定的架构框架、支持策略、原则等。

A. 架构愿景：关注企业愿景、范围、业务驱动力等准备情况。企业需要在这个阶段定义架构项目的规模、风险承担者及架构视图，这个不是一次就能做完的，需要通过持续演进和沟通慢慢实现。

B. 业务架构：创建业务架构，独立于技术，关注业务能力、流程，并进行与业务相关的架构视角分析。

C. 信息系统架构：顺接业务转向 IT 的重要架构，内部再分为应用架构和数据架构，两个阶段可以串行或者并行进行。

D. 技术架构：关注基础设施、中间件、数据库及一些支撑管控平台，如高可用、容灾、合规等相关技术体系。

E. 技术及解决方案：聚焦实施阶段，包含对交付物的描述、对解决方案的组合和集成、对内外部供应商的确认等。

F. 迁移规划：聚焦迁移规划，从基线架构过渡到目标架构，确保详细规划与架构愿景保持一致，和项目实现团队一同创建可行的实施和迁移规划。

G. 实施治理：关注实施的架构性监管，定义约束及架构契约，需监控每个项目和解决方案是否遵循架构规划，在合规性上不能妥协，追求长期愿景。

H. 架构变更管理：关注架构的变更管理，架构变更管理的目标是确保架构能够实现其原有的业务愿景。

另外，需求管理是 ADM 中的一个特殊阶段：管理架构需求的流程，适用于 ADM 周期的所有阶段。需求管理过程是一个动态的过程，需要关注企业需求的识别、存储，并与企业 ADM 其他阶段的输出与输入产生互动，是 ADM 过程的核心驱动。

ADM 为开发企业架构的每个阶段提供了详细的定义和说明，包括每个阶段的目标、活动、输入、步骤、输出、技巧和交付物等。其中，业务架构、信息系统架构、技术架构是 ADM 的核心阶段，这三个阶段决定企业架构是否成功。

第四节　基于技术理论、价值链和企业架构的数字化转型

油气勘探开发领域是一个投资大、周期长、产业链长、业务复杂、系统庞大的工业产业，因此其最终的投资和收益之间的风险巨大。如何有效控制各个产业板块的设计、实施和运行规划，从而保证企业商业价值的实现，这就需要针对其商业价值链进行梳理，通过将各个业务环节的业务目标与商业价值相挂钩，以数字化方式进行量化和自动化升级，最大限度地保证运行过程的可控性。

基于价值链和业务链的数字化转型成为必由之路。

无论是高油价时期还是全球经济低迷状况下，整个业务领域的行业都逐步转向依托数字化技术来应对困难，改写其运营格局并构建敏捷的基础架构。对于油气行业来说，数字化技术对于控制成本、安全运营、风险规避、效率提升，以及提升应对不可预测情况的能力并构建强大的油气工业竞争力，均是至关重要的路径。

长期以来，国际油公司与油服公司基于商业分工，已经将油气勘探开发业务流程和价值链建设成为一个庞大和完整的体系，依托地震、钻探、地化等数据获取手段，油公司可以通过井震数据针对地质对象建立构造格架、沉积相和储层属性的静态模型，进而通过油藏模拟和钻完井工程、非常规压裂工程等计算模拟，这种数字化基础的实现，对盆地与圈闭勘探、油藏开发、钻井工程和采油工程带

来效益最大化和整体价值最大化，保证了从油气区块的进入到退出全过程的高度可控。

油气数字化时代的数据架构、应用架构、技术架构等数字化架构的构建，都是基于企业价值链和业务链而开展的。作为油气工业的脉络与核心，价值链和业务链将为油气工业新生态的构建提供长久的指导和引领。

那么，数字化转型如何造就一个企业级数字化生态？

商业价值链塑造了业务框架，业务框架的高效运转依赖于数字化分析模型，而数字化分析模型需要基础数据支撑。油气工业的数字化体系就是针对这种模型为核心构建的生态。首先是面向业务系统的模型化表征，然后是建立模型之间的数据流，是基于模型的信息流转，进而实现自动化、智能化的运转。

将这一切流程整合起来的就是软件。一套软件并不仅仅是一个解决某个问题的工具，甚至可以说油气工业的软件正在自发地逐步演化和整合，将业务系统整合为一个庞大的相互连接的数字化体系。

油气工业的数字化生态，到了落实环节便是一种架构的设计。

也就是说，我们需要厘清产业中各个模型之间的相互联系和信息流动，从而将这种理论体系构建成一个数字化技术生态，这就是数字化架构的设计。我们所说的数字化架构，或称为软件与数据架构，其本质是运用信息技术构建一个业务理论的模型体系。比起让这个模型能够自动化、智能化地运转，架构运转需要我们做到一种符合技术规律的层次体系，这就是软件架构。软件架构就要建立起从数据到模型的整合，最后形成一个一个面向业务场景价值链实现的纵向闭环。

第五节 本章小结

油气企业运行是一种商业活动，其面对的生产对象是复杂的地质与油藏科学，而数字化技术是整体商业和技术进行量化的核心方法。因此，构建油气行业的数字化转型，需要从油气商业价值链、油气地质理论、企业架构设计方法三个方面进行有机融合。

本章对这三项基础理论进行说明，为我们后续的业务剖析和技术设计奠定思维主线、基础理论和设计方法的基础。

① 石油地质学是研究石油和天然气在地壳中生成、运移和聚集规律的学科，也是油气工业最基础的学科。石油地质学理论由于在油气行业中的核心地位，是我们开展油气勘探、开发和钻采工作的基础。

② 商业价值链是一切企业活动的出发点。商业价值链将一个行业的所有业

务活动串接和整合在了一起，将最终的商业价值，逐步分解和传递到全流程的每一个环节，为每一个流程节点确定了合理的投入产出约束、风险规避以及考虑更多因素的综合效益。

③ 企业架构设计是一种保证企业战略、业务、IT 的一致规划方法论。一般来说，企业架构包括业务架构和信息技术架构，其中信息技术架构又被分为应用架构、数据架构和技术架构三种。

④ 数字化转型是面向企业业务竞争力提升和商业价值实现的实践活动。应对数字化转型，企业需要将业务、应用、数据、技术等架构领域紧密关联，使得各领域形成一个有机整体，快速响应外部驱动、技术进步、战略调整等带来的各种变化，精确控制和协调各部分的协作，以打造敏捷性企业。

第二章 业务链与业务场景：油气工业价值实现形态

油气工业上游业务，一般被称作油气勘探开发。经过数十年的发展，油气行业已经形成了系统化的业务分工和层次分级，这就是我们常说的油气业务板块。各个业务板块作为油气上游业务整体系统的组成部分，分别承担着勘探、开发、采油、工程建设等环节的价值体现，从而实现对油气价值链的打通。

要开展油气勘探开发的数字化技术研究，首先要厘清油气工业上游的业务流程和业务逻辑，明确油气这种重要资源是如何从发现到量化，最后通过开采和集输完成商业价值的实现。

第一节 油气工业上游业务概述

油气田勘探开发是一个复杂而漫长的历程。一个潜在的含油气盆地取得勘探突破，少则几年，长则几十年，一个大型油气田从发现到开发直至废弃可能长达上百年。从整体上看，油气勘探开发业务可划分为资源勘查、资源评价、油气发现、油气藏评价、油气田开发生产、油气田废弃六大阶段。在勘探开发不同的阶段，其任务和目标不同，使用的方法和工程技术手段也不完全相同。总体是一个承前启后、不断认识、逐渐深入和清晰的递进过程。了解一个油气田的勘探开发历程，对实现高效、科学管理具有重要意义，也是油田信息化建设的基石。对油气田勘探开发全生命周期的划分，业界有若干种不同划分方法，这里不去细究哪一种划分方法更科学合理，重点是要对勘探开发全生命流程有一个清晰的结构化、数字化表达，抓住油田勘探开发核心业务，实现数字化、信息化与勘探开发业务的高度融合，实现业务的数字化和智能化应用，用信息化促进高效勘探、效益开发，实现油田企业资产价值最大化，这是信息化的终极目标（李剑锋，2020）。

一、油气勘探开发具有复杂但清晰的业务流程

如图 2-1 所示，油气勘探开发领域的业务流程是一个非常复杂的体系，尤其

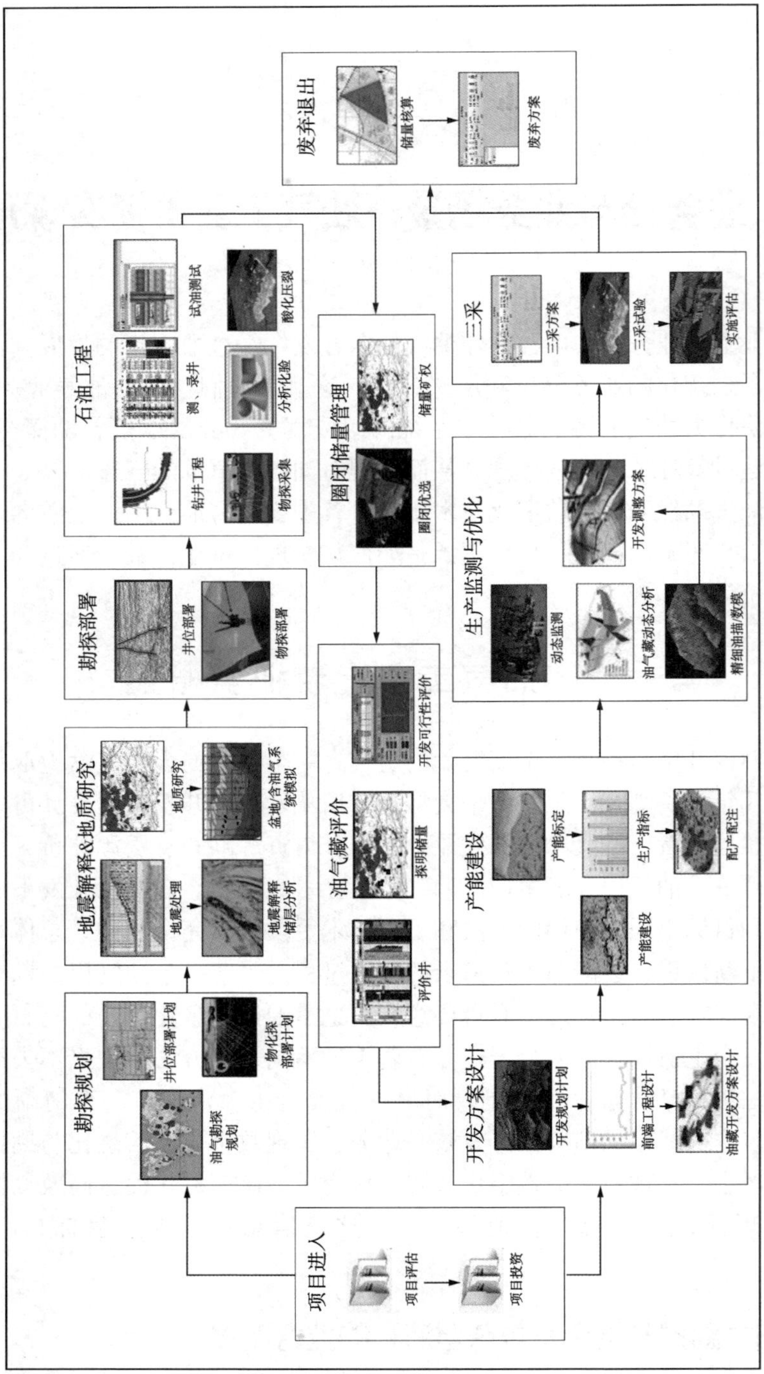

图2-1 油气勘探开发领域的业务流程

油气的上游业务领域，在油气“项目进入”和“废弃退出”之间，是油气勘探、油气藏开发、石油工程三个较大的领域。其中油气勘探主要包括：勘探规划、地质研究、勘探部署、勘探施工部署、圈闭储量管理和油气藏评价；油气藏开发包括开发方案设计、产能建设、生产监测优化、三次采油等重要阶段；石油工程则包含地球物理(地震为主)工程、钻完井工程、地面工程等施工项目，且石油工程由于其主业服务性质，常常被当作勘探开发业务的一部分。

油气行业数字化是对油气业务流程和机理的数字化，流程剖析是业务数字化的起点。因此要进行油气数字化的总体设计，必须对油气勘探开发的业务概念及其工作流程有一个系统的认识和清晰的理解。

1. 油气勘探业务

油气勘探业务的主要目的是发现与落实新的油气储量，并对油气储量的品质进行初步评价，最大幅度地增加油气后备储量。油气勘探阶段的划分有多种思路，主要的划分方式有五种，它们分别是：

苏联油气勘探程序：分为调查时期(区域地质地球物理工作时期、专题地区的准备时期、油气藏调查钻探时期)和勘探阶段两个阶段。

美国油气勘探程序：分为盆地评价、钻井前的评价、钻探井、钻井评价四个阶段。

我国原地质矿产部油气勘探阶段：分为普查(区域概查、面积普查、构造详查)、勘探两个阶段。

中国石化(以胜利油田为例)油气勘探程序：分为定凹、定带、定区、定块四个阶段。

中国石油油气勘探程序：区域勘探、圈闭勘探、油气田(藏)评价勘探三个阶段。

结合油气田勘探工作的管理流程与工作节点的职责划分，各油田需要选择不同的油气勘探程序划分阶段来适应本地的实际管理流程。下面以中国石油的勘探阶段划分来探讨各阶段的主要工作与流程。

区域勘探是在一个大区或盆地进行油气勘探过程的第一阶段，是指从盆地的石油地质调查开始到优选出有利含油气带的全过程。通过对整个盆地或凹陷进行整体地质调查，查明区域地质和石油地质条件，进行早期含油气远景评价和资源量估算，评选出最有利的凹陷和构造带，提出预探方案。

圈闭勘探是在有油气远景的二级或局部构造圈闭上进行的勘探工作，识别和优选圈闭，通过探井钻探发现油气藏，探明含油气性，提供评价井位。

油气田(藏)评价勘探是指从圈闭预探获工业性油气流开始到探明油气田的过程。要查明油气田的各项参数(油气田构造形态、主要断层分布和性质、油气水边界、油藏类型、油藏储集类型、流体性质、产油能力等)，提交控制储量和探明储量，为编制开发方案提供依据。

2. 油气开发业务

油气开发业务的目的就是依据详探成果和必要的生产性开发试验，在综合研究的基础上对具有工业价值的油气田，从其实际情况和生产规律出发，制定出合理的开发方案并对油气田进行建设和投产，使油气田能够按预定的生产能力和经济效果长期生产，直至开发结束。

在分公司层级油气开发业务涉及开发生产、综合研究、开发业务管理三方面的工作，各方面的工作内容既有所侧重，又相互依赖，构成了完整的油气藏开发管理体系。

开发生产业务一般由油田的采油厂(包括采油矿、管理区)负责，工作内容是油藏开发动态分析与管理，围绕单井、注采井组、开发单元不同的管理对象，在全面收集油藏动、静态资料的基础上，综合运用多学科的知识和技术，采用综合的分析、判断方法，动态地把握已投入开发的油藏的开发趋势，针对生产过程中出现的各种产量下降问题提出油田开发的调整措施和总体规划，并根据实施效果修正规划方案和调整方案，以期使每个油藏都达到较高的最终采收率。通过这一管理过程不断地循环优化，完成油田从发现到枯竭的管理。开发生产业务收集的各类生产动态资料及得出的成果资料还为综合研究、开发业务管理提供了基础分析资料。

综合研究业务主要由专门的地质研究部门(如各油田的地质科学研究院)负责，工作内容可概括为以下几个方面：

(1) 油气田的早期评价和开发可行性研究。开发试验方案的设计与实施指导，为油气田是否全面开发提供依据。

(2) 油气田的开发设计与全面开发设计。进行油气藏描述、选择合理的开采方式、合理划分开发层系、部署井网、确定油气田合理的开发速度及生产水平、采用油气藏数值模拟等方法进行各种开发方案的计算、确定油气田钻采工艺及测井技术、结合地面设施，全面进行经济技术指标的分析和对比，选择出最佳的开发方案、制定方案实施细则等内容。

(3) 针对开发生产业务中出现的问题开展专项技术研究。主要进行油藏地质研究、剩余油分布研究、提高采收率技术研究；完成新区产能建设方案、综合开发方案及中长期开发规划编制等复杂的研究工作。

研究成果一方面指导开发生产各项措施的优化制定；另一方面为开发管理提供完整的油藏管理方案。

开发业务管理由油公司开发管理单位负责，主要工作内容是负责油气田开发规划、老油田滚动勘探、油藏评价、新区产能、老油田开发管理、油藏动态监测、天然气开发管理、开发方案及开发井位设计的审批、开发生产动态管理、三次采油及提高采收率、先导试验、开发信息管理、油藏经营管理、油田开发储量管理等；同时负责编制油田开发管理制度、技术规范和开发技术政策制定、新技术推广应用方案等；最后对各项油田开发管理工作的实施运行监督和实施效果评价，从宏观角度为开发生产、综合研究提出工作目标及相应的工作要求。

3. *石油工程业务*

石油工程的概念范围较广，在不同国家甚至不同企业中，其概念的内涵定义存在一定的差异。一般通用的认识(百度百科)是：石油工程，是根据油气和储层特性建立适宜的流动通道并优选举升方法，经济有效地将深埋于地下的油气从油气藏中开采到地面所实施的一系列工程和工艺技术的总称。包括油藏、钻井、采油和石油地面工程等。石油工程是集多种工艺技术和工程措施于一体，多种工艺技术相互配合、相互渗透、相互促进和发展的综合工程。

石油工程在某些领域会与某些特定工程定义混用，如按油田开发现场管理的习惯说法，所有实现油田开发方案的各项技术手段与措施统称为“采油工程”。依据面向的对象和研究的技术内容，采油工程可细分为四项技术内容，它们分别是采油技术与管理、注水技术与管理、钻井技术与管理、修井(又称井下作业)技术与管理。总体来说，石油工程是区别于勘探开发主体业务的一系列工程和工艺技术的总称。由于石油工程的市场服务定位，我们在此不对其概念进行明确定义。

采油技术是通过一系列可作用于油藏的工程技术措施，使油、气畅流入井，并高效率地将其举升到地面进行分离和计量；其目标是经济有效地提高油井产量和原油采收率。

注水技术是保持油藏地层压力的有效技术，如何提高注水有效率，保持油藏地层压力不减，是注水技术研究与注水管理的目标。

钻井技术主要包括井身设计、钻头和泥浆的选用、钻具组合、钻井参数配合、井斜控制、泥浆处理、取岩心以及事故预防和处理等相关提高钻井质量的技术。

井下作业技术主要包括油气藏渗流能力改造和油水井井下设备维修两大部分，是提高油藏采收率重要的实施手段，因此在这方面开展的新工艺、新技术研究也很广泛。而且，近年随着非常规油气规模的逐步扩大，面向非常规油气(致密油、页岩油气等)的水平压裂和开采技术的比重也逐渐增加。

油气集输业务是指把分散的油井所生产的石油、伴生天然气和其他产品集中起来，经过必要的处理、初加工，合格的油和天然气分别外输到炼油厂和天然气用户的全过程。主要包括油气分离、油气计量、原油脱水、天然气净化、原油稳定、轻烃回收等内容。

二、油气工业上游业务的重要特征

1. 业务流程技术体系复杂

油气勘探与开发过程中，其业务体系和技术体系庞大，运行复杂，仅油气勘探领域就涉及地球物理技术、地质构造演变、岩石与古生物、有机质成烃、流体模拟、钻井工程、测录井等细分的专业，这些大量的专业体系不仅需要长期的学术和实践研究，而且当其在不同地理与地质环境下时需要不同的理论体系和技术方法。

2. 业务方法和软件工具发展成熟

业务流程的研究方法也非常复杂，从进入到退出，从勘探开发到石油工程，每个业务板块都有着复杂而相对独立的理论方法和软件工具。油气行业的数据成果极其复杂，不仅包括各个行业的结构化数据，而且还包括大量的地球物理数据、地质构造数据、油藏模型到工程数据模型。这些数据模型是从油气井的钻测录，到地震处理解释、地质综合研究、地质与油藏建模、模拟、钻进与压裂等一系列专业数据加工与分析构建的过程，所有这些环节目前都具有成熟的方法和配套的软件工具。

3. 宏观上具有清晰的业务流程和价值链

基于油气上游业务的复杂性和长期性，油气勘探开发业务流程的各个业务板块和技术领域，共同构成了一个完整的业务流程和业务价值链。从早期的盆地、区带与圈闭勘探，到油藏开发、采油生产、石油工程等业务领域，这些阶段一般具有前后衔接关系并共同构成了完整的业务闭环，这一闭环的形成保证了油气上游工业每一个环节都能基于商业价值而有效运行。

4. 面向一体化业务的网络化与交叉化特点

随着油气行业的基础学科、工业技术、信息技术和管理方法的提升，尤其是非常规油气领域的快速发展，一体化趋势已经成为重要特点。典型的，如处理解释一体化、勘探开发一体化、地质工程一体化等，这些一体化带来了各个业务板块和技术的交叉化，尤其是注重将地震、地质、油藏的研究成果直接应用于井网部署、钻完井工程和压裂工程。此时，油气业务体系出现了两个巨大的变化：①静态方面，业务流程不再是典型的线性流程，而是变成了网状关系，前后业务流程的关联更早、更多；②动态方面，业务流程不再是一个顺序流程，而是变成了全流程快速迭代的模式，从勘探到开发再到工程，几个关键的业务闭环在不断的迭代过程中逐步深化。

构建油气勘探开发数字化转型，基础便是对于这些业务板块及其运行逻辑的深度、全面把握，以使得我们在油气勘探开发的数字化转型设计工作中，能够有效整合技术、资源与流程，形成更加高效而灵活的油气工业价值链。

第二节　油气勘探：发现油气资源

石油地质勘探是指为了识别勘探区域或探明油气储量而进行的地质调查、地球物理勘探、钻探活动以及其他相关活动，其目的是寻找和查明油气资源。石油地质勘探利用各种勘探手段和方法，了解地下的地质状况，认识生油、储油、油气运移、聚集、保存等条件，综合评价含油气远景，确定油气聚集的有利地区，找到储油气的圈闭，并探明油气田面积，搞清油气层情况和产出能力的过程。

在勘探—生产这个周期中的第一个阶段当然是找到油气沉积地点，然后才能在技术—经济条件允许的情况下投入生产。

一、油气勘探的技术体系

油田勘探技术种类的划分由于管理模式和技术体系导致分类方式有所差异，但总体的内容基本是一致的。国内常见的是将油气勘探技术分为四种主要的类型（吴欣松，张一伟等，2001）：

① 地质调查技术：地面或地表进行的技术，包括地面地质踏勘、油气资源遥感、非地震物理化探、地震勘探；

② 探井井筒技术：指直接接触油气层的勘探技术，包括钻井、录井、测井、试油测试；

③ 实验分析模拟技术：利用各种分析仪器、测试和模拟装置，取得相关资料；

④ 地质综合研究技术：对勘探对象和勘探目标进行系统化、定量化的评价技术，包括盆地评价技术、区带评价技术、圈闭评价技术和油气藏描述技术。

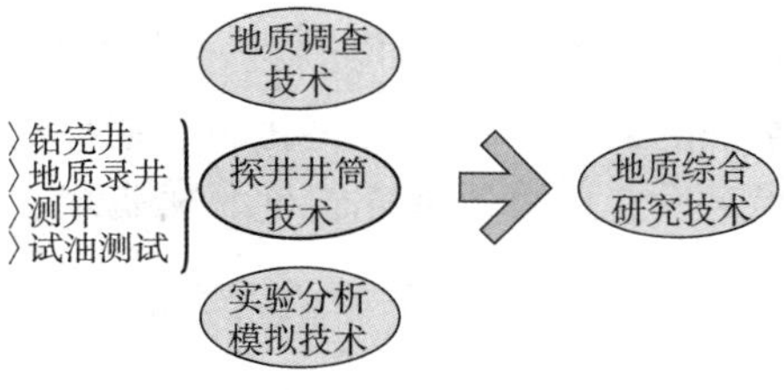

图 2-2　油气勘探业务的主要技术方法（吴欣松，2001）

如图 2-2 所示，前三种技术（地质调查、井中探测、实验分析）是以信息采集为主要方法，并通过资料的处理与解释，从不同的侧面来再现地下地质情况，而地质综合研究技术重点是将上述三种技术手段获取的信息和解释成果进行综合研究，来对勘探对象和勘探目标进行系统化、定量化的评价。

二、地面地质调查

油气勘探的地面地质调查，即地面地质测量是最古老的地质勘探技术，它是通过对野外地质露头的观察和油气苗的研究，结合地质浅钻和构造剖面等手段，查明生油层和储层的地质特征，落实圈闭的构造形态和含油气情况(庞雄奇等，2006)。

不同的勘探阶段野外地质调查的工作是不同的，其采集地质资料的内容和方法也有所不同(蔡希源等，2012)。对于区域地质调查的盆地评价研究，主要是了解基本的地层特点、接触关系、潜在烃源岩特点和基本的储盖组合，同时通过地层展布、沉积特点、火山岩性质、断裂体系的综合评价来分析盆地原型特点、构造演化、潜在源岩发育时期和可能的展布；对于区带评价，主要是局部源岩评价、区域性特殊地质时间对生储盖及成藏的影响、地层层序特点与横向变化；对于精细地质调查阶段，主要针对研究与评价的某个具体问题展开专题性研究，如具体的含油层段垂向物性变化、特殊储层的特征与组合关系、精细的断层相关褶皱构造与横向变化。

野外剖面的测制目的是：划分地层，明确各个地层之间的关系；研究岩石地层单位的组成、结构、基本层序，各生物地层单位的代表性化石及其组合特征，地层成因标志与组合；分析沉积演化的过程及对构造的响应，单个层在某种沉积体系或相带中的发育规模和可能的横向变化；掌握不同沉积环境或体系域中所存在的烃源岩、岩石孔隙度、渗透率等对油气成藏至关重要的特征参数的变化；判断基本的生储盖特征与纵横向配置，从而为生储盖的横向预测奠定基础。

地质调查根据最终的野外草图和观察记录，绘制正规的踏勘剖面图和岩性柱状剖面图作为地质调查的成果。

① 踏勘剖面图是将野外导线平面图的起点和终点连线方向作为剖面的方向来绘制平面图。在这个剖面图上，首先将平面图导线上的各个点投影到剖面图的地形线上，然后根据岩层的产状及规定的岩性符号画出岩层层面线，在下方标出产状要素和地层时代。

② 岩性柱状剖面图反映时代顺序、地层接触关系、地层岩性特征与厚度，同时根据需要在图上反映出野外测量时观察到的沉积构造、生物化石、取样的种类和位置等。随着随后的鉴定和测试结果出来后，还可以补充粒度分析资料、化石种类以及沉积相带、沉积旋回的判断结果等。

三、非地震勘探

非地震勘探的说法一般用于区分传统的地震勘探，一般是指通过重力、地球磁场、电法和遥感等信息采集和分析，形成的一系列油气勘探方法。

1. 重力勘探

在石油地质领域中，作为地球物理勘探方法之一的重力勘探，就是通过测量与围岩存在密度差异的地质体所引起的重力加速度的变化，来确定这些地质体存在的空间位置、大小和形状。

由于地球是个椭圆形球体，并不断地自转，从而引起地球表面上重力值的变化。对于石油勘探来说，主要研究的是地壳密度的横向不均匀性，即由于各种地质原因使得地壳密度不均匀引起重力加速度(g)的变化。重力加速度变化，即通常所言的重力异常，是由于地壳内部岩石密度分布的不均匀所引起的，因而对于岩石的密度及其分布情况的了解是十分必要的。岩石密度是指在自然蕴藏条件下，岩石单位体积的质量。根据观测结果表明，不同种类的岩石有不同的密度值；同种类岩石，在不同的地质条件下，也会有不同的密度值。影响岩石密度的主要因素有两个，即岩石中的矿物成分和孔隙度。

在油气勘探中，重力勘探解决以下任务：研究区域地质构造、划分构造单元，圈出有油气远景的沉积盆地；研究盆地的内部构造，划分断裂，探测基底埋深，圈出盆地内的背斜、古潜山、推覆体等含油气远景的局部地质构造，圈出盆地内的火成岩体、生物礁、盐丘等特殊地质体；直接探测油气藏或者储层有关的低密度体。

2. 磁力勘探

地球本身具有磁场，在磁场作用下的岩石和矿体都因不同程度的磁化而具有磁性。在油气勘探中，磁力勘探是指采用磁力仪器测定地面上各个部位的磁力强弱，从而研究地下岩石矿物的分布和地质构造。

地球作为一个大磁体本身具有磁性，所以对多磁力的预测值进行校正，可以发现与岩石和矿物磁性有关的磁力异常。因为铁磁性矿物含量越高则磁性越强，在含油气的区域中，由于烃类向地面渗透形成了还原环境，将岩石或土壤中的氧化铁还原成磁铁矿，因此用高精度的磁力仪可以检测出这种区域的磁性异常，再进一步与其他勘探手段进行配合，可以有助于发现油气藏。磁力异常的测量，可以辅助油气勘探应用于区域大地构造的划分、盆地基底的内部结构、盆地基底断裂、盆地沉积盖层岩性分布解释等。

3. 电法勘探

电法勘探是利用岩石和矿物的电阻率不同而使用仪器在地面测量不同深度地层介质的电性差异，研究地下的地质构造方法。

与重力和磁法勘探相比，电法勘探的种类较多，按照场的成因不同，可以分为天然场法和人工场法两大类。天然场法包括大地电磁法和声频电磁法。人工场法包括电阻率法、人工电磁法和激发极化法。我国目前的电法勘探中采用较多的是直流电测法、大地电磁测深法、可控声频大地电磁测深法，以及近期的差分标定电法、大地电场岩性探测法。

目前，随着技术的不断发展，重磁电勘探在资料采集处理和解释等方面取得了重大的进步，主要表现在井中重力勘探、电磁阵列剖面法的出现，瞬变电磁法的发展以及直接找油等方面。

4. 遥感勘探

遥感指的是用各种探测仪器从远距离探查、测量或侦察地球上、大气中及其他星球上的各种事物和变化情况，这种与目标不直接接触而获取有关目标的、信息的技术方法称为遥感。现阶段的遥感技术以地球(包括大气圈)为主要研究对象，主要是利用各种物体反射或发射电磁波的性能，由飞机、火箭、人造卫星、宇宙飞船等运载工具上的各种传感仪器，从远距离接收或探测目标物的电磁波信息，从而获得多方面的情况和动态资料。由于这种方法具有覆盖面积大、获取情报速度快、受地面障碍限制小，并能在短时期内连续、反复进行观测等优点，因而在探测自然资源、监视环境动态变化、气象观测、军事侦察等方面都有重要的应用价值和广阔的发展前景。

遥感是以电磁波为媒介的探测技术，对遥感目标(如地球)的电磁波辐射特性进行探测和记录，记录的数据通过遥感平台上的数据通信和传输系统传送到地面接收站，通过数据接收和处理系统得到图像和数据磁带。遥感图像相当于一定比例尺缩小了的地面立体模型。它全面、真实地反映了各种地物(包括地质体)的特征及其空间组合关系。遥感图像的地质解释包括对经过图像处理后的图像的地质解释，是指应用遥感原理、地学理论和相关学科知识，以目视方法揭示遥感图像中的地质信息。

遥感图像地质解释的基本内容包括：①岩性和地层解释。解释的标本有色调、地貌、水系、植被与土地利用特点等。②构造解释。在遥感图像上识别、勾绘和研究各种地质构造形迹的形态、产状、分布规律、组合关系及其成因联系等。③矿产解释和成矿远景分析。这是一项复杂的综合性解释工作，即运用图像处理技术提取矿产信息。成矿远景分析工作是以成矿理论为指导，在矿产解释基础上，利用计算机将矿产解释成果与地球物理勘探、地球化学勘查资料进行综合处理，从而圈定成矿远景区，提出预测区和勘探靶区。利用遥感图像解释矿产已成为一种重要的找矿手段。

四、分析化验

分析化验数据是通过对岩石及其含有物、石油、天然气等进行物理的、化学的和仪器的分析而取得的。来自岩石及其含有物分析化验数据如古生物化石，岩矿鉴定等数据；另一数据来自岩石中的含有物——石油本身，它是通过对岩石之中的石油、天然气等进行各种分析化验而取得的数据。分析化验数据包括两大类，一类是来自岩石及其含有物的数据，另一类是有机地球化学分析的数据。

（一）岩石及其含有物数据

岩石及其含有物数据是通过对岩石的观察和对其中含有物的分析而取得的数据，包括古生物化石，重矿物鉴定，岩石薄片鉴定，油层物性、粒度分析等数据。

1. 古生物

古生物学是研究古代生物及其发展的科学，其分析对象有介形虫、孢粉、轮藻、腹足类及其他类的古生物化石。它研究古生物的立体形态、构造、纹饰、生态特征和分类。通过研究各类古生物在各个地质时代和地理上的分布特点，从而找出它们发展、演化规律，特别是用化石组合来划分区域地层，以指导地层的正确划分和相对地质时代的确定，并为生物演化提供最基本的事实依据。通过对一些“指相化石”的研究，以及保存这些化石围岩特征的分析，来恢复各个地质时期的古地理和古气候，研究构造发育史，为研究地壳的海陆变迁和寻找沉积矿床提供必要的资料。

2. 岩矿

岩石是组成地球岩石圈的主要物质，岩石分三大类，即岩浆岩、变质岩和沉积岩。矿物是在地壳中经过物理化学作用形成的，为天然无机的单质或化合物。是组成岩石和矿石的基本单元。具有相对固定的化学组成和物理化学性质。自然界已发现的矿物有 3300 多种，绝大部分是固态的无机物，液态的极少。

不同的矿物由于化学组成不同和晶体结构的不同，表现在外表形态上的特征及各项物理性质均有差异，是鉴定矿物的依据。矿物的导电性、磁性、放射性、密度等性质都是地球物理探矿及找矿方法的重要参数依据。

3. 油层物性

地层中的流体，是指储油岩石的孔隙、裂缝中的石油、天然气和地层水。它们在地下和地面的性质差异很大。在地层条件下处于高温、高压的环境之中，原油中溶有大量的天然气，地层水中也有一定的天然气，并溶有大量的金属盐类。当地层压力很高，重质烃类含量很少时，油也能溶在天然气中。

油层物性的任务是研究油层流体，包括油、气、水的物理性质，油气相态的变化规律，研究储油岩的渗流特性及其他物理性质，从而为储量计算、油田开发方案设计、油藏动态分析、选择合理的工艺提供有效的物理参数数据，为提高采收率打下基础。

4. 全直径岩心分析

地层中存在的裂缝、溶洞或孔隙极大时，即孔隙体积较普通的砂岩岩心分析的岩样体积还要大时，为获得有代表性的物理数据，就要用全直径岩心进行分析。

饱和度：全直径岩心使用提取蒸馏法、真空干燥法测定饱和度数据。

孔隙度：孔隙度测定与普通孔隙度测定相同：即用直接测量、浮力法、水银法、总体积仪先测定出岩心外表体积 V_f；岩石的孔隙体积 V_p；岩石的颗粒体积 V_s。用公式计算 $\Phi=V_p/V_f=(V_f-V_s)/V_f=1-V_s/V_f$。

渗透率：渗透率的测定分“线性渗透率”和“径向渗透率”两种。用仪器可直接测出水平方向的渗透率、垂直方向的渗透率等参数。

5. 岩心润湿性试验

岩心润湿性是指液体在分子力的作用下，在固体表面的流散现象。由于油层岩石的多样性，石油组成的复杂性和地层水的不同矿化度，油藏岩石的油水选择性润湿是很复杂的。至于油藏岩石表面是亲油还是亲水，通过大量实际的测量，得出的结论是27%的油藏岩石是亲水的，66%的油藏岩石是亲油的，7%的油藏岩石是中性的。

岩心润湿性与饱和度、渗透率一样，是油田动态分析、油藏模拟、修井及完井压井液和洗井液的选择及提高采收率研究不可缺少的参数。

（二）有机地球化学分析的数据

有机地球化学是研究地壳内各种有机含碳化合物的分布、运移和富集规律及其所表现的性能和演化的历史的学科。石油化学组分中保存了生油母质和石油转化产物的信息，因而，研究石油化学组成及单体化合物的形成、成熟过程、运移、聚集、保存以及油源对比，乃至探索新的石油地球化学指标，对于揭示油气成藏的机理有重要意义。

石油中主要有烷烃、环烷烃和芳香烃三大族烃类。在不同的石油中，各类烃的含量相差很大，同一族烃类在各种石油中的含量和结构也不尽相同。石油馏分中的族组随原油而异，各族烃在馏分中的分布，总的是烷烃含量高，环烷烃次之，芳香烃最低。此外组成石油的有机化合物，除了碳、氢元素外，还有氧、硫、氮等杂原子，这类杂原子虽然数量不多，但在地质研究中具有重要的地球化学意义。

有机地球化学分析项目众多，所产生的数据多而繁杂。而且，随着科技的进步，新技术、新仪器不断更新，分析项目还会增多，数据更为庞大复杂。它使人们对石油的认识愈接近客观实际。但就目前的状况，有机地球化学分析在地质中主要有以下的应用：

① 评价生油岩：应用的方法和指标较多，主要包括有机质的丰度与有机质的类型。

② 确定有机质成熟度：是识别生油岩是否已被演化至大量生成石油的阶段；或遭受热力作用，使有机物演化为气甚至完全被破坏。

③ 测定古地温：石油生成的最低温度是 60℃，而石油开始破坏的温度是 150℃。根据碳同位素，化石颜色，顺磁共振法测古地温。

④ 进行油源对比：其目的是确定生物体—生油岩—石油之间确凿的成因联系，辨认盆地中不同油藏烃的不同组成，从而鉴定和区别不同的生油岩，以选择勘探目的层，并制定勘探原则。

⑤ 确定石油生成地球化学相和沉积相：沉积时水介质的酸碱度、水介质的矿化度、黏土矿物、铁的含量等。

五、地球物理勘探

地震勘探也称地球物理勘探，是指人工激发所引起的弹性波利用地下介质弹性和密度的差异，通过观测和分析人工地震产生的地震波在地下的传播规律，推断地下岩层的性质和形态的地球物理勘探方法。地震勘探是地球物理勘探中最重要、解决油气勘探问题最有效的方法。

地震勘探是利用地下介质弹性和密度的差异，通过观测和分析大地对人工激发地震波的响应，推断地下岩层的性质和形态的地球物理勘探方法。它利用人工方法激发的弹性波来定位矿藏，获取工程地质信息。

1. 地震勘探概述

地震勘探则是利用人工的方法引起地壳振动（如炸药爆炸、可控震源振动），再用精密仪器按一定的观测方式记录爆炸后地面上各接收点的振动信息，利用对原始记录信息经一系列加工处理后得到的成果资料推断地下地质构造的特点。

在地表以人工方法激发地震波，在向地下传播时，遇有介质性质不同的岩层分界面，地震波将发生反射与折射，在地表或井中用检波器接收这种地震波。收到的地震波信号与震源特性、检波点的位置、地震波经过的地下岩层的性质和结构有关。通过对地震波记录进行处理和解释，可以推断地下岩层的性质和形态。

地震勘探在分层的详细程度和勘查的精度上，都优于其他地球物理勘探方法。地震勘探的深度一般从数十米到数万米。地震勘探的难题是分辨率的提高，高分辨率有助于对地下构造进行精细研究，从而更详细地了解地层的构造与分布。

爆炸震源是地震勘探中广泛采用的人工震源。目前已发展了一系列地面震源，如重锤、连续震动源、气动震源等，但陆地地震勘探经常采用的重要震源仍为炸药。海上地震勘探除采用炸药震源之外，还广泛采用空气枪、蒸汽枪及电火花引爆气体等方法。地震勘探是钻探前勘测石油与天然气资源的重要手段。在煤田和工程地质勘查、区域地质研究和地壳研究等方面，地震勘探也得到广泛应用。20 世纪 80 年代以来，对某些类型的金属矿藏的勘查也有选择地采用了地震勘探方法。

地震勘探也称勘探地震学，该方法的主要特点是：

① 利用专门仪器并按特定方式观测岩层间的波阻抗差异，进而研究地下地质问题；

② 通过人工方法激发地震波，研究地震波在地层中传播的规律与特点，以查明地下的地质构造，为寻找油气田或其他勘探目标服务；

③ 地震勘探的投资回报率很高，几乎所有的石油公司都依赖地震勘探资料来确定勘探和开发井位；

④ 三维地震勘探的成果能提供丰富的地质细节，极大地促进了油藏工程的发展。

2. 地震勘探方法

包括反射法、折射法和地震测井。三种方法在陆地和海洋均可应用。

研究很浅或很深的界面、寻找特殊的高速地层时，折射法比反射法有效。但应用折射法必须满足下层波速大于上层波速的特定要求，故折射法的应用范围受到限制。应用反射法只要求岩层波阻抗有所变化即可，易于得到满足，因而地震勘探中广泛采用的是反射法。

(1) 反射法。

利用反射波的波形记录的地震勘探方法。地震波在其传播过程中遇到介质性质不同的岩层界面时，一部分能量被反射，一部分能量透过界面而继续传播。

在垂直入射情形下有反射波的强度受反射系数影响，在噪声背景相当强的条件下，通常只有具有较大反射系数的反射界面才能被检测识别。地下每个波阻抗变化的界面，如地层面、不整合面、断层面等都可产生反射波。在地表面接收来自不同界面的反射波，可详细查明地下岩层的分层结构及其几何形态。

反射波的到达时间与反射面的深度有关，据此可查明地层埋藏深度及其起伏。随着检波点至震源距离(炮检距)的增大，同一界面的反射波走势按双曲线关系变化，据此可确定反射面以上介质的平均速度。反射波振幅与反射系数有关，据此可推算地下波阻抗的变化，进而对地层岩性作出预测。

反射法勘探采用的最大炮检距一般不超过最深目的层的深度。除记录到反射波信号之外，常可记录到沿地表传播的面波、浅层折射波以及各种杂乱振动波。这些与目的层无关的波对反射波信号形成干扰，称为噪声。使噪声衰减的主要方法是采用组合检波，即用多个检波器的组合代替单个检波器，有时还需用组合震源代替单个震源，此外还需在地震数据处理中采取进一步的措施。反射波在返回地面的过程中遇到界面再度反射，因而在地面可记录到经过多次反射的地震波。如地层中具有较大反射系数的界面，可能产生较强振幅的多次反射波，形成干扰。

反射法观测广泛采用多次覆盖技术，即连续地相应改变震源与检波点在排列中所在的位置，在水平界面情形下，可使地震波总在同一反射点被反射返回地面，反射点在炮检距中心点的正下方。具有共同中心反射点的相应各记录道组成共中心点道集，它是地震数据处理时所采用的基本道集形式，称为 CDP 道集。多次覆盖技术具有很大的灵活性，除 CDP 道集之外，视数据处理或解释之需要，还可采用具有共同检波点的共检波点道集、具有共同炮点的共炮点道集、具有相同炮检距的共炮检距道集等不同的道集形式。采用多次覆盖技术的好处之一就是可以削弱这类多次波干扰，同时还需采用特殊的地震数据处理方法使多次反射进一步削弱。

反射法可利用纵波反射和横波反射。岩石孔隙含有不同流体成分，岩层的纵波速度便不相同，从而使纵波反射系数发生变化。当所含流体为气体时，岩层的纵波速度显著减小，含气层顶面与底面的反射系数绝对值往往很大，形成局部的振幅异常，这是出现“亮点”的物理基础。横波速度与岩层孔隙所含流体无关，流体性质变化时，横波振幅并不发生相应变化。但当岩石本身性质出现横向变化时，则纵波与横波反射振幅均出现相应变化。因而，联合应用纵波与横波，可对振幅变化的原因作出可靠判断，进而作出可靠的地质解释。地层的特征是否可被观察到，取决于与地震波波长相比它们的大小。地震波波速一般随深度增加而增大，高频成分随深度增加而迅速衰减，从而频率变低，因此波长一般随深度增加而增大。波长限制了地震分辨能力，深层特征必须比浅层特征大许多，才能产生类似的地震显示。如各反射界面彼此十分靠近，则相邻界面的反射往往合成一个波组，反射信号不易分辨，需采用特殊数据处理方法来提高分辨率。

（2）折射法。

利用折射波（又称明特罗普波或首波）的地震勘探方法。地层的地震波速度如大于上面覆盖层的波速，则二者的界面可形成折射面。以临界角入射的波沿界面滑行，沿该折射面滑行的波离开界面又回到原介质或地面，这种波称为折射波。折射波的到达时间与折射面的深度有关，折射波的时距曲线（折射波到达时间与炮检距的关系曲线）接近于直线，其斜率决定于折射层的波速。

震源附近某个范围内接收不到折射波，称为盲区。折射波的炮检距往往是折射面深度的几倍，折射面深度很大时，炮检距可长达几十千米。

（3）地震测井。

直接测定地震波速度的方法。震源位于井口附近，检波器沉放于钻孔内，据此测量井深及时间差，计算出地层平均速度及某一深度区间的层速度。由地震测井获得的速度数据可用于反射法或折射法的数据处理与解释。在地震测井的条件下亦可记录反射波，这类工作方法称为垂直地震剖面（VSP）测量，它不仅可准确测定速度数据，且可详查钻孔附近的地质构造情况。

3. 地震勘探过程

在地球物理勘探中，反射波法地震方法是一种极重要的勘探方法。地震勘探是利用人工激发产生的地震波在弹性不同的地层内的传播规律勘测地下地质情况的方法。地震波在地下传播过程中，地层岩石的弹性参数发生变化，从而引起地震波场发生变化并发生反射、折射和透射现象，通过人工接收变化后的地震波，经数据处理、解释后即可反演出地下地质结构及岩性，达到地质勘查的目的。

地震勘探过程由地震数据采集、地震数据处理和地震资料解释 3 个阶段组成。

（1）地震数据采集。

这个环节的任务是在地质工作和其他物探工作初步确定的有含油气希望的探区布置测线，人工激发地震波，并用野外地震仪把地震波传播的情况记录下来。这一阶段的成果是得到一张张记录了地面振动情况的数字式“磁带”，进行野外生产工作的组织形式是地震队。野外生产又分为试验阶段和生产阶段，主要内容是激发地震波，接收地震波。

在野外观测作业中，一般是沿地震测线等间距布置多个检波器来接收地震波信号。安排测线采用与地质构造走向相垂直的方向。依观测仪器的不同，检波器或检波器组的数量少的有 24 个、48 个，多的有 96 个、120 个、240 个甚至 1000 多个。每个检波器组等效于该组中心处的单个检波器。每个检波器组接收的信号通过放大器和记录器，得到一道地震波形记录，称为记录道。

为适应地震勘探的各种不同要求，各检波器组之间可有不同的排列方式，如中间放炮排列、端点放炮排列等。记录器将放大后的电信号按一定时间间隔离散采样，以数字形式记录在磁带上。磁带上的原始数据可回放而显示为图形。

常规的观测是沿直线测线进行，所得数据反映测线下方二维平面内的地震信息。这种二维的数据形式难以确定侧向反射的存在以及断层走向方向等问题，为精细详查地层情况以及利用地震资料进行储集层描述，有时在地面的一定面积内布置若干条测线，以取得足够密度的三维形式的数据体，这种工作方法称为三维地震勘探。

三维地震勘探的测线分布有不同的形式，但一般都是利用反射点位于震源与接收点之中点的正下方来设计震源与接收点位置，使中点分布于一定的面积之内。

（2）地震数据处理。

地震数据处理的任务是对野外获得的原始数据资料进行各种加工处理，得出的成果是“地震剖面图”和地震波速度、频率等资料，从而将地震数据变成地质语言——地震剖面图或构造图。地震处理的成果数据经过后续的分析解释，确定地下岩层的产状和构造关系，找出有利的含油气地区。还可与测井资料、钻井资料综合进行解释，进行储集层描述、预测油气及划定油水分界。

削弱干扰、提高信噪比和分辨率是地震数据处理的重要目的。根据所需要的反射与不需要的干扰在波形上的不同与差异进行鉴别，可以削弱干扰。震源波形已知时，信号校正处理可以校正波形的变化，以利于反射的追踪与识别。对高次覆盖记录提供的重复信息进行叠加处理以及速度滤波处理，可以削弱许多类型的相干波列和随机干扰。预测反褶积和共深度点叠加，可消除或减弱多次反射波。统计性反褶积处理有助于消除浅层混响，并使反射波频带展宽，使地震子波压缩，有利于分辨率的提高。

地震数据处理的另一重要目的是实现正确的空间归位。各种类型的波动方程地震偏移处理是构造解释的重要工具，有助于提供复杂构造地区的正确地震图像。

地震数据处理需进行大数据量运算，现代的地震数据处理中心由高速电子数字计算机及其相应的外围设备组成。常规地震数据处理程序是复杂的软件系统。

（3）地震资料解释。

这个环节的任务是运用地震波传播的理论和石油地质学的原理，综合地质、钻井资料，对地震剖面进行深入的分析研究，说明地层的岩性和地质时代，以及地下地质构造的特点；绘制反映某些主要层位的构造图和其他的综合分析图件；查明有含油、气希望的圈闭，提出钻探井位。

地震资料解释包括地震构造解释、地震地层解释及地震烃类解释或地震地质解释。

地震构造解释以水平叠加时间剖面和偏移时间剖面为主要资料，分析剖面上各种波的特征，确定反射标准层层位和对比追踪，解释时间剖面所反映的各种地质构造现象，绘制反射地震标准层构造图。

地震地层解释以时间剖面为主要资料，或是进行区域性地层研究，或是进行局部构造的岩性岩相变化分析。划分地震层序是地震地层解释的基础，据此进行地震层序之沉积特征及地质时代的研究，然后进行地震相分析，将地震相转换为沉积相，绘制地震相平面图，划分出含油气的有利相带。

地震烃类解释利用反射振幅、速度及频率等信息，对含油气有利地区进行烃类指标分析。通常需综合运用钻井资料与测井资料进行标定分析与模拟解释，对地震异常作定性与定量分析，进一步识别烃类指标的性质，进行储集层描述，估算油气层厚度及分布范围等。

六、地质综合研究

石油地质综合研究是以现代勘探方法技术和石油天然气地质理论作为基础，以辩证哲学的基本思想为指导，以解决油气勘探的需要为己任，探索研究三维地质体中油气生成、聚集与分布，预测油气资源潜力，并将研究结论延伸指导勘探实践的科学(赵文智等，1999)。从多种技术与方法综合应用的角度，石油地质综合研究是充分利用已有认识和在多工种、多方法的勘探中所取得的资料进行深入分析，解释这些资料内涵的石油地质意义，即对各种认识和资料进行去粗取精、去伪存真、由此及彼、由表及里的研究，以得到对地下情况和油气赋存的理性认识，从而指导今后的勘探部署。

1. 地质综合研究与石油地质学的关系

首先需要说明的是，地质综合研究方法并不等同于石油地质学理论，赵文智在《石油地质综合研究导论》(赵文智、何登发，1999)中提出了石油地质学理论和石油地质研究实践活动之间的关系。

首先，石油地质学理论是石油地质综合研究的基础，是石油地质综合研究产生和存在的母质；而地质综合研究则是石油地质学的延伸，基于同样的石油地质理论而由具备不同智慧和创造水平的人来完成石油地质综合研究会得出价值完全不同的结果，同时，石油地质综合研究在认识上取得的客观的新进展，又会成为石油地质理论的重要组成部分，进一步丰富石油地质理论宝库。

其次，石油地质学作为地质学的分支侧重于理论的总结，突出系统性和理论体系的建立和完善；而石油地质综合研究作为理论延伸，突出以现代石油地质理论为依托在石油地质未知领域的探索，因而更加注重对油气成藏各地质作用过程的恢复与各成藏要素在时空中的匹配关系建立。

最后，石油地质综合研究是各项勘探研究技术和方法与基础石油地质理论密切结合的纽带，石油地质综合研究离不开现代油气勘探方法和技术的支持。这是由两个方面需求决定的：①石油地质综合研究的目的是指出勘探目标，这一目的本身需要将研究目标以图形和参数的形式展现在研究人员面前，所以需要通过高精度高分辨率地球物理与测井技术、井筒测试、地质实验分析、钻井和采油技术等；②石油地质综合研究离不开专项技术的发展，专项石油地质理论和技术创新对石油综合地质研究的深入和飞跃有着极为重要的促进作用。

总之，石油地质综合研究是跨越基础理论研究、应用研究和决策研究，实现地质科学的经济价值和社会效益的途径，研究的目的是有效地发现油气资源，具有显著的实用性。

2. 石油地质综合研究构成与层次

石油和天然气勘探的地质综合研究是按油气勘探的总则进行的，工作依次按盆地区域勘探，圈闭预探和油气藏评价三个阶段开展的。这三个阶段的划分，是有着明显的界限与区别的。但对一个盆地的油气勘探工作来说，这三个阶段又是互相联系，相互衔接而不可分割的。随着勘探程度的提高和各种地质、地震及非地震物化探等资料的积累，盆地的地质综合研究分析工作总是反反复复滚动进行的，不断提高勘探精度。

（1）盆地区域勘探阶段的地质综合研究。

盆地区域勘探阶段系指从盆地的石油地质调查开始，到优选出含有利凹陷或有利含油气区带的全过程。

勘探对象是盆地（坳陷及周缘地区，或凹陷及周缘地区）。它是盆地勘探的早期阶段，主要应用石油地质调查、非地震物化探资料，或少量地震和钻探资料进行盆地分析，初步搞清盆地的基底结构、盆地的构造格局、地层层序、沉积岩分布、预测主要烃源层系及主要烃源区、估算远景资源量、评价盆地勘探远景，并通过对多个盆地的分析、比较，进行分类、排队，优选出具有含油气远景的盆地。

盆地区域勘探的任务是提交出有含油远景的地区和油气资源量。研究的基本问题包括：①基底岩石性质、时代、埋藏深度及起伏状况，盆地周边的地质情况。②沉积岩的时代、厚度、岩性、岩相及分布情况。③构造单元划分和区域构造发展史，主要二级构造单元和面积较大圈闭的基本形态，上下构造层间的关系，主要断裂情况。④生油凹陷的分布，生油气层的层位、岩性、厚度、沉积条件、分布情况和组合特征。⑤储层、盖层的层位、岩性、厚度、沉积条件、分布情况和组合情况。⑥地面、地下的油气显示，油、气、水的物理、化学性质，区域水文地质情况。⑦含油气远景评价。

盆地区域勘探阶段分为盆地优选和盆地内区带优选，前者目标是提供可供普查的重点盆地及盆地勘探规划，后者利用得到的全部资料，以盆地模拟的方法，建立起各种模型（地质模型，构造模型，水动力模型，干酪根演化动力模型），研究构造发育史和油气运移史及其匹配关系，根据预探井及测井、测试和分析化验等数据进行综合研究，见到有油气显示后，计算出预测储量，对有利的圈闭提出油气藏评价方案。

(2) 圈闭预探阶段的地质综合研究。

圈闭预探阶段系指从盆地区域勘探优选出有利含油气区带进行圈闭准备开始，到获得工业油气流的全过程。勘探的对象是圈闭，主要任务是提交圈闭资源量和预测储量。

该阶段是从盆地发现烃源岩后，到主要含油气区带上的简单油气藏的基本发现，是盆地油气勘探的中期阶段。这时已有地震测线和相当数量的探井，研究者以探井资料为骨架，以地震测线资料为基础，结合其他资料可详细地研究盆地的地质特征，建立盆地的地质模型，通过盆地地史、地热、生烃史、排烃史的研究，查明地层、岩性横向变化，构造形态和断层分布，搞清油源关系、有效烃源体和储集岩体的分布，通过生烃量和排烃量的计算，预测出油气的资源量及其分布范围，优选出有利的含油气区带。

研究的基本地质问题包括：圈闭类型、基本要素、圈闭构造发育史及分布状况；储层的性质、分布及成岩作用；油、气、水的性质、分布及控制因素。

该阶段分为圈闭准备和优选、圈闭预探两个过程。前者提出可供钻进的圈闭及圈闭带、制定圈闭的地震和钻探部署方案；后者提出油气藏评价方案，收集齐全、准确的全过程数据，建立各种资料数据库。

(3) 油气藏评价阶段的地质综合研究。

油气藏评价阶段系指从圈闭预探获得工业油气流开始，到探明油气田的全过程。勘探对象是获得工业油气流的圈闭(或油气藏)，其任务是提交控制储量和探明储量。它是继续深化含油气盆地的阶段，是盆地区域勘探程度已经进入了比较高的中后期阶段。此时，对各种地质特征和石油地质规律都有了进一步的认识，特别是通过对已发现的各类油气藏分析研究，对油气运移、聚集规律有了较深的认识。要详细研究生、储、盖层的横向变化，构造圈闭情况，以及配置关系，进一步充实盆地的地质模型，更加准确地再现盆地的地史、热史、生烃史、排烃史，还要再现盆地油气运移、聚集史，定量预测油气资源量及其在三维空间的分布，重点是评价各类有利含油区带的油气潜力，特别是要对圈闭含油气性进行评价，同时也要对岩性油气藏和隐蔽油气藏进行预测。

油气藏评价阶段研究的主要问题包括：①各主要目的层的构造形态、断层在平面上的分布和在纵向上的切割层位、局部高点和断块的分布。②各含油层段的储层分布和变化、成岩作用、孔隙结构和化学性质及其变化情况。③不同构造层位和不同层系的地面和地下物理、化学性质及其变化情况。④地层的温度、压力及各套含油层段的压力系数变化情况。⑤油藏类型和驱动类型；不同含油层段的油气水在纵向上的组合关系、产状情况；含油面积和油层有效厚度的管理与决策。

第三节 油田开发：油气藏开发规划

一、油田开发概述

一个含油构造经过油气勘探环节并发现其具有工业油气流以后，便进入油气开发的环节。所谓油田开发，就是依据详探成果和必要的生产性开发试验，在综合研究的基础上对具有工业价值的油田，按照国家对原油生产的要求，从油田的实际情况和生产规律出发，制定出合理的开发方案并对油田进行建设和投产，使油田按预定的生产能力和经济效果长期生产，直至开发结束的全过程。

如果勘探阶段论证了储层的诸多特点足以表明有能力产出石油，那么就可以钻探未来的产油井，安装生产过程所需的相关设备。为了设计生产设备，需要获取各方面的信息，包括：油气井流出物的主要成分；制定的生产进度和油气井的预期总产量；要使储层的油气产量达到最佳水平，需要钻探多少口井；油气井的维修频率；等等。

上述信息可以通过以下途径获得：勘探阶段形成的地质数据，储集岩的特点，对油气井流体的研究以及试井结果等。将各种数据资料、绘图以及测录井资料等整合在一起就能非常详尽地描述出储层及其内部结构和各种流体的分布情况。根据测录井资料和岩心分析结果进行的岩石物理分析可以提供有关储集岩油气储量的信息，如孔隙度、渗透性、含烃饱和度，有了这些数值就能估计出存在的油气总量。

研究各种流体，就是要进行压力—体积—温度实验，以描述流体的物理特性和热动力特点，并确定最合适的生产方法。这个分析过程可以通过地质建模和油藏描述来实现。油藏模拟模型起初只是油田的静态地质模型，把地质学家、地质物理学家和油藏工程师收集到的有关评价井的信息综合在一起，由于勘探阶段对于这些认识存在不确定性，因此需要对这些信息进行分析。

在这个模型中，用离散的二维或者三维的单元网格表示储层，每个单元用来表示储层的参数都不相同。然后是模拟阶段，即给静态模型添加模拟算法，描述流体在相邻地质单元之间和地质单元与油井之间流动的情况，这样就可以得到一个动态模型。最后是根据一系列的经济核算提出不同的生产方案，分别从时间和空间的角度模拟储层的情况。经济最优化原则用到的各种假设都与环境有关，可以根据这一原则选择最合适的开发方案。随着生产的进行和对油田了解的加深，要不断完善数字模拟模型。以生产过程中所做的各项改进为基础，可以开展关于钻探新油井、水平井、辅助采油的影响等的可靠研究。

油藏工程师根据油田性质特点，研究油田的产量大小，油田的寿命长短以及钻探油井的数量和类型，并且与石油工程师合作共同制订开发计划。

一个油田的正规开发一般要经历三个阶段：①开发前的准备阶段，包括详探和开发试验等；②开发设计和投产，其中包括油层研究和评价，全面布置开发井，制定和实施射孔方案和注采方案；③方案的调整和完善。

油田开发方案的制定和实施是油田开发的中心环节，必须切实地、完整地对各种可行的方案进行详细和全面的对比，然后确定出符合实际、技术上先进、经济上优越的方案来。

二、开发方案与调整方案

对于一个具有工业价值的油田，在初步探明了它的面积和储量之后，要编制油田开发方案，确定开发部署，以便将油田有计划地投入开发。油田开发程序就是要妥善地解决认识油田和开发油田的问题。

制定合理开发程序的基本原则可以概括为分区、分层、分阶段。

分区是指对于含油面积大，地质特征变化大的油田，应该分区投入开发，首先开辟生产试验区，解剖典型，取得经验，认识一区，开发一区，逐步扩大开发面积。

分层是指对于非均质多油层油田，应划分开发层系，分层系投入开发。首先开发油层分布稳定、渗透率高、具备独立开发条件的主力油层。认识一个层系，开发一个层系。

分阶段是指对于每个开发区的每套开发层系，应分阶段有步骤地投入开发。要有一套适合油田地质特征的开采措施和步骤，分排治之，实践一步，调整一步。

在一定的社会经济条件下，多种开发方案中只可能有一个最好的，也就是所谓合理的开发方案。制定和选择合理开发方案的原则概括为最快速度、最高采收率、最好经济效果、最长稳产期。

① 在油田客观条件允许的原则下，高速度地开发油田；② 最充分地利用自然资源，保证油田的原油采收率最高；③ 具有最好的经济效果；④ 油田稳定生产时间长，即长期高产稳产。

开发方案的调整，是指针对开发层系和井网开展的方案调整。

油田开发前不可能把油田地质情况都认识得很清楚，所以在油田投产以后不可避免地，会在某些问题上出现一些不足之处，如生产动态与方案不吻合，加上国家对油田不断提出新要求，因而在油田开发过程中必须不断地进行调整。所以整个油田开发的过程也就是一个不断重新认识和不断调整的过程。

（1）开采层系的调整。

一套井网同时开发多油层时，由于油层的非均质性，造成一部分较差的油层基本不动用或动用程度很差。这些动用差的油层，主要是那些分布零星、延伸不远或渗透率低的油层。广义地说，对一套开发井网，开采层位的增加和减少都可以认为是开发层系的调整。但是生产实践中，一般认为油田（或一个开发区）打乱了原来井网的开采对象，才被认为是油田开发层系的调整。

（2）井网部署的调整。

层系调整着重解决层间问题，而井网调整主要用于解决平面问题。开发井网调整主要有两个目的：一是提高开发对象的水驱控制程度，以提高驱油面积系数；二是提高产液强度。

常用的井网加密方式有：油水井全面加密、主要加密注水井、局部增加注采井点。

井网抽稀是井网调整的另一种形式。对于大面积高含水的主要油层，油、水井不堵死将造成严重的层间矛盾和平面矛盾。为了调整层间干扰，保证该层含水部位更充分受效，控制大量出水，因此有必要进行主要层的井网抽稀工作。常用的方式有：关井、分层堵水和停注。

第四节　钻完井工程：构建油气通道

钻完井工程是利用石油钻井设备从地面开始沿设计轨道钻穿多套地层到达预定目的层（油气层或可能油气层），形成油气采出或注入所需流体（水、气、汽）的稳定通道（即油气井），并在钻进过程中和完钻后，完成取心、录井、测井和测试工作，取得勘探、开发和钻井所需的各种信息的系统工程。

为了安全快速地完成一口井的钻井任务，施工前必须精心做好钻井设计。钻井设计通常包括钻井地质设计和钻井工程设计两个部分，钻井工程设计包括工艺技术设计、工期设计和钻井费用预算等。

一、钻完井

经过石油工作者的勘探会发现储油区块，利用专用设备和技术，在预先选定的地表位置处，向下或一侧钻出一定直径的圆柱孔眼，并钻达地下油气层的工作，称为钻井。

在石油勘探和油田开发的各项任务中，钻井起着十分重要的作用。诸如寻找和证实含油气构造、获得工业油流、探明已证实的含油气构造的含油气面积和储量，取得有关油田的地质资料和开发数据，最后将原油从地下取到地面上来等，无一不是通过钻井来完成的。钻井是勘探与开采石油及天然气资源的一个重要环节，是勘探和开发石油的重要手段。

1. 井的类型

石油勘探和开发过程是由许多不同性质、不同任务的阶段组成的。不同的阶段，钻井的目的和任务也不一样。一些是为了探明储油构造，另一些是为了开发油田、开采原油。为了适应不同阶段、不同任务的需要，钻井的种类可分为以下几种。

（1）基准井：在区域普查阶段，为了了解地层的沉积特征和含油气情况，验证物探成果，提供地球物理参数而钻的井。一般钻到基岩并要求全井取心。

（2）剖面井：在覆盖区沿区域性大剖面所钻的井。目的是揭露区域地质剖面，研究地层岩性、岩相变化并寻找构造。主要用于区域普查阶段。

（3）参数井：在含油盆地内，为了解区域构造，提供岩石物性参数所钻的井，参数井主要用于综合详查阶段。

（4）构造井：为了编制地下某一标准层的构造图，了解其地质构造特征，验证物探成果所钻的井。

（5）探井：在有利的集油气构造或油气田范围内，为确定油气藏是否存在，圈定油气藏的边界，并对油气藏进行工业评价及取得油气开发所需的地质资料而钻的井。各勘探阶段所钻的井，又可分为预探井、初探井和详探井等。

（6）资料井：为了编制油气田开发方案，或在开发过程中为某些专题研究取得资料数据而钻的井。

（7）生产井：在进行油田开发时，为开采石油和天然气而钻的井。生产井又可分为产油井和产气井。

（8）注水(气)井：为了提高采收率及开发速度，而对油田进行注水注气以补充和合理利用地层能量所钻的井。专为注水注气而钻的井叫注水井或注气井，有时统称注入井。

（9）检查井：油田开发到某一含水阶段，为了搞清各油层的压力和油、气、水分布状况，剩余油饱和度的分布和变化情况，以及为了解各项调整挖潜措施的效果而钻的井。

（10）观察井：油田开发过程中，专门用来了解油田地下动态的井。如观察各类油层的压力、含水变化规律和单层水淹规律等。它一般不承担生产任务。

（11）调整井：油田开发中、后期，为进一步提高开发效果和最终采收率而调整原有开发井网所钻的井(包括生产井、注入井、观察井等)。这类井的生产层压力或因采油后期呈现低压，或因注入井保持能量而呈现高压。

2. 钻井方法

根据破岩方式的不同，常用的钻井方法有冲击钻井法、旋转钻井法和旋冲钻井法三种。

(1) 冲击钻井法。

又称顿钻钻井法，利用顿钻钻机使钻杆和钻绳产生上下往复动作，从而带动顿钻钻具在井内做上下往复动作，使顿钻钻头对井底进行冲击，破碎岩石，破碎后的岩石用捞筒捞到地面，然后再继续冲击钻进，如此往复，逐渐形成井眼。顿钻钻井法钻井具有钻井成本低、设备简单等优点，但由于工艺相对落后、钻速慢、不能用于钻较深的井和高压油气井等，现场已基本不再采用。

(2) 旋转钻井法。

通过地面动力设备(转盘、顶部驱动钻井装置或动力水龙头)或井下动力钻具使连接在钻柱底部的钻头连续旋转，同时利用接在钻头上部的一段钻柱(钻铤)的重力向钻头连续不断施加钻压，将岩石切削或碾压成碎屑，岩石碎屑由钻井流体不断地将其带到地面，并从钻井流体中分离出来。这种钻井方法较之冲击钻井法可大幅度提高钻井效率及适应各种复杂的井下地层情况，已替代冲击钻井法成为世界各地普遍使用的钻井方法。

在旋转钻井工艺技术研究过程中，形成了以下 7 项应用基础理论组成的学科：钻井岩石破碎力学、钻井岩石工程力学、钻井管柱力学、钻井流体化学、钻井流体力学、井下控制工程学和钻井技术经济学。这些工艺技术的发展大大提高了钻井效率。

(3) 旋冲钻井法。

在旋转钻井的基础上，再加上一个冲击器，使钻头在冲击动载和旋转的联合作用下破碎岩石的一种钻井方法。这种方法是对旋转钻井方法的补充。从实际使用结果看，旋冲钻井法适用于钻硬岩石及深部地层，在浅部及泥页岩中没有旋转钻井法效果明显。

3. 钻井设备与程序

钻井设备主要包括石油钻机、钻井工具、钻井仪器和辅助设备等。旋转钻井法采用的钻机主要由井架及提升装置、动力机及传动装置、钻井泵及钻井液循环系统等组成，用于实现钻柱(管柱)的提升和旋转以及钻井液的循环等。钻井工具和钻井仪器用于钻井过程中对地层压力的控制和对钻井工艺参数的监测与控制等。

钻井程序是指一口井从开钻到完成，要经过的很多道工序，可分为钻前、钻进和完井三个不同阶段。

从第一次开钻起到钻完全部井深这一阶段的工作。以一定压力作用在钻头上，使钻头的刃部吃入岩石，并用接在钻头上部的钻柱带动钻头旋转以破碎井底岩石，所产生的岩屑通过钻井流体循环到地面上来，井就会逐渐加深。钻头加到地层上的压力叫钻压，是靠钻柱在钻井流体中的自重的一部分产生的。钻柱从地面一直延伸到井底，井有多深，钻柱就有多长。随着井的加深，钻柱也逐渐增长，其重量也逐渐加大。过大的钻压将会引起钻头、钻柱、设备过早的损坏，所以必须将大于所要求钻压的那部分钻柱重量吊悬起来，不使其作用到钻头上。下部形成钻压的那部分钻柱处于压应力状态，上部被吊悬部分处于拉应力状态。

钻进时要循环钻井流体，钻井流体可以是以水、油为基础的悬浮液体，也可以是空气或天然气等气体。钻井流体经中空的钻柱内孔注入，从钻头水眼中流出，清洗钻头，冲向井底，将钻屑冲离井底，携带着岩屑进入井眼与钻柱之间的环形空间向上返到地面。返出地面的钻井流体在分离出钻屑后被再次注入井内，循环使用。

4. 完井

钻井完成后，根据油气层的地质特性和开发开采的技术要求，在油气井井底建立油气层与井筒之间的合理连通渠道或连通方式的过程叫作完井。

完井的要求包括但不限于：①油气层和井筒之间应保持最佳的连通条件，油气层所受的损害最小；②油气层和井筒之间应有尽可能大的渗流面积，油气入井的阻力最小；③应能有效地封隔油、气、水层，防止气窜或水窜，防止层间的相互干扰；④应能有效地控制油层出砂，防止井壁垮塌，确保油井长期生产；⑤应具备进行分层注水、注气、分层压裂、酸化等分层处理措施，便于人工举升和井下作业等条件；⑥对于稠油油藏，则稠油开采能达到热采的要求；⑦油田开发后期具备侧钻定向井及水平井的条件；⑧工艺尽可能简便，成本尽可能低。

完井方式分为射孔完井(套管射孔完井、尾管射孔完井)、裸眼完井 、割缝衬管完井、砾石充填完井等。

完井井口装置从上往下是由井口装置、完井管柱和井底结构三部分组成。井口装置主要包括套管头、油管头和采油树三部分，其主要作用是悬挂井下油管柱、套管柱，密封油管、套管和两层套管之间的环形空间，是控制油气井生产、回注和安全生产的关键设备。

完井管柱主要包括油管、套管和按一定功用组合而成的井下工具。下入完井管柱使生产井或注入井开始正常生产是完井的最后一个环节。井的类型(采油井、采气井、注水井、注蒸汽井、注气井)不一样，完井管柱也不一样。即使都为采油井，采油方式不同，完井管柱也不同。

二、录井

录井，也称为地质录井、泥浆录井，录井是用地球化学、地球物理、岩矿分析等方法，观察、收集、分析、记录随钻过程中的固体、液体、气体等返出物信息，以此建立录井剖面，发现油气显示，评价油气层，为石油工程提供钻井信息服务的过程。

录井是油气勘探开发活动中发现、评估油气藏最及时、最直接的手段，具有获取地下信息及时、多样，分析解释快捷的特点。只要钻井，便要录井。地质录井主要是通过岩心、岩屑、气测和综合录井等方法获取直接反映地下地质情况和施工工程情况的多项资料，以增强主动性、减少被动性，增强自觉性、克服盲目性。

从专业学科讲，录井是以规模化录井生产为基础，以优化系统、提高生产率为目标，在石油地质学、地球化学、地球物理学、信息科学、电子科学等学科基础上，多学科交叉形成的油气井工程学科。

从工业生产角度讲，录井是根据合同的要求，在钻井过程中依据钻井地质设计、录井工程设计的要求，录井施工人员采用相关录井技术，使用录井仪器设备，以合理的施工成本，完成录井施工的过程。

在钻井过程中，分析、测量、观察从井下返出的固态、液态、气态三种状态的物质信息，我们把必须在井场完成的叫作第一层录井信息，可以在室内完成分析的叫作第二层录井信息。录井的任务就是把这两层信息利用录井手段取全取准，还原成井筒地质剖面图的过程。

① 第一层录井信息包括：固体，即岩屑、岩心；液体，即油的显示信息、钻井液及其滤液信息；气体，即钻井液中的气体、岩心岩屑中的气体等；工程施工参数（钻井、测井、测试、固井、完井、钻具、套管等），收集资料（井喷、井涌、井漏等）。

② 第二层录井信息包括：照相扫描、热解分析、荧光分析、孔渗分析、岩矿分析、古生物分析等。

录井方法一般包括：地球化学方法（岩石热解、荧光分析、离子色谱分析等）、地球物理分析方法（岩石核磁共振分析等）、岩矿分析方法（岩屑、岩心、气测等）。录井的仪器一般指录井分析仪器、设备，主要包括综合录井仪、气测仪、地化录井仪、荧光录井仪、核磁共振仪、泥页岩密度仪、碳酸盐岩分析仪、色谱分析仪、水分析仪等。

录井资料是第一性的，真实可靠，信息量大，便于综合应用，随钻采集，及时快捷。地质录井专业是油气勘探开发技术系列的组成部分，为油气勘探开发发挥着重要作用。其所录取的资料，是油气勘探开发的成果和资源，是建设数字油田的宝贵信息。地质录井自探井井位任务书下发之后，即从井位落实、钻井地质设计等钻井前期相关工作开始启动录井工作，开钻以后，即投入紧张而又有序的资料采集工作，既有地质资料，又有相关的施工资料，既要采集原始实物和数据，又要产生描述性的形象加工及命名资料，直至完井。

1. 常规录井

常规录井方法有钻时录井、岩心录井、岩屑录井、钻井液录井、荧光录井、井壁取心录井及配套的观察记录。

① 钻时录井：钻时录井是指系统地记录钻时并收集与其有关的各项数据。

② 岩心录井：在地质设计之外，若出现现场新情况有必要取心，应按程序申报，追加取心。对于不同岩性，定名原则及描述要求不尽相同。

③ 岩屑录井：现场捞取的岩屑，与岩心录井比较起来，虽然既经济又简便，同样能达到了解井下地层剖面及含油气情况的目的，但由于多种因素影响致使岩屑比岩心不确定性要大许多，其真实性和代表性均可能受到影响。

④ 钻井液录井：又称泥浆录井，地质因素与钻井液性能密切相关，但比较复杂。归纳起来主要有：a. 高压油、气、水层；b. 盐浸；c. 钙浸；d. 砂浸；e. 黏土层；f. 漏失层。在钻遇以上复杂情况和特殊岩性地层时，钻井液性能将发生各种不同的变化。据此变化及槽面显示，可用来判断井下是否钻遇油、气、水层和特殊岩性地层，此方法即为钻井液录井。

⑤ 荧光录井：荧光录井方法有：岩屑湿照、干照、滴照和系列对比。该录井方法可作为其他录井方法的配合和补充。

⑥ 井壁取心：为证实地层岩性、物性、含油性、岩性与电性关系，或者为满足地质方面的特殊要求，原则上均应进行井壁取心。

⑦ 地质观察记录：地质观察记录是目前国内各油田地质录井的一项综合性工作，是针对上述各类录井工作和部分工程信息按照统一格式记录和整理的，具有一定技术管理性质。

2. 气测录井

气测录井是综合录井的重要组成部分，是随钻油气发现和评价的重要手段。气测录井的影响因素包括地质因素、钻井条件、脱气器和气测仪。

① 地质因素的影响。

天然气性质及成分：石油天然气密度越小，轻烃成分越多，气测显示越好，反之越差。组分不一样，热导率亦不一样。

储层性质：当储层厚度、孔隙度、含气饱和度越大时，油气显示则越好，反之越差。

地层压力：若井底为正压差，显示较低；高渗透地层，显示低；正压差越大，地层渗透性越好，气显示越低，甚至无显示。负压差越大，地层渗透性越好，气显示越高。正压差：钻井液柱压力大于地层压力；负压差：地层压力大于钻井液柱压力。

② 钻井条件的影响。

钻头直径和机械钻速均直接影响单位时间内被破碎岩石体积的大小，其又决定气显示的高低。因此，作为单一因素，钻头直径大，则单位时间内破碎岩石体积大，钻井液与地层接触面积大，气显示高；同样，钻速高，钻井液与地层接触面积大，气显示高。

③ 脱气效率的影响。

脱气效率高，则气显示亦高。

④ 气测仪性能和工作状况影响。

气测仪灵敏度高低、管路密封性好坏及标定准确与否均将对气测显示产生重大影响，因此，应保持仪器性能良好，工作正常。

3. 综合录井

综合录井技术是在钻井过程中应用电子技术、计算机技术和分析技术，借助分析仪器进行各种石油地质，钻井工程及其他随钻信息的采集、分析处理，进而达到发现、评价油气层和实时钻井监控目的的一项随钻石油勘探技术。该技术主要作用为随钻录井，实时钻井监控，随钻地质评价和随钻录井信息的处理和应用。

该技术的特点是录井参数多、采集精度高、资料连续性强、资料处理速度快、应用灵活、服务范围广。综合录井仪的录井项目包括：

（1）直接测量项目。

按被测参数的性质及实时性可分为实时参数和迟到参数。

实时参数包括：大钩负荷、大钩高度、转盘扭矩、立管压力、套管压力、转盘转速、一号泵冲速率、二号泵冲速率、一号池泥浆体积、二号池泥浆体积、三号池泥浆体积、四号池泥浆体积、入口池泥浆密度、入口池泥浆温度、入口池泥浆电导率。迟到参数包括：全烃、烃类气体组分(含甲烷、乙烷、丙烷、异丁烷、正丁烷、异戊烷、正戊烷)、硫化氢、二氧化碳、氢气、氦气、出口泥浆密度、出口泥浆温度、出口泥浆电导率、出口泥浆流量，等。

（2）基本计算参数

包括：井深(标准井深、垂直井深、迟到井深)、钻压、钻时、钻速、泥浆流量、泥浆总体积、迟到时间、DC 指数、Sigma 指数、地层压力梯度、破裂地层压力梯度、地层孔隙度、每米钻井成本。

4. 录井综合解释与完井地质总结

录井综合解释就是按油、气、水层在各种资料上的显示特征进行综合解释，或利用加载到解释数据库中的数据，依据解释软件的操作说明进行解释得出结果，再结合专家意见进行人工干预最后定出结论，自动输出成果图和数据表。

油、气、水层的综合解释过程是一个推理与判断的过程，并不是对各项信息等量齐观，也不是孤立地对某一项信息的肯定与否定，而是把信息作为一个整体，通过分析信息的异同，辩证地分析各项信息之间的相关关系，揭示地层特性，深化对地层中流体的认识，排除多解性，提供尽可能逼近地层原貌的答案。在推理与判断过程中要注意各种环境因素的影响而导致综合信息的失真，同时还要注意储集层特性与油、气、水分布的一般规律与特殊性，特别是复式油气藏的沉积条件与岩性变化大、断层发育、油水分布十分复杂，会造成各种信息的差异性。探井(预探井、参数井)完井总结报告要求全面总结本井的工程简况、录井情况、主要地质成果，提出试油层位意见，并对本井有关的问题进行讨论，指出勘探远景。

三、测井

测井地球物理测井或矿场地球物理测井，简称测井，是利用岩层的电化学特性、导电特性、声学特性、放射性等地球物理特性，测量地球物理参数的方法，属于应用地球物理方法(包括重、磁、电、震、核)之一。石油钻井时，在钻到设计井深后都必须进行测井，以获得各种石油地质及工程技术资料，作为完井和开发油田的原始资料。这种测井习惯上称为裸眼测井。而在油井下完套管后所进行的一系列测井，习惯上称为生产测井或开发测井。

1. 测井分类与方法

测井方法众多，电、声、放射性是三种基本方法，特殊方法有电缆地层测试、地层倾角测井、成像测井、核磁共振测井等，其他测井方式还有随钻测井。各种测井方法基本上是间接地、有条件地反映岩层地质特性的某一侧面。要全面认识地下地质面貌，发现和评价油气层，需要综合使用多种测井方法，并重视钻井、录井第一性资料。

(1) 地球物理测井。通常指把利用电、磁、声、热、核等物理原理制造的各种测井仪器，由测井电缆下入井内，使地面电测仪沿着井筒连续记录随深度变化的各种参数。通过表示这类参数的曲线，来识别地下的岩层，如油、气、水层、煤层、金属矿床等。

(2) 勘探测井。对石油工业来说，在勘探期间寻找新油田的测井称为勘探测井。包括：①地层倾角测井(了解地下构造及沉积构造)；②饱和度测井(识别岩性、油、气、水储集层)；③电缆式地层测试(对油、气、水储集层进行测试)。

(3) 开发测井。在开采过程中的测井称为开发测井。包括饱和度测井、生产测井、工程测井。主要测定井下油、气、水层的岩石物理性质，监测各油层的工作情况，检查开发井的技术状况等，是开发井采取作业措施和进行油田开发调整的重要依据。

2. 测井的基本工作流程

油田测井业务一般包括测井、射孔、取心、作业施工和资料处理、测井解释等。测井数据的处理流程如下：

（1）测井数据解编。对从钻井井场施工获得的测井原始资料数字记录进行数据格式扫描、识别，按测井资料绘图技术规程将数据解编、转换成处理系统所需格式的原始数据，回放、校对曲线。

（2）测井资料评价准备。收集第一性资料（录井剖面、气测显示、槽面显示、钻井取心描述和井壁取心描述等），邻井的测井资料、试油及生产情况。

（3）测井数据预处理与处理。对测井曲线进行深度校正和环境校正，根据测井资料和地质、工程目的确定解释程序，依据相应的测井资料解释技术规程选择解释参数，对测井资料进行数据处理。

（4）测井资料解释评价。根据测井资料和其他第一性资料等对测井资料处理结果进行解释，给出初步解释结果，审核员对初步解释结果进行审核，探井、重点开发井、疑难井，组织解释专家会审，提出修正意见，解释员对解释结果进行修改，必要时对测井资料进行重新处理。

（5）测井资料提交与质量审核。将测井曲线图、测井资料解释成果图、成果数据表及测井运行报告等资料提交，质检机构对解释成果进行检验后，交资料室。

3. 测井的参数

（1）GR——自然伽马测井。GR是测量地层里面的放射性含量，岩石里黏土含放射性物质最多。通常，泥岩GR高，砂岩GR低。

（2）SP——自然电位测井。地层流体中，地层水中的离子和井眼中泥浆离子的浓度是不一样的，由于浓度差，高浓度的离子会向低浓度的离子发生转移，于是就形成电流。自然电位测井就是测量电位的高低，以分辨砂岩还是泥岩。

（3）CAL——井径测井。井径测井就是测量井眼尺寸的大小。如用八寸半的钻头钻的井眼，测量的井径或为八寸半，或大于八寸半（称扩径），或小于八寸半（称缩径）。测量的井径是对所钻井眼尺寸大小的直观认识。

（4）AC——声波测井。声波即是声波时差，单位为毫秒每英尺，声波时差小，也就是声波在地层传播的时间少，说明地层比较致密和坚硬。反之地层比较疏松。

（5）ZDL——密度测井。用放射源向地层发射高能粒子轰击地层的原子来测量密度，密度值是岩石单位体积的密度，包括固体和流体。

（6）CN——中子测井。用放射源向地层发射高能粒子轰击地层的原子来测量中子，也叫中子孔隙度，也叫总孔隙度，测量的是流体体积占整个岩石的百分比。

（7）电阻率测井。电阻率分为微侧向和双侧向（包括浅侧向和深侧向），它们的区别就在于探测深度不一样，深侧向探测深度最大，浅侧向次之，微侧向最小。由于泥浆对地层的浸入不同，井眼圆心在不同的半径范围内，地层有完全被泥浆浸入、部分被泥浆浸入、未被泥浆浸入，依次对应的则是微侧向、浅侧向、深侧向探测的地层。

测井参数种类较多，从传统的二维方法向三维方法逐步扩展，尤其过去三十年来测井方法取得了重大进展，这使得测井技术不仅对油气层做些储层储集性能和含油气性能可进行定量化的评价工作，同时也延伸到了更多的业务领域。

四、试油测试

试油就是利用专用的设备和方法，对通过地震勘察、钻井录井、测井等间接或直接手段初步确定的可能含油（气）层位进行直接的测试，并取得目的层的产能、压力、温度、油气水性质等地质资料的工艺过程。试油的主要目的在于确定所试层位有无工业油气流，并取得代表目的层原始面貌的各项数据和参数。试油是油气勘探取得成果的关键，是寻找新油、气田并初步了解某些地下情况的最直接手段，也是为开发提供可靠依据的重要环节。

以国内油田试油测试的一般流程为例，根据油田的生产计划，油田勘探甲方管理部门接受试油任务书并成立设计小组，收集原始资料，召集勘探研究院、地质录井、测井、井下技术人员参加讨论确定试油井层。井下地质所技术人员及大队工程技术人员编写地质和工程设计初稿，经勘探管理部门审批同意定稿后，准备施工作业。

井下地质所根据地质设计编制射孔通知单、地层测试设计、酸化压裂等增产措施地质设计，进行地层测试、酸化、压裂等施工的单位根据地质和工程设计要求编制施工设计。

1. 通井、洗压井

一口井试油（射孔）前，一般要求先下通井规通井。一般通至射孔井段底界以下 50m，新井至人工井底。疏通井筒，及时发现井筒内异物或套管变形受阻的地方。

2. 射孔

射孔是试油过程中很重要的一道工序。射孔质量的优劣关系到油气层是否完全打开，正确地选择射孔方式和射孔参数，可以简化试油工艺，缩短试油周期，提高试油地层产液能力并保护好油气层。

3. 下管柱

一个油层经过射孔打开后，要及时下入测试管柱。在试油过程中，根据设计要求，需要下管柱携带各种工具进行试油作业。

4. 诱喷排液

无论是套管完成井还是裸眼井，试油前井内一般都充满泥浆或其他压井液，因而油层与井底之间没有油气流动。只有经过诱喷排液，降低井内液柱对油层的回压，在油层与井底之间形成压差，使油气从油层流进井内，才能进行求产、测压、取样等测试工作。目前，诱喷排液方法有替喷、抽汲、泵抽、气举、混排、放喷(闸门或油嘴控制)等。新工艺有液氮和液态 CO_2 排液。

5. 求产测压

试油井通过各种排液方式待油水性质合格后，即可进行求产。求产的过程也就是取得油、气、水层产能和地层压力，进行井下取样及原油高压物性分析。

6. 试气井层

对于探井来讲，试气的目的是获得气井的最大允许产量和必要的地层参数，以估计地层的总特征和阐明气层有无工业开采价值。气体受温度和压力的影响比较大，所以试气工作和计算方法均比试油复杂。气井和油井比，具有井口压力高、流动速度快，天然气容易着火，与适量空气混合后，会引起爆炸等特点，因此气井施工要有相应的防喷，防火等安全措施，否则容易发生事故。

通过试气要取得地层压力(静压、静温、流压)、生产能力(计算)，油(气体中产生的凝析油)、气、水性质(计算地层渗透率，表皮系数、井筒储存系数、边界性质和距离等参数，判断气藏类型，计算单井控制储量)。确定气井合理工作制度。

7. 封闭上返和完井

试油结束后，若还要对该井上部试油层进行试油，就需要封闭原试层位，上返未试油层。可根据井下情况和设计要求来确定封闭上返方式，一般现场较常使用的封闭方式有填砂、注灰、桥封，桥塞等。

一口井试油全部结束后，达到工业油流的可按设计下泵投产。未达到工业油流或不具备投产条件的一般注灰封闭完井(首先在油层以上 200m 注灰塞，达到标准后再在距井口下 50m 左右注一灰塞，试压合格后拆井口)。

8. 稠油热力试油

稠油热力试油是一种针对重质原油和高凝油为主要对象的稠油试油工艺技术。根据稠油试油层的油黏度、深度、地理位置(陆、海)，可选择不同结构特点的抽稠油泵求取产量(或生产)。

9. 地层测试

地层测试是指在钻井过程中或完井之后对油气层进行测试，获得在动态条件下地层和流体的各种参数，从而及时准确地对产层做出评价（我国把钻井过程中和完井后进行的测试分别称为中途测试和完井测试）。

10. 酸化压裂及其他增产措施

按试油地质设计要求，需要进行酸化增产措施的井层，则要按酸化地质、工程施工设计要求进行施工。

酸化是油气井增产的重要措施。酸化是通过井眼向地层注入一种或几种酸液，利用酸液与地层中可反应矿物（碳酸盐岩地层、砂岩地层）的化学作用溶蚀井筒附近的堵塞物质和地层岩石中的某些组分，扩大储层中的连通道孔隙或天然裂缝，恢复和提高地层原有的渗透率，增加孔隙、裂缝的流动能力，从而达到增产的目的（按作用原理分为解堵酸化和深部酸化）。

压裂作业是利用地面高压泵车将高黏度流体以大大超过地层吸收能力的排量注入井中，在射孔油层附近憋起高压，在地层中形成裂缝，然后继续将带有支撑剂的压裂液注入裂缝中，使裂缝向前延伸，并使裂缝填满支撑剂。这样，停泵后可在油层中形成一定长度、宽度和高度的支撑裂缝。该裂缝的渗透能力大大超过油层本身的渗透能力，且裂缝穿过井底附近污染地带时还解除了污染，从而达到油井增产、水井增注的目的。水力压裂技术仍然是国内外石油勘探开发中改造低渗透储层比较经济有效地增加储量和提高单井产量的手段之一。

防砂就是有效地阻止地层中承载骨架砂随着地层流体进入井筒的工艺措施。油气井防砂方法很多，根据原理大致可分为：减砂拱防砂、机械防砂、化学防砂、热力焦化防砂和复合防砂五大类。

堵水就是控制产水层中水的流动和改变水驱油中水的流动方向，从而提高水驱油效率，使油田的产水量在某一段时间内下降或稳定，以保持增产或稳产。堵水工艺可分为机械堵水和化学堵水两大类。机械堵水就是采用封隔器封堵油井中出水层的技术。化学堵水就是利用化学堵水剂部分（选择性堵水）或全部（非选择性堵水）堵住地层渗透孔道。在油田勘探开发中，由于各油层的层间差异，需要进行分层采油和分层进行压裂改造。但由于钻井固井质量差或地层的裂缝，有部分油水井的层间或套管外窜通，从而影响了分层试油和改造措施实施，影响了油田的产量。为此必须找窜封窜。

第五节　油气开采与集输：从地下到地面

一、油气开采工艺流程

油藏从勘探开始，到确定油藏类型和储量，然后进行钻井作业、固井，再到射孔钻开油气层、地面设施建设，最后到安装井口装置才能完成石油开采的基础条件。这不仅标志着采油过程的开始，为了经济有效地把地下的原油采集上来并送到计量站，还需要完成驱油、采油、集输等几个工艺过程，油气开采才能真正得到实现。

由于原油汇集于地下含油岩层的孔隙中，而含油岩层作为一种特殊岩石，其构造比较致密，这就需要将原油驱赶到采油井的井底位置。这些驱赶原油的措施主要有：①利用油井底部较低的压力形成压力差，自喷驱油；②当油藏的压力降低时，可以采取注水、注蒸汽等方式补充外部能量，促使原油流动；③通过注汽等措施提高原油温度，降低原油黏度，从而增强流动性，利于油气汇集；④通过注聚等措施提高注入水的黏度和降低油层的水相渗透率，改善水油流度比，调整注入剖面而扩大波及体积，进而促进原油流动。

采油是原油混合液汇集到油井底部以后，将其提升到地面上的过程。油田的生产井按照生产方式的不同可以分为自喷采油和机械采油两大类型。

如果油层具有足够的能量，不仅能将原油从油层中驱入井底，而且还能将其由井底连续不断地升到地面上来。这样的生产井称为自喷井。用这种方式进行的采油称为自喷采油。机械采油是指借助于机械动力将原油提升到地面的采油方式。常用的机械采油方式有：有杆泵采油、电潜泵采油和其他方式采油。

油气集输是将油井采出物集中处理和外输的过程。油气集输一般由联合站来完成，其主要任务是：①将油井采出物集中进行气液分离；②将原油脱水、稳定、储存、加热、计量、外输；③天然气干燥、净化、初加工、外输；④污水除油、除砂、脱氧、防腐处理后回注或外排。经过处理外输的原油，便是采油企业的主要产成品。

井下作业是为了经济高效地开采原油，油气开采过程中有时会对油井、水井等实施一些较为复杂的施工。这些施工称为井下作业，也称修井作业。井下作业贯穿油田开发的全过程，是原油生产的重要手段。常规的井下作业包括：①新建油水井投产时的下管柱、下泵；②保证正常生产进行的检泵、换泵等施工；③处理事故进行的修井；④油田挖潜改造措施的实施，如分层配产、配注、堵水、调整注水井吸水剖面配合压裂、酸化等。在采油企业的管理实践中，一般按照作业目的和工艺复杂程度，将井下作业分为维护作业和措施作业两类。

二、油气开采类型

地下油藏的开采一般有初次开采、二次开采和三次开采。大多数情况下，首次开采中采收到的原油数量还不足以给石油生产带来经济收益，因此在进行完一段时间的生产以后，有必要采取提高采收率的新措施，就要启动二次开采和三次开采。二次开采要维持油田的地下压力不变，而三次开采指的是采用先进的方法提高石油的驱替特征。

一次开采，是指在储层和井底之间压力差的作用下，储层中的油气被挤压到油井中。随着生产的进行，储层的压力逐渐降低，油气的流速随之下降。

对石油而言，如果没有有效的外部动力，比如气顶的膨胀、含水层的活动或者是溶解气的膨胀等，初次开采的效率不会高，甚至还会受到很大的限制。如果油田存在气顶，随着石油不断被开采，油区的压力会随之下降，气顶就会膨胀，把石油挤压进生产井。在这个生产系统中存在相当多的能源，根据气顶的大小不同，油田的寿命也不同。此外，如果储层的压力降到足够低的程度，原来溶解在石油中的天然气就会释放出来，把石油夹带到生产井中。如果油田下面的含水层足够大，在整个生产过程中，孔隙中的石油被水取代后要保持稳定的压力。

一般而言，初次开采到的石油会占到总储量的 25%~30%。

二次开采采用的是注水和注气的方法，主要使用注水的方法。二次开采要钻探注水井，或者把生产井转变为注水井，然后在压力的作用下把水引入到注水井中。被注入的水取代抽走的石油进入储集岩的空隙，这样做可以维持油田的压力不变；注入的水还能把滞留在产油岩层中的石油冲入生产井。注入不相容气体也是同样的原理，在压力的作用下，注入储层的流体可以是天然气、氮气等。

把水或不相容气体注入油田可以提高采收率 40%~60%，但是仍然还有很大的局限性，因为储层中的空隙没有得到彻底冲刷，而且在被冲洗的部分，由于毛细管力的原因仍然存在残余油。

三次开采，使用的是化学技术和热技术，力求提高空间波及效率，通过使流体相互溶合或者提高其流动性的方法减小毛细管力作用，这样可以把油田石油资源的采收率再提高 5%~10%。

三、油气开采方法

通过勘探研究、开发方案设计及钻井完井之后，油井开始正常生产，油田也开始进入采油阶段，根据油田开发需要，最大限度地将地下原油开采到地面上来，提高油井产量和原油采收率，合理开发油藏，实现高产、稳产的过程叫作采油。

油气开采是将埋藏在地下油层中的石油与天然气等从地下开采出来的过程。原油生产通道包括：油层—近井地带—射孔弹道—井眼—人工举升装置—油管—井口—采油树—地面管线—计量站—油气分离器—输油管网。油气由地下到地面的开采方式，可以按是否需给井筒流体人工补充能量划分为：自喷和人工举升。自喷是油层能量充足，利用油层本身能量就能将油举升到地面的方式；若油层能量较低，必须人工给井筒流体增加能量才能将原油从井底举升到地面上来的方式，即人工举升。一般情况下，天然能量不足的油田，有的没有自喷能力，有的即使有自喷能力，但自喷期限较短，因此，油层中的原油大部分是靠人工举升方式采出来的。

1. 自喷采油法

自喷是利用油层本身的弹性能量使地层原油喷到地面的方法。自喷采油主要依靠溶解在原油中的气体随压力的降低分离出来而发生的膨胀。在整个生产系统中，原油依靠油层所提供的压能克服重力及流动阻力自行流动，不需要人为补充能量，因此自喷采油是最简单、最方便、最经济的采油方法。

2. 人工举升法

人为地向油井井底增补能量，将油藏中的石油举升至井口的方法叫作人工举升采油法。随着采出石油总量的不断增加，油层压力日益降低；注水开发的油田，油井产水百分比逐渐增大，使流体的比重增加，这两种情况都使油井自喷能力逐步减弱。为提高产量，需采取人工举升法采油（又称机械采油），是油田开采的主要方式，特别在油田开发后期，有泵抽采油法和气举采油法两种。在陆地油田常用抽油机，海上多用电潜泵，像一些出砂井或稠油井多用螺杆泵，此外常用的还有射流泵、气举、柱塞泵等。

油气井增产工艺是提高油井（包括气井）生产能力和注水井吸水能力的技术措施，常用的有水力压裂及酸化处理法，此外还有井下爆炸、溶剂处理等。

水力压裂是以超过地层吸收能力的大排量向井内注入黏度较高的压裂液，使井底压力提高，将地层压裂。随着压裂液的不断注入，裂缝向地层深处延伸。压裂液中要带有一定数量的支撑剂以防止停泵后裂缝闭合。充填了支撑剂的裂缝，改变了地层中油、气的渗流方式，增加了渗流面积，减少了流动阻力，使油井的产量成倍增加。最近全球石油行业很热门的“页岩气”就是得益于水力压裂技术的快速发展。

油井酸化处理分为碳酸盐岩地层的盐酸处理及砂岩地层的土酸处理两大类，通称酸化。①酸盐岩地层的盐酸处理：石灰岩与白云岩等碳酸盐岩与盐酸反应生成易溶于水的氯化钙或氯化镁，增加了地层的渗透性，有效地提高了油井的生产能力。在地层温度条件下，盐酸与岩石反应速度很快，大部分消耗在井底附近，不能深入到油层内部，影响酸化效果。②砂岩地层的土酸处理：砂岩的主要岩矿成分为石英、长石。胶结物多为硅酸盐（如黏土）及碳酸盐，都能溶于氢氟酸。

第六节 本章小结

要开展油气勘探开发的数字化技术研究，首先要理清楚油气上游工业的业务流程和业务逻辑，明确油气这种重要资源是如何从发现到量化，最后通过开采和集输完成商业价值的实现。

当前的油气上游工业，虽然在宏观上具有清晰的业务流程，但随着油气行业的基础学科、工业技术、信息技术和管理方法的提升，尤其是非常规油气领域的快速发展，一体化趋势已经成为重要特点。典型的如处理解释一体化、勘探开发一体化、地质工程一体化等。一方面，业务流程不再是典型的线性流程，而是变成了网状关系；另一方面，业务流程不再是一个顺序流程，而是变成了全流程快速迭代的模式，从勘探到开发到工程，几个关键的业务闭环在不断的迭代过程中逐步深化。面向一体化业务的网络化与交叉化特点，这为后期的全业务领域的数字化整合奠定了基础。

① 油气勘探包括以地面地质踏勘、油气资源遥感、非地震物理化探、地震勘探为代表的地质调查技术；以钻井、录井、测井、测试和试采为内容的探井钻探技术；以各种分析、测试和模拟装置进行的实验室分析模拟技术；以对勘探对象和勘探目标进行系统化定量化评价的技术，包括盆地评价技术、区带评价技术、圈闭评价技术和油气藏描述技术等地质综合研究技术。

② 油藏开发是依据勘探详探成果和开发试验，在综合研究的基础上对具有工业价值的油田制定出合理的开发方案并对油田进行建设和投产，使油田按预定的生产能力和经济效果长期生产，直至开发结束的全过程。

③ 钻完井工程是利用石油钻井设备沿设计轨道钻穿多套地层到达预定油气目的层，形成油气采出或注入流体的稳定通道，并在钻进过程中和完钻后，完成录井、测井、固井测试、压裂等工作，取得勘探开发所需各种信息的系统工程。

④ 油气开采是将埋藏在地下油层中的石油与天然气等从地下开采出来的过程。为了经济有效地把地下的原油采集上来并输送到计量站，油气开采需要完成驱油、采油、集输等几个工艺过程。

构建油气勘探开发数字化转型，基础便是对于这些油气勘探开发业务板块及其运行逻辑的深度、全面把握。油气勘探开发的价值链与业务链是油气数字化过程中所有技术依附的内核与主线，同时也是后续解决方案的出发点。通过本章的石油地质理论基础、油气业务价值链以及油气主要的业务流程的剖析，为我们后期对于其应用架构、数据架构和技术架构的解析提供一个需求框架，也为未来油气工业数字化转型的解决方案提供场景和逻辑。

第三章 应用软件：面向业务场景的数字化

软件是对于油气上游工业中的理论方法、工作流程、工作场景以及运行规范的承载者，也是长期运行过程中各类数据、方法、知识和经验的有形化沉淀。可以说，每一套油气软件系统，都是对于油气工业中某个板块或者工作场景的一个全面的解决方案。

油气工业上游的软件体系，不仅包括外在的生产、研究、管理决策三个层次的应用软件，也包括隐藏在应用软件之下的、用以构建应用软件的数据平台和软件平台。通过对于油气软件体系的剖析，可以明确作为油气核心之一软件体系具有的功能、技术形态和组织方式。

第一节 油气行业应用软件的体系结构

油气行业的应用软件按照业务类型一般分为油田生产、科研、决策和经营管理四类。油田数据在具体业务板块中的应用模式，由于其业务特点差异是不同的，这也导致四个领域的应用软件具有各自特点。如：油田生产动态信息的应用，是通过油田生产动态系统来展示，其数据应用的重点在于监控和分析；油田的专业化研究部分，其数据应用的重点是将多种数据实现集成与融合，建立统一数据模型来展开专业化研究分析；勘探和开发的决策环节，其数据应用是通过不同业务板块的数据集成分析和决策辅助软件来实现的。在油田的经营管理方面，又是通过 ERP 系统和经营管理系统实现。因此，在具体的软件概念和功能上，各个油田的总体设计会存在差别，但从主营业务上的出发点是基本一致的(高质亮，2015)。图 3-1 是油气上游应用软件的体系结构。

一、油田生产动态管理软件

1. 油田生产管理业务概述

从职能上看，油田企业的生产管理主要在达成增储上产目标的直接落实和管理环节上，是油田生产运行的枢纽，承担着组织、指挥、协调、监控、分析、支

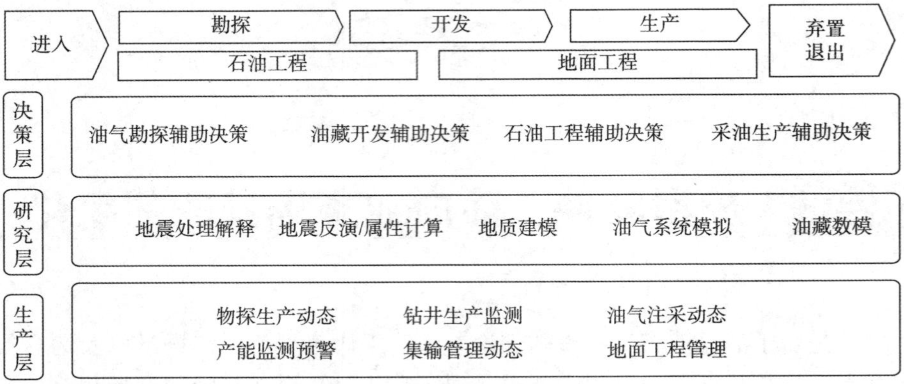

图 3-1　油气上游应用软件的体系结构

持任务，具有专业类别复杂、信息面广、时效性强、互动性高的特点。油田各级生产管理部门作为石油企业生产运行的枢纽，履行着组织、指挥、协调、监控、服务职能，是油田生产的"作战部"和"指挥部"，是企业战略执行的核心枢纽和重要保障。信息技术作为生产指挥的重要支撑和平台，在提高工作效率，促进信息共享，辅助生产趋势分析，实现远程监控方面，发挥着重要的作用。

① 油田生产管理业务及特点。一般来说，油田的生产管理业务主要包括计划执行监督（如油气产量、注水、集输、用电等动态运行跟踪），工程进度跟踪（如重点勘探项目跟踪、新建产能项目进度跟踪，重点地面工程形象进度描述、钻井运行、作业运行），工作协调（如新井投产、电网检修）、突发事故处理（如井喷、管线泄漏）、动态信息掌握（及时了上、下级或相关单位生产运行情况、相关信息）、趋势分析（如旬度分析会、产量预警）等工作，是企业战略执行的核心枢纽和重要保障，其业务有信息面广、时效性强、互动性高的特点。

② 信息技术在油田生产运行管理中应发挥的作用。为满足油田生产管理应用的需要，目前国内各油田在数据中心建设基础上，设计和建设了油田生产指挥信息系统，形成了统一的生产指挥信息平台，实现生产信息的集成、共享，辅助生产动态的全面把握、生产趋势分析、生产监控和生产过程的优化，实现从生产信息逐级上报、层层汇总向数据源头采集、逐级审核、趋势分析转变；通过生产信息集成、共享，促进生产管理业务的网上协作，实现生产管理方式向信息化、数字化、指挥手段向多样化转变。提高部门配套联动、快速反应、安全保障和业务协作水平；建立生产预警机制，提高了生产管理运行的超前性。

③ 油田生产管理的数据体系及功能。遵循统一平台，信息共享、多级监视等管理思想，目前很多油田依托统一 GIS 平台或其他类似的平面图形功能，建设

一套覆盖局、厂、区域三级，满足生产运行管理需求，兼顾其他应用的一体化、集成化生产指挥系统，以全面提升生产管理水平。

在数据查询基础上，采用信息集成、数据挖掘和数据分析技术，为了适应油田生产精细管理和运行优化的要求，充分利用信息技术手段，建立起油田跨单位、跨专业的上下贯通、横向协同、贯穿生产运行全过程的信息集成模式，整体提高油田生产运行管理水平。通过及时、准确、直观、完整地反映生产动态信息，为科学调度运行优化提供信息保障。

2. 勘探生产动态过程

我们针对勘探生产业务流程进行了研究分析和整理，并分别对物探、录井、测井、试油、分析化验、勘探综合研究的任务、流程和所需资料以及输出成果调研发现，尽管整个勘探过程非常复杂，涉及多个单位和多个专业，但是各个环节都是密切合作的有机体。

油气勘探生产动态过程是以勘探管理的流程为主线，逐步实现从物探部署、施工设计、野外数据采集、资料处理、资料解释、物探成果整理、井位部署、井位运行、钻井、录井、测井、试油、勘探信息收集整理等整个勘探过程管理的支持。勘探数据的产生和流转，就是在这一流程中实现的：

① 井位部署管理是针对探井设计及钻探任务书发放过程的数据产生和流转过程，是探井钻探的启动环节。主要业务流程包括：a. 井位纪要；b. 探井基础数据管理；c. 敏压文档管理；d. 钻探任务书管理；e. 井位变更管理；f. 任务书查询。

② 井位运行管理。对井位运行情况进行监控，包括井位测量、钻前工程和工农关系、钻井地质设计、工程设计等。收集钻井讨论决策所需要的有关勘查及设计资料，主要包括对钻探任务书的转发，现场草图、现场踏勘报告、地质设计、钻井设计、工程设计以及钻井设计讨论结论的管理等。

③ 钻井管理。包括钻井措施决策管理和完井方案决策管理两部分的内容。钻井措施决策管理是为针对钻井过程中出现的复杂情况进行的讨论决策提供相关数据支持，对决策结论、措施分类、中途测试设计、总结等进行管理；完井方案决策管理是针对完井方案所需要的完井资料、补充设计、完井报告等进行管理。

④ 测井管理。包括日常测井任务管理和重点井的测井方案管理两部分内容。包括测井讨论、测井通知单、测井设计、测井监督报告、测井解释报告、数据验收等流程。

⑤ 试油管理。包括试油方案管理流程和试油措施管理流程两部分内容。试油方案管理流程包括试油任务通知单、试油设计、地质总结、试油监督报告、数据验收等；试油措施管理流程包括试油措施的设计、试油施工总结。

⑥ 交井管理。是指探井完钻后的交井过程，包括交接书的生成、提交、审查和审批。

⑦ 报废核销井管理。对报废核销井建立存档数据库（包括基础数据和费用数据等），并完成相应汇总分析和上报报表。本功能完成以往报废核销井的信息管理的同时，也对新完井讨论后确定地质报废井的单井信息流入本部分进行管理。

3. 钻井生产信息监控

钻井是建立油气资源通道的主要手段，钻井的目标是发现油气藏，钻井的对象是地层，因此，对钻遇地层地质因素的认知程度是影响钻井成败的重要因素之一。在钻井过程中，大量的工作是破碎岩石和加深井眼，钻进过程是钻井作业中最基本而又最复杂的生产环节。从钻井过程来看，由地质环境所决定的地层特性参数（包括地层的岩性、理化特性、地应力、压力特性、可钻性、各向异性及岩石力学参数等）是钻井优化设计与精确施工控制的基础数据，能否预先精确地掌握这些参数，直接关系到钻井工程或油藏开发方案的成败。

实践证明，钻井数据应用的本质，就是根据钻井过程中实时发生的测井数据、录井数据和实钻数据，实时进行钻井作业模拟，为经验丰富的多专业联合专家协同生产指挥中心提供数据支持，为科学决策提供依据，及时优化钻井性能，调整施工作业方案，确保安全、优质地进行钻井作业。借助于计算机数学分析和虚拟的三维地质环境，可以提高钻井的安全性、科学性和可靠性，进而大大降低钻井施工的盲目性和事故的不可预见性，达到节约钻井成本，降低工人劳动强度、提高钻井效率的目的。

钻井过程中的数据应用内容和方式有：

① 钻井综合信息。通过钻井综合信息的数据窗口，为专业人员提供了一个全面、直观、简洁、形象、综合地了解一口井的设计、施工情况的平台，不仅可以了解这口井最新的实时的钻井施工数据（当前井深、钻头位置、钻时、钻压、扭矩、转盘转速、立管压力、泵冲）、泥浆数据（入口流量、出口流量、入口密度、出口密度）、气测数据（总烃含量、甲烷含量、乙烷含量、丙烷含量、正丁含量、异丁含量、正戊含量、异戊含量）、当前的钻井状态、当前的施工进度，还可以用曲线的形式了解到这些参数的变化趋势，以及这口井的工程设计、地质设计的最基本情况，如井型、井别、开钻日期、目的层、设计井深、设计地层、井身结构等。极大地方便了用户实时、全面地掌握这口井的动态信息的需要。

② 井基本数据。用户可以在此了解这口井的最基本的情况，如井号、油田、井型、井别、钻井方式、井位坐标、地面海拔、地理位置、构造位置、测线位置、靶点坐标、靶点地理位置、设计井深、设计完钻垂深、靶点设计垂深、目的

层、设计完钻层位、完钻原则、钻井队号、搬安日期、各开日期、完钻日期、完钻井深、完钻层位等。

③ 设计地层信息。用户可以在此查询这口井的地质设计数据，如地层名称、地层代号、底界深度、地层倾角、地层走向、岩性描述、故障提示、孔压梯度、破压梯度、地温梯度等。

④ 井身结构。用户可在此查询套管的名称、下深、外径、壁厚等。

⑤ 钻具结构：了解当前所下钻具的名称、长度、内径、外径、钢级等。

⑥ 泥浆性能：查询井场检测的泥浆的各项参数。

⑦ 钻头数据：查询这口井使用过的钻头数据信息。

⑧ 岩屑信息：用户可了解岩屑的岩性定名、层位、岩性描述等。

⑨ 井斜数据：查询定向井具体的定向数据，如测深、段长、井斜角、方位角、垂深、投影位移、南北、东西、闭合距、闭合方位、全角等。

⑩ 米间隔记录数据：调出保存的米间隔数据从 70 个参数(各油田依据设备差异有所不同)中选择进行趋势对比分析。

⑪ 实时记录数据：调出保存的时间间隔数据从 70 个参数(各油田依据设备差异有所不同)中选择进行趋势对比分析。

⑫ 实时曲线：从实时传送钻井参数(各油田依据设备和数据标准的差异有所不同)中选择进行趋势对比分析。

⑬ 仪表仿真：用仪表的方式仿真钻井参数的变化情况。

⑭ 现场照片浏览：可将钻井现场拍摄的数码照片传送到基地进行浏览查询。

4. 油气生产动态

通过数据、曲线、柱状图等展现形式，为生产管理人员提供油气生产的集成信息和详细信息。生产动态软件分别从油气生产的各个不同的关注角度展示对应的重要信息，以适应不同的关注需要。例如从采油方式的角度需要重点关注电泵井的生产，从产量构成的角度需要关注稠油生产和三采生产，从车辆管理和集输管理的角度需要关注拉油生产等。

① 综合信息。采油日度生产综合信息反映了当日生产动态的主要指标，包括原油生产、油田注水、开关井动态等各个方面的生产运行情况。通过对这些动态信息的采集查询，使生产管理人员方便及时地掌握生产动态，实现对生产的综合管理，便于生产的指挥与运行。

② 油气生产。统计当日的油井开井数、井口产油、产气等生产数据，并与昨日的生产数据对比进行当月累计；可以查看当月的主要生产指标曲线，可以详细查询数据变化的原因。

③ 油井动态。统计一个阶段里发生过开井或关井动作的油井(每日的动态开

井和动态关井）以及对日产油能力的影响。展示各井的关井天数或生产天数等信息，找出这些井中当前仍在关着的井，进一步区分开井的构成（措施作业开井、维护作业开井、开计划关井、群扶开井等）和关井的构成（计划关井、作业关井、躺井等）。提供日度动态开井数和动态关井数的对比等曲线。

④ 新井生产。按单位分新井、侧钻井展示在某个时间段里投产的所有新井（侧钻井）的生产情况。同时，可以根据用户确认的能力选值方法，进一步提供该井对这个阶段的产能影响情况。

⑤ 电泵生产。电泵井的生产情况是采油厂生产管理者重点关心的信息。系统按阶段的形式展示采油厂及各单位电泵井的生产情况，详细查询直至单井的生产信息。

⑥ 稠油生产。在稠油开发过程中，管理者比较关心的是注汽的过程信息。稠油注汽模块展示了阶段注汽的信息，其中的单井信息更是详细地展示了一口井从注汽到生产的阶段信息，有利于管理者掌控注汽到生产过程中的问题。

⑦ 三采井生产。考虑到三采的开发都是以单元作为项目的对象，因此三采井生产按单元组织查询界面。

⑧ 拉油生产。拉油生产过程的信息监控，包括拉油的车辆、车次、液量、油量、温度等和拉油井的生产信息。

5. 注水生产动态

① 注水情况。统计当日的水井开井数、计划关井数、注入量、污水回注量等生产数据，并与昨日生产数据对比进行当月累计；可以查看当月的主要生产指标曲线，可以详细查询数据变化的原因。

② 水井动态。统计一个阶段里发生过开井或关井动作的水井（每日的动态开井和动态关井）以及对注入的影响。展示各井的关井天数或生产天数等信息，找出这些井中当前仍在关着的井，进一步区分开井的构成（措施作业开井、维护作业开井、开计划关井、群扶开井等）和关井的构成。提供日度动态开井数和动态关井数的对比等曲线。

③ 三采注入井。考虑到三采的开发都是以单元作为项目的对象，因此三采井生产按单元组织查询界面。

④ 投转注井。统计某个阶段里投注、转注的所有水井以及当前的生产情况。

⑤ 三采注入站。按班次展示各三采配注站生产情况，主要信息有药剂用量、母液量、配制浓度、化验数据、注入量、注入压力等信息

6. 作业动态

作业是采油厂生产运行的重要工作内容。作业运行的结果直接影响到采油厂的产量。作业运行的主要需求是及时了解目前有多少井是潜在的作业井、当前的

待作业信息、了解作业进度。这样有利于合理地调派作业动力。同时对作业效果进行跟踪，进行分期、分项工作量、增油量统计。

① 作业生产运行信息。实现对油水井作业进度的日信息查询，并对重点井的跟踪。主要包括：作业单位当日工作量查询、重点作业井当日施工内容查询、油水井作业日记查询等。

② 作业生产管理。主要实现：作业单位及生产单位月作业油水井的信息查询；工作量统计、施工信息查询、施工及完井管柱查询、措施施工数据查询；油水井作业效果对比分析以及增油量的计算。

③ 井史资料查询。主要用于查询油水井作业井史资料，包括作业日记、作业记录、施工及完井管柱、措施施工数据；完井资料查询，油管、抽油杆数据及施工总结查询；作业原因查询。

④ 生产情况查询。主要用来在单井开始作业前，查询该井的生产情况、抽油机示功图、动静液面等数据，辅助施工设计人员作业设计和安排各道作业工序。

7. 集输管理动态

① 注水站动态。按班次展示各注水站的生产情况，主要有开泵号、泵压、干压、耗电量、库存水量、水位等信息。正在运行的泵的电压、电流、运行时间、排量、耗电量、停泵原因等运行参数。

② 联合站动态。展示集输站库整体的运行信息，如进液、油水外输、天然气外输等信息。

③ 干线动态监控。用曲线的形式分别对比展示各条干线主要的运行参数(流量、压力、温度、含水)，各个监控点的数据，对数据异常变化发出警示，对各个监控点的数据对比异常发出警示。

8. 产量分析预警

根据油气田开发实践和生产管理模式，产量分析预警主要实现采油厂、采油矿(管理区)和采油队(管理站)日产量监控预警，阶段产量对比分析(包括时点)，阶段增减产因素对比分析(包括时点)及动态跟踪，增减产因素与历史均值对比，异动预警，产量趋势预测及增产工作量预测等功能和作用。

① 日产量监控预警。该系统主要实现对采油厂各生产层次单位的日产量监控预警。系统以数据中心为基础，通过计算机网络实现数据库与应用服务器、应用服务器与各客户端之间的数据共享。应用服务器完成数据的缓存，运算参数的设定、运算，系统用户管理的模块，提供用户使用权限，保存运算结果以供客户端使用。

根据各生产层次单位实际生产能力等情况，确定判定生产异常状况阈值，一般采用生产曲线上出现连续3天下降，在生产数据表上出现日环比下降一定幅度进行警示的方法，进一步则进入变动原因分析功能，从各类当日增减产因素(开关井，正常井产量波动，电网和管网及天气因素影响)判定产量异动原因。

② 阶段对比分析。阶段对比分析是生产运行管理上最常用的方法。对各生产层次单位每日产量数据进行阶段(周、旬、月)对比，同时对各类增减产因素分项进行同类对比并汇总，进一步对其中开关井情况进行动态跟踪分析，即可找出产量异动的主要因素、次要因素，并可排除偶然因素的影响。时点对比只要将每个阶段选择为1天即可完成，并且开井数、产量的变化与增减产因素对比可以完全闭合。

③ 产量趋势预测及增产措施工作量预测。产量监控预警和对比分析的最终目的是在警示管理层产量出现异动、提示相关部门异动原因的基础上，进一步推测下一阶段产量运行趋势的量化判断，预测要完成目标产量所需的措施工作量并对已有计划安排进行必要的修正。

在以上分析对比的基础上，对比系统生成的当前产量构成数据及曲线，可分析出新区新井、措施产量、老井自然产量各构成部分哪一块出现异动及原因；对比系统生成的本单位增减产因素历史均值及近期情况，可分析出哪一项因素出现异动及原因。进一步，根据以上结果，主要是分析增减产因素异动原因及幅度，结合本油田、单元的自然递减和综合递减数值，以及下一阶段可能对产量产生影响的主要因素(季节气候，生产环境变化，已安排可预见的增产措施等)，对下一阶段产量运行趋势作出较为量化的预测，并据此对措施工作量及其他因素采取相应措施并予以修正。

9. 地面工程运行管理

油田地面工程建设是油田生产中一项重要的工作，工程涉及生产、生活的方方面面，工程内容极多，主要包括：油气集输工程、油田注水工程和油田地面配套工程等。油田地面工程建设是一项巨大的系统工程，从开始规划、立项到设计、施工、竣工验收、投产都有一套严格的业务流程，但是在实际施工过程中，由于受到油地关系、物料供应、工程预算、设计变动等多种原因，可能导致工程没有按时完成，尤其是产能项目中，地面建设规划设计项目的投产进度和当年的油田钻采开发同步运行，才能保证当年投产，当年采输，当年见效的规划设计目标。因此，为了能够及时掌握工程的项目进度，发生的问题并及时解决，实现多部门生产运行快速有效衔接，该业务需实现：①地面工程建设从项目申报、科研批复、设计、施工、验收、投产全过程运行的监控；②地面工程信息进行统计分析，辅助决策；③待办工作和问题处理机制的设计，建立问题发现、解决、反馈机制，实现施工问题的快速解决，保证项目进度。

二、油气专业研究的应用软件

1. 地震解释与储层预测

石油工业的主要任务之一是找到油气田并将油气开采出来，分别对应着现有的勘探与开发业务，地震技术产生的地震数据主要应用于油气勘探阶段，主要利用地震资料展开地质构造、地层层序预测和储层预测，称之为地震资料解释。地震资料解释是以地震资料为基础，结合地质和井资料确定地下地层的地质构造形态和空间位置，推测地层的岩性、厚度及层间的接触关系，确定地层含油气的可能性，为钻探部署提供依据。地震资料解释应用的地震资料有两类，一是运用运动学信息开展构造解释，如地震波的反射时间、同相性和速度；二是运用动力学信息开展地层岩性解释与储层预测，如反射波的振幅、频率、波形、连续性及其内部结构和外部形态等(《油气勘探工程师手册》蔡希源，2012)。

在软件技术发展上，地震解释软件是以地球物理和多学科的地质理论为基础，以计算机、数据管理和网络技术为载体，针对地质目标形成并不断发展完善的系列解释技术。石油地震解释技术系列配套一般是以综合解释软件为主流，特色化软件为补充，同时根据探区的勘探阶段、勘探程度和地质情况，通过消化吸收，配套形成支撑地震地质综合解释研究的技术系列，为勘探开发服务。

地震解释与储层预测的软件工具，目前均为商业化专业软件。如斯伦贝谢公司的 Petrel 系列、兰德马克公司 DecisionSpace 系列、中国石油 GeoEast 软件、中国石化 NEWS 软件等，其数据的应用，主要通过专业项目库加载的方式实现，具体的数据预处理、处理加工、分析和图形化均在专业软件内部实现(图 3-2)。

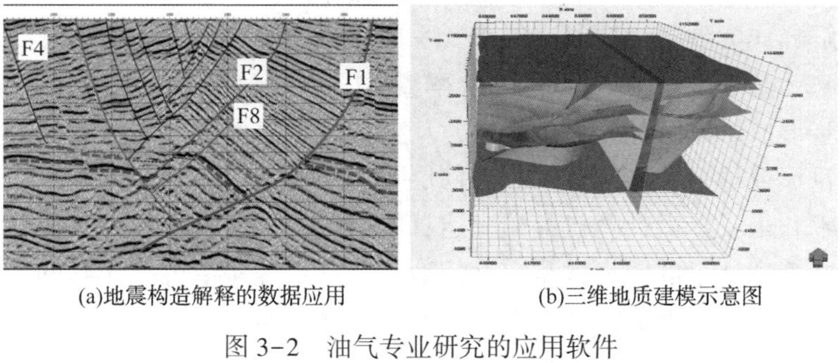

(a)地震构造解释的数据应用　　(b)三维地质建模示意图

图 3-2　油气专业研究的应用软件

(1) 地震构造解释。

地震构造解释是利用地震波反射旅行时同相性和速度等信息，查明地下地层的构造形态、埋藏深度、断裂特征和基础关系等。在此基础上开展的构造发育史和区域沉积环境的研究，预测构造有利的油气聚集区，寻找和评价构造圈闭。

地震资料构造解释主要包括基础的工作准备、时间剖面对比、时间剖面的地质解释、水平切面的地震解释、深度剖面与构造图的编制、构造圈闭的评价等。

（2）地震层序与岩相解释。

地震层序与岩相解释是以层序地层学或地震地层学理论为指导，结合有关沉积环境和岩相特征，通过层序年代标定和识别，依据地震剖面反射结构和波组特征，开展等时层序地层划分、不同类型的体系域和沉积相分析、地震可识别的相类型描述与有前储集相带预测，为储层预测提供地质基础和研究依据。

地震层序与岩相解释适合油气勘探开发不同阶段的地质研究工作，根据研究区的基础资料情况，地震层序与岩相解释内容有所差异，但基本工作程序是相同的，主要包括：层序年代标定和识别、等时层序格架建立、体系域分析、沉积体系确定、地震相类型描述、有利储集相带的预测等。

（3）地震储层预测。

储层预测是在地震构造解释、地震层序与岩相解释基础上，通过对勘探目的层系储集体的沉积相带、岩性特征、分布形态、储层物性的横向变化以及含油气性的分析，进而完成对有利储层和储集体进行厚度、面积、孔隙度、渗透率和流体饱和度等特征描述和含油气性的预测。

地震属性用于储层预测，基本工作程序是在地质与地球物理综合的基础上，建立地震属性与储层物性的参数关系，通过地震属性提取、地震属性优化分析、地震属性向储层参数转换三个环节来实现，这一过程也被称为地震属性分析。其中，地震属性优化分析、地震属性向储层参数转换分别对应储层定性预测与储层定量预测，其研究成果可以应用于油气勘探工作中。

地震解释作为油气地质研究的重要手段，从 20 世纪 80 年代便开始借助计算机开展起来。基于人机联作解释的效率需求，地震解释技术迅速发展和应用普及，并逐步形成了以解释软件为载体，从盆地分析—地震非地震资料处理解释—地震资料目标处理—精细构造解释—储层预测与油藏描述直至测井二次解释与储量计算技术和工具。而计算机存储、运算能力的发展，解释软件一体化功能的发展以及数据管理技术的巨大进步，又使地震解释系统从单机工作到网络化架构的授权用户模式转变，即通过统一平台，实现石油公司的企业资源统一管理调配和分散式协同化的应用，显著提高了资源利用率和研究水平。

2. 三维地质建模应用软件

地质建模是油田勘探开发生产与科研数据的一种信息集成的重要方式。三维地质建模是一个涉及地质学、数据分析、计算科学的交叉性的综合学科，这样建立的地质模型汇总了各种信息和解释结果。

三维地质建模是在地质录井，测井，地震数据体及其构造解释、地质认识等信息的基础上，在计算机三维可视化技术基础上，经过综合分析构建的三维表征模型。所以是否了解各种输入数据/信息的优势和不足是合理整合这些数据的关键。地下生油层和储层一般都会有多尺度上的非均质性和连续性，但是由于各种原因不可能直接测量到所有的这些细节。借助于地质统计技术来生成比较真实的，代表我们对储层非均质性和连续性的认识的模型是一个比较有效的研究储层的手段。

三维地质建模的目的是建造油气成藏赖以依存的物质空间。其关键是实现地质实体的可视化数字模型构建，将构造、沉积、有机质、物理、化学、成藏等诸多结构、关系、参数和演化信息集成在一起，同时提供强有力的数据统计和交互式空间分析工具。三维地质实体建模的步骤是：先建立各井点的一维垂向模型，然后建立由一系列叠置的二维层面模型构成的格架，然后在该格架的基础上建立各种属性的三维分布模型。

从尺度上，三维地质建模分为盆地建模、含油气系统建模、油气藏建模，其面对的主体分别是含油气盆地、含油气系统、油气藏，在对于模型的构建流程和拓扑结构表达上也具有不同的流程方法，我们将在“模型思维”一章进行更为详细的介绍。

3. 油藏数模与动态分析

基于数模的油藏开发动态分析技术是充分展示模型数据的应用过程。该技术或软件体系以油藏数值模拟研究成果为基础，实现油藏地质模型多属性的综合展示，进行油藏开发剩余油分布研究，找出剩余油富集区，优化设计油田开发方案，为油气田的深入开发调整决策提供依据。调整措施包括在剩余油富集区打加密井、对高含水井进行卡封和转注等。

基于数模的油藏开发动态分析方法综合考虑了油藏地质条件的各种因素，相对于油藏工程方法，决策结果的精度更高，而且图形化的统计分析等数据展示功能，使科研人员的认识更直观，特别是在剩余油分析方面有其独特的优势。下面，我们通过数据管理和典型功能两个方面，来分析油藏开发动态分析中的数据应用及其特点。

研究基于数模的油藏开发动态分析方法首先需要解析数模文件的数据格式，然后从业务上研究开发指标的统计分析技术。其中数模数据格式的解析与处理工作如下：

① Eclipse 数模结果文件格式解析。Eclipse 作为目前油田开发数值模拟领域的主流软件，涵盖了从地质建模到历史拟合、开发预测、生产优化的整个开发研究流程，也是目前应用最广泛的油藏数值模拟软件。因此，主要考虑 Eclipse 软件模拟结果的加载。

分析 Eclipse 数值模拟结果文件格式，重点解析有关网格形态、动静态参数场、流体属性、单井区域指标数据的存储形式，为可视化展示和统计分析提供输入数据。即依托于油藏模型库，解析数值模拟计算结果文件结构，加载数值模拟结果文件，形成内部数据格式。

② ECLIPSE 模型处理。根据 Eclipse 数据模型的特点，它被分为 RUNSPEC、GRID、EDIT、PROPS、REGION、SOLUTION、SUMMARY、SCHEDULE 8 个部分进行处理。

在完成数模数据解析之后，便进入油藏动态开发综合分析环节。剩余油分析是将油藏地质模型在计算机上实现了网格数据一体化，并通过各种二维平面图、剖面图及三维立体图的自动绘制和展示，使油藏工程师对油藏特征有一个综合的认识。在此基础上通过对各个小层、不同微相、任意闭合区域、各单井控制区域的储层参数和剩余油描述指标的定量计算和全方位的统计分析，找出剩余油的富集井区，实现油藏地质参数网格数字化、定量化和动态化的管理，建立"数字油藏"。

③ 二三维图形展示技术研究。利用三维、多尺度可视化技术，实现了油藏动静态综合信息的二维平面图、剖面图及三维立体图展示。

需要进行平面图形展示的数据类型包括油藏静态数据、油藏动态数据和原始地质数据 3 种。其中油藏静态数据包括地层中深，有效厚度，孔隙度，X、Y、Z 方向的渗透率，残余油饱和度，沉积相数据 6 种；油藏动态数据包括压力、含油饱和度、含水饱和度、含气饱和度、油黏度、孔隙体积、含水率、剩余储量、可动储量、剩余油丰度、可采剩余油丰度 11 种；原始地质数据包括孔隙度、渗透率、有效厚度、含油饱和度等。

平面图形展示的类型包括彩色分布图、填充等值线图、等值线图、含水柱状图、累积油水饼图等。其中彩色分布图包括每个小层的静态数据、动态数据、原始数据三类参数的平面彩色分布图；填充等值线图是在平面彩色分布图的基础上，叠加绘制该参数的等值线。由于该图综合考虑了视觉效应和数字效应，因此，对于研究分析人员来说具有更强的操作性和更实际的应用价值；累积油水饼图是指不同时期每口井的累积产油、产水饼图，它直观地反映平面生产状况；曲线图包括区块及油水井的累积、瞬时曲线图，用于分析不同时期区块及油水井的生产状况。

④ 开发指标统计分析技术研究。开发指标统计分析的目标是通过各种二维平面图、剖面图及三维立体图的展示，使油藏工程师对油藏特征有一个综合的认识，在此基础上通过对各个小层、不同微相、任意闭合区域、各单井控制区域的储层参数和剩余油描述指标的定量计算和全方位的统计分析，找出剩余油的富集井区，推进数字油藏的综合应用。

三、油田业务决策支持系统

1. 油气勘探井位部署决策

油气勘探的数据应用主要在石油地质研究和物探部署、井位部署、探井生产等决策上，其最为典型的应用就是勘探井位部署。勘探井位部署决策是油气地质研究成果的展示和应用决策，其本质是针对油气地质研究的圈闭成果的分析、排序和优选的过程，其部署过程充分体现了油气勘探数据的多样性和决策分析的风险性特点，是油气勘探数据应用的关键环节。其主要数据类型包括：

油气勘探井位部署的数据是通过勘探井位论证项目库的建设形成的，为勘探井位部署项目研究提供全部的基础数据，包括知识型数据，成果数据，方法模型数据；同时为勘探规划和勘探部署提供数据。一般来说，勘探井位论证主要数据有：勘探历程数据、勘探现状数据、地震资料采集数据、地震资料处理及效果分析数据、地震资料解释成果数据、层位标定及波组特征成果数据、构造解释成果及对比成果数据、构造特征数据、构造格局数据、断层展布及断裂特征成果数据、局部构造数据、构造演化研究成果数据、油气成藏条件成果数据、烃源岩特征与资源潜力研究成果数据、储集层特征研究成果数据、沉积特征数据、沉积相带数据、沉积体系数据、储层分布特征数据、储层物性分析数据、圈闭条件数据、油气藏形成特点研究成果数据、区带评价及目标优选成果数据、井位设计成果数据等。

上述的勘探井位部署数据，通过数据库模型设计、项目库数据管理、数据分析应用和可视化、工作流程管理、井位优选群体决策支持等环节逐步地应用到勘探井位部署的业务体系中，成为业务活动正常运转的必要部分，其数据应用的流程如下：

（1）井位论证项目数据库的数据模型设计。

依托于基础数据库，井位论证项目库将部署流程中涉及的各类数据分权限、集中、有序地组织在一起，为井位论证工作提供更加丰富的可视化展示素材。

（2）项目库的数据管理。

数据管理平台用来完成数据的管理与质量控制等功能。主要功能包括：①工区测区管理；②地震数据加载；③数据导入与导出；④图档管理；⑤数据的录入与查询；⑥数据输出。

（3）数据应用与可视化展示。

数据的可视化展示包括：①底图显示；②剖面显示；③图档显示；④井筒可视化。

（4）部署工作流程管理。

详细调研勘探井位部署流程，建立井位部署管理模块，在网上实现初审、复审、部署论证、勘探领导审批、发井位坐标、钻探任务书、项目经理审查、勘探主管部门审批、探井部署申报、归档接收等部署工作的计算机管理。

(5) 井位优选群体决策支持。

根据不同领域的专家及最高权威决策者对多项指标的评价，采用局域决策网技术模式，运用特尔菲法，对勘探井位优选进行合作型群体决策。

2. 油田开发井网部署决策

开发井网部署是油田开发方案设计中的一个重要环节，其目标是分层系部署生产井网，选择合理的布井方式和井距，达到油藏开发所要求的生产能力和经济效益。开发井网的部署需要充分利用积累的石油地质成果、油藏开发与采油工程数据，依据井网计算模型，得出最优化的开发井网部署方案，是一种极其重要和典型的油田开发数据高层次应用。

开发井网部署过程中通常要讨论三个主要问题：一是井网密度；二是一次井网与多次井网；三是布井方式。

(1) 目标区的基础资料分析

目标区的基础资料分析是制定初步布井方案的依据，它主要是获取油藏地质资料，对目标区的构造条件、储层特征、地质储量、钻井可行性等进行分析和评价。

(2) 井网部署算法研究。

主要研究内容包括：①井网密度计算；②井距确定；③布井范围划分；④布井；⑤单井微调；⑥结果输出。

(3) 计算机化辅助布井技术研究

计算机化辅助布井是指利用高效的机器算法、图形可视化技术、人机交互技术、信息关联展示技术辅助科研人员进行井位部署决策。其中，可视化的图形交互技术是整个井位部署决策功能的核心，它需要解决图形格式转换、坐标校正、交互调整等技术问题。

① 图形格式转换技术研究。要实施井网部署，首先必须有矢量底图，油田常用的专业图形格式包括 GEOMAP、MAPGIS、MapInfo、ArcInfo 等，为了能够使用统一的算法和交互处理过程，可定义一种中间格式(如 OTP 格式)，编写工具软件把各种专业图形转换为中间格式，然后把这种中间格式图件作为底图进行布井决策。

② 坐标校正技术研究。包括：自动获取坐标标示位置的错误坐标；自动获取井圈位置的中心点坐标；增加标注校正点；删除校正点；准确坐标校正功能。

③ 数据保存与输出。包括：数据输出；图形数据打印；数据服务。

④ 图形交互操作。图形交互部分除了实现常用图形系统的放大、缩小、平

移、选择、图形的属性格式编辑等基本功能外，按照井网部署业务需求的特点，实现了数据的分层加载显示控制、线面生成井网、井网即时选择指标实时计算、井网任意旋转、平移、反向布井、单井微调等可视化交互功能。

3. 采油工程辅助决策

采油工程决策支持系统主要包括工程数据处理、工程信息集成、重大设计网上优化、钻采工程方案管理、钻采方案辅助编制、钻采专家支持几个方面的建设和应用。下面，通过这几个子系统的功能设计，初步了解数据在其中的应用流转和作用。

① 工程数据处理。面向采油、注水、集输、修井四大业务的应用需求，建立源点采集唯一、处理规范统一、计算方法统一，处理结果唯一的采油工程数据处理体系和集成应用系统。

② 工程信息集成。以采油工程技术人员关注的重点信息为目标，按照业务流程和操作习惯进行组合，实现了单井的钻井、生产、作业、动态监测等信息和区块单元的地质、油藏、生产动态等信息的展示。以信息集成为手段，辅助技术人员方案编制、工艺设计和效果跟踪。

③ 重大设计网上优化。为优化作业设计、提高措施效率开展建设，实现了重大设计网上流转、常规设计备案，按措施、井型等多角度统计及后期效果跟踪。

④ 钻采工程方案管理。为了加强和规范钻采工程方案的编审与实施管理工作，提高产能建设工程质量开展建设。上线运行以来，形成一个以制度保障和规划部署为主线，各开发单位工艺、钻井部门协同管理的钻采方案信息综合管理平台，进一步落实了“日跟踪、旬对接、月分析、季总结”的钻采方案管理要求。

⑤ 钻采方案辅助编制。为了提升编制水平和编制效率开展建设。钻采工程方案是产能建设的重要载体，而新老区产能储量品位的下降，又对方案编制提出了更高要求，为此开展了方案注水、整体压裂、防砂方案辅助编制模块的建设。

⑥ 钻采专家支持。指建立钻采专家支持库，为工程方案编制和工艺设计提供借鉴和参考。

4. 钻井工程辅助决策

一直以来，钻井行业都是一项高投入、高风险的产业。高昂的施工投资成本，使石油公司很难接受失败的风险。但是太多的地层不确定性、施工不确定性，致使钻井作业的失败风险一直居高不下。探井（野猫子井）的成功率甚至只有 1/6。随着世界石油工业的发展，目前的主要开发目标区域都集中在了深海、沙漠腹地等条件更为苛刻的地区，受到从地上到地下严酷的自然环境影响，钻井难度更大。怎样解决钻井风险高的问题，一直以来都困扰着世界钻井人。

近年来，国内外相关石油公司围绕旨在降低钻井风险的决策支持中心开展了相关深入研究工作，信息的交流是决策支持的关键所在，它使得有关专业人员及时获得相关信息以作出计划与决定。这一过程需要将人、软件工具以及数据同步化与可视化技术结合起来，将可以获得的所有数据转化成为有用的资料，来优化钻井作业过程。该过程首先是收集资料准备钻前计划，并找出做钻井决定所需要的信息；然后考虑如何及时获得会对决定有影响的基本测试数据；此后，在钻井过程中应用特殊的软件工具解释实时获得的测试数据，这些软件工具可以对数据作出有意义的分析，帮助工作人员更快速、更有效地完成工作；最后，利用最新获得的信息不断更新钻井计划。

通过这些技术中心，石油公司或者石油技术服务公司能够有效地对海上作业及深水作业、对边远地区乃至全球的作业、对重点探井及高难度井的作业施工提供技术支持。采用这样的作业支持中心的数据应用模式，具有极其明显的应用效果：促进多方技术合作，充分利用专家资源；提高钻井效率，降低钻井风险，节约施工成本；促进整个石油生产向一体化的方向发展；提高 HSE 管理水平。

四、油田经营管理数据应用

自从信息技术应用到油田企业以来，在生产经营活动中发挥了越来越重要的作用，可以说油田的业务发展已经离不开信息化的支撑。一体化经营管理不仅是各油田管理自身的发展需要，同时也是油田增强市场应变能力和打造一流企业的必要条件和必然要求，是一场带有深刻变革意义的科技创新，其根本目的在于提高油田的管理水平和增强核心竞争力，获取效益最大化，促进油田高速发展。

生产经营管理是为推进油田一体化管理，深化上市与存续、部门之间、部门与单位之间的关联，解决运行过程中的不适应、不符合问题，进一步提高工作效率和水平。油田的一体化经营管理平台旨在以项目管理为主线，实现信息共享、继承关联、统计分析、监督控制、动态管理的数据应用目标，增强项目运行的显性化和透明度，使相关部门全面掌握动态，协同抓好运行，不断提高油田经营管理水平。

生产经营数据的全面、及时和动态的应用是生产经营管理的核心。目前国内各油田在 ERP 及相关经营管理系统应用现状的基础上，运用国内外过程管理、流程化、标准化等相关的有效管理理论，结合油田实际，形成了具有地方特色的建设方案。未来的石油企业经营管理重点在于信息共享、业务协同和一体化管理，即通过信息化手段，促进管理上实现由粗放型向精细型，生产型向效益型的转变。

1. 国内外油气生产经营现状

从国内外信息化趋势和先进实践经验来看，大多数先进企业的管理和运营模式趋于一体化的“集中和共享”，依托于业务梳理，采用信息化手段进行流程标准化和固化，逐步渗透到企业生产经营全业务过程，强化考核分析及预警监控，全面提升企业管理水平与竞争力。生产经营的数据应用，也是基于前期油田建设的“企业数据中心”和 ERP 系统作为基础而展开的生产监控、业务分析、决策等工作。

2. 生产经营管理支持模式分析

油田经营管理活动与生产活动相伴而生，相互渗透，相互依存。油田经营管理的一体化是指将战略、组织、流程、制度、绩效、内控、信息化等管理活动有机融合在一起，以达到各方面目标一致、过程协同、方法整合的创新管理模式，合理利用人、财、物等要素，对油气生产过程的产、供、销、分配等环节进行合理组织，有效地执行生产、运营活动，保证油田战略目标任务的保质、按期顺利完成，具有全员参与、全过程管理、全方位协同、闭环管理的特点。其中，流程作为企业活动的最基本载体，将成为管理一体化整合的基点。

石油企业的生产经营支持，是以业务流为主线，推动形成全方位、多层次、立体化的精细化管理格局。在信息化建设上，就是以一体化、标准化、系统化管理为目标，建设一体化经营管理平台。实现油田管理的信息化和业务管理深度融合，生产和经营管理深度融合；从专业管理向一体化管理转变，从流程标准化向管理标准化的转变；从数字化管理向智能化管理的跨越，全面支撑打造一流石油企业的目标。

以中石化胜利油田分公司的建设实践为例，一体化经营管理平台总体架构概括为：一个数据中心（经营管理）、一个应用平台、二层应用系统。如果绘制一个层次架构，则从应用层次上分数据层、应用平台层、业务管理层、决策支持层四个部分。

① 数据中心：依托油田统一的数据中心，基于统一存储标准，关联继承经营管理业务数据，建立经营管理数据模型，并通过业务流程协同驱动信息采集，将经营管理业务相关的原始数据、过程数据、审批数据、归档数据信息存入数据中心。

② 应用平台：基于油田业务支撑基础平台，实现统一组织用户及身份认证的接入，实现统一工作流程驱动接入，统一功能服务接入，统一数据管理接口的接入，统一运行维护，统一标准规范。

③ 业务管理：面向油田领导层、业务管理层、业务操作层建设以职能业务为主线的纵向业务管理应用，依据统一规划、标准设计、分模块开发的原则，实现业务流程化、集中化线上协同办理以及信息化成果的集成应用。

④ 决策支持：按照核心业务线建设横向业务运营分析及全面业务监控，满足决策支持，横纵连接全面支持油田一体化业务管理。

3. 生产经营管理的信息支持

参照国内外信息化建设先进经验以及油田一体化管理信息化建设的前期探索和研究，建设集成、统一的一体化经营管理平台需要以标准、规范、畅通、优化的业务管理流程为基础，以构建一体化管理为目标，在认真分析当前 ERP 及相关经营管理系统应用现状的基础上，运用国内外过程管理、流程化、标准化等相关的有效管理理论，需要深入展开油田业务管理流程梳理分析工作，梳理清楚油田企业业务模型总图和流程体系架构，为一体化经营管理信息平台建设奠定基础。

在业务梳理成果基础上，遵照总体建设规划，一体化经营管理平台的建设工作采用横纵两条线并行建设的思路，横向上以核心业务为主线进行串接，从全局闭环视角开展领导决策应用建设；纵向上按照职能管理为单元，依托一体化经营管理平台开展业务管理、应用建设业务，实现流程管理信息化和各部门之间业务协同，全面支撑油田所有的核心业务管理流程的信息化落地。此外，在二级单位层面选取典型应用进行探索建设，建立二级一体化管理信息化建设推广模板。

（1）决策支持应用。

依据核心类业务的梳理，建设领导决策支持应用，分为生产运行监控和生产运营分析两大部分：①生产运行监控，以项目管理、资金收支、资产、人力资源等主线，横向集成关联油田 ERP、生产管理、石油工程造价管理、基建管理、合同管理、招投标管理、设备管理、物资管理、科技管理、工程劳务结算、新井设计审批、内控管理、市场准入管理、合同管理等业务，实现对油田业务的全过程或环节的监控，为决策、管理层提供实时监控、动态预警支持；②生产运营分析，对油田核心战略进行动因分析，按照经济活动、同行对比、管理绩效、风险防范、板块专题等不同看板进行分析，实现指标运行动态追溯考核、信息共享等功能，决策层可通过管理综合看板，全面、及时把控油田管理与业务现状；通过异常流程看板，快速、准确推动问题发现并解决。

（2）业务管理应用。

依据职能管理业务体系，以部门信息化建设为推动点，遵循油田统一标准规范，本着实现业务管理流程信息化落地的建设思路和系统集成整合的策略，实现规划计划管理、勘探管理、开发管理、生产管理、基建管理、招标管理、合同管理、物资管理、设备管理、科技管理、法律事务、市场管理、监督管理、党群管理等油田所有业务的全覆盖。

管理层可通过专业管理看板及关联业务看板，实现决策更加准确、有效；通过充分的界定、优化业务流程，使本专业范畴内部业务运转更简洁、高效。而业务操作层通过系统进行业务的办理，完成信息的采集，业务规则植入系统，使其更加清楚了责任和要求；待办提醒、异常、误差、超时预警提高了工作效率。

其应用软件层是用户与系统的交互层，系统实现的所有功能通过展现层提供给用户进行访问，构建起台式机、便携机、手机三机一体的业务管理框架，支持 Web 浏览器，智能客户端应用、移动应用。既可实现网上信息服务，又可将业务功能推送到 IPAD、手机等移动终端，让用户摆脱时间和空间的束缚，在任何时间(Anytime)、任何地点(Anywhere)都可及时处理与业务相关的任何事情(Anything)。

(3) 信息化应用平台。

应用平台是在应用支撑平台的基础上，按业务需求及业务逻辑装配的一系列业务模块。每一个应用都对应一个业务需求，实现一个特定的业务逻辑。平台主要包括领导决策支持和业务管理两部分建设。领导决策支持建设是依据核心类业务的梳理，为决策层、管理层提供项目全过程实时监控、实时预警提醒、指标运行动态监控考核、经济活动分析、信息共享查询等功能。业务管理建设使各业务模块全部按标准实现信息采集、业务审核、实时监控、动态预警、共享查询、分析考核等功能。

第二节 勘探开发专业软件的一体化与平台化趋势

一、油气业务场景、流程与方法逐渐固化

油气专业软件是油气核心业务流的逻辑体现。随着油气勘探开发 30 多年来的持续信息化建设，油气业务场景、流程与方法逐渐固化，则其对应的软件模块功能也逐步接近。

油气勘探与开发过程中，业务体系和技术体系庞大，运行复杂，其业务相关技术涉及地球物理技术、地质构造演变、岩石与古生物、有气质成烃、流体模拟、钻井工程、测录井、油藏开发、产能建设、生产监测与优化等细分的领域，这些大量的专业体系不仅需要长期的学术和实践研究，当其在不同地质和工程环境下时也需要不同的理论体系和技术方法支持。

面向油气上游领域的应用软件业务场景(图 3-3)，近 30 年来逐渐形成了有针对性的专业软件技术体系。长期以来，国际公司基于商业分工，已经将业务流程和价值链建设成为一个庞大和完整的体系，依托地震、钻探、地化等技术获取手段，该模型通过井震联合针对地质对象建立构造格架和沉积相模型，进而建立油藏模型和流体模型；对于生排烃机制与油气运移聚集、油藏开发与采油生产，均是通过数学模型模拟结果来指导压裂与开采的。

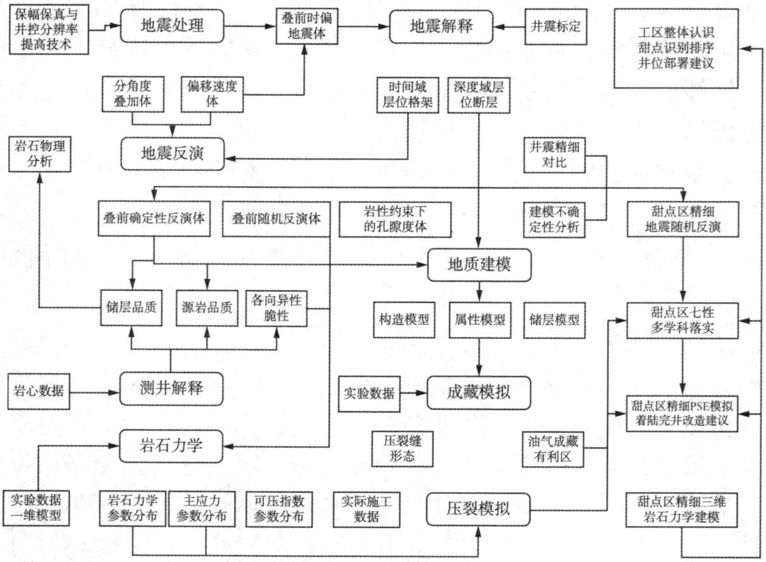

图 3-3　油气数字化全产业链应用软件业务场景

这种软件体系建设的核心，是基于油气地质理论建立的静态与动态的模拟分析数学模型。基于这种地质与油藏的表述模型，勘探开发业务的全过程都是可计算和可量化的。虽然这种模型针对地下机理的认识已经固化，但面对地质与成藏机理明确、地下数据采集充分而准确的前提下，其模拟分析的准确性可以保证较高的水平，并有效地支撑了勘探开发业务的科技化和产业化。

与业务研究流程逐步固化的同时，对应的专业软件在功能上越来越一致，软件的竞争进入了白热化，同样的场景，不同技术公司可能提供的软件功能极其类似，一些不具竞争力的软件公司逐渐被挤出市场，同一业务场景下能够生存的软件越来越精简。

二、油气专业软件的全业务流程整合阶段

在油气专业软件市场中，当多数国内油气技术服务公司在国际勘探、开发与工程研究软件努力寻得一席之地之时，国际油气技术公司实现了从局部专业软件向全业务软件平台的过渡，悄悄地完成了一场打通全业务流程的变革。

最近十年，以斯伦贝谢、兰德马克、贝克休斯、埃摩森 & 帕拉代姆等为代表的油服技术公司，经过多年的发展，在其专业软件平台逐渐实现了从局部业务领域（如地震解释、储层反演、盆地模拟、油藏模拟等）到全周期业务领域的过渡，从 2011 年前斯伦贝谢的 OCEAN+Petrel 软件平台获年度十大油气技术奖开始，预示着这场变革出现了领先者。到 2016 年前后，兰德马克

DecisionSpance 和贝克休斯的 Jewelsuite 这两个油气全生命周期的软件套件的发布，标志着国际大型油服技术公司已经实现了勘探开发专业研究平台产品的全生命周期的覆盖。2020 年，当很多油气专业软件公司逐渐完成全产业链的打通之时，斯伦贝谢公司发布其跨时代的勘探开发软件平台 DELFI，宣布进入了数字化与智能化时代。

从产权角度，面对勘探开发一体化、地质工程(压裂)一体化行业整合趋势，国际范围内已经形成系统的、覆盖油气上游专业软件生态的公司，有斯伦贝谢、兰德马克(哈里伯顿)、贝克休斯少数大型国际油服公司，其他较为接近全业务生态支持的也包括帕拉代姆等系列中小型公司。至于特色化局部软件，较多的是来自于美、法、挪威、德、荷兰等国家，甚至包括以色列、巴基斯坦等，可谓百花齐放，百家争鸣。这里我们分别以哈里伯顿、斯伦贝谢、贝克休斯三家公司的勘探开发一体化软件作为案例，阐述其全业务流程整体的软件演化趋势。

案例 1：哈里伯顿公司的勘探开发一体化软件系列。

哈里伯顿公司经过多年的技术发展，形成了成体系的勘探开发一体化软件体系(图 3-4)，目前，该公司将所有的数据和软件体系整合到 Decision Space 平台中，该平台是哈里伯顿全新一代多学科协同工作平台及其应用软件，它为多领域工作团队建立了统一的工作平台，其基础是整个公司的数据管理体系。

图 3-4 哈里伯顿勘探开发一体化软件体系

为了提供多学科协同的一体化工作流程，哈里伯顿重新设计了勘探与开发生产软件。该软件不仅可以提供很强大的科学应用程序和高精度的技术指标，而且还具有简单易用和加速关键决策的特点。从应用角度来看，该软件定位于一个研究协同和决策支持系统，相当于国内油田普遍建设的“勘探开发辅助决策系统”的扩展。同时，该软件在支持第三方软件公司的功能扩展上，与斯伦贝谢的 O-CEAN 平台具有极其类似的架构。从未来发展看，Decision Space 将成为兰德马克石油技术服务公司对外提供的生产监控、施工、科研、决策的“协同化”和“一体化”平台。

Decision Space 提供了几个针对不同专业的包，其中 Decision Space® Base 基础包，提供了多专业协同的应用环境和基本组件，包括数据共享、数据分析显示、成果共享、一体化流程等。通过提供更大视野、更深入的分析，带动更好的决策。

Decision Space® Base 包除了通过 Landmark 的 Openworks 的 R5000 集成所有数据，还具有流程捕捉和设计，通过专家建立指导流程引导团队和把握质量，依照设计流程，收集相关数据、追溯研究成果、验证解释方案，快速提交研究报告。同时，具有先进的地震属性提取和网格运算功能，也提供 workflow catalog 进行流程交互指导功能。最终提供共享成果和认识以及数据。在 Base 包基础上，有很多独立的专业包，如：

① Decision Space® GIS 软件包：完全融入 E&P 勘探开发流程，油气勘探开发在许多领域都需要 GIS 数据，如各种文化数据成像、遥感图、地质剖面综合解释、图像导航、井位优选、环境影响评估等。

② Decision Space® Geophysics 地球物理：这是一个“既见森林又见树木”的全景勘探软件。该软件面对的业务背景是近期发现的许多油气藏都产自于非常复杂、极具挑战性的环境中。为解决这一问题，需要项目组多学科更好地协同工作。该软件提供多用户协同工作平台，创新的解释工具以及先进的拓扑引擎，使整个项目组团队可以在进行解释的同时，即可实时创建三维构造模型。既可大视野宏观分析又可深入微观探查细节，在数分钟内生成演示品质的图形，从而革命性地改进了工作流程，大大提高了勘探效率和精度。

③ Decision Space® Geology 石油地质：是一款提供地质解释及制图流程的软件体系。一些地质学家声称计算机正在“扼杀”地质学。如，计算机一次只能针对某一层位成图，这违背了地质层序的基本原理。该软件利用先进的成图技术、整合约束技术以及自动化功能，让地质专家进行地质解释的同时就可以建立一个正确的实体构造模型，无须创建 3D 地质模型可以直接充填储层属性。数分钟内即可完成构造成图，快速修改更新解释方案，使工作更为有效。

④ Decision Space® Earth Modeling 地质建模：因为油公司需要更准确地掌握油气资源，如油气的分布、不确定性、渗透传导能力、体积，以及储量计算等情况，因此，现在的石油和天然气公司越来越重视三维地质建模工作。

⑤ Decision Space® Well Planning 井位部署及井网优化：

彻底改变传统方式，真正做到一体化、可视化、智能化井位设计。使用该平台钻井人员和勘探开发研究人员可以在一体化三维工作平台上整合多学科相关数据，可以实现地质环境中平台到靶点的优化设计，并进行多种设计方案对比。以前花费数月的复杂设计现在几分钟内就可以完成，从而实现提高效率、减少成本及油藏产量最大化的目标。

⑥ Decision Space® Stimulation 压裂微地震：最大化利用裂缝提高油气产量。石油和天然气公司正在采用越来越多的技术来优化非常规储层的开采能力，如要增加页岩储层的采收率，就可以通过微地震裂缝测绘成像技术来监控和调整压裂增产措施。使用该软件，采油工程师和地质学家就可以实时观测和分析压裂效果和微地震资料，直接在地质构造内部进行观测，从而最大化地利用裂缝来提高油气产量。

案例 2：斯伦贝谢的 Petrel 一体化勘探开发集成平台。

Petrel 既是一个勘探开发一体化软件，又作为一个集成环境而存在，其所有的业务功能都以软件模块的方式被集成。目前的 Petrel 大大小小数十个模块，功能覆盖了从地震构造解释、属性计算、反演、岩石力学计算、油藏建模、油藏数值模拟、工程设计等全上游业务领域。这种集成化的优势，使用户不再需要在不同的软件中切换工作环境、交换转换数据、协调研究进展，而是直接将所有成果和进程置于一个实时的协同环境之下。

随着油气降本提效与数字化转型需求带来的勘探开发工程研究的协同化一体化进程，尤其是面向非常规的地质工程一体化协同工作趋势，这种集成化研究平台逐渐成为一种必要的工作环境。

案例 3：贝克休斯的 JewelSuite 提供了勘探开发全业务领域的软件解决方案。

JewelSuite 其定位与斯伦贝谢的 Petrel 一样，都是勘探开发全业务领域的整体解决方案，虽然由于不同公司早期研究重点有所不同导致软件模块的优势强弱不一，但均已形成了针对勘探开发全业务领域的成熟化支撑。

全业务生态的构建，为企业的专业软件建立了一种全流程的业务黏性，让用户的整体工作流程与应用软件捆绑得紧不可分。

国内专业软件研发同样在这种趋势的影响下开展了一体化功能的整合。以中国石油的 GeoEast 及中国石化的 NEWS 为代表的一大批油气地质、油藏与工程软件，经过多年的持续发展，已经在局部取得了很好的应用效果，这些软件在部分研究领域的特色化与专业性方面，也达到了一定的国际先进水准。但由于软件自身架构、技术成熟度和产品成熟度问题，其技术竞争力与适应性是较为不足的。同时，由于国内大型油公司技术生态之间的独立性，均没有取得全国范围内的商业化应用，也未能有效切入国际油气研究领域的市场。

三、油气专业软件逐步实现云端架构整合

随着云计算技术应用的深入，油气上游的工业软件逐步从原有的单体架构过渡到了云计算架构，基于公有云的软件部署，让专业软件在快速部署、动态运行优化、大数据存取、并行计算与模拟等方面获得了阶段提升。同时这一趋势还带来了数据孤岛和软件孤岛的突破，为更大范围的技术生态合作提供了可能。

斯伦贝谢公司 DELFI 平台的 PTS(Petrotechnical Suite)软件(图 3-5)套件，可理解为基于云计算技术加强的专业软件，而基于 DELFI 平台的 PTS 相对于原有的专业软件其基本功能并无改变，改变的是借助于云计算平台实现的计算模拟能力、部署能力、数据沟通能力、动态优化能力，以及基于 AI 的加强等。

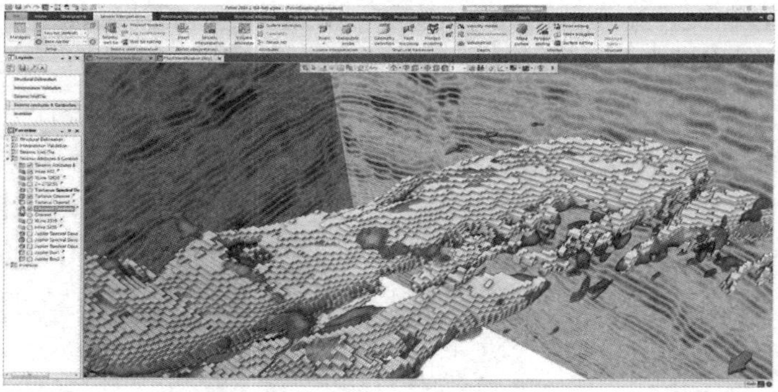

图 3-5　油气数字化全产业链应用软件业务场景(Schlumberger，2022)

这些明显的效果提升，包括：

- 弹性计算：随时增加算力和存储容量，支持大规模数据吞吐和计算。
- 远程协作：通过 PTS 企业软件的支持实现跨团队的远程协作。
- AI 加强：通过 AI 和数据分析，丰富和加强地面与地下的油气工作流。
- 模拟加强：实现油藏模拟解决方案按需完成，且可以在数小时内完成。
- 动态优化：根据所需的结果、见解和周转情况，来配置和优化模拟。

云计算技术也带来了效率提升和成果集中的优势。

(1) 云计算加持下的工作效率提升。

基于 VDI 虚拟化技术的远程访问，消除了对复杂硬件的任何需求。由于 VDI 技术本身是一种类似虚拟桌面机制的软件共享，因此它的专业软件的所有数据操作、图形界面、交互反馈等功能都是在服务端实现，客户端仅仅是一个图像化的界面展示，用户不再需要昂贵的工作站，而是可用于任何普通的笔记本电脑或台式机。

（2）移动办公下的成果集中管理。

云端的数据和研究成果保存，使用户可以在办公室或者在家都不受限制。在部署支持上，用户几乎拥有无限的能力，在需要时扩展额外的处理速度和容量。

在具体的软件使用方式上，用户从 PTS 提供的业务订阅功能（配置文件）中选择你需要的解决方案。目前，PTS 提供可用的业务领域（配置文件）涵盖整个勘探开发生命周期，包括从地震、地质到油藏和开采等。

（1）地震处理器。管理地震数据和项目，构建工作流程，可视化和分析数据，并交互生成静态地震体和速度体的解决方案。这部分由 Omega 地震处理与成像系统、Petrel 地球科学、Petrel 地震解释以及 Petrel 地球物理插件来完成支持。

（2）勘探组合管理。管理和评估勘探机会，优化勘探计划。这部分由 GeoX 提供支持。

（3）地质学家。基于构造、地层与油藏等多种软件工具，解决从区域勘探到油藏开发等一系列挑战。这部分由 Petrel Combined Core、Studio platform * 、Techlog Geology、GPM、GeoX 、PetroMod 和 Geology 插件提供支持。

（4）地球物理学家。通过基于地球物理（地震、测井等）的一系列工具集，解决从区域勘探到油藏开发的一系列挑战。这部分由 Petrel Combined Core、Studio 平台、GeoX 、PetroMod 和地球物理插件提供支持。

（5）岩石物理学家。在统一环境中执行井筒的解释和分析的工具，以获得准确和高度集成的模型。这部分由 Petrel Petrophysics、Techlog FullStack、Studio 平台和油气物理的插件提供支持。

（6）采油工程师。用稳态和瞬态模拟的系列工具，识别和缓解油藏流体流动、评估场景和优化生产系统性能。这部分由用于采油工程的 PIPESIM 和 OLGA，Petrel 和 Techlog 功能模块提供技术支持，同时还有 FluidModeler 以及采油工程的插件。

（7）油藏工程师。通过协同工作进行油藏表征、开发规划和生产评价，优化油藏性能。这部分由 Petrel 平台、Studio 平台、Techlog 油藏工程、MEPO 多重实现优化器、GeoX、PetroMod、FluidModeler 和油藏工程插件提供支持。

（8）非常规工程师。为地球科学家提供系列工具，支持快速的页岩油气的开发、地面规划和水平井钻探。这部分工作主要由 Petrel 平台、Studio 平台和其他插件提供支持。

（9）项目数据经理。在项目工区数据管理工作中，可以辅助减少搜索数据的时间，并在一个平台中实现从盆地到区域的用户工作环境的（数据）构建工作。这部分工作由 Petrel Geoscience Core、Techlog for data managers. Studio 平台、PetroMod、GeoX 以及其他的数据管理插件提供支持。

四、一体化数据管理和知识管理逐步实现

国际勘探开发数据模型建设已经极其成熟，目前研究重心进入成果知识管理与模型成果的交换方法上。

基于勘探开发信息化的高度分工，国际油气公司的数据体系建设的标准化工作具有极好的产业分工。从早期的 POSC 模型到当前依然流行的 PPDM，在大量专业化油气数据治理的标准化组织和咨询公司的组织下，绝大多数规模化的 IT 油服公司都参与了标准和模型的制定与推广，国际范围内的油气勘探开发数据标准化工作一直较为规范和成熟。

(1) 在数据模型的配套数据治理和交换共享工具方面也早已步入规范。

相关的勘探开发数据模型标准并不是独立存在的，他们基本都会配套一系列的数据采集、传输和数据交换的软件体系，这些软件体系在技术上的统一规范为企业自行开展数据治理奠定了基础，同时很多平台和组织也提供开源的数据治理和数据服务工具。

(2) 专业化软件公司构建完成自己的数据模型和知识模型。

各专业化软件公司也从自身专业软件研究的角度出发，并参考相关模型构建了自己的数据模型和知识模型。这些专业软件的数据模型一般都集成了地球物理、地质构建建模、地质研究、地化分析数据、油藏建模、开发数据、井筒钻测录数据、开发生产数据等多个领域性数据模型。针对这些专业数据模型，各个专业软件公司也都设计了基础数据库与项目库，研发了数据管理和成果管理系统，而且，这些数据与成果和专业研究软件紧密结合，共同完成专业研究、分析、设计、管理和决策等业务功能。

(3) 基于成熟数据模型的成果管理与知识管理开始逐渐成熟。

国际油公司的知识管理更多是指"成果数据管理"，一般是指通过专业软件形成的中间成果和最终成果。这些成果数据包括地震构造解释、地质与岩石力学的属性体、井筒岩石物理属性分析、探井井筒分析成果以及地质研究、油藏研究成果，还包括开发方案和生产分析。这些成果数据是基于一个"项目"或"工区"而纳入统一的管理。所谓的知识管理，一方面是针对上述成果从地学、井筒和油藏角度的模型化组织(也会包括图件和文档)，另一个方面是业务分析框架和工作流程(会用到知识图谱类智能技术)。通过这两个方面，企业从业务领域针对勘探开发建立了非常专业的知识管理。

(4) 数据整合服务成为中小型公司们新的研发方向。

油气数据一体化进程的推进，使数据整合服务成为可能。如 Energitics 这样的咨询公司已经将研究重点放在大型专业软件之间的数据交换方法上，还有

WITSML、PRODML、RESQML 等，为各类专业化特色化、软件公司提供在井场、油藏和采油领域的数据及数据模型的读取和交换。新的生态生成之后，众多的数据治理公司、软件公司、技术服务公司已重新找到了整合发展的方向。

总体而言，国际油公司的大数据与知识管理的建设，最终面向的是全业务流程的专业软件，而专业软件本身是业务架构与业务逻辑的沉淀，目标是解决业务流程中的特定需求。因此，基于市场竞争中的效益需求，其知识管理更加注重数据内容和成果内容，而非 IT 形式。

以斯伦贝谢公司的知识管理(图 3-6)解决方案为例。

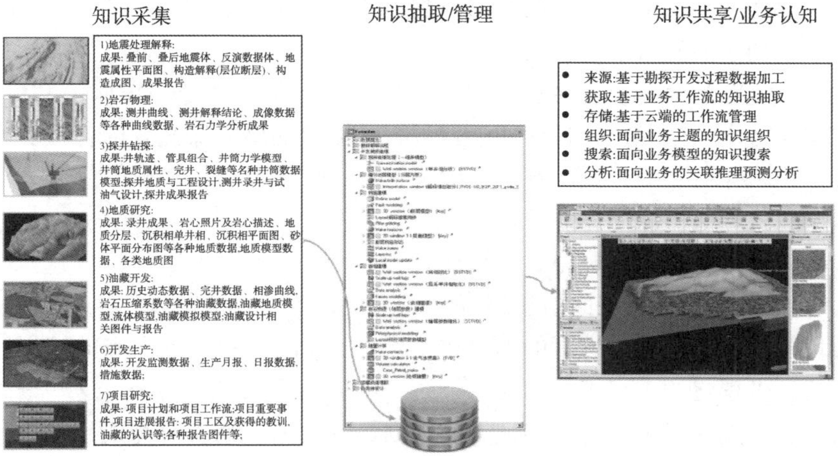

图 3-6　斯伦贝谢数据管理与知识管理

随着勘探开发生产一体化流程在国际上的推进，斯伦贝谢公司近期将其软件体系移植和迁移到了统一的平台之下，这一平台借助于 Petrel 应用平台逐步地实现插件式挂接，逐步将原有的地震解释、地质研究、建模油藏模拟和生产管理等业务实现了一体化应用，这就是其基于知识(管理)的勘探开发一体化系统。

当前数字油田所面临问题的关键，在于能否将过去积累，和正在积累的数据信息进行快速整合和调用。这是知识库和知识管理应当承担的责任。

石油行业的核心，从勘探到开发，包含这样几个关键流程，即：盆地分析，区带评价，圈闭油气藏研究，井位设计，钻井，建模、油藏开发，油藏模拟，油田开采。知识管理和知识应用的关键，就是针对这些环节如何组织相关信息，提供业务顺畅开展。举例来说，都知道信息知识库的建设要有针对性，要面对勘探开发的发展趋势，如当前的非常规油藏，超低孔、超低渗、高成本油气藏，如何应用知识来快速作出有效的管理和决策，这是斯伦贝谢的统一应用平台要解决的重点问题。

（1）基于研究主题知识的信息定制与获取。

首先要确定知识的内容，即信息的范围。如，针对非常规油气藏的特殊性，我们要考虑地震和地质要素，还要考虑对钻井的影响，包括钻井类型、深度等系列问题，但是如何把这些信息整合在一起？

斯伦贝谢公司的勘探开发知识共享环境包括这样一系列的业务环节：含油气系统评价→勘探油藏描述→油藏建模→油藏数值模拟→钻井生产管理。斯伦贝谢公司将 Petrel 软件作为一个勘探开发知识整合的平台。Petrel 软件目前已经成为囊括地震解释、建模、钻井设计、油藏模拟、开发评价等一系列软件功能模块的综合体。即便从狭义上讲，Petrel 软件已经成为"地质综合研究"和"油气开采"这两个环节中的过渡和整合的桥梁。

在一个完整的 Petrel 软件的知识管理体系中包括：基于知识库的基本信息；基于知识库搜索；来源于知识库的项目数据；涵盖油田勘探开发的各领域应用工具；客户化工作流；工作操作环境。除了 Petrel 软件本身，知识库信息来源包括各领域商业公司的主流产品线。

（2）将信息进行组织和整合，形成知识体系。

① 基于 GIS 的地表平面信息整合。

与传统的勘探开发数据库的抽象化不同，在 Petrel 中表现出来的知识库是一个具体的、可视化的、组织好的信息体系，可从知识树上列出来。这些信息可以分类筛选，如选择出来所有三维地震的数据、井数据、地质研究成果图等，然后定位到 GIS 上展示。三维 GIS 起到了一个通过空间位置整合所有信息的作用，这就是知识的组织作用。

在这个三维空间平台上，除了传统的地理信息的立体影像，还可以进行大量业务数据的整合，包括各类油气勘探开发的要素，如二三维的地震工区、矿权、油气田、用户自定义的研究区域、管理区域，包括探井和开发井数据、开发生产数据、注水和注气数据、管线泵站和油气集输站数据等。此外，还有各类图件的投放实现知识的关联。这种将地理、施工环境、地质、探井等多因素的集成对比是一个比较重要的信息整合模式。

② 基于地下三维空间的整合。

除了平面信息，大量的数据已经过渡到三维的立体浏览，从三维空间来看，我们可以看到立体的地下三维场景。除了上面提到的工区、井、油气田、圈闭等因素，还有大量的地震体数据和地质体数据，通过体交互操作，可以投放区域的速度场、波阻抗、方差等属性体及地质网格。在这个三维场景，对一个地震数据体和地质数据体可实时打开一个地震和地质剖面。在这个地质体的剖面上，可以看到整个盆地的烃源岩层、圈闭位置以及油气的运移情况。

（3）运用知识展开地质研究工作。

基于各类数据和成果的研究工作实现了多学科协同，如实时进行地震属性分析，找到河道或三角洲的区域，直接输出沉积相、形成沉积背景图；通过地震体属性分析找到河道，将之镂空显示，作为有利储层；通过蚂蚁追踪算法找到断层，针对断层做封堵研究。进一步可以从油气勘探领域直接进入到油藏开发领域，在系统中可实现从大的数据块之中找到小块的局部构造，展开圈闭级目标评价；在勘探目标上做剖面查看单井数据、地质分层数据，结合建模成果、相关井的射孔段、测井解释结果以及生产数据，从而对圈闭的含油气性最终做出量化的判断。

（4）运用知识体系展开石油工程相关工作。

针对前期勘探与开发的成果整理展开石油工程的相关工作，通过目的层段分析、多井地质剖面等技术手段实现目标的可视化显示，进而以井和井筒为索引查看相关的设计文档、报告、图件等成果。在此基础上，通过钻井设计模拟、风险分析和预警等分析，可以展开钻井设计、钻时决策等工作。

（5）运用知识体系进行油藏开发、模拟、采油等。

基于前期勘探与石油工程的数据积累，展开油藏开发方案和开发井设计，实现了油藏开发决策的合理化；在油藏模拟阶段通过模拟器展开数值模拟计算，完成油藏的数值模拟。之后，便是针对采油生产的知识集成和决策环境搭建。

综上所述，斯伦贝谢公司在 Petrel 这个单一的应用软件平台上实现了盆地模拟、地质综合研究、地质建模三个部分工作，形成了全勘探系统知识管理；之后，通过钻井全过程、开发设计、油藏模拟、采油等几个环节的数据组织和知识化管理，实现了勘探、开发、石油工程与油井生产等全部流程的整合。这种整合表面上是业务体系的整合，但本质上是一种数据的整合，是基于知识库的知识整合。

五、国际油气专业软件的平台化战略

统一的软件基础平台首先是作为一个行业的企业级的软件架构而存在。目前，面向勘探开发核心业务提供专业级软件开发的架构，是国际油公司与石油技术服务公司研发的重要共识。

国际石油技术服务公司在专业应用软件生态体系的成熟，其实来自背后核心竞争力的构建，那就是平台。总的来说，国际油气专业软件研发中，已经形成了“商业化油气软件+油气软件二次开发平台+油气统一数据模型与数据平台”三个层次产品的有效整合。基于这种思路，无论是斯伦贝谢、哈利伯顿、贝克休斯等领先的数字化油服技术公司，还是一些小型专业软件提供商，均已完成业务服务与业务软件、软件平台、数据平台的整合，形成了企业内部的软件生态。

其实早在各专业应用软件推出的同时，每个公司都会有配套的 SDK(软件开发包 API)提供软件功能的扩展。大约 2010 年前后，部分大型技术公司意识到了在软件研发中的产业化趋势下，构建一个油气软件平台的重要性。以斯伦贝谢的 OCEAN 为代表的油气软件开发平台逐步进入大众视野。OCEAN 是一个构建在应用集成平台 Petrel 和统一数据模型之间的软件构建平台，该平台的核心是一套软件集成框架和二次开发包，在这一平台中，OCEAN 实现了以下四个方面的成果。

(1) 数据对象统一化。

建立了勘探开发统一的对象化数据模型，为各类软件模块对于业务数据的操作提供了一个统一的实体类，通过统一的数据实体类实现底层数据的隔离，这类数据实体类被称为“领域模型”。

(2) 软件逻辑组件化。

常用的数据操作、业务逻辑、系统功能被细分为不同的 API，提供最底层的操作。基于这些底层操作，实现了对于专业数据组织与管理、二、三维图形基础框架、系统通信机制及日志与异常操作等常规软件机制。

(3) 业务功能模块化。

各类业务软件功能被封装为一个个的软件模块，软件模块被定义为在业务上具有独立功能的最小单元。通过软件模块，实现了面向不同业务问题领域的不同软件功能块自动组装，使得快速构建一体化的应用软件成为可能。

(4) 应用定制化

重新定义了应用软件和模块之后，应用软件逐渐演化成为一个集成平台，统一实现软件集成界面定制、系统管理、用户权限、多语言量纲等一系列系统性功能，通过对于数据、业务逻辑和系统逻辑的调用，实现了对于业务功能模块的整合，形成了应用软件的快速定制。

经过十余年的发展，多个面向全产业链的油气软件开发平台逐步成型。目前，国际勘探开发一体化软件开发平台的几个典型产品生态如图 3-7 所示。

目前国际三大石油工程技术服务提供商，斯伦贝谢、哈里伯顿、贝克休斯均已建立了各自的一体化石油工程软件平台，并借助软件平台将其历史软件产品进行重构迁移，发展新的功能更强大的石油工程软件体系。各个专业可以在统一的地质模型和软件架构的基础上，实现跨专业协作，并可利用标准化的开发资源进行快速软件开发。斯伦贝谢 OCEAN 平台是 2010 年推出的第一个商业化的石油勘探开发一体化软件开发平台，经过近年的发展已经初具雏形。2013 年贝克休斯推出了自有的 JewelEarth 勘探开发软件研发平台。严格意义上说，从 2013 年至今，这两个平台依然是国际上仅有的商业化油气软件开发平台。

指标\企业	斯伦贝谢	哈里伯顿	贝克休斯
平台产品	 Petrel (PTS)	 Decision Space	 Jewel Earth
技术整合	Petrel Ocean Seabed/Studio	Decision Space Decision Space SDK EDM	Jewel Suite Jewel Earth Jewel DB
覆盖专业	地震解释、测井处理、地质建模、油藏工程、钻井工程、储层改造、综合信息管理与展示	地球物理、地质研究、断层风险、储改、钻井设计、钻进分析、井场数据管理、生产分析	地震解释、油藏建模、井筒工程、储层改造
技术框架	.Net MSF	Cloud Computing	.Net MSF

图 3-7 国际勘探开发一体化软件开发平台

（1）斯伦贝谢公司的 Petrel 应用软件及 OCEAN 软件平台。

斯伦贝谢公司的石油工程平台体系发展最充分。其 Petrel 平台配套有 Ocean 开发包。开发者经过 Ocean 培训，就可以使用 Ocean 为 Petrel 开发功能模块。所开发的功能模块，只能作为 Petrel 的插件，在 Petrel 环境下使用。Petrel 作为从物探和地质软件发展而来的平台，已经具有了 10 余个与钻井相关专业的功能模块，能够较好地完成地震、地质模型与井筒工程的衔接。斯伦贝谢将油气软件产品线规划为五大平台，各平台分别具有特定的产品定位，包括：Petrel 勘探开发平台、Techlog 井筒软件平台、Avocet 生产运营软件平台、Studio 勘探开发知识环境、Ocean 软件开发框架，各个平台基于 Ocean 开发，做到了开发平台统一。

（2）哈里伯顿公司的 Decision Space™ 及 Decision Space™ SDK 开发包。

哈里伯顿公司的石油工程软件继承了其收购的兰德马克公司的软件体系，实现了比斯伦贝谢公司更为齐全的石油工程专业覆盖。哈里伯顿公司已经完成 Decision Space™ 软件平台的建设，完成了大部分软件的整合重构，对外提供了 SDK 用于二次开发。哈里伯顿公司借助自身强大的专业软件体系和 IT 支撑能力，在全球建立远程决策支持中心，全面地实现了后方支持中心对现场作业的支持指导。在 RTOC/ROC 配备有专职的钻井专家和全套的分析软件，有常备的值勤制度，而且借助其全球化服务优势，可以由分布在各大洲的 RTOC/ROC 提供昼夜随时技术支持。这套远程支持体系已经产生了巨大的经济效益。

（3）贝克休斯公司的 JewelSuite 应用软件与 JewelEarth 软件平台。

虽然贝克休斯公司的 JewelEarth 平台的发展时间晚于上述两个平台，但是局部技术有所领先。贝克休斯公司原为以井筒工具制造和井筒技术服务为主的公司，后转变经营方针，向着综合性石油工程技术服务公司的方向发展。为配合这一转变，它在 2010 年通过并购，建立起了自己的石油工程软件开发平台

JewelEarth 和地质建模应用软件 JewelSuite。

同上述两个平台一样，该平台基于 JewelSuite 应用软件，以地质建模为基础，各专业围绕共同的地质模型开展工作。同上述两个平台借用第三方引擎产品不同，该平台的三维显示引擎、数据驱动程序等各部分，均为自研产品。

2016 年之后，随着大数据、云计算与人工智能技术的持续引入，兰德马克、贝克休斯与斯伦贝谢软件平台技术在原有积累基础上进一步升级。

2019 年，斯伦贝谢推出了 DELFI 勘探开发认知环境。这是一个建立在本地、基于云计算的安全空间平台，不同于以往的斯伦贝谢软件体系。该环境利用数据、科学知识以及领域专业技术彻底改变了勘探开发产业价值链上各环节的工作方式。在 DELFI 环境下，所有用户都可以自由访问软件应用和工作流，而团队成员也可以在专有信息界限的基础上，为数据、模型和解释建立公共工作空间。

第三节　国际油气上游专业软件发展策略分析

国际油气工业上游的商业化软件逐步形成全产业链的生态体系。这种生态不仅体现在软件架构包含了 3 个层次，业务应用软件及用以构建应用软件的两大基础平台外，同时还在软件组织和产业运行上构建了一个多组织合作、多业务协同、多技术融合的生态架构。

目前国内油气软件研发尚停留在应用软件功能的追赶上，与国际当前的发展形势差距非常大，而且这种差距已经不是资金和资源投入所能克服的。因此，我们针对油气工业上游应用软件，即油气勘探开发与工程建设软件的发展，在提出差距和优势分析基础上，从顶层设计、技术架构、管理体系、项目机制四个关键层面提出了应用软件发展方案建议。

一、国际油气专业软件发展现状

1. 最近二十年，油气上游的工业软件已经成为行业核心竞争力

石油作为现代工业最重要的能源与原材料来源，已经形成了人类有史以来最为庞大的工业体系。而油气上游领域的勘探、开发与石油工程业务，不仅投入与产出量巨大，更是当前最复杂、最具技术性和风险性的工业领域。二十年来，为不断降低成本并提升油气工业勘探开发竞争力，油气工业化软件借助于新理论、新方法、新工艺以及新的数字化采集与处理、分析技术，经历了一个快速发展和逐步成熟的历程。

2. 油气工业软件是过去数十年技术与知识积累的结果

作为理论方法与知识经验的载体，油气工业软件是长期业务知识积累的

结果。

由于复杂的地质与油藏目标及油气勘探与开采的复杂工艺与工序，油气勘探开发与石油工程业务具有高度的复杂性。目前，从一个矿权(探矿权，采矿权)进入到退出，从勘探开发到石油工程，每个业务板块都有着复杂而相对独立的理论方法和软件工具。油气行业的数据成果极其复杂，不仅包括各个行业的结构化数据，还有大量的从地球物理数据、地质构造数据、油藏模型到工程数据模型，这些数据模型是从油气井的钻测录，到地震处理解释、地质综合研究、地质与油藏建模、模拟、钻进与压裂等一系列专业数据加工与分析构建的过程。

无论国内外，过去数十年都针对这个数据格式逐步规范化和标准化，在数据加工分析过程中更是逐步积累了大量复杂的工业方法和系统化的量化研究。这些研究成果不断被有形化成为软件产品和模块，通过统计分析、二三维图形可视化和仿真模拟等手段形成了方法的工具化。

这种竞争态势下形成的每一个商业化存在的专业软件，都具有其特定的业务场景和具有竞争力的技术方法，而这些理论、技术、方法、知识、经验，构成了这些软件特有的市场竞争力，正是这些竞争力的存在，让这些商业化软件具有了顽强的生命力。

3. 油气工业软件逐步形成全产业链的生态体系

国际油服公司的工业软件产品，通过收购、合并、合作等各种商业模式，已经基本完成国际范围的市场化，并逐步构建了稳固的、面向油气勘探开发全产业链的软件生态。

自 2000 年以来的二十多年的时间里，针对勘探开发一体化、地质工程一体化的发展趋势，大型 IT 油服公司启动了从地震资料处理、构造解释、属性反演、地质建模、油藏模拟、开发设计到工程(钻井压裂)设计等全领域的软件整合，逐步形成了串接油气上游全业务流程的一体化工具体系。

目前，以斯伦贝谢、哈里伯顿、贝克休斯为代表的国际 IT 油服公司已经形成了全业务流程和全生命周期的软件套件，其相互关联和相互衔接的模块，沉淀着多年的技术积累和经验积累。不仅如此，这些全流程的专业软件体系逐步构建了独立的软件生态，对于体系外的局部软件研发造成了市场壁垒。而这种生态体系和市场壁垒的存在，导致外来的特色化软件进入市场的难度加大。

4. 油气工业软件领域的追赶者面临巨大的市场困境

国内油气上游领域的工业软件产品，无论系统性和全面性，还是方法的先进性和特色性，都处于明显的竞争弱势。

我国现有的石油工业在面向油气勘探开发研究、分析与设计的过程中，极其缺乏有竞争力的软件工具，更缺乏专业软件应用生态(软件自身的设计、研发、构建和应用)。

从国内市场统计看，主流的勘探开发商业软件基本是国际油服公司尤其以美国油服领域公司产品为主。从国际市场统计看，主流勘探开发软件的差距更为明显。不仅主流工业软件均为以美国为代表的数字化油服公司所研发，而且在非主流(区域化、特色化)工业软件也是以国际油服公司为主。

可以说，国内油气勘探开发专业软件已经形成了大范围的空白和缺失，已有的部分专业软件在软件方法水平和实践水平上，与国际主流软件产品的差距极大。一旦这些关键软件供应中断和缺失，将对我国的石油工业造成难以估量的打击。

与此同时，更为严峻的一个问题是，由于油气工业领域的高度成熟以及专业软件市场长期的激烈化竞争，导致后续的油气工业软件的研发面临市场收益不足的困境。也就是说，一个油气勘探开发专业软件(或模块)的研发与收益已经无法平衡，未来的市场机遇会逐渐消失。

二、国内油气工业软件发展差距与优势分析

在中国数十年的石油工业发展过程中，石油地质理论、油藏分析及开发分析方法水平不断提升，目前与国际先进水平并没有明显的差距。但是在油气工业软件方面，由于对应用软件的引进策略、研发方法、整合方法上的战略性缺失，导致了作为核心竞争力的油气专业软件实力的严重不足，这不仅为国内油气行业的产业升级带来了巨大障碍，也严重制约了油气行业数字化转型战略的实施。

可以说，作为油气数字化转型的核心，作为油气核心理论和方法的有形化的唯一手段，专业化的油气工业软件及其生态将是制约油气产业技术发展的关键要素，也是未来最大的短板与隐患。

通过对国内油气上游工业软件发展历程的分析，认为造成这种差距的原因主要有以下几个方面。

1. 尚未充分认识到油气工业软件在油气工业数字化中的重要作用

目前的油气行业中，油气行业工业软件长期被作为一种商业化的工具产品，认为随时可以买到，没有什么难度。但是，我们对于油气工业软件的另外两个作用被严重低估。表现在：

第一，工业软件是油气产业生产流程的量化与有形化。

工业软件关注的是整个行业的业务流程如何分解为串行和并行的不同阶段，如何将各种业务领域和技术研究方法在这个流程中逐步整合与汇总。再进一步，是如何将这些关键的流程节点形成一个产业中相互依存、缺一不可的行业生态体系。可以说，工业软件是行业生产、分析和决策流程的标准化与规范化的执行

过程。

第二，工业软件是油气行业长期积累的理论、技术和方法的唯一数字载体。

工业软件所包含的内容是针对一个业务场景形成的最终解决方案。在这个解决方案中，会将各种思维模型、算法和数学模型这些经验知识沉淀成为软件模块，这些模块面向业务需求，形成一个自动化的工具，工具积累到可以承载一个理论和流程的时候，就成为某个专业的工业软件。因此，工业软件不仅是所有理论方法的量化积累，更是所有工业竞争力的沉淀。

2. 对于国内当前专业软件规划乃至信息化规划，严重缺乏专业性分析与深度分析

油气上游的工业软件，本质是一个依托业务流程和业务理论框架而建立的技术工具体系。由于相关领域技术和专业人才的严重匮乏，国内目前对于油气专业软件的应用体系缺乏专业化、深度化的分析。

一直以来，国内油企由于长期对于国际油服公司商业化产品的深度依赖，在专业软件技术研发与商业产品方面存在大量业务空白。不仅如此，在更深层次的专业研发战略上，如针对油气工业软件的整体架构以及架构中的各个专业领域的理论和方法的数字化策略，相对于国际先进水平更是非常匮乏。

目前，国内迫切需要组织相关技术专家与团队，针对国内外研发的成果现状，明确油气上游专业软件的体系架构以及各专业领域的解决方案。首先，需要明确支撑油气工业上游体系软件的主线流程，确定如何构建一个完整的支撑软件的产业链；其次，需要针对产业链中的各个业务领域确定地区化、特色化(如非常规油气、断溶体油藏)的可替换的软件模块，从而保证未来专业软件的规划形成对于国内勘探开发特色的有效支撑。

3. 缺乏针对理论和方法的有形化沉淀的具体手段，导致长期低水平重复研发

油气工业软件的发展，是一个长期过程，目前国际主流专业软件都是十余年甚至是几十年行业理论的落地和行业经验的积累。行业软件的积累，必须有一种相对规范的技术标准和管理规范。技术标准负责数据模型和软件模块的标准化构建，管理规范负责统一组织数据与模块的集成与共享。

目前国际范围内，众多的油企与油服在 20 世纪便开展了广泛的产业联合与产业规范化，通过建立各种合作组织与非营利公司实现彼此之间的互通、共享和协同，如一直以来的 PPDM、POSC 以及近期广受关注并快速推广的 OSDU 数据平台等。

与此同时，国内油气行业数字化却远没有发挥整体优势，且依旧处于割据甚至发生了发展内卷。综合来看，目前国内油气行业相对独立(孤立)的信息化建设模式，导致了不同集团公司，甚至集团公司内部的各油田分公司，在专业化软

件模块的研发上的过度独立和相对封闭。国内这种缺乏沟通与共享的现状，导致了不同技术团队之间的研发成果难以通用和共享，也导致了国内各个团队长期处于一些基础技术的重复研发、低水平竞争，未能形成高复杂与高集成度的软件产品。

4. 针对油气工业软件长期发展，没有开展数据集成与软件集成的技术架构设计

国际 IT 油服公司之所以能够完成全产业链的产品线积累，除了企业明确的发展战略和执行力，一个落实战略意图的“技术框架和实施路线”必不可少。如：斯伦贝谢除了 Petrel 全业务体系软件，还有 OCEAN 软件开发平台和 SeaBed 数据平台作支撑；哈里伯顿除了 DecisionSpace，还有 DPSDK 软件开发平台和 EDM 数据库作支撑；贝克休斯除了 Jewelsuite 产品，还有 JewelEarth 软件开发平台和 JewelDB 数据平台作支撑。因此，统一的软件开发平台和统一的数据平台，这两个 IT 技术架构，解决了专业软件运行的数据模型、成果整合、方法沉淀、流程构建等极其关键的问题，是构建专业软件的基础。

在油气行业全生命流程的专业软件体系之下，最关键是如何高水平构建专业软件生态的架构设计。即，在高水平大规模的专业应用软件之下，必然还有“软件开发与集成平台”和“统一勘探开发数据库（成果库）平台”，这两个基础平台，是支撑专业软件的快速研发、高水平研发的根源。当然，也正是这两个基础平台，才是真正形成大量 IT 油服公司打造国际竞争力的核心。

国内目前这两个机制的缺失，尤其是软件开发与集成平台战略的缺失，导致研发的大量方法、算法、模型（代码），都随着所依附的国外专业软件的升级而逐渐被边缘化和废弃，没有得到有效的积累，这是过去多年软件研发最大的失误和最大的浪费，也是国内长期专业软件不能完成积累发展的最大问题。

但是，从发展的方面来看，国内发展油气工业软件体系也具有两个明显的发展优势。

首先是国内油气行业的基础信息化建设成果明显。主要表现在信息基础设施的发展、数据的采集体系、管理信息系统的建设以及在智能化方面的局部性探索等，国内相关技术相对成熟，而这是专业软件应用的必要基础。

其次是国内团队进行了专业软件研发的长期探索。油公司、油服公司、各个石油院校和研究院所、民营油气数字化公司等团队，都具有针对油气上游领域不同业务领域的软件研发经验，也有部分局部领域的优秀产品，这为大规模专业软件整合奠定了基础。

因此，在主观认识上理清现实、正视不足；在技术设计上专业主导、架构统一；在管理方法上统一规划、整合力量，是当前快速追赶的发展路线。

三、国内油气工业软件发展策略分析

油气工业软件的长期规划和技术实现方案设计，既要遵循必要的油气业务框

架和 IT 技术框架，同时又要考虑技术发展与时代变化。因此，基于当前油气工业软件卡脖子技术的紧迫性和研发工作的复杂性，以及大数据与 AI 等新技术的革新趋势，同时要考虑油气行业的高度成熟化与产业可能的下行发展趋势，制定合理的油气工业软件发展路线是极具难度的挑战。

在后期的实施路线和发展规划设计中，我们需要充分考虑已有的建设成果、充分借鉴国内相关技术团队的力量，实现多技术、多学科、多领域团队的充分合作，快速构建油气工业软件的雏形，实现在应用中完善，在实践中发展。

基于上述分析，目前对油气工业应用软件未来发展的几个重点策略建议如下：

1. 顶层设计：油气上游全领域专业软件体系顶层设计与规划

确定一个符合国内发展现状的工业软件规划。即，综合分析国内外发展现状，基于国内油企发展现状与不同需求和技术能力，确定国内油气工业软件的总体内容设计。包括确定主流专业软件和特色化专业软件这两条路线的内容设计。在此基础上，针对国内现有各团队的成型软件产品，有计划地形成持续研发、集成与整合的发展规划。

2. 技术架构：建立一个新时期的专业软件整合架构与技术规范

需要充分考虑传统油气工业软件和云计算时代的应用模式，从追赶和超越这两条路线同时前进，分别建立和形成软件发展整合的技术架构与技术规范。

要点之一，是建立科学的、符合行业需求的传统软件技术架构。在做法上，需充分研究借鉴国际油公司与油服公司在专业软件研发上的技术架构和数据架构，构建适合国内油气工业软件发展的技术架构。

要点之二，是基于传统工业软件技术框架基础上的新技术架构设计。即，要在考虑专业软件研发支持和集成支持的基础上，充分考虑大数据与智能化技术在其中的变革性作用，构建新一代专业软件技术架构与技术规范，以实现未来油气行业新一代专业软件的整合支持。

3. 管理体系：建立更高层面的油气工业软件技术组织与管理组织

从资源组织、框架设计、研发整合三个方面建立油气工业软件的标准规范、核心框架和功能模块的整合方案。

资源组织方面，可参考国际在数据规范和软件规范上的整合组织模式（如 PPDM、POSC、OSDU），形成基于行业联盟方式的数据与技术规范管理组织。借助该团队来统一组织专家（注：技术性而非理论性专家）力量，针对行业数据共享和软件共享提供技术标准并形成必要的技术实践原型，对企业研发提供技术和流程指导。

主题框架设计方面，创建主导团队，统一负责必要的数据模型、数据服务、应用架构(含云架构)、模块管理、应用商店等公共性软件功能，以实现对于国内油企在技术层面的统一规范和支持。

研发整合方面，可参考领先的国际 IT 油服公司运营模式，综合国内油气公司及大学等研究院所力量，建立独立运行的软件技术团队。在技术上，以内部开源共享模式，基于统一的发展规划与技术架构标准，开展基础性的技术研发和关键性应用模块研发。

4. 项目机制：整合现有的力量，建立竞争发展机制

基于国际油气工业软件基本成熟的现状，在项目运行上需要考虑多团队协同的快速构建模式。基于当前国际油气工业软件体系相对成熟的现状，有必要充分利用国内信息建设和信息化团队的优势，形成一种全新的发展路线和发展模式。建议通过统一的工业软件规划和技术架构设计，逐步整合国内大学、油服公司、IT 公司力量，实现统一标准、按需立项、竞争研发、快速上线、迭代升级的快速发展路线。

第四节　本 章 小 结

应用软件是对于油气上游工业中的理论方法、工作流程、工作场景以及运行规范的承载者，也是长期运行过程中各类数据、方法、知识和经验的有形化沉淀。可以说，每一套油气软件系统，都是油气工业中某个板块或者工作场景的一个全面的解决方案。

1. 油气上游软件分为生产、科研、运营、决策四个领域

油气应用软件为油气工业上游业务提供了工作平台。抛开常规的运营管理职能，油气公司在业务职能上分为生产过程管理、理论与方法研究、业务管理决策三个层级，这些应用软件面向应用场景又划分了三个不同层次(生产管理软件，专业研究软件与分析决策软件)，我们过去长期的信息化建设工作，基本就围绕这三类应用软件系统对油气勘探开发的全业务流程实现数字化支持。

2. 国际勘探开发专业软件高度成熟并完成平台化

油气行业的应用软件为油气全业务流程的管理研究和决策提供了理论、方法、流程和规范的有形化积累与沉淀。国际勘探开发专业软件以 3~5 个大型公司为主，大量的小型化、专题化软件公司为辅，构建了高度成熟的专业软件市场，基本覆盖了企业开展勘探开发生产管理、计算分析、设计评估的所有业务主线领域。

相比之下，受到技术、管理和组织模式的限制，国产油气专业软件在国际市场形成商业化运作的非常稀少，但在生产管理和企业管理等具有本地化特色的软

件领域发展较好。

3. 面向业务软件平台和数据平台是构建软件的基础能力

专业软件系统只是信息化与数字化技术的一个外在表现。国际油气应用软件通过数据平台和软件开发平台实现应用软件的前后业务流程贯通、上下数据贯通的立体化支持。因此，支撑大量应用软件集成整合并服务于业务流程与业务场景的是底层的软件平台和数据平台，这就是我们常说的软件集成和数据集成。

软件平台重点基于模块化、组件化思想进行技术架构的统一设计，用以实现软件开发的集成化和软件部署发布集成化等两大功能，因此软件平台一般被称为软件开发与集成基础平台。数据平台是基于多源异构的数据存储、管理和共享构建的统一软件功能，尤其面向业务应用提供规范化的数据要素。一般来说，数据平台一般被看作软件平台的一部分。

4. 国际油气软件发展态势及国内应对策略

国际油气工业上游的商业化软件逐步形成全产业链的生态体系。这种生态不仅体现在软件架构本身，同时还在软件组织和产业运行上构建了一个多组织合作、多业务协同、多技术融合的生态架构。

目前国内油气软件研发尚停留在应用软件功能的追赶上，与国际当前的发展形势差距较大，而且这种差距已经不是资金和资源投入所能克服的。因此，我们针对油气工业上游应用软件，即油气勘探开发与工程建设软件的发展，找出差距和优势分析基础上，从顶层设计、技术架构、管理体系、项目机制四个关键层面提出了应用软件发展方案建议。

第四章 数字化本质：数据加工与知识创造

油气行业的业务流程，本质上是一个从数据采集管理到逐步转化为领域知识的过程，也是通过知识的逐步加工而有效支撑价值链实现的过程。油气上游工业中，数据到知识的加工过程是一个不间断的持续过程。数据在加工处理的过程中，其知识的属性和成分越来越多。因此从内容的角度上，数据管理与知识管理部分内容是重合的。

传统的油气数据管理的概念覆盖基础数据管理、数据处理与再加工成果、建模成果和模拟分析成果、成果图件与报告等。当前的油气知识管理内容则涵盖基础数据管理之外的几乎所有再加工数据。从知识管理的角度，油气勘探开发的工作流程中，是一个基础数据的采集、处理和加工的过程，因此，我们也需要从知识管理和知识工程的角度来探索油气知识体系的定义、管理和应用方法。

在国际油气数据库建设的过程中，除了用于存储管理的数据模型(包含数据库系统的概念模型、逻辑模型和物理模型)之外，还有用于业务分析的领域模型、用于软件研发的对象模型、用于数据规格变换的交换模型三个基础概念，它们分别是数据架构与业务架构、软件架构、服务架构进行对接而定义的数据概念，代表着数据被加工过程中不同的组织形态和应用形态，在油气数字化的过程中具有不可替代的作用。

第一节　正本溯源：数据与知识，本体与图谱

一、如何界定油气数据、信息与知识

世界存在的信息被记录和描述下来，就形成了数据。经过数据处理活动，信息被分析(还原)出来，获得了信息的意义。信息经过验证被认为是真实、有价值的，经过人类或智能体的吸收和积累就形成了知识，这是数据、信息和知识的基本关系(赵刚，2021)。

美国科学哲学家艾可夫(R L Ackoff，1989)总结了数据、信息、知识、智慧的模型，这就是早年在油气信息化领域广为传颂的DIKW模型，DIKW模型用一

个金字塔图形表示知识的加工过程，这个金字塔自底向上分别是数据、信息、知识、智慧。DIKW 模型在油气领域应用在信息管理和知识管理中并指导了数字油田和管理决策系统的发展。

但是，这种知识理论对于油气数字化建设带来了一定的负面因素。

1. 数据到知识的过程并非有清晰的界限划分

不仅油气领域，几乎任何人类工业活动领域都是如此，一旦人类认知的概念切入数据采集的过程，那数据本身往往具有了被加工的可能，也就会混入一些人类认知世界特有的抽象概念。

我们对于数据变成信息可能会有一个清晰的界限，但对于数据变成知识却并无严格的定义。当我们创建一组数据的集合来定义某种业务对象或业务活动时，数据变成了信息，那些散乱的数字变成了一个数据库表或者报表。但从数据或信息向着知识转化的过程，却很难发现一个明确的界限。一个数据表或者数据描述文件中，很难从格式或者数据组织方式来判断这是不是知识。因此，虽然 DIKW 模型常常在油气的规划设计中被引用，但在实际的工业流程落地中还是比较缺乏相关的实践。

2. 对于油气知识管理的核心内容界定存在差异

油气行业的知识是指油气生产和研究过程中产生的认识、经验与方法。国内普遍认为这些经验与方法的表现形式是专业图件和报告文档。因此，相当长的一段时间的油气知识管理，实际上等同于图档管理和面向图档的知识抽取、管理、索引和检索。但是，对于油气行业来说，被加工过的图件和文档，虽然比采集的基础数据更能够体现对研究目标的认识，但真正能够加工、创造和存储知识的是油气工业长期以来构建的业务逻辑的模型化实现，如地质、井筒、油藏的建模成果和模拟成果。

基础建模成果和模拟成果，在其数字模型建立的过程中已经引入了大量的业务逻辑和专家经验，因此相对于图件和文档，更符合我们认知世界的“第一性原理”，也就是更具有认知的逻辑性、科学性和普遍性。

综上所述，要做好油气勘探开发数据管理和应用，就不要刻意地造成数据、信息与知识的隔离。真实的情况是，在油气勘探开发领域中，更多的是将数据、信息和知识看作一个整体。通常我们通过业务流程、阶段和学科来分类和规范数据，而不是从信息和知识的技术属性来研究它们。

二、油气数字化体现在数据到知识的加工过程

《创造知识的螺旋》(竹内弘高，2022)提出“知识创造的本质是管理多维度知识的综合过程。”油气勘探开发就是一个综合多学科持续不断开展知识创造的过

程。那么，落实到油气的数据管理和知识管理上，其实就变成了数据管理和知识管理服务对象和应用模式的分析。

1. 油气勘探开发，本质是数据到知识的加工过程

油气行业的数据应用具有典型的行业特色。由于油气行业面对的地质及油气藏的复杂性，其数据体系也存在海量、多源异构、体系复杂、组织多样的特点，数据的分析和处理具有高度的复杂性，这预示着油田的数据应用过程是一个高度集成化、图形化、知识化和智慧化的过程。

如图 4-1 所示，这是由埃克森公司制定的“综合盆地分析”的项目运行图。该图从盆地油气资源评价的角度阐述了油气从勘探到最终经营效益分析的全过程。从勘探选区开始，到综合应用沉积学、地质学、化学、地球物理等基础技术展开地质综合研究；到形成油气勘探中地质思想认识；而后通过知识的汇合集中进行创新，进而展开油气参数分析；最终通过资源与风险评价实现经济效益。在这个典型的石油勘探开发的业务过程中，数据的应用贯穿始终，从战略时期的规划数据，到地质研究时期丰富的技术手段带来的数据库信息，最终在地质认识过程中加工和处理为知识，而后通过汇合集中和油气参数分析过程中转化为智慧，实现数据的转变，也实现了数据应用的演化和升级。

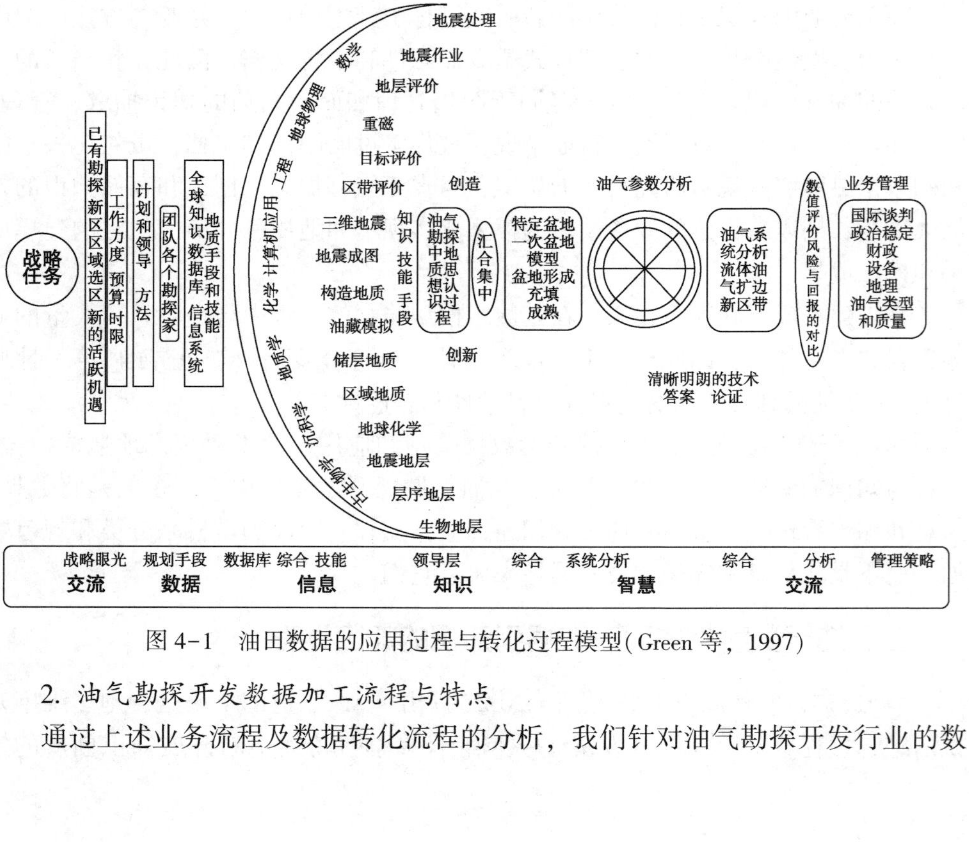

图 4-1　油田数据的应用过程与转化过程模型（Green 等，1997）

2. 油气勘探开发数据加工流程与特点

通过上述业务流程及数据转化流程的分析，我们针对油气勘探开发行业的数

据总结出以下几点认识：

① 数据的应用以数据库的数据集中服务为基础。油气勘探开发的数据体系建设，就是将行业中分散的、异构的各类数据以业务为核心进行关联和集成，从而为信息组织和知识的产生创造条件。

② 数据的应用是一个从数据、信息到知识的加工提炼过程，是利用数据来分析油气目标，进而形成针对油气藏的认知，并最终成为业务解决方案，指导油气生产和研究的过程。

③ 数据的应用是以软件的形式实现沟通和交流。数据库中的数据存在量大、形式多样、结构复杂的特点，尤其石油勘探开发领域的数据具有海量和多源异构的特点，通过 GIS、图表、二三维图形等技术实现数据分析和数据处理，进而达到获取知识的目的。

④ 油田数据应用具有模型化和可视化特点。油田业务是针对地下地质状况和油气藏现状进行预测和分析的过程，是一个根据探测的数据不断加深对地下地质认识的过程，因此，油田数据最终是要形成一个完整的数据模型并以可视化的方式来表述地下地质概况，从而为油气工作者提供直观认识地质对象的形象化手段。

⑤ 油气数据是一个不断整合的知识创造的过程。每一个数据生命周期的加工过程，就是一个数据加工后形成表征新知识的新数据的过程。

3. 油气数据管理和知识管理，是自上而下与自下而上的应用模式上的区别

我们必须知道一个关键背景，那就是数据并不等于知识，人类专家在长期油气工业实践中所积累的经验和知识，也无法快速传递给以数据处理为特点的机器系统。

那么，基于油气勘探开发数据的加工流程和特点，油气数据管理和知识管理的区别不在内容而在应用模式，即明确油气数据管理和知识管理的目标、服务方式和服务内容上。

传统的油气数据管理(如 POSC)，其内容覆盖了基础井震数据采集、处理加工成果、建模成果和模拟分析成果、成果图件与报告等。当前的油气知识管理内容则包含基础数据采集之外的几乎所有加工数据。因此，油气领域的很多数据集合，甚至是大部分数据集合，既可以属于数据管理的范畴，也可以属于知识管理的范畴。如测井的处理数据和解释数据，地震属性计算数据，地层构造模型数据，这些数据一方面被称为信息，同时又是人类加工数据获得认知的知识。

基于上述数据和知识的区别，油气数据管理和知识管理在数据内容上是基本重合的，而应用模式的特色化才是其不同的地方。

(1) 数据管理，是一个自下而上的流程。

数据管理面对的是数据加工全过程的输入输出管理，服务对象是软件。即面对油气勘探开发这个基础数据的采集、处理和加工过程，通过数据的业务场景分类，以数据共享服务的形式支撑油气专业软件的业务逻辑运行。

(2)知识管理，是一个自上而下的流程。

知识管理面对的是如何围绕业务主题来发现、分析知识，服务对象是领域专家。这就需要从知识管理和知识工程的角度来探索油气知识体系的定义、管理和应用方法，使得知识能够被机器解读，能够被专家理解。

(3) 两种方式必然会产生融合。

数据和知识之间必须建立一种可以转换的桥梁，这就是知识表征。一方面，生产活动和运行实践过程中产生的数据，必须建立一种基于知识的表达流程，以提供人类专家可以识别的知识载体；另一方面，人类专家在长期油气工业实践中所积累的经验和知识，需要借助一种机制传递给机器系统，以实现这些知识的应用。

综上所述，油气行业的业务流程，本质上是一个从数据采集管理到逐步转化为领域知识的过程，也是通过知识的逐步加工而有效支撑价值链实现的过程。油气上游工业中，数据到知识的加工过程是一个不间断的持续过程。数据在加工处理的过程中，其知识的属性和成分越来越多。因此从内容的角度上，一些数据管理与知识管理基本是重合的。

因此，油气数据管理和知识管理的区别，是自上而下与自下而上的应用模式区别。油气领域的数据和知识之间必须建立一种可以转换的桥梁，实现生产活动和人类专家认知之间的交互，这就是数据管理和知识管理的出发点。

三、知识本体，物理世界和软件世界的关联

本体(Ontology，又称知识本体)，是人类用以打通机器世界(软件)和物理世界的信息化概念。

为什么需要本体这一概念？因为我们面对的世界具有不可计数的各种对象，为了对这些对象进行统一抽象，我们通过本体来完成对一类对象的统一抽象表述。信息技术中的本体概念来源于20世纪70年代的专家系统与知识系统发展而来的知识工程理论，是早期人工智能研究的重要成果。它是借鉴哲学中本体论(Ontology)概念，是事物及其范畴的形式分类系统，是掌控概念体系的规范。

1. 本体的目标是为了作为“概念和关系的形式化描述”

1993年，格鲁伯(Gruber)定义：“知识本体是概念体系的明确规范”。

1997年，波尔斯特(Borst)对格鲁伯的定义作了修改：“知识本体是可以共享的概念体系的形式规范”。

1998年，施图德(Studer)等在格鲁伯和波尔斯特定义的基础上给出了更加明

确的解释："知识本体是对概念体系的明确的、形式化的、可共享的规范"

定义中，"概念体系"指描述现象的有关概念的抽象模型；"明确"指对所使用的概念类型以及概念用法的约束须明确地加以定义；"形式化"指这个知识本体应该是机器可读的（machine-readable）或机器可循的（machine traceable）；"共享"指知识本体中所描述的知识结构是用于对外交流的。

知识本体帮助人们对于领域知识进行系统的分析，把领域知识形式化，使之便于计算机处理。知识本体还可以实现人和人之间以及人和计算机之间的知识共享，在一定领域中实现知识重用。

如何理解知识本体这个概念？我们可以将知识本质与其他各个领域中的术语作一个对照。如表 4-1 所示，知识管理领域的本体，是对于物理世界中特定概念的抽象模型，也就是一个针对概念的使用进行详细定义，而且这种定义是机器可读的。而本体的具体化，就是实例，对应着一个概念的具象化。

表 4-1　物理世界的概念在不同领域的定义类比示意

领域 层次	物理世界	知识管理	软件世界/OWL
抽象层	概念（Concept）	本体（Ontology）	类（Class）
具象层	实例（Instance）	实体（Entity）	对象（Object）

本体（Ontology）对应着物理世界中特定领域中的概念（Concept）进行属性的描述，它本身就是一个数据模型。从形态上看，本体类似于面向对象软件研发中的类（Class），是针对自然界一个概念的属性定义。

本体的实体（Entity）是一个本体概念的具象化，对应着物理世界中概念实现的各个个体（Instance）。本体实例对应着面向对象软件研发中的对象（Object），它是类的实例化的结果。

如"探井"是一个本体概念，而"樊页 1 井"是一口存在的、特定的探井，它就是实例。再如"斑岩铜矿"是一个本体概念，而"42-12 号斑岩铜矿采样"则是该本体的一个实体。

2. 知识本体的描述语言及规则

在知识表示的过程中，除了需要逻辑来描述知识外，还需要一种合适的语言来基于规定的逻辑对知识进行描述并传递信息。根据 W3C 标准，通常使用资源描述框架（RDF）及网络本体语言（OWL）对知识进行描述，且两者都使用可扩展标记语言（Extensible Markup Language，XML）作为核心语法。

RDF（Resource Description Framework）是由 W3C 于 2004 年发布的一种表示 Web 中信息的标准，是 W3C Web 语义方向工作的一部分。开发 RDF 的目的是为 Web 提供元数据模型和开放信息模型，即用于描述和表示"描述数据的数据"的元数据，并通过组合多个应用程序的数据来获取新信息，以允许软件自动处理Web中的有效信息。RDF是一种常用的基于符号的知识表示方式——资源描述框架，它把知识表示为一个包含主语(Subject)、谓语(Predicate)和宾语(Object)的三元组。

OWL(Web Ontology Language)也是2004年被W3C组织推荐作为Web中的知识表示和知识储存语言。与XML和RDF相比，OWL提供了更丰富的推理方法和词汇，其中包括：(1)类：对现实世界中同类事物的抽象；(2)对象：指代现实世界中事物的元素；(3)属性：类中包含的属于该类的特征，该值可以是一个常量，也可以是另一个类；(4)表达式：由基本的实体组成的复杂描述。

OWL当作是RDF的一个扩展，其添加了额外的预定RDFS当中不区分数据属性和对象属性，而OWL区分数据属性和对象属性(F：在RDFS中属性均表示为rdf：Property，而OWL中数据属性为owl：DatatypeProperty，对象属性为owl：ObjectProperty)

总结一下，在XML的基础上，RDF将知识转化为三元组的形式，并且使用IRI作为不同知识的唯一标识符，使得知识对于计算机和人而言都更具可读性。而OWL在RDF的基础上，利用类和实体的概念，将知识进一步抽象成本体的表示，使现实世界的知识得以更完整、更有层次地表示。

3. 本体和知识图谱的关系

在基于知识本体实现对于知识的有效描述后，就是构建知识库。知识管理概念就是构建并管理知识库的方法，知识工程是一种知识管理的实施方法和实施过程，它是一种技术方法。所有这一切的知识技术体系，就基于知识本体这个最核心、最基本的概念而构建起来的。

2012年Google推出知识图谱技术并完成软件项目开源。2013年，知识图谱技术开始引领了全球范围的知识管理技术完善，基于知识图谱技术的知识表示、知识抽取、知识融合和知识推理成为知识管理项目建设的关键技术。

知识图谱是在实体及实体间建立关系，构成一个实体、关系和实体的三元组。知识图谱通过这种三元组来构建知识的网络形态，即每个实体及其关联的“属性键值对”用于描述知识点，而每个关系及其属性用于表示知识点间的关联关系，那么会得到一个基于知识图谱三元组形成的知识关联图。

知识本体和知识图谱有什么关联关系呢？

(1) 知识本体主体是概念，知识图谱主体是实体。

知识本体是对一个概念的通用化表述，包括此概念的属性及关系，而知识图谱是对实体的表述。

知识本体表达概念，知识图谱表达实体以及实体之间的关系。知识图谱是知识本体在通过数据实现实例化（成为实体）之后，进而使用实例数据和其关系组合成一个巨大的网络结构，这个网络结构就是知识图谱。通过使用知识图谱，我们可以将所有数据看作是一个关系网络，进而在这个网络关联的基础上，进行数据分析、关联搜索和推理分析。

（2）知识本体相对知识图谱更具有基础性。

从知识管理的角度，知识图谱基本的出发点是发现并记录数据实体之间的关联关系，进而使用这种关联开展搜索、推理和分析工作，它仅仅是一种知识关联的技术。而知识本体是将计算机世界和人类认知的物理世界一个有效的概念关联，是将物理世界的概念和变成计算机可理解的定义。

4. 本体及相关知识图谱概念是为下一代 AI 所准备

人工智能有符号主义、连接主义、行为主义三个主流的技术学派。目前主流的深度学习属于连接主义学派，而知识本体与知识图谱是属于符号主义学派，注重于打通人和机器的世界。这些年，人工智能在感知层面的应用突飞猛进，伴随着深度学习的发展，在各个领域都取得了超越人类的成绩。但迄今为止，这些突破都是基于海量的训练数据，通过强大的计算能力得到的。

但是，大数据并不等于知识，人类在长期生活实践中所积累的经验和知识，也无法快速传递给人工智能系统。

以深度学习为代表的连接学派，主要解决了感知问题，也引领了这一轮人工智能的发展热潮。但是在更高层次的认知领域，如自然语言理解、推理和联想等方面，还需要符号学派的帮助。知识图谱是符号学派的代表，可以帮助我们构建更有学识的人工智能，从而提升机器人推理、理解、联想等功能。而这一点，仅通过大数据和深度学习是无法做到的。未来，人工智能发展方向之一就是深度神经网络与符号人工智能的深入结合。对于油气行业来说，这是将人类的经验和智慧融合到油气计算分析模型中最具前景的方法。

5. 本体是开展油气数据管理和知识管理的基础概念

对于油气上游工业领域来说，本体概念是设计并开展数据管理和知识管理的基础。

首先是数据管理中的应用。在油气勘探开发业务活动中，通过本体可以将业务领域的概念和活动进行规范化的定义。国际以 POSC（石油软件开放联盟）主导的 Epicenter 数据库设计就是从本体定义开展的，它从物理世界一个基本实体所对应的本体定义开始，通过梳理业务对象和业务活动的本体，建立对于数据体系和知识体系的定义，进而在这个基础上建立起物理世界中的实体对象管理。

其次是知识管理中的应用。油气知识管理的基础是知识的定义和知识库的构建，就是基于本体对于物理世界的实体和概念进行统一描述，这一点与数据管理是相同的。但本体在知识中通过 RDF 和 OWL 等描述语言展开了更为系统化的详细表述，这为知识管理和应用奠定了基础。而知识图谱本身是本体的实例及其之间关系的表达，属于知识管理实现的方法之一。

长期来看，油气领域基于本体概念来开展数据管理与知识管理的重要性，不仅体现在可以构建机器可理解的数据定义，更重要的是可以保证不同国家地区、不同复杂业务领域中的定义的唯一性，为后期数据集成和知识集成奠定基础。

四、面向数据与知识存储的数据库技术

1. 油气数据管理方法源于油气数据的多样性

油气数据是一个从数据到知识的加工过程，这种流程决定了油气数据的管理必然是多种模式并存的。数据是对现实世界中所有事物的属性特征描述的记录，而数据模型就是对数据特征进行系统化的抽象表达。从油气勘探开发业务来说，油气数据模型是在全面梳理油田生产业务流和数据流的基础上采用计算机表达的方式，用标准化、可视化、形式化的方式描述业务，从数据内在的逻辑关系和数据物理存储结构层面进行抽象，并通过一系列结构和规范进行表示的框架结构标准体系。

从结构上看，油气领域的数据分为结构化和非结构化数据两种。非结构化数据如果细分，可以分为面向结构化文档的文档数据、图档及大数据体文件、地质模型数据、动态的流式数据、知识类的本体和图谱数据、用于数据交换的内存对象数据，等。随着油气数据管理与知识管理技术的发展，近年面向这些复杂的数据管理分别形成了不同的数据库管理系统。

2. 数据管理的主要数据库技术

随着数据库技术以及互联网技术的发展，按照数据模型组织方式不同，数据库管理系统主要经历了文件系统、关系数据库、面向对象数据库扩展、NoSql 数据库等几个阶段，如图 4-2 所示。

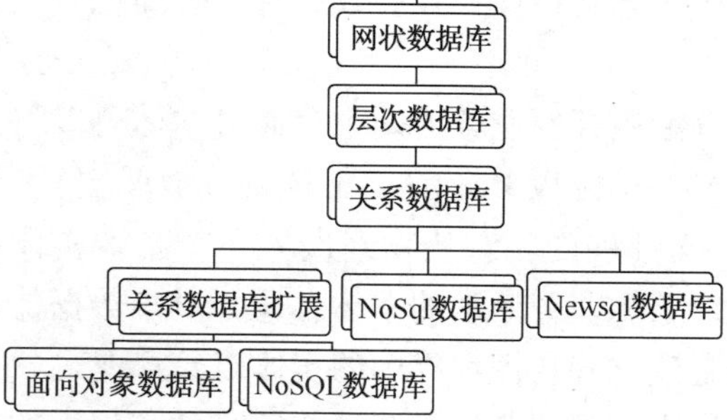

图 4-2　主流数据模型发展历史

各自数据库都有其各自的数据模型设计特点，目前国际上主要使用三种数据模型：

（1）关系模型。

关系数据模型的数据结构是二维表结构，它由行和列组成。表中的一行即为一个元组，一个关系对应一张表，表中的一列即为一个属性，给每一个属性起一个名称即属性名，表中的某个属性组，叫作主

码，它可以唯一确定一个元组，属性的取值范围叫作值域。关系模式有丰富的数学理论基础，关系规范是五元组方程 R(U，D，DOM. F)，其中关系 R 是符号化的元组语义，U 是属性的集合，D 是属性的域，DOM 是属性到域的映射，F 是属性组 U 上的一组数据依赖[如函数依赖(Functional Dependency，FD)，多值依赖(Multivalued Dependency，MVD)]。该模型的优点是实体和各类联系都用关系来表示，很好地表达了现实世界实体和数据实体的管理；关系模型的存取路径对用户透明，便于用户更好地进行数据存储；数据独立性高，具有更好的安全保密性；采用了事物处理模式，使数据处理准确可靠。缺点是当数据量大或者实时计算处理时，查询效率不如非关系数据模型；为提高性能，必须对用户的查询请求进行优化增加了开发 DBMS 的难度；数据库设计采用严格的关系描述，增加了数据库设计的复杂度。

关系型数据库几十年来一直引领数据库技术发展，目前 oracle 数据库、IBM 的 db2、微软的 Sql server，Sybase 公司的 sybase 以及免费的 MySQL 等都是采用关系型数据库，很好地解决了数据存储及应用。

(2) 面向对象模型。

面向对象数据库是在关系数据库基础上发展起来的数据库模式，其以客观现实中的对象为依据进行数据组织，使用对象的属性和方法进行数据库模型设计。面向对象数据库以 POSC 为代表，是行业认可的数据标准，Finder、PetroBank、OpenWorks 等都采用此类标准。

面向对象数据库模式是类的集合，支持类、方法、继承等概念，提供了一种基于"类"的层次结构，一组类可以形成一个类层次，一个类继承其所有超类的全部属性、方法和消息。面向对象的数据模型在逻辑上和物理上从面向记录上升为面向对象、面向可具有复杂结构的一个逻辑整体，并结合数据抽象机制在结构和行为上对复杂对象建立模型，从而大幅度提高管理效率，降低用户使用复杂性。它的缺点是由于模型较为复杂，使得很多系统管理功能难以实现。

面向对象的建模方法(Object-Oriented Method，OO 方法)一般采用国际标准信息描述语言 EXPRESS 进行模型表述。Epicentre 以勘探开发的业务对象为数据单元，二义性小，灵活性大，能根据不同应用的需要重新组织成所需要的数据集。实体之间的关系不受时间变化或工作体制变化等人为因素的影响，可描述多对多关系，可描述逆向引用关系、聚集、继承等。

在油气勘探领域，对象可能包括具体对象，也可能包括抽象对象，如："研究项目"是抽象对象，"数据文件"和"资料清单"是具体对象。在油田勘探、开发、经营和管理等活动中涉及的对象相当繁多，其中的"业务对象"既包括了空间拓扑对象、设备材料对象，又包括了文档规范对象；而空间拓扑对象又细化为可定位的对象与空间对象，这里的空间对象主要包括点、线、面、体等。可定位的对象既包括了由地震解释所获得的地质特征对象，同时又包括了对井筒中地质特征的解释对象。对象是由活动产生的，如“地质构造图”，它是通过“构造解释”活动产生的“文档规范对象”。

如图 4-3 所示，一个井筒本身包含多个对象表述，这些对象通过相互的关系实现关联。而关系，包括组成(组合或者聚合)、继承和关联等类型。如：“井”对象由“井眼”和“设施”对象构成，“井段”对象与井眼对象是多对一的关联关系，每个“井段”会关联多个“测井曲线”和“岩心取样”对象，而“采油树”对象和石油工程上的“管柱”对象本身属于设施的一个子对象，是由“设施”对象继承而来。如此类推，通过对象及其关系，形成了针对某一业务体系的系统性描述。

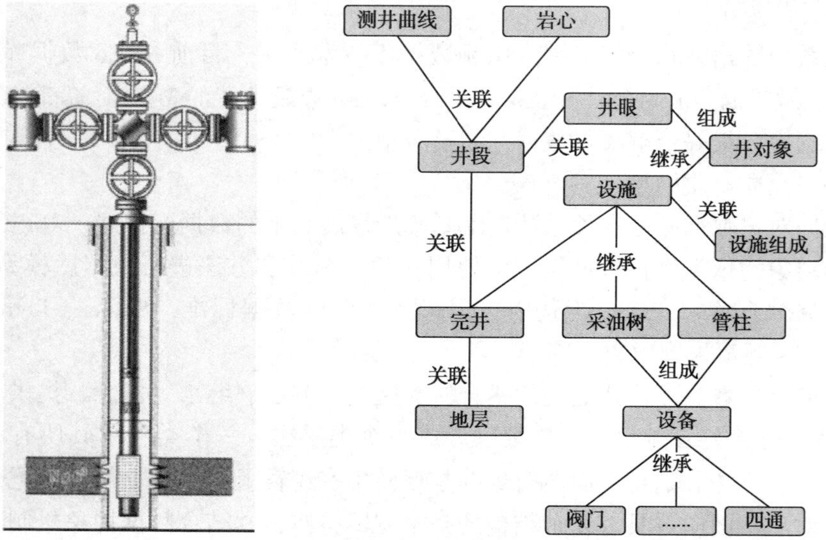

图 4-3　井筒实体对象和属性关系示意图

(3) NoSQL 数据模型。

泛指非关系型的数据库，其数据模型设计灵活，无须事先为要存储的数据建立字段，随时可以存储自定义的数据格式。目前主要有键值、面向文档、列存储、图等数据库类型。

a) 键值(Key-Value)数据库。

键值数据库就像哈希表，通过 Key 来添加、查询或者删除数据，由于使用主键访问，所以会获得不错的性能及扩展性。适合储存和 ID(键)挂钩的信息，如会话、配置文件、参数、购物车等。缺点是 Key-Value 数据库中没有通过值查询的途径，不能通过两个或以上的键来关联数据，数据库中故障产生时不可以进行回滚。开源数据库 REDIS 就是一种键值数据库。

b）面向文档(Document-Oriented)数据库。

将数据以文档的形式储存，每个文档是一个数据单元，是一系列数据项的集合。每个数据项都有一个名称与对应的值，值既可以是简单的数据类型，如字符串、数字和日期等，也可以是复杂的类型，如有序列表和关联对象。数据存储的最小单位是文档，数据可以使用 XML、JSON 或者 JSONB 等多种形式存储。适合存储日志信息，鉴于它的弱模式结构，适合储存不同的度量方法维度进行数据分析。缺点是不支持文档间的事务。

开源数据库 MongoDB 和 CouchDB 就属于文档数据库。

c）列存储(Wide Column Store/Column-Family)数据库。

列存储数据库将数据储存在列族(column family)中，一个列族存储相关数据经常被一起查询。适合存储日志信息以及博客信息等，缺点是没有事务机制。对于熟悉传统 RDBMS 的开发者来说存在不少限制。

d）图(Graph-Oriented)数据库。

使用图结构的数据库，通过节点、边与属性来表示和存储数据。图形数据库是一种提供了无须索引而彼此邻接的存储系统。优点是对于关联数据集的查找速度更快，可以很自然地扩展为更大的数据集。缺点是只适合类似于图形的数据。开源数据库 Neo4J 就是图数据库的一种。

3. 油气数据管理的数据库技术发展

我国的油气数据库建设起步于 20 世纪 70 年代中后期，当时主要引进学习国外的理论和成果。随后，全国许多单位纷纷开始建设数据库，采用的多是以 ORACLE 关系数据模型为主的数据库管理系统。随着不同种类的数据类型的产生，面向对象理念和数据库技术结合，开始产生了面向对象数据库。但由于模型较为复杂，使得很多系统管理功能比较烦琐，限制了其大范围的应用。随着多媒体数据的大量出现和应用的日益复杂，关系数据库也在不断吸收面向对象数据库的优点，面向对象数据库和关系数据库将不断融合。

近几年，随着云计算、大数据技术的不断涌现，国内数据库出现了很多如达梦、南大通用、人大金仓等关系型数据库，也出现了大数据平台、数据湖、数据中台等面向多源异构数据提供复合型解决方案，主要是通过关系表、文件、对象、图等混合存储方式，支持大规模并行处理，实现大数据管理、数据分析及高端应用。

目前，油气领域的主要数据管理仍旧以使用关系型数据库为主，包括从物探、钻完井、测录井和采油生产等生产过程，油气勘探开发流程管理和成果管理等。但是基于效率和特色化及一些新的领域数据管理需求，出现了新的数据存储管理方式。包括：①文件数据库：如地质与油藏研究图件、文档，以及地质油藏模型数据体使用数据湖技术；②流数据库：如物联网数据、流媒体数据等使用的流数据库；③对象与图数据库：知识管理使用对象数据库和图数据库存储本体定义和知识图谱；④特色化数据存储：而一些特色化数据如地震数据体，则会开发新的数据存储管理模式以支持数据的应用需求等。

第二节　数据管理：油气勘探开发的数据模型

一、面向勘探开发业务的数据模型分类

传统的油气上游工业的业务数据分类相当繁杂，如国际 POSC、PPDM 技术咨询组织的分类；以斯伦贝谢与兰德马克为代表的油服公司标准；国内三大油公司自身的油气数据分类标准。但从数据应用和数据交换的角度，一般来说具有井筒数据、地震数据、油藏数据、采油数据四个大类。

这四个大类本身既有业务领域的划分，也有数据（技术）特色的划分，也就是说，这四类油气工业数据，每一种其实都有典型的特点。我们将数据的业务属性放到第五章“模型思维：油气勘探开发思维本质”章节来阐述，在本章内容中，我们重点从油气数据的技术特点来分析其数据管理的特点。

油气数字化建设的核心问题还是数据。数字油田的关键技术是如何将数据转化为能够寻找更多油气资源的信息（高志亮，2015）。国内石油行业在信息化进程中，针对石油勘探开发的数据模型建设是连续且持续的，自 20 世纪 90 年代初部分大油田启动了基于大型关系型数据库（ORACLE）的勘探开发数据库建设，通过对国际石油勘探开发数据模型的借鉴和学习，国内三大油公司经过长期的努力逐渐形成了当前具有本地特色的数据模型与数据库内容。随着数据中心的业务支持和专业软件研发，数据的应用进入了新的层次。油气数据体系的建设重心也逐步从原有的关系数据库的数据模型，过渡到了面向数据共享的数据交换模型，以及面向专业软件研发的领域模型。

围绕勘探开发的业务流程，通过源头数据采集工程，实现了油气勘探对象生产过程中的实时、动态、成果信息数据模型建设，在整个数据体系中，涉及的油田实体范围包含了工区、井筒、圈闭、油气田、构造带、油气藏、井网、采油与集输等主要油气对象。

油气数据具有数据量巨大、数据多样性、价值高等特点，按照数据存储模式不同，主要分为三种类型：以井筒数据为代表的结构化数据、以地震处理大数据体和勘探研究成果为代表的非结构化/半结构化数据模型、以物联网数据为代表的异构数据模型等（图 4-4）。

（1）结构化数据模型。

国内石油地质勘探领域经过长期的探索形成了结构化数据模型及其管理体

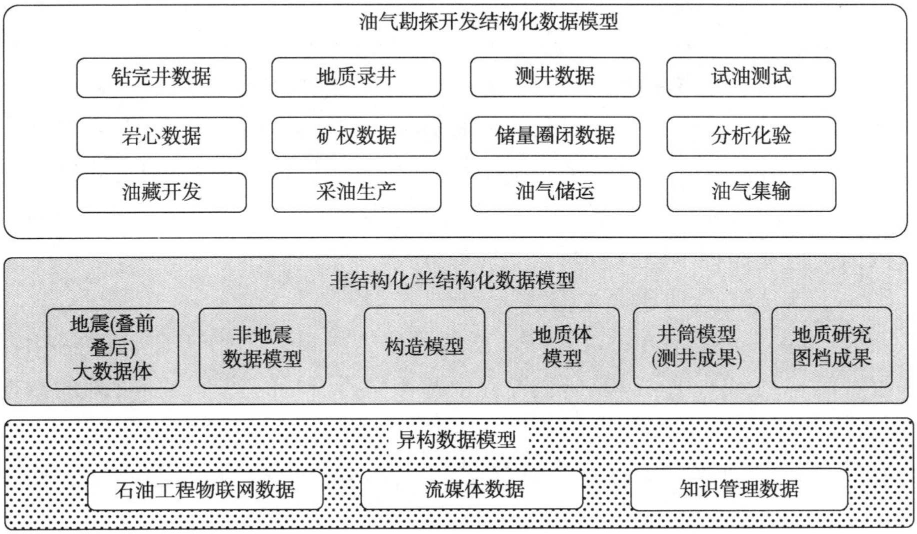

图 4-4 油气勘探数据存储与管理数据模型建设现状

系，其中探井井筒数据模型是其中的主要内容，包括钻井数据模型、地质录井数据模型、测井数据模型、试油测试数据模型、岩心数据模型、分析化验数据模型等，除此之外，还有井筒之外的物探生产数据模型与非地震数据模型。

这一类的数据主要以结构化数据为主，记录量大，但占存储空间小，采用传统的关系型数据库（Oracle、Sqlserver）等关系数据库管理系统（RDBMS：Relational Database Management System），按照传统数据库的三范式数据模型设计规范，经过需求分析、概念模型、逻辑模型、物理模型设计，最终以物理关系表的方式，实现井筒数据模型的存储。不同的业务活动对应不同数据表，不同实体属性对应不同数据项，数据表定义了主键、外键、数据项名称、宽度、非空及填写规定等。

（2）非结构化/半结构化数据模型——大数据体。

以地球物理勘探的地震大数据体和非地震的重、磁、电、遥数据体为主，其中地震数据体的应用更为普遍，该数据具有非结构化及海量数据的特征。近年随着三维高精度地震勘探技术以及海上地震的发展，地震数据的数据量已经在TB级并逐年增长，一般采用磁盘阵列方式存放，同时由于海量地震数据的索引通常有多份，占用比较大的存储空间，为支持大量高性能的访问，其索引部分使用文件系统或数据库方式存储，文件（索引）服务器与数据体的磁盘阵列通过网络直连方式连接。对于地震的速度文件，速度对的值一般存放在结构化数据库中，便于进行查询和读写的交互处理。在地震数据存取方面，由于地震数据体的体量庞大和文件访问的串行化特点，一般采用数据压缩和数据分割等索引技术，从而可实现后期大数据体的快速读写。

(3) 地质与油藏研究成果数据模型。

非结构化/半结构化数据模型——结构化与非结构化的混杂状态也被称为“半结构化”数据。根据石油地质研究的分类，相关的地质研究成果数据模型一般划分为两种类型：一种是地震解释与地质研究项目库，泛指当前专业化商业软件自带的自有数据管理模式；另一种是基于这些专业软件的研究成果形成的图件与研究文档建立的项目成果图形文档库(简称“图档库”)。基于这两种数据的组织方式，国内一般有两种不同的数据存储管理方式。

① 地震解释与地质建模数据。

获取 GeoFrame、OpenWorks、Petrel 等的研究成果，应用到 GeoFrame 用户工区中去，涵盖勘探、开发以及研究过程中各类文档资料的管理。所管理的数据类型包括：

a. 解释成果数据：二、三维解释层位、断层、网格和散点数据、砂体、速度等。

b. 电子文档：地质研究成果输出，如 PPT、CGM、WORD、EXCEL 等。

c. 三维模型：地质模型、数值模拟模型等，这类地质模型数据一般包括构造模型、属性模型两种，后者是基于二维或者三维网格的属性数据体。

地震解释与地质研究项目库一般采用符合 POSC 规范的面向对象数据模型存储数据，不同格式的业务数据遵循先来先入、分类入库(不同类型工区)的原则加载到项目工区。

② 地质研究成果共享数据库。

以“课题/项目/专题”为主要数据组织方式，建立了以研究专题(生产课题、科研项目、专题会议等)为主，其他属性为辅的勘探共享研究成果数据库。在不同的研究专题下，可以再按照业务阶段、构造单元、研究单位进行组织。研究成果以文档、图片、图件为主，其成果索引数据和文件的描述数据(元数据)主要采用 ORACLE 等结构化数据库进行索引管理。

二、国际油气数据模型与标准体系

随着油气田勘探开发形势的发展和信息技术的广泛应用，国内外的石油公司先后提出了建设数字油田数据中心等大型项目，但是经过一段时间的大量投资后大多数都没有达到预期效果。除了这些建设项目涉及面广、涉及专业多、系统复杂等原因外，主要是缺乏标准化的基础支持(赵丰年，曲寿利等，2010)。

目前国内外与数据管理有关的标准主要有 4 部分：国际标准化组织(ISO)标准、中国国家标准、石油行业标准和国际上部分专业组织的数据模型标准。国际标准化组织(ISO)标准、中国国家标准和石油行业标准只提供了有关标准化和数据方面的一些基础性标准，包括标准的结构和编写规则数据元、分类与编码、数据和交换格式、软件工程等。

国际石油数据专业组织的标准中，具有国际石油工业界领先性和应用较广的是两个协会标准——POSC 和 PPDM 数据模型标准。国际上很多成功的应用软件产品，如 Schlumberger 的 Finder、Petrel，LandMark 的 PetroBank 等石油数据管理系统，都是以 PPDM、POSC 数据模型标准为基础开发的。在具体的数据模型上，是石油专业数据管理协会的数据模型 PPDM3. 8 和 Energistics（原 POSC 联盟）的数据模型 Epicentre3. 0 等。它们都是对油气勘探开发的相关数据进行全面描述，均采用了元数据模型进行数据标准的制定。

POSC 的 Epicentre3. 0 仅仅是一个数据平台的逻辑模型，没有进行具体的软件实现，不能直接为油气勘探开发专业软件的开发提供数据存储和访问支撑，其采用的是 EXPRESS 语言，而不是像 PPDM 那样直接采用数据定义语言（DDL），因此需要通过具体的数据库系统 SQL 语言进行软件实现，才能将逻辑模型构建为面向油气勘探开发的专业物理数据库。

目前，POSC 与 PPDM 两套数据模型标准并不兼容。“上述两套数据标准还没有形成一套集油气勘探开发源点数据采集、数据模型、数据应用及管理的系列标准，也还未形成完整的标准体系”（景瑞林，2012）。因此，可以将这两个数据模型作为参考。

由于国际各个地区的油气企业运营模式和信息化建设方案的不同，这两套油气勘探开发数据模型的推广和使用还存在许多问题。国际上各大石油公司普遍的做法是借鉴这些数据模型，开发了各自的数据模型和数据库管理系统。由于企业之间的差异和石油勘探开发业务流程的复杂性，到目前为止，国际上并未形成一个统一的石油行业勘探开发数据模型标准体系。

三、国内油气数据模型与标准体系

如图 4-5 所示，在国内石油企业中，原中国石油天然气总公司胜利油田从 80 年代启动石油地质勘探数据库的建设，1994 年正式发布胜利油田勘探数据库设计标准及填写规定，1996 年形成油藏开发数据库的设计规范，1998 年综合多家油田的勘探开发数据模型设计形成了勘探开发数据库数据标准，通常被称作“98 标准”。此后中国石油天然气总公司机制改革，建立中国石油天然气集团公司（China National Petroleum Corporation，英文缩写“CNPC”，中文简称“中国石油”）。大庆、辽河、大港、新疆等 12 个油田企业划归中国石油，胜利、中原、河南等油田划归中国石油化工集团公司（简称“中国石化”），自此，石油勘探开发数据模型设计走上了两条并行而独立的路线。

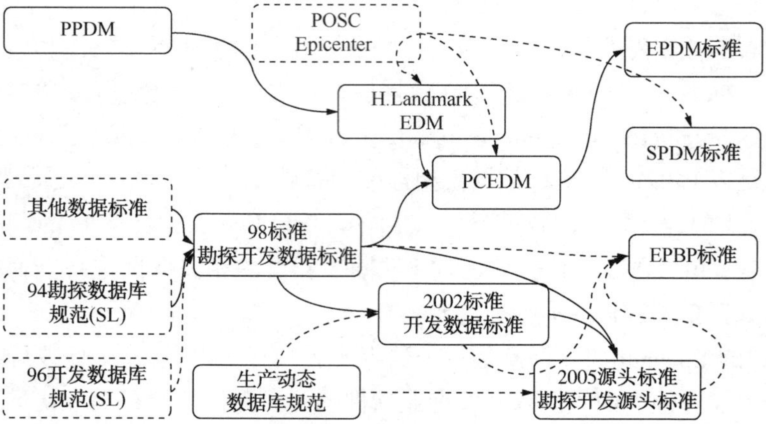

图 4-5 中国油气勘探数据模型建设历程

中国石油与中国石化在后续数据模型设计上的思路是非常类似的，就是参照国际油公司的通用数据模型(EDM，POSC)改造勘探开发数据模型设计，但由于设计出发点的问题，研发过程与国际石油数据模型存在同样的发展性问题。

中国石油在 98 标准基础上，2004 年以大庆油田为主牵头与兰德马克公司(哈里伯顿石油技术服务公司的子公司)合作研发新型的勘探开发数据模型，称为 PCEDM(PetroChina Engineering DataModel)，这是通过兰德马克公司的内部应用库标准 EDM 改造增补而成，后期随着该模型不断发展演变，形成现今的 EPDM(Petroleum Exploration and Production Data Model)数据模型。

中国石化在 98 标准之后，以胜利油田为主自主研发了 2002 油藏开发标准(2002 标准)，后期随着大规模源点采集体系的建设，于 2005 年形成了勘探开发一体化的源头数据采集的数据模型标准，也称源头标准。2006 年针对数据的应用问题胜利油田在源头数据模型基础上，重点参考 POSC 标准启动了新一代数据模型的建设，逐步形成了现今的 SPDM(SINOPEC Petroleum DataModel)数据模型。针对 SPDM 模型在应用推广上的困难，2013 年以江苏油田为核心启动了新一代勘探开发数据模型标准建设，称为 EPDM(Exploration and Production Data Model)，与其配套的应用平台称为 EPBP(Exploration and Production Business Platform)，目前正在推广之中。

十余年的建设过程中，国内勘探开发数据模型虽然取得了一定的成果，但研发道路是曲折的，如中国石化油气勘探数据库从 20 世纪 80 年代末期开始建库，经历了最初的文件系统数据库，到 1998 年中国石油天然气总公司标准，到 2005 年的源头数据采集标准，再到数据中心的 SPDM 模型，实现了关系数据模型和面向对象数据模型混合存储的模型。与数据模型为中心建设相对应的是数据采集质量的问题，再加上配套专业软件研发和业务支持等方面发展较慢，未能建立起如国外油公司那样高效的数据集成与应用支撑体系。

随着油气勘探开发数据模型建设经验的积累，同时参考国外数据模型建设的经验和教训，近年来大量关于数据模型建设的反思也在展开，目前来看，较为典型的建设经验值得思考：

1. 油田数据体系的建设核心价值是数据的内容本身

虽然数据内容的建设工作没有很高的技术含量，但却是建立数据中心中最为困难和烦琐的，也是最为重要的。只有通过合理的数据采集管理应用体系形成全面、及时、准确的数据，才是数据中心建设的重心所在，才能体现数据中心的价值。石油勘探开发数据中心的数据模型的设计和改进、数据平台的建设与技术提升、大数据等新技术的引进等，都要在数据内容完善这个基础上逐步进行。

2. 数据建设是一个技术的均衡问题

数据、数据标准、数据模型、元数据等技术在数据中心的建设中需要系统性地综合应用，应该以数据最终产生效益作为出发点和投入产出评价指标。只有在高质量数据和数据管理技术之间取得一定的均衡才能使数据建设达到一个合理的层次。

数据管理模式也同样是一个大问题，国外公司与国内油企在组织模式、运作机制和管理流程上有非常大的差异，而数据模型一般是面向业务模式设计的，因此，照搬国外数据模型不仅风险大，而且也存在数据服务软件和数据应用软件的建设问题。回过头来看，国内外标准、模型设计复杂度、管理模式匹配的成功与否，才是国内勘探开发数据模型设计的成败所在。

3. 数据的采集、管理和应用三个环节不能分开

数据和数据模型的设计应源于业务、服务业务、提升业务。纵观国内外成功经验，只有数据体系足够庞大且专业软件足够丰富的情况下，才具有启动大型数据模型和数据服务平台的建设基础。因此，无论做数据采集，还是做数据管理，随时思考数据的应用场景，明确数据应用的主题以及解决的问题和带来的效益，才能有效地串起来采、管、用三个环节，也只有以行业应用和企业效益为出发点采集和管理数据，才能形成有效的数据管理体系。

第三节　数据应用：领域模型与交换模型

数据模型作为一种存储模型，是表述各板块的业务成果集合，而领域模型关注的是数据如何通过应用软件进行处理、加工和分析，为业务管理和决策服务。

应用软件中对于数据的使用是通过特定结构的数据来开展的，如测井处理数据、地震属性数据、地质模型数据等，这些数据在软件中以“数据对象”的软件元素而存在，而这些“数据对象”的集合，又被称为领域模型。

在国际油气数据库建设的过程中，我们除了用于存储管理的数据模型(包含数据库系统的概念模型、逻辑模型和物理模型)之外，还会接触到领域模型、对象模型、交换模型三个基础数据概念，它们分别是数据架构与业务架构、软件架构、服务架构进行对接而定义的基本概念，其代表着数据被加工过程中的不同组织形态和应用形态，在油气数字化的过程中具有不可替代的作用。

一、领域模型是面向数据应用的对象化表达

1. 什么是领域模型，为什么要使用领域模型

领域模型是对领域内的概念类或现实世界中对象的软件化表达。

领域模型作为一个信息技术领域的概念，又称概念模型、领域对象模型、业务对象模型。它通过软件来定义重要的业务领域概念，并建立业务领域概念之间的关系。

业务对象模型(也叫领域模型 Domain Model)是描述业务用例实现的对象模型。它是对业务角色和业务实体之间应该如何联系和协作以执行业务的一种抽象。业务对象模型从业务角色内部的观点定义了业务用例。该模型为产生预期效果确定了业务人员以及他们处理和使用的对象(“业务类和对象”)之间应该具有的静态和动态关系。它注重业务中承担的角色及其当前职责。这些模型类的对象组合在一起可以执行所有的业务用例。

2. 石油技术领域模型的发展(POSC)

在油气勘探开发生产活动中，生产效益越来越依赖于计算机技术的应用。随着相关技术的发展，人们开始寻求地质、地球物理、油藏工程等多专业(学科)的协同合作，这就需要在计算和应用过程中，利用先进的软件工具，通过数据共享的方式，将各类应用统一集成在一个计算环境下，即需要有一个统一的石油勘探开发综合集成平台。

为了解决信息共享及多学科综合集成的需要，国际上由 BP Exploration、Chevron Corporation、ElfAquitaine、Mobil Corporation、Texaco Inc 五家大石油公司发起，于 1990 年 10 月建立了 POSC(原名为 Petrotechnical Open Software Corporation—石油技术开放软件联盟，后更改为 Petrotechnical Open Standards Consortium—石油技术开放标准联盟)，其任务是开发石油开放软件集成平台技术，发布相关的工业标准。POSC 是一个石油工业上游的国际标准化组织，一个非营利性的协会。POSC 自成立以来，与各成员组织一起推出了 POSC SIP(软件

集成平台，SoftwareIntegration Platform)，并不断根据计算机技术的发展和用户的需求，推出新标准，发展新思路。

POSC 的数据模型 Epicentre3.1 目标是建立一个统一的油气勘探开发数据模型，在建立的技术方法上，POSC 使用了对象化设计，即面向油气勘探开发业务，以面向对象的概念建立一个对象模型(即领域模型)，然后通过对象和关系映射，建立一个对象模型与传统的面向关系数据库的数据模型的数据映射，从而保证对象模型可以转换成为关系数据库存储。

POSC 业务域划分有着自身的优点，一是便于以面向对象的方式整体理解上游企业的业务模型；二是对业务活动的描述可以直接转换为数据逻辑模型。但它也有与国内业务活动不相适应的地方：

(1) 业务域名称不符合国内业务管理习惯。以下是 POSC 业务域与国内的业务管理习惯的对比：开发设计——开发方案设计；井设计、实施及报废——钻井工程；设施设计、实施及报废——地面工程；生产井和设备——原油生产；维护井和设备——采油工程管理；提供实验服务——分析化验。

(2) POSC 的业务划分不能覆盖国内的勘探开发业务。如：此模型不能完全涵盖规划与部署、地质研究、油气藏工程、动态分析、开发测井、试井、试油等。

(3) 业务描述不能表达不同业务方法。如，勘测不能涵盖各种勘探方法；测井、录井等的不同方法无法有效描述；提供实验服务业务对不同的分析化验无法区别对待，只能共性地描述实验过程。

二、数据交换模型是对领域模型底层分解

2002 年以来，鉴于不同地区的油公司在管理模式和组织方式上的差异而导致的数据模型统一困难，POSC 组织的数据模型在 Epicentre3.1 之后停止了更新。2005 年 POSC 更名为 Energistics 组织，转而重点解决不同油公司、石油技术服务公司及其相互间的数据交换问题，这就是基于 XML 的数据交换模型。

Energistics(POSC)作为一个全球性的、非营利会员制的中立组织，其职责是开发、管理和推广石油和天然气上游业务数据交换模型。Energistics 针对不同的技术领域建立 SIGs(特别兴趣团体)，团结全球的领域专家和模型爱好者来促进本领域技术模型的开发。Energistics 的会员包括石油公司、服务公司、软件提供商和监管机构的代表，目前已有 100 多个，包括 Shell、BP、Chevron、ExxonMobil、Total、Halliburton、Baker Hughes、Schlumberger、Weatherford、Microsoft、Paradigm、PPDM、CMG 等国际著名公司。

Energistics 在大型能源公司现行的业务流程基础上，抽象制定了 E&P 业务模

型，它不依赖于任何特定的组织架构或技术工具。制定该模型的目的是帮助分析业务领域内的通用业务流程、概念、词汇等，进而开发和应用一致的领域模型。该模型具有通用性和稳定性，其优点是：

（1）不用再为每项模型的研究来定义业务流程，从而节省模型研究的时间；

（2）这种关于业务流程、概念、词汇等的明确的、通用的定义，有助于促进模型的开发、理解和实际应用；

（3）可作为定义新业务流程（如基于互联网新技术产生的新业务）的基础；

（4）可作为应用软件需求分析的基础；

（5）可促进行业以及跨行业业务模型的形成。

该模型将石油的勘探开发业务过程分为五个阶段：勘探（Explore）⟶评估（Appraisal）⟶开发（Develop）⟶生产（Produce）⟶废弃（Abandon）。每个阶段又包含若干业务过程，每个业务过程可在不同的阶段中重复存在。换句话说，这些业务过程的定义是相对独立的，可根据实际需要将它们灵活“组装”起来形成每个业务阶段的完整业务流程。这些业务过程主要包括：井设计与管理（E）；测量（F）——井位测量、地球物理测量、测录井等；开发规划（G）——处理解释评价；油田基础设施设计与管理（H）；物资供应（I）；后勤服务（J）；金融服务（K）；取得或出让资产（L）；石油与天然气销售（M）；人力资源（N）；IT 服务（O）；实验室（P）；生产（Q）；维护（R）等。

根据上述业务模型所识别的业务领域，Energistics 目前已经制定了 WITSML、PRODML、RESQML、Asset & Data Management、Industry Services、Geophysics、eRegulatory 等 SIG，并相应建立了七大数据模型的路线（Energistics Inc.，2015）

2022 年 1 月 1 日起，Energistics 联盟正式成为 The Open Group® 的附属机构，后者是一个基础广泛的标准组织，该组织包含了油气领域一体化数据平台——OSDU 论坛。这一合并事件可追溯到 2021 年，随着 Energistics 与 OSDU 之间的协同作用增强以及上游行业面临的诸多挑战，决定将 Energistics 也纳入 The Open Group 的指导之下。虽然目前 Energistics 联盟仍然是一个独立的法律实体，但能源标准工作组（以前称为特殊利益集团或 SIG）及其开发流程目前是与 OSDU 论坛类似的组织方式。如开发工作由 The Open Group 员工推动，使用的也是 The Open Group 的 IT 基础设施，但其计划、引领和具体实施工作，却仍旧是由 Energistics 联盟成员主导。

在 2022 年度与 OSDU 合并之后，Energistics 旗舰标准（WITSML™、RESQML™和 PRODML™）的主要工作组已经成立并开始对接。每个工作组的初始活动都集中在最终发布候选版本，这些候选版本已发布以供公众审查。其中 WITSML 是与钻井、完井以及修井相关的模型，PRODM 是以 WITSML 为基础延伸的与油井生产相关的模型，RESQML 是与油藏相关的模型。

领域模型设计意图是实现国际多种井场相关数据的整合，因此其领域模型体系设计得较为抽象。它是通过赋予不同的数值来实现多种格式数据的整合与发送，这使得 WITSML 的业务模型定义和解析具有很高的专业性。甚至严格地说，POSC 的领域模型不是设计出来的，而是一种对商业竞争现状的妥协，未来会满足那些投入资金与人员参与标准制定的石油公司的关于数据交换的需求。POSC 的领域模型更多地考虑如何将不同格式和信息内容的各类主题数据纳入同一个主题中，从而导致了 POSC 领域模型在技术上具有很高的抽象性。

针对这一点，鉴于国内石油企业和油气技术服务公司几乎没有参与 POSC 领域模型的设计，同时，国内石油勘探开发的组织与管理模式与国外市场模式存在的巨大差异，所以 POSC 领域模型无论在内容和技术表现形式上都难以直接应用，这为建立自己的领域模型应用于数据交换和软件研发等提出了挑战。

需要注意的是，我们并未提出一个统一的领域模型案例，也是希望此举能够说明领域模型面向应用的特点。即：有什么样的应用方向，便有什么样的领域模型。针对国内较为普遍的报表、图形和定性信息组织模式，国内的数据应用以管理信息系统为主，我们称之为“基础信息组织”；而国际上各信息技术服务公司大多已较深地切入地质研究环节，大量的专业化设计、模拟与分析软件是其软件体系建设的重点，其信息处理结构与应用方式也更加的复杂，因而具有了不同的领域模型类型和组织方式，我们可以称之为“专业信息组织”。对比“基础信息组织”和“专业信息组织”，我们不能说哪一种设计更为合理或者正确，因为这是软件体系的服务目标和表达层次所决定的。

三、数据模型与领域模型的标准化问题

从领域模型建设的内容出发，我们进一步探讨关于数据体系标准化的问题。

数据模型与领域模型发展到一定层次，便是信息的标准化。国家标准《标准化和有关领域的通用术语　第一部分：基本术语》(GB/T 3935.1—1996) 中对标准的定义是：“为在一定范围内获得最佳秩序，对活动或其结果规定共同的和重复使用的规则、导则或特性的文件。该文件经协商一致制定并经一个公认机构的批准。它以科学、技术和实践经验的综合成果为基础，以促进最佳社会效益为目的。”在本章的前述内容中，提到了国内石油数据标准化建设从早期石油部到中国石油天然气总公司期间的数据标准化问题，并列举了这些年针对数据标准化建设所做的大量工作和成果，这些标准化的建设具有一定的行业指导性，也带来了一定的经济效益，但其是否是最有效的建设模式，还是有待商榷的。

在一个开放的市场竞争环境中，行业的技术标准，从本质上是行业内企业与

技术团体明确技术地位与话语权的一种手段，目标是为企业效益服务。油田企业对于建立行业标准的观念之一，是认为“标准是取得行业技术发展主动权的重要手段”，但我们在长期的油田数据体系标准化建设中认识到：标准本身并不是核心技术，更非重大创新，而是以其背后的技术能力、商业化产品、市场影响力等因素作为后盾，或者说，这些标准背后的市场能力才是“标准”之所以成为标准的重要因素。

基于上述认识，行业标准的制定应该是在开放合作的基础上，由市场中具有一定地位的多个公司或者团队沟通、协商，建立能够带来共同利益的技术标准及其配套的应用体系，这样才利于数据标准化建设中长远发展。如，当前国际石油工业界技术先进的、应用较广的是两个协会标准——POSC 和 PPDM 数据模型标准，国际上很多成功的应用软件产品，如 Schlumberger Finder、LandMark PetroBank 等石油数据管理系统，都是以 PPDM、POSC 数据模型标准为基础开发的(景瑞林，2012)。在数据交换标准建设方面，近年来影响较大的数据标准化组织是由 POSC 组织发展而来的 Energistics，它是一个全球性的非营利行业协会，其众多标准体系的建设，就是通过多用户多团队的联合开发，逐步应用和维护了一系列开发标准来服务于油田的勘探开发（www.energistics.org，2016）。Energistics 通过建立会员组织的方式来形成数据标准，目前其针对各个学科领域建立了众多基于 XML 和 Web 服务技术的行业标准。这些不同的领域数据标准一般是由一个叫作特殊兴趣团体 SIG(Special Interest Group)的用户社区来提出需求，进而帮助开发维护标准、审查发布新版本并支持方案部署与应用。这些标准体系最为普及的是已经正式发布的三个数据交换模型标准，即：

(1) 井场信息传递标准标记语言(WITSML)，用于钻完井及井筒作业；

(2) 生产 XML 标准(PRODML)，用于生产优化、监控、报告和配置管理的标准；

(3) 储层描述 XML 标准(RESQML)，用于实现储层特征、地球模型和储层模型的标准。

除此之外，Energistics 组织还有大量的 SIG(特别兴趣小组)，小组针对数据、软件和业务实践过程展开标准化的工作，其组织结构同样也是由大量业界的油公司、技术服务公司和技术团队组成。

对比国际石油信息化标准的协作模式，思考国内油田在信息标准，尤其是数据标准化方面的工作，笔者认为有必要从以下几个方面作出思考。

(1) 标准体系的设计，要以业务体系为出发点并充分尊重业务流程与特点。这种尊重，不仅体现在标准制定要充分尊重市场现行的约定和相关规范，还要标准制定需要业务方充分的参与，而不是仅仅从标准化和信息化角度制定条款。

（2）通过市场逐步建立开放的业务体系，与国内或国际相关技术团队共同形成统一的信息化标准。国际相关的信息化标准并没有过多考虑国内信息化发展的现状和特色，这也是导致国内应用困难的重要原因。因此，国内油公司与技术团队应联合起来，通过商业合作建立信息沟通的统一口径显得非常重要。随着国内油公司与石油技术公司这种市场协作机制的推进，大量甲乙方之间、甲方之间非常需要一个统一的标准体系来有效减少沟通与共享的成本，也非常需要这样一个标准体系使行业信息化发展趋于规范。

（3）标准的制定要充分考虑企业业务中的共性与个性问题，并具有有效的技术实现。标准体系不应大包大揽地解决所有细节，从目前技术发展角度看，标准研究应该做好基础对象标准和框架标准两项工作。首先是建立一个概念基础，即：基于本体（Ontology）的业务对象的概念定义，保证相关企业和团队能够使用共同的概念来描述业务，在此基础上允许一定的个性化扩展；其次是建立一个标准定义框架，这个框架是指业务的分类、定义和扩展的机制，这种框架固化对业务统一约束的部分，建立对个性化定义的扩展模式，使得标准能够具有更普遍的适应性。

（4）在标准规范的基础上，应建立有效的发展和服务机制。这些机制，包括建立一种有效的由标准展开的审查、升级和维护机制，也建立基于标准的市场推广、应用部署、实践指导和技术服务，从而保证标准在行业发展过程中的适应性和有效性。

目前的数据标准受到现有数据采集、存储与应用方式的制约，长远来看，石油企业的数据标准化是一个不断发展和完善的过程。袁满在第三届智能油田技术论坛中就指出：随着油田数据应用的规模化和智能化技术的应用，数据标准将从术语标准进化到本体，与其说数据标准的进化，不如说是人类对知识检索的追求从简单的数据处理到知识深度挖掘的进化过程。未来的数据标准的术语、元数据、叙词、分类等标准将会融合到基于本体的知识层面上。

第四节 数据交换：RESQML（EPC）的地下数据管理

RESQML 是理解油气工业上游的数据体系和知识体系最为规范和最为直接的方法。

由于国内油气工业领域一直没有针对油气数据进行专业化的剖析和管理，对于油气数据体系复杂性的认识较为匮乏，导致了数据管理长期停留在基础数据库管理和数据架构技术的层面。这也是为什么要在此处详细解释 RESQML 技术。RESQML 为油气地下数据(井、地震、地质模型)提供一个元素级定义，以提供不同专业软件之间数据(知识)交换的解决方案。它是油气领域过去数十年来面向数据管理与知识管理的最优秀、最成熟的技术集成。

一、RESQML 技术背景与发展历程

下面的内容梳理主要来自 Energitics 在 2014 年 9 月发布的 RESQML2.0 版本的在线技术文档，这一在线文档截至 2022 年做了部分小版本的更新。我们以油气数据管理和知识管理为目标，系统阐述了油气领域数据定义、分类、组织和表达的关键技术。更详细的信息可以在 Energistics 网站上找到，整个标准都可以免费下载。下载包括 XML 模式、通用建模语言™(UML®)数据模型、业务概述和用例指南，以及一组解释关键概念和数据对象使用的技术文档。

勘探生产地下工作流程冗长、反复且复杂。它涉及来自不同学科的许多人，有时来自不同的公司，并使用许多不同的软件包进行复杂的分析、解释、建模和模拟。这种多学科、多公司、多软件的环境是迭代的，需要用户在不同的软件包之间来回移动数据。其中许多包使用不同的数据格式——通常是专有的和不兼容的。

这种固有的复杂过程和无法轻松交换数据意味着勘探与生产公司及其员工面临的挑战包括：知识丢失、工作流程僵化、难以表征和共享不确定性、数据丢失和生产力损失。而符合 RESQML 的软件可以读写标准的通用格式，消除了数据不兼容和再加工的需要。

如图 4-6 所示，RESQML2.0 版本支持更多工作流程和更灵活的工作流程。新功能提供了一组丰富的数据对象、整个模型中定义明确的知识层次、指定和传输数据对象之间关系的方法，以及将所有信息分组到单个结构化包中的能力。

RESQML 由 Energistics 旗下的运营商、服务公司、软件供应商和政府机构组成的全球联盟开发，2022 年，RESQML 正式合并入 OPG 组织。

从技术上，RESQML 是一种基于 XML 和 HDF5 的数据交换标准，有助于在地下工作流程中使用的软件包之间进行可靠、自动的数据交换。RESQML 由一组 XML 模式(XSD 文件)和其他基于标准的技术组成，开发人员将这些技术实施到软件包中。实现了 RESQML 的软件可以读写标准格式。

二、RESQML 的技术架构

1. RESQML 定位与数据资源交换

RESQML 是一种数据交换格式，它是根据现有的行业实践设计的。在其开发

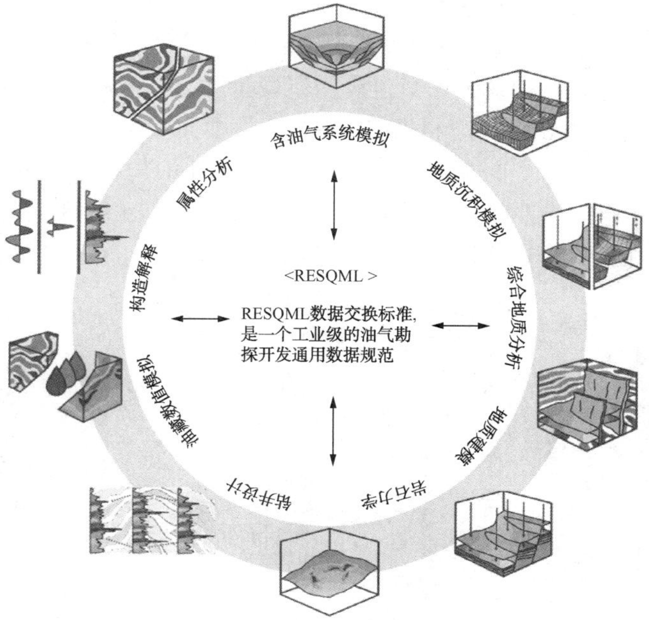

图 4-6 在勘探开发地下工作流软件中实施 RESQML 的数据流(OSDU, 2022)

过程中，行业专业人士通过与 Energistics 及其 RESQML 特别兴趣小组(SIG)的合作，努力设计一种标准，以满足地下工作流主要阶段的数据和实践多样性的需求。由此产生的数据标准非常灵活，以至于没有现有应用程序能够始终如一地实现 RESQML 的所有功能。

RESCUE 一种免费但非开源的数据交换 API，它是一种基于二进制文件的行业定义数据交换标准，自 20 世纪 90 年代后期开始使用。油气领域专业软件开发团队对该 API 都是非常熟悉的，但由于该 API 早期虽然免费(Free)但并不开源(Opensource)。

RESQML v1.1 就是 RESCUE 的继任者(King M J, 2010)。RESQML v1.1 的目标是利用新技术和既定标准(如 XML 和 HDF)来复制 RESCUE 功能，RESQML v2.0 则是在这个基础上的进一步扩展。

数字油田技术的目标之一是打破勘探开发工作流程中的业务孤岛。为了支持这一目标，Energistics 正在努力协调其业务领域的标准，包括 RESQML、WITSML(用于钻井)和 PRODML(用于采油生产)。为了更好地协调所有标准(如用于钻井和建井的 WITSML™和用于优化生产的 PRODML™)，Energistics 开发了一种新的通用技术体系结构(McKenzie, 2012)，这种技术架构被称为能源通用技术架构(CTA)，它的目的是保证 Energistics 朝着共享资源的方向发展，并将这种共享建立工作流程，如将业务对象与坐标参考系统、测量单位等数据以 EPC(能源打包公约）进行打包传输，实现数据资源共享。

图 4-7 是一个使用支持 RESQML 的软件的地下数据工作流程示例。地质专家 A，应用地质软件 A 构建了一个地质构造模型和沉积相模型，将“层位/断层”与“属性”存储为一个 RESQML 格式 EPC-A 文件中，发送给油藏建模专家 B。油藏建模专家 B，应用建模软件 B，导入 EPC-A 文件中的构造到建模软件中，构建一个三维地质体网格并对构造层位与断层进行微调。此后打包形成一个 EPC-B 文件，发送到工作流中的下一个用户（软件）。

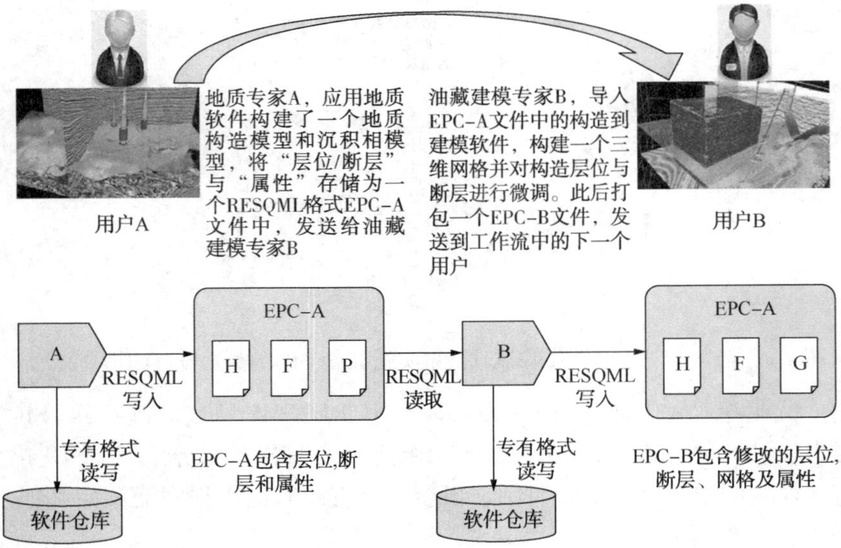

图 4-7　RESQML 工作机理：文件读写与存储的流程

为了保证数据在不同的专业软件中的传递，必须建立一种统一的数据格式转换，RESQML 的工作机理展示了这一特性。

当用户需要将数据移动到其工作流程中的下一个软件应用程序时，他们选择将数据写入（导出）为 RESQML 格式。在此示例中，用户 A 使用软件 A 将数据写入 RESQML 格式，该格式在打包成 EPC 文件（Energistics Packaging Conventions）后进行传输。下一个软件应用程序 B 可能是工作流中另一个学科或合作伙伴公司使用的工具。如果该软件应用程序支持 RESQML，它可以读取（导入）包含 RESMQL 数据的 EPC 文件并构建本地软件格式并在其本地环境中处理数据。

所有上述的操作并不影响软件 A（地质研究）和软件 B（油藏地质建模）使用自身提供的规格来存储井、地震、地质和油藏的模型数据。RESQML 的作用就是作为一个中心路由，将所有异构的地下模型数据进行自由的转换和共享，从而打通不同专业软件之间的模型数据流通，这是其数据交换的重要性所在。

2. 从分层数据模型过渡到对象关系模型

RESQML v2.0 现在使用对象关系模型来组织其数据对象。

RESQML v1.1 版本质上是分层数据模型。万维网联盟(W3C)没有明确声明 XML 是分层的，并且 XML 规范包括一些并非纯粹分层的功能。然而，在 RESQML v1.1 中，所有语义信息仅组装在一个 XML 实例中，该实例由一个 XML 文件组成，具有分层的“隐式”XML 包含将数据对象关联在一起的功能。一个可选的关联 HDF5 文件包含大量数字数据。

然而，由于地球模型组件之间的关系本质上是复杂的(不是真正的分层)，RESQML 特别兴趣小组(SIG)成员确定地球模型可以用对象关系模型更准确地表示。这种变化允许地球模型的组件表示为单独的数据对象，并且它们之间的关系可以更准确地表示为父子关系，具有一对多或多对多可能的关系。

然而，实现这个数据模型需要技术体系结构中的新组件。如，需要一种机制来指定组成模型的许多数据对象之间的关系，并将这些数据对象捆绑在一起以实现可靠的数据交换(Vemey et al. 2014)。

对象关系模型为 RESQML 提供了许多好处，但它也带来了新的挑战，其中包括需要：(1)指定数据对象之间的关系。(2)将数据对象组合在一起作为相关的“包”(如模型或项目)。

RESQML 数据对象是 RESQML 传输的原子部分。它包含与 RESQML 上下文中的数据模型(或建模数据)相关的语义。数据对象主要作为 XML 文件进行交换；相关的显式数组数据作为一个或多个 HDF5 文件传输。

目前，油气行业中已经普遍认可将 RESQML 作为油气数据交换的统一标准，这使得支持 RESQML 的软件继续在本地环境中处理和保存数据。当用户需要将数据和模型移动到工作流中的下一个软件包时，他们可以选择将所有信息导出为 RESQML 格式。下一个软件包可能是工作流中的另一个规程或合资企业中的合作公司所使用的工具。如果该软件支持 RESQML，那么它可以读取 RESQML 格式并在其本地环境中处理数据。

3. 用于打包数据对象的 EPC 技术

使用对象关系数据模型和单个数据对象需要一种将所有相关“部分”打包在一起作为数据交换的单一、连贯的 RESQML 包的方法。这种包装是使用能源包装公约 EPC(Energistics Packaging Conventions)完成的，该公约实现的集合对象称为 EPC 文件。

图 4-8 显示 EPC 如何提供将相关数据文件组合在一起并将它们作为单个文件交换的技术。

在图 4-8 的案例中，一组“地质与油藏数据集合”可能会包含井筒、井轨迹、测井等结构化数据，也包括地质油藏模型(含属性)、地层与断层构造信息。那

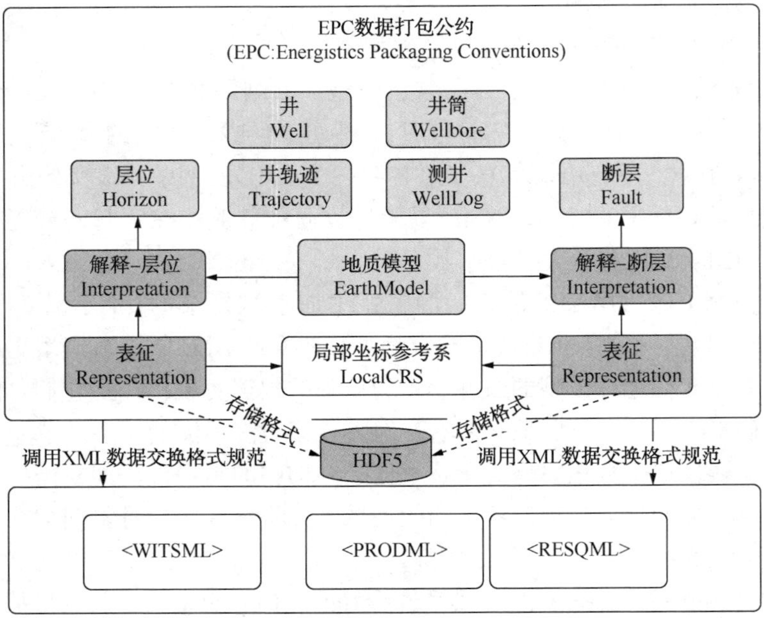

图 4-8 RESQML 的数据对象打包的 EPC 技术示意图(OSDU，2022)

些非结构化的层位与断层及地质模型，会有一个解释成果(如属性数据)及其几何表征模型(如体网格的拓扑结构)，即图示“解释”与“表征”，而“表征”作为一种几何结构，其节点位置是具有明确的坐标参考系数据的。

在 RESQML 标准中，表征模型由于具有极大的数据体量，一般会存储在 HDF5 格式(一种开源的数据存储规范)中，而且这种文件存储并不在 EPC 打包规范中。

而所有被 EPC 打包的模型数据，包括井筒、测井、地质构造等业务对象，最终是通过 RESQML 规范实现一个地下地质模型数据的完整打包。其中，WITSML 提供井筒对象的数据格式规范，PRODML 提供采油相关的业务对象的规范。最终，包括井、地震、地质和油藏等所有油气相关对象都被按照 EPC 规格进行了数据打包并进行共享存取和网络传送。同时，基于 EPC 规格的高度透明性和开放性，我们获取的任何一个 EPC 文件都能够从最基本的元素层次(如一个地质体的网格节点及其属性值)进行数据的提取。

那么，RESQML 是如何通过 XML 来定义数据的交换呢?

RESQML 利用现有的标准和技术，同时提升了严格性和灵活性。如：数据对象主要是使用可扩展标记语言(XML)定义的，使用 XML 是因为它的可移植性都能被计算机和人阅读和理解它的能力。然而，XML 在处理大量的数字或数组数据时不是非常有效，因此 RESQML 使用分级数据格式，用 HDF5 来实现大数据和数组数据的存储。HDF5 是一种数据模型，一组开放的文件格式，以及用于存储和组织大量数据的库，提高了数据处理的速度和效率。

为了支持可跟踪性，数据对象的每个实例都必须使用统一唯一的标识符(UUID)和关键元数据(citation)进行标识，如何时创建和更新数据对象以及由什么软件创建和更新数据对象。UUID是机器可读的唯一标识，它是在创建数据对象时分配的，可以被其他数据对象引用。

这种对象引用是一类结构上相同的、包含有关对象的附加信息，如标题(或名称)、发起者(软件)等。在元数据方面，RESQML使用ISO19115-1：2014的EIP(Energy Industry Profile)数据，这是一种开放的、非专有的交换标准元数据，特别是与地理位置相关的资源，如地理空间数据集和Web服务，物理资源或映射、解释和建模数据集。EIP是发布的国际标准ISO19115-1：2014的ISO会议一级概要文件，这是成熟的概念规范ISO 1915：2003(Energistics 2014)的最新版本。元数据使用一个强制引用属性附加到所有顶级RESQML数据对象。

为了将可能包含一个模型的多个文件捆绑在一起，RESQML使用了EPC(Energistics Packaging Conventions)来实现，这是OPC(Open Packaging Conventions)的实现，OPC是由两个国际标准组织(Ecma international 2012，ISO 2012)支持的常用容器文件技术标准。EPC(就像它基于的OPC)本质上是一个ZIP文件，它允许许多不同的文件类型被分组到一个可靠传输的包中，一个Energistics包可能包含许多文件类型。

三、“知识层次”：特征、解释、表示和属性

RESQML扩展了“数据”的概念，包括数据对象以及数据对象之间的关系，这允许油气数据对象进行更精确的分类。目前的设计支持抽象地下特征各种操作，包括：人类对这些特征的解释，这些解释的数据表示，以及在这些表示上建立索引的属性，等。而这就形成了一个预定义的“特征、解释、表示、特性”的知识层次结构(非正式地称为“FIRP”)，这是RESQML中的一个极其关键组织概念。

1. RESQML的顶级数据对象

RESQML2.0的数据模型定义是由85个不同的顶级XML数据对象组成，这些对象描述地质、油藏和井筒。表4-1给出了数据模型和模式包组织的高级概述。该表显示了数据对象的主要类，以及这些类中数据对象的示例列表。

表4-1 知识层次结构中的RESQML数据对象类型

类/数据对象	示例数据对象
特征	
地质特征	边界特征、流体边界特征、成因边界特征、构造边界特征、沉积相单元特征、岩石特征、组合特征、地层单元特征、地质体特征

续表

类/数据对象	示例数据对象
技术特征	边界特征、井筒特征、地震格特征、地震线特征、地震格集特征、地震线集特征
关联特征	全球年代地层柱
解释	
地质解释	特征解释、地层层位解释、断层解释、边界特征解释、地质体边界解释、地质体解释、解释岩石特性、构造单元解释、解释地球模型、结构组织的解释、流体组织的解释、地层柱解释、地层柱级解释、地层产状解释
专业解释	井筒的解释，等
关联解释	地层柱状图，等
表示	
（地质表示）	框架组织表示、密封体积框架表示、密封表面框架表示、非密封表面框架表示、点集表示、折线表示、Grid2d 表示、三角形集合表示，等
网格表示与关联对象	IJK 网格表示、非结构化列层网格表示、非结构化网格表示、截断 IJK 网格表示、截断非结构化列层网格表示、（通用）GPGrid 表示、网格连接表示、局部网格集
井筒表示与关联对象	井眼轨迹表示、井眼框架表示、井眼框架标记表示、堵塞井眼表示、偏差测量、测深基准
地震工区与坐标	地震勘探利用了之前定义的表示，并在其几何图形中添加了地震坐标
关联对象	重新定义的几何表示、表示恒等式、子表示、表示集表示
特性	
抽象值与抽象点	连续属性、离散属性、范畴属性、注释属性、点属性
属性查找	双表查找、字符串表查找
关联对象	属性类型、时间序列、属性集、度量单位
通用	
坐标相关系统	本地深度 3d CRS、本地时间 3d CRS
外部 EPC 关联	用于将 UUID 与模式外部的对象相关联，这样它就可以使用 EPC 进行传输

RESQML 使用标准的 XML 层次关系，所以数据之间如面向对象开发中的“类”概念一样，是可以相互包含的，即一个或者多个数据对象可以包含在另一个数据对象中。然而，地下描述的本质意味着油藏模型中存在许多可能的层次结构，RESQML 数据对象之间的关系更为复杂，不能以单一的层次结构方式对其建模。

2. 数据对象知识层次分类

知识层次的建立是为了在上下文中关联和检索有关在软件应用程序之间交换的数据对象的不同级别的信息，这实质上是允许用户监视相关业务流程的进度。图 4-9 展示了特征/解释/表示/属性知识层次结构（非正式地称为“FIRP”）是

RESQML 中的一个新概念，它使数据组织更精确，数据交换更高效。

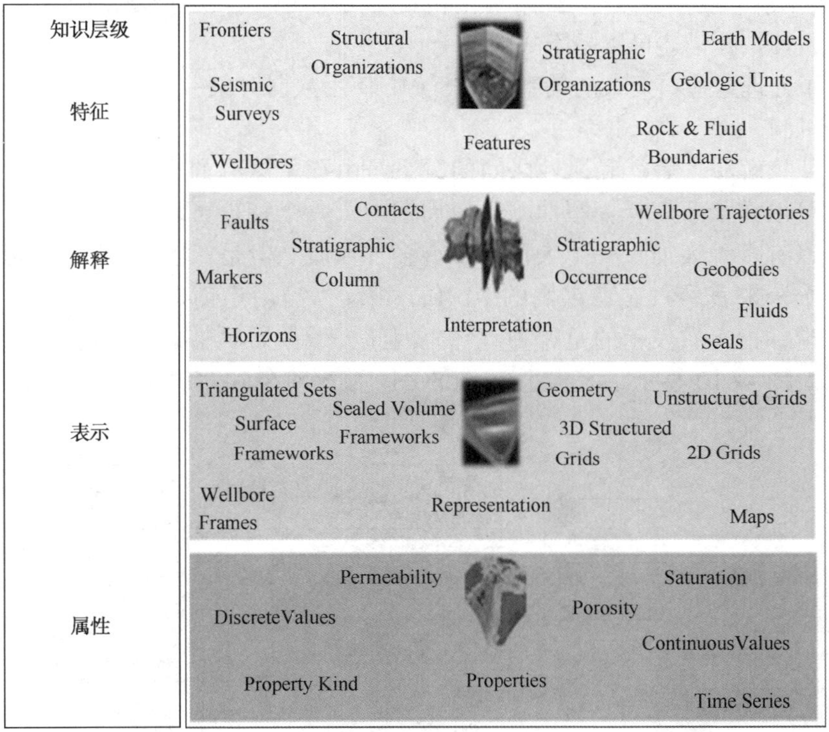

图 4-9 RESQML 的知识层级与数据关系（OSDU，2022）

表 4-2 定义了这些术语，其中每一个都是一个 RESQML 数据对象的种类。

表 4-2 RESQML 数据对象的知识层次分类

数据对象	定 义
特征	在储层的勘探、开发、生产或废弃过程中的某个时间点有物理存在的实体。如它可以是边界、岩石体积、盆地区域，但也可以延伸到钻井、钻井平台、注入或产出的流体，或 2D、3D 或 4D 地震勘测。其功能分为以下两类：(1) 地质学，对于自然界中先验存在的物体，如岩层及其定位方式；(2) 技术类，用于通过人类行为存在的对象，如井
特征解释	RESQML 使用 David Gawith 的定义，将解释定义为对特征的一致描述。解释是主观的，并且与项目团队成员的智力活动密切相关。项目团队人员最初的好奇心和推理引发了早期的预筛选活动(遥感、调查)。他们作出假设，其中包含描述特征所需的尽可能多的解释
表示	对特征或解释的数字描述。如目前在 RESQML 中，地层层面的解释可以由一个点集、一组三角面或一组正交网格来表示。 表示包含数据对象的拓扑结构和几何结构两种
属性	属性可以附加到任何表示的任何可索引元素。 属性是指语义变量(如孔隙度、渗透率等)和相应的数据值，它们记录在数组中，可以存储在 HDF5 数据集中

每个表示都包含一个拓扑描述，它定义了如何关联节点和其他“可索引元素”来表示点、线、面或体(如结构化和非结构化网格)。对于复杂的对象，如模拟网格，其拓扑描述可以是隐式的。

为了处理这些更复杂的关系，RESQML 使用数据对象引用，这是模式中的一种特殊机制。

特征、解释、表征和属性之间的关系是由孩子持有的亲子关系而决定。这一概念可以作如下解释：在油藏生命周期中，一个特征可以有多种解释，一个解释可以有多种表征，一个表征可以有多种性质。但是，解释不能“知道”将创建多少个未来表示，或者它们的 UUID。相反，当用户创建一个表示时，用户必须知道并指定它表示的是哪种解释。因此，子数据对象必须指定(或持有)这个关系。图 4-10 显示了来自主要 RESQML 数据对象和知识层次的 UML 模型的类图。

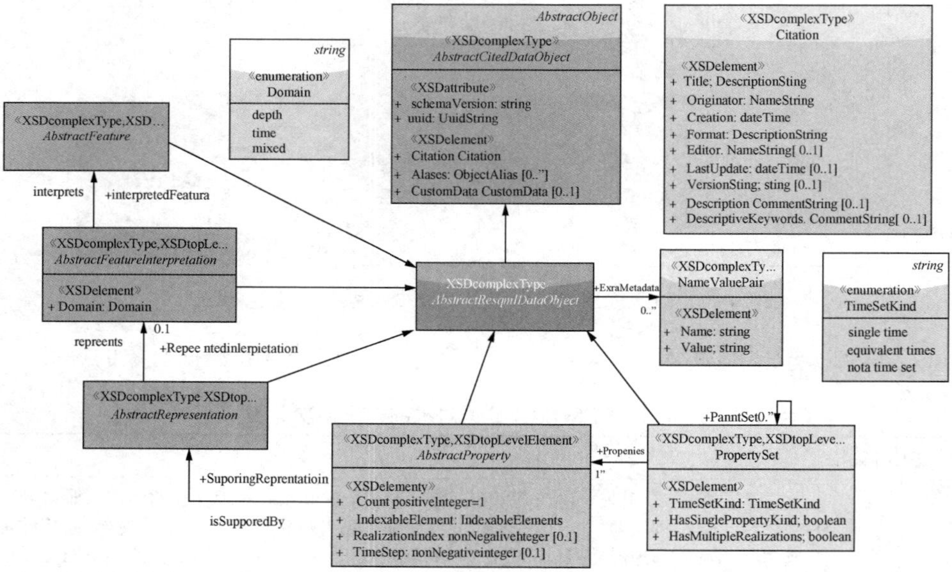

图 4-10　RESQML 数据对象和知识层次描述(OSDU，2022)

RESQML 数据对象(Abstract Resqml DataObject)的三个必需元素 UUID、引用、模式版本(Schema Version)提供了可跟踪性、模型重用和数据对象引用的功能。上面描述了 UUID 和引用。模式版本提供了向前兼容，允许从不同版本的 RESQML 抽象对象构造的任何数据对象混合和引用。

特征/特征解释/表示对象(AbstractFeature、AbstractFeatureInterpretation、AbstractRepresentation)共同构成了 RESQML 地下知识层次结构。这些数据对象之间的关系支持对地下场景的描述。在这些顶级元素后面有一个丰富的描述性信息集合。属性本身是顶级数据对象，但必须始终附加到支持表示。相关属性可以收集到属性集中。

第五节 知识管理：数据到知识的演变

目前油气勘探开发领域的知识本体概念主要是针对业务领域的基本术语和概念，定义概念之间关系并构建业务领域的立体表述；进而基于知识本体概念进行知识表征和知识管理，推动面向业务的知识化和智能化应用。本节重点论述知识管理概念在过去几十年的油气勘探开发数据库和知识库设计中得到的广泛应用。

一、知识库、知识管理与知识工程

1. 知识库概念的两个来源

知识的表征和应用，对于油气工业的数字化发展具有举足轻重的意义。而与其相关的知识管理、知识工程、知识库等概念之间的复杂关系，有其复杂的历史渊源。

WIKI 百科指出，知识库的概念来自两个不同的领域，一个是人工智能及其分支——知识工程领域；另一个是传统的数据库领域。这两种知识库概念和目标都有所差异，这也就是目前各种知识库建设中的差异性出现的原因。

(1) 传统知识管理中的知识概念。

知识，是人类通过实践对自然、社会和思维活动形态及其规律认识和描述的信息。来源于人类实践，并反作用于实践，对实践具有指导性作用。知识管理是知识经济时代涌现出来的一种最新管理思想与方法，它融合了现代信息技术、知识经济理论、企业管理思想和现代管理理念。

知识库：是存储"知识"的数据库或其他系统。基于知识库的管理和应用被称为知识管理。知识管理被定义为：在组织中建构一个人文与技术兼备的知识系统，让组织中的信息与知识，透过获得、创造、分享、整合、记录、存取、更新等过程，达到知识不断创新的最终目的，并回馈到知识系统内，个人与组织的知识得以永不间断的累积，从系统的角度进行思考，这将成为组织的智慧资本，有助于企业做出正确的决策，以适应市场的变迁。而知识工程是一种知识管理的实施方法和实施过程，它是一种技术方法。知识管理是一种管理方法，它有很多种实现方法，知识工程是其中之一。

(2) 人工智能专家系统的知识概念。

专家系统中的知识是广义的知识概念的一种。它是人工智能的重要技术流派之一的符号主义学派(人工智能三大流派之一，以其为代表的专家系统，在 20 世纪70年代后处于人工智能的主导地位)的实践性软件，其核心是建立面向专家分析的知识库，知识库中知识的获取通过知识工程技术获得。

专家系统中的知识概念就是一种判断规则。从技术本身来说，专家系统就是用来获得“知识”(如膏岩比例若大于35%，则流体阻断系数等于1)，并且将知识给予专家系统的知识库中进行应用(专家预测与决策)。人工智能中的知识工程技术，是应用人工智能的原理和方法，对那些需要专家知识才能解决的应用难题提供求解的手段。恰当运用专家知识的获取、表达和推理过程的构成与解释，是设计一个专家系统的重要技术。

2. 知识管理与知识工程

经过多年发展，面对知识的管理和应用，传统的知识管理与知识工程概念经过长期技术演变，已形成了一套非常成熟的理论体系和实施方法。

1977年，知识工程的概念，由美国斯坦福大学计算机科学家费根鲍姆教授(E A Feigenbaum)在第五届国际人工智能会议上提出的。

1986年，斯威比(Karl E Sveiby)博士用瑞典文出版了《知识型企业》，使他成为知识管理理论与实践的“瑞典运动”的思想源泉。1987年，他和英国知识管理专家汤姆·劳埃德合著出版了《知识型企业的管理》一书，提出一整套知识型企业管理理论和实用方法，成为知识型企业管理的开山之作。

1990年，斯威比出版了《知识管理》一书，这是世界上第一部以“知识管理”为题的著作，阐述了为什么需要知识管理。

1995年，欧共体开始通过ESPRIT计划为知识管理的相关项目提供资助。

2012年，谷歌公司提出了知识图谱(Knowledge Graph，KG)的概念用来支撑下一代搜索和在线广告业务，并在此后陆续推出开源项目。于是基于图谱的知识管理(理论方法)与知识工程(知识应用实践)在技术实现上得到了巨大的改变。

2013年，知识图谱技术开始引领了全球范围的知识管理技术变革，基于知识图谱技术的知识表示、知识抽取、知识融合和知识推理成为知识管理项目建设的关键技术。德国SAP公司称企业知识图谱(enterprise knowledge graph)为下一代知识管理技术。

(1) 知识管理的概念，是有其明显的应用目标和应用特点的。

在关注对象上，知识管理关注的是对企业内外部的显性、隐性知识的管理。显性知识包括内外部的研究报告、标准规范、程序文档和数据等；隐性知识包括隐藏在人的大脑中的经验，和隐含在企业业务中还没有被发现的知识或经验。

在应用主体上，知识管理主要是面对企业，在企业现有管理架构和IT应用系统结合方面实现企业价值增值，关注的是企业知识的梳理，知识和人的关联，人与人的关联以及和企业业务的融合。

在过程上，知识管理作为企业提高工作效率和增加竞争力的关键，其建设将与企业的信息化内容管理结合并融合。

一般来说，知识管理通过五个典型步骤实现。

第一步：认知。统一企业对知识管理的认知，梳理知识管理对企业管理的意义，评估企业的知识管理现状。

第二步：规划。知识管理的推进是一套系统工程，在充分认知企业需求的基础上，详细规划是确保知识管理实施效果的重要环节。

第三步：试点。此阶段是第二阶段的延续和实践，按照规划选取适当的部门和流程依照规划基础进行知识管理实践。

第四步：推广和支持。在试点阶段不断修正知识管理规划的基础上，将在企业大规模推广知识管理，以全面实现其价值。

第五步：制度化。制度化阶段既是知识管理项目实施的结束，又是企业知识管理的一个新开端，同时也是一个自我完善的过程。

(2) 知识工程。

知识工程是人工智能的原理和方法，对那些需要专家知识才能解决的应用难题提供求解的手段。知识工程也是以知识为基础的系统，就是通过智能软件而建立的专家系统。百度为知识工程定义了其过程的五个活动，如下。

知识获取：包括从人类专家、书籍、文件、传感器或计算机文件获取知识，知识可能是特定领域或特定问题的解决程序，也可能是一般知识或者是元知识解决问题的过程。

知识验证：是知识被验证(如，通过测试用例)，直到它的质量是可以接受的。测试用例的结果通常被专家用来验证知识的准确性。

知识表示：获得的知识被组织在一起的活动叫作知识表示。这个活动需要准备知识地图以及在知识库进行知识编码。

知识推论：这个活动包括软件的设计，使计算机做出基于知识和问题的推论，然后可以根据推论结果提供建议给非专业用户。

解释和理由：包括设计和编程的解释功能。在知识工程的过程中，知识获取被许多研究者和实践者看作是一个瓶颈，限制了专家系统和其他人工智能系统的发展，直到知识图谱技术成熟。

3. 知识图谱及其发展前景

知识图谱本质上是基于语义网络(semantic network)的知识库，旨在描述客观世界的概念、实体、事件及其之间的关系。

(1) 知识图谱概念的提出。

知识图谱的概念最先是由谷歌于 2012 年正式提出，主要用来支撑其下一代搜索和在线广告业务。2013 年以后知识图谱开始在学术界和业界普及，并在搜索、智能问答、情报分析、金融等领域应用中发挥重要作用。谷歌的知识图谱实现三个主要的目标：

① 理解分析搜索请求的含义，找到最想要的信息；

② 基于搜索词，提供最全面的摘要信息，并总结出与话题相关内容；

③ 通过知识图谱理解多种含义之间的差别，让搜索更有深度和广度。

同年，Google 也提出了知识图谱的概念并在之后陆续推出了开源项目以提供支持，于是基于图谱的知识管理(理论方法)与知识工程(知识应用实践)在技术实现上得到了巨大的改变。而基于知识图谱技术的知识表示、知识抽取、知识融合和知识推理成为知识工程的关键技术。

知识图谱通常使用三元组的形式来表示，即 $G=(E, R, S)$。

其中 $E=\{e1, e2, e3, \cdots, en\}$ 是知识库中的实体集合，共包含 $|E|$ 种不同的实体；$R=\{r1, r2, \cdots, rn\}$ 是知识库中的关系集合，共包含 $|R|$ 种不同关系；$S \subseteq E \times R \times E$ 代表知识库中的三元组集合。三元组的基本形式主要包括“实体 1. 关系、实体 2”和“概念、属性、属性值”等，实体是知识图谱中的最基本元素，不同的实体间存在不同的关系。概念主要指集合、类别、对象类型、事物的种类，如人物、地理等；属性主要指对象可能具有的属性、特征、特性、特点以及参数；属性值主要指对象指定属性的值。每个实体(概念的外延)可用一个全局唯一确定的 ID 来标识，每个属性—属性值对可用来刻画实体的内在特性，而关系可用来连接两个实体，刻画它们之间的关联。

知识图谱的架构主要包括自身的逻辑结构以及体系架构。目前，大多数知识图谱都采用自下而上的方式进行构建，知识图谱架构如图 4-11 所示。

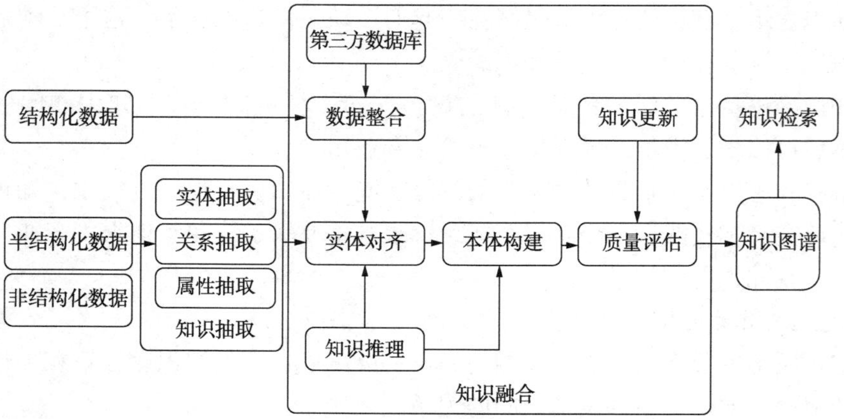

图 4-11　知识图谱的架构图

(2) 知识图谱的构建步骤。

① 信息抽取：从各种类型的数据源中提取出实体(概念)、属性以及实体间的相互关系，在此基础上形成本体化的知识表达；

② 知识融合：在获得新知识之后，需要对其进行整合，以消除矛盾和歧义，如某些实体可能有多种表达，某个特定称谓也许对应于多个不同的实体等；

③ 知识加工：对于经过融合的新知识，需要经过质量评估之后(部分需要人工参与甄别)，才能将合格的部分加入知识库中，以确保知识库的质量。新增数据之后，可以进行知识推理，拓展现有知识，得到新知识。

关于软件研发，借助开源项目的加持，知识图谱技术入门的门槛不高。我们可以通过构建图数据库(如开源的图数据库 Neo4J)，来建立自己的知识库，然后通过 Python 语言下 Py2neo 及其他 API 工具来访问数据库并生成图谱进行案例的快速实验。

油气勘探开发中的知识图谱应用目前处于快速发展中，但在油气业务流程管理与决策领域中，或者在油气专业软件中，知识图谱尚未成为一种举足轻重的关键技术，这主要是因为：

① 知识图谱技术虽然原理复杂，但实现相对简单，相关技术文章和软件代码比较普及。

② 业内对于知识图谱的关注，不是因为知识图谱技术本身，而是将它看作是一个知识工程；

③ 知识图谱作为一种技术，在业务中的落地完全取决于业务思路；

④ 目前在油气田，知识图谱作为技术正在逐步走向大型系统性应用，应用方法和落地案例正在逐渐丰富。

二、油气领域知识管理的两种模式

人工智能(AI)和数据库(DB)两项计算机技术的有机结合，促成了知识库系统的产生和发展。

石油行业中的知识库建设主要是人工智能与数据库两者的结合，以后者为主(实现企业知识的数据库)。国内油田与油公司在多年的勘探开发知识库建设过程中，面向企业显性和隐性知识的建设，出现了两类典型的知识库内容设计模式。一个是通用的、基于知识图谱的面向报告与文献知识管理；另一个是专门针对油气勘探开发核心过程的专业软件研究成果的整理融合。需要说明的是，这两种模式是由于管理的知识内容不同产生的，它们是并存的。

(1) 通用模式：定位于企业档案资料的知识管理与共享，基于知识图谱的面向报告与文献知识管理。

通用模式是基于传统知识管理方法而创建，偏重传统的资料文档的管理。在文本基础上，通过本体标定、知识抽取来锚定知识，进而提供知识钻取和挖掘。

（2）专业模式：面向专业研究成果的知识管理与共享，针对油气勘探开发核心过程的专业软件研究成果融合。

专业模式是基于石油行业的业务流程和业务模型而创建，偏重针对专业研究的全业务流程梳理和组织，实现从物探、地质、油藏、工程全流程的各类半结构化和非结构化的专业地质油藏模型的存储，同时也会将文字报告和相关图件以业务主线组织起来。以图形界面方式提供知识搜索、抽取和共享。这一模式的知识管理偏重地质与油藏模型的认知。

专业模式的知识管理，需要对底层的石油地质和油藏模型有着模型化的管理，具有较高的技术门槛。目前一些石油行业的研究成果管理和挖掘应用软件(如斯伦贝谢的 StudioManager)，都称这一过程为“知识管理系统”。这一模式的知识库建设，是基于专业化研究软件形成的中间成果和最终成果(工程文件)作为主要内容。这些知识库整合了地震属性、地质构造、岩石物理属性、地质研究成果、钻完井成果、油藏知识、油气生产知识、工程建设知识等，通过统一的集中管理，形成了勘探开发专业知识库。继而，通过交互式三维界面，提供用户知识的搜索和获取和集成交互，从而辅助用户形成面向业务对象的认知提升。

1. 通用性知识管理模式

通用知识管理模式借助传统的知识管理与知识库技术，形成了一套非常成熟的理论体系和实施流程，各油公司与相关的研究部门做了知识管理系统和知识库的探索与实践，取得了一定的研究成果。

近年来，企业级知识管理技术基于知识图谱这样的技术加持，开展了知识管理及基于知识的智能搜索功能。如中国石化集团公司的知识管理解决方案，是通过知识工程示范样板进行了多方面的相关实践。

首先，一是建立了勘探开发知识体系，覆盖油田业务 8 大业务领域、57 个一级业务、1000 多个业务活动。二是融合大数据、云计算、移动应用等技术，打造云架构的知识管理平台 SKM，实现知识全生命周期管理。

其次，面向业务场景实现四大应用模式：“石油百度”实现一站式石油知识检索与服务；项目应用，项目前期成果可借鉴，过程成果可沉淀，最终成果可复用；专题应用，形成跨组织的开放虚拟团队，与志同道合者想法碰撞，促进学习；同时，针对个人打造了个人知识空间。进而构建了一个庞大的油气知识库，汇集了内外部 1000 个知识源，形成千万级节点，构建 800 万量级知识库，涵盖了所有的勘探开发领域。

最后，打造了石油领域的专家资源库，梳理入库 867 名领域专家，涵盖 22

个专业领域；将激励制度与平台有机结合，有效促进知识共享。

中国石化知识工程建设有力地促进了中国石化 KM 理论和关键技术的创新。基于发明问题解决理论(TRIZ)、知识管理与知识工程、自然语言处理、数据库挖掘、软件工程等理论，以知识的产生和应用为主线，采用 CommonKADS 方法建模梳理企业知识，实现知识的继承和创新，结合中国石化实际，形成一套企业知识管理整体解决方案，解决了从设计、开发、实施到运营 4 个阶段的落地问题。

此外，中国石化通过算法优化、技术创新，打通了知识采—存—管—用的智能化、工程化通路，如在采集方面通过多源异构信息自动化采集技术、基于自然语言处理的知识加工技术，将准确率从 52%提高到 94%，首次实现石化行业知识图谱构建及工程化应用。

但国内的知识管理囿于石油地质与油藏理论的高度复杂性，以及地学数据标准和软件成果的薄弱，知识体系建设未能有效深入到勘探开发与采油生产的业务逻辑中，其发挥的作用较为有限。

2. 模型为核心的知识管理模式

专业化知识管理面向专业研究成果的管理与共享，它是基于石油行业的业务流程和业务模型而创建，偏重地质与油藏模型的认知。

典型的实现案例如斯伦贝谢公司的 Studio Manager 平台，这是一个石油行业知识管理和知识工程的实践模式，既来源于知识管理传统理论，又能够将知识图谱等人工智能技术有效地选择应用，最后还结合石油行业的传统建模和分析的技术流程做了极好的落地。

目前，这一技术体系被斯伦贝谢以 Studio Manager 平台和 DELFI 认知环境两套系统进行了实现。

如图 4-12 所示，斯伦贝谢的知识管理体系和认知环境实现中，大量的企业级知识（包含数据、成果和资料）按照专业进行统一的存储管理，在 StudioManager 中，可以用一个完整的“地质与油藏模型”概念将其展示出来，用户通过可视化方式进行浏览、搜索、重组织并获取，将其在 DELFI 认知环境中加载应用。

知识的应用是与其核心业务的认知相关联的，DELFI 认知环境本身是一个多种数据和知识的汇总和模型化交互分析的平台，在这里，知识不仅仅是用来查看，更是通过认知技术用来集成各种专业软件与工具，来认识分析问题。

三、油气知识管理技术的发展趋势

知识管理与知识工程技术发展到今天，是一个需要重新审视其技术架构和应用架构的时候了。

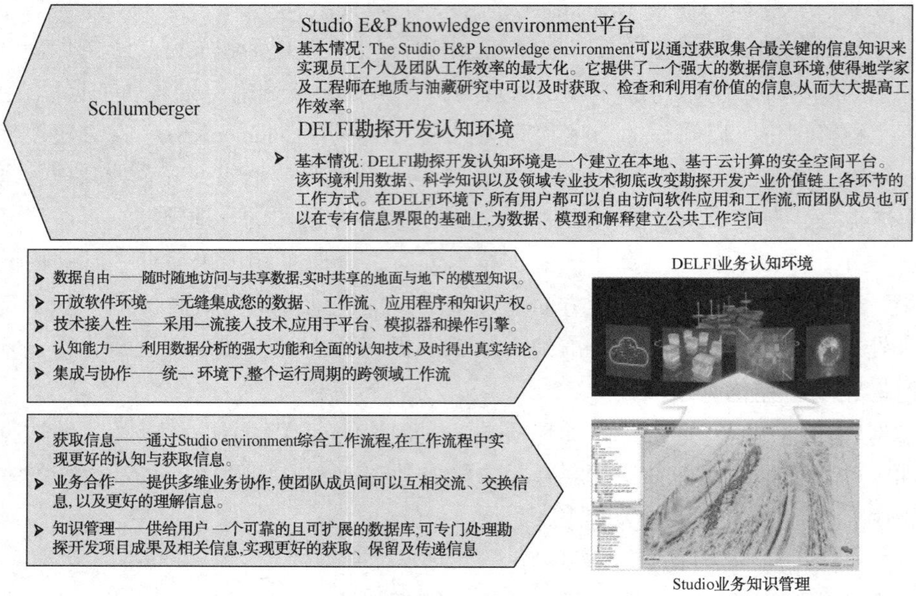

图 4-12 斯伦贝谢的知识管理与认知环境结合的行业认知模式

具有油气勘探开发业务特色的知识系统是知识管理建设的目标。包括以地质与油藏为核心的知识库内容，以油气价值链为核心的知识应用系统，以此凸显行业的专业化和特色化。原有的、基于知识管理和知识工程理论体系的知识库建设，在文档管理和企业科技成果(含专利、版权、著作权等)管理的市场上具有很强大的生命力。但也因为这种普遍性，它不具备对于石油行业核心研究过程的支持，更无法构建一个清晰描述油气知识体系的成果模型，而这才是地质和油藏研究的核心需求。

因此，面向石油勘探开发的知识管理，需要我们综合传统知识管理和行业研究成果，形成一个具有“鲜明行业特色”的知识库体系。

基于知识库，通过以知识图谱为代表的知识工程，建立对于以地质和油藏为核心的勘探开发业务认知，通过知识搜索关联和挖掘，形成业务认知以及辅助的分析与决策，建立一个知识管理和应用的系统。

这里，基于国内外相关知识管理的技术与实践，初步构想一个理想的知识管理应用框架，如图 4-13 所示。数字油田的知识管理应用架构，体现了几个重要的因素。

(1) 面向油气行业应用的知识建设流程。

一个理想的知识管理技术和应用体系，应该覆盖从知识采集、知识抽取管理到知识共享应用的三个层面。

国内目前较多油田和油公司的知识管理，尚处在文档文献管理、资料管理；

图 4-13 数字油田知识管理的应用架构

或者用知识图谱等技术开展知识检索功能。而从知识管理的行业化结合的方向上，我们应该从"新技术应用"和"专业化逻辑结合"两个方面实现结合，充分结合现有的专业研究软件和核心管理流程软件的研究分析成果，在此基础上梳理流程、抽取成果，提供知识获取方法，从而形成新一代的智能化知识管理。

（2）以支撑知识管理新技术新方法提升业务智能。

关联分析、数据挖掘及知识图谱等技术让知识管理的应用得以逐步地深化和系统，知识管理逐渐从通用性技术向专业性支撑方向进行衔接，用来解决局部的具体问题，变得更加务实。

尤其是知识图谱技术，让知识系统具备了认知能力。这种认知智能在知识管理应用方面是广泛而多样的，重点体现在精准分析、智慧搜索、智能推荐、智能解释、更自然的人机交互和深层关系推理等多个方面。

实际上，借助于知识图谱与机器学习等新技术的应用，目前的知识管理，已经逐渐从资料的管理，逐步抽象到业务（商业）认知的层次，从人类感知、理解和分析的角度来组织知识、分析知识和思考知识。

（3）知识管理未来的演化方向。

知识管理不是一个孤立的技术体系，作为一个业务体系最顶层的"大脑"，它是完成业务价值链闭环的极其重要、极其高层次的环节，也是最具智慧性的一个环节。从系统发展角度看，未来的知识管理，会基于知识本身开始，逐步打通与核心业务分析的沟通，融入业务认知分析的领域，也就是"认知计算"这一技术课题中。

第六节　知识应用：油气业务知识表征技术探索

目前油气勘探开发领域的本体概念，主要应用在两个方面。一是针对业务领域的基本术语和概念进行表述，定义概念之间的关系并构建业务领域的立体表述。二是基于知识本体概念推动面向业务的知识化和智能化应用。前者在过去几十年的油气勘探开发数据库和知识库设计中得到了广泛应用，后者主要用于实现计算机系统对于业务领域的理解和认知，且并无成熟的理论方法。本节基于上述两个方向中的后者（油气业务知识表征与智能应用），结合作者所做的一些前期研究探索，对业内前期研究作一个基础的回顾与发展展望。

一、油气勘探开发的知识表征

长期以来，信息技术仅作为一种基础工具为地质工作者提供数据和展示软件，而地质研究中大量的抽象性和创造性的工作，尤其是构思成藏过程与模式等复杂思维过程，被划归为地质专家的工作范畴。面对智能化的发展趋势，如何运用信息技术实现业务更大程度的自动化和智能化一直是我们探索的重点，知识工程与知识管理技术便应运而生。

我们的业务体系，其核心理论、目标、流程和方法已经在前面的章节中进行了较为详细的描述。但是这种描述依旧停留在“定性”而非“定量”的层面，将业务描述从定性到定量的过程转化，是实现从数据应用到业务智能化的关键。

知识体系作为一种重要的信息要素具有独有的特点和意义。知识体系本身是一种信息技术，但与数据、软件这些信息技术不同，它兼具数据和逻辑的双重性质，知识模型是联系业务体系和信息体系的中介，知识将业务模型建立一种结构化和量化的表述模式，从而使石油地质形成一种可以为信息技术所理解的表达方法。因此，知识属于数据的一种，但其又是一种特殊的、高层次的数据，是一种针对信息处理模式甚至是思维模式的表达，这就决定了知识作为一种高级的信息技术，其内容不仅是针对数据体系的描述和组织，同时更是对业务体系的构建、表述和建立思维模式的技术，这决定了知识体系同时成了业务与信息之间建立联系的桥梁。

油气勘探开发中运用信息技术最大的困扰，是如何将数据和数据处理（软件）过程围绕一个业务主题进行综合组织。如对于一个业务研究主题的解析，由目标说开去，首先是这业务主题要解决的业务问题如何描述；其次是针对这个业务问题，其处理过程与逻辑的公式化或量化的定义，使形成了业务模型的过程描述；再其次是明确这个业务模型的运转需要的数据体系及数据的范围、种类与格式的定义；最后，是信息经由业务模型被处理成为什么样的数据结果，即这些成果数据的种类、内容与格式定义。而油气地质研究的过程，就是上述一个个业务主题通过流程组合，通过不同主题之间数据的顺畅流转，建立更为复杂的认知与分析模型，从而实现基于已有探测数据的量化判断。

知识分类及知识表述的基本方法展示了知识体系建设对于油气勘探的精确、高效乃至智能化发展具有的重大作用，结合近年来的技术研究与业务实践来看，这种作用主要体现在以下几个方面。

（1）知识对当前信息技术发展方向的意义。

（2）信息技术体系本身就是一种可量化的过程。通过知识体系不仅可以描述数据和软件逻辑，同时也可以依据业务目标针对数据进行有目的的处理、重组、关联和整合，使数据模型与领域模型的建设具有了目标和业务约束，从而保证了基础数据建设的目标性。

（3）知识是贯穿整合信息技术架构全过程的整合要素。

（4）基于业务的知识表述技术，保证了从数据模型到数据服务，从软件架构到业务功能，从信息解决方案到行业解决方案的一致性。这种一致性保证了一个信息技术架构在实现“业务微循环”的过程中能够从业务目标出发，将信息架构中不同层次的技术相互串联为一个整体，达到“以软件技术框架为规范的，从数据到服务、从模型到方法、从模块到软件集成的一个小型的层次化研发过程”。

（5）知识对于业务体系结构化和清晰化的意义。

（6）知识不仅描述了业务体系，也量化了业务服务目标，从而实现信息体系与业务目标形成一个整体。通过将其分解为多个独立的业务主题，进而通过各个业务主题的量化和组合，形成了针对某一特定地质环境下的信息化解决方案，为地质专家研究与分析勘探目标建立了一个完整的流程与方法体系，这种流程与方法作为长期地质理论与实践活动的智慧结晶，将促进后续的研究在前人研究经验和成果基础上逐步深化，逐步构建科学与系统的研究体系。

（7）知识的应用为新技术与新方法的应用奠定基础。

（8）不断发展的信息技术与方法为特定业务主题的研究提供了增长点，通过对业务目标的量化描述，使得新技术能够得到快速的应用。如果基于大数据的数据挖掘之前没有形成基于挖掘点的知识体系梳理，便会存在数据挖掘的信息散乱和目标不清晰的问题。对业务主题的知识体系梳理，就是针对业务需求，解决其数据筛选、归一化和业务要素描述的关键问题，便可实现更为精确和有效的处理效果。

综上所述，业务与信息的融合最关键的一环，就是将业务本身的特征找到合理的量化表述方式，进而通过信息技术对数据和逻辑的组织建立针对这种业务量化表述的实现。确切地说，是将隐性的知识变成显性的知识，是将地质业务变成信息化表达，将人工的流程通过自动化处理来推进地质研究的智能化。

二、油气数据模型的知识表征探索

油气勘探开发领域是高度知识化的领域。勘探开发的生产过程就是获取数据；研究过程就是数据处理与分析；管理和决策就是借助知识和模型作出结论，其最终价值以概率和量化知识来表述。因此，油气勘探开发的业务过程，就是依托有限信息进行分析，从而不断接近地质事实的过程，其本质是知识创造。

知识管理是指在组织内持续创造新知识、广泛传播知识并迅速体现在新产品服务技术和系统上的过程。油气勘探地质研究的知识管理，就是对研究的地质背景、规则标准、流程方法、案例模型以及当前业务主题的信息组织方式。

由于目前人工智能技术的研究不能满足计算机系统独立完成较复杂的知识处理任务的需求，因此我们采用知识工程概念中的知识表述技术来表达勘探对象与思维过程，从而建立勘探开发研究的知识模型。

在具有创造性思维的勘探者中，数据是动态的、相互关联的，他们将这些数据和信息结合经验与知识，将表面上不相关的事物联系起来，通过想象在脑海中组合成油气藏的图景。要研究地质综合研究的知识表述，就必须将研究过程对应的勘探对象、研究流程与思维方法形成一个知识模型。这不同于前文的知识设计技术，这是从业务角度对知识进行的一个分类设计。

基于上述的本体模型设计技术，形成了知识的表述、管理和应用技术。如何将这种技术应用到具体的业务过程和业务特点的描述中，是地质综合研究的知识模型设计的中心，本节便展开了针对地质综合研究的知识模型设计的探讨。

前文针对勘探地质综合研究，基本从研究工作的业务背景、研究方法、业务特点、研究流程和技术体系等方面较为全面地描述了勘探综合研究的思维方法。基于上述理论，我们提出并发表了从五个方面展开面向决策的知识管理技术，即面向石油地质综合研究的地质知识管理的 K5 模型(孙旭东等，2015)(表 4-3)。

表 4-3　勘探知识管理的五要素

知识类型	管理目标	功能设计	实现技术
行业知识	勘探全流程业务体系描述	描述业务体系及其流程组成的技术。业务知识地图是描述业务框架及各类知识相互关系的导航	本体模型
主题知识	业务主题的信息与功能组织	针对勘探生产研究的关键环节建立的信息支持体系。将某一环节决策需要的信息，以系统的组织模式集中	本体模型

续表

知识类型	管理目标	功能设计	实现技术
关联知识	业务对象关联	以业务对象为关联要素，以空间关系作为基本关联主线，辅助业务主题、地质目标、管理主线和自定义映射等关联维度建立业务对象及其属性的关联关系，为信息对比、智能搜索、挖掘分析奠定基础	过程模型
案例知识	典型案例的系统化组织	针对特定决策点的经典案例，实现特定业务的来源、过程、成果、结论等主题化组织	本体模型 过程模型
模型方法	数学模型/图版/经验公式组织等管理	解决具体问题的思路和方法的量化表达，是最具实践性的知识，对系统的自动化与智能化提升具有重大意义。包括：基础数学算法、专业数学算法、地质数学模型、图形图版方法、决策统计分析等	本体模型 过程模型

1. 知识地图表述技术

知识地图是一个组织知识的视觉呈现，它并不描述知识的具体内容，而是描述知识的载体信息。知识地图简单来说就是组织中的知识及其相互关系的图示，是一种组织知识(既包括显性知识，也包括隐性知识)的导航系统，能显示不同知识存储之间的重要动态联系。

知识地图本身并不是知识的集合，而是关于知识来源的知识。因此，油气勘探的知识地图重点描述油气勘探的总体框架体系，即油气勘探的总体过程与主要勘探阶段的划分，它是以视觉化的手段表示组织的整体知识及其相互关系的一个导向。通过该阶段划分，明确勘探研究各个阶段的依赖关系和衔接关系。

2. 主题知识表述技术

主题知识的重点是针对勘探研究的多学科综合特点，提供多种研究成果的集中，实现针对特定研究主题的信息汇总。

如在“探井井位部署分析”的研究主题中，需要将地震工区、地震体、关联井、关联井集、各类关联成果图件、文档，以集成化的模块和数据体系的方式集成在一个空间中，通过知识表述，系统按照关联规则定义该主题的相关内容，形成针对主题的知识表述方法。

3. 关联知识表述技术

关联知识库是依据不同的维度，建立业务对象及其属性的关联关系，为后期信息的关联对比、智能搜索、挖掘分析奠定基础。

通过多源异构数据的组织，实现明确数据本身以及数据之间的关联关系。通过空间元数据对数据的空间地质意义实现清楚表达，以更清晰的流程、更具效率的方法从海量数据中提取某一勘探区带或开发单元的相关信息。

4. 案例知识表述技术

案例知识是针对特定业务环节的经典案例，开展的系统化的信息组织。针对CSI综合工作法中关于勘探研究的局部整体性特点，勘探研究是通过物探与探井等技术的纵横结合，实现对勘探目标和地质模型的不断修正，因此，其每一个解决问题的过程都是一个典型的系统工程案例。由此，案例知识表述技术，一方面在于实现针对特定主体的经典案例，将其来源、过程、成果、结论等主题化组织；另一方面实现了针对特定主体的系统化记录，通过案例整理工作，将业务主题形成一个前后串联、因果关联、认识全面的整体。

5. 模型方法知识表述技术

为实现勘探研究过程众多技术的综合应用，模型方法知识表述技术是解决具体问题的思路和方法的量化表达，是最具实践性的知识。该技术描述内容包括勘探地质研究过程中的基础数学算法、专业数学算法、地质数学模型、图形图版方法、决策统计分析等量化模型。目前针对石油地质研究中的油气生排烃和油气运移聚集，国内外具有针对各种地质状况下的大量而丰富的数学模型和算法研究，这些模型技术是构成三维盆地模拟技术的核心算法，通过基于三维数字盆地的地质格架，实现应用该模型的油气地质过程的动态模拟，有效辅助地质研究的可视化与模型化分析工作。针对这些模型和方法的知识表达，将实现专业化知识的积累和重复利用。

三、油气领域知识本体的构建流程

1. 业务领域及业务主题分析

油气田的勘探过程中有不同的业务主题，包括地质构造解释、综合研究、圈闭研究、井位部署、探井生产等，不同主题的研究对象不同，对物探、录井、钻井、测井、分析化验等基础数据的需求和组织方式不同，对油田勘探所起的支撑作用也不同。但各个主题之间又是相互关联、相互支持的，并共同服务于油田的可持续发展。

地质综合研究属于油田上游业务的勘探领域，该主题面向地质目标及其地质属性，所涉及的数据是最多的也是最复杂的，包括地球物理、录井、钻井、测井、分析化验、油藏地质、试油(测试)等资料(图4-14)。这些数据研究的对象大多是区带、圈闭和具体的层位，研究目的是提高油田的勘探开发效率，降低油田生产的成本。

油气地质综合研究的主题以地震资料、测井资料、岩性分析资料和前人研究成果等为基础，通过对区域烃源岩条件、运聚条件、储层条件、保存条件以及圈闭综合评价条件(生储盖圈运保)等分析和研究，最终确定有利区带和有利圈闭

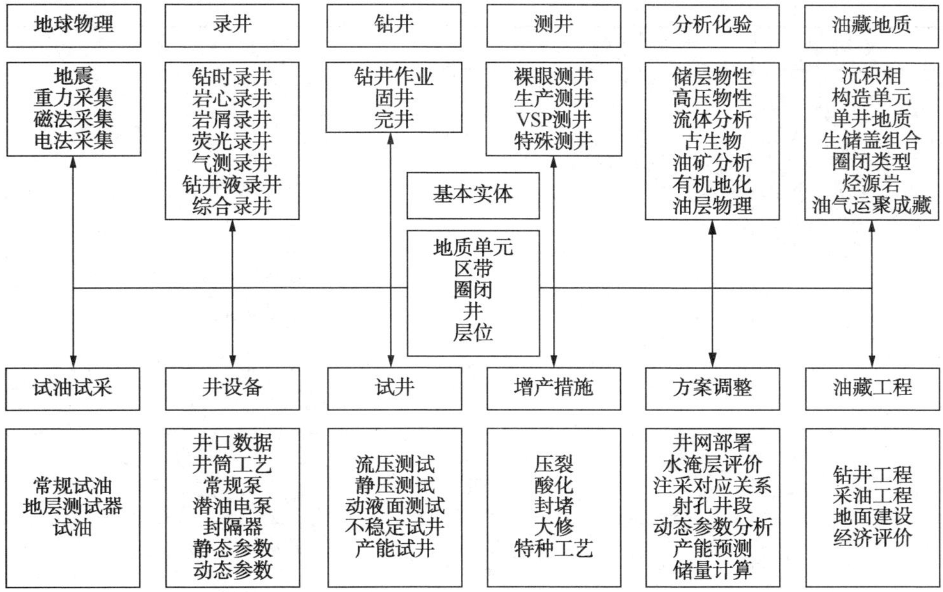

图 4-14 勘探开发主题的数据支撑体系图

的位置，为井位的部署提供技术支撑。

2. 本体词集的分类整理

目前石油勘探开发领域所涉及的知识比较多，包括勘探、测井、钻井、录井、试油、井下作业、油藏开发、采油工程、储运等多个专业，这些专业相互协同，构成石油勘探与开发的全部业务流程。领域本体模型的构建必须基于以上专业的系统知识和技术，在收集专业词汇和术语的基础上对这些词集按照业务流程进行合理地划分(表 4-4)，主要包括两个方面的工作：

(1) 用自顶向下的方式建立领域词汇、专业术语、概念之间的关系，形成一个领域本体树形结构；

(2) 完成各个词汇、术语、概念的属性和相关操作的标注，以便概念和其相关属性、操作联系起来，为过程模型的建立提供技术支撑。

表 4-4 油气地质综合研究的三级词汇划分

一级词集	二级词集	三级词集
井位部署	烃源岩	烃源岩厚度
		有机质丰度
		运移方向
		距离圈闭的远近

续表

一级词集	二级词集	三级词集
井位部署	油气运移	运移通道
		圈源的时空匹配
		运移通道类型
		生运组合
	储层物性	储层四性研究
		所处沉积相带
		储层厚度
		储集空间类型的匹配关系
	区域盖层	盖层的岩性
		区域分布范围
		盖层厚度
		是否存在断层
	圈闭类型	有效圈闭的数量
		圈闭的闭合度
		圈闭类型组合
		累计叠和的面积

油气勘探的地质综合研究领域中，依据词集划分，制作了五个二级词集的业务流程图和本体模型图，如圈闭评价业务流程图(图4-15)，从图中可以看出圈闭评价的具体流程和操作细节，以及最终对井位部署的贡献。圈闭评价涉及两大主题，分别是圈闭识别及圈闭类型的分析和圈闭综合评价及优选。前者主要进行圈闭可靠程度、圈闭识别以及圈闭基础信息评价等工作；后者主要进行圈闭精细描述、含油性评价、资源量评价、储量计算等方面的研究。最终结合这两方面给出井位的具体位置和部署建议。

在圈闭的本体模型设计中，模型中每个节点都是由名词组成，每个词集都有本身的属性和操作，各个节点的操作都会产生相应的数据和结论来支持圈闭的评价，最终形成一个具有普适性的知识模型。如圈闭条件节点中的属性就是圈闭类型、圈闭面积、圈闭幅度以及圈闭埋深四个方面的属性，依据相应的数据对这些属性进行操作就能产生圈闭条件评价的结论。不同油田的圈闭评价也可以按照本体模型进行研究，只是针对的具体数据不同。

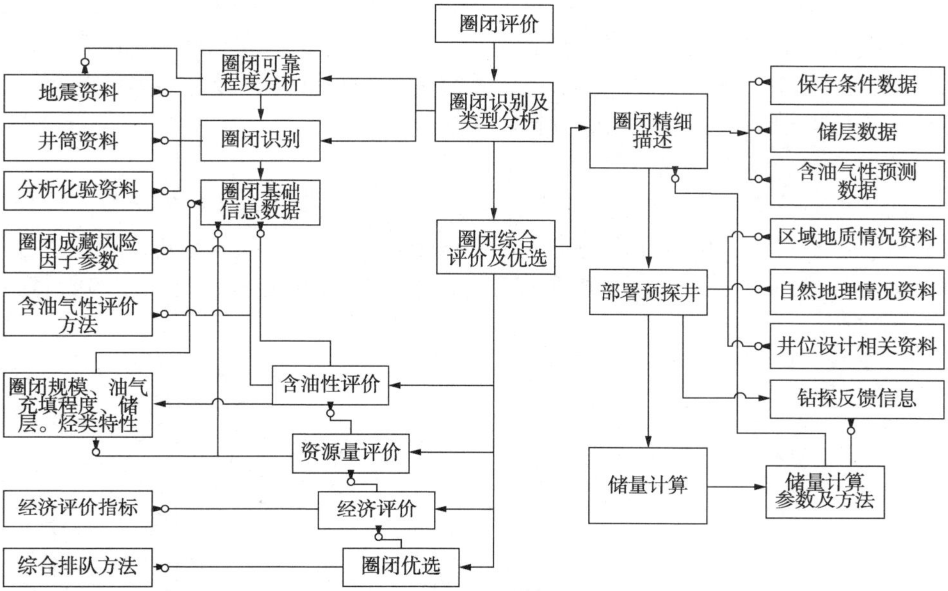

图 4-15　圈闭评价业务流程图

3. 本体模型的建立

（1）油气地质综合研究本体构建方法。

一个专业领域的本体模型首先必须确定一个业务主题，在相关业务主题的指导下收集和整理该业务范围内的所有的词汇和专业术语，然后按照词汇的等级合理划分词集，以树形或网状的结构模式组织这些词汇之间的关系，在词集整理完善的基础上要建立这些词汇的概念、属性、评价技术和参数、操作流程和识别标准以及词汇之间的关系等，就形成了一个完整的领域本体模型(图 4-16)。

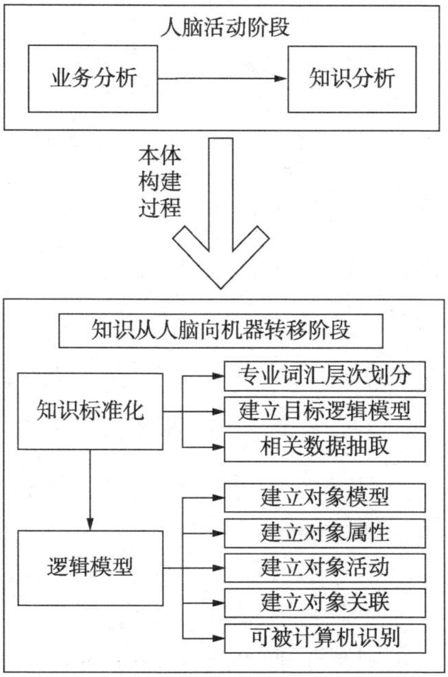

图 4-16　知识-本体转化过程

领域本体模型的构建过程实质上是对人脑活动过程进行抽象，对知识进行整合，使之成为能被计算机所识别并存储的过程。

（2）油气地质综合研究业务流程分解。

确定含油气有利区带之前，首先需要进行系统的勘探工作。勘探程度由粗到细，勘探区域由大到小。从盆地评价开始，到区带评价以及更具体的圈闭评价，一步一步细化勘探步骤，分别从生、储、盖、圈、运、保六方面对目标区域进行评价，同时对其他各方面因素加以综合，最终确定钻井位置，为试油采油工作做好前期准备。

油气地质综合研究业务过程模型可划分为三个级别，一级是整体的过程；二级是在一级模型的基础上更细的过程；三级是针对二级模型中各个节点的过程操作、数据流程和业务流程等。

油气地质综合研究一级过程模型包括 7 个环节，分别为区域地质概况、烃源岩分析、储层评价、区域盖层确定、油气运距关系分析、圈闭类型判断和井位部署综合分析研究，每个环节又具有自身独立的二级过程模型节点和三级数据流。如图 4-17所示。

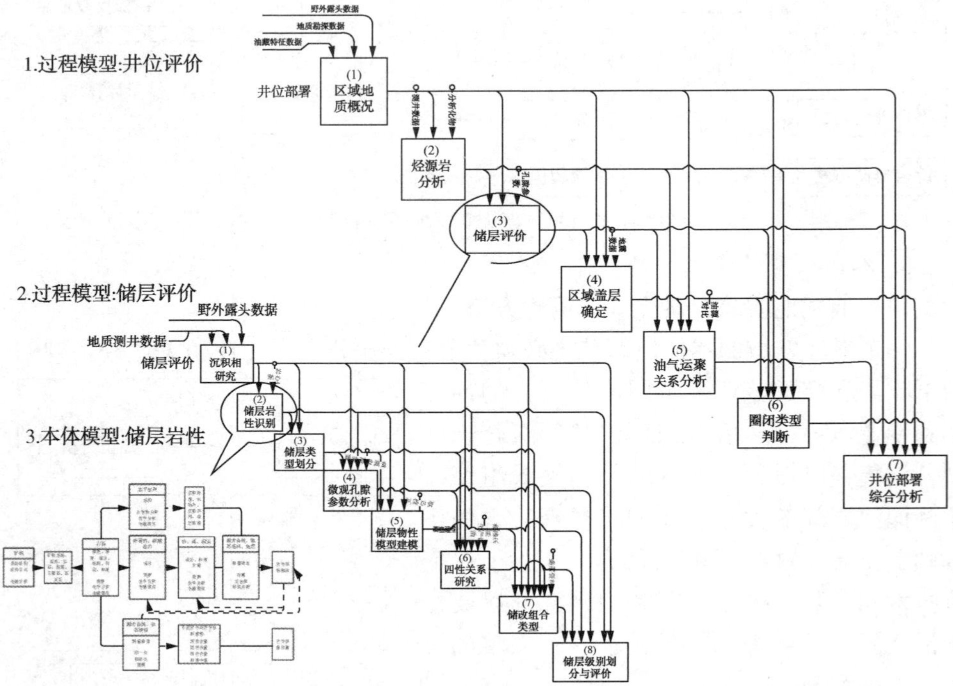

图 4-17 三级过程模型

油气地质综合研究的过程模型包括 1 个一级过程模型和 7 个二级过程模型，二级模型共计 49 个过程节点，三级过程模型通过利用地质、油藏、测井、地震、实验数据等各种资料对这些节点进行展开，把相应的数据流和业务流进行系统的整合，最后形成油气地质综合研究的一个有机整体。

（3）业务流程的本体表述。

我们基于前期研究中对 49 个二级过程模型节点进行分析，剔除方法和操作性过程节点，对剩下的概念性节点进行整合归纳，构建出四大本体，即沉积相本体、岩性本体、储层类型本体和储盖组合本体(孙旭东，2017)。其中每个本体信息涵盖量较大，内容反复应用于油气地质综合研究各个二级过程之中。鉴于二级过程节点内容的复杂性和高频使用性，本体模型的优势得以凸显，即业务术语“标准化”、领域知识“规范化”以及知识的“可重用性”。

4. 知识本体的管理

知识本体是领域概念及概念之间关系的规范化描述，这种描述是规范、明确、形式化、可共享的。“明确”意味着所采用概念的类型和它们应用的约束实行明确的定义。知识本体的目标是捕获相关领域的知识，提供对该领域知识的共同理解，确定该领域内共同认可的词汇，并从不同层次的形式化模式上给出这些词汇和词汇间相互关系的明确定义。基于本质的知识描述与管理具有长期的理论体系和大量的实践应用。

本体描述采用通用的本体描述语言 OWL(Web Ontology Language)对本体进行描述，通过导出本体的 OWL 文件，实现了领域内本体的共享。勘探开发中的各种成果和数据无组织地存放在磁盘中，为了方便用户对知识的管理和查询，建立了勘探开发领域本体管理系统，实现了对领域内概念、属性、活动的规范化描述和存储，根据本体库的知识结构对知识进行分类组织和存储，实现了知识的快速查询和共享。

油气知识表征技术的核心思想是利用过程模型把勘探开发中各个专家形成的主观思想规范、清晰、系统地表示出来，并且能够使用计算机语言进行编辑和操作，实现了对知识的存储和共享。

第七节 本章小结

油气行业的业务流程，本质上是一个从数据采集管理到逐步转化为领域知识的过程，也是通过知识的逐步加工而有效支撑价值链实现的过程。油气上游工业中，数据到知识的加工过程是一个不间断的持续过程。数据在加工处理的过程中，其知识的属性和成分越来越多。因此从内容的角度，一些数据管理与知识管理基本是重合的。

传统的油气数据管理(如 POSC)，其内容覆盖了基础数据采集、处理加工成果、建模成果和模拟分析成果、成果图件与报告等。当前的油气知识管理内容则包含基础数据采集之外的几乎所有加工数据。从知识管理的角度，油气勘探开发的工作流程，是一个基础数据的采集、处理和加工的过程，因此，我们也需要从知识管理和知识工程的角度来探索油气知识体系的定义、管理和应用方法。

本章针对国内外油气勘探开发的数据模型研究成果进行了剖析，介绍了国际石油勘探开发数据库与数据模型的概念内容、相关技术、相关标准。同时针对国内 20 余年来的数据模型建设历史，通过大量国内外建设案例和技术方法的论述，分析了当前油气勘探的数据体系建设存在的战略思想、方法问题和技术问题。

1. 与数据模型相关的关键技术概念及其应用领域

在国际油气数据库建设的过程中，我们常常会接触到数据模型(包含数据库系统的概念模型、逻辑模型和物理模型)、对象模型、领域模型、交换模型等数据概念。这些概念有着严格的定义，其代表着数据被加工过程中的不同组织形态，在确定油气数字化的过程中具有不可替代的作用。

2. 从数据模型到领域模型的软件支持

本章同时针对当前用作数据交换的领域模型作了简单介绍，针对领域模型的设计、组织和发布技术作了探讨，并基于领域模型的作用分析，建议在未来的软件工具研发中，以领域模型设计为核心，建立统一的数据交换的规范和标准，为后期的数据集成和应用集成奠定基础。

3. 数据内容的重要信息远超数据模型

石油地质数据库建设中，其数据内容建设是第一位的，数据模型的设计是为了有效存储和管理行业数据，任何过度的设计和技术应用对于石油地质数据库长期发展都是无意义的。基于上述出发点，简化数据模型设计，以建促用、建用结合是数据模型建设持续、规范、合理的技术发展路线。

4. 基于 RESQML 的数据与知识管理的理论与方法

RESQML 是理解油气工业上游的数据体系和知识体系最为规范和最为直接的方法。

RESQML 及 EPC 技术，为油气地下数据(井、地震、地质模型)提供一个元素级定义，以解决不同专业软件之间数据(知识)交换的问题。它是油气领域过去数十年来面向数据管理与知识管理的最优秀、最成熟的技术集成。本章相关内容详细剖析了其内部的技术机构和技术原理。

5. 油气研究的过程是数据到知识的转变过程

从知识管理的角度，油气勘探开发的工作流程是一个基础数据的采集、处理和加工的过程。无论从科学角度计算的数据体，还是各种地质、流体、油藏的表征模型，以及最终形成的图件和报告，都是油气领域重要的知识成果。因此，我们需要从知识管理和知识工程的角度来探索油气知识体系的定义和建设方法。

6. 油气行业知识表征和知识应用的探索

目前油气勘探开发领域的本体概念主要应用在两个方面：一是针对业务领域的基本术语和概念进行表述，定义概念之间关系并构建业务领域的立体表述。二是基于知识本体概念进行知识表征和知识管理，进而推动面向业务的智能化应用。其中后者主要用于实现计算机系统对于业务领域的理解和认知，且并无成熟的理论方法。本节基于上述两个方向中的后者(油气业务知识表征与应用)，结合作者一些前期研究探索，对于业内前期研究作一个基础的回顾与发展展望。

第五章 模型思维：油气勘探开发思维本质

模型是我们面向研究对象建立的一个认知系统，它因为内容形式和面向领域不同，具有不同的表现和概念。我们可以把模型理解成为了研究真实世界的某个问题，在逻辑世界中构建的一个抽象系统。这个抽象系统是真实世界里复杂系统的简化。

油气勘探开发是典型的模型化思维，模型是理解油气数字化的最核心的“第一性原理”。明确地质、油藏、采油和钻完井工程的建模，明确现有地质与油藏的计算模拟方法，才能真正理解油气工业数字化的工作对象。数字化转型就是要解构油气工业中的核心模型，以及这些模型如何在云原生技术场景下进行研发部署、存储管理、调用整合和集成共享。

下面我们将面向油气勘探与开发两个领域，选择含油气系统成藏模拟与油藏数值模型展开模型化思维的介绍。

第一节 油气工业的模型思维及应用

一、油气工业中的模型化思维分析

模型是构建油气数字化最基本要素。我们只有将模型从一个个独立的软件中抽取出来，才能实现模型和模型之间的高效连接，进而形成产业不同学科、板块和流程之间的连接与协同，构建面向全产业链的数字化系统。

油气勘探开发中，由于缺乏足够数据或业务逻辑不清晰，常常会出现“过于注重表象和感觉而缺乏对于物理规律的数字化表达”问题。在油气上游工业乃至多数工业领域，尤其在其研究发展的早期，由于理论、科学技术和机理研究深度的不足，常常会导致求诸经验、感觉甚至哲学，这其实并不是一种最为有效的方式。

正如这个世界的规律底层都是数学一样，随着我们对于油气产生、成藏、开发和生产的基本运行机理的深入认识，基于数学的机理模型构建成为当前模型化思维的主要表现(图 5-1)。

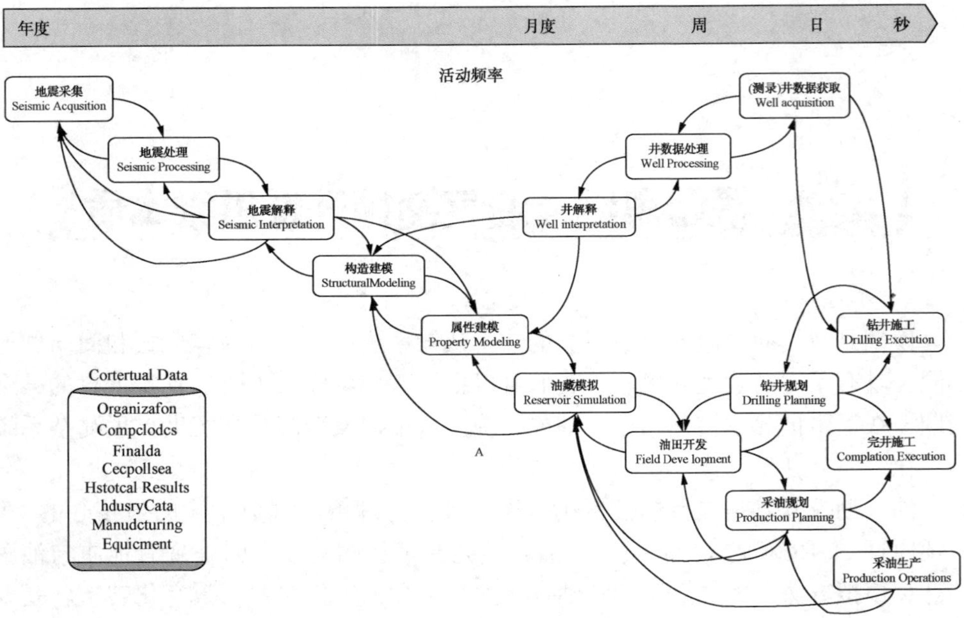

图 5-1　基于数据驱动的油气勘探开发的模型构建(OSDU，2022)

当前油气工业中所有的工作对象(无论地质、油藏还是井筒)，其实都是以数学为底层的物理和化学等学科的基础理论作为支撑。所以，油气勘探、开发、生产中的绝大多数问题，都是可以通过数学模型来进行解构的。我们对生产对象的认识，应该有一个从现象到模型、从模型到规律的摸索过程，我们所说的不论是建模还是规律，其实都是数学模型的一个必要组成部分。

1. 油气工业的模型构建首先是业务模型的重现

商业价值链塑造了整个业务流程的形态。业务流程的框架形态和动态流程，我们便统称为业务系统。在这个业务系统中，每一个工作环节，无论地震处理、构造解释、储层物性解释，还是油藏开发、自动举升、二采三采，管网集输，统统都是商业价值链催生并支撑其构建成为现今的产业生态。而业务系统的高效运转，需要一个高效的内核，这个内核就是业务模型。

油气上游工业的模型化思维，就是针对这个业务模型进行的数学方法描述。

2. 油气工业的模型构建重心是可量化的算法

模型是面对一个现实世界的问题而构建的一个分析方法，从而模仿真实世界中生产对象的各种特征和规律。而业务模型实现的重点，就是基于模型化思维面向特定产业构建的一套表征、模拟、分析的技术体系。

仔细剖析我们在做勘探开发研究、管理和决策的时候，使用的那些所谓专业性的软件工具和管理系统，其本质就是围绕一个个模型开展的数据加工过程。无论传统的地质建模和油藏模拟这种机理模型，还是注重关联分析的机器学习模型，其实本质都是如此。

油气工业的模型应用，就是基于数据来实现面向生产目标的模拟分析，通过地质和油藏的模型建模和模拟，推动实现钻完井、压裂求产、采油等作业与生产过程的优化。而用来构建这个油气工业业务模型的，是一系列基础地质、物理、化学、数学等“基础科学”和信息、计算机、软件工程等“应用科学”所共同构建的一个巨大的数学算法和分析方法，所有这些，是油气工业模型的基础。

3. 油气工业的算法模型需要数据结构做基础

算法决定了数据需求。有什么样的算法，就决定了什么样的数据结构。

数字模型可以理解为一个数据结构，这个数据结构是通过数据的结构化和组合来实现一个面向计算的数据结构。如盆地模拟需要构造数据和油气流体数据，储层物性计算就需要地震和测井数据，油藏模拟需要地质体数据和油气藏数据，钻完井模拟就需要钻井机械、井筒流体和井周地质环境数据。

为了构建一个面向算法的数据结构，我们不断采集重磁电、岩矿与古生物、化学、地球物理等数据，并在此基础上构建一个地质和油藏模型分析的数据结构。开始，这种数据结构通过二、三维图形提供了一种数据的可视化方法，为专家分析与思考问题提供直观的展示，进而随着数学算法和分析方法的逐步丰富，数据结构的构建逐步成为分析计算的基础。

总之，数据结构+模拟算法，就是油气上游工业的模型化思维的构成形态。

我们常常说“让数据说话”，但数据本身并不会作出结论，那些处理、加工和计算数据的计算模型，才是真正帮助我们决策的核心要素。可以说，油气行业本身就是一种由模型思维构建的行业技术体系。这种模型化思维贯穿了从盆地区域地质到局部构造、油气藏、井筒工程，而这，才是油气工业的核心。

未来，油气上游工业的所有方案设计、分析评价、管理决策的出发点都是模型。没有这些模型，我们的生产管理决策的各个过程，都会陷入主观臆断，或者导致简单的、低层次的重复。

二、模型思维的概念、构成和分类

(1) 什么是模型？概念模型、物理模型、数学模型有什么区别？

模型是一个不太好定义的概念。一方面这个概念出现非常早且应用普遍；另一方面，模型在不同的场景和语境下，具有完全不同的概念。在不同的领域，模型的种类不同，它可以抽象，也可以具象，这导致了模型是一个因背景和内容不同而具有特色化的一个概念。也就是说，我们谈论的同一个方法模型，哪怕定义与概念上完全相同，但具体到某一业务领域的时候，不仅在表述内容上完全不同，哪怕在内部机理上也没有可比性。

百度百科对于模型的定义是：通过主观意识借助实体或者虚拟表现构成客观阐述形态结构的一种表达目的的物件（物件并不等于物体，不限于实体与虚拟、不限于平面与立体）。

“不应否认，任何理论的终极目标都是可能让不可简化的基本元素变得更加简单且更少，但也不能放弃对任何一个单一经验数据的充分解释”（阿尔伯特．爱因斯坦）。因此，模型必须足够简单，以便让我们在模型中应用逻辑推理。《模型思维》这本书将模型分为三类：对世界进行简化的模型、用数学概率来类比的模型，以及人工构造的探索性模型。

（2）建模和模拟是模型构建的两个重要组成。

其他各个领域也对模型组成进行了特色化的解释，知乎上一位叫作 LYNN 的作者是这么解释“科学模型”的：科学模型是科学研究中对一类研究方法的通称。它使用数学公式、电脑模拟或简单的图示来表示一个简化的自然界，透过分析这个模型，以期能够进一步说明、验证假说或分析资料。依据不同需求，科学模型可以借由概念模型帮助我们了解现象，操作模型给出操作型定义，数学模型帮助量化，以及用图像模型将抽象概念视觉化。

所以，在本书作者看来，模型，就是面向研究对象的一个描述其动态与静态特征的替代物，无论具体还是抽象，它都是帮助我们认知和改造世界的技术。

斯科特·佩奇定义了模型的 7 大用途：推理（reason）、解释（explain）、设计（design）、沟通（communicate）、行动（act）、预测（predict）和探索（explore）（斯科特·佩奇，2019）。这些用途的首字母，构成了一个缩略词“REDCAPE”。这个缩略词的字面含义为“红色披风”，提醒我们：多模型思维可以赋予我们强大的力量。

在模型的 7 大用途之中，有 4 种用途——推理、解释、沟通和探索都要求我们进行简化。通过简化，我们可以应用逻辑来解释现象、交流思想，并探索各种各样的可能性。

模型的另外 3 种用途——预测、设计和行动，却可以因高保真模型而受益。因此，如果有大数据，那么就应该利用它。根据经验，我们拥有的数据越多，模型就越精细。这一点可以通过梳理思维的分类模型来说明。

（3）模型的构成形式有哪些？

模型构成形式分为实体模型（拥有体积及质量的物理形态概念实体物件）及虚拟模型（用电子数据通过数字表现形式构成的形体以及其他实效性表现）。模型展示形式分为平面展示和立体展示（标识是平面展示的一种，如图册示例图）。其中，实体模型，从表现形式上分为静模（物理相对静态，本身不具有能量转换的动力系统，不在外部作用力下表现结构及形体构成的完整性）、助力模型（以静模为基础，可借助外界动能的作用，不改变自身表现结构，通过物理运动检测的一种物件结构连接关系）以及动模（可通过能量转换方式产生动能，在自身结构中具有动力转换系统，在能量转换过程中表现出的相对连续物理运动形式）。虚拟模型，分为虚拟静态模型、虚拟动态模型、虚拟幻想模型。如此种种的分类，纷繁众多，不能尽述。

（4）模型是如何分类的？

研究模型来揭示原型的形态、特征和本质的方法，是逻辑方法的一种特有形式。一般常用的模型分类并无统一的定义。百度百科将模型分为三类，即概念模型、物理模型和数学模型。但延伸到不同的业务领域和技术领域，又会有很多其他的类别，如动画模型、建筑模型、工业模型、模拟仿真模型等。总体来说，模型的概念包括但远远不限于如下种类：

① 概念模型：指以图示、文字、符号等组成的流程图形式对事物的规律和机理进行描述、阐明。

② 物理模型：也称实体模型，又可分为实物模型和类比模型。a. 实物模型，根据相似原理，把真实事物按比例放大或缩小制成的模型，其状态变化和原事物基本相同，可以模拟客观事物的某些功能和性质。如风洞实验中的飞机模型，水力系统实验模型，建筑模型，船舶模型等。b. 类比模型，在不同的物理学领域（力学的、电学的、热学的、流体力学的，等）的系统中各自的变量有时服从相同的规律，根据这个共同规律可以制出物理意义完全不同的比拟和类推的模型。如在一定条件下由节流阀和气容构成的气动系统的压力响应与一个由电阻和电容所构成的电路的输出电压特性具有相似的规律，因此可以用比较容易进行实验的电路来模拟气动系统。

③ 数学模型：用数学语言描述的一类模型。它可以是一个或一组代数方程、微分方程、差分方程、积分方程或统计学方程，也可以是它们的某种适当的组合，通过这些方程定量地或定性地描述系统各变量之间的相互关系或因果关系。除了用方程描述的数学模型外，还有用其他数学工具，如代数、几何、拓扑、数理逻辑等描述的模型。需要指出的是，数学模型描述的是系统的行为和特征而不是系统的实际结构。

④ 结构模型：主要反映系统的结构特点和因果关系的模型。结构模型中的一类重要模型是图模型。

⑤ 工业模型：俗称手板模型和快速成型，主要制作方法有计算机数控（Computer Numerical Control，CNC）加工、激光快速成型和硅胶模小批量生产。工业模型广泛应用于工业新产品设计研发阶段，在最短的时间内加工出和设计一致的实物模型。设计师进行产品外观确认和功能测试等，从而完善设计方案，达到降低

开发成本，缩短开发周期，迅速获得客户认可的目的。

⑥ 仿真模型：通过数字计算机、模拟计算机或混合计算机上运行的程序表达的模型。采用适当的仿真语言或程序，物理模型、数学模型和结构模型一般能转变为仿真模型。关于不同控制策略或设计变量对系统的影响，或是系统受到某些扰动后可能产生的影响，最好是在系统本身上进行实验，但这并非永远可行。原因是多方面的，如：实验费用可能是昂贵的；系统可能是不稳定的，实验可能破坏系统的平衡，造成危险；系统的时间常数很大，实验需要很长时间；待设计的系统尚不存在等。在这样的情况下，建立系统的仿真模型是有效的。

三、模型思维的建模、模拟与仿真

我们在油气研究过程中面对不同的问题，常常会用到各种模型，这些模型从内容到形式都会有很大的差别，但一般会分为建模和模拟两个组成。建模，是对于这些模型的静态环境构建过程的统称；模拟，是基于算法模型的预测和分析，一般会将输入和输出数据流带入到你的模型中，形成一个实验结果。

1. 系统建模的概念

建模，又称为系统建模，就是为了理解事物而对事物作出的一种抽象表述，是对事物的一种无歧义的书面描述。

建模是研究系统的重要手段和前提。凡是用模型描述系统的因果关系或相互关系的过程都属于建模。

因描述的关系各异，所以建模过程的手段和方法也是多种多样的。可以通过对系统本身运动规律的分析，根据事物的机理来建模；也可以通过对系统的实验或统计数据的处理，并根据关于系统已有的知识和经验来建模；还可以同时使用几种方法来形成一个较为复杂的模型。

从目标上看，系统建模主要用于三个方面。

① 分析和设计实际系统。如工程界在分析设计一个新系统时，通常先进行数学仿真和物理仿真实验，最后再到现场做实物实验。数学仿真比物理仿真简单、易行。用数学仿真来分析和设计一个实际系统时，必须有一个描述系统特征的模型。对于许多复杂的工业控制过程，建模往往是最关键和最困难的任务。对社会和经济系统的定性或定量研究也是从建模着手的。如在人口控制论中，建立各种类型的人口模型，改变模型中的某些参量，可以分析研究人口政策对于人口发展的影响。

② 预测或预报实际系统的某些状态的未来发展趋势。预测或预报基于事物发展过程的连贯性。如根据以往的测量数据建立气象变化的数学模型，用于预报未来的气象。

③ 对系统实行最优控制。运用控制理论设计控制器或最优控制律的关键或前提是有一个能表征系统特征的数学模型。在建模的基础上，再根据极大值原理、动态规划、反馈、解耦、极点配置、自组织、自适应和智能控制等方法，设计各种各样的控制器或控制律。

对于同一个实际系统，人们可以根据不同的用途和目的建立不同的模型。但建立的任何模型都只是实际系统原型的简化，因为既不可能也没必要把实际系统的所有细节都列举出来。如果在简化模型中能保留系统原型的一些本质特征，那么就可认为模型与系统原型是相似的，是可以用来描述原系统的。因此，实际建模时，必须在模型的简化与分析结果的准确性之间作出适当的折中，这常是建模遵循的一条原则。

2. 模拟与仿真

维基百科(Wiki)对于模拟和仿真做了区分，即：仿真器使用不同的系统复制(提供模拟)一个系统的功能，这样第二个系统的行为就像第一个系统。这种关注于外部行为的精确再现方式是仿真的特点。而常规的计算机模拟所形成的模拟系统多是抽象的模型。计算机模拟器可能只模拟它所模拟的单元的少数操作和功能。

模拟器和仿真器有什么区别？可以理解为：模拟器只能模拟它所模拟装置的少数操作和功能。而仿真器使用不同的系统复制另一个系统的全部功能；在模型上，仿真器关注于对于外部行为的精确再现，模拟器关注被模拟系统的抽象模型。

这段解释我们可以这么理解：所谓模拟，关注对某一种形态和机制的抽象化实现，它可能是局部的。而仿真，更加关注与原系统的高度一致的实现，它更侧重于全部的、高保真的实现。还有的说法认为，模拟更多是抽象的实现，一般用软件来完成，甚至其抽象程度可以完全脱离外表而关注内在机制，也就是说可以在可视化上没有任何重现。

仿真，可能是软件+硬件，或者直接是硬件来完成。仿真相对于模拟，更加关注对于物理世界的那个本体的惟妙惟肖的重现。中文语境中对于 simulation 的翻译，有时候是模拟，有时候是仿真。可是当遇到 emulation 的时候，一般就会翻译成为仿真，而不会翻译为模拟。中文中一般说的模拟，可以使用 simulation，也可以使用 emulation，如果这个模拟比较抽象的话，更多使用 simulation；如果比较基础和具体，可以使用 emulation。当我们说仿真的时候，一般就是使用 emulation。

综上，我们可以对这两个概念作一个极其形象总结：simulation 是模拟，emulation 是仿真。模拟看中的是输入与输出是否满足要求，不在乎中间过程。而仿真则更像复制，它要求必须设计出和系统一致的逻辑过程。就是说，simulation模拟系统的行为功能，emulation 模拟系统的运作过程，行为功能的实现可以自定义，但是系统的运作必须符合已知的逻辑。如果一定给予一个关系认定，那么可以说 emulation 包含 simulation。simulation 是一个个的功能块，然后将这些功能块使用逻辑链接起来，形成一套完整的方案，就是 emulation。

3. 油气行业的模拟与仿真

在油气行业，虽然我们常常会混用这两个概念，但是一般也有约定俗成的方法。

模拟场景：如在盆地模拟、含油气系统模拟、油藏模拟等环节，因为是使用计算机构建的不可见的抽象的地质模型，其运行机理又是数学模型，所以一般都会叫作模拟(如我们所说盆地模拟、含油气系统模拟、油藏模拟，极少使用仿真概念)。

仿真场景：到了石油工程领域，因为面对的对象不是勘探开发领域那样的不可见的地下地质对象，而是具体的钻机、抽油机、集输管网以及井筒机械和流体等，所以很多时候，即便这些系统也使用了抽象的数学模型，我们也会将这些过程的模拟分析称作仿真(emulation)。

四、油气工业的模型思维表现形态

油气工业的模型思维分为建模、模拟、分析、决策四个层次。虽然本章重点针对建模和模拟技术进行了概要性描述，但从整体上看，一个完整的模型思维并非只有机器的参与，还需要人的认知与交互，而分析与决策的过程，就是将计算机的数据与方法，与人类的经验与知识进行结合，通过交互分析的方式实现人机联作，从而提升工业竞争力。

1. 建模

建模是将数据进行结构化，以形成模拟分析所需要的基本数据集合。如，我们以地球物理勘探技术为主的地震、井筒测井等技术，来逐步分析地下地层、岩石、流体的属性，并且将这些属性以地震体、构造网格、体网格等方式进行数据结构的固定。这是第一步，一般称为建模。

2. 模拟

模拟首先需要将代表地下环境的各种机理和规律进行方法的建模，即构建算法模型。然后运用算法模型进行计算分析。如含油气系统运聚模拟就是将构造、温度、压力与应力场、流体和有机质的成分变化、运移和聚集的过程进行历史模拟。再如油藏模拟就是基于储层的孔隙度、渗透率和油水饱和度，基于地质体数据开展油藏流体模拟；石油工程就是将预设的井网、钻井压裂等施工方案参数下，开展基于预期效果模拟的方式来探索可行的设计和施工方案。这一步，一般称为模拟。

3. 分析

基于建模和模拟的结果，我们开始反推最初的理论模型、物理模型以及方案设计参数，通过分析发现前期认知的不足，以及参数设计得不合理，从而通过人机联作(专家智能+机器智能)方式来进行面向业务系统的认知提升，这是第三步，分析。

4. 决策

第四步，就是将模型的模拟分析结果直接应用到具体的决策环境中去，这也是模型思维最终的落脚点。模拟分析的结果，可以用来完成一个施工设计，可以用来作出生产过程的预测，可以对复杂事物的发生作出一个判断，也可以对复杂的方案作出一个实施的选择……，但无论是设计、预测、判断还是选择，模型思维最终的一步都是提出一个明确的可供实践的决策。

综上，建模、模拟、分析、决策代表的油气上游工业的模型化思维，指导了油气研究的全过程。这样的创造活动不仅仅存在于研究环节，实际上，模型化思维作为油气工业的核心，存在于全周期管理和决策的每一个环节。

这个行业发明了模型化思维，就是为了避免直观地观察数据带来的表面性和迷惑性，通过提供人类更为复杂的分析方法而使得专家们具有了对世界的改变能力。价值链塑造业务流程，业务流程对数字化提出需求，而数字化的核心在于建立分析模型，支撑模型运转的是数据。所以，从模型再往下看，你会看到数据和软件。

数字技术不是企业数字化的目标，数字只是构建工业数字化体系的底层技术。而这种基础，是通过软件架构和业务模型落实到顶层的应用场景上。面向业务流程的应用场景，体现了商业价值。数字化技术、软件技术、业务模型、业务流程到商业价值的闭环被确立起来，而当所有的商业价值被串接起来，就形成了一个完整的商业价值链。在油气行业当中，也应该有一种这样的系统的思维方式。我们需要通过企业架构设计方法(如 TOGAF)逐层地构建这种数字化架构，而不是仅仅关注数字化技术和数字化理念，完全忽略业务模型思维以及业务价值链的重要作用。

第二节　面向模型的多尺度数据组织

地质建模是建立能够反映油气地质对象结构和属性的静态模型的过程。三维地质建模是 20 世纪 80 年代中后期首先在国外发展起来的储层表征新领域，即把储层三维网格化后，对各个网格赋以相应的参数值，按三维空间分布位置存入计算机内，形成三维数据体，不仅可进行储层的三维显示，也可进行各种运算和分析。其核心是对井间储层进行多学科综合一体化、三维定量化及可视化的预测。进行三维地质建模的一个重要前提是建立三维地质模型的数据组织，在此基础上，按照从构造模型到实体模型的流程逐步形成具有地质属性的实体模型。

地质与油藏模型，以及在此基础上的油气生排运聚模拟、油藏开发模拟技术，是油气行业的数字孪生。

一、地震数据体的内部组织

常见的地震数据体有 SEG 格式和 NOSEG 格式，SEG（The Society of Exploration Geophysicists）格式有多种，其中最常用的就是 SEGY 格式地震数据体文件。它由 3200 字节的卷头、400 字节的文件头以及道头和道数据构成。240 字节的道头及道数据，道头在实际加载的过程中最常用，其中包括最常用的 X、Y、道号和线号等信息。

卷头：3600 字节，分为 ASCII 区域和二级制数区域两个部分。ASCII 区域为 3200 字节（40 条记录×80 字节/每条记录）；二进制数区域为 400 字节（3201～3600），其中 3213～3214 字节为每个记录的数据道数（每炮道数或总道数）；3217～3218 字节为采样间隔（μs）；3221～3222 字节—样点数/每道（道长）；3225～3226 字节为：数据样值格式码 1—浮点；3255～3256 字节为：计量系统：1—米，2—英尺；3261～3262 * 字节为：文件中的道数（总道数）；3269～3270 * 字节为数据域（性质）：0—时域，1—振幅，2—相位谱（“ * ”为非标准定义）。

SEGY 格式的每个数据一般占 4 个字节（即每个数据由 32 位 2 进制数字组成），一个 SEGY 数据文件的结构如图 5-2 所示。

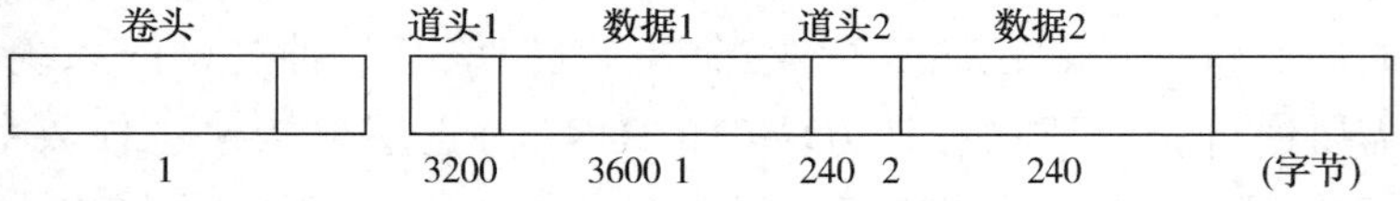

图 5-2　SEGY 文件格式结构示意图

每个数据的 4 个字节的摆放顺序是：低位在前，高位在后。所以读取 SEGY 格式的步骤有两个，第一步：读取一个 32 位的数据；第二步：互换该数据的第一个字节和第四个字节，互换该数据的第二个字节和第三个字节。这时得到确切的数据。

道记录块包括道头字区和道数据。道头字区包含 60 个字/4 字节整或 120 个字/2 字节整，共 240 个字节，按二进制格式存放，其主要内容见表 5-1。

表 5-1 SEGY 数据格式结构表

字(32 位)	字节号	说　明
1	1-4 *	一条测线中的道顺序号。如果一条测线有若干卷带，顺序号连续递增
2	5-8	在本卷磁带中的道顺序号。每卷带的道顺序号从 1 开始
3	9-12 *	原始的野外记录号
4	13-16 *	在原始野外记录中的道号
5	17-20	震源点号(在同一个地面点有多于一个记录时使用)
6	21-24	CMP 号
7	25-28	在 CMP 道集中的道号(在每个 CMP 道集中道号从 1 开始)
8-1	29-30 *	道识别码：1=地震数据；4=时断；7=记时；2=死道；5=井口时间；8=水断；3=DUMMY；6=扫描道；9…N=选择使用(N=32767)
8-2	31-32	产生这一道的垂直叠加道数(1 是一道；2 是两道相加；…)
9-1	33-34	产生这一道的水平叠加道数(1 是一道；2 是两道叠加；…)
9-2	35-36	数据类型：1=生产；2=试验
10	37-40	炮检距(如果是相反向激发为负值)
11	41-44	接收点高程。高于海平面的高程为正，低于海平面为负
12	45-48	炮点的地面高程
13	49-52	炮点低于地面的深度(正数)(井深)
14	53-56	接收点的基准面高程
15	57-60	炮点的基准面高程
16	61-64	炮点的水深
17	65-68	接收点的水深
18-1	69-70	对 41-68 字节中的所有高程和深度应用了此因子给出真值。比例因子=1，±10，±100，±1000 或者±10000。如果为正，乘以因子；如果为负，则除以因子
18-2	71-72	对 73-88 字节中的所有坐标应用了此因子给出真值。比例因子=1，±10，±100，±1000 或者±10000。如果为正，乘以因子；如果为负，则除以因子(在 GRISYS 中为 10)
19	73-76	炮点坐标—X，如果坐标单位是弧度的秒，X 值代表
20	77-80	炮点坐标—Y，经度，Y 值代表纬度。正值代表格林
21	81-84	检波点坐标—X，威治子午线东或者赤道北的秒数。负
22	85-88	检波点坐标—Y，值则为西或者南的秒数
23-1	89-90	2=弧度的秒
23-2	91-92	风化层速度
24-1	93-94	降速层速度

续表

字(32位)	字节号	说　明
24-2	95-96	震源处的井口时间
25-1	97-98	接收点处的井口时间
25-2	99-100	炮点的静校正
26-1	101-102	接收点的静校正
26-2	103-104	应用的总静校正量(如果没有应用静校正为零)
27-1	105-106	延迟时间-A，以ms表示。240字节的道标识的结束和时间信号之间的时间。如果时间信号出现在道头结束之前为正。如果时间信号出现在道头结束之后为负。时间信号就是起始脉冲，它记录在辅助道上或者由记录系统指定
27-2	107-108	时间延迟-B，以ms表示。为时间信号和能量起爆之间的时间，可正可负
28-1	109-110	时间延迟时间，以ms表示。能量源的起爆时间和开始记录数据样点之间的时间(深水时，数据记录不从时间零开始。)
28-2	111-112	起始切除时间
29-1	113-114	结束切除时间
29-2	115-116 *	本道的采样点数
30-1	117-118 *	本道的采样间隔，以ms表示
30-2	119-120	野外仪器的增益类型：(1=固定增益；2=二进制增益；3=浮点增益；4…N=选择使用。)
31-1	121-122	仪器增益常数
31-2	123-124	仪器起始增益(DB)
32-1	125-126	相关码：1=没有相关；2=相关
32-2	127-128	起始扫描频率(Hz)
33-1	129-130	结束扫描频率(Hz)
33-2	131-132	扫描长度，以ms表示
34-1	133-134	扫描类型：1=线性；2=抛物线；3=指数；4=其他
34-2	135-136	扫描道起始斜坡长度，以ms表示
35-1	137-138	扫描道终了斜坡长度，以ms表示
35-2	139-140	斜坡类型：1=线性；2=COS^2；3=其他
36-1	141-142	滤假频的频率(如果使用)
36-2	143-144	滤假频的斜率
37-1	145-146	陷波滤波器频率
37-2	147-148	陷波斜率
38-1	149-150	低截频率(如果使用)

续表

字(32位)	字节号	说　明
38-2	151-152	高截频率(如果使用)
39-1	153-154	低截频率的斜率
39-2	155-156	高截频率的斜率
40-1	157-158	数据记录的年
40-2	159-160	数据记录的日
41-1	161-162	h(24时制)
41-2	163-164	min
42-1	165-166	s
42-2	167-168	时间代码：1=当地时间；2=格林威治时间；3=其他
43-1	169-170	道加权因子。(最小有效位定义为2＊＊(-*n*)，*n*=0，1，2，…，32767)
43-2	171-172	覆盖开关位置1的检波器道号
44-1	173-174	在原始野外记录中道号1的检波点号
44-2	175-176	在原始野外记录中最后一道的检波点号
45-1	177-178	缺口大小(缺少的检波点总数)
45-2	179-180	在测线的开始或者结束处的斜坡位置：1=在后面；2=在前面
46-1	181-182	数据道数
46-2	183-184	未用
47	185-188	炮点位置剩余静校正量
48	189-192	检波点位置剩余静校正量
49-1	193-194	应用后的CMP基准面静校正量
49-2	195-196	检波点位置站号
50	197-198	三维线号。199-200未用
51	201-204	CMP点X坐标
52	205-208	CMP点Y坐标
53	209-212	统一坐标系投影方式
54	213-216	标识号(IDENT)
55-1	217-218	野外文件号
55-2	219-220	炮点位置站号
56-1	221-222	CMP位置高程
56-2	223-224	CMP位置站号
57-(60-1)		未用
60-2	239-240	二维、三维识别符：0-二维；1-三维

说明：带＊的字节的信息必须记录。

SEGY 格式是一种较为古老的顺序存储文件格式，尤其当文件较大时在访问效率上已经无法满足快速地抽取任意位置数据的需要，如在进行时间切片时，当前地震数据的组织方式属于按道存储，不能满足时间切片数据的抽取及显示效率要求。要解决这一效率问题，需要充分借鉴三维地震数据显示软件中常采用的八叉树方式组织地震数据体，利用节点面域抽取算法，如步长计算法、二进制取反法、递归计算法、优化组合法等获得节点面域内的所有数据，然后进行时间切片的显示。

如图 5-3 所示，该功能技术上涉及两部分内容：一是地震数据的 LDM 组织与抽取技术；二是水平切片的显示算法和效率。三维可视化软件开发工具 Open-Inventor 中，对数据体采用了 LDM 格式的组织方式。通过对其进行相关研究，可以找出适合时间切片数据抽取的方式或方法。目前在胜利油田的勘探辅助决策系统中，通过上述八叉树技术研究，建立了基于八叉树的 SEGY 格式索引，通过该索引可以快速实现了以下功能：一键式显示方式切换，支持波形、变面积和变密度等显示方式；前后水平切片切换显示及图像输出等。

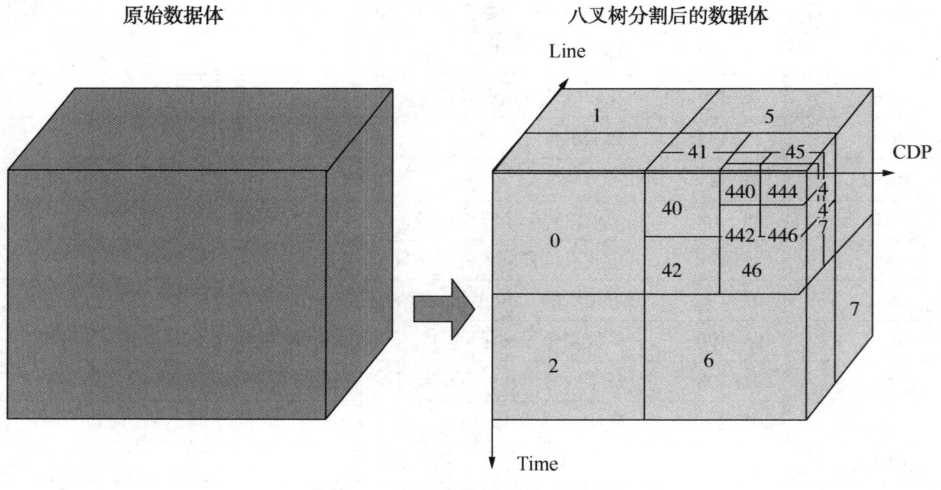

图 5-3 地震数据组织示意图

二、井筒数据的多尺度组织

1. 井筒数据粗化

钻井作业中的测斜数据只是各离散测点处的基本参数，并不反映井眼轨迹的实际形态，井眼空间位置的确定需要在此基础上通过某种测斜计算方法得到。井轨迹定位使用 12.5m 间隔或者更小精度来进行数据的采集，这样产生的井轨迹数据会包括大量的数据点。如果在井轨迹三维展示中使用全部采样点进行展示，不仅大量地消耗内存空间，也降低了系统的运行效率，因此，需要通过引入两个参数：阈值参数(angle)和抽稀度(N)，针对井斜数据设计数据点粗化算法。对于阈值参数 angle，参考原始井斜数据相邻两点的偏离角度，当该角度大于某给定阈值的时候，该点作为控制点不能进行粗化操作；当该点小于给定阈值的时候，可以对其进行粗化操作。对于粗化参数抽稀度 N，考虑到多个相邻点连续角度都有变化，且变化范围都没有超过给定阈值的时候，可以使用 N 个点抽取一个点的规则进行粗化，这样可以避免将大量连续偏离角度的小变化点进行粗化，从而导致井轨迹失真的结果。粗化后的井轨迹虽然精度上不如原始数据，但是用在井筒低精度级别显示时，可以有效地提升系统的运行效率并降低内存的消耗。

对于地质录井数据和测井数据，它们的采集精度非常高，通常都是 0.125m 一个采样点(8 采样点/米)，但是这些数据往往不是全程测量的，仅仅是对井筒的某一段的测量。因而，这些数据并没有将其强制降低精度跟井轨迹一起显示，而是采用显示多个井轨迹的方案进行处理。原始的井轨迹数据可以采用井筒(直径为 R)进行三维展示，属性数据可以使用井筒直径大于 R 的方式进行展示。这样的处理既不影响原始井轨迹的展示，还可以清晰地展示相关的属性数据。

2. 井筒的 LOD 模型

1976 年，Clark 提出了细节层次(Levels of Detail，LOD)模型的概念，认为当物体覆盖屏幕较小区域时，可以使用该物体描述较粗的模型，并给出了一个用于可见面判定算法的几何层次模型，以便对复杂场景进行快速绘制。由于三维工区的范围都很大，所以在一个三维工区中会涉及较多的探井、开发井，每口井的钻井、录井、测井、试油和分析化验数据较多，在有限的三维空间中展示这些井筒数据会使用户无法看清关心的信息，因此需要对井筒数据在不同显示尺度下显示的三维对象进行显示分级处理。即在大的尺度下，只显示用户关心的重点井，随着尺度的逐渐减小，显示的井数目逐渐增多，直到尺度足够小，才显示所有的井信息。对于分级显示有多种解决方案，在这里是基于距离的，即当相机的距离与整个场景的距离从大变小时，显示的井数目就越少，井的信息就越详细。

为了能够合理绘制标准比例尺下与井相关的各类图件，依据每口井的重要程度，在建模过程中制定各个比例尺图件应该包含的井位信息，并保存各个比例尺图件应该包含的井位名称。如，基于 LOD 技术，我们可以将井信息分为 7 个离散的细节层次。按照尺度由大到小的顺序，前五个细节层次分别为 1∶20 万、1∶10 万、1∶5 万、1∶2.5 万、1∶1 万五种比例尺下的图件应该包含的井位数据，且都使用“井圈+井名”的方式表示，仅用于标志油气井的位置与井的名称。后两个细节层次中绘制的井位数据与 1∶1 万比例尺下的图件包含的井位数据相同；其中较大尺度的细节层次使用“低精度井轨迹+井圈+井名+地质分层+油气层”的方式绘制井信息，最小尺度的细节层次使用“高精度井轨迹+井圈+井名+地质分层+油气层+测井曲线等”方式绘制井信息。同时，在对井筒信息进行三维场景的构建过程中，需要读取多个数据源的大量数据，在显示的井筒数量较多时，数据库读取数据使得整个系统的运行效率受到了很大的影响。因此，需将井信息按照前述的模型组织方式构建模型，保存到本地缓存文件中，以便于减少数据库的读取次数，提升系统的运行效率。

三、地层数据组织与建模技术

在油气田勘探过程中，地质勘察、地球物理和地球化学等各种技术手段的使用，为研究区的三维地层模型的建立提供了丰富的数据资料。从数据表现形式来看，主要有钻井类型数据(如钻探数据)、剖面类数据(如各种地质剖面图)和地震解释构造层位(含断层)、地层分界面构造等高线数据等。这些数据从不同的侧面刻画了地质体信息，为地层的构建提供数据来源。

目前，在地层数据模型方面，主流的方法为表面模型或称结构面，其形式多样，主要有等高线模型、Grid 模型、TIN 模型等，最为常用的是基于采样点数据构建 TIN 模型。其次为一些实体模型，主要包括角点网格模型、GTP 模型、广义三棱柱模型、三棱柱模型、不规则六面体模型等。此外，还有多种其他类型的模型，如混合模型、对象进化模型等，在石油勘探中一般采用角点网格模型，其他模型的表达不符合地质特点。

地层的构建关键在于构建地层分界面，地层分界面是不同属性地层与地层的分界面，其数据来源主要是地震勘探。一个地层分界面仅可以代表其下面(或上面)紧邻的地层的分界面，因此，在三维地层模型中对地层的研究可转化为对地层分界面的研究。对于近平面形状的地层面来说，可用其走向、倾向和倾角等产状数据来表示，但实际上地层面往往不是稳定的平直面，而是沿走向和倾向都会发生变化而形成的曲面，并且受到地层沉积环境的影响，特别是断层的广泛发育，破坏了地层面的连续性，使其呈现不同的复杂形态。利用 TIN 模拟地层面，可以方便地实现地层面高低起伏、断层、不整合面、透镜体的表达，但对地层边界的确定以及断层对地层连续性破坏的处理依然是难点。

四、油藏多尺度数据组织模型

油藏数值模拟是寻找剩余油的重要手段，为高含水开发后期油藏的调整、挖潜提供重要依据，也是数字化油田的重要体现。在前期石油地质和油藏工程研究的基础上，建立油藏数值模拟模型，通过生产过程的再现，拟合生产动态指标，发现动、静态矛盾，通过反复模拟，建立反映整个油藏开发过程的四维地质模型。

油藏数值模拟的结果是在静态地质模型的基础上通过油藏数值模拟方法产生的，所以一个油藏数值模拟的模型文件包括网格数据和属性数据两大部分：

① 网格数据。存储了油藏数值模拟模型的所有网格空间信息，包括所有网格的 I、J、K 三个方向的维度、坐标系统信息、所有的网格坐标信息以及网格有效性信息等。

② 属性数据。存储了静态属性以及动态属性数据。静态属性(渗透率、孔隙度数据等)数据结构与整个模型中保持一致，来源于地震属性计算或通过井震联合反演计算形成的各类属性，它们不随着时间的变化而改变。动态属性(如含油饱和度、含水饱和度等)是根据生产数据模拟计算出来的，每个时间点有一组数据。

1. 油藏数据特点

为了定量化地认识油、气、水在油藏中的分布情况，人们引入了油藏数值模拟的方法。利用勘探、钻井、测井及录井等数据，构建目标油藏的地质结构和某一初始时刻的各类属性，再利用数值模拟的方法，计算油、气、水随着油气开采的动态变化情况。对油藏进行数值模拟后，可以得到油、气在储层三维空间内的展布情况，更重要的是，可以定量化地掌握不同时刻油、气、水的分布状况。油藏数模结果包含了大量各个时间的属性数据。

构建地质模型的方法很多，我们重点讨论不规则网格系统中每个网格单元为不规则六面体的情况，这也是当前应用最为广泛的网格类型。该类型的油藏地质模型具有如下特点：①一个油藏被剖分成若干小层—顺层剖分—nz 层，每层在 I 轴方向上包含相同个数 nx 的网格、在 J 轴方向上包含相同个数 ny 的网格；②静态地质模型中的网格单元相互邻接但不重叠，相邻两个网格共用一个四边形(四个角点)；③当地层出现尖灭时，六面体网格单元退化为五面体；④当网格所对应地层孔隙度为零时，将该网格作为无效网格(网格有效性为零)。

2. 油藏空间模型分析

Petrel 和 Eclipse 等工业软件的模型就是采用这样一种柱状模型(Pillar 模型)，或称为角点网格模型，如图 5-4 所示，其组织方式是：

数据中给出的$(nx+1)\times(ny+1)$个顶点坐标对，和$(nx+1)\times(ny+1)$个底点坐标对，构成了$(nx+1)\times(ny+1)$个柱状结构，共同组成了该柱状模型，对应点连成线段。每个柱状结构，所有六面体单元只给定 z 值，其 xy 坐标，均由各条顶、底对应点构成的线段用深度内插确定。每个单元共 8 个角点，并给定 8 个 z 值，相邻单元的公共边即使其 z 值相同，也会独立地给出，这样，单元之间可以是相邻的，也可以是错开的，以表达断层错断。

根据 i、j、k 编号，可以获取当前网格单元对应的顶、底点坐标序号。

$$P_{\text{index}}=(j+j_{\text{pos}})\times(i_{\text{dim}}+1)+(i+i_{\text{pos}}) \tag{5-1}$$

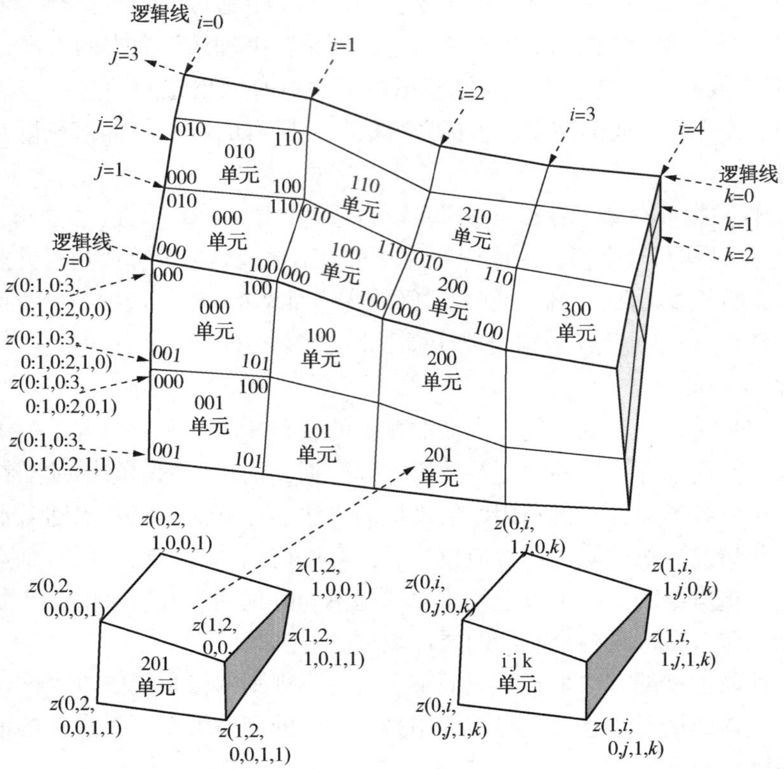

图 5-4　Pillar 柱状组织示意图

式中，i_{pos}、j_{pos} 的取值为 0 或 1；i_{dim} 是 i 方向的维度值。

根据 i、j、k 编号，可以获取当前网格单元对应的 8 个 z 值坐标序号。

$$z_{index}=(2\times k+k_{pos})\times(4\times i_{dim}\times j_{dim})+(2\times j+j_{pos})\times(2\times i_{dim})+(2\times i+i_{pos}) \quad (5-2)$$

式中，i_{pos}、j_{pos}、k_{pos} 的取值为 0 或 1；i_{dim}、j_{dim} 分别是网格的 i、j 方向的维度值。

根据 i、j、k 编号，可以获取当前网格单元对应的有效性数据以及属性数据。

$$PR_{index}=k\times(i_{dim}\times j_{dim})+j\times i_{dim}+i \quad (5-3)$$

式中，i_{dim}、j_{dim} 分别是网格的 i、j 方向的维度值。

3. 油藏多尺度展示需求

网格数据按网格类型可以分为栅格网格（即结构化网格，如不规则笛卡尔网格、柱状网格、平行笛卡尔网格以及均匀笛卡尔网格等）和索引网格（即非结构化网格，如多面体网格、四面体网格、六面体网格等），每一类网格都有不同的建模技术和展示技术。由于在石油行业常用斯伦贝谢公司的 Petrel 建模和 Eclipse 进行数值模拟，所以这里重点针对 Petrel 和 Eclipse 常用的柱状网格类型的可视化技术进行研究。在实际应用过程中发现，胜利油田的埕岛地区，油藏工程师们构建了 196×316×180（11148480 个单元）的网格数据，加载时需要分配大量内存空间（约需要内存 900M），在这种应用情况下，传统的数据组织、加载、可视化和交互都遇到了许多困难。因此，针对单尺度油藏展示的弊端，需要引入油藏多尺度建模与展示的概念。为了实现油藏多尺度展示，首先需要构建油藏的多尺度模型。该模型具有如下特征：随着尺度的增大，模型的概括性越好；不同尺度下的模型间应该具有拓扑关系。利用不同尺度下模型间的拓扑关系可以从大尺度下的模型过渡到下一小尺度下的模型中，从而随着油藏范围的缩小，展示细节程度却提高。油藏多尺度建模的关键在于如何从精细油藏结构出发，逐步构建较粗尺度下的油藏模型，并且还要构建相邻尺度模型间的拓扑关系。

4. 油藏多尺度数据组织

进行油藏多尺度数据组织时，可借鉴在二维空间内组织多尺度数据的思路，在每个尺度下将整个油藏数据体分割成为大小相同的若干块体（称之为油藏块体），油藏块体是多尺度建模与展示的基本单元。它们相互邻接但不重叠（图 5-5-A）；油藏块体使用八叉树的结构来进行组织（图 5-5-B）；每个油藏块体内包含一定数量的油藏网格单元（图 5-5-C）；每个油藏块体是进行油藏展示与计算的基本单元（图 5-5-D）。以油藏块体为基本单元组织油藏数据，有助于高效地完成数据体抽取、展示、相关计算等复杂任务。

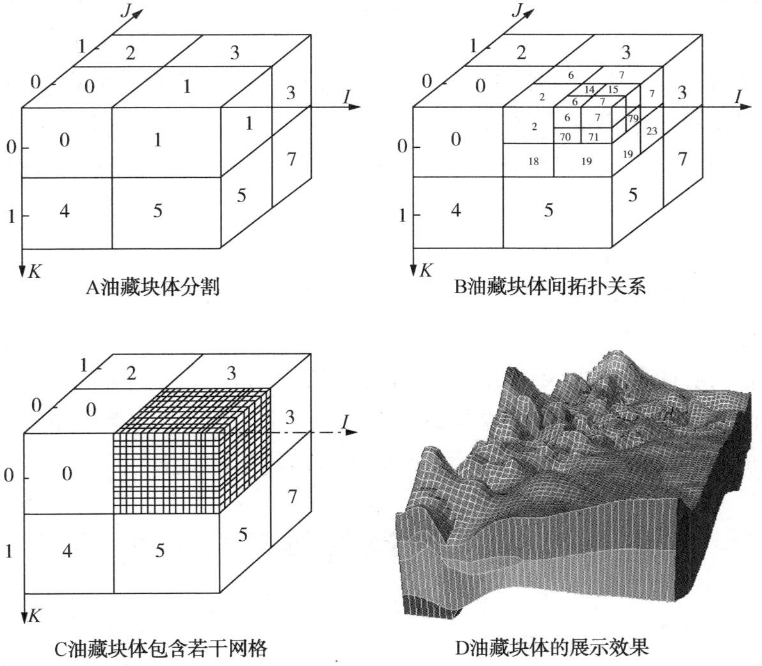

图 5-5　多尺度数据组织模式示意图

（1）油藏块体间的拓扑关系。

对于三维地质体模型而言，拓扑结构具有极其重要的作用。因此需要重点考虑油藏块体间拓扑关系的组织方式。

利用八叉树结构表达同一空间范围内不同尺度下各个油藏块体间的拓扑关系。以尺度 S 下的油藏块体(i, j, k)为例，说明油藏块体间拓扑关系的表达方式。在 $S+1$ 尺度下，空间上包含该油藏块体的父油藏块体坐标为$(i/2, j/2, k/2)$；在 $S-1$ 尺度下，被该油藏块体包含的子油藏块体共有 8 个，其坐标分布范围为 $i_g \in [2\times i, 2\times i+1]$，$j_g \in [2\times j, 2\times j+1]$，$k_g \in [2\times k, 2\times k+1]$。

如图 5-5-A 所示，为了便于查找油藏块体数据，按照先 I 再 J 最后 K 的变化顺序，从零开始递增赋予每个油藏块体一个索引值。利用油藏块体坐标(i, j, k)可以直接计算出同一尺度下与其相邻油藏块体的索引值，也可以计算出其父块体与子块体的索引值，进而找到所有与其相关的油藏块体。

（2）油藏块体内的空间数据。

不被断层隔开的两个相邻网格单元共用 4 个角点。除油藏块体边缘和断层位置处的一些空间点外的其他点都会被重复利用 2～8 次。如果分别存储每个网格单元的 8 个角点坐标，则会造成大量的数据冗余。

针对该问题，可利用所有网格的 8 个角点坐标构建互不重合的坐标数据集（坐标相同的点坐标只被存储一次），并对每个坐标顺序赋予一个索引值。以 I、J、K 三个方向的先后顺序，以网格为单元，计算每个网格的 8 个角点在坐标数据集中所在的位置，每个网格 8 个角点的坐标索引值，构成坐标索引数据集，并由此表达网格单元的空间数据结构。因此，每个网格单元只需要存储其 8 个角点坐标的索引值（共 8 个整型数据），而非 8 个角点坐标（24 个浮点型数据），从而形成无冗余的油藏块体数据组织模型。

（3）多尺度数据集总述信息。

为了便于快速掌握油藏多尺度模型的整体信息以及各个尺度下每个油藏块体的整体信息，需要存储油藏多尺度数据集的总述信息，称之为“元数据”。存储的具体内容为：①油藏多尺度模型的尺度个数；②每个尺度下在 I、J、K 三个方向包含的油藏块体个数；③每个油藏块体在 I、J、K 三个方向上包含的网格个数；④每个油藏块体中心点坐标；⑤每个油藏块体对角线长度。

第三节　地震解释与储层预测方法

一、地震资料解释概述

石油工业的主要任务之一是找到油气田并将油气开采出来，分别对应着现有的勘探与开发业务，地震技术产生的地震数据主要应用与油气勘探阶段，主要利用地震资料展开地质构造、地层层序预测和储层预测，称之为地震资料解释；而开发阶段主要用于油气藏的剩余油分析与油藏开发的监测。

随着技术的发展，地震方法也可为油田开发提供信息。即开发地震，虽然勘探地震与开发地震都是用地震资料作解释，但开发地震要求的资料更密集、更精确，利用的地震信息也更多。在油田开发的中晚期，用三维和高分辨率地震资料结合大量钻井资料就可以详细地作出解释，将一小块油藏模拟出来寻找残余油。如近年来发展起来的四维地震，即时延三维地震，是研究地下储层中流体变化所引起的时延三维地震资料的差异，它与井资料和开发史等资料综合起来可以十分精确地测量地下反射系数、压力、温度、储层的生产能力和储层流体变化，并通过对泄油路径和剩余油的成像，提高钻井成功率，大大增加油气开采率。用四维地震资料可研究油田的开采情况及注水注气的效果。

由于篇幅关系，本节重点讨论目前广泛应用的地震数据在地震解释与地质综合研究领域的应用，主要包含：地震的构造解释、地震层序与岩相解释、地震储层预测和地震的综合研究。

二、地震的构造解释

地震构造解释是利用地震波反射旅行时、同相性和速度等信息，查明地下地层的构造形态、埋藏深度、断裂特征和基础关系等，在此基础上开展构造发育史和区域沉积环境的研究，预测构造有利的油气聚集区，寻找和评价构造圈闭。

地震资料构造解释主要包括基础的工作准备、时间剖面对比、时间剖面的地质解释、水平切面的地震解释、深度剖面与构造图的编制、构造圈闭的评价等。下面我们简单地说一下：

1. 时间剖面反射波对比解释

地震反射波的对比是在时间剖面上，利用有效波的运动学特点和动力学特点来识别和追踪统一界面反射波的工作方法。地震反射波的对比标志是依据识别和追踪的同一个反射层具有稳定性、波形相似性、波同相性和时差的规律性。

2. 时间剖面的地质解释

一般是在地质规律的引导下开展时间剖面的地质解释。在层位标定与识别的基础上，开展目的层的地震标准反射层和地质体反射层的横向对比解释，编制等 t_0 图或等时图。首先是断层及断裂体系的解释。即根据反射层的识别标志，确定断层性质、断层要素、开展断面对比解释及其 t_0 图编制。其次是针对特殊地质现象的解释。利用常规的地震剖面和地震相模式或地震波特征，以及运动学和动力学分析技术提取特征属性，识别不整合面、超覆、尖灭和其他地质异常体。

3. 水平切片的地质解释

水平切片是一个用水平面去切三维数据体，通过一个三维数据体的横截面来得到某一时刻的各地震道的信息。在三维地震解释中，利用水平切片可以有效地识别断层、背斜、断块高点以及岩性变化等地质现象。

4. 构造图的编制

以三维构造图为例，需要选择合适的平均速度方法对等时图进行时深转换，在地层横向速度变化较大的地区，应该采用变速成图的方法编制构造图。

5. 地质解释

解释工作完成后，根据已有的地质资料确定解释方案的合理性。地震资料构造解释成果包括剖面图、平面图及统计表三项。剖面图包括联井标定剖面、基于地震地质剖面或区域地震地质大剖面、地质发育剖面等。平面图包括 t_0图或等时图、目的层标准反射层构造图、有利区带目的层构造图、目的层地层等厚图、构造圈闭评价图、综合评价图等。统计表包括主要断层要素表、构造圈闭评价表以及地质解释方案合理性的相关统计分析图表等。

三、地震层序与岩相解释

地震层序与岩相解释是以层序地层学或地震地层学理论为指导，结合有关沉积环境和岩相特征，通过层序年代标定和识别，依据地震剖面反射结构和波组特征，开展等时层序地层划分、不同类型的体系域和沉积相分析、地震可识别的相类型描述与有利储集相带预测，为储层预测提供地质基础和研究依据。

地震层序与岩相解释适合油气勘探开发不同阶段的地质研究工作，根据研究区的基础资料情况，地震层序与岩相解释内容有所差异，但基本工作程序是相同的，主要包括：层序年代标定和识别、等时层序格架建立、体系域分析、沉积体系确定、地震相类型描述、有利储集相带的预测等。

1. 首先划分层序与体系域，建立层序与体系域的格架

识别地震层序的边界，对地震资料进行地震层序的划分；标定地震层序，对已划分的地震层序进行地质年代的识别，赋予地震层序地质年代意义，并确定不同级别的层序边界、初次及最大湖海泛面位置；最后划分体系域，识别湖海浸与高位体系域；最后是等时层序及体系域格架的建立。

2. 古地貌与地震相分析

以层序或者体系域作为作图单元，研究古地貌及地层厚度的展布特征、地震项类型及分布规律。通过储层与层速度、波阻抗、振幅、波形、波数等地震属性的相关性分析，选择与储层相关性好的地震属性，以层序边界、体系域边界或地震相边界为约束，预测各类层序、体系域或地震相的有利储层发育区。

3. 沉积相转换与沉积环境解释成果应用

以关键井的岩心相、测井相和时频分析剖面为依据，综合盆地结构与古地貌特征，将地震相转换为沉积相，并进行沉积环境的解释。

4. 层序地层与岩相解释的应用

层序地层与岩相解释成果在油气勘探中的应用，应结合露头或者钻测录层序地层的研究成果，建立工区的程序地层和沉积相模式，通过模拟确定层序与生储盖层，各构造圈闭之间的关系，总结成藏特点和油气分布规律，指出有利的油气勘探区带，提供油气勘探部署的意见。

四、地震储层预测

储层预测是在地震构造解释、地震层序与岩相解释基础上，通过对勘探目的层系储集体的沉积相带、岩性特征、分布形态、储层物性的横向变化以及含油气性的分析，进而完成对有利储层和储集体进行厚度、面积、孔隙度、渗透率和流体饱和度等特征描述和含油气性的预测。

地震属性指的是那些由叠前或叠后地震数据，经过数学变换而得出的有关地震波的几何学、运动学、动力学或统计学特征，其中没有任何其他类型数据的介入。地震属性用于储层预测，基本工作程序是在地质与地球物理综合的基础上，建立地震属性与储层物性的参数关系，通过地震属性提取、地震属性优化分析、地震属性向储层参数转换三个环节来实现，这一过程也被称为地震属性分析。其中，地震属性优化分析、地震属性向储层参数转换分别对应储层定性预测与储层定量预测，其研究成果可以应用于油气勘探工作中。

1. 地质模型的建立

综合利用地震、地质和测井的资料，应用标定、地质统计、正演模型等技术建立地质模型，确保储层预测方法的合理性。

其中储层标定是通过单井标定来精确标定储集体顶面或有效储集体的发育部位，进而确定井间储层的连续性、连通性及高低关系；地质统计分析是对储层岩性、物性与地震属性进行地质统计学分析，建立地震属性与岩性、物性的关系；地球物理表征方法的选择与属性参数选择是根据岩性组合特征及储层地震异常相应特征分析，选择针对性的储层预测方法和地震属性的参数组合；最后，建立地质目标的地质模型，进行模型正演，验证所选地球物理表征方法的合理性。

2. 地震属性分析

目前用于储层预测的属性参数种类繁多，缺乏统一分类。从地震属性的提取过程来看，地震属性是一种描述和量化地震资料的特性，是原始地震资料中包含全部信息的子集。从应用地球物理学角度看，地震属性是地震数据中反映不同地质信息的子集，刻画描述地层结构、岩性和物性等性质信息的地震特征量。

地震属性的提取通过多种数学方法实现，目前可以提取的属性信息上百种，主要包括沿层地震属性、层间吸收属性、体属性、时频分布属性和相干体属性。到目前为止，还没有一个公认的地震属性分类。Quincy Chen 等以波的运动学和动力学特征将地震属性分为：振幅、频率、相位、能量、波形、衰减、相关和比率等八大类(如图 5-6)，每一大类包含几至二十几类不等。从地震属性的基本定义看，它是表征地震波形态、运动学特征、动力学特征和统计特征的物理量，有着明确的物理意义。

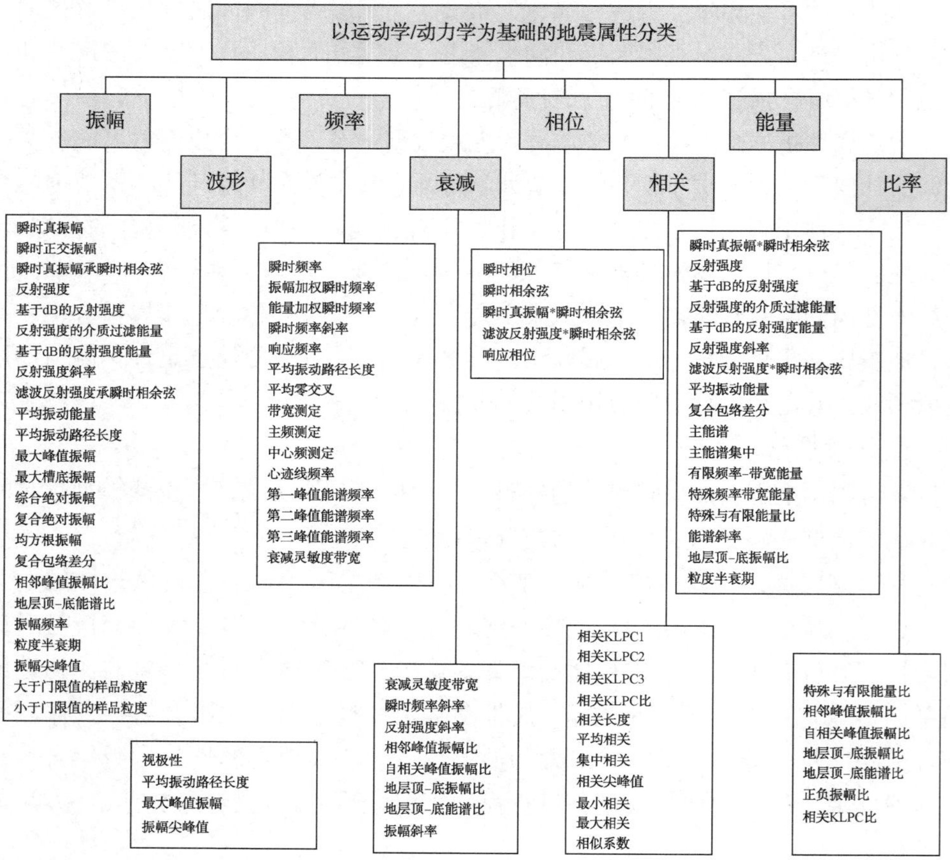

图 5-6　基于运动学/动力学的地震属性的分类(Quincy Chen)

三维地震学的成功带来了地震属性的普遍应用。属性有助于洞察数据，尤其是当显示在所解释过的空间层位上时。然而，多数有效属性并不是独自存在的，事实上它们是以不同的方式来表示有限的几个基本属性。成功应用属性的关键在于选择最适当的属性。另外，用属性进行统计分析必须在理解其意义的基础上进行，不能基于简单的数学关系。

地震属性的优化，就是优选出对地质目标最为敏感、最有效和最具有代表性的地震参数的过程。地震属性的优化分析方法一般分为地质属性降维影射和地震属性选择两大类。

3. 储层预测

储层预测是指将优化后的地震属性转换为储层特征的过程，也叫作储层定量预测(即地震属性向储层参数的转换)。用地震岩石物理研究、地震正演和井资料标定等方法，建立地震属性和储层之间的关系，选择相应的地质统计方法，将地震属性转化为储层参数。

第四节　面向油气的三维地质建模

一、地质建模的模型重要作用

已建成的地质模型可以提供很多地质信息。首先是储层地质的三维可视化，可以看到储层的地质三维空间分布与变化，也可以制作二维的图片如构造图，等厚图，岩相分布图等。其次是它提供了一套多尺度数据有效融合的数据体，最后，它是进行地质研究和储层分析的平台。地质模型的主要用途包括：

(1) 地质模型为油藏模拟、开发部署和开发生产监测提供计算平台。

a) 为油藏数值模拟提供三维地质数据体。因为控制油藏流体流动的许多因素来自储层的地质特征。

b) 计算含油气孔隙体积，或者储量。与二维模型相比，三维地质模型具有独特的优势，可以用来计算比较真实的孔隙体积，它也可以用来计算油田储量。在某些情况下，油田开发和生产阶段需要一个严格的储量计算，这可以通过地质建模得到。

c) 油田开发井网部署。地质模型可以用来优化评价井的数目和其井位部署。通过三维地质模型，可以设计井的钻探轨迹以钻遇单个砂体，或者对井位部署、钻探轨迹、油气目标层进行详细的三维空间分析。随着井资料的增多和地质概念的成熟，地质模型的价值也会增加。

d) 进行断层封堵分析和预测。地质模型把构造和地层格架结合到一起，这有利于我们进行断层的封堵性预测。

e）油田开发监测。无论是一次采油阶段还是二次采油阶段，地质模型都是一个监测油田含水饱和度的有效工具。地质模型可以用来监测油藏的动态。

（2）地质模型为多学科多专业协同提供了一个交流平台。

地质模型的存在，为地质工程师、钻井工程师、油藏工程师们提供了一个交流的平台。当各领域专家对着同一个地质模型进行交流的时候，相同的讨论目标和地质模型的可视化可以提高他们对油藏的认识。一个油田的生命周期通常可以划分为四个阶段：勘探评估阶段，开发规划阶段，油田开发初期，油田开发晚期。不同阶段要解决的问题不同，所以建模的精细度也不一样。从勘探时起到开发晚期，模型的精度不断增加。

在勘探评估阶段，要解决的主要问题通常是油藏的大小和商业价值，这个阶段的地质模型应该着重于确定油藏的总容量，模型的主要任务是作储层主要参数的不确定性分析；开发规划阶段需要弄清油藏的驱动机制，地质模型就要在勘探阶段模型的基础上进一步细分，划分出主要的流体流动单元。这种划分应该基于层序-地层格架；开发初期是布井和优化开发方案问题，此时的地质模型需要进一步细分层内的地层单元或流动单元，详细描述储层的地质构造；开发晚期解决剩余油问题，地质模型需要把整个油田的模型细分成多个独立的小模型。

二、基于三维地质模型的数据管理

油气勘探开发过程中会产生大量数据，地震资料采集、处理和解释、勘探井位部署、钻井、测井、试油、分析化验、开发生产等一系列活动中会产生不同类型的海量数据。三维可视化技术可以从海量数据中构造出三维图像，使得地球物理学家和石油地质学家们在三维地下空间中漫游，发现有利圈闭和构造、描述油藏、设计井位和井下作业方案。前面已经提到地质模型是各种信息和解释结果汇总的地方，那么地质建模的输入数据就要尽量包括已有的资料。通常这些资料有：

（1）地震资料和解释结果等，这包括地震层位，断层，地震相，岩石类型，岩石属性；

（2）测井/岩心资料和解释结果等，包括连井剖面，岩性，岩相，岩石物性，渗透率，油气水界面，各种分布图比如直方图，散点图等。

（3）概念模型资料包括沉积相模型、沉积体叠置关系、泥岩分布特征、沉积体的大小、百分比以及属性直方图等。将储层的概念模型转换成数值模型，再把这个数值模型整合到最后的地质模型中去是非常重要的一个环节。

要实现全三维的业务分析环境，最基础的工作是建立基于三维地质模型的数据模型，这种模型不仅是基于网格的地质体和油藏模型，还包括构造格架模型，以及构建这些模型的地震数据体和井筒数据，以及一种统一的空间集成模式。如何建立多种勘探数据和数据体的集成模式，是地质建模软件最基础的技术之一，基于这一目标，我们需要对建立地质模型需要的各类勘探要素进行组织分析，形成基于三维的地质建模的数据组织。

1. 工程项目数据管理

工程项目是将一个区域的各类勘探对象进行统一管理和组织的总称。其主要内容包括：井数据管理、地震数据管理、层位数据管理、断层数据管理、面状数据管理、地质模型数据管理。

与此对应的工程项目介质存储结构包含井数据目录、地质数据目录、测区目录、面状数据目录、地质模型目录结构；项目中的各类勘探对象的内存数据结构需要实现井数据集合、测区数据集合、面状数据集合、地质模型数据集合等的定义，以及需要对应各种数据集合对象，制定其对象的创建、管理、查询等操作信息。

2. 测区数据管理

一个测区包括三维测区和二维测区，测区的主要作用是提供大地坐标与线道坐标的相互转换，地震数据、层位数据、断层数据的显示是在大地坐标基础上显示的，但是它们的存储结构都是基于线道坐标的，这中间的坐标转换就是测区提供的应用。

测区的介质存储结构包括：测区目录里包含地震数据目录、层位数据目录、断层数据目录、断层多边形数据目录、任意线(连井线)数据目录结构。测区的内存数据结构包括测区对象包含地震数据集合、层位数据集合、断层数据集合、断层多边形数据集合、任意线(连井线)数据集合；测区的数据操作包括各种数据集合对象的创建和删除，各种数据类型对象的查询和操作，数据动态变化的消息，大地坐标与线道坐标之间的转换。

3. 地震数据体管理

地震数据按道集覆盖次数包含叠前、叠后数据，按空间分布分为三维体数据和二维线数据，按类型划分为振幅数据、各种属性数据、速度体数据等。地震数据信息头里包含有线道范围，值域大小，各种道头关键字的范围。地震道头数据里包含各道的道头数据，地震道数据包含各道的数据。

地震数据的介质存储结构包括：地震数据包含地震数据信息头文件、地震数据道头数据、地震数据体文件、地震数据索引文件；其内存数据结构包括：地震数据对象包含地震信息头对象、地震道头对象、地震数据体对象；其相关的数据操作包括：地震数据对象的创建、加载、保存、删除，按线道号读取道头和道数据，按主测线或联络线抽取道头集合和剖面数据集合，按任意线(连井线)抽取任意线剖面道头集合和数据集合，按时间读取地震体时间切片，沿时间层位提取层位切片等操作。

4. 解释层位数据管理

层位数据是解释人员依据叠后地震数据进行构造解释得到的构造层位数据，按地震数据类型分为三维层位和二维层位。层位数据依据地震的线道信息来进行操作，其介质存储结构即层位数据包含层位数据文件。其内存数据结构是针对层位对象，确定其包含的层位信息头对象、层位数据体对象；层位数据对象的数据操作包括对象的创建、加载、保存、删除，按线道号读取层位点数据，按主测线或联络线抽取层位线集合，按任意线(连井线)抽取任意线层位线集合，支持层位的上移/下飘操作，层位的加减，层位的插值与光滑操作。

5. 断层数据管理

断层数据是解释人员依据叠后地震数据进行构造解释得到的断层数据，按地震数据类型分为三维断层和二维断层。断层数据是依据地震的线道信息进行操作的。断层的介质存储结构是断层数据文件；其内存数据结构是指断层对象包含断层信息头对象、断层数据线集合对象。

针对断层的数据操作指的是断层数据对象的创建、加载、保存、删除；断层线的命名，断层线与各种地震剖面的求交计算；断层控制点对层位插值、光滑、上移与下飘的影响；命名断层线重构成断面的计算，地震数据的属性计算受断层的约束等。

6. 层面数据管理

三维地质模型中的面状数据包括散点数据，网格数据，不规则边界，断层多边形，任意线(连井线)等。其介质存储结构是各种面状数据文件；其内存数据结构是面状对象，包含散点数据对象、网格数据对象，边界对象，断层多边形对象、任意线(连井线)对象。

针对面状对象的数据操作主要包括：散点数据的合并与异或，散点数据插值与网格化，散点数据之间的交会；网格数据的加减乘除等运算、网格数据的等值线提取等计算，不规则边界参与散点数据的网格化和等值线抽取；从断点中抽取断层多边形和断层命名；任意线参与地震体的抽取和地质模型的抽取等。

7. 地质(体)模型数据管理

地质模型数据可分为文本格式和二进制格式两大类，这两种格式的文件有不同的应用场景。文本格式的文件，其格式易于解析，便于软件开发、调试及数据交换；二进制格式的文件不利于阅读，但计算机读写速度比文本格式的文件快许多，也会占用更少的存储空间。目前国际上通用的静态模型有很多格式，其中最重要的文本格式文件是 Generic ECLIPS style(ASCII) grid geometry and properties(＊.GRDECL)，解译关键字 SPECGRID、COORD、ZCORN、ACTNUM 以及关键字所代表的数据，然后用合适的数据结构来表示一个基于角点网格的地质模型，角点网格的数据结构表示，包括结点、网格面、网格体，以及它们之间拓扑关系。

地质模型二进制格式文件也是可以在 Eclipse 软件中使用关键字进行定制输出的，输出形式没有强制性的要求。显示基于角点网格的地质模型，确定角点网格的断裂结构，依据断裂结构显示角点网格模型，不同属性的地质模型之间的切换显示，不同色标下的地质模型的切换显示，判断角点网格的断裂结构，以及角点网格的快捷显示。

为了将模型结果数据重新组织成适合三维可视化的数据组织格式，需要将展示的模型数据按照特定的顺序进行组织，每个网格单元有 8 个三维点坐标，全部的网格单元按照先变化 X 方向、再变化 Y 方向、最后变化 Z 方向的顺序进行组织，根据解析后的模型结果数据，得到了顶底点坐标数据、Z 值坐标数组、有效性数组以及多个属性的不同时间步的数组列表。根据需要，将顶底点坐标数组以及 Z 值坐标数组一同重新进行组织。由于模型中使用的是柱状模型，默认同一个顶底点坐标之间是直线连接，因此配合中间的 Z 值，可以得到相应的中间点坐标。同理，可以得到任意一个网格单元的 8 个角点的三维坐标。

三、三维地质建模的建模流程

一般地，广义的储层三维建模过程包括四个主要环节，即数据准备、构造建模、储层属性建模、图形显示，通过油藏三维建模形成油藏属性的三维数据体。构造模型反映储层的空间格架和断层格局，在建立储层属性的空间分布之前，应进行构造建模。由于沉积相对储层物性的决定作用，精细油藏描述中的油藏属性建模采用相控储层建模的策略。因此应先建立沉积微相模型，然后以此为基础进行油藏属性建模。

三维地质实体建模的步骤是：先建立各井点的一维垂向模型，然后建立由一系列叠置的二维层面模型构成的格架，然后在该格架的基础上建立各种属性的三维分布模型。整个建模过程包括四个主要环节，即数据准备、格架建模、属性建模、图形显示（图 5-7）。

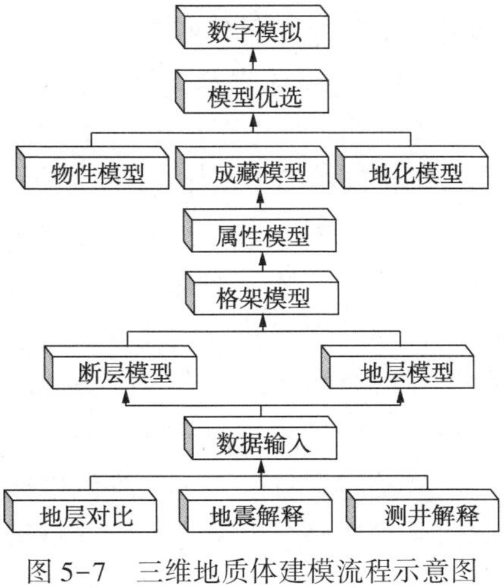

图 5-7 三维地质体建模流程示意图
（吴冲龙，2013）

（1）数据准备。研究编制油气成藏模

拟所需的各类基础数据。

(2) 格架模型。是地质模型的基础和重要组成部分，也是地层属性模型和流体模型的载体，它包括断层模型和地层模型，主要反映研究区的构造-地层空间框架。断层模型由三维空间上的断层面组成，其数据文件为根据地震解释和井资料校正的断层文件；地层模型由三维空间上的地层界面组成，其数据文件为根据地震解释和井资料校正的层面文件。断层模型和地层模型的组合，或者说断层模型和层面模型的有机组合，即为断层-地层构造格架模型。

(3) 属性建模。在格架模型基础上，建立地层属性的三维分布。属性包括烃源岩、储集体和盖层的沉积相、物性结构(孔隙度、裂缝、渗透率)、有机地化特征、流体，以及含油饱和度等。具体步骤是，基于构造模型的三维网格单元，利用井数据作为控制，通过地震数据横向和纵向外推，按照一定的插值方法对每个三维网格单元进行赋值，建立地层属性的三维数据体，即地层属性数值模型。

属性建模有确定性建模和随机建模两种基本方式。

(4)图形显示。利用剖面显示、平面显示、立体显示、动画等技术，实现建模数据的图形显示。

四、三维地质建模的关键技术

三维地质建模是20世纪80年代中后期开始发展起来的储层表征技术，即把储层三维网格化后，对各个网格赋以各自的参数值，按三维空间分布位置存入计算机内，形成三维数据体，这样就可以进行储层的三维显示，可以显示任意切片和切剖面(不同层位、不同方向剖面)，以及进行各种运算和分析。其核心是对井间储层进行多学科综合一体化、三维定量化及可视化的预测。

1. 三维地质建模技术概述

随着计算机技术的发展，三维地质建模技术越来越受到地学界的重视，并成为地质可视化技术的一个热点。它之所以受到重视是因为它具有以下优越性：①逼真的三维动态显示效果，使不熟悉地质结构和构造复杂性的人对地质空间关系有一个直观的认识。②强大的可视化功能，可提高对难以想象的复杂地质条件的理解和判别，为勘察、井位论证等工作提供验证和解释。③强有力的数据统计和空间变化交互式分析工具，使地质分析功能加强，灵活性提高。把抽象的东西具体化，把没有想到的东西凸显出来，提高研究水平。

地质模型本身是一个三维网格体。是在将地质、测井、地球物理资料和各种解释结果或者概念模型进行综合分析的基础上，利用计算机图形技术，生成的三维定量随机模型，这些网格建立在层面、断层和层位的基础之上。它决定了储层的构造和几何形态。网格中的每一个节点都有一系列属性，如：孔隙度、渗透率、含水饱和度等。

由于储层都会有多尺度上的非均质性和连续性，而我们不可能直接测量到所有的这些细节，因此需要借助于地质统计技术来生成对储层非均质性和连续性较为接近的模型，同时由于同一套数据可以生成很多相似的但是又不同的模型，导致模型建立本身具有一定随机性。

2. 油气藏地质建模的发展历程

油气藏地质建模技术的发展经历了 3 个阶段：

（1）1984—1990 年，地质建模方法理论研究阶段。Haldorson 在 1984 年提出了油田尺度下用于油藏模拟(Simulation)的随机模拟(Stoehastic Simulation)建模方法。随机模拟就是用具有随机性的数学模型拟合反映地质现象或地质过程的区域化变量，从而实现储层属性(孔隙度、渗透率和饱和度等)的量化描述；构造建模方法实用化则以 Mallet 于 1989 年发表的“离散光滑插值(Discrete Smooth Interpolation)”为标志，该方法在进行离散数据网格剖分的过程中，引入了平方离散拉普拉斯算子(Squared Discrete Laplacian)作为剖分目标函数的判别标准，同时对建立复杂空间曲面的拓扑关系具有较高的适应性。

（2）1991—1998 年，构造建模与属性建模方法技术应用阶段。在此期间，由于三维图形学的技术发展和三维可视化技术的发展，促进了构造建模相关技术方法的进步和实现；地质统计学在地质建模中的应用是一个重要的里程碑，基于地质统计的 Kriging 插值技术和随机模拟技术在属性建模方面得到了广泛的应用，地震、地质研究人员利用上述技术，在油气藏综合地质研究中建立油气藏的静态地质模型，对油气藏动态模拟技术的推广产生了十分重大的影响。

（3）1999 年至今，是地质建模技术成熟发展阶段。地质建模技术在油气藏开发方面取得了成功的应用，标志着该项技术已走向成熟。

3. 三维地质模型的主要内容

三维地质建模一般遵循从点-面-体的步骤，即首先建立各井点的一维垂向模型，其次建立储层的框架(由一系列叠置的二维层面模型构成)，这被称为构造模型；然后在构造模型基础上，建立储层各种属性的三维分布模型，这被称为储层属性建模。

构造模型是油藏地质模型的基础和重要组成部分，也是储层模型和流体模型的载体，它包括层位模型和断层模型，主要反映地层的空间框架和断层格局。断层模型实际为三维空间上的断层面，主要根据地震解释和井资料校正的断层文件，建立断层在三维空间的分布；层面模型为地层界面的三维分布，叠合的层面模型即为地层格架模型。

储层属性建模，即是在构造模型基础上，建立储层属性的三维分布。储层属性包括离散的储层性质，如沉积相、储层结构、流动单元、裂缝等，以及连续的储层参数，如储层孔隙度、渗透率及含油饱和度等。首先，对构造模型进行三维网格化，然后利用井数据和/或地震数据，按照一定的插值方法对每个三维网块进行赋值，建立储层属性的三维数据体，即储层数值模型。

储层建模有两种基本途径，即确定性建模和随机建模。

确定性建模是对井间未知区给出确定性的预测结果，即试图从具有确定性资料的控制点(如井点)出发，推测出点间(如井间)确定的、唯一的、真实的储层参数。确定性建模的方法主要有储层地震学方法、储层沉积学方法及地质统计学克立格方法。其中，储层地震学方法主要应用地震资料，利用地震属性参数，如层速度、波阻抗、振幅等与储层岩性和孔隙度的相关性进行横向储层预测，继而建立储层岩性和物性的三维分布模型。储层沉积学方法主要是在高分辨率等时地层对比及沉积模式基础上，通过井间砂体对比建立储层结构模型。地质统计学克立格方法则以变差函数为工具进行井间插值而建立储层参数分布模型。三者可单独使用，亦可结合使用。

所谓随机建模，是指以已知的信息为基础，以随机函数为理论，应用随机模拟方法，产生可选的、等概率的储层模型的方法，亦即对井间未知区应用随机模拟方法给出多种可能的预测结果。这种方法承认控制点以外的储层参数具有一定的不确定性，即具有一定的随机性。因此采用随机建模方法所建立的储层模型不是一个，而是多个，即针对同一地区，应用同一资料、同一随机模拟方法可得到多个模拟实现(即所谓可选的储层模型)。通过各模型的比较，可了解由于资料限制而导致的井间储层预测的不确定性，以满足油田开发决策在一定风险范围的正确性。随机模拟方法很多，主要有标点过程、序贯高斯模拟、截断高斯模拟、序贯指示模拟、分形模拟等。

4. 角点网格建模技术概述

网格是油藏数值模拟的基础，网格质量的好坏直接影响着数值模拟结果的精确度。角点几何网格是由 Ponting 引入油藏数值模拟研究中，具有灵巧、不同油层网格步长可变的优点，能够更加精确地描述断层两翼的深度变化、流体分布和流体渗流特征，模拟效果更加真实。

当前国际上比较流行的建模软件大都采用层控模型或面模型，再叠加上空间结构、拓扑结构规则的六面体网格来实现模拟。近二十年来，采用角点网格系统开展数值模拟研究的理论方法日渐完善。即不规则的六面体网格——ECLIPSE 通用规则拓扑实体来模拟。这种基于不规则的六面体网格数据结构的体模型，在逻辑结构上属于 $m\times n\times k$ 的规则拓扑结构模型。模拟流程中各个过程读取角点模型，处理完后保存为角点模型。

之所以采用角点网格是因为它相对于正交网格有很多的优越性。正交网格是最常见网格，也是最早用来描述油藏的网格类型，由于其计算速度快的特点，目前仍然被广泛应用，其所有单元网格的长、宽均相等，垂向连接顶底网格点的网格面为垂直的。虽然矩形网格处理规则形体比较方便，但是不太适合处理实际的地质状况，在有断层的情况下，就不可能建立精细的地质模型。三角网格虽然可以很好地描述地质体的复杂结构，但是目前没有与之配套的基于地质统计学建模算法。

角点网格系统建模方法克服了正交网格地质建模方法的缺点，它首先将断层作为一种重要属性建立断层模型，再根据井资料和地震资料建立地层模型，然后将断层模型和地层模型耦合建立格架模型。在此基础上，载入储层物性，建立一个完整的地质模型。角点网格在空间上不局限于六面体，在平面上不局限于长方形，而是以四边形为主、辅以三角形和其他多边形的复杂网格结构，根据控制区域的长度和宽度灵活调整各油层的网格步长。因此，角点网格能够更好地适应油藏的边界、断层、水平井和流动形态，并且能够简便地应用到标准有限差分油藏模拟器中。目前在国外主流商业化三维地质建模软件中，基于角点网格的三维地质建模技术已发展得比较成熟。

如图 5-8 所示，角点网格是目前应用较广的一种结构化网格类型，角点网格是基于坐标线和坐标点的概念，坐标线定义了网格每一条边的边线，坐标线总是直线，但不一定是垂直的，给出直线上分别在网格上下的两个点的 X、Y、Z 坐标就可以定义一条坐标线。然后，只要确定其各拐点在各坐标线上的位置就可以确定网格块了。这种定义网格的方式使得单元网格的长、宽大小可变，垂向连接顶底网格点的网格面可以是倾斜的，因此可以正确地表示倾斜表面、断层面、尖灭和剥蚀面，又具有矩形网格简单快速的特点，还能适用于通用的地质统计学算法。

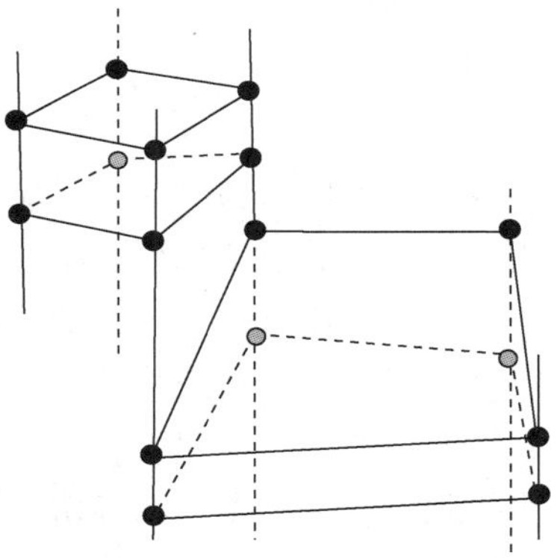

图 5-8 角点网格示意图

我们以角点网格——ECLIPSE 通用规则拓扑实体来展开油气成藏过程的模拟。这是一种创新的、难度较高的方式。基于角点网格数据结构的体模型，在逻辑结构上属于 $m\times n\times k$ 的规则拓扑结构模型。其中，X 方向逻辑上有$(m+1)$条线，剖分成 m 个单元；在 Y 方向有$(n+1)$条线，剖分成 n 个单元；在 Z 方向上有$(k+1)$条线，剖分成 k 个单元，每个单元都是角点网格。在平面上，单元之间有独立的坐标，但都约束在地层顶底面对应结点的连线上，具体的 X，Y 坐标决定于其

Z 值。这样做能很好地表达断层及其他构造现象。

角点网格模型中所采用的是不规则六面体模型，其与常规的规则六面体模型不同，角点网格模型中的六面体的八个角点坐标是可变的，即可以改变其八个角点坐标来适应地质体形态变化。通过各个角点的退化，可以形成不同形状的地质体栅格单元，直至其退化为无效网格。通过退化处理，构造面可以依附在不同规则六面体的各个面上，通过面之间的拓扑关系，可以获取构造面信息。

5. 基于局部网格加密的多精度建模技术

多精度建模技术意指根据地下地质条件和研究任务的不同，在不同区域设置不同网格度。在目标区采用大比例尺的小网格以提高模拟精度；在全部研究区采用小比例尺粗网格，以提高运算效率，减少计算工作量。其次，网格单元的大小要根据精度的要求和计算机的速度及容量来确定。单元格剖分得越小，模型表达精确度就越高，模拟计算的结果就越精确。但是，单元尺寸过小，单元的数目就越多，计算时间和计算机容量需求就越大，且实际对研究区的采样也存在着信息量的不足，即使内插再精细的单元格，也无法使模拟精度大幅度提高。因此，划分单元时应综合考虑地质任务和单元尺寸对精度和计算工作量的影响。

基于多精度建模技术，是一种实现网格局部加密的方法，即根据建模对象的实际构造情况以及模拟需求，来进行网格的划分。在划分单元时，对同一实体结构的不同位置采用不同的网格密度，就解决了精度和计算工作量之间的矛盾。

以应力场模拟为例，对于应力、应变需要重点评价的部位，对于应力、应变变化比较剧烈的部位(比如有应力集中的部位)单元需要细化；对于次要部位，应力、应变变化比较平缓的部位，单元可以粗化；当结构受到突变的分布载荷或集中载荷作用时，在载荷突变点和集中载荷作用点处附近，单元细化。同样，在油藏数值模拟时，在注入和采出单元附近就需要加密，在这些区域饱和度和压力变化较剧烈，需要做局部网格加密处理。

局部网格加密的方法包含对空间形态数据和属性数据的处理。

根据角点网格模型已有的属性数据，可知加密区域的属性。这些属性包括了岩性、孔隙度、渗透率等等。在加密空间单元后，小单元的属性仍需要根据实际对应的沉积相图、井资料等相关数据来确定。主要用测井解释数据，在三维网格中利用不同的随机建模技术和插值方法对每个小单元网格进行插值处理，即可得出所有小单元格的各种不同属性值。明确所有小单元的各种属性的具体属性值后，即可给所有的网格单元进行属性的赋值，这样便完成了网格的属性加密。

第五节　面向油气勘探的盆地模拟技术

三维地质建模的目的是建造油气成藏赖以依存的物质空间。其关键是实现地质实体的可视化数字模型构建，将构造、沉积、有机质、物理、化学、成藏等诸多结构、关系、参数和演化信息集成在一起，同时提供强有力的数据统计和交互式空间分析工具。

三维地质建模不仅提供了地质学家针对油气勘探目标的可视化与量化表述，同时也提供了未来应用数学模型进行油气成藏过程模拟的数据环境，可以认为：地质建模形成的静态模型，本身就是进行数学模拟的一个数据集合。

一、盆地(含油气系统)模拟技术的发展

数字盆地的建设是一个从基础数据到地质模型，从静态模型到动态模拟，从地质概念到量化表述的一个不断演进的过程，而盆地中油气成藏过程的定量模拟则是实现这种量化分析的重要手段，有时也称为盆地数值模拟。近年来盆地模拟技术为了将问题简单化和聚焦化，更加关注一个相对完整的油气生、排、运、聚、成藏的闭环，因此现有的盆地模拟系统一般发展到了含油气系统模拟的阶段，此处我们统称盆地模拟。

油气成藏模拟与评价，是盆地模拟中的一个重要组成部分，也是数字盆地中的最核心技术。在完成相关数据的模型化管理和组织索引后，经过地质建模建立静态模型，就可以应用数字化的地质模型展开分析和研究工作了。依据地质专家长期在盆地模拟(石广仁，2004)和当前的含油气系统模拟(庞雄奇，2003)技术，在前期地质模型基础上，应用从构造演化、生排烃到油气成藏聚集过程汇总的数学模型，展开盆地油气成藏的模拟与评价，是本章研究重点。

油气成藏过程的模拟技术作为一项高新技术，是对盆地模拟和油气资源定量评价技术的继承和发展。在当前油气资源评价工作中，油气成藏过程定量模拟技术在继承盆地模拟的基础上不断发展完善，发挥了越来越重要的作用，对深化地质认识、降低油气勘探风险、提高勘探效益有重大意义，受到世界各国的广泛重视。自 1978 年第一个盆地模拟系统建立以来已经 40 余年，进入 21 世纪，盆地模拟已经成为一种系统的定量化资源评价技术。国际上形成了 PetroMod(德国有机地化研究所 IES，后并入斯伦贝谢公司)、BasinModel(美国 PlatteRiver 公司)、Temispack(法国石油研究院 IFP)三大盆地模拟软件，这些软件内容全面、技术先进、商品化程度高。目前国外盆地模拟软件称为含油气系统软件，把软件研制的重点放到增强“油气运聚”功能上。

在油气成藏定量评价研究中，国内也出现了SL3DBS(胜利油田)、BASIMS(中国石油勘探院)等为代表的盆地模拟软件系统，在前面构造史、地热、生烃史、排烃史四个部分模拟中基本与国外处于同一水平，但油气运移与成藏一直是目前国内石油地质研究中较为薄弱的一环，虽然近几年围绕成藏发展出相势控藏、TS运聚、网毯理论等，但由于成藏过程中控制因素多，地质演化复杂，基本上处于模式试验阶段，难以实现较可靠的定量评价，更难对不同历史时期的成藏分析作出有效地表述，影响了油气勘探的理论和技术深入。主要表现在：

(1) 油气成藏的研究大都局限在现今的、静态的、定性的层面上，而需要实现油气成藏过程历史的、动态的、定量的恢复，并最终实现系统化、可视化和目标评价的标准化。

(2) 油气成藏关键要素的研究(输导要素刻画及能力评价、圈闭有效性评价、成藏期的确定及其能量平衡控藏过程、超压作用、油气水三相混移作用等)，目前仅从石油地质的角度进行过探讨，但地质作用的数学表达不充分，需要将上述问题作为技术关键进行攻关。

(3) 以前的研究大都较为独立(储层、输导、动力、圈闭等)，并没有真正将油气成藏过程作为一个系统来研究，而油气成藏恰恰是一个缺一不可的完整系统，这是作者研究的根本出发点。

(4) 现有的技术方法无法适用于勘探成熟探区。由于建模方式简单(层控建模)，模拟精度低，模拟效率差，目前的软件系统多停留在勘探新区的盆地评价、区带评价和油气资源远景评价方面，无法适应成熟探区对勘探精度的要求，也不能更加有效地直接指导勘探部署。

因此，针对勘探成熟探区需求，以精细地质建模、动态过程恢复、定量评价为主要研究内容，将不断发展的地质理论、方法与计算机模拟技术结合起来，开发一套“以地史、热史、生排烃史和运聚史为核心的、以凹陷资源量-区带资源量-圈闭资源量分级评价为目标”的定量模拟软件，对指导石油勘探具有重要意义。

二、动态三维油气成藏全过程模拟方法

作为石油地质定量化研究手段，油气成藏过程定量模拟是揭示油气生、排、运、聚过程，认识油气成藏过程及其动力学机理的有效工具。通过模拟计算，可以预测最终可聚集成藏的油气资源量及其分布，指导油气勘探部署。这项技术对于降低勘探风险、推动石油地质学向定量化发展具有重要的意义。胜利油区东营凹陷经过五十年的勘探和开发，油气勘探难度和风险性越来越大。现将盆地分

析、含油气系统分析的理论、方法与计算机综合模拟技术结合起来，研制开发油气成藏过程定量模拟软件，并综合地利用丰富的地质资料进行资源评价和预测，其实践价值是不言而喻的。为此，胜利油田基于多年来对东营凹陷勘探成熟区精细评价方法的攻关与研究成果以及勘探信息化建设取得的丰硕成果，依托“十一五”承担的国家重大科学技术研究专项《大型油气田及煤层气开发——渤海湾盆地东营凹陷勘探成熟区精细评价示范工程(2008ZX05051)》，在对大量前人研究成果和实际地质资料综合分析的基础上，将盆地分析中的演化模拟理论、方法与计算机综合模拟技术结合起来，开展了“油气成藏过程定量模拟评价软件系统”研发工作。

该系统是一套以含油气系统和系统动力学理论为指导，以埋藏史、地热史、生烃史和运聚史为核心，以盆地资源量-区带资源量-圈闭资源量分级评价为目标的大型专业软件系统。软件系统内容包括：油气成藏项目库与数据服务平台建设、地质体三维建模技术、盆地演化史(含地史、热史、生烃史、排烃史)和油气运聚成藏过程定量模拟。

油气成藏过程模拟系统，是以系统工程理论为指导，以含油气系统为主线，以烃源岩体、输导体、聚集体格架建立为基础，以流体动力学和运动学模型的建立为核心，以系统力学为总控，把动力学模拟和智能模拟、系统动力学模拟结合，在构造体、输导体、聚集体发育的历史格架下，利用现代数学和计算机技术在空间上再现地质单元体内油气生、排、运、聚、散的演化过程。本节主要阐述该系统的定量评价原理方法、关键技术包括地史模拟技术、热史模拟技术、三维油气生排烃技术、三维油气运聚散智能模拟技术、三维油气生排运聚的系统动力学一体化模拟技术、油气聚集单元评价技术等。

1. 油气成藏过程的系统处理流程

根据系统工程原理以及系统全局概念模型，设定了油气成藏过程定量模拟系统的处理流程。该流程的着眼点是系统整体性能和可用性，在方法层面上，它完整地体现了油气成藏过程模拟的思路、方法与执行过程；在技术层面上，它着重解决了系统完整性、容错性的问题，以及面向对象分析如何与进程相配合——即在哪个控制线程上，对象的操作被实际执行。所谓的进程划分为可执行单元任务的分组，据此可以区别主要任务和次要任务。主要任务是可以唯一处理的结构元素；次要任务是由于实施原因而引入的局部附加任务。油气成藏过程定量模拟系统的处理流程如图 5-9 所示。

2. 三维地史模拟技术

地史模拟是重建沉积盆地的构造演化史和沉积充填史，其作用在于将现今的盆地构造和地层三维模型(包含地层、构造、岩性等信息)恢复到指定的地质年

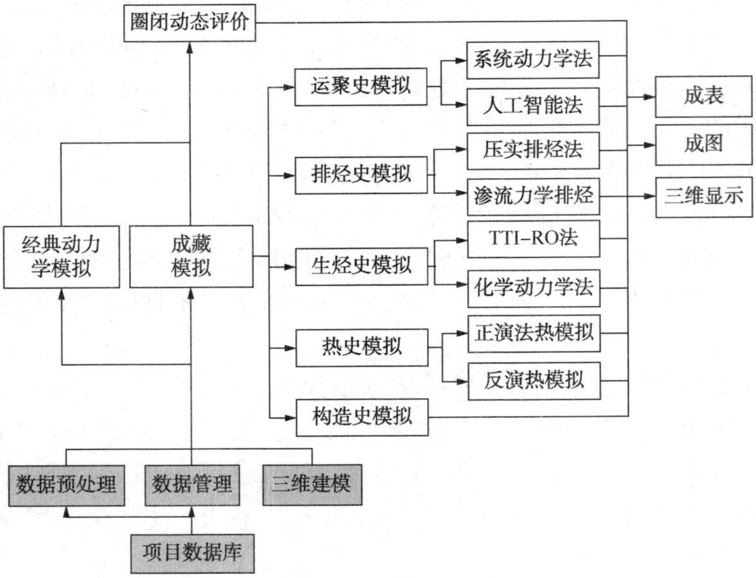

图 5-9　油气成藏过程模拟的处理流程

代。一方面可以确定盆地演化的力学机制，阐明盆地的形成机制和发育过程，定量建立盆地的充填过程；另一方面为后续的热史、生烃史、排烃史以及运移聚集史的模拟恢复提供一个赖以依存的时空平台。

地史模拟通常采用回剥反演法与超压法结合的技术方法，恢复各个地质时期的盆地构造三维模型。模型涉及断块构造的实体模型和模拟模型。主要研究内容包括构造演化史再造、地层压实校正（全区的孔隙度—深度模拟、渗透率模拟和超压模型模拟等）、剥蚀厚度恢复、古水深校正以及古孔隙压力系统计算等。在这些研究内容中，构造演化史再造需要着重解决如何根据三维地质模型自动判断断裂活动期次，如何实现三维空间的盆地断块构造恢复，以及如何恢复多期次、多地层的剥蚀过程，建立构造—地层的物理平衡技术；地层压实校正需要着重解决如何在三维空间进行孔隙度—深度曲线的连续模拟，如何建立因断层发育致使地层变形的物理变形机制与几何模型并进行地层界面校正的问题。

在构造演化模拟中，模拟内容主要包括复杂断块构造恢复、复杂构造变形校正、压实校正、剥蚀厚度恢复、构造—地层的物理平衡技术、超压方程等关键技术。

（1）复杂断块构造恢复技术。

在断陷盆地中进行构造恢复，首先需要考虑断层及断块恢复，它是构造恢复的关键过程之一。在常规的二维平衡剖面模拟技术中，通常采用地层线对应方法进行断距恢复，而在三维空间中由于构造变形，使得断层两盘的地层不但在垂向上发生错动，在断层走向上也存在一定的断距，需要考虑断层两盘地层面的对接关系，从而使得三维空间的断距恢复难度较大。目前比较流行的地质模型的表达是采用角点网格模型，其中包括构造格架及各单元属性，断层等信息也在其中。在角点网格模型中，断距在断点上表现为上下两盘的对应节点的空间矢量，故在断距恢复时可采用移动空间矢量方式进行。

在角点网格模型中，断层表达在格网的各个侧面上，故断层描述与表达方式采用记录格网侧面连接的方式。通过描述断层在格网上的位置，可将整个模型分割为多个断块，每个断块由多条断层的多个断点包围，在断块构造恢复中，需要获取断块之间的拓扑结构和模型的主控断层走向以确定断裂方向，按照垂直于断层的方向进行断点追踪，实现断点的断距恢复，从而实现断块构造恢复。由于断层在各地层面上表现的起止位置不同，即断层所穿越地层数目不同，因此在断距恢复过程中需要充分考虑断层断裂深度变化问题，在断点追踪过程中以最深断裂地层为判断依据，实时调整断裂地层深度。

（2）复杂构造变形校正技术。

在盆地构造运动中，由于构造运动作用使得地层界面发生变形，通过研究其发生变形的机制，使地层界面恢复到变形前的状态，是进行构造演化史模拟的重要部分。在盆地断块构造中，最为常见的三类构造现象是褶皱、逆冲断层和拉张型正断层。按照褶皱的形变机理可分为弯曲褶皱、剪切褶皱和流动褶皱。一般情况下在较浅的地壳表面多以弯曲褶皱为主，而随着温度和压力的增加，逐渐过渡为剪切褶皱和流动褶皱。

在平衡剖面模拟中，通常采用非运动学与运动学的方法进行地层界面校正恢复。其中，非运动学恢复主要有：①弯滑去褶皱，采用褶皱中的钉线或者钉面对由弯滑机制生成的褶皱进行地层界面恢复；②剪切机制，通过垂直或斜向剪切的方式去除地层形变，在顶面恢复后需要按照该剪切方向和大小恢复下伏地层界面。运动学恢复是在对断层进行恢复时，假设断层下盘不受断裂构造影响，而上盘因断裂构造运动发生一定的形变，在恢复过程中，设定下盘不动，在断面上移动断层上盘地层。

主要恢复方法有：①斜剪切，通过保持剪切矢量棒的长度（剪切矢量方向上断面与上标志层之间的距离）不变，从而保持形变前后上盘的体积不变，体现三维构造体平衡的思想。②断层平行流（主要针对逆断层）通过断层平行的流线对形变机制的控制进行恢复，使形变前后上盘的体积不变，并经变形校正后形成新的地层界面。同样，下伏地层面也需随之调整，以便表达在该地质时期的地质构造状况。

（3）压实校正。

由今至古的构造恢复中，需要将现今的压实状态去除，才能进行恢复，这个过程就是压实校正。该校正主要考虑地层孔隙度的变化，一般呈指数变化。地层随埋藏深度的增加，上覆岩层压力增大，温度升高以及成岩作用等因素的影响，孔隙度变化并不一定会按照一定的曲线模型变化，孔隙度—深度曲线模型只是一种统计结果，并不能够真正地反映沉积物的孔隙度变化。因此，将沉积物孔隙度变化分为三段来实现压实校正，即正常压实阶段、成岩作用阶段和压缩阶段，并分别建立分段线性与非线性结合的孔隙度深度曲线，才有可能在回剥反演的压实校正中合理地表达孔隙度随埋藏深度的变化(图 5-10)。

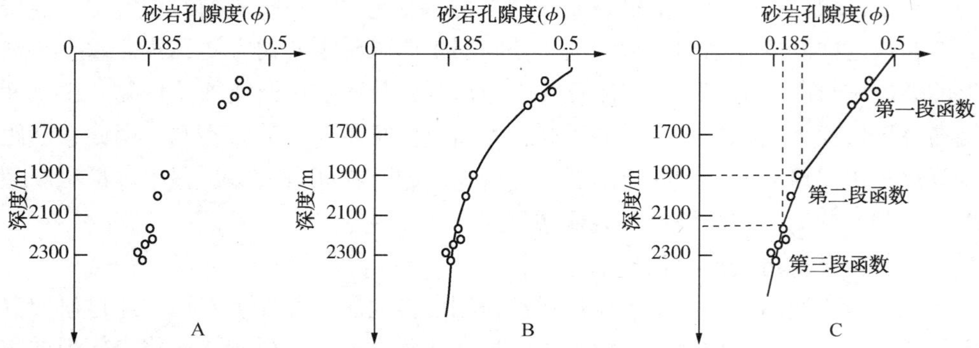

图 5-10 孔隙度—深度曲线拟合图

在三维空间中进行压实校正，需要在压实过程中保证压实前后地层的骨架物质体积不变。在利用角点网格模型的 I/J/K 号获取任意单元格块体的体积与孔隙度参数时，由于单元格块体在三维空间中是按照角点网格模型纵向线方向排列的不规则六面体，如果单纯按照计算单元格骨架厚度方式进行压实校正，将会使单元格格网纵向上四条边与相邻格网纵向边调整位置不同，由此产生一定的拉开距离，形成断裂存在的假象。为了避免这一问题的出现，首先需要搜索出由断层分割的独立断块，形成多个在区间上相对独立的断块片段，然后在断块内的单元格纵向线方向进行压实校正，并采用迭代计算方式调整网格体积，保持压实校正前后骨架物质体积保持不变，同时记录断块内的每一单元格骨架体积及断块总骨架体积。

(4) 剥蚀厚度恢复。

剥蚀现象也是沉积盆地经常发现的事件，在恢复构造演化史过程中，也需要考虑剥蚀地层的影响。这一过程分两步，①剥蚀量的计算；②将剥蚀量加到构造模型中。

剥蚀厚度的获取方法有许多种，其中最常用的是地层对比法、沉积速率法、测井曲线计算法、镜质体反射率(*Ro*)突变计算法和地层密度差法。每一种剥蚀厚度计算方法都能够在一定的数据完整性条件下较为准确地恢复剥蚀厚度，剥蚀厚度的计算方法非常成熟，不再作为本次研究的重点，而将研究重点放在如何解决在已有剥蚀厚度散点图的条件下，进行构造演化模拟中的剥蚀厚度恢复，使地层恢复到被剥蚀前的状态，其中需要攻克的难关是如何统一解决多期次、多套地层的剥蚀厚度恢复问题。

考虑到同一地质时期内可能出现多次剥蚀的情况，或者一期剥蚀中存在多套地层剥蚀的情况，其解决方法为：以剥蚀期次为第一循环变量，以剥蚀地层为第二循环变量，以剥蚀期次为顺序进行剥蚀厚度恢复。

将获取的剥蚀量应用到构造史恢复中，需根据角点网格模型的特性，对剥蚀地层新增一层或多层格网，格网纵向上的高度表示剥蚀厚度，其岩性按照邻近格网层的岩性代码进行赋值，根据该格网所处深度，按照孔隙度—深度曲线进行插值计算并赋值，对于恢复剥蚀厚度后的下层所有格网不进行压实校正，其原因在于当地表抬升后，原地层的孔隙度不会因地层抬升而改变，只有当上覆地层厚度小于剥蚀厚度时，需要对所有格网的孔隙度数据进行重新计算。

在具体处理时，需按照剥蚀年代、剥蚀地层，将剥蚀厚度数据通过插值处理，获得格网化的剥蚀厚度图，再按照发生剥蚀的地质时期从古至今的先后次序，并将剥蚀厚度图以 BLOB 形式存入数据库中。通过读取数据库中预存的剥蚀厚度数据，计算角点网格模型中各点位处的剥蚀厚度，进行剥蚀厚度恢复，并构建研究区域的剥蚀厚度图。

（5）构造-地层的物理平衡技术。

为了实现三维构造史模拟，在二维平衡剖面技术的基础上，提出了适用于三维构造模拟的方法——体平衡技术。由于已有的三维体平衡技术大多属于拟（假）三维性质，这种拟（假）三维体平衡软件在构造简单的盆地或区域，能起到很好的平衡作用，但在发育多个断裂系统且由于复杂变形而体积不能简单平衡的盆地或区域，就显得无能为力了。真三维的构造—地层的物理平衡技术包含两个方面：①在断距恢复与构造变形校正过程中，不能改变地层体积，即体积不变，相当于平衡剖面中的面积不变原则；②压实校正过程中，保持骨架物质体积不变，相当于一维单井模拟中的骨架厚度不变（毛小平等，1999）。

采用真三维的构造—地层的物理平衡技术进行断距恢复，其中的矢量平移方式不改变地层面格网的面积和格网高度，并保持其体积不变。同样，采用这项技术进行构造变形校正，其中的平行断层方法和平行矢量棒方法，也使地层单元体保持不变。

（6）超压方程。

前述压实校正是一种简化的方法，要提高精度，需要使用超压方程来解决去压实校正问题。已有的超压方程解决存在着如下问题（石广仁，2004）：①研究和应用多以单一的压实理念为理论基础，理论依据不够完善；②决定地震预测地层压力精度的速度参数需要进一步提高；③没有预测流体膨胀等因素所引起的地层压力异常。为了解决这些问题，应采用欠压实开始出现的深度作为超压顶界面的埋藏深度，这样更符合超压原理，同时综合考虑了产生异常压力的多种因素，把欠压实作用与生烃作用相结合来进行压力预测。

因为要基于三维角点网格模型展开后续研发，因此，所使用的方法是在分析了东营凹陷案例工区的地质特点前提下，综合考虑了造成东营凹陷地层异常压力产生的欠压实作用和生烃作用之后得出的。该超压模型可概括为三种成因类型：地层不均衡压实、构造挤压和流体作用。其形成机理可分为：欠压实作用、蒙脱石脱水作用、生烃作用、流体热增压作用、渗析作用、液态烃类的热裂解作用和构造作用。

综上所述，常规的盆地模拟技术仅适应于正常压实盆地；孔隙度-深度曲线三维内插模型、超压计算模型等，适用于成岩作用复杂的超压盆地类型。当沉积物处于成岩过程中，出现石英含量加大等成岩现象以及在弱碱性、弱酸性环境中，出现次生孔隙发育，形成次生孔隙带，使得单纯性地使用指数模型或者分段线性模型不能够表达其变化细节。采用分段线性与指数模型相结合的方式，通过在纵向上将孔隙变化进行分段，划分为正常压实阶段、成岩作用阶段、压缩作用阶段，这样能够较好地反映孔隙度变化。此外，由于本法采用弯滑机制和剪切机制相结合的复杂构造变形校正、复杂构造恢复和构造-地层平衡等块体平衡技术，比其他系统更能适用于断裂系统发育地区，但对于断层一盘存在深度与层位有多值对应的情况，目前该算法还不能有效处理，因而对存在逆掩褶皱的地区不适用。

3. 热史模拟技术

要动态地描述有机质的成熟过程，首先要动态地描述盆地古地温特征，因此，盆地古地热场模拟既是有机质成熟史模拟的基础，也是实现盆地整体模拟的基础。

盆地古地热场的影响因素众多且变化多端，建造合理模拟方法涉及古地温、古地温梯度、古热传递方式等复杂问题，更涉及盆地古地热场的动态变化及古地热源的多期次叠加(杨起等，1996)问题。当前的盆地地热场模拟对象多限于由地幔热流引起的正常地热场，相关的模拟技术主要用于描述盆地正常地热场中的热传导问题，较少涉及热对流和热辐射等问题。特别是对诸如岩浆侵入、泥底辟和热流体上涌等热事件所造成的附加地热场，未能很好地加以描述；对有机质演化的耦合模拟，以及利用有限单元法求解地热演化过程的可变边界动态自动剖面问题，目前也还没有见到满意的成果。

盆地的热演化史模拟有两种较成熟的方法：①镜质体反射率反演法；②返揭法。

（1）镜质体反射率反演法。

反演法是根据实测深度-*Ro* 散点数据，拟合出深度-*Ro* 曲线，然后利用 *Ro*-时间温度指数的关系曲线以及温度-时间温度指数的关系，最后计算出热流值和温度。

在常规状况下，某一深度的地层中镜质体反射率（*Ro*）的大小主要受镜质体所在地层的埋藏史和地温的影响，当地层的埋藏史确定之后，*Ro* 就只受地温的影响。如果仅考虑盆地内热传导这一最主要的传热方式，地温只取决于盆地热流密度及其沉积物的热导率；当已知沉积物热导率，则盆地热流密度即热流的变化唯一确定了盆地地温的变化。因此，可以根据古热流模型、古地温模型和 *Ro* 模型，利用实测的 *Ro* 数据反演求取盆地大地热流密度的变化；然后根据盆地热流密度的变化，求得盆地所经历的地温史。

（2）动态返揭法。

返揭法的基本流程是，首先分析大地构造背景，估计地幔热流，再根据经验公式求出盆地底面埋藏深度，然后由返揭法计算盆地基底热流以及盆地内部温度。盆地正常地热场的演化，实际上就是正常地热流在盆地中的传递和再分配。Blackwell（1971）提出热结构一词来表征大陆区壳幔热流的构成，汪集暘（1986）进一步认为，热结构还应包括壳内不同层的热流构成，同时还必须考虑地壳深部温度等重要参数。

“镜质体反射率反演法”是根据实测深度-*Ro* 曲线，再借助一个中间量（如 *TTI*），回归拟合出 *Ro* 与温度（或 *Ro* 与基底热流值）的关系。从而计算出各个时期的古温度场和古基底热流值。该方法的优点是以实测数据 *Ro* 为基础展开模拟计算，可靠性高，计算量也相对较小。但其中间量的物理、化学意义以及严格准确性还需进一步检验。

“动态返揭法”是根据构造演化史模拟结果，结合沉积盆地的基底热流、物性参数及大地构造参数来获得不同历史时期的古地温演化史的一种方法。该方法的优点是原理简单，计算量相对较小。输入参数包括岩石物理属性，地表温度、地幔热流等。该方法的不足之处是不能用于对附加地热场的处理。尽管如此，该方法的使用范围还是十分广泛。

4. 油气生烃模拟技术

生排烃史的模拟是在构造史、热演化史模拟的基础上，应用数值模拟技术，恢复研究区域的生排烃历史，以深化含油气系统的研究。

生烃模拟目前有多种方法，其中 *TTI*-*Ro* 法、化学动力学和氢指数法三种方法比较成熟（石广仁，2004）。*TTI*-*Ro* 生烃模拟方法采用了较成熟的生烃模拟方法，由于国内在化学动力学实验方面起步较晚，主要还是采用通过成熟度史的模拟来获得油气的生烃史，该方法在国内的应用较广，而在国外主要侧重于组分化学动力学生烃模拟。此外，国内还创造性地应用了氢指数模拟，因为在复杂的地质过程中氢指数的变化不受压力和催化剂条件下的影响，是具有普适性的参数，得到的模拟结果能够准确地反映盆地的生烃量史，在国内外的模拟方法中尚无有效的氢指数模拟方法。

（1）*TTI-Ro* 法生烃史模型。

TTI-Ro 生烃模拟方法也称之为烃产率曲线法，*TTI-Ro* 生烃模拟是根据地史模型所得的埋藏史以及热史模型所得的古地温史，计算出各个地层单元格的时间温度指数(*TTI*)史；根据现今实测的 *Ro* 值以及最大埋深时的 *TTI* 值，制作 *TTI-Ro* 回归曲线；根据 *TTI* 史以及 *TTI-Ro* 回归曲线，计算出 *Ro* 史，即烃类成熟度史。利用各个烃源岩层的有机碳含量、有机质类型，依据 *Ro*-烃产率关系曲线即可计算出各个时期的生烃数据。

镜质体反射率 *Ro* 与地热演化密切相关，并且具有显著的稳定性和不可逆性，采集方法简单而准确、价格低廉。由于在沉积岩的有机质中也普遍存在镜质体，所以该方法被引入到石油地质的研究中，作为有机质成熟度的鉴定标志。*Ro* 的变化除受热作用程度(即温度)的控制外，还受热作用的时间长短的控制。

（2）化学动力学生烃史模型。

化学动力学法是利用化学动力学参数(生烃潜量，活化能和频率因子)，结合地温史和埋藏史，通过求解化学动力学方程组来计算各烃源层生烃潜量随时间的变化，从而反映生烃演化程度，得到降解率史，即成熟度史。最后，利用各个烃源岩层的有机碳含量，干酪根类型等地化资料计算得到各个时期的生烃量。

Tissot 认为，干酪根在温度和时间的作用下向烃类转化的过程可分为两个阶段，即干酪根(A)→降解的中间产物(B)→中间产物(C)。其中，中间产物被认为是液态烃(油)，而最终产物就是天然气。这样，干酪根的热降解生油过程就可划分为成油、成气两大阶段。干酪根由 6 类不同键合的物质构成，6 类键合的物质降解为石油，进一步降解为气是六个平行的一级反应。

（3）氢指数法生烃史模型。

干酪根热降解规律：同类型干酪根的氢指数具有从地表向下由浅而深逐渐降低的特征，尤其是在进入生油门限之后，降低速率明显加快，当达到一定深度后在一个很小的数值上趋于稳定。

TTPCI-IH 法正是根据各干酪根类型氢指数随深度的变化关系曲线，由埋藏史得到各期次烃源层的氢指数，从而可以得到各期次的反应速率，再根据阿雷尼厄斯方程并结合地温史拟合各期次的表现频率因子和表现活化能，从而得到各期次的 TTPCI 史，即成熟度史。再用现今期次的 TTPCI 拟合现今氢指数，得到各干酪根类型氢指数与 TTPCI 的关系，从而恢复各期次氢指数史。最后，利用各个烃源岩层的有机碳含量，干酪根类型等地化资料计算得到各个时期的生烃量。

(4) 生烃过程中的增压抑制作用。

前述方法是单向的，即根据烃源岩温压条件，可以直接计算获得产烃率。而事实上，在相对封闭的环境下，生烃过程在一定程度会使烃源岩局部温压条件改变，也会反过来影响生烃的速率。干酪根热解成烃作用是烃源岩中异常高压的重要成因之一。由于生烃增压作用主要是伴随生、排烃作用而发生的。生烃增压作用包括两个方面，一是干酪根向烃类的转化导致地层压力增大；二是液态烃裂解成气态烃的增压作用。通过生烃作用的物理化学机理分析所建立生烃增压机制的数学模型表明，生烃越多、干酪根与烃类流体的密度差越大、烃源岩越致密，则生烃增压强度就越大。天然气的生成比石油的生成具有更显著的增压效应。应用该数学模型可模拟研究烃源岩演化的生烃增压过程，并为再现由此导致的微裂缝幕式排烃的地质过程提供定量依据。

生烃而致超压的前提条件是厚层泥岩中含有大量有机质，并且有机质演化达到了大量生油气阶段，即高-过成熟阶段。生烃作用形成的剩余压力大小，取决于岩石孔隙体积的变化以及孔隙空间中的含烃流体和各种有机质体积的变化。当该压力增大到足以使源岩产生微裂缝时，孔隙流体通过微裂缝排出。排液后压力释放，受围压影响微裂缝又将闭合。这说明烃源岩生烃作用不但具有明显的增压效应，而且这种增压已构成微裂缝排烃的重要动力。值得一提的是，生烃增压作用和微裂缝排烃作用都是发生在特定地史阶段的，而现今地层中的异常压力并不一定来源于生烃作用。因此生烃增压效应很难直接测量和计算，需要借助于数值模拟的方法来研究。

5. 排烃模拟关键技术及应用

排烃是油气从烃源岩中初次运移到输导层的过程。排烃量在受到烃源岩生烃作用、黏土脱水、微裂隙等内部因素控制的同时，也会受区域构造、岩相变化、断层等外部条件的影响。排烃的三维模拟过程中需要综合考虑内外因的影响，在基于角点网格建立的排烃模型上，通过压实排烃模型和多组分法排烃模型得到排烃量，然后通过流体势、岩性和断层判断油气的方向、流体势的比值分配油气的比例，使排烃量分配到相邻的运载层。

(1) 改进的压实排烃模型。

压实排烃是比较经典的排烃算法。烃源岩中烃类的排烃过程可分为两个阶段。第一阶段为压实排烃阶段，此阶段油气排出及时，在短时间内即达到压力平衡(在整个孔隙系统中)；第二阶段为超压排烃阶段(或称微裂缝幕式排烃阶段)，此阶段因烃源岩埋藏较深，孔隙度和渗透率很小，流体排出明显受阻，油气无法到达并越过烃源岩的边界，成为一个封闭或半封闭体系。此时由于流体增量增温所引起压力差异长时间不能平衡而出现超压现象。当异常高压达到一定界限，便引起烃源岩破裂而产生微裂缝，导致含烃流体沿着微裂缝突发性排出。随着含烃流体的排出，孔隙压力释放，微裂缝便又闭合了。如此反复，微裂缝不断开启和闭合，使烃类呈幕式不断排出烃源岩，直至生烃结束。

两个排烃阶段的划分，以烃源岩出现超压为界，在本案例中，以是否超过烃源岩的破裂压力为判断依据，若超压大于烃源岩的破裂压力，则视为可以发生幕式排烃。若研究区烃源岩在埋藏过程中并未出现超压，则只存在压实排烃阶段。

改进的压实排烃算法是在普通的压实排烃方法的基础上的一种优化改进，其优点在于计算排油量的同时，还可以计算出排气量。实际模拟时需要作如下假设：①岩石骨架是不可压缩的，压实中流体的排出量(体积)等于压实期间孔隙中流体的增量体积与压实后孔隙体积的减量之和(守恒律：排出量+存量=原存量+生成量)；②烃源岩处于正常压实阶段，孔隙系统流体压力等于静水压力，亦即假定排烃无大阻碍，能“及时”排出，可以不考虑超压问题；③孔隙系统内的流体至多呈油、气、水三相存在，各相流体的排出体积与各相的可动部分的饱和度成正比。

(2) 多组分法排烃模型。

压实排烃方法一般只是将油气简单地分成油、气、水三种状态。事实上，油、气会因其碳原子数，分成多种组分，在孔隙介质中，其行为或流动性是不同的，同样是天然气的气相，就分为甲烷、乙烷、丙烷等，每一种物质，其在孔隙度的穿透能力差异较大，简单地将它们归为气相，则过于粗糙，因此，需要进行多组分排烃模拟，才能更精确地计算排烃强度。多组分法排烃模型是用热力学方法描述孔隙流体、气体的多种相态、多种组分及其在烃源岩演化过程中的变化，采用组分模型描述孔隙流体的组成。烃源岩的孔隙流体被分为多个组分，它们是甲烷、乙烷、丙烷、丁烷、戊烷、油、二氧化碳和水，或者可以分为多个混合组分。这些组分至多呈三个相态出现，即水相、油相和气相。

(3) 排烃方向模型。

排烃方向受多种因素的控制，其中最重要的是区域构造背景，即凹陷区与凸起区的相对位置及其发育历史；同时，还受储集层的岩性岩相变化、地层不整合、断层分布及其性质、水动力条件等因素的影响。因此，排烃方向的三维模拟是综合考虑以上各种条件得出的。

为了简化模型，在排烃方向模拟时假定石油主要以游离态从烃源岩中排出，而天然气以溶解态运移，并且油、气、水在正常压实产生的剩余压力、欠压实产生的异常高压力、毛细管力和浮力等合力作用下，驱使油、气、水从烃源岩向运载层运移。同时，根据流体势等于该点的压能与相对于某基准面的位能以及动能之和，反映了地下温度、重力、应力等因素对地下流体综合作用的原理，设定流体势是排烃方向的主控因素，令流体从高势区向低势区方向运移。

综上所述，*TTI-Ro* 法主要是对于成熟勘探区，依据勘探区详细的地质勘查资料可以对成熟度史和生烃量史得到准确的模拟。化学动力学模拟适应于地质勘探程度中等，干酪根成熟演化尚不十分明确的地方，可以用来初步得到降解率史和生烃量史。对于勘探程度较高，地化资料较全，特别是有做干酪根热解实验并能够得到实地化学动力学参数的地区可以用组分化学动力学进行模拟、或者进行实地 *TTI-Ro* 法进行模拟。氢指数模拟方法对于构造模拟的精度和现今体数据的建模精度要求较高，首先是因为根据各型干酪根的氢指数随深度变化规律获取氢指数，如果现今体数据的模拟精度不高，那么将造成较大误差；另外，对于实际勘探的钻井的深度要够，能够准确地获取各井的生烃起始和终止点深度，同时也依赖于热史的模拟结果。

由于目前所采用的生烃模拟方法都是在烃层面上的模拟，最多分到油和气，对具体更细致的石油组成成分，如轻质油、重质油、轻烃、气态烃的生成演化研究得不够，因此多组分的生烃模拟将是发展趋势，能够提供油气生成过程中各组分的演化情况，为排烃和运移提供更多的数据支持，从而更准确地进行资源评价。

这里的排烃模拟主要为改进的压实排烃模型和多组分排烃模型，两种方法都包含压实排烃模型和幕式排烃模型。改进的压实排烃模型主要是对三相流体进行处理，最终获得排烃，是一种常规的排烃模拟算法，而多组分排烃模型不仅可以应用于只考虑油、气、水的三相排烃，而且可以将三相流体分解为多种组分，最终计算出三相流体的排烃量，且可以计算出各个组分的排出量。

6. 油气运聚模拟

运聚史的模拟是整个五史的最后一步，也是最不成熟的和最受关注的。不成熟的方面，主要在于不同的地质家对于运移有不同的认识，有多种机理；最受关注，则是因为在指导勘探实践中，运移聚集是地质家最关心的，即“油去哪儿了？”

油气运聚模拟方法虽然复杂，但作者团队依照目前比较公认的一些机理，去掉了一些不太重要的细节，简化了运移过程，研制了相应的算法，提出了基于流体势三维迷宫式运聚算法，主要包括：根据达西渗流定律，采用多相渗流力学+流线法模拟方法实现对优势运移通道的模拟，模拟输出包括不同时期油气运移矢量路径、油气藏饱和度、油气藏聚集量、流体势等。在低渗透层和局部区域采用渗流力学模拟方法，保证模拟精度，在粗略区域和高渗透层采用流线法提高模拟效率（刘志锋，2010）。

综上所述，该技术结合高勘探成熟区的实际，将传统的盆地模拟与油气成藏油气运移模拟融为一体，重新利用构造、沉积模拟成果来建立盆地构造格架、地层格架和生运储盖组合的三维拓扑结构实体模型，进而在烃源岩和运聚研究成果基础上，归纳出盆地热史演化、有机质演化和油气生成、排放、运移、聚集和逸散的三维实体模型，综合运用了确定性数学、随机数学、模糊数学、分形几何学等数学算法，描述所建立的各种实体模型和概念模型，实现了盆地构造格架、地层格架及生运储盖组合的拓扑结构模型，与盆地地热演化及油气生成、排放、运移、聚集、散失模拟的耦合。

第六节　面向油藏工程的油藏数值模拟

一、数值模拟在油藏工程中的定位

油藏数值模拟(简称油藏数模)，是指利用计算机求解油藏数学模型，模拟地下油水流动，给出某时刻的油水分布，以预测油藏动态。油藏研究中，数值模拟的主要目的就是预测在不同开采方案下的油气生产情况。从技术角度，油藏模拟技术被认为是油藏管理的最佳技术，其他油藏工程的工具很难提供这种能力；从商业角度，油藏数模能带来产油预测和现金流预测的能力。

在前述的油藏工程业务中我们之所以提到了油藏数值模拟方法，正是因为这种分析模拟方法是油藏开发设计的重要手段。油藏工程是一门以油层物理、油气层渗流力学为基础，从事油田开发设计和工程分析方法的综合性石油技术科学。它的任务是研究油气藏开发过程中油、气、水的运动规律和驱替机理，拟定相应的工程措施，以求合理地提高开采速度和采收率。油藏工程的研究工作就是应用油、气藏地质模型和以往的开采数据，模拟分析或拟合油藏地下动态和开采过程，预测未来的开采状况。据此确定各阶段的开发措施和部署方案。

油藏工程的方法很多，常规有经验统计法、物质平衡法、渗流力学法、物理模拟法和数值模拟法等。其中，数值模拟法，就是通过数值方法求解描述油田开发动态的偏微分方程，来研究油田开发的物理过程和变化规律。目前，随着油藏数值模拟已广泛应用于开发设计和动态预测，油藏工程也作为一门技术科学，从定性研究走向定量研究阶段。

油藏模拟在现代油藏管理中是一个被广泛应用的工具。大型石油公司和较大的独立公司制定的主要油藏开发决策通常基于一些形式的多相流模拟。近年来，由于成本控制和专业化发展的原因，现在只有少数几个主要的石油公司和国家石油公司保持和发展自己内部的模拟器产品，其他中等及以下规模的石油公司更多的不是去研发油藏模拟技术，而是直接使用商业化软件。商业软件的优势是产品全面调试的发展过程，它们在不同的地质和油藏条件下，为不同用户的不同生产方式所使用，因此经历了漫长的测试应用和迭代优化的过程，而这个长期完善的过程，对于一个优秀的模拟器是非常重要的。

二、油藏模拟器及油藏模型的选择

一个油藏模拟器是一个能解决一组方程的计算机程序，这组方程用数学描述三相流体在多孔介质中及时间上的动态流动过程。流动方程通常在质量、动量、能量守恒方程以及流体和介质的基础上描述流体流动。通过对输入数据的正确选择(如，油藏岩石和流体特性)以及对数学方程的正确解答，油气藏的过去的和未来的生产动态就能够被仿真(模拟)出来。

一个油气藏，在现实中只能开发一次。但应用油藏数值模拟，可以很容易地重复计算不同开发方式的开发过程，人们可以从中选出最好的开发方法。因此，对油藏工程师而言，数值模拟给动态分析提供了一种快速、精确的综合性方法；对管理者而言，数值模拟提供了不同开采计划的比较结果；对尚无经验的工程师而言，数值模拟则是有效的培训工具。

对于流体在多孔介质中流动的物理(一些过程也有化学的)过程的数学描述，需要解复杂的耦合非线性偏微分方程组和辅助关系式。一旦偏微分方程被界定，它们就可以通过解析法或数值解法来求解。解析法在一组简化的条件下能准确解答流动方程，而数值解法则是在一组更为复杂的关系下提供了一个近似解。许多油藏模拟器使用数值解法，是因为它们的广泛适用性。如，解析法一般不能应对非均质区域，因此，给出一个复杂的渗透率或孔隙度分布是不可能的。

目前有两种通用类型的数值解法：网格法和无网格法，油藏模拟普遍使用网格法。目前大规模使用的各种油藏数值模拟软件也是基于网格法提供的模拟器。

网格法通过把研究域划分成许多小的几何单元求解流动方程，这些小的几何单元称为节点、单元或者网格。在其他工业和应用中需要的解是在节点上，其布局称为网格，这个过程称为“网格生成”，而流动方程对每一个单元进行求解。

网格法分为有限元法和有限差分法，它们都有各自的优点和不足。有限差分法在石油行业中显然更流行，并且几乎所有可用的商业油藏模拟器都使用有限差分法。有限差分网格可以使用以点为中心的网格来制定，公式化被集中在网格点上(网格节点)或集中在块中心(块居中)。块居中网格的一个特例是角点的几何形状，它被广泛应用于商业模拟器中。

三、模拟方法选择及模拟流程

进行模拟研究需要谨慎选择模拟器和模拟器选项(组分对比黑油、双孔隙度、流线等)，还需要仔细评估网格方案。一个美观的网格不一定有良好的数值特征。对于有限差分法，最好是拥有一个正交和规则的网格。更重要的是，正确的模拟方法总是始于清晰地陈述面对的油藏工程问题。

油藏模拟的一个主要困难是在遵从计算机存储限制和模型运行时间的同时，

保持储层模型的地质现实。今天的静态地质模型可能达到千万级网格单元，而模拟模型通常具有一定的计算限制。因此，遵循地质细节，同时仍然提供实用的动态模型，导致了平面和垂直分辨率的很多折中。

Gilman 给出了关于有效模拟的一些方法(詹姆斯 R 吉尔曼，2015)，包括：①知道所在的领域的性能或属性以及相似的油藏是如何完成的，以确保模型假设可得到正确应用。②了解恢复的物理过程以及在接近这些过程中的模拟器的局限性。③依赖集成工作流。④知道如何正确使用模拟器，注意继承用户选择应用的各种模拟器选项的假设。⑤依赖于可视化和其他手段来检查数据错误或不一致性。⑥在历史拟合中保持谨慎和一致性，并且意识到历史拟合的一个重要方面是得到一个好的初始模型。⑦拥有一个良好的地质模型同模拟模型一样重要。⑧确保结果模型符合地质、地球物理、岩石物理和工程的解释。⑨依赖模拟作出商业决策时考虑其不确定性。

一个完整的油藏数值模拟的流程包括历史拟合、动态预测及不确定性评估等。

1. 历史拟合分析

历史拟合就是用一种方法修改输入到油藏模拟模型(地质描述、流体性质、相对渗透率等)的数据来拟合所记录到的数据(产液速度、压力、示踪剂、温度等)的过程。本质上，历史拟合是具有假设的模型校准过程，如果一个模型能够再现过去，那么它或许可用于在各种开发场景下预测未来。这是建立模拟模型和对它们进行历史拟合的基本前提，也是在不确定性数据不可避免的情况下，工程师不得不降低决策风险(失败或显著表现不佳)的唯一方法。

提升模型的准确程度以保证它与实际油藏相似，最有效也是最经常采用的一种验证方法，就是模拟油藏过去的动态，并将模拟计算结果与油藏的过去实际动态作对比，这就是历史拟合工作。历史拟合能帮助我们发现和修改油藏描述数据的错误，以使模型更加完善，并验证油藏描述的可靠性。

历史拟合的目的就是依据测量的产量和压力数据为准，尽可能正确地再现油田的生产历史。这种检查应该在油田和井的基础上进行。拟合的参数包括静压力、含水率、气油比。并没有一个标准的历史拟合程序，每个油田都是不同的。如地质结构、油藏机理、井数、生产历史、开发方案等。因此，每个研究都只能用自己的解决程序解决自己的问题。但一些步骤或多或少可适用于大多数的模拟研究。

2. 动态分析

产量预测通常是油藏一体化研究的最后一步。本质上这一工作的目的就是在不同开发策略下具体给出可视化的未来油田的表现，以及为项目的经济评估建立生产曲线。

获得了好的历史拟合后，就可利用该模型来预测油气藏未来的生产动态。预测的内容包括原油、天然气和水的产量，气油比与油水比的动态，油藏压力的变化动态，液体前缘位置，对井设备和修井的要求，区域采出程度，估计油气藏最终采收率等。预测的结果将作为我们进行开发与管理决策的重要依据。这里需要指出的是，动态预测的准确性，明显地取决于我们采用的模型的正确性和油藏描述的准确性与完整性。

3. 不确定性评估

在许多研究中，都要对计算储量及生产曲线相关的总体的不确定性做出评价。从纯粹技术角度来看，问题就会简化成为输入一些不同的参数，这些参数值可能是乐观也可能是悲观的，建立一些模型，而把每个参数变化所得到的结果作为一种参考。通过这种方法，就能产生一系列的生产曲线，然后根据这些曲线就可以计算出整体上的不确定性。

（1）未开发油田。对新油田来说，没有生产数据作历史拟合，要建立一组有意义的预测曲线，就需要进行大量不同方案的预测。理论上讲，对于研究过程中碰到的所有参数都应做出不确定的评价，包括油藏参数、生产及设施的限制条件。

（2）已开发油田。对已经开发的具有开发历史的油田，对其未来动态的不确定性进行评估会更加困难。由于历史拟合阶段已经在某种程度上修正了大多的静态和动态油藏参数，需要研究的参数就只有井眼动态参数及地表生产限制条件了。虽然可以认为这样把问题简化了，但是历史拟合的非唯一性却影响了在预测阶段所作出的不确定性评价的实际代表性。

第七节　本章小结

模型是我们面向研究对象建立的一个个认知系统，因为内容形式和面向领域不同，它具有不同的表现和概念。可以把模型理解为我们为了研究真实世界的某个问题，在逻辑世界中构建的一个抽象系统。这个抽象系统是真实世界里复杂系统的简化。

1. 油气勘探开发是典型的模型化思维

模型是理解油气数字化的最核心的“第一性原理”。明确地质、油藏、采油和钻完井工程的建模，明确现有地质与油藏的模拟方法，才能真正理解油气工业数字化的工作对象。数字化转型就要解构油气工业中的核心模型，以及这些模型如何在云原生技术场景下进行研发部署、存储管理、调用整合和集成共享。

2. 建模和模拟是油气模型思维表现形式

模型设计和构建的过程就是建模。不同模型的建模流程，也是完全不同的。模拟是对于某一种对象形态和机制的抽象化再现，它一般通过抽象的计算模型来实现。仿真是抽象模型的模拟，和具象模型的表征组合起来，精确描述一个完整的对象及其运行过程。

3. 面向盆地(含油气系统)建模和模拟

面向盆地的建模是实现地质实体的可视化数字模型构建，将构造、沉积、有机质、物理、化学、成藏等诸多结构、关系、参数和演化信息集成在一起。建模的作用不仅提供了地质学家针对油气勘探目标的可视化与量化表述，同时也提供了未来应用数学模型进行油气成藏过程模拟的数据环境。在地质模型基础上，应用从构造演化、生排烃到油气成藏聚集过程汇总的数学模型，展开盆地油气成藏的模拟与评价，就是盆地模拟。

4. 面向油藏的建模和模拟

油藏模拟在现代油藏管理中是一个被广泛应用的工具。大型石油公司和较大的独立公司制定的主要油藏开发决策通常基于一些形式的多相流模拟。一个油藏模拟器是一个能解决一组方程的计算机程序，这组方程用数学描述三相流体在多孔介质中及时间上的动态流动过程。流动方程通常在质量、动量、能量守恒方程以及流体和介质的基础上描述流体流动。通过对输入数据的正确选择以及对数学方程的正确解答，油气藏过去的和未来的生产动态就能够被仿真(模拟)出来。应用油藏数值模拟，可以很容易地重复计算不同开发方式的开发过程，人们可以从中选出最好的开发方法。

应用软件的发展是从场景角度思考问题，而算法模型的发展是从油气工业最基本的逻辑来思考问题。因此只有模型思维才是构建油气上游工业全业务链数字化的底层逻辑。我们只有将模型从一个个独立的软件中抽取出来，才能实现模型和模型之间的高效连接，进而形成产业不同学科、板块和流程之间的连接与协同，构建面向业全产业链的数字化系统。

第六章 技术架构：工业软件架构设计与开发技术

技术架构设计的首要目标是保障企业架构的落地，即将业务架构落实到具体的软件技术选型中，从而保证业务需求和业务愿景的实现。油气的数字化工作最终是系列软件的研发与集成，从技术角度讲就是一种软件集成平台。

技术架构的另一重要目标是为软件设计、研发和应用提供全流程的技术规范。一旦技术架构确定，软件研发流程、前后端技术选型和软件编码与部署规范都能够据此定型。

目前的油气数字化建设中普遍开始推进云原生的技术架构，我们的软件架构设计也逐渐从SOA架构、云计算架构向着云原生方向发展。基于云的软件架构设计目标是企业资源整合和协同研发，这种架构模式使得数字化建设中的油公司能够与系统集成、数据管理、软件功能研发等团队在保证自身成果的独立性、自主性、安全性的基础上，实现成果的高效集成。

第一节 国际主流软件架构现状

软件架构设计一般有框架(Framework)、架构(Architecture)、企业架构(Enterprise Architecture)三个层次。

框架(Framework)，又称技术框架，是软件开发层面用来提升效率的一种软件技术结构，如MFC、Dotnet、QT这样的传统开发栈框架，如NETCORE、Springboot这样的微服务框架，如Tensorflow、Pytoch这样的深度学习框架。

架构(Architecture)，又称技术架构、软件架构，是一种软件分层的结构，是将数据、软件框架、系统功能和业务功能等以分层理念整合在一起的一种软件格架。

企业架构(EnterpriseArchitecture)，是一种面向特定行业的架构设计，是将企业的业务框架与流程、业务模型(数据模型，领域模型)和业务逻辑(分析模型，算法)等业务与内容，与软件架构技术融合的一种企业级架构，企业架构可以包含除了软件架构之外的系统和硬件体系，以构成对于企业数字化信息化的支撑体系。

如上三个概念中，我们常说的架构设计，一般就是指“技术架构”设计。技术架构模式基于经常出现的问题，给出通用的、可复用的技术方案。技术架构常用模式既包括一些传统模式如单体式架构、分层架构、SOA 架构，也包括较新的微服务架构、云平台架构、云原生架构等。企业需要结合自身业务和技术的实际特点，选择合适的技术架构模式。

1. 单体模式

所有业务逻辑全部在一套系统中，是大而全的体系，没有服务化，没有分层，单机集中式数据库，存储过程复杂。这种架构适用于业务发展早期，这时产品的完善性、系统扩展性、部署规模的要求都不高。

油气行业初期的所有软件都是从单体式架构开始的。即便发展到现在，我们很多行业应用的专业软件，如油气制图软件、数据分析软件、模型分析软件、现场服务软件等，仍是以单体式模式而存在。这些单体式应用的存在一方面是其本身的业务逻辑比较简单，另一方面是为了适应封闭环境下(如偏远钻井井场、野外探勘工区、地球物理施工工区)的工作需要。

2. 分层架构

分层架构是解决复杂软件架构的最有效方法(Martin. Fowler，2002)。这类软件的结构被分成了多个层次，通过层次的抽象提供相对便捷的扩展和复用能力。每一层都是围绕一种功能的抽象，各负其责，有利于系统开发、测试、管理和维护。最常使用也是最古老的分层架构是 MVC 模式的三层架构，将模型、表现、控制进行分离。随着轻客户端和重服务器设计思路的推进，分层架构演变为一种客户端/服务器端架构下的分层设计，也就是我们常说的 C/S 或者 B/S 架构，在此基础上，服务器端的分层设计尤其受到重视。

油田应用软件在过去二十年中的大多数时间里，都是这种分层架构。这种分层架构有一个从 CS 架构向 BS 架构发展的过程，其主要变化不是体现在服务器端而是前端的应用模式，就是从前端使用 Windows 应用系统向 Web 浏览器系统转变，这种转变的主要原因是后者在软件的安装、升级、维护上具有简便性和低成本的特点。

我们后期逐渐采用的多种软件架构本质上是分层架构的进一步演进。

3. SOA 架构

面向服务架构 SOA(Service-Oriented Architecture)是通过服务化技术进行系统的拆分，进而把一个单一的大系统按逻辑拆分成不同的子系统，通过服务接口来通信，是面向服务的设计模式，最终需要 ESB(企业服务总线)进行服务的集成。过程中引入中间件、消息、分布式数据库等技术组件，通过 ESB 与企业系统进行集成与交互。

SOA 架构在油田企业中比较普遍，尤其是企业已经具有了大量的应用软件并需要针对这些软件进行功能集成的需求下，SOA 提供了一种系统化、高稳定、高扩展性的机制，使得企业可以不断复用原有的机制并扩展新的服务能力。

4. 微服务架构

微服务架构是SOA的演化。微服务由一组小型自治性服务组成，每个服务实现相对独立的业务功能，这些业务功能对外作为一个整体，具有独立性和松耦合的特征，每个服务代码库都是独立的，每个服务具有独立的进程并持久化数据与状态。微服务之间也是通过API(一般是RestfulAPI)进行通信。微服务架构由于具有提高研发效率、提高可扩展性、固化业务与数据等功能，开始受到广泛的应用。

5. 云计算架构

云计算已成为社会公共的基础设施，企业上云也被人们广泛接受。在企业数字化转型过程中，一般使用云作为企业的技术基础设施，将应用迁移到云上。云计算架构有很多优势，如弹性计算、低成本、易于扩张、易于整合、运行稳定等，目前是企业尤其是大型企业应用的主流架构模式，缺点就是其构建的难度较大以及不同企业云之间的对接整合不易。

6. 云原生架构

云原生是云计算架构的扩展和加强版(温昱，2022)，云原生的代表技术有容器、服务网格、微服务、不可变基础设施和声明式API。这些技术能够构建容错性好、易于管理和便于观察的松耦合系统。运行在云原生架构之上的应用被称作云原生应用，云原生架构是依赖云产品和云原生技术构建的IT架构，生于云、长于云并最大化运用云的能力，让开发者聚焦于业务本身。

目前，云原生架构在CNCF(Cloud Native Computing Foundation，云原生计算基金会)推动下，将整合开源技术来编排容器作为微服务架构的一部分，实现云原生架构在全球的快速推广。油气行业在当前的企业云建设中，越来越多地采用云原生架构模式来推动企业应用软件全生态的发展。

第二节 传统油气专业软件架构设计

一、单体软件架构设计

长期以来，国内数字油田建设都将统一的软件架构设计作为数字油田的核心工作来展开，中国石油、中国石化及中国海油都启动了勘探开发一体化软件架构技术研究并形成了大量的研发成果。以中国石化胜利油田为例，多年来基于数据中心建设形成了多种不同的软件架构体系，分别面向OA系统、管理决策系统和专业软件研发，虽然面向的业务领域不同，但其核心技术和研发平台基本是一致的。典型的实践如“勘探决策支持系统”便是采用组件化模式开发，整个系统是一个多层框架，所有的模块在框架中都是独立的组件。这种架构的考虑不仅提供统一的数据访问和数据服务，也为各类业务组件的整合共享建立了一个基础平台。中石油物探局在数字油田建设方面取得了系统的理论和软件成果，他们提出了“数字油田统一软件系统架构分四个层次：物理资源层、数据资源层、业务逻辑服务框架（含SOA框架和云计算框架）、应用层”，进而提出“在数字油田统一软件系统总体架构中，以SOA理念构建平台，并充分考虑数字油田软件系统应体现敏捷性、实时性、可扩展性等基本需求”（马涛，2010；许增魁，2012）。即便已经过去了十余年，这种设计思路依然是目前各油田展开统一软件架构设计的基本出发点，本章重点在此认识基础上展开软件框架基本概念的论述。

如图6-1所示，数字油田与数字盆地的软件机构体系是一致的，均为物理层、数据层、服务层和应用层四个部分。这一软件架构的目的是加强基础数据管理和应用建设，重点进行各研究环节成果数据的归类和整理，通过一体化应用集成工作，提高多领域研究协同工作水平和生产管理决策水平，最终实现油气勘探的竞争力和科研突破能力的提升。

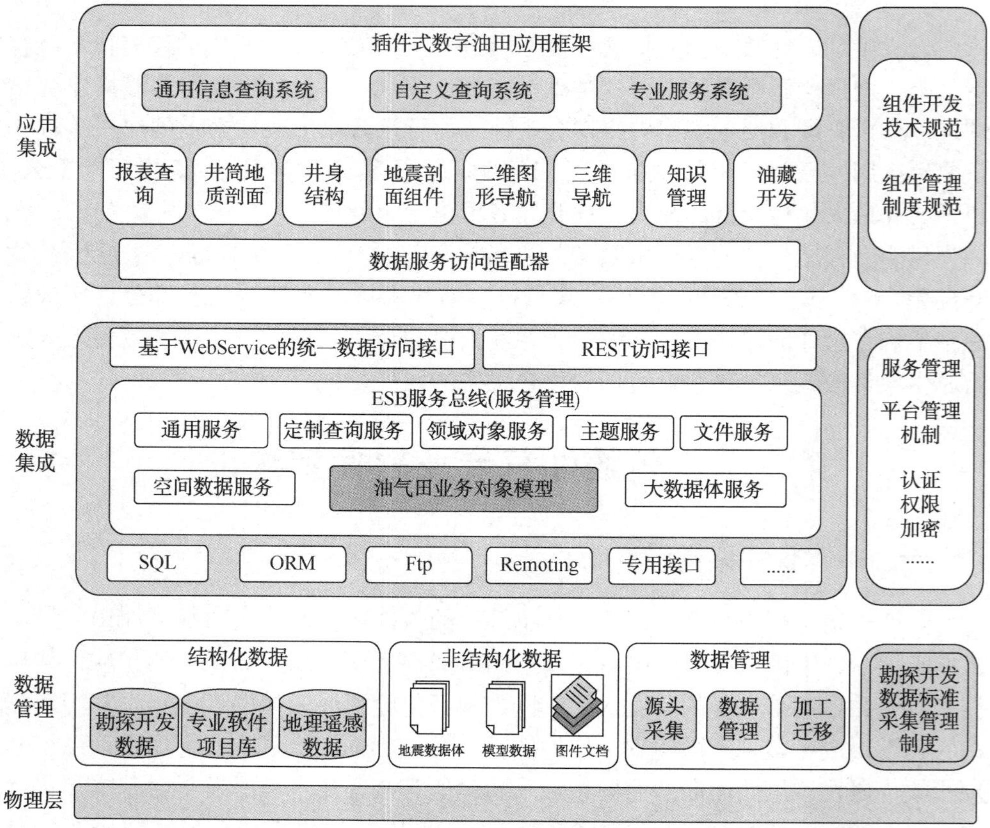

图6-1 软件架构案例：国家863科研课题——“数字油田关键技术研究”

油田信息化软件框架的内容，是通过分层设计思路来体现。通过数据采集管理、数据发布、应用集成、业务支持等不同层次的细化和衔接，形成面向业务的总体性解决方案，其规划过程是针对业务体系的系统架构，其建设过程是自下而上的业务导向。除基础的物理层之外，其他几个部分的主要内容包括：

（1）勘探数据资源管理：集成综合研究、圈闭、管理成果和空间地理数据，研发更高层次的数据管理工具，改进数据全面性和质量。

（2）统一的信息服务平台：实现底层各类数据库的整合，实现基于业务的统一数据组织；实现基于组件的软件体系；基于业务分析建立统一的各类数据访问接口。

（3）勘探信息集成应用：实现用户单点访问，整合现有各类系统，形成统一系统，方便用户数据获取。

本章针对数字盆地的建设需求，重点针对数据集成和应用集成两个部分，以"基于领域模型的数据服务"和"客户端软件集成框架"两个部分的案例展开理论与实践论述。

二、基于领域模型的数据服务

勘探地质综合研究的信息来源包括四个方面：以勘探历史生产科研动态为主体的勘探数据库、以地质综合研究各环节成果图件与文档为主体的研究成果库、以钻、录井实时数据为基础的生产实时库、以 Geoframe（斯伦贝谢公司）和 OpenWorks（兰德马克公司）等大型企业版软件为载体的地质研究项目成果库。实时检索就是根据油气勘探协同研讨时对数据的需求，通过实时 SOA 服务平台技术和地质研究项目成果库的访问技术，对以上四类数据库进行实时关联查询和检索，实现对生产、科研和管理动态的全面、实时、准确地掌握，保证协同式综合研讨过程、勘探决策过程与日常生产科研过程的数据获取和处理的同步性和时效性，有利于协同分析和决策的开展。

以中国石化胜利油田为例，在胜利油田勘探开发领域的现有应用系统中，有些已经使用数据服务进行数据访问，有些已经使用了数据服务平台对数据服务进行管理，如勘探决策支持系统中就研发形成了支持勘探决策应用的基于 SOA 的数据服务平台。本节以勘探开发的业务对象模型为核心，探讨数据服务的数据处理与发布功能，针对勘探开发应用研究新的数据服务形式，搭建更加完善、全面的基于 SOA 的信息集成服务平台。

（一）信息集成服务技术

1. 面向服务的体系结构分析

SOA 架构是一个组件模型，它将应用程序的不同功能单元通过这些服务之间定义良好的接口和契约联系起来。接口采用中立的方式进行定义，独立于实现服务的硬件平台、操作系统和编程语言。这使得构建在各种系统中的服务可以用一种统一和通用的方式进行交互。也可以这样理解，SOA 不是一个具体的技术，而是一个抽象思想或是一个框架。因此，SOA 只是一个标记，它代表的是一种新的思想，不能局限于对原始的英文单词‘Service Oriented Architecture’的理解之中，它只是‘以服务为向导的新的 IT 时代’的 IT 方向指导的一个标识而已，其内涵将会越来越丰富。

虽然 SOA 不是一个新鲜事物，但它却是更传统的面向对象模型的替代模型。基于 SOA 的系统不排除使用面向对象的设计思想来构建单个服务，但是其整体设计却是面向服务的。所以虽然 SOA 是基于对象的，但是作为一个整体却不是面向对象的。SOA 系统原型的一个典型例子是通用对象请求代理体系结构（Common Object Request Broker Architecture，CORBA），其定义概念与 SOA 相似。现在的 SOA 已经有所不同，因为它依赖于一些更新的进展，如以可扩展标记语言（eXtensible Markup Language，XML）为基础的。通过使用基于 XML 的语言（称为 Web 服务描述语言，Web Services Definition Language，WSDL）来描述接口，服务已经转到更动态、更灵活的接口系统中，非 CORBA 中的接口描述语言（Interface Definition Language，IDL）可比了。Nicolai MJosuttis 在其专著 *SOA in Practice：The Art of Distributed System Design* 总结 SOA 的三大特征是：①独立的功能实体；②大数据量低频访问；③基于文本的消息传递。

2. Web Service 技术应用分析

Web Service 以面向对象技术为基础，对数据和编程元素进行封装，以便不同的基于 Web 的应用程序能够访问，利用 Web Service，如 SOAP（Simple Object Access Protocol，简单对象访问协议），浏览者可以从其他同样基于 SOAP 的站点获取价格信息，并且传送给客户进行比较。在很多场合常常遇到把 SOA 和 Web Service 混用的情况，但实际上它们是完全不同的概念。概括来说“SOA 不是 Web Service，Web Service 是目前最适合实现 SOA 的技术”（Papazoglou，M P，2009）。

早在 1996 年 Gartner 就前瞻性地提出了面向服务架构的思想（SOA），直到 2000 年以后，W3C 才成立了相关的委员会，开始讨论 Web Service 的相关标准。各大厂商一边积极参与标准制定，一边推出一系列实实在在的产品。因为现在几乎所有的 SOA 应用场景都是与 Web Service 绑定的，所以有时候这两个概念存在混用的情况。但不可否认的是 Web Service 是最适合实现 SOA 的技术，SOA 的应用推进在很大程度上是要归功于 Web Service 标准的成熟和应用普及。Web Service 技术在以下几方面体现了 SOA 的需要：首先，基于标准访问的功能实体满足了松耦合要求；其次，大数据量低频率访问是符合服务大颗粒度功能的；最后，基于标准的文本消息传递，为异构系统提供了一种通信机制。

3. REST 技术应用分析

REST，即 Representational State Transfer 表述性状态转移，是一种较新的热门服务形式。REST 是一种风格，而不是标准。因为没有 REST 协议规范或者类似的规定。Roy Fielding 把 REST 定义成一种架构风格，其目标是“使延迟和网络交互最小化，同时使组件实现的独立性和扩展性最大化”。REST 也称为 RESTful Web Service，是一种新风格的 Web Service。

SOAP 最早是针对 RPC(Remote Procedure Call Protocal)的一种解决方案，简单对象访问协议属于轻量解决方案，同时作为应用协议可以基于多种传输协议来传递消息(HTTP，SMTP 等)。随着 SOAP 作为 Web Service 的广泛应用，不断地增加附加内容，使得软件开发人员觉得 SOAP 过重。在 SOAP 后续的发展过程中一系列协议的制定，增加了 SOAP 的成熟度，也给 SOAP 增加了负担。

REST(约定：按照大多数人的习惯，将 RESTful Web Service 简称为 REST，将 SOAP Web Service 称为 Web Service)将 HTTP 协议的设计初衷作了诠释，在 HTTP 协议被广泛利用的今天，越来越多的是将其作为传输协议，而非原先设计者所考虑的应用协议。SOAP 类型的 Web Service 就是最好的例子，Web Service 消息完全就是将 HTTP 协议作为消息承载，以至于对于 HTTP 协议中的各种参数置之不顾。其实，最轻量级的应用协议就是 HTTP 协议。HTTP 协议所抽象的 Get，Post，Put，Delete 就类似数据库中最基本的增删改查，而互联网上的各种资源就类似于数据库中的记录，对于各种资源的操作最后总是能抽象成为这四种基本操作，在定义了定位资源的规则以后，对于资源的操作通过标准的 HTTP 协议就可以实现，开发者也会受益于这种轻量级的协议。

REST 的思想有以下几个关键点(Webber 等，2011)：①面向资源的接口设计；②抽象操作为基础的 CRUD；③HTTP 是应用协议而非传输协议；④无状态，自包含。

4. 信息集成服务平台服务形式

针对行业软件研发，技术只有是否适用的问题。REST 对于资源型服务接口来说很合适，同时也特别适合对于效率要求很高，但是对于安全要求不高的场景。而 Web Service 的成熟性可以给需要提供更多开发语言的、对于安全性要求较高的接口设计带来便利。

在案例研究中，通过建立多源异构三层元数据模型，划分了数据源元数据、业务元数据和主题元数据，将勘探开发各种数据和业务对象等进行统一描述，并记录在元数据库中。这些元数据描述的数据和对象，就是勘探开发业务中的资源，而发布资源的最合适的服务形式就是 REST。因此，这里通过研究 REST 服务形式，并基于元数据模型和业务对象模型，搭建全新的数据服务体系，对原有数据服务平台进行补充。

（二）业务对象模型设计

软件设计中的业务对象模型又称为领域模型，是描述业务用例实现的对象模型。它是对业务角色和业务实体之间应该如何联系和协作以执行业务的一种抽象。业务对象模型从业务角色内部的观点定义了业务用例。该模型为产生预期效果确定了业务人员以及他们处理和使用的对象（“业务类和对象”）之间应该具有的静态和动态关系。

客户端向数据服务平台请求数据时，并不是通过数据库地址、表名和字段名等数据的详细信息来访问，而是通过统一提取并发布的业务对象来访问底层数据的。所谓业务对象就是在石油勘探开发业务活动中产生的数据对象，多数情况下它对应于一个数据库表，但也有对应于多个数据表的复杂业务对象和对应于非结构化数据的特殊业务对象。用业务对象发布数据的优势在于一旦建立通用的业务对象体系，数据的访问即可屏蔽底层数据结构的差异；而代价则是需要在各具体应用的服务端创建、维护和对外发布这些业务对象，这就需要使用元数据模型来描述众多的业务对象。

针对石油行业应用具有体系庞大、数据量大、专业化算法复杂的现状，单一的元数据难以满足数据组织和描述要求，需要以分层次的思路建立多层元数据描述，设计元数据模型结构，地质综合研讨与决策采用的双层元数据模型。如图6-2所示。

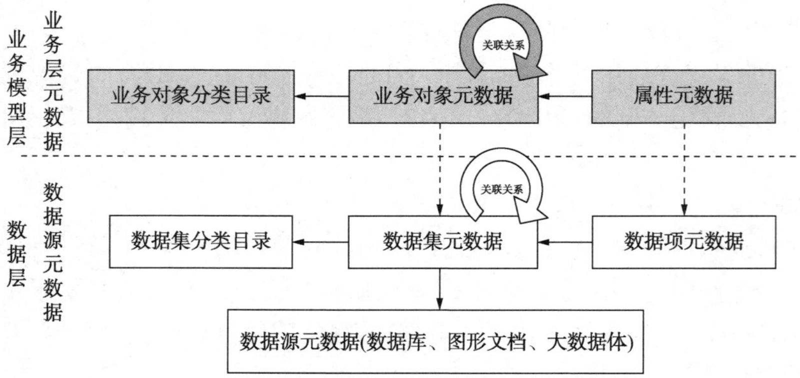

图 6-2　元数据模型结构示意图

数据源元数据，是对油气田各部门的结构化数据（主要是数据库）和非结构化数据（包括图形文档文件和大数据体）的描述，包括结构、存储位置、访问方式等。

业务层元数据，是由石油专业人员根据实际的业务应用需求，在数据源层元数据基础上经过过滤、组合、加工和业务间制定关联关系而成的。用于分析业务对象的属性以及分类目录、业务对象元数据和关联关系元数据等。以业务对象元数据描述业务对象的基本信息；以关联关系元数据描述业务对象之间的依赖、引用以及在不同分类模式下的关联关系；以分类目录从业务方面建立数据之间的关联关系线索。

（三）基于 REST 数据服务设计

在原有 Web Service 服务平台的基础上，补充研发 REST 服务平台框架，REST 服务平台，以油气田勘探开发业务对象模型为核心，以服务组件的方式研发各类数据服务，通过服务组件容器统一管理，对外提供统一的 REST 形式的数据服务，发布 JSON、XML 等数据格式。

JSON(JavaScript Object Notation)是一种轻量级的数据交换格式。它基于 JavaScript(Standard ECMA-262 3rd Edition-December 1999.)的一个子集。JSON 采用完全独立于语言的文本格式，但是也使用了类似于 C 语言家族的习惯(包括 C、C++、C#、Java、JavaScript、Perl、Python 等)。这些特性使 JSON 成为理想的数据交换语言，易于阅读和编写，同时也易于机器解析和生成，如图 6-3 所示。

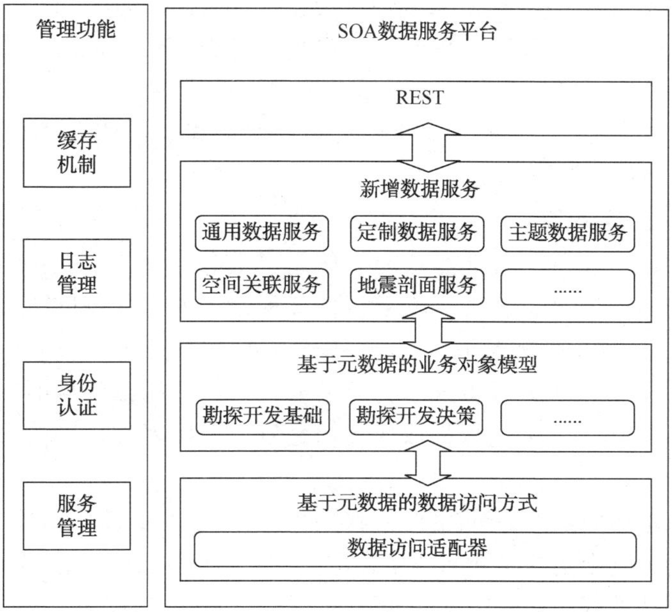

图 6-3 REST 数据服务平台框架设计

1. MVC2RESTful 技术实现

多年来，模型-视图-控制器(Model-View-Controller，MVC)模式一直都是计算机科学中非常重要的体系结构模式，在处理应用程序中的关注点分离时，这一模式是非常强大且精妙的方式，而且在基于 Web 的应用体系框架中运用得非常好。1978 年 Trygve Reenskaug 教授在 Xerox 创建 MVC 框架时曾说：“MVC 本质的目标是为了弥合人类用户的精神模型与计算机中存在的电子模型之间的差距。理想的 MVC 解决方案支持用户直接看到和操纵域信息的构想。如果用户需要从不同的上下文中和/或从不同的视角同时看到相同的模型元素，这个结构是很有用的。”

MVC 模式是用于将应用程序分割成三个主要方面的体系结构模式，该模式在网络编程中被频繁使用。MVC 与 REST 的架构风格几乎是为数据服务平台量身定做的。

2. 框架实现原理

REST 数据服务平台框架，采用 ASP. NET MVC2 的技术实现 MVC+RESTful 风格，通过 ASP. NET MVC2 项目作为网站进行发布，可以充分利用 MVC 框架的特点将 M 和 C 进行关注点分离，采用 Unity 容器提供 IOC 的系统特性，为系统的可扩展性和可管理性提供了支持。

用户在终端通过 URI(统一资源标识符，Uniform Resource Identifier)来指定资源，MVC2RESTful 将该 URI 资源通过路由功能导引到指定的控制器，在该控制器中调用 M(注意 M 中包括 S)，产生数据模型，然后再以 REST 的方式，根据终端的类型对数据模型进行处理，以不同的数据格式返回给终端(如 JOSN 或者 HTML 格式)。

3. 数据访问适配器

针对数字油气田的各种业务功能的应用要求和实际情况，面对数据库、图档和大数据体等多种数据来源，需要提供多种模式的数据访问方式。基于这一出发点，需要提供包括基于元数据的 ORM 映射对象访问、基于 SQL 的数据访问、基于文件的访问等多种方式。为此需要在设计数据访问层时将接口和实现分开，在将数据访问层的功能提取成契约之后，使用者即可随时方便地切换不同的实现。

应用到数据访问层上，分离接口意味着要为所有需要通过数据访问层暴露的功能定义契约，这个契约实际上就是编译在其所属程序集中的接口。

服务层所在的程序集引用了数据访问层接口所在的程序集，每个数据访问层的实现也同样引用了接口所在的程序集。数据访问层的使用者并不了解其具体的类型，却清楚其接口，因此可以使用接口中定义的方法来让实际的数据访问层处理。抽象地说，数据访问层工厂将找到并返回一个带有特定功能的组件。

服务层虽然使用了某种特定的数据访问层实现，却并不了解具体是哪一个。在应用程序的任意一个实现可能会根据不同的运行时条件而有所区别的情况下，分离接口模式都会带来好处。在应用时，用户并不知晓其使用到的最终类型，也不关心最终类型，只要使用的对象实现了预先约定的接口即可。

将数据访问层的接口和实现放在不同的包中，并在二者之间提供一个工厂模式(Erich. Gamma 等，1994)，让任何客户都可以获取到当前数据访问层的引用。

4. REST 服务结果

在 ASP NET MVC2 中，ASP · NET MVC2 处理结果其实是使用 Response · Write 将文本直接写到 HTTP 响应中。针对不同的客户终端，返回的结果并不一致。所以默认情况下，MVC2RESTful 服务中每一个方法的返回类型皆为 ActionResult。动作方法遵循的模式是完成任何要求的工作，并在最后返回继承自 ActionResult 抽象基类的实例。

(四) 数据服务功能实现

专业数据服务是信息集成服务平台的核心内容，是应用系统与服务平台连接的桥梁。专业数据服务以勘探开发业务模型为基础，访问底层各种类型的数据资源，并将这些模型和数据资源对外发布给客户端应用程序，这些数据资源包括各种结构化数据和非结构化数据。

针对勘探开发数据资源中的各种数据类型，研发了通用查询服务、定制查询服务、业务对象服务、主题对象服务、文件访问服务等数据服务。针对勘探开发应用中的业务逻辑，研发了地震数据体服务、空间关联服务等数据服务。

1. 通用查询服务

通用查询服务，提供适用于所有业务对象的、通用的数据服务，通过解析字符串的方式，确定业务对象是什么，条件是什么。返回结果可以是业务对象，也可以是 DataSet(一种数据集对象类型)数据集，客户端根据需要获取。用户根据自己需要的业务对象以及业务对象的条件，以一定的方式向服务器发出请求。服务器解析用户请求后，得到用户需要的业务对象名称、业务对象条件和返回类型。

服务器首先从元数据库获取一个名称为“bizName”的业务对象，然后再将适合用户使用的查询条件转化为 SQL 查询条件。根据业务对象可以获取其对应的数据集，以及该数据集所在的数据源。这样，服务就获得了查询数据所需要的所有条件，服务器连接查询数据库后，暂时将获取的数据存在实体对象里。根据用户的返回类型要求，服务器将实体对象转化成适当的类型，返回给客户端。

用户直接在浏览器中输入或由客户端构建字符串请求进行查询：

http：//{服务器地址}：{端口号}/BasicQuery/{业务对象名称}/{查询条件}

2. 定制查询服务

定制查询服务，提供适用于SQL查询的数据服务，返回结果是数据集。适用于用户对数据库结构比较熟悉且需求特殊的情况。用户根据自己需要的SQL查询语句，以一定的方式向服务器发出请求。服务器解析用户请求后，得到用户要查询的SQL语句内容。服务器首先从元数据库获取一个数据源的元数据信息。这样，就获得了所有查询数据所需要的条件，服务器连接查询数据库后，暂时将获取的数据存在实体对象里。根据用户的返回类型要求，服务器将对象转化成适当的类型，返回给客户端。查询方式：

http：//{服务器地址}：{端口号}/SqlQuery/{数据源名称}/{SQL语句}

3. 业务对象服务

业务对象服务，提供某业务对象特有的数据访问，返回结果是业务对象。目前，还没有针对具体的应用实现业务对象提供的服务。由于通用查询服务是针对所有的业务对象提供的数据服务，只提供了业务对象访问的通用方法，而没有提供针对某个业务对象提供其特有的访问方法。因此，需要为业务对象的特有数据访问操作研发业务对象服务。

用户根据自己需要的业务对象以及业务对象的条件，以一定的方式向服务器发出请求。服务器解析用户请求后，得到用户需要的业务对象名称、业务对象条件和返回类型。

与通用查询的流程一样，服务器首先从元数据库获取一个业务对象，进而获取其对应的数据集及数据源。通过这些条件查询数据库将获取的数据存在实体对象中，进而将实体对象转化成适当的类型，返回给客户端。查询方式为：

http：//{服务器地址}：{端口号}/{业务对象名称}/{查询条件}

4. 主题对象服务

主题对象服务，提供主题对象的数据访问，返回结果是主题对象。主题对象的结构使用“object[ ]”来存储业务对象。用户根据需求，以一定的方式向服务器发出请求。服务器解析用户请求后，得到用户要查询的主题名称和主题约束条件。

服务器端首先根据主题名称获取相应的主题标题，然后根据标题可以获取该主题所包含的所有业务对象、业务对象关系以及主题的约束。根据主题约束找到起始业务对象，再结合用户提供的约束条件可以获取到起始业务对象的数据。然后结合刚获取的业务对象数据和该业务对象的相关业务对象的关系，就可以生成新的查询条件，从而获取相关业务对象的数据。依此类推，就可以获取该主题包含的所有业务对象的数据。查询方式：

http：//{服务器地址}：{端口号}/TopicObject/{主题对象名称}/{查询条件}

5. 文件访问服务

文件访问服务，提供文件的读取等，返回结果是二进制文件流(FileStream类)。用户根据自己需求以一定的方式向服务器发出请求。服务器解析用户请求后，得到用户要查询的文件业务对象和文件名称。

服务器端首先根据业务对象名获取相应的业务对象，然后根据业务对象可以很容易获取其对应的数据集及所在数据源，服务进一步获取两个数据项对应的存储 FTP 站点文件信息的数据库元数据信息。查询方式：

http：//{服务器地址}：{端口号}/files/{文件业务对象}/{查询条件}

6. 地震数据体服务

用户根据自己需要的地震数据体和测线号，向服务器发出请求。服务器解析用户请求后，得到并返回测线剖面的数据体文件。抽取的测线可以是横测线、纵测线，也可以是任意测线。

服务端首先通过地震数据体名称获取地震数据体业务对象，根据 SegYPath 属性(SegY 文件路径)找到数据体文件。根据测线的类型(横测线、纵测线、任意测线)以及测线号(或任意测线的拐点集合)，采用不同的处理方法在地震数据体文件中抽取剖面文件，形成文件流，返回给客户端。查询方式：

http：//{服务器地址}：{端口号}/SeismicVolume/{地震数据体名称}/{测线类型}/{测线号(或拐点集合)}

7. 空间关联服务

该服务涉及几个具有明确空间属性的业务对象，其中“面”对象为探矿权、采矿权、油气田区域、三维工区和二维工区；“线”对象有二维测线和任意测线两种；“点”对象主要是探井、设计井等井点对象。根据业务对象空间关联关系，研发相应的数据服务，通过计算业务对象在空间的位置关系(包含、相交、不包含等)来查找关联对象。

用户根据自己需要的空间业务对象以及空间业务对象的条件，以一定的方式向服务器发出请求。服务器解析用户请求后，得到用户要查询的空间业务对象名称，业务对象条件和返回类型。具体提供了六类空间关联查询方式：

(1) 由面查点，即查询指定区域内的井：根据三维工区、构造单元、油气田、采矿权、探矿权等区域的坐标，计算区域的最小外接正四边形；将坐标位于该四边形内所有待查井找出，判断是否在区域的范围内，即可得到指定区域内的所有井。

(2) 由面查线，即查询与指定区域相交的线：根据三维工区、构造单元、油气田、采矿权、探矿权等区域的坐标，计算指定区域的最小外接正四边形；四边形向坐标系 X 轴和 Y 轴的正、负方向无限延伸，得到一个“十字区域”，由于一般情况下测线都是水平方向和垂直方向上的直线段，所以与区域相交的测线都包含在该“十字区域”中；找出“十字区域”中的所有测线，将其分解为多条线段，分别判断各线段是否与指定区域的各边相交，即可得到与指定区域相交的所有测线。

(3) 由面查面，即查询与指定区域相交或包含在其内的待查区域：首先取出组成指定区域的所有测线或线段，计算其最小外接正四边形；由于区域都是由测线或者类似测线的线段组成，在此可以借用由面查线(2)中的方式搜索符合条件的待查询区域。

(4) 由线查点，即查询距离指定测线 L 内的井：测线是由多点连成的折线，根据测线各点的坐标，计算测线的最小外接正四边形；利用用户设定的距离 L 对四边形扩展，即四边形向坐标系 X 轴和 Y 轴的正、负方向各延伸 L 长度；将坐标位于该四边形内所有井找出，将测线分解为多条线段，分别计算井与各线段的距离，比较得出井到测线的最小距离，若该距离小于等于 L，则判定在测线 L 距离内，由此即可得到测线 L 范围内的所有井。

(5) 由点查点，即查询距离指定井 L 内的其他井：井对象具有坐标这一基本属性，通过计算其他井与该井之间的距离即可求得符合条件的所有井；另有一通过坐标点查询井的变通方法，它提供了直接用于计算距离的坐标值。

(6) 由点查面，即查询井所在的区域：首先针对待查询的面对象，依次求取其最小外接正四边形，通过判断点是否在此四边形内进行初步筛选，接着判断点是否落在面对象的内部即可获得符合条件的区域。

三、传统 WIN 客户端软件集成框架

随着互联网应用的普及，当前大量软件研发逐步转移到浏览器环境下运行，以 HTML5 为代表的前端框架逐步占据了主流，但由于石油行业的图形化和高度交互的需求，面向专业研发的平台依旧是基于 Windows 客户端平台，其软件框架我们称之为 Winform 客户端框架，目前这一技术在 2010 年之后发展基本稳定下来，常用的客户端框架有：

1. CAB 和 SCSF 架构

CAB(Composite UI Application Block)框架与 SCSF(Smart Client Software Factory)是重量级 C/S 程序开发中比较优秀的框架，它们主要提供系统的模块化并行开发。该框架最大的特点是松散耦合，把软件分割成很多模块，然后采用框架把这

些模块有机整合起来。实现模块化设计或插件化设计。通过松散耦合，各个小块之间的交互会尽可能少，从而使程序易于开发、扩展和维护。

2. 微软的 ESB 产品 Biztalk

Biztalk，微软的主要产品之一。Biz 为 business 的简称，talk 为对话之意，所以该产品功能为各企业级商务应用程序间的消息交流之用。Biztalk 使用统一标准化语言 XML 作为不同系统应用之间的消息传递对象，来完成企业内部以及不同企业的应用程序交互。它可以完成：①连接一个组织内的应用程序，通常称为企业应用程序集成（EAI）；②连接不同组织中的应用程序，通常称为企业对企业（B2B）集成。

3. 微软 Prism 软件框架

Prism 是由微软 Patterns & Practices 团队于 2011 年开发并发布的一个开源项目，目的在于帮助开发人员构建松散耦合的、更灵活、更易于维护并且更易于测试的 WPF 应用，这一框架提供基于 MVVM 模式的客户端开发，其中使用依赖注入等一些方法将软件业务逻辑解依赖，方便软件开发者开发出可扩展的高可用性的应用。

客户端软件框架的开发重点是实现业务功能块的插件机制，从而形成松耦合的、易于扩展和集成的专业软件系统，统一的软件应用（客户端）框架解决大规模软件研发中的一致性和高效率问题，其重点在于软件的模块化和功能复用。而我们软件应用框架的设计，就是在油气田勘探开发应用功能需求基础上，分析应用系统中可以提取成专业组件的模块，形成专业组件管理和运行环境，解决勘探开发应用中某些功能重复建设的问题，形成油气田勘探开发专业组件库。通过专业组件客户端应用框架形成专业组件的运行环境，依靠专业组件运行的接口标准和消息通信机制，实现专业组件间的无缝连接。

四、可复用专业组件集成模式

油气田专业组件主要是指提供一定的勘探开发专业功能，并且能够在客户端运行的专业模块，以绘制勘探开发的各种专业图形为主，也称为业务功能组件或专业图形组件，如工区底图组件、地震剖面组件、井筒地质剖面组件等。这种勘探开发领域的专业组件，一般都具有功能模块粒度大、具有完整的业务功能、能够完成一系列业务逻辑等特点。以井筒地质剖面组件为例，能够绘制出综合录井图、气测录井图、标准测井图、测井图、测井曲线图、组合测井图、放大测井图、成果曲线图等图形；采用模板驱动的图形绘制技术，以各种图形模板生成不同的井柱图形；同时具有各类图形对象可以被任意地移动、复制、组合等功能。

将这些专业组件组合在一起运行，并让它们之间能够联动，必须研发一套专业组件的运行环境，让专业组件能够在同一个环境中被加载运行，也就是一套客户端应用框架。同时根据客户端应用框架的要求，制定专业组件的开发规范，指导新的专业组件的研发工作。

（一）专业组件客户端应用框架

客户端应用框架，为了能够加载运行专业组件，实现了一整套相关的专业组件可复用机制。该机制包括采用与客户端应用框架一致的技术体系、实现客户端应用框架提供的统一接口、采用客户端应用框架提供的消息通信方式等几个方面。

客户端应用框架，首先是一个可独立运行的应用程序，但是独立运行时里面没有任何内容。只有加载了专业组件以后，框架中才会有具体的内容。应用框架中最重要的部分是工作台，它是一个组件容器，提供了专业组件接口，并包含了外壳、插件容器、事件通信机制三部分。如图 6-4 所示。

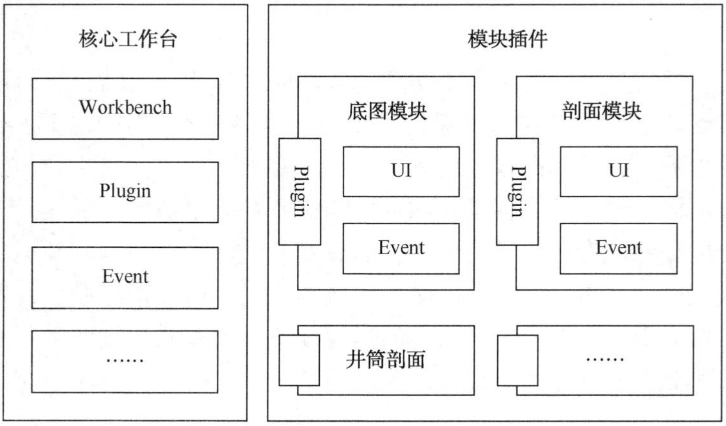

图 6-4　客户端应用框架图

应用程序域为程序集提供了独立的运行空间，以便加载程序集的时候能看到它自己的安全描述符、错误保护以及程序集集合。当加载的程序集试图进行跨应用程序域的调用时，它就需要序列化和代理，这个过程就不像一个程序集调用在同一个应用域中的另一个程序集的过程那么简单了。

1. 插件机制

在客户端框架中定义专业组件的插件（Plugins）接口，提供 Load（）、Unload（）、Run（）三个方法。客户端程序员需要在专业组件模块中实现该插件的三个抽象方法，指定专业组件模块在专业组件加载和卸载时的行为。

客户端框架提供了专业组件间通信事件的接口，当客户端框架动态加载专业组件时，把专业组件订阅、发布的通信事件注册到客户端框架的中介者中，当该专业组件发布消息事件时，首先把消息发送给中介者，再由中介者把消息发送给订阅了该消息事件的其他专业组件，从而实现专业组件间的消息通信。

（1）专业组件接口。

将专业组件的接口和具体实现进行分离，分离接口意味着要为所有需要通过专业组件暴露的功能定义契约，这个契约实际上就是编译在其所属程序集中的接口。客户端框架所在的程序集引用了专业组件接口所在的程序集，每个专业组件的实现也同样引用了接口所在的程序集。将专业组件的接口和实现放在不同的包中，并在二者之间提供插件工厂，让任何客户都可以获取到当前专业组件的引用。

专业组件工厂是一个对象，专门用来创建暴露了某个特定接口的类的实例。通常来说，工厂内部并没有其他的逻辑，工厂是包含了一个方法的类，该方法将初始化一个硬编码类型的新实例，然后将其返回。

（2）插件模式。

在专业组件工厂中增加配置文件，客户端框架所在的程序集在读取该配置文件的信息后，得到应该实例化并返回那个具体的类型，从而实现插件模式。作为一个插件模式的实现，任何需要数据访问的使用者都不了解其具体类型，也不需要连接到其程序集。此外，配置集也放在了应用程序外，因此修改配置并不需要重新编译代码。

插件模式存在的一个基础原则就是插件工厂的使用者并不了解工厂实例化对象的具体类型，插件工厂将读取配置，取得所有必需的、用来识别并加载特定类型的信息。

（3）控制反转模式。

为了提供了更好地扩展，在插件模式的基础上，利用依赖倒置（Dependency Inversion Principle，DIP）原则，升级为控制反转模式。控制反转的基本想法是功能的使用者自己并不管理所需要的依赖，而是将这些工作交给专门的组件完成。作为对依赖倒置原则的一个应用，用一段泛化的代码控制更加特定的外部组件的执行。

专业组件的使用者逻辑上依赖于插件接口及其实现，客户端框架并不直接完成注入定位专业组件的实现、实例化合适类型之类的冗繁操作，而是用一个中间对象将所有需要的外部对象的引用注入专业组件使用者内部。依赖注入器将负责查找合适的插件实现，并让使用者可以调用。

2. 事件通信机制

客户端框架把专业组件加载运行管理以后，只是在界面上把各个模块集成在一起，还需要提供专业组件间的通信机制，以让各个专业组件能够互相联动，成为无缝连接的一个整体。

常用的事件通信模式有两种：观察者模式“Observer”和中介者模式“Mediator”。

（1）观察者模式

观察者模式在两个对象之间建立“通知依赖关系”，当一个对象(目标对象)的状态发生改变，所有的依赖对象(观察者对象)都将得到通知，并作出相应的改变。

观察者模式的优点：

① 观察者模式在被观察者和观察者之间建立一个抽象的耦合。被观察者角色所知道的只是一个具体观察者聚集，每一个具体观察者都符合一个抽象观察者的接口。被观察者并不认识任何一个具体观察者，它只知道它们都有一个共同的接口。由于被观察者和观察者没有紧密地耦合在一起，因此它们可以属于不同的抽象化层次。

② 观察者模式支持广播通信。被观察者会向所有登记过的观察者发出通知。

观察者模式的缺点：

① 如果一个被观察者对象有很多直接和间接的观察者的话，将所有的观察者都通知到会花费很多时间。

② 如果在被观察者之间有循环依赖的话，被观察者会触发它们之间进行循环调用，导致系统崩溃。在使用观察者模式时要特别注意这一点。

（2）中介者模式。

中介者模式，用一个中介对象来封装一系列的对象交互，中介者使各对象不需要显示相互引用，从而降低耦合，而且可以独立地改变它们之间的交互。

在一组对象之间引入一个中介者，各个对象状态发生改变时，都通知中介者，再由中介者通知其他的对象，对象之间互相并不交互。

中介者模式和观察者模式的区别是，前者应用于多对多杂乱交互行为的统筹处理，后者应用于一(多)对多关系的灵活定制。

中介者模式的优点：

① 减少了子类生成。中介者将原本分布于多个对象间的行为集中在一起，改变这些行为只需生成中介者的子类即可，这样各个对象类可被重用。

② 它将各对象解耦。中介者有利于各对象间的松耦合，可以独立地改变和复用各对象类和中介者类。

③ 简化了对象协议。用中介者和各对象间的一对多的交互来代替多对多的交互。一对多的关系更易于理解、维护和扩展。

④ 对对象如何协作进行了抽象。将中介者作为一个独立的概念并将其封装

在一个对象中，使你将注意力从对象各自本身的行为转移到它们之间的交互上来，这有助于弄清楚一个系统中的对象是如何交互的。

⑤ 使控制集中化。中介者模式将交互的复杂性变为中介者的复杂性。因为中介者封装了协议，它可能变得比任一个对象都复杂。这可能使得中介者自身成为一个难以维护的庞然大物。

（3）模式选择。

对比观察者模式和中介者模式，发现当依赖对象和目标对象相对较少时，使用观察者模式能够很好地在对象间进行消息通信。但是当对象数量增多，各个对象互相之间的消息通信呈网状时，观察值模式的实现就显得非常复杂，这时需要引入中介者模式来解决多对象间的消息通信。

各个专业组件间并不知道其他专业组件的存在，或者说不必知道其他专业组件的存在，因此观察者模式在这种情况下不是很适合。而由于客户端框架的存在，为中介者模式的应用提供了基础，因为客户端框架本身就是一个中介者，因为专业组件需要在客户端框架中被加载运行，客户端框架知道每一个专业组件的状态如何，每个专业组件都可以与客户端框架直接进行通信。因此，在客户端框架中采用中介者模式实现消息通信是非常合适的。

客户端框架中，定义了专门负责消息通信的事件容器(Event Framework)，负责统一管理各个专业组件注册的事件。Event Framework 中定义了一个 EventBroker 类，专门负责管理各个专业组件注册的发布通信事件和订阅通信事件。如图 6-5 所示。

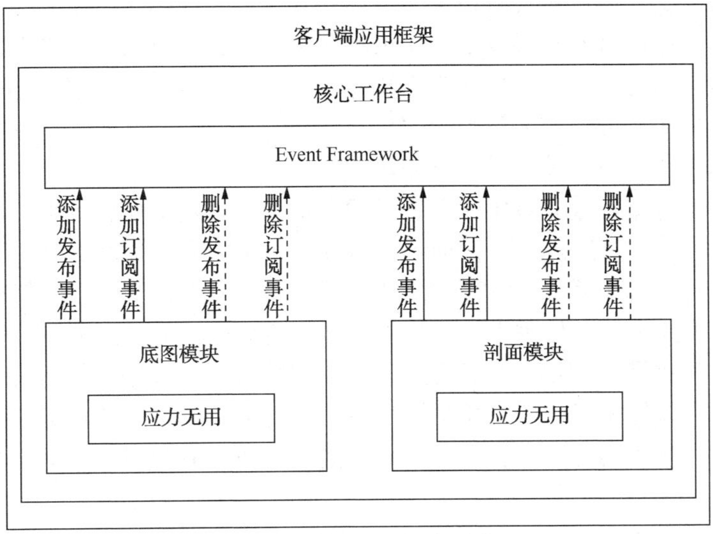

图 6-5　客户端框架事件通信机制

当客户端框架动态加载专业组件时，把专业组件订阅、发布的通信事件注册到客户端框架的 EventBroker 中，EventBroker 就充当了中介者的角色，当该专业组件状态改变发布某通信事件时，首先把通信消息发送给 EventBroker，再由 EventBroker 在订阅事件中检索哪几个专业组件订阅了该事件，把通信消息发送给这些专业组件，从而实现专业组件间的消息通信。

3. 专业组件

专业组件必须实现客户端应用框架的“Plugin”接口中的“Load( )”“Unload( )”“Run( )”三个抽象方法，指定专业组件在插件加载和卸载时的行为。

专业组件在加载的时候，将专业组件的程序集加载到内存中；在运行时，将专业组件的 UI 在客户端框架的工作台中运行显示。

客户端框架为系统提供了专业组件间通信的接口。专业组件可以使用“Plugin 类”提供的“AddPublication(string idName，object publisher，string eventName)”方法、“AddSubscription(string idName，object subscriber，string methodName)”方法来添加发布订阅事件，采用“RemovePublication(string idName，object publisher，string eventName)”方法、“RemoveSubscription(string idName，object subscriber，string methodName)”方法来移除发布订阅事件。

每个专业组件，既可以是消息的发送者，也可以是消息的接收者。专业组件间的连接越多，互相之间发送接收的消息就越多，互相之间的联系就越紧密。

（二）基于多业务组件的集成模式

基于业务组件的信息集成系统，是将各专业子系统和专业组件从勘探开发综合应用需求出发，通过对现有系统的梳理和分析，研究勘探对象和专业应用之间的关联关系，通过软件框架技术，实现勘探对象和专业应用之间的互联互通，打通勘探信息应用的关联，为勘探应用软件研发提供功能基础。完成勘探业务对象之间的集成工作，分为以下几个步骤：

1. 建立勘探对象和勘探业务关联关系

按照勘探对象和业务对象建立关联的思路，实现勘探中各类对象和业务模块之间的调用关系。其实现方法是通过分析勘探对象之间的关联关系，建立对象之间的包含与被包含关系，实现井(探井、开发井)、构造单元、油气田、储量区块、圈闭、采集工区、处理工区、矿权范围等业务对象的信息展示及信息关联方式，形成业务数据之间的互联互通。最终针对勘探业务应用模块之间的业务关联，确立应用软件相互的调用关系，从而实现各个模块之间的业务关联关系，进行从一个软件模块到另一个软件模块的数据传递和功能调用，以此方式支持跨专业的综合应用。

2. 建立勘探资源对象之间的关联调用机制

按照空间坐标关系，将探井(设计井、部署井、动态井、静态井)、开发井、二维测线、三维工区、构造单元、油气田、矿权、圈闭、储量等勘探对象在导航图上进行投放，实现了多种勘探业务元素的组织和查询，并可进行各对象之间的关联拓扑查询，通过数据关联，可以满足针对当前油气数据中心多种数据的实时关联查询。

3. 建立应用模块之间的调用机制

系统集成了图形导航、综合录井图、测井曲线、地震剖面、文档浏览、岩心图像浏览、数据桥、地质统计、井身结构图及管柱图等各个专业应用组件。

通过统一的客户端插件框架，使任意不同组件进行相互通信和数据传递，实现了勘探对象、应用模块之间的互联互通，解决了“竖井式”开发方式带来的信息、功能孤岛等问题。通过对勘探信息应用的框架技术实现了勘探领域内各类勘探资源对象和勘探业务应用的互相关联和通信，可实现多种业务组件的统一集成。

如图 6-6 所示，通过勘探对象与模块的相互调用机制的建立，依靠信息树或图形导航模块中的勘探业务对象名称，实现直接调用与该对象相关的其他功能模块。如通过地震线道号对象，调用剖面图形模块来展示地震剖面；通过地质体对象，调用油藏模拟网格体的三维展示模块；通过测井曲线模板对象，在平面导航中调用综合测录井图形；通过探井和物探的施工日期，调用相关的施工表格和图表模块。

图 6-6 勘探业务应用互联互通（刘长治，余学峰等，2013）

第三节 基于云的软件技术架构

一、基于云的技术架构概述

以云计算为核心的云平台技术是未来油气勘探开发的数据集成与软件集成的发展趋势，这种云平台技术使得油气企业的软件集成真正地成为可能。目前，国内外许多油气软件公司已经启动了基于云平台技术的软件架构升级，形成了系统化的油气勘探开发技术架构设计(图 6-7)，这为即将到来的油气数字化时代奠定了技术基础和生态基础。

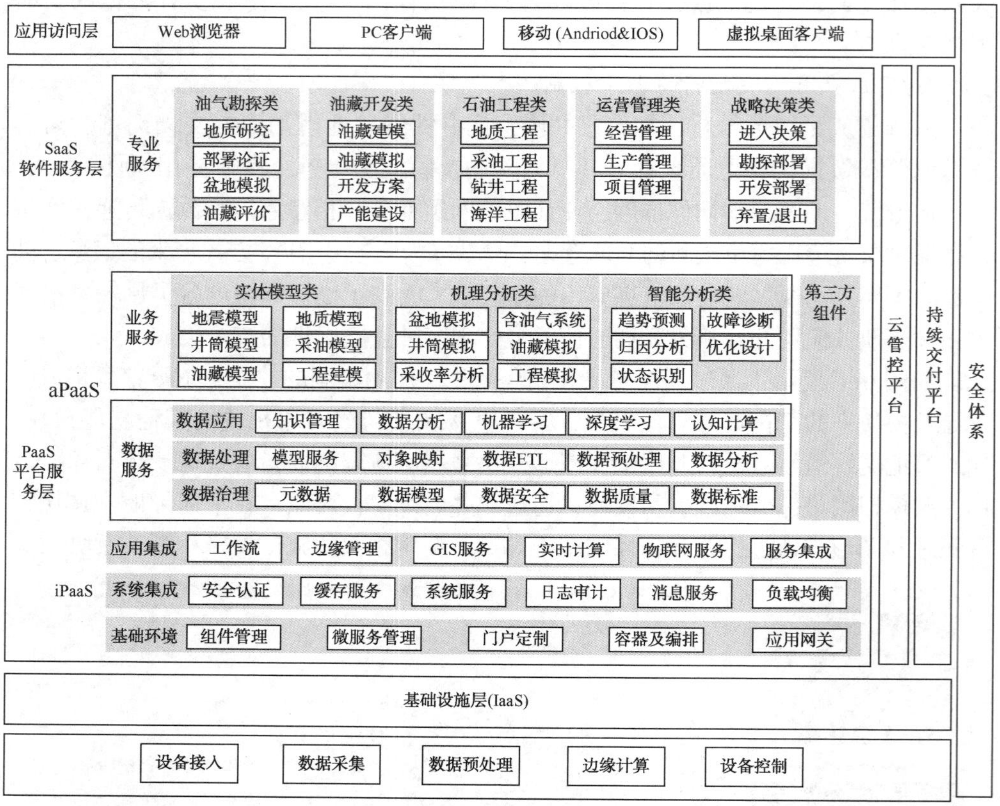

图 6-7　基于云的油气勘探开发技术架构图(示意)

1. 云平台是云计算技术的软件架构

云平台是一个企业级的软件架构，其最为核心的思想是一切皆为服务。服务(Services)是软件上的基本概念，就是以访问接口的方式提供给用户的 IT 设施，它可以是硬件(存储、算力、主机)，也可以是一个系统、数据库、中间件，或者是面向用户的应用软件。

在云平台的软件架构之中，提供不同层次的云端化架构解决方案。一般分为基础设施即服务(IaaS)、平台即服务(PaaS)、软件即服务(SaaS)。

2. 从云平台软件中构建的中台

随着时代发展，企业的数字化建设会变得越来越复杂，各个领域都在构建自己的业务系统，在这些不同的业务系统中有很多通用的功能(同一个业务板块中的不同应用也会有通用的业务功能)，为了将这些功能共享，计算机业内又提出了业务中台的概念。业务中台提出后，从这个概念延伸出来了数据中台、技术中台、智能中台。其中数据中台就是解决数据通用功能的中台，技术中台就是一系列 IT 技术的组合。后来，大数据和人工智能发展起来后，为了保证人工智能的规模化应用，由百度等公司提出智能中台的概念与设计。

3. 微服务是云平台时代的软件架构

在软件开发技术上，微服务是云平台软件的一种架构解决方案。这种技术架构，其核心功能组件包括网关、微服务治理、服务注册、配置管理、限流和熔断、负载均衡、自动扩容、自动故障隔离、自动业务恢复、监控和日志组件等。典型的，如 Java 语言的 Spring Cloud 就提供了诸如网关 Zuul 组件、Ribbon 负载均衡组件、Eureka 服务注册组件、LCM 扩容组件、Hystrix 业务恢复组件。利用 Spring Cloud 的能力可以实现一套完善的微服务架构。

4. 前后端分离的软件架构实现

前后端是指前端的应用软件功能和后台的服务功能在软件研发上完全分离，前端项目和后端项目独立开发、独立部署。其中，前端只需要关注软件界面、交互以及数据提取、显示和图形化渲染，后端工程师只需要专注于具体业务逻辑。

前后端分离的目的是分离前后端开发人员的职责，解决开发模式的问题，同时，让前端和后端的技术框架有更多的选择自由度，这种方式可以大大地提高开发效率，减少程序的耦合。

图 6-8 是以“智能钻井”作为案例的一个业务场景形成的云原生软件前后端架构。

软件前端采用 Web 体系，使用 VUE2 前端框架，在此之上应用多个第三方 API 分别来构建井筒专业图形、UI 交互、通用图形与图表等。

软件后端采用 Java 体系下的 SpringBoot 与 SpringCloud 框架开展架构设计。应用 Kubernetes 实现容器编排，Docker 实现容器引擎，建立了较为完善的云原生开发模式。

二、云计算：计算机与软件的虚拟化共享

（一）云计算技术定义、来源与发展

1. 云计算

云计算，维基百科有以下定义：“云计算就是一种按照需求通过 Internet 获取计算资源的形态。这些计算资源被包装成服务，提供给用户”。而提供这些服务的主体，我们称之为云服务供应商。

基于百度百科定义，2006 年，Google 首席执行官埃里克 · 施密特（Eric Schmidt）在搜索引擎大会（SESSan Jose，2006）首次提出“云计算”（Cloud

Computing)的概念。这是云计算发展史上第一次正式地提出这一概念，有着巨大的历史意义。同年，Amazon 以 Web 服务的形式向企业提供 IT 基础设施服务，包括弹性计算网云(EC2)、简单储存服务(S3)、简单数据库(SimpleDB)等。

图 6-8 前后端分离的技术架构分解

云计算技术具有虚拟化、动态可扩展、按需部署、灵活性高、可靠性高、性价比高与可扩展性强的特点。其中虚拟化技术是云计算技术取得突破的关键。

云平台，亦称云计算平台，是指基于硬件资源和软件资源的服务，提供计算、网络和存储能力的平台。

2006~2010 年亚马逊通过虚拟化技术实现了首个云计算平台(AWS)。之后 NASA 与 Citrix 通过虚拟化技术实现了“OpenStack”和“CloudStack”这两个云平台开源项目。此后，随着开源项目“OpenStack”发展带来的云计算技术的成熟化，阿里、腾讯等互联网公司，以及京东、新浪、网易、华为等公司逐渐完成云平台建设。虽然外表差异较大，但早期的云计算平台多数是从开源版本的“OpenStack”学习和发展过来的。而且，随着“OpenStack”的成熟，国内出现了一些基于“OpenStack”技术延伸形成的行业性创业公司，他们通过二次开发或重新改造形成了自己的特定行业云计算解决方案，企业私有云就在国内普及开来。

2. 云服务

云服务，指通过网络以按需、易扩展的方式获得所需服务。这种服务可以是 IT 和软件、互联网相关，也可是其他服务。它意味着计算能力也可作为一种商品。

现今的云计算技术从当初的计算能力虚拟化，演化到现在的不同层次的云服务。针对云计算目前提供的服务，是以提供服务的资源类型来划分的。美国国家标准和技术研究院(National Institute of Standards and Technology，NIST)将云服务分为主要的三类，即 IaaS、PaaS、SaaS。

IaaS：基础设施即服务(Infrastructure as a Service)。把计算基础(服务器、网络技术、存储和数据中心空间)作为一项服务提供给客户。它也包括提供操作系统和虚拟化技术来管理资源。消费者通过 Internet 可以从完善的计算机基础设施获得服务。

PaaS：平台即服务(Platform as a Service)。PaaS 实际上是指将软件研发的平台作为一种服务，供应商提供超过基础设施的服务，一个作为软件开发和运行环境的整套解决方案，即以 SaaS 的模式提交给用户。因此，PaaS 也是 SaaS 模式的一种应用。但是，PaaS 的出现可以加快 SaaS 的发展，尤其是加快 SaaS 应用的开发速度。

SaaS：软件即服务(Software as a Service)。SaaS 是一种交付模式，其中应用作为一项服务托管，通过 Internet 提供给用户，帮助客户更好地管理他们的 IT 项目和服务、确保他们 IT 应用的质量和性能，监控他们的在线业务。

云计算根据服务部署方式的不同，可划分成公有云、私有云和混合云(信息来源：视界云)。

公有云是最基础的服务，成本较低，是指多个客户可共享一个服务提供商的系统资源，无须架设任何设备及配备管理人员，便可享有专业的 IT 服务，这对于一般创业者、中小企来说，是一个降低成本的好方法。

私有云是基于企业内部运行特点和信息安全需要建立的自建云服务，是企业为了兼顾行业与客户私隐，将重要数据以架设私有云端网络的形式进行存储和处理。私有云的运作形式与公有云类似，但其架设是一项重大投资，企业需自行设计数据中心、网络、存储设备，并且拥有专业的顾问团队。

目前的云计算根据提供的服务不同，在技术上向着基础设施虚拟化、平台资源虚拟化、应用软件虚拟化三个方向发展，而云服务，也在IaaS、PaaS和SaaS这三个方向上持续发展，不同的公司已经形成了不同的服务产品导向。

（二）油气行业应用场景与应用案例

随着油气数字化转型工作的逐步推进，油气行业的云计算与云平台技术已经广泛应用在资源虚拟化共享和软件平台化等技术领域。

1. IaaS市场已经成为目前最为庞大的云服务

早期的云计算市场是以亚马逊为代表的IaaS市场和以谷歌倡导的PaaS市场。目前看，IaaS云最为成功，已经成为目前最为庞大的产品市场。

IaaS云服务产品从一枝独秀演变到了今天的百花齐放。典型的如阿里云、腾讯云、华为云，以及大量的较为专业化的云计算公司，目前市场的主流产品都是IaaS类的云服务，其价格和性能，以及安全和维护方面的优势，远远超过传统的自建信息中心与数据中心。这种繁荣的基础是IaaS技术的成熟，另一个方面，是IaaS产品（如虚拟机、数据库）有着天生的标准化属性。其体系结构与操作流程非常程序化，所以亚马逊、阿里云、华为云等很快就得到用户所接受。

但与此同时，大型石油企业如中国石油与中国石化以及中国海油，由于对数据管理复杂度、战略安全性和专业软件支持性方面的考虑，对于阿里云、华为云这样的公有云服务并不动心，而是锚定了私有云建设。事实上，这些国内的油公司们都在集中力量，并且在过去几年中初步完成了自己的IaaS的私有云建设，并以此形成了计算机服务（应用服务器）、中心高性能计算中心、大数据存储管理中心（数据库）基础设施的共享建设。

当前云计算技术正在从IT行业向传统行业覆盖，以阿里、华为、腾讯为代表的云服务厂商正在进行着针对大型企业的公有云服务和私有云建设服务。与此同时，在“工业互联网”和“互联网+”的技术推动下，目前大量的传统企业也开始纷纷“上云”，未来云计算对于传统企业信息化的平台化、虚拟化、智能化改造会继续深化下去。

2. SaaS市场，最早被开辟的软件商业化领地

SaaS与应用相关，也是继IaaS之后，最早被开辟成云服务的领地。

现有的商业与行业软件的云端化，就是指的SaaS云服务，或围绕软件的推

广应用建立基于 SaaS 的支撑系统，如目前的零售电商 SaaS 率先爆发，医疗、物流、餐饮和酒店行业紧随其后，各行业对 SaaS 服务的需求已不容忽视。这种行业垂直型 SaaS 的关键点，在于厂家能否提供满足细分行业痛点需求又可以快速复制的产品。这就对 SaaS 厂家所专注的客户行业知识积累提出了很高的要求，核心团队在相关行业的从业经历将起到至关重要的作用。

石油行业也是如此，但又有所不同，因为软件分为专业软件和管理软件（这种划分有着历史原因）。在专业软件领域，通过引入 IaaS 的 VDI 技术建立的虚拟桌面，建立了一种新的软件使用上的共享；而在传统的管理软件和生产信息 MIS 系统中，我们更多的是通过自研或者指定技术规范由第三方团队来协助研发的方式实施。

3. PaaS 市场方兴未艾，是未来云平台化的发展趋势

PaaS 技术是从 SaaS 中脱离出来的，其定义和发展的过程不但晚于 SaaS，更是晚于 IaaS，但其重要性毫不逊色。

PaaS 的公有云市场和私有云市场，国内都是在最近几年才起步建设的。PaaS 云服务的统一推广在国际上并不顺利，本质是软件开发的标准化和使用门槛等问题。如 Google GAE 为代表的 PaaS 平台在早期的服务中有不少的开发限制和违背开发者使用习惯的操作（Google GAE 存在强制定义流程现象等）。但各大云用户研发厂商有多年自建的研发体系，改变和切换的可能性很低，这些都注定了这类 PaaS 产品成功推广的可能性不高。但是在基础设施逐渐完备后，以及在大数据和人工智能新技术的加持下，云服务市场注定会逐渐回归到应用集成的层面。阿里云、华为云等主流大数据厂商，近年来重心从 IaaS 转向了 PaaS，用来支撑大数据、支持人工智能、支撑软件开发过程及项目管理的机制不断推出，逐渐丰富着 PaaS 的体系。但与 IaaS 的现状一样，国内的大型油公司依然将私有云的建设作为企业重点，即建设油公司勘探开发一体化的 PaaS 平台。

目前中国石油、中国石化、中国海油，其 PaaS 平台均在 2018 年、2019 年这两年间初具规模并进入应用环节，这些 PaaS 平台定位在企业的应用集成，实现将管理、生产和科研信息化打通；实现将数据治理与共享形成一个整体；实现围绕业务场景调动数据资源和软件模块资源快速形成解决方案等。最终，PaaS 平台将成为油公司实现勘探开发一体化的最直接的工具和平台。

下面提到的两个案例，中国石油"勘探开发梦想云"和中国石化"石化智云"都是基于上述思路建设的。

中国石油"勘探开发梦想云"是中国石油"十二五"三大标志性工程之一，从 2014 年开始设计、实施，于 2015 年 7 月完成项目上线验收。以云计算环境建设和应用系统云化实施为两大工作主线。

云计算环境建设方面：以中国石油“两地三中心”的数据中心布局为依托，已形成了2200台服务器、4.4PB存储的服务能力；至今已累计向各项目供给虚拟机服务近3700套，存储1500TB。应用系统云化实施方面：2015年完成了包括ERP在内的20套核心信息系统迁移至云计算环境，是当时唯一实现了承载核心应用的企业自建云。所有迁移一次成功，数据零丢失，迁移后系统平稳运行。2018年底，中国石油结合云计算、大数据与智能化技术形成“勘探开发梦想云”，其核心是“两统一、一通用”，由统一数据湖、统一技术平台、通用应用和标准规范体系组成。

从特色上看，中国石油的“勘探开发梦想云”是企业内部私有云，该私有云建立了面向行业的统一技术平台，并融入智能化技术，支撑智能化应用。在此基础上，“勘探开发梦想云”面向应用建设和应用集成，建设了云原生开发体系，形成“模块化、迭代式”敏捷开发模式。

中国石化的“石化智云”建成较晚，但在技术复杂度和全面性方面更为丰富。“石化智云”主要由基础云平台、管理云、制造云和服务云四部分组成。

“石化智云”首先是企业内部私有云，它通过逐步开放的方式进行云生态的建设。2019年“石化智云”首先构建完成了云能力模型及资源池，实现资源与服务的共享；其次，采取“平台+数据+应用”的模式，实现企业应用上云策略，提出了“一切开发上平台，一切应用上云”的应用建设策略。在应用研发方面，“石化智云”通过建立持续交付中心DevOps，以及完整的标准体系和管控机制，实现了软件研发的上云。

（三）云计算在油气领域的应用分析

1. 云计算已经成为一种成熟的技术，“上云”已经是举手之劳

当前云计算技术正在从IT行业向传统行业覆盖，以阿里、华为、腾讯为代表的云服务厂商正在进行着针对大型企业的公有云服务和私有云建设服务。与此同时，在“工业互联网”和“互联网+”的技术推动下，目前大量的传统企业也开始纷纷“上云”，未来云计算对于传统企业信息化的平台化、虚拟化、智能化改造会继续深化下去。

基于当前公有云市场的兴盛和企业私有云建设的成功，“上云”已经是成本极低的简单工作。石油企业无论对于公有云的购买使用，还是内部自建私有云的申请使用，都具有成熟的商业模式和运作模式，相对过去购置服务器和多种支撑软件的情况，云计算使得企业应用成本降到了最低限度。于是，油公司将有更多的精力和资源去面对核心的专业应用解决方案的问题了。

2. 对于企业来说，云计算是一种多技术集成的解决方案

从技术角度来看，云计算的应用领域不仅涉及传统的Web领域，在物联网、

大数据和人工智能等新兴领域也有比较重要的应用，而且在5G通信时代，云计算的服务边界还会得到进一步拓展。可以说，云计算正在为整个IT行业构建起一种全新的计算(存储)服务方式，而且在全栈云和智能云的推动下，云计算也会全面促进大数据和人工智能等技术的落地应用。

因此对于企业来说，一旦涉及业务解决方案的范畴，必然是大数据、人工智能、云计算、云平台和业务逻辑综合集成的方案。云计算的优势，不是单打独斗，而是面向企业应用场景，能够快速构建出来一个有效的、普遍的和可复制的解决方案。

3. 今后，云计算的优势是服务于大数据和人工智能

从产业结构升级的大背景来看，云计算将全面深入到传统产业领域，进一步促进互联网脱虚向实，为传统产业的发展赋能。

当前，对于云计算依赖程度比较高的细分行业领域涉及装备制造、医疗、教育、出行、金融等领域，未来在5G时代，农业领域对于云计算的依赖程度也会不断提升。云计算本身是一个大的服务体系，在这个服务体系下可以为多种技术提供落地应用的场景，如大数据技术和人工智能技术等，所以从这个角度来看，未来有大数据和人工智能的地方就会有云计算。

三、云原生：基于云平台的新一代软件研发部署技术

(一) 云原生的产生与发展

云原生(CloudNative)是一种基于云计算的、用来构建和运行应用程序的方法，它是一套软件研发的技术和方法论。

云原生是一个完完全全的软件研发概念。云原生模式下开发的应用系统，从设计之初即考虑到云的环境应用部署。云原生是为云计算而设计，在云平台上运行，且能够充分利用和发挥云平台的弹性与分布式优势。

2013年，Pivotal公司的Matt Stine首次提出云原生的概念。

2015年，Matt Stine在《迁移到云原生架构》一书中定义了符合云原生架构的几个特征：12因素、微服务、自敏捷架构、基于API协作、反脆弱性。

2015年云原生计算基金会(CNCF)成立。CNCF成立后，最初把云原生定义为三个特征：容器化封装+自动化管理+面向微服务。

2017年，Matt Stine将云原生架构归纳为模块化、可观察、可部署、可测试、可替换、可处理6特质，而Pivotal最新官网对云原生概括为4个要点：DevOps+持续交付+微服务+容器。

2018年，CNCF又更新了云原生的定义，把服务网格(Service Mesh)和声明式API给加了进来。

截至目前，关于云原生，广为接受的定义和技术范畴一般是：DevOps+持续交付+微服务+容器。

云原生是在容器、微服务及 DevOps 领域里通过一系列的规范和标准帮助企业和组织在现代的云化环境中构建架构一致的应用。或者说，云原生，就是微服务、容器、DevOps 等云端技术的复合体。

云原生的软件系统，是相对于运行在本地或局部服务器上的软件的，云原生软件从设计、研发、测试、部署运行都是在云平台的环境上运行。它可以充分利用云平台的快速部署、弹性资源和分布式等优势，实现高效、复杂和稳定的功能支持。

云原生架构的应用程序具有以下特点：采用开源堆栈(K8S+Docker)进行容器化，基于微服务架构提高灵活性和可维护性，借助敏捷方法、DevOps 支持持续迭代和运维自动化。云原生架构利用云平台设施实现弹性伸缩、动态调度、优化资源利用率。

云原生应用专为云应用而开发。小的专用功能团队能快速将这些应用构建和部署到可提供横向扩展和硬件解耦的平台，为企业提供更高的敏捷性、弹性和云间的可移植性。相对于传统的软件应用开发模式，云原生应用具有成果可预测、不依赖操作系统、团队协作与敏捷开发、微服务实现松耦合以及云上自动化运维能力。云原生应用与传统应用特性对比见表 6-1。

表 6-1　云原生应用与传统应用特性对比

云原生应用	传统应用
可预测。云原生应用符合旨在通过可预测行为最大限度提高弹性的框架或“合同”	不可预测。通常构建时间更长，大批量发布，只能逐渐扩展，并且会发生更多的单点故障
操作系统抽象化	依赖操作系统
资源调度有弹性	资源冗余较多，缺乏扩展能力
团队借助 DevOps 更容易达成协作	部门墙导致团队彼此孤立
敏捷开发	瀑布式开发
微服务各自独立，高内聚，低耦合	单体服务耦合严重
自动化运维能力	手动运维
快速恢复	恢复缓慢

(二) 云原生技术特点及应用现状

云原生作为一种基于云的软件开发技术，本身是长期以来多种技术的整合。可以说：“云原生=DevOps+微服务+敏捷交付+容器化”，其本质是基于云构建的软件研发、管理与部署发布的组合和升华。

云计算提供了对无限 IT 资源的按需付费的商业模式，但从技术架构上看，还需要一个用于构建和运行云原生应用的平台，来实践敏捷开发、DevOps、容器编排，微服务和容器化等理论和方法。

1. DevOps

DevOps 是一种云端的软件研发、团队协作和部署发布的技术体系，是在云端的、覆盖软件开发流程的过程管理体系。在云原生架构中，强调应用研发运维生命周期的全方位管理，包括业务需求、架构设计、开发测试、发布上线、运维保障等，突出基础设施的资源规划、系统应用的开发框架规范、代码管理规范及持续集成交付的自动化和健壮性。云原生技术极大地简化了软件部署和运维，如 Dockev 容器技术和“Kubernetes”服务编排技术的结合，解决了应用部署自动化、标准化、配置化问题。微服务通过拆解服务，降低了服务间的耦合性，提高了部署灵活性。“Service Mesh”让中间件的升级和应用系统的升级解耦。“Serverless”具有运维自动化、按需加载、弹性伸缩、敏捷部署等特点。

2. 微服务

将大型应用划分成微服务(小型服务集合)进行开发的架构方法。其中每个微服务都可实现独立的业务功能，可以在自己的进程中运行并通过 HTTP API 进行通信。

每个微服务都可以独立于其他服务进行部署、升级、扩展和重新启动，通常作为自动化系统的一部分运行，可以在不影响最终客户的情况下频繁更新正在使用中的应用(服务打包，单进程，可控制)。微服务也是云原生的核心技术，从云原生架构和技术演化角度，微服务经历了四代演化。第一代，自行解决上下游寻址、通信及容错等问题。第二代，引入服务注册中心来完成服务的自动注册和发现。第三代，到了“Service Mesh”，微服务基础能力演化成为一个独立进程，包括发现、调用容错及丰富的服务治理功能，如权重路由、流量重放等。第四代，开始尝试“Serverless”，微服务进一步由一个应用简化为微逻辑，被下沉到“Sidecar”中的能力越来越丰富，如资源绑定、链路追踪、事务管理、安全等。

3. 容器化与容器编排

容器是一种使应用软件的运行脱离不同平台和环境的微服务部署方法。

容器将应用及其依赖项打包，使应用不再受环境限制，进而可以在不同环境间快速、可靠地运行。容器的核心技术是 Docker 和 Kubernetes。Docker 基于操作系统虚拟化技术，能够共享操作系统内核且能快速启动，提升系统的应用部署密度，同时通过 Docker 镜像解耦应用与运行环境。Kubernetes 凭借开放性、可扩展性、可移植性成为容器编排、分布式资源调度的事实标准，助力应用一致地运行在多种云环境中。

容器能同时提供更好的效率和启动速度。每个容器都具有唯一的可写文件系统和资源配额。创建和删除容器的开销较低，在单个虚拟机上能通过容器化充分利用物力资源，这使得容器成为部署微服务的完美工具。而容器编排，是一种容器资源的管理方法，目标是管理容器集群和调度容器化应用。

4. 服务网格(ServicesMesh)

Service Mesh 是在微服务架构之上发展起来的技术，目的是将微服务间的连接、安全、流量控制和可观测等通用功能下沉为平台基础设施，实现应用与平台基础设施的解耦。Mesh 化架构是把中间件框架从业务进程中分离，让中间件与业务代码进一步解耦，从而使得中间件升级对业务进程不会造成影响。实施 Mesh 化架构后，大量分布式架构模式，如熔断、限流、降级、重试等都由 Mesh 进程完成，因此业务代码的制品中即使不包含这些三方软件包，也能获得更好的安全性，同时可以对流量控制、环境隔离、自动化测试等提供有力的支持。

5. 无服务架构(Serverless)

Serverless 属于无服务器架构，让用户无须关心程序运行环境、操作系统、网络配置、资源及容量，只要将精力聚焦在业务逻辑和技术上即可。从架构抽象上看，Serverless 让技术能力更加下沉，将部署这个动作从运维中取消。

目前，云原生已经形成了丰富的生态系统。云原生是基于云计算、云服务、云平台等技术发展而形成的软件研发及软件工程技术，是程序员跟随云计算的脚步形成的新的软件生态。

基于云的软件大行其道，当前的云原生顺应这一趋势且正在重塑整个软件生命周期。容器、微服务、DevOps 成为云时代软件研发的三个重要标准。未来，云原生将继续借助开源项目来构建生态系统，推动云原生应用的落地。

虽然油气行业大多数专业化软件仍旧是单机模式，但改进和转变的历程在兰德马克、斯伦贝谢等 IT 油服公司的引领下已经开始。作为一项新软件架构和开发模式，云原生正在逐步引发基于云的软件研发的变革。

云原生是未来油气工业(专业)软件发展的重要趋势，目前越来越多的软件向着云原生的方向迁移，尤其在数据流转与生产监测、大数据与智能计算、管理与决策分析这三个领域，云原生很可能是未来最为重要的技术。

在业务领域，如智慧盆地、智能油田、智能钻井、地质工程一体化等非常专业的应用落地项目中，由于它们是以极复杂的专业逻辑构建而成。因此基于云原生技术的平台构建，不仅要能够提供一个云原生的支撑环境，还要提供直接的业务解决方案，甚至进一步实现自动化构建业务应用。在这方面的建设经验中，斯伦贝谢的 DELFI 平台整合业务逻辑和云原生技术，构建了一种全新的油气企业级架构设计，即在云原生技术之上整合了业务数据、业务流程、业务方法和业务应用，从而统筹构建新一代的勘探开发应用平台。

四、数据湖：新一代的数据架构

（一）数据湖的来源与发展

“数据湖是一个集中化存储海量的、多个来源、多种类型数据的大型仓库，并可以对数据进行快速加工、分析的平台，本质上是一套先进的企业数据架构。”——这是对数据湖比较清晰且完整的定义。

从概念起源上，目前的数据湖最初是基于大数据架构提出的，其本质是基于大数据架构演化而来，是为了解决海量数据的采集与管理问题。

2010 年 10 月，纽约 Hadoop World 大会上。Pentaho 公司的创始人兼 CTO——James Dixon 首次提出数据湖概念。当时 James Dixon 提出数据湖的概念，是为了推广自家的 Pentaho 产品以及 Hadoop 的。

在大数据的概念中，无论结构化、半结构和非结构化数据，所有的企业数据都可以被认为是大数据，被 HDFS（分布式文件系统，一个开源软件）这种块数据管理软件统一存储。数据湖就是要把不同种类的数据汇聚到一起，在不需要预定义模型情况下就能进行数据分析。

后续的理论发展过程，是一个较为复杂的过程。数据湖概念首次提出之时，并没有像云计算、机器学习等技术一样具有清晰的定义和系统的原理，这导致了后期数据湖在发展过程中的概念多样化。就是说，面对大数据存储和管理中的各种存储、处理、敏捷与安全等问题，很多公司都将自己的技术与产品整合到数据湖的概念中，一定程度上重新定义和扩展了数据湖概念。目前的数据湖概念，已经和 2010 年提出之时有了很大的差异。

数据湖最典型的特征，是对于数据结构的管理没有固定的模式。

2015 年 2 月，MartinFolwer 在个人博客“DataLake 上发文定义数据湖：“数据湖以数据源提供的任何形式存储原始数据。没有关于数据模式的假设，每个数据源都可以使用喜欢的任何模式。数据的使用者要根据自己的目的来理解数据”。

数据湖从企业的多个数据源获取原始数据，并且针对不同的目的，同一份原始数据还可能有多种满足特定内部模型格式的数据副本。因此，数据湖中被处理的数据可能是任意类型的信息，从结构化数据到完全非结构化数据。数据湖的建设，能帮助用户快速获取有用信息，并能将这些信息用于数据分析和机器学习算法，以获得与企业运行相关的洞察力。

目前的数据湖概念已经融入了数据仓库（数据集市、数据银行等）等概念。

信息化之初，为了解决数据孤岛的问题，产生了数据集市的概念，即将数据存储在一个集中式的数据仓库中，可根据需要导出相关数据传输给企业内需要该数据的部门或个人。数据仓库管理的是结构化的数据，然而随着企业数据治理的不断完善，不仅在数据类型(非结构化，半结构化)上的扩展非常迅猛，在数据管理、数据共享和数据权限等方面提出了更多的需求，因此演变成为现在的数据湖的概念。

所以说，数据湖的概念，是在数据仓库结构化分析和数据挖掘的基础上，融入了多种非结构化数据并增加了大量数据管理、共享和安全的机制后延伸出来的新概念。

数据湖可以通俗地理解为管理所有原始数据的大仓库，是面向大数据的统一采集、冗余化存储、快速智能的分析架构。

1. 数据湖通过建立一种全量数据的模式来支撑企业全局性数据分析

《企业数据湖》(汤姆斯·约翰潘卡·米斯拉，2018)中提到，企业会在其多个业务系统中产生海量数据，这些业务程序则是解决具体业务问题的“专家”，其数据体系也局限在这一独立的业务系统之中。

但是，随着企业体量增大，企业也需要更智能地处理这些横跨多个系统的数据。长期以来，企业一直试图找到一个统一的模型来表示企业中所有实体，与数据仓库这种传统结构化数据管理模式不同，使用数据湖，隐式实现了一个较好的统一数据模型。数据湖基于从实体所有者相关的所有系统中捕获的全量数据来尽可能“丰满”地表示实体。因为在实体表示方面更优且更完备，数据湖确实给企业数据处理与管理带来了巨大的帮助，使得企业具备更多关于企业增长方面的洞察力，帮助企业达成其商业目标。

2. 数据湖是对传统数据仓库技术的支持和补充

Amazon 提到(amazon 数据湖专栏)：现在的大数据架构是可扩展的，并且可以为用户提供越来越多的实时分析。在商业智能(BI)和数据仓库还没有被淘汰的今天，大数据分析和大数据湖正在向更多类型的实时智能服务发展，这些实时的智能服务可以支持实时的决策制定。所以，数据湖与传统的数据仓库具有一定的差异，见表 6-2。

数据仓库是一个优化的数据库，用于分析来自事务系统和业务线应用程序的关系数据。事先定义数据结构和 Schema 以优化快速 SQL 查询，其中结果通常用于操作报告和分析。数据经过了清理、丰富和转换，可以充当用户可信任的“单一信息源”。

数据湖有所不同，因为它存储来自业务线应用程序的关系数据，以及来自移动应用程序、IoT 设备和社交媒体的非关系数据。捕获数据时，未定义数据结构或 Schema。这意味着用户可以存储所有数据，而不需要精心设计也无须知道将来可能需要哪些问题的答案。用户可以对数据使用不同类型的分析(如 SQL 查询、大数据分析、全文搜索、实时分析和机器学习）来获得见解。

随着使用数据仓库的组织看到数据湖的优势，他们正在改进其仓库以包括数据湖，并启用各种查询功能、数据科学使用案例和用于发现新信息模型的高级功能。Gartner 将此演变称为“分析型数据管理解决方案”或“DMSA”。

表 6-2 云原生应用与传统应用特性对比

特性	数据仓库	数据湖
数据	来自事务系统、运营数据库和业务线应用程序的关系数据	来自 IoT 设备、网站、移动应用程序、社交媒体和企业应用程序的非关系和关系数据
Schema	设计在数据仓库实施之前（写入型 Schema）	写入在分析时（读取型 Schema）
性价比	更快查询结果会带来较高存储成本	更快查询结果只需较低存储成本
数据质量	可作为重要事实依据的高度监管数据	任何可以或无法进行监管的数据（如原始数据）
用户	业务分析师	数据科学家、数据开发人员和业务分析师（使用监管数据）
分析	批处理报告、BI 和可视化	机器学习、预测分析、数据发现和分析

注：在数据库中，schema 是数据库的组织和结构，模式中包含了 schema 对象，可以是表（table）、列（column）、数据类型（data type）、视图（view）、存储过程（stored procedures）、关系（relationships）、主键（primary key）、外键（foreign key）等。

3. 传统的数据库仓库正在成为数据湖，数据湖可能是下一代数据仓库

数据仓库（Data Warehouse）是一个面向主题的（Subject Oriented）、集成的（Integrated）、相对稳定的（Non-Volatile）、反映历史变化的（Time Variant）数据集合，用于支持管理决策和信息的全局共享。简单地说，数据仓库就是在数据库上面构建的一个做数据分析的数据架构。

数据仓库的主要功能是将信息系统（指数据库）的联机事务处理（OLTP）累积的大量资料，透过数据仓库理论所特有的资料储存架构，做一有系统地分析整理，以利各种分析方法如联机分析处理（OLAP）、数据挖掘（Data Mining）之进行，并进而支持如决策支持系统（DSS）、主管资讯系统（EIS）之创建，帮助决策者能快速有效的自大量资料中分析出有价值的资讯，以利决策拟定及快速回应外在环境变动，帮助建构商业智能（BI）。

随着新时代的数据技术不断发展。目前的数据仓库不断被行业中的新技术所冲击，如大数据、机器学习和人工智能。这种趋势造成了数据仓库在企业 IT 优

先级下降的印象，但事实上数据仓库一直作为企业核心平台，支撑着企业大型数据分析的运行。数据仓库虽然远远到不了淘汰的境地，但是，未雨绸缪，业界普遍认为要重新定义数据仓库的概念，以使其在大数据和云计算时代保持其领导地位。

因此，我们目前可以谈论数据仓库和数据湖的本质不同，以及数据仓库和数据湖各自存在的不足，但其最终的解决方案，可能是一种技术的衔接与概念的融合。是的，传统的数据库仓库与数据湖正在逐渐地借鉴、结合甚至是融合，湖仓一体的概念代表了这种技术整合与概念演化的趋势。

（二）行业应用场景与应用案例

数据湖虽然以大数据组织管理为出发点，但其技术体系已经涵盖了处理、分析和应用的层次，因此，其应用领域多是基于数据分析的场景。

上文提到，一旦企业有了对数据和系统的明晰定义，就可以通过该机制利用大量的企业信息，构建企业级数据湖提供统一的企业数据模型。在该机制中，数据湖负责捕获数据、处理数据、分析数据，以及为消费者系统提供数据服务。数据湖能从以下方面帮助到企业。

实现数据治理与数据世系（数据世系，即数据的生命周期，包括数据的起源以及数据是如何随时间移动的，描述了数据在各种处理过程中发生了哪些变化，有助于提高数据分析流水线的可见性，并简化了错误溯源）。

（1）通过应用机器学习与人工智能技术实现商业智能。

（2）预测分析，如领域特定的推荐引擎。

（3）信息追踪与一致性保障。

（4）根据对历史的分析生成新的数据维度。

（5）有一个集中式的能存储所有企业数据的数据中心，有利于实现一个针对数据传输优化的数据服务。

（6）帮助组织或企业做出更多灵活的关于企业增长的决策。

目前数据湖的开源产品很多，这些项目可以让我们快速地实现数据湖的搭建。所以有一个说法，使用数据湖产品搭建的数据平台，都被称为数据湖应用。

无论是互联网企业还是石油企业，其数据湖应用，有的指代 Hadoop 的数据管理，有的等同于大型数据仓库，有的等同于基于云计算的数据服务平台，有的等同于面向应用的数据中台，多数情况下也会包括前面提到的多种技术的组合。

1. 亚马逊公司的数据湖技术

亚马逊组织构建数据湖和分析平台时，纳入考虑许多关键功能包括以下几个方面：

数据采集：数据湖允许用户导入任何数量的实时获得的数据。用户可以从多个来源收集数据，并以其原始形式将其移到数据湖中。此过程允许用户扩展到任何规模的数据，同时节省定义数据结构、Schema 和转换的时间。

数据存储：安全存储和管理数据湖允许用户存储关系数据（如，来自业务线应用程序的运营数据库和数据）和非关系数据（如，来自移动应用程序、IoT 设备和社交媒体的运营数据库和数据）。它们还能够通过对数据进行爬网、编目和建立索引来了解湖中的数据。最后，必须确保数据资产受到保护。

数据分析：数据湖允许组织中的各种角色（如数据科学家、数据开发人员和业务分析师）通过各自选择的分析工具和框架来访问数据。这包括 Apache Hadoop、Presto 和 Apache Spark 等开源框架，以及数据仓库和商业智能供应商提供的商业产品。数据湖允许运行分析，而无须将数据移至单独的分析系统。

数据应用：（机器学习等）数据湖将允许组织生成不同类型的见解，包括报告历史数据以及进行机器学习（构建模型以预测可能的结果），并建议一系列规定的行动以实现最佳结果。

目前亚马逊提供了“云中构建数据湖”的解决方案，基于 AWS（亚马逊云）安全、可扩展、全面且经济高效的服务组合，客户能够在云中构建数据湖，以及使用机器学习等各种分析方法分析所有数据，包括来自 IoT 设备的数据。因此，在 AWS 上运行数据湖和分析的组织越来越多，而且超过了其他任何地方信任 AWS 来运行其业务关键性分析工作负载的客户。

2. 中国石油勘探开发梦想云：统一数据湖

数据湖作为一项与大数据息息相关的技术，建设统一的数据湖，可实现数据的逻辑统一和共享。2018 年 12 月，中国石油宣称目前已初步建成了统一的勘探开发数据湖（DaaS），基于中国石油勘探开发数据模型（EPDM），应用数据湖技术，开发主数据管理、元数据管理、质量管理、数据集成摄取链路、安全管理、数据服务等主要功能，构建统一数据服务，实现上游全业务链数据的统一管理、治理与共享应用。如图 6-9 所示。

能力方面，统一数据湖是云环境下逻辑统一、分布存储的连环湖，通用数据统一入湖共享，专业大块数据分布式存储，拥有强大的信息存储、治理和分析应用能力。

功能方面，统一数据湖实现数据入湖、数据治理、数据服务与大数据分析四大功能，支持结构化、非结构化、实时数据等多类型统一采集、存储、管理与分析应用。

成效方面，统一数据湖管理了中国石油数据资产 1.6PB，涵盖上游业务所涉及的油气藏、生产、经营等 6 个领域，物探、钻井、经济评价等 15 个专业，数据表、数据体、实时数据等 8 种类型。

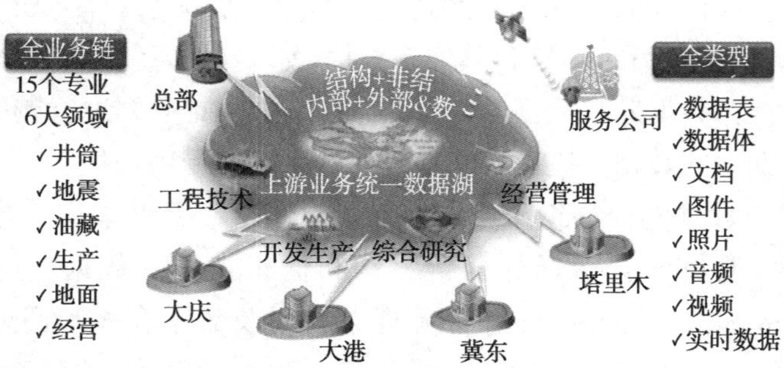

图 6-9　中国石油梦想云平台中的数据湖架构

（三）技术分析与解读

对于油田企业的数据湖建设，我们可以从正反两个方向来作解读。

从正面角度来说，油气勘探开发数据本身具有多源异构的特征。除了常规结构化数据，也有各种地震数据体、油藏网格数据体以及构造和岩相数据、地质图件和文档非结构化，此外面向地震、钻完井、采油和作业等环节还有很多基于设备的大量流式数据，它们包括生产实时数据、现场的音频和视频等。数据湖概念的提出，为数字油田的企业级数据建设提供了一种新的、整合多类数据的新架构。

基于这种新的数据架构，即数据湖平台，企业可以充分应用云端和智能化等技术的融合，应用数据仓库的严谨性和数据湖的开放性的结合，为油企提供一个多学科多领域综合分析的基础数据平台。在这个平台上，通过企业更深层次的数据挖掘，使企业在实现全量数据的挖掘与分析上，形成更具洞察力的战略视野、更准确的技术决策和更精确的生产预测。

从负面角度来说，油田的数据管理体系一直存在与应用脱钩的问题，也即在大规模的数据中心建设中忽略了企业紧密的应用支撑和业务价值链（降本提效）实现问题。而数据湖的建设，很有可能让这种脱离业务的倾向更加严重，这是非常现实的问题。

1. 数据湖为智能油田建设提供了面向数据的全新企业级架构

数据湖就是专注于建立一个全企业层面的大型数据架构，包括数据进入、存储和分析应用的架构，而非具体的业务解决方案。

数据湖（架构）的重点在于提供一个全油田的数据大集中，它不强调数据是什么结构和格式，也不在意数据的专业性和业务应用方法，但是它会针对数据应用建立一种数据组织模式。

油气行业的数据湖架构，可以基于勘探开发一体化数据，依据数据的流向自底向上划分五层，分别为数据采集层、数据处理层、数据分析层、数据访问层及应用层，其纵向为统一的数据管理层，其目标是利用数据湖概念和大数据处理分析技术，实现全量数据分析的系统化。

数据采集层：既包括传统的 ETL 离线采集，也包括实时采集、数据解析等。

数据处理层：根据数据处理场景要求不同的数据处理模块。包括 MapReduce 这样的批处理，也包括 Stream 这样的流处理等。

数据分析层：主要包含了分析引擎。如数据挖掘、机器学习、深度学习等。

数据访问层：将查询等能力与计算能力剥离。包括实时查询、多维查询、常规查询等应用场景。

数据应用层：根据智能油田特点不同划分不同类别的应用。

数据治理层：数据治理不在数据湖的五层体系中，但它贯穿数据湖全流程的技术和管理体系。主要是实现数据的管理和运维，它横跨多层，实现统一管理。

2. *数据湖为智能油田建设提供了面向数据的全新视野*

传统的勘探开发模型是基于建模和模拟的思维模式，如构造建模、地质建模、井筒建模、油藏建模，然后在模型上做构造演变、油气运聚、油藏流体和井筒工程模拟等。但是这种情况会逐步演变，基于多类型大体量数据建立的数学模型，会在这种传统的模拟流程上逐步渗入和替代原有的部分模拟方法，从而提升原有油气数据分析的自动化和智能化。

勘探开发数据湖技术的实现，不仅实现了勘探开发过程中各类异构与多来源数据的统一管理，更是提供了一种分析问题的全新模式，使企业在实现全量数据的挖掘与分析，形成更具洞察力的战略视野、更准确的技术决策和更精确的生产预测。

3. *数据湖技术将与大数据、云计算、人工智能持续融合形成数据智能*

智能油田的数据湖架构并非单一的技术，而是一种数据综合治理与应用的解决方案，它不仅综合了数据采集管理应用的应用闭环，且与其他新技术深度融合，形成了基于大数据、云计算和人工智能的新型数据湖。

未来，数据湖技术将会不断深化大数据技术融合、云计算技术融合、人工智能技术融合，实现并促进数据智能与业务智能。

大数据技术融合：以 Hadoop 技术为代表的大数据技术与数据湖技术的融

合越来越紧密，相辅相成，相得益彰。如：Hbase 实现数据湖海量数据存储，Spark 使数据湖可以更快地批量分析海量数据；Storm、Flink、NiFi 等使数据湖能够实时接入和处理 IOT(物联网)数据。Hadoop 本身更多地聚焦于数据的处理与应用，但是对于底层的数据存储工作则并未过多地关注。而 Hadoop3 的“存储和计算分离”趋势，使得数据湖能够从数据存储、数据治理等方面全面发展。

云计算技术融合：云计算采用虚拟化、多租户等技术满足业务对服务器、网络、存储等基础资源的最大化利用，降低企业对 IT 基础设施的成本，为企业带来了巨大的经济性；同时云计算技术实现了主机、存储等资源快速申请、使用，则同样为企业带来了更多的管理便捷性。利用云化技术，将大数据计算部署在云上，把存储资源与计算资源独立开来，实现计算和数据各自独立扩展，弹性伸缩。

人工智能技术融合：人工智能技术再一次飞速发展，训练和推理等需要同时处理超大的，甚至是多个数据集，这些数据集通常是视频、图片、文本等非结构化数据，来源于多个行业、组织、项目，对这些数据的采集、存储、清洗、转换、特征提取等工作是一系列复杂、漫长的工程。数据湖需要为人工智能程序提供数据快速收集、治理、分析的平台，同时提供极高的带宽、海量小文件存取、多协议互通、数据共享的能力，可以极大加速数据挖掘、深度学习等过程。

4. 数据湖很可能带来油田业务与 IT 运维脱钩的风险

油气行业独立的数据湖建设，可能会带来数据管理混乱的巨大隐患。

诞生于互联网行业的数据湖作为一种 IT 技术和 IT 产品是有着清晰的业务需求的。相对互联网服务这种业务逻辑简单的数据处理工作，面向大数据的海量存储和多格式数据处理可能是瓶颈。同时，互联网业务在领域变革和领域拓展过程中，也要面临大量的新业务模式和业务服务的不确定性，因此，基于海量数据的高效吞吐、无差别存储管理、灵活的可定制的数据分析主题等，是数据湖一直以来的优势所在，这也是数据湖诞生的需求来源。

但是油田的数据运营模式不一样。

首先，油田的数据应用，是基于勘探开发业务下不同学科来进行的，每个学科有鲜明的业务分析流程和高度成熟的软件工具，每个研究环节的分析过程对于数据体系的要求也相对的规范化、标准化和格式化，而且，这种已经形成数十年的数据应用模式不会在短期内有所改变，这种工业流程模式更不可能形成一次性的颠覆。无论是油田企业的宏观管理、生产过程管理，还是核心业务研究，他们对于数据的标准化和高质量的需求，远远超过了对于数据量和数据高效处理的需求。

其次，油田的数据管理体系一直存在与应用脱钩的问题，也即在大规模的数据中心建设中忽略了企业紧密的应用支撑和业务价值链(降本提效)实现问题，这一问题将在数据湖技术中被放大。这表现在，如果企业过度关注于数据模型和技术架构的建设，不仅令管理、生产和研究等环节存在数据获取难和数据质量不可靠的问题(业内称为“数据沼泽”)，也会导致企业最核心的应用层建设和应用层支持的导向失衡。

因此，数据湖的建设，本身就是一种完全面向后台数据重组织和重构架的技术，如果设计过度或者实施过度，很有可能让这种脱离业务的倾向更加严重，这是非常现实的问题。

第四节　云原生的软件开发及企业架构

一、云原生下的四大后端技术栈

1. Spring Boot&Spring Cloud(Java)软件架构

SpringBoot 是由 Pivotal 团队在 2013 年开始研发、2014 年 4 月发布的第一个版本的全新开源的轻量级框架。它基于 Spring4.0 设计，不仅继承了 Spring 框架原有的优秀特性，而且还通过简化配置进一步简化了 Spring 应用的整个搭建和开发过程。另外 SpringBoot 通过集成大量的框架使得依赖包的版本冲突，以及引用的不稳定性等问题得到了很好的解决。

SpringBoot 适合大型企业级应用体系构建，具备服务于容器管理、负载均衡等并行化及复杂管理功能。

SpringCloud 是一系列框架的有序集合。它利用 SpringBoot 的开发便利性巧妙地简化了分布式系统基础设施的开发，如服务发现注册、配置中心、消息总线、负载均衡、断路器、数据监控等，都可以用 SpringBoot 的开发风格做到一键启动和部署。SpringCloud 并没有重复制造轮子，它只是将目前各家公司开发得比较成熟、经得起实际考验的服务框架组合起来，通过 Spring Boot 风格进行再封，装屏蔽掉了复杂的配置和实现原理，最终给开发者留出了一套简单易懂、易部署和易维护的分布式系统开发工具包。

这一架构以 Java 语言作为开发语言。

2. NetCore&DotNet(C#)架构

NetCore 是适用于 Windows、Linux 和 MacOS 操作系统的免费、开源托管的计算机软件框架，是微软开发的第一个官方版本，具有跨平台(Windows、MacOSX、Linux)能力的应用程序开发框架，未来也将会支持 FreeBSD 与 Alpine 平台，也是微软在一开始发展时就开源的软件平台。

由于NETCore的开发目标是跨平台的.NET平台，因此NETCore会包含.NET Framework的类库，但与.NET Framework不同的是NETCore采用“包化”的管理方式，应用程序只需要获取需要的组件即可，与.NET Framework打包式安装的做法截然不同，同时各包亦有独立的版本线，不再硬性要求应用程序跟随主线版本。

NETCore是由许多项目所组成，除了基本的类库“Core FX”之外，也包含采用RyuJIT编译的运行平台Core CLR、编译器平台.NET Compiler Platform、采用AOT编译技术运行最优化的包CoreRT(.NET Core Runtime)，以及跨平台的MSIL编译器LLILC(LLVM-based MSIL Compiler)等项目。

Netcore建议的开发语言是C#。

3. Node.js(javascript)架构

Node.js是一个基于Google的Chrome V8引擎的JavaScript运行环境。Node.js使用了一个事件驱动、非阻塞式I/O的模型。Node是一个让JavaScript运行在服务端的开发平台，它让JavaScript成为与PHP、Python、Perl、Ruby等服务端语言平起平坐的脚本语言。

Node是一个基于Chrome JavaScript运行时建立的平台，用于方便地搭建响应速度快、易于扩展的网络应用。Node使用事件驱动，非阻塞I/O模型而得以轻量和高效，非常适合在分布式设备上运行数据密集型的实时应用。

虽然让Javascript运行于服务器端不是Node的独特之处，但却是其一强大功能。此外在基于Web浏览器端的绝对统治地位，使得Node发展迅猛，成为事实上的平台。

4. Django&Flask(Python)架构

目前Python作为世界排名第一的开发语言，主要领域还是在数据分析、计算与人工智能领域。如何将python实现服务端以服务进行统一发布和管理，已经产生了大量的Web框架解决方案。典型而优秀的案例是Django和Flask。

Django：

Django是一个开放源代码的Web应用框架，由Python写成。采用了MTV的框架模式，即模型(Model)、模板(Template)和视图(Views)。它最初被开发是用于管理劳伦斯出版集团旗下的一些以新闻内容为主的网站的，即是内容管理系统(Content Management System，CMS)软件，并于2005年7月在BSD许可证下发布。这套框架是以比利时的吉普赛爵士吉他手Django Reinhardt来命名的。

在Django中，控制器接受用户输入的部分由框架自行处理，所以Django里更关注的是MTV模式总的模型、模板和视图，它们各自的职责如下(表6-3)。

表 6-3 Django 的 MTV 框架模式

层次	职责
模型(M)，即数据存取层	处理与数据相关的所有事务：如何存取、如何验证有效性、包含哪些行为以及数据之间的关系等
模板(T)，即表现层	处理与表现相关的决定：如何在页面或其他类型文档中进行显示
视图(V)，即业务逻辑层	存取模型及调取恰当模板的相关逻辑。模型与模板的桥梁

Django 视图不处理用户输入，而仅仅决定要展现哪些数据给用户，而 Django 模板仅仅决定如何展现 Django 视图指定的数据。或者说，Django 将 MVC 中的视图进一步分解为 Django 视图和 Django 模板两个部分，分别决定"展现哪些数据"和"如何展现"，使得 Django 的模板可以根据需要随时替换，而不仅仅限制于内置的模板。

云原生框架下的四个后端技术栈对比见表 6-4。

表 6-4 不同 WEB 技术栈的功能特点是适用背景

Web 技术栈	主力语言	技术栈特点	成熟度（1~5）	突出优势	适用
Spring Boot	Java	① 技术体系全面、庞大而成熟； ② 具有最为广泛的开发社区和资源支持； ③ 具有全面的开发框架和管理中间件支撑； ④ 适合大型企业级应用体系构建	5	① 构建稳定大型企业应用； ② Java 作为最广泛应用语言	大型企业应用构建
. NET Core	C#	① 技术体系全面且强大，具有微软技术支持； ② 开发框架逐渐成熟且有丰富的资源支持； ③ 商业化的配套技术和中间件支撑； ④ 适合大型企业级应用体系构建	3	① 在 Windows 平台上的优势； ② 长期 DotNet 开发者的技术延续	大型企业应用构建
Node. js	Javascript	① 基于"JavaScript 无处不在"的理念； ② 具有 GoogleV8 引擎支持与广泛的技术社区； ③ 上手快，技术体系支撑全面； ④ 适合分布式设备的数据密集型实时应用	4	① 服务器异步堆栈调用的性能优势； ② 具有前后端相同的开发技术	快速构建且前后统一语言
Django/ Flask	Python	① Dj 的功能完善齐全，自带各类工具和框架； ② Dj 有先进的可插拔 APP 设计理念； ③ 有 Flask 这样的轻量级可扩展的小型方案； ④ Python 语言的无缝衔接	4	主要是 Python 优势：来源于学术界，适合解决科学与算法问题且具有最丰富的算法支持	快速构建且算法支撑强大

技术栈很难分出好或者不好，只有合适或者不合适。

SpringBoot 生态是 Java 语言的云平台开发生态。这一技术生态是从很多技术整合形成，其技术体系全面庞大而成熟，具有最为广泛的开发社区和资源支持；在开发和部署上也具有全面的开发框架和管理中间件支撑，非常适合大型企业级应用体系构建。

. Netcore 是微软的云平台技术生态。这一生态技术体系全面且强大、具有微软技术支持，其开发框架在微软的持续完善下逐渐成熟且丰富的资源支持，目前到了 3. X 版本，其相关的商业化的配套技术和中间件支撑也很丰富，非常适合大型企业级应用体系构建(尤其熟悉和依赖 C#语言的)。

Node. js 是 javascrip 语言的技术生态，它是基于“JavaScript 无处不在”的理念，由 GoogleV8 引擎支持的技术栈，目前具有与广泛的技术社区支持，编码上手快，技术体系支撑全面，非常适合分布式设备的数据密集型实时应用(对于不想多学一门语言的话，首选)。

Django 和 Flask 是 Python 语言的技术栈。拿 Django 来说，Dj 的功能完善齐全，自带各类工具和框架，它有先进的可插拔 APP 设计理念，作为替代，还有 Flask 这样的轻量级可扩展的小型方案；最关键的，是其与 Python 语言的无缝衔接。适合写算法的人们用来快速构建自己的 Web 应用。

二、语言无关的技术栈集成整合

近年来，随着国内外油气公司数字化转型的推进，企业应用建设中的新旧系统如何基于新的架构集成、整合是面临的技术问题之一。

一般来说，企业在构建应用技术架构的时候，大量历史应用系统可能使用不同的技术框架来完成的，这已经不仅是软件模块之间的集成，而是不同技术生态之间相衔接的问题了。再者，大数据分析与人工智能技术的兴起，也使得很多传统的 Web 软件架构面临着技术升级，此时，面对各种复杂和不兼容的软件技术整合问题，选择一个合理的技术集成架构是目前多数信息中心关注的焦点问题。

再就是云架构的普及。自 2019 年以来大型的数字化转型和数据与人工智能中心的建设中，基于云平台的软件集成已经逐渐成为共识，选择合理的软件生态和创建合理的软件集成架构是其中最为基础的工作。微服务与容器技术目前已经成为面对这种复杂软件集成的解决方案。

1. 微服务架构

Thoughtworks 的 Martin Folwer 对于微服务是这样定义的：“简而言之，微服务体系结构风格是一种将单个应用程序作为一组小服务来开发的方法，每个小服务都在自己的进程中运行，并与轻量级机制(通常是 HTTP 的 API)进行通信。”此外，Martin Folwer 指出，这些服务具有如下特点：“这些服务围绕业务功能构建的，可以通过完全自动化的部署机制独立部署。这些服务的集中管理很少，可能使用不同的编程语言编写并使用不同的数据存储技术。”

简单地说，微服务就是把原来的大型软件拆解为多个的小型服务，让每个服务都可以用不同的开发技术独立开发，在自己的进程中独立运行，通过相互间的轻量级通信实现整体功能的整合。目前主流 Web 开发一般会采用微服务架构，不再像过去那样开发一个巨大的单体应用，而是将应用分解为小的、互相连接的微服务，每个业务逻辑都被分解为一个微服务，微服务之间通过 REST API 通信。微服务架构会提供一个 APIGateway(应用网关)来传递请求，并负责服务路由、负载均衡、缓存、访问控制和鉴权等任务(如 Kong)。

所以，微服务和传统的 Restful 服务开发及 Web 开发模式其实并无很大的区别，其最大的特色还是在软件模块的划分和部署方式上提供解决方案，从而让大型软件的开发部署和运维变得更加简单。

微服务的应用和普及的一个重要原因是强大的开源项目支撑。由于大量的开源项目，使得不同语言和开发体系在构建微服务的过程中，都可以找到配套的、清晰的、典型的开源微服务架构，具有丰富的中间件支撑，这使得微服务的开发门槛极大的降低。

2. Docker 与容器技术

容器是一种轻量级的、可移植的软件打包技术。容器技术通过有效地将单个操作系统的资源划分到孤立的组中，以便更好地在孤立的组之间平衡有冲突的资源使用需求，使应用程序可以在操作系统和运行环境中以相同的方式运行。

通俗说，容器技术是用来打包应用及运行环境，实现无差异部署和独立运行的一种技术。

Docker 是一个开源应用容器，让开发者可以打包他们的应用和依赖包到一个可移植的容器中，然后发布到任何流行的 Linux 机器上，实现虚拟化。

Docker 作为容器工具可以把业务逻辑容器、数据库容器、储存容器、队列容器拆分成若干个标准化容器，然后像搭积木一样组合起来，让彼此通信，从而形成微服务。因此微服务很适合用 Docker 容器实现，每个容器承载一个服务。一台计算机同时运行多个容器，从而就能很轻松地模拟出复杂的微服务架构。

过去，软件开发完成后的配置和部署工作量巨大，现在，使用 Docker 技术，可以将应用程序，包括软件代码、运行环境、依赖的包、配置文件和其他资源，封装在一个容器中，实现快速部署。不仅如此，这些容器之间的进程是隔离，在容器中的操作运行不会影响其他容器。

3. 应用整合的技术架构

基于云平台的服务整合技术，建立不同技术生态系统所产生应用服务成果的集成机制。在部署上，基于云服务的云架构，形成平台功能和应用功能的松耦合集成机制。

图 6-10 为云平台的多技术栈的整合示意图，从技术角度来说问题很多。大致表达了不同的云平台编码研发的技术栈很多，相互之间也无法实现底层 API 调用(有的能，但需要封装或者解释)。一般来说，不同技术栈都是用来开发不同类型的应用，这些不同的应用各自部署，相互之间以 REST 服务通信。

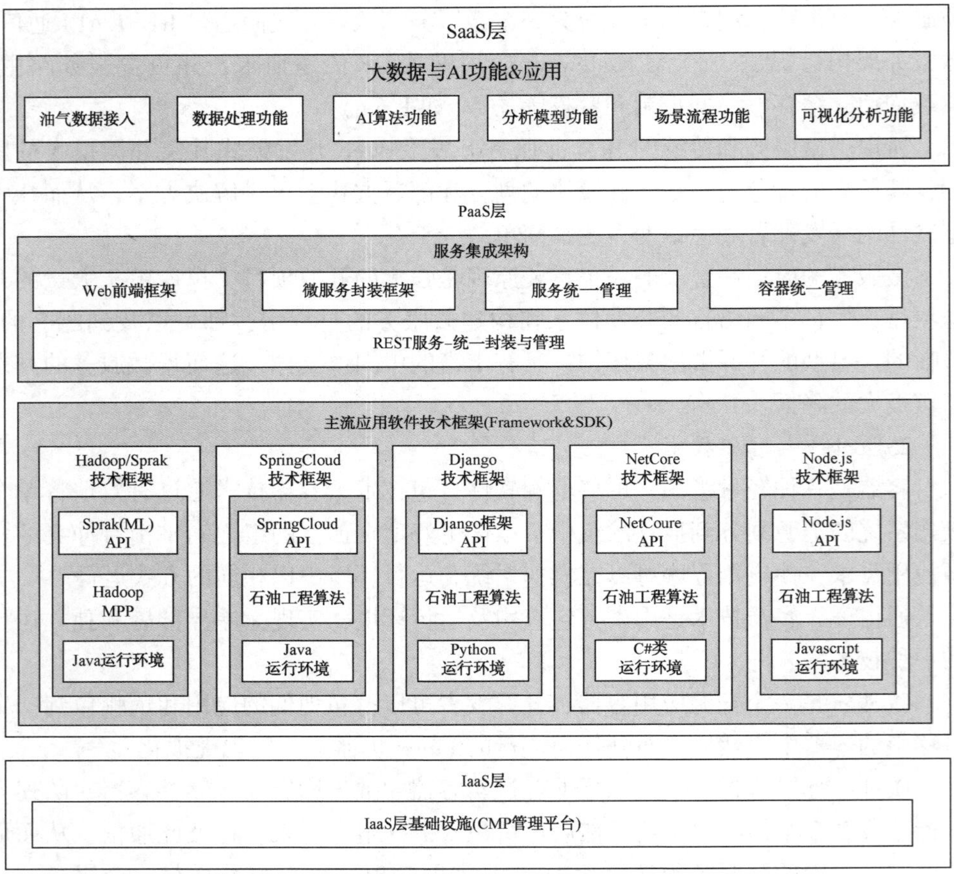

图 6-10 云平台的多技术栈的整合示意图

因此，一个整体的大型应用可以不关注开发语言，无论哪种开发语言和技术生态，开发的前后端打包后，以一个独立的微服务发布，微服务之间实现了解耦，可以独立地进程化部署，应该不受什么影响，这种模式下，更加关注的是多系统如何整合，而不是软件功能和服务的积累沉淀。

三、云原生下的企业架构升级

为什么说云原生架构是油气工业数字化转型中的技术趋势？

云计算及后续的云原生架构，首先是一种技术架构的升级。通过上云，实现软件中的数据处理、模型计算、模块应用和用户交互的高度自动化。

数据架构随之改变，通过建立基于云的数据统一管理、统一交换和统一共享，打破了原有数据规格带来的壁垒，支撑更为复杂的数据计算。

应用架构随之改变，业务框架要求信息传递快，那么必须打破软件之间的藩篱。一个基于云的软件通过数据统一和算法模型统一，实现了软件层面的高度可访问。

最后是业务架构的改变。由于数字化转型要求业务快速迭代，就需要业务之间信息传递更加快速。油气工业的数字化转型中，新的技术架构带来了数据和应用架构的改变，最后带来了业务流程标准化，这种标准化通过自动化和智能化流程，实现价值链和业务链的快速迭代。

云原生以应用为中心，让应用得以最大限度享受云计算的红利。企业架构也要与时俱进，在面向市场、面向用户的同时，拥抱云原生等新技术。

1. 云原生下技术架构的升级

数字化业务对技术架构的要求是业务快速循环和业务快速上线。这些要求被云原生架构转化在技术、产品、工具、流程等多个层面。技术层面随着这样的趋势，计算单元的粒度越来越细，模块化程度、自动化运维程度、弹性效率均越来越高。

业务框架要提升信息循环效率，就必须打破软件之间的藩篱。技术架构提供一种软件、组装、通信整合的方法，以建立和促进软件之间的相互链接和协同运行。

2. 云原生下数据架构的升级

云原生的数据架构提供数据分析、大数据等云上托管，达到可驱动、可记录、可控制、可观测，从而基于云原生的数据驱动方式，为数据架构提供强大的数据支撑和分析能力。对于油气数据来说，通过建立基于云原生的数据统一管理、统一交换和统一共享，有效打破了原有数据规格带来的壁垒，支持更为复杂的数据处理与计算。

3. 云原生下应用架构的升级

云原生应用平台本质上是连接应用架构与交付落地的纽带，聚焦在如何合理设计和实现，进而顺利交付和运维。云原生通过应用平台来提供企业架构涉及的相关应用系统的快速研发和交付。云原生为应用架构提供应用生命周期的管理能力。

4. 云原生下业务架构的升级

由于数字化转型要求业务快速迭代，就需要业务能力的快速构建。而业务架构将企业的业务能力通过场景、流程、服务进行“编排”管理，如业务能力是一些对外流程的编排，流程是活动及服务的编排，解决方案是产品级别的编排，产品是功能层面的编排。这种编排思想在云原生架构中非常重要，如云原生应用是对应用服务的编排，Kubernetes 是对容器资源的编排，Service Mesh 是对微服务的编排，IaaS 是对基础资源的编排。

云原生下的业务结构支持更快地连接和试错，以及统一平台和技术依赖的优势，让业务得以更快地试错和创新。油气工业的数字化转型中，通过资源的统一管理支撑自动化和智能化流程构建，实现价值链和业务链的快速迭代。

第五节　云端油气混合技术架构及其实现

一、云架构实现不同应用间的互联互通

过去很长一段时间，由于传统应用软件技术架构的多样性和不可互通性，面向勘探开发全业务领域的协同工作是一件非常困难的事情。主要原因有两个：

(1) 应用互联互通的技术壁垒。

传统专业软件之间不同的技术框架形成了难以跨越的技术壁垒，尤其是传统软件之间数据交换和通信的困难，导致很难实现不同业务板块和流程的快速协同工作。

(2) 应用互联互通的信任障碍。

传统软件必须提供源码才能进行集成整合，但由于知识产权的信任机制问题，导致这种基于代码底层的复杂性整合难以实施，进而导致油气公司不同管理流程本身的学科分割与流程分割，造成了生产、研究、管理的分离，这种分离完全阻挡了全领域的协同。

云计算应用很好地解决了这个长久以来的痛点问题。

借助于云平台提供的应用之间，模块之间，服务之间的统一访问机制，上述障碍正在逐渐得以消除。通过基于云计算平台的统一“Restful 服务”，不同应用软件完全可以保留自己软件的独立性和产权自主性，在不开放代码甚至不需要集中部署的情况下(这两点对于构建合作者之间的信任和自由度非常重要)，就可以通过统一身份和单点登录确定用户在不同 API 的访问权限，实现不同软件服务和应用之间的相互调用。这种互联互通体现在软件产品互通、学科研究互通、团队组织互通。

1. 云计算促进各类软件产品的互联互通

传统的各个专业软件普遍具有自己独特的技术框架，它们互相之间通信和互操作是长久难以解决的事情。出现这种状况的原因很简单，那就是对于一个单体

软件来说，其功能与运行效率比多个软件之间的整合重要得多。但是近年来，随着企业数字化的推进，在整体的产品运行方面，不同部门和场景之间的联动成为一个至关重要的课题。甚至在产品制造和服务提供的后部，不同技术工种和专业学科更需要深入地合作。数字化技术的快速发展，使得精细优化局部和阶段性能以获取最优的总体效益成为可能，这就是云计算带来的技术优势。

因此，通过微服务架构带来的服务规范和耦合机制，不同的软件和流程可以通过统一的规范进行数据沟通和通信，这带来了全新的应用集成方式和多个团队的协同合作模式。在 OSDU™ 与 DELFI 两个大型案例的剖析中，会详细讲解这种协同的技术实现，以及如何使用这种协同机制构建勘探开发全领域的数据集成和应用集成。

2. 云计算提供一个多学科融合的数字生态

在新的工业软件时代，实现对于需求的快速响应和低成本方案构建是关键。原有的那种与应用隔离的软件开发架构，其缺陷是：相互独立、各自为战、大量的重复性开发和大量的重复性工作等。而更大的问题是无法针对业务的需求变化和起伏，来快速地形成一个新的解决方案，更无法实现不同板块的业务专家，或者不同学科不同技术领域的知识体系有效地衔接和融合。

传统软件正在被人为地打散成一个业务上相互独立的组件，通过云平台将组件构建成服务接口，而将内聚度高的组件形成一套微服务并进行容器化部署，成为云计算时代新的软件研发模式。

3. 云计算提供一种个体产权和群体共享的机制

竞争与合作是发展中一个永恒的主题，也是目前油气工业领域中最为敏感的问题。国际油气领域通过一系列成熟的法律法规与知识产权政策，建立了一种油气进入运营与推出的行业控制机制。但是，细致到每一个数字化产品的市场竞争，总有规范难以清晰约束的地方，这导致一个产品在融入一个生态的过程中，会由于无效成本和产权风险的衡量而退出，这是导致生态构建艰难的主要原因。

从文化意义上，云计算提供虚拟化和分散式服务，从生态层面提供了新的自由度。而基于云计算的统一平台的构建为数字化产品提供了一种既拥有权利又保持自由，既进入合作又拥有独立，既共享软件又代码保密的机制。

综上所述，油气勘探开发的数字化转型与升级，关键在于通过云平台的服务化技术实现一切技术因素（数据、模型、算法）的可调用，从而实现多板块多学科的协同工作，实现产业升级。

过去在创建智能油田的过程中，常常会有人工智能怎么落地、大数据有什么用、云平台有什么用等疑问。要回答这些问题，关键还是将平台作用与业务体系进行有效地衔接，使云平台技术及人工智能技术支撑业务体系系统的构建。业务系统的构建过程中，除了加强行业方法的研究深度，更需要形成非常突出的业务流程和业务场景的支撑。

二、传统单体式软件架构的 VDI 上云方案

传统的专业软件，由于其几十年积累的逻辑和流程方法，已经具有了高度的复杂性，这种复杂性体现在数据框架、算法框架、软件框架和图形界面以及人机交互形式。新的微服务架构，在相当长一段时间(可能会很久很久)无法达到其功能和性能水平，更无法替代这种软件体系。因此，如何保证多种技术框架之间的沟通、融合和协同运行，成为这种架构设计的出发点。

1. 传统专业软件本地化技术架构的不可替代性

现有的商业化专业软件的技术架构绝大部分都是运行在 Windows 系统的本地软件，这是由三个重要原因决定的：

(1) 油气勘探开发研究中的大量数据吞吐、高性能、高并发、高交互性以及复杂二三维图形化技术的需求，决定了大多数商业化应用软件必须建立在 Windows 或者 UNIX 操作系统之上。

(2) 基于 Web 浏览器及 HTML 语法的前端架构，目前还无法达到本地应用系统的高性能，同时在软件开发效率上也无法与传统的软件开发技术栈相比。

(3) 油气勘探开发软件经过数十年的发展，具有了极其庞大的技术架构、基础 API 和功能模块的代码积累，这些代码由于其巨大的 Web 代码改造工作量而不具有商业可行性。因此，必须考虑一个以最低成本复用原有研发投入。

2. 基于 VDI 的传统 Windows 软件上云方案

VDI 技术是实现传统 Windows 软件上云的主流方法之一。

VDI(Virtual Desktop Infrastructure，即虚拟桌面基础架构)属于云桌面技术之一，用以实现传统 Windows 系统应用程序的上云。VDI 并不是给每个用户都配置一台运行 Windows 桌面 PC，而是通过在数据中心的服务器运行 Windows 系统，将用户的桌面进行虚拟化。用户通过来自客户端设备的客户计算协议与虚拟桌面进行连接，用户访问他们的桌面就像是访问传统的本地安装桌面一样。

实施 VDI 的优点在于对已投入成本和未来投入成本的灵活控制。通过网络，可以迅速部署一个通用的、支持性桌面环境。创建一个 Windows 桌面映像并使用该映像来部署服务器虚拟机监控程序上的虚拟机。一台服务器可以支持许多虚拟桌面，这些桌面的每个反应作为一个独立 Windows 桌面。同时，可以迅速恢复到以前更新的稳定版本的所有桌面映像，在执行更新之前保存上一个图像的副本。这将有助于重新部署前一个桌面映像的回退。

VDI 技术是新兴的，但把桌面作为一种服务来提供的概念在十多年前就已经被提出了。VDI 近年的应用是因为“Winddows 桌面应用”具有的优势不可替代。

在国际上，桌面虚拟化市场厂商主要有 Citrix(思杰，目前约占 46% 市场份额)、Vmware、微软、Dell。桌面虚拟化的核心技术是桌面传输协议，即用于服务器与终端之间传输图形、音频、视频、输入信息设备、外设的通信协议。

目前常用的 VDI 桌面传输协议有 ICA、RDP、PCoIP、SPICE(表 6-5)。

表 6-5 VDI 桌面传输协议典型技术

VDI 协议	全名	研发者	技术特点	基础协议
ICA	Independent Computing Architecture	Citrix	1. 平台无关； 2. 多通道：共定义了 32 个虚拟通道，其中 16 个是系统通道，用于传输视频、音频、剪贴板、磁盘、打印和外设，16 个客户自定义通道； 3. ICA 带宽会相对较低。远程图像传输采用的是矢量数据处理方式，再通过压缩算法传输至终端并渲染显示	TCP/IP
RDP	Remote Desktop Protocol	Microsoft (微软)	1. RDP 传输位图数据压缩，因此带宽大； 2. RemoteFx 技术，实现了 USB 设备映射	UDP
PCoIP	Vmware PCoIP	Vmware	1. 传输的是位图数据，需要带宽大，体验不如基于 TCP 协议的 ICA； 2. 不支持外设重定向	UDP
SPICE	Simple Protocol for Independent Computing Environment	Redhat (红帽)	1. 开源； 2. 根据终端的性能来决定是像 ICA 一样发送图形命令，还是像 PCoIP 一样由服务器主机处理图像； 3. 性能是最差的	TCP/IP

1. ICA

ICA 协议属于 Citrix，它的英文全称是 Independent Computing Architecture。

Citrix 在 1989 年成立时，就一直拥有这个当前仍然保密的协议。可以想象，当 Linux 和 Java 语言还没有出世时，Citrix 就开始开发虚拟化软件，ICA 的稳定可靠性确有其因。ICA 协议是基于 TCP/IP，与平台无关(Windows、Linux 甚至是 DOS 都可运行)，共定义了 32 个虚拟通道(虚拟通道可以简单理解为缓存，类似于 USB 的端点)，其中 16 个是系统通道，用于传输视频、音频、剪贴板、磁盘、打印和外设，还有 16 个客户自定义通道，像我们有的高拍仪等外设产品就可以用这些通道。ICA*** 的特点是远程图像传输采用的是矢量数据处理方式，即把图形数据分为位图、文字、图形命令，再通过压缩算法传输至终端，再渲染显示，因此 ICA 对于带宽会相对较低。

2. PCoIP

PCoIP 是 Vmware 的。事实上这个协议是 Vmware 在 2009 年从 Teradici 公司租用过来的，该协议原本只是为硬件图形加速而设计的。PCoIP 采用的是 UDP 协议，但由于传输的是位图数据，体验仍然不如基于 TCP 协议的 ICA，甚至它也不支持外设重定向。Vmware 告诉客户的做法是，如果发现 PCoIP 不能使用的功能，请切换成 RDP。为了摆脱这种尴尬的局部，Vmware 正在研发自己的 Blast 协议。

3. RDP

RDP 英文全称是 Remote Desktop Protocol。它是微软公司操作系统标配的软件，RDP 传输的也是位图数据，只是经过压缩，因此也需要较大的带宽。微软本来有能力把 RDP 做得相对完善，但微软一直不待见 RDP。从 RDP 协议 7 版本之后，微软终于实现了 RemoteFx 技术，不仅实现了 USB 设备映射，也实现了多媒体播放重定向(通过码流压缩传到终端上，然后用终端的 CPU 来解码播放)。该协议目前在 Gartner 的服务器虚拟化的魔鬼象限中排名第二。

4. SPICE

SPICE 是一个开源协议，英文全称是 Simple Protocol for Independent Computing Environment。该协议是 Redhat(红帽)公司研发的，来源是由 Qumranet 公司开发的一款开源网络协议。它是基于 TCP/IP 协议，能根据终端的性能来决定是像 ICA 一样发送图形命令，还是像 PCoIP 一样由服务器主机处理图像。但该协议性能较差，也必须用 KVM 作为核心基础组件。该协议在四大协议中，性能应该是最差的一个。

目前，国内很多桌面虚拟化厂商要么是服务器基于 KVM，直接采用 SPICE 协议；要么就是服务器基于 Zen，直接使用微软 RDP 协议，也有用 VNC 的。未来，从整体趋势来看，ICA 短期内不管是体验上还是稳定性能上，市场占用率仍然领先。但微软 RDP 上升较快，只要微软继续发力，有望超越 ICA。

综上所述，VDI 并不是一个面向云计算软件迁移的最终解决机制。它只是为用户提供桌面的另一个选项，由此来解决传统的本地桌面或基于服务器计算桌面所面临的一些巨大问题。但 VDI 最大限度地保留了企业长期的研发投资，也避免了新的技术架构带来的硬件资源调用效率低、软件复杂性(数据 IO，图形，交互)支持不足等两个关键问题。

三、混合软件技术架构，实现应用级整合上云

企业架构(EnterpriseArchitecture，EA)，是将企业的业务框架与流程、业务模型(数据模型，领域模型)和业务逻辑(分析模型，算法)等业务与内容，与软

件架构技术融合，以构成对于企业数字化信息化的支撑体系。

目前油气勘探的企业级软件的技术选型并非局限于一种技术，由于商业原因、历史原因和技术的延续性等因素，面向勘探开发全业务领域的企业级架构解决方案一般会采用混合架构而非纯粹的云原生解决方案。如图 6-11 所示，这种混合架构的技术实现一般体现在以下四个方面。

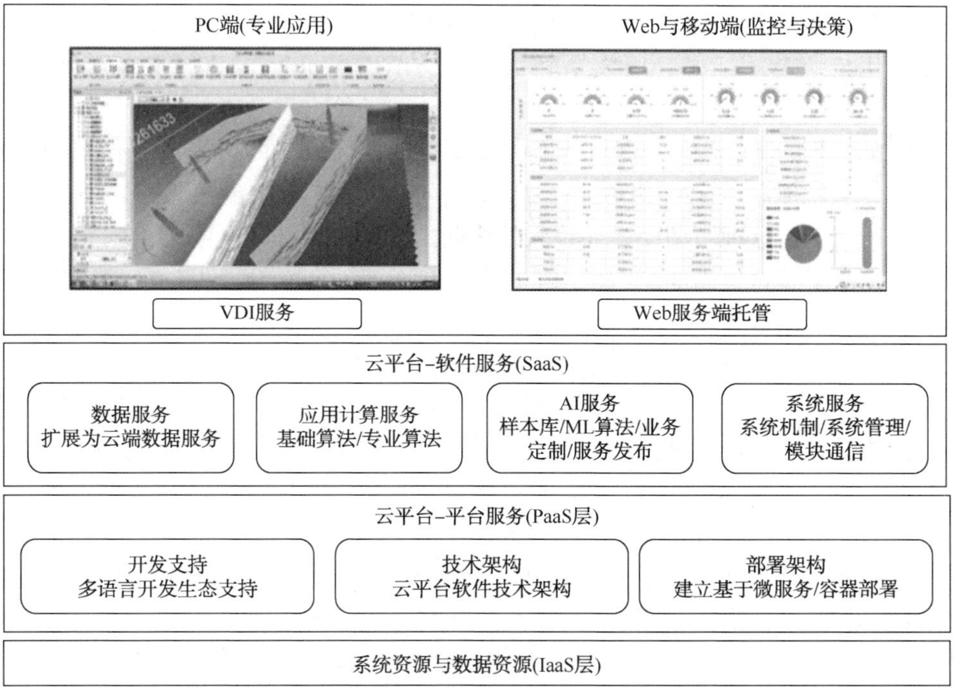

图 6-11　基于云计算技术的混合软件架构

1. 应用软件的前后端分离机制

首先实现软件的前后端分离，前端关注界面与交互，后端关注业务逻辑。

前端应用以 WIN 技术支持复杂的专业研究软件；以 Web 技术支持高度协同的分析决策软件开发。后端服务实现数据与算法的服务化沉淀、全专业的共享，进而实现自动化、智能化技术应用。

2. 业务逻辑与计算将从前端剥离并沉降到后端

运用云计算带来的虚拟化弹性机制，以 IaaS 层实现系统资源及设施的统一管理；以 PaaS 实现多语言开发生态、云平台各类技术中间件、微服务与容器化部署架构等平台机制；以 SaaS 实现面向业务的数据服务，包括统一数据共享服务，面向业务逻辑的通用算法和专业算法计算服务，面向机器学习的模型选择、训练和发布服务，面向系统管理的单点登录、权限安全、组件化等系统架构机制服务等。

3. 传统 Windows 应用的三种改造升级方案

云计算平台可以支撑更复杂更庞大的应用系统并带来更高的稳定性和可扩展性，因此成为未来软件研发的技术发展趋势。传统基于 Windows 运行的油气软件未来将有三种主要的迁移方式。

(1) VDI 服务模式。

以 VDI 服务提供虚拟交互界面方式是改造成本最低的方式，也是能够最大限度利用传统 Windows 应用成果和优势的方式，且几乎没有迁移的各种附加成本。

VDI 服务提供软件的方式优点是保留了原有单体软件的研究成果，但缺点也是如此。从软件研发上，这种基于 PC 的本地化软件具有最复杂的软件开发技术；从使用上，这种服务模式导致软件之前的应用隔离、数据隔离的问题同样未能解决，对于学科协同的能力也未能改变。因此，对于全新研发的应用软件这并不是较好的解决方案。

(2) 前端保留 Windows 系统的 UI，业务逻辑迁移至后端。

这种方式是将软件进行数据、逻辑、图形交互三个层次的拆解，然后将逻辑计算与数据处理功能迁移到云平台，以数据服务和业务服务的形式进行重新封装，将高内聚、低耦合的逻辑功能进行整体化封装，然后对外暴露一组公共的交互接口(RESTfulAPI)并基于云平台进行统一提供。

这种方式是当前专业软件正在大范围使用的方式。其好处就是不仅保证了 Windows 系统对于界面与图形化高度复杂且交互频度高的优势，同时将大量数据处理和逻辑计算的工作交给云平台进行统一调度，从而实现了双重优势。

(3) 前端全面 Web 改造，业务逻辑迁至后端。

这种方式同样也需要将软件进行数据、逻辑、图形交互三个层次的拆解，然后将逻辑计算与数据处理功能迁移到云平台，以数据服务和业务服务的形式进行重新封装。但不同的是其前端的用户交互和部分逻辑功能将使用 Web 应用的方式来实现。

这种方式的优势是软件开发容易和维护简单，弱势是 Web 本身对于复杂图形、大容量数据吞吐、高能耗与高资源消耗的支撑严重不足(访问 Web 网的浏览器内核本身就是一个小型虚拟机制)，因此一般用于复杂度低的流程性和管理性软件系统。

这种方式在油气行业一般用来研发现场监测、管理和决策软件，而不是那些需要与硬件打交道或操作和图形高度复杂的专业化场景。

4. 云平台为多技术生态提供整合方法

云计算平台，以及后续发展的微服务与云原生技术，均为多技术栈和技术生态提供整合方法。对于不同的开发语言、开发框架，目前都会有基于云原生的整合方案，例如上述提到的四个不同框架下的主要技术栈，以及不同软件开发语言构建的技术生态，都具有相对成熟的云端整合方法。

这种基于云的应用整合为一个混合型的企业应用架构的建成提供了技术基础。无论新旧的技术框架和软件系统，都可以用最低成本和最小改造工作量将原有软件实现整合。

例如斯伦贝谢公司的 DELFI 勘探开发认知环境就是一个混合型企业级应用架构方案，其中包含了众多的技术框架实现。在 DELFI 中，既包容了传统软件架构体系，又包含了微服务和云原生的架构体系，还融入了大数据与人工智能的技术，解决了企业级的三大整合目标：数据整合、应用整合、业务流整合。

第六节　本章小结

技术架构设计的首要目标是将业务架构落实到具体的软件技术选型中，从而保证业务需求和业务愿景的实现。油气的数字化工作最终是系列软件的研发与集成，从技术角度讲就是一种软件集成平台，因此，建设初期首先要实现的，就是一个油气勘探行业的企业级软件架构设计。目前，一个面向勘探业务提供专业级软件开发与数据集成的技术架构，已经成为国际油公司与石油技术服务公司开展数字化转型的核心工作。

1. 传统油气专业软件架构设计思想

油气数字化软件架构设计，首先便要将数据、数据发布和软件三个层次分开，在软件层面继续讲通用软件功能、业务功能、系统解决方案等几个层面的技术分开，通过软件架构机制提供几个层面相互通信的机制。架构最重要的作用便是将长期的业务逻辑和业务知识以软件模块的方式沉淀下来，实现业务知识的共享，从而建立一种针对行业的长期的业务知识积累，这是形成今后企业发展能力的关键，也是打造行业领先竞争力一个重要基础设施。

2. 油气软件的云原生技术架构

目前的油气数字化建设中普遍开始推进云原生的技术架构，我们的软件架构设计也逐渐从 SOA 架构、云计算架构向着云原生方向发展。基于云的软件架构设计目标是企业资源整合和协同研发，这种架构模式使得数字化建设中的油公司能够与系统集成、数据管理、软件功能研发等团队在保证自身成果的独立性、自主性、安全性的基础上，实现成果的高效集成。

3. 面向油气的混合架构的实现

软件技术架构不仅是各类数字化技术的最终实现方式和实现形态，也是有效支撑应用软件从开发到集成应用的重要模式。因此，作为一个企业级总体架构对于技术架构的要求不再是局部的高效运行，而是总体的连接、组合和协同，这时其松耦合、包容性、高稳定、可扩展等要求就变得尤为重要，这也是与普通工业软件技术架构设计不同的地方。

4. 基于云计算的混合技术架构

油气勘探开发的数字化转型与升级，关键在于通过云平台的服务化技术实现一切技术因素(数据、模型、算法)的可调用，从而实现多板块多学科的协同工作，实现产业升级。

第七章 智能平台：从慢模式到快模式

大数据与人工智能技术被称为实现油气智能的关键技术，也是油气工业加速工业自动化和智能化的核心技术。

油气的智能化技术应用是基于油气勘探开发业务流程和方法体系而形成的优化升级。人工智能在数字油田落地实践已经延续了多年，这种落地方式并非以孤立技术实现，而是通过发挥人工智能在海量数据处理、非因果性关联、机理不确定分析的优势，将之融入一个业务场景的综合解决方案中实现。这种优势随着数据驱动的场景解决方案、智能应用标准化、自动化机器学习平台的应用，将促进油气工业智能逐步构建一个新的工作模式。

油气智能化技术应用最关键的工作，一个是建立面向应用场景的智能技术实施路线图，实现基于业务场景应用的技术解决方案；另一个是基于数据科学与机器学习平台(DSML)推动智能技术的场景化、流程化，从而构建和推动工业智能的升级。

第一节　慢循环与快循环，油气智能化开启了新赛道

如果按照1956年达特茅斯会议作为人工智能技术的元年，那么人工智能到现在已经算是一个“老朋友”了。在这近70年的时间里，人工智能技术经历了三起两落，其中三个发展繁荣期，分别是1956—1976年的第一次繁荣期，神经网络、感知机、专家系统等将AI推向了第一个高潮；1982—1987年第二次繁荣期，主要以突破感知机局限的BP神经网络为代表；2010—2023年第三次繁荣期，主要是大数据和算力爆发以及深度神经网络的深度应用(图7-1)。

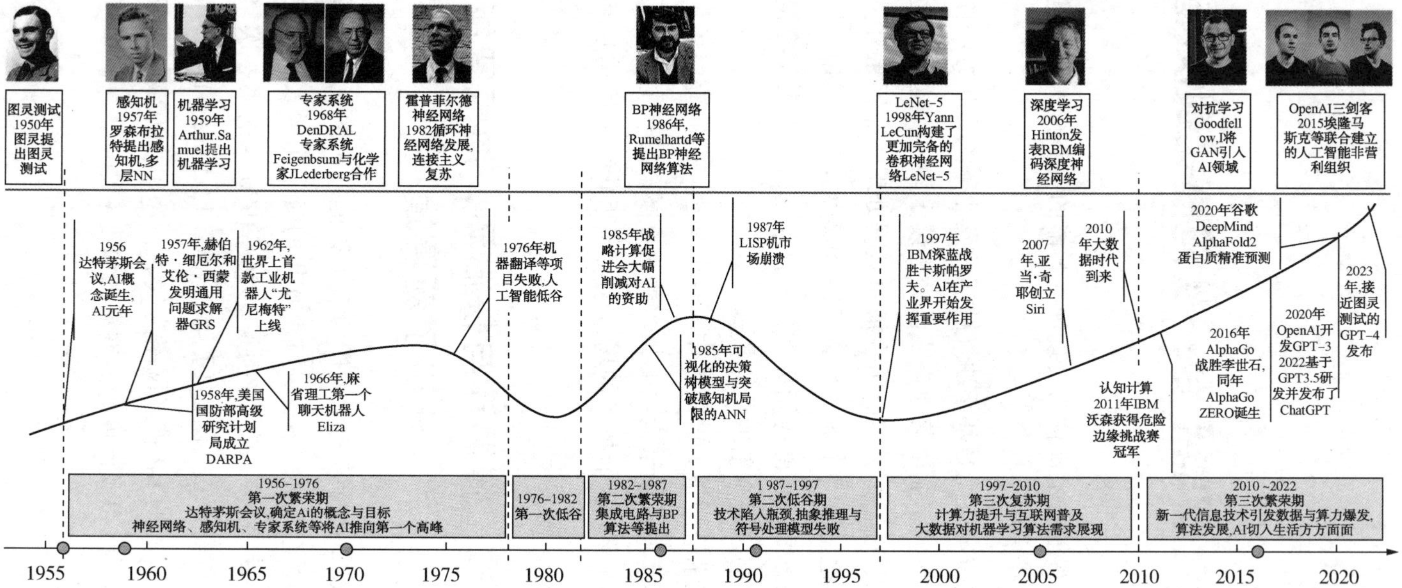

图7-1　人工智能技术发展历程表

油气领域的人工智能技术基本也是这种形式。在过去数十年中，人工智能中的符号主义、连接主义、行为主义三大学派分别获得了长足应用，也都先后由于效果有限进入衰退。

以国内的胜利油田为例，19 世纪 90 年代就兴起了专家系统、知识管理等技术的应用；2000 年之后，数据挖掘与机器学习基于广泛应用在地震相分析、油藏甜点识别、井筒作业参数优选并取得了明显成效；之后在经历了一段平静时期后，2015 年后由于深度学习在计算机视觉的突破，让业内开始重新审视和尝试机器学习相关算法在各个油气业务场景中的应用。

国际领域以机器学习为代表的油气领域探索从未停止。吉思·霍尔德韦在 2014 年出版的《深入油气大数据》专著中，从地震属性分析、油藏描述与模拟、钻井与完井优化、油藏管理、油气产量预测、油田生产优化等多个业务领域阐述了机器学习在其中的作用。2015 年之后，随着深度学习的蓬勃发展，油气领域的机器学习技术重新获得了广泛关注。但这一次，不仅是机器学习、自动化系统、知识图谱等不同流派的人工智能技术同时爆发，而且在 AI 的规模化应用上，自动化机器学习以及数据科学与机器学习平台也逐步进入了产业化应用。

油气智能化技术，依赖于油气业务架构而发展。基于这一现实，油气智能化技术的研发，也依赖于面向业务架构建立的数据体系与应用支撑体系。

1. 行业的软件化解决方案，出现了另一条路线

2020 年 11 月的中国勘探技术大会上，哈里伯顿专家提到，为实现高效勘探开发需遵循慢循环、快循环两个技术体系概念，开展数字化支持模式的升级，应用大数据与人工智能解决实现油气业务智能化，被称为快循环模式。快循环，就是利用技术创新结合物联网实时数据分析、人工智能和大数据分析实现快速准确决策，实现升级发展。

慢循环一般指利用传统的勘探开发技术体系提供的数据整合和软件整合，依据长久建立的表征油藏和工程的机理算法模型，构建油气勘探开发模型化思维和模型化工作流程，将基础研究做扎实，降低风险提高效益。

这两种循环是相辅相成的。在我看来，这两种技术体系其实并不存在明显的、应用层面界限。在一定程度上，慢循环方式才是真正主体和主流的模式，作为一种积累了数十年的专业理论和方法体系，我们无法跳过慢循环。另一方面，从数字化转型角度看，快循环的新路线提供了一个快速发展的机遇。

2. 智能化技术路线具有鲜明的大数据和云端化特点

智能化技术及其行业应用方法，具有与传统方式明显的区别。即便是智能化应用技术目前仍旧处于局部和散点的应用状态，也非常有必要针对这种应用模式的特点，建立有针对性的生态支持。

目前，基于智能应用长期发展的考虑，将智能化业务生态与传统业务生态对比，发现它们的区别表现在以下几个方面：

计算方法：从演绎方法到归纳方法；

数据资源：从样本数据到全数据和大数据；

知识来源：从基于专家经验的规则到基于数据挖掘的规则；

运行模式：从单机运行模式到云端资源与算力下的资源整合；

数据处理：从局部数据模型到多模型数据的融合分析；

分析方法：从单一专业领域研究到全业务领域的协同分析。

如上所述，这种新的方法研发和技术支撑路线，需要一种新的 IT 生态模式来支撑。而这种生态模式的构建策略和构建过程，在一定程度上，正在形成一个全新的产业。

这一个新模式(循环)，即我们所说的数字化转型的技术核心。在未来，这一技术模式将随着数据采集、处理、分析、应用的流程逐步完善，带来产业的变革，以及目前尚难以估量的巨大商机。

3. 数字油田建设进入下半场，必须充分利用现有技术优势

在数字油田建设的上半场，国内靠的是云计算、物联网、大数据等这些新技术的加持，实现了降本增效。要打赢下半场，就需要充分利用数据和智能，提升勘探开发技术水平和竞争力。

因此，智能化时代，油气的软件发展具有三个大的优势，能否充分利用这三个优势，是专业软件崛起的关键。

第一个是大数据与智能化技术的开源和共享。国际开源项目为技术的应用提供了基础技术，如何高层次的应用这些新技术是一个重要课题。

第二个是国内在数字油田云平台与物联网建设当中取得的成就。各油田基于物联网实现的少人化和自动化进程，为智能化提供了必要的数据基础。

第三个是互联网的人工智能技术已经逐步成熟。基于大数据和人工智能技术搭建的智能应用 API、智能中台、智能建模软件逐步成熟。

4. 智能油气田建设中的工业软件研发，需要一个智能化基础平台的支撑

结合上述行业应用生态的现状，针对智能应用研发中的问题与需求，我们需

要思考一个智能化应用架构。

通过这个智能化应用架构的设计，解决智能化应用的设计、优化、落地应用的数据支撑和技术支撑，快速构建一个新的油气软件智能化生态，从而开辟一个新的战场，助力油气转型升级。

第二节 数字化与智能化技术的本质

一、智能化在油气数字化中的主导趋势

过去三年，国际油气与油服公司广泛地与 IT 公司通过技术合作开展了强强联合。大数据、云计算与人工智能等一系列新技术开始应用于传统油气勘探开发，以新方法新模式推动了油气田的数字化转型。

这些新技术是如何应用到一个个场景中解决问题？使用技术中的哪些原理、特性或者功能来解决问题？这些技术之间通过一种什么架构和规则进行整合的呢？

这些问题，不仅让我们对技术的发现和选型非常迷惑，更会制约我们开展信息技术规划和数字化转型设计。

2020 年 3 月，我们列出了数十个在数字油田中具有显著作用和应用潜力的 IT 新技术。在多位国内资深油气数字化专家的咨询帮助下，经过对数十个 IT 新技术的筛选，获得了一份潜力技术价值排行表。每一项新技术的出现，都是社会与产业巨大需求所催生。也正因如此，每一个技术的发展和成熟，都是带着系统而明确的技术使命，在喧嚣而蓬勃的数字油田建设中，这些技术往往为业务，甚至行业带来前所未有的变革。

也有很多技术在一两年的时间里昙花一现，仿佛已经在我们的生活中被忽视。但实际上，这些技术并未就此消失，而是以另外一种形态融入了一个个具体的场景和系统的业务解决方案中，成为我们工作中不可或缺的一部分。

要设计好数字化场景方案，要完成数字化革新，要做好数字化转型，就必须对技术本身实现基础性掌控。需要明白每一项技术的运行原理和边界范畴，从最基本的技术原理认识它学习它，用科学的方法去运用它，用系统的业务思维去整合它。

2020 年，对过去几年油气上游领域的数字化转型实践进行了收集和梳理。在数十个较为典型的油田数字化实践中，发现了一个很有趣的技术重心的转换趋势。现抽取部分典型案例作一个统计，见表 7-1。

表 7-1 近期油田数字化技术应用实践统计表

石油公司	IT 服务	年度	合作方式	关键技术
沙特阿美	谷歌/亚马逊	2018	合资公司	大数据
雪佛龙	微软	2017	技术合作	云平台
BP 石油	通用电气	2016	技术合作	工业互联网
壳牌石油	C3IoT 公司，微软公司，Bonsai	2018	技术合作	AI
壳牌石油		2019	独立解决方案	AI
埃尼	英伟达	2018	技术合作	云计算
埃尼	IBM	2019	技术合作	AI，认知计算
道达尔	谷歌	2019	技术合作	AI
道达尔	谷歌	2018	技术合作	AI
贝克休斯	英伟达	2018	技术合作	AI
贝克休斯	通用电气	2017	合资公司	工业互联网
斯伦贝谢	谷歌微软	2017	技术合作	云平台
斯伦贝谢	罗克韦尔自动化	2019	合资公司	云计算，边缘计算
油服公司 KBR	IBM	2017	技术合作	大数据，物联网
埃克森美孚	IBM	2018	技术合作	量子计算
埃克森美孚	微软	2019	技术合作	云计算，AI，物联网
哈里伯顿	微软	2017	战略联盟	云平台，物联网，虚拟现实
CGG	微软	2018	技术合作	云平台，AI
	西门子公司	2016	独立解决方案	物联网，大数据
	瑞士 ABB 公司	2017	独立解决方案	工业互联网
	艾默生公司(Emerson	2018	独立解决方案	物联网
Repsol	IBM	2014	技术合作	AI，认知计算
BP 石油	Belmont Technology	2019	技术合作	AI，知识图谱
中石油	华为	2019/2020	技术合作	AI，知识图谱
中海油		2019	技术合作	人工智能，建模，产能
Equinor 和壳牌	Equinor 和壳牌	2020	行业合作	数字化解决方案
斯伦贝谢	斯伦贝谢	2019-2022	独立解决方案	勘探开发一体化平台
国际油公司	油服公司/IT 公司/数据公司	2021-2022	行业解决方案	勘探开发数据平台

通过表 7-1，大致可以看到，随着技术的发展，有一个很明显的技术应用重心切换的趋势，即：

- 2016 年：物联网与大数据。通过物联网实现自动采集动态分析。
- 2017 年：云计算与平台。在海量数据的基础上，软硬件平台的虚拟化。
- 2017 年：工业互联网。物联网技术成熟后伴随着基于云平台的工业互联网整合。
- 2018 年：云平台，AI。基于 SaaS 与 PaaS 技术的云端平台逐渐普及，人工智能切入。

- 2019 年：AI，认知计算。基于平台的人工智能与认知计算普及。
- 2020 年：AI+行业解决方案。基于技术的成熟，与油田业务的结合成为新热点。
- 2021-2022 年：行业技术生态。面向油气领域技术生态整合，DELFI 与 OSDU 出现。

是的，从 2016 年的物联网到 2020 年的人工智能落地，目前数字油田聚焦的热点在于"AI+行业解决方案"，大量的数字化转型热点案例中，都有这类技术的综合性实践。

随着人工智能技术已经逐渐普及开来，海量的数据为人工智能提供了资源，云计算与云平台为软硬件提供了集成化的整合环境，人工智能在互联网领域的广泛应用为石油行业的发展提供了一个极其美好的发展蓝图。

二、油气业务生态及人工智能技术落地

国内油气勘探开发与石油工程面临的形势已经越来越严峻，深层深水、新区新层，复杂构造、高温高压等系列问题，对于传统的技术方法带来了挑战。

近年来，在油气行业低迷的市场前景和油气数字化转型的双重驱动下，智能应用迎来了巨大的发展，油气勘探开发领域中，国内外对于智能应用的研发突破比比皆是。尤其是目前国内油公司与研究机构、院所，均在油气智能化技术的落地方面取得了显著的发展。但是，国内智能技术应用蓬勃发展的同时，也存在一个巨大的隐患，它就是油气行业软件生态的支撑。

1. 人工智能技术广泛应用在油气研究过程中

前述章节提到，石油勘探开发是一个非常复杂的业务流程，尤其油气的上游业务领域的油气勘探开发过程中，其业务体系和技术体系庞大，运行复杂。这些分类繁复的专业体系不仅需要长期的学术和实践研究，其在不同地理与地质环境下也具有不同的理论体系和技术方法。

油气行业复杂的数据成果不仅包括各个行业的结构化数据，还包括大量的从地球物理数据、地质构造数据、油藏模型和工程数据模型，这些数据模型是从油气井的钻测录到地震处理解释、地质综合研究、地质与油藏建模、模拟、钻井与压裂等一系列专业数据加工与分析构建的过程。

过去二十年来，人工智能技术有着海量数据处理、非因果性关联、机理不确定分析的优势，不断推进应用范围、深化应用模式。从专家系统、数据挖掘和机器学习一系列技术发展过程中，人工智能被融入一个业务场景解决方案中而发挥着重要作用。或者说，人工智能首先作为一种基础数据分析技术，在油气行业的业务架构

和业务模型中被充分应用。现在，随着大数据和云计算的发展，人工智能的应用技术迎来一种“应用模式”的升级，它在行业软件工具中的作用会越来越重要。

2. 人工智能也是基于油气业务生态而存在

人工智能核心的数据挖掘与机器学习算法，在油气行业具有长期而深入的应用。或者说，过去二十年，尤其是机器学习的各种技术，广泛应用在地球物理、地质研究、测录井分析、钻井工程与采油工程中。如果以某种特定的机器学习算法为关键字进行油气上游行业的论文搜索，会发现过去二十年大量的机器学习应用与勘探开发的论文多如牛毛，即便最近几年迎来一个爆发期，但多数智能化技术，已经研究并应用了相当长时间。

互联网技术是一个较短时期内出现的新事物，由于其逻辑与体系与我们的生活息息相关，大多数人对于互联网的各类技术领域及业务场景的认知都非常充分，大数据与人工智能技术的应用也更加能够获得快速的理解。

目前的油气地质与油藏研究，是一种基于数字和量化分析的模型化思维。

长期以来，国际公司基于商业分工，已经将业务流程和价值链建设成为一个庞大和完整的体系，依托地震、钻探、地化等技术获取手段，该模型通过井震联合针对地质对象建立构造格架和沉积相模型，进而建立油藏模型和流体模型；对于生排烃机制与油气运移聚集，对于油藏开发与采油生产，都是通过数学模型模拟结果来指导压裂与开采(图 7–2)。

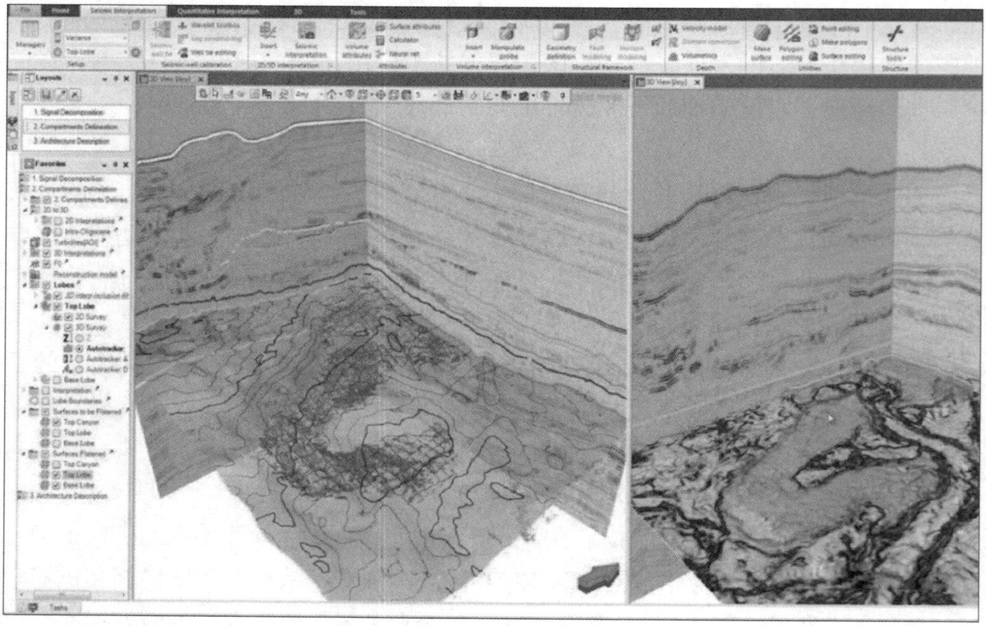

图 7–2　案例——斯伦贝谢 Petrel 勘探开发一体化软件平台

这种方式的优势是基于数学建立的静态和动态模型，其全过程都是可计算与可量化，这对于严格控制油藏成本和提升效益是非常必要的。但面对地质与成藏机理明确、地下数据采集充分而准确的前提下，其模拟分析的准确性可以保证较高的水平，其分析的成功率也完全可以支撑全流程的自动化和产业化。

然而，在可以看到的未来，这种发展了数十年的研究框架和模拟分析技术，人工智能并不具有取代的能力。因此，国际上对于人工智能的研究更多地聚焦在以下几个方面的局部应用：

- 地球物理勘探（地震）：用于地震数据的特定处理与属性分析工作，用于井震联合反演以获取地质认识，等。
- 井筒钻探与探测：基于井筒钻探信息与探测信息的某些处理分析，以获取最优化施工参数及岩性、物性及含油气性的预测。
- 油藏模拟分析与开发：油藏流体的模拟分析与油气开采过程中的提高采收率（EOR）的局部方法，等。
- 石油工程：钻井方案优化及风险诊断监测、压裂设计及效果分析，等。

实际上，即便人工智能的应用远远不限于上述领域，但不可否认目前的人工智能应用依旧是基于油气地质模型和油藏模型的大框架下，用来解决局部场景的局部分析问题。人工智能目前在于那些具有不确定性，同时具有大量数据的情况下，可以帮助我们更容易地获得各种要素之间的关联关系。即：人工智能技术是基于一个长期发展形成的复杂业务流程和分析框架基础上构建的局部性解决方案。至少在短期内，这种框架不可能被替换。未来，只有在大数据与智能分析方法不断升级的情况下，大量的数据模型和智能模型逐步替换掉过去的经验模型，这种框架才会逐渐变得更加智能，更具有适应性和自成长性。

3. 人工智能等技术落地关键是承载方法的软件工具

国内的信息化领域通常将油气行业软件分为专业软件和通用（非专业）软件，这是一种不得已的划分。

目前，我们各大油田的研究院中应用的主流软件，包括地震解释、反演、地质研究、含油气模拟、油藏建模、数模、开发方案设计与动态分析等专业软件，也基本是以国际油气技术公司的商业化软件产品为主。过去的二十年中，从单学科的专业软件技术发展到现在的多领域整合、多学科协同、多流程衔接软件生态体系，油气专业软件已经逐渐形成油气数字化生态的主要内容。

因此，如果没有面向油气业务流程的专业软件体系，人工智能技术落地应用便会存在极大的问题。第一，人工智能会缺少了专业研究中各种基础流程和方法搭建的框架；第二，人工智能方法上缺少专业模型和算法的必要补充；第三，人工智能缺少了必要的支撑载体。

人工智能需要在专业软件构建的数据体系、模型体系、业务研究体系之上来解决问题，这种底层逻辑的缺失导致智能化技术无法形成系统化的解决方案。即便是部分智能化解决方案，也只能在一些相对简单而封闭的领域(如钻井随钻分析)和人机协作领域(如专家决策支持)取得一些突破。

所以说，并非“人工智能难以找到油田的落地点”，现实是，国际上油田数字化领域中人工智能的应用极其广泛，国内对于人工智能的应用探索也并不少，但由于国内缺乏系统化的、广泛的对于专业体系研究的软件生态构建，导致我们的智能化研究是以散落的成果而存在，没有被整体性的业务框架所整合，从而存在着智能化落地困难的表象。

三、人工智能离不开工业软件及其技术框架

国际智能应用建设方法上：

基于上述的软件生态，表面上国际环境下的智能应用没有大规模爆发，其实不然。各大油公司和油服公司依托系统、专业与科学的理论体系和软件体系，均将方法逐步落实到软件功能模块中，实现智能方法在行业生态中的嵌入、融合、更新、升级。

在已经有效解决了数据问题(依托数据平台)和专业知识(依托软件平台)这两个关键问题的背景下，其人工智能的爆发，只是一个从量变到质变的时间问题。

国内智能应用建设方面：

目前国内智能技术发展存在一个巨大的问题是，由于软件生态体系的匮乏，智能化应用的研发是局部式(针对一个局部的问题场景，没有和其他场景建立密切的流程联系)或者散点式(解决一个独立的问题，需要嵌入到特定的专业软件和数据格式中使用)的。由于缺乏一个相对稳定、成熟和高效的知识沉淀积累的环境，因此国内智能应用距离形成有竞争力的行业生态，可能会有很大的难度，以及较长的周期。

这导致此类的智能应用更多的是解决具体问题的项目级方案，而非具有更高价值的产品级方案。这种差异如果没有足够的重视，那么不久的未来，国内团队与国际智能化技术应用之间的差距将会逐渐显现。

人工智能的建设，国内技术公司和研究团队在各个领域的技术突破可谓精彩连连，甚至在各种地质(地震)属性计算、多属性多尺度储层预测、油藏模拟等相对独立的业务领域，也出现了达到国际水平的技术方案和软件产品。

但是，我们需要从更为宏观的角度去审视油气人工智能的发展生态和长远战略。智能化技术作为一种技术分类，在企业生态中并非框架性地存在。我们必须去主动地感受这种技术所依托生存的背景，以及行业专业化、科学化分析背后的业务流程和理论体系，才能明白智能化技术在其中的定位和作用。

国际油气软件公司基于完善的行业架构和强大的生态体系，将人工智能与传统方法融合形成的新一代软件工具，将对我们现有的零散化智能方案形成巨大的冲击。实际上，冲击也许已经开始，2019~2021 年，Schlumberger、Haliburton、

CGG 等领先油气 IT 服务公司已经形成了初步的智能解决方案原型并将其与现有的主力软件融合。

第三节 构建油气智能化建设实施路线图

我们必须探索一种油气上游工业的智能化建设的实施路线。

对于智能平台的建设路线，结合过去数年的技术探索，列出了 7 条比较核心的方法总结，以及一个可供参考的发展路线。这些方法的核心，是针对业务场景的智能化解决方案中的基础逻辑进行积累，进而探讨这些基础逻辑的标准化且灵活地组合，以实现快速构建一个区域或者目标的解决方案。

这个技术路线也许流程模式还远远满足不了复杂的油气应用，但阐述了一个可以进行业务逻辑扩展和融合集成的方法，在后期如果能够广泛地参与到各类行业场景的应用中，这种智能平台的功能将会得到进一步扩展。

一、智能场景：为油气行业的应用确定场景

智能应用的业务场景：智能场景是一个可复用、可优化、可升级的业务闭环，是业务架构下的落地关键节点（图 7-3）。

对于业务场景的选择、技术要求和应用要求均需要进行明确的边界定义。

业务场景定义：商业价值，业务闭环，产业生态。

业务场景选择：成本优势，效率提升，产业升级。

业务场景升级：样本数据，模型方法，智能场景。

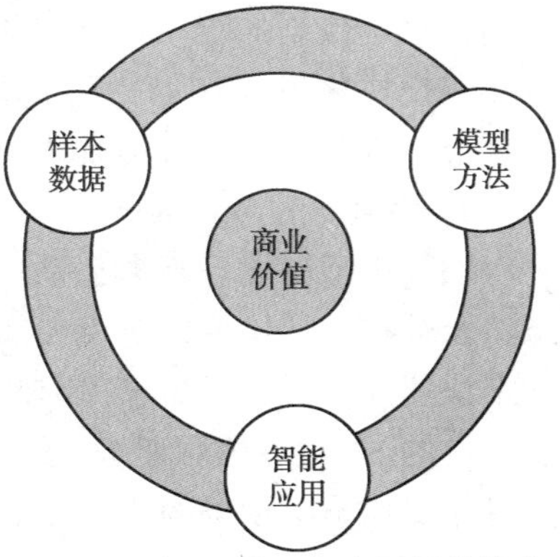

图 7-3 面向 AI 的业务应用场景特点

可以说，业务场景智能化升级，即智能场景是数字化转型的核心与基础。在智能应用尚不足以构建整体勘探开发业务生态的时候，对于一个局部业务场景的定义和选择就是一个重要的启动步骤。

只有同时满足商业价值、形成业务闭环且具备产业生态的业务场景，才具有智能化升级的价值；只有相对传统方法具备成本优势和构建效率优势的智能化场景，才具有应用的前景；只有具有足够的样本数据、成熟的建模方法、足够多的应用环境，这个智能化的应用场景才能够被构建起来。

此处没有提到“油气上游全生命周期的专业流程”，并非其不再重要，恰恰相反，这是一切智能应用的基础。但是，基于目前智能应用的局部突破的目标，更推荐如何从整体专业流程中筛选具有足够价值和足够成熟度的可智能化业务场景，即：智能场景。

二、云端平台：设计智能应用的技术架构

油气勘探开发的专业软件体系，目前基本是以 Windows 端应用软件为主，其架构为标准的 C/S 模式。这种技术现状，一方面是油气专业对于多数据复杂分析、图形化交互分析、操作界面复杂等业务因素决定的，另一方面，是由过去多年的技术积累模式决定的，即技术应用的惯性。

从未来发展看，基于本地 Windows 的专业软件开发模式由于“云端虚拟桌面”技术的支撑，其近期被替代的可能性不大。但云端的云计算、云平台和云原生开发技术的发展，对于新生的大数据分析和智能分析具有更好的支撑性。这决定了未来的智能平台的构建，必然是一个基于云端计算的技术体系。

1. 基于云的大数据与智能支持

国内外对于数字化转型的应对：基于云平台(如中国石油梦想云、石化智云)的一体化解决方案正在快速推进，云平台与云原生技术也催生了数据中台、业务中台、智能中台等新业态。这些云端架构不仅整合了网络、服务器、算力等资源，对于数据的统一存储和共享也形成了一体化解决方案，同时，在应用的组件化、模块化集成方面，云计算具有更强的集成优势。上述成熟的技术架构和技术标准，也为后期的各类模块与软件的开发提供了统一规范。

2. 协同多种环境的云-边一体化

油气田上游业务基本都是户外工作，因此对于施工现场的 IT 支撑尤为重要。虽然云端技术架构可以解决大部分功能需求，但大量的现场应用对本地化网络和数据快速处理提出了需求，因此需要建立后台和现场的合理整合模式，这就是智能平台的云-边一体化架构。云-边架构的设计可有效利用云端的大数据和算力，同时能支撑施工现场的快速反应和后方的协同决策。

三、智能流程：为智能过程定义标准化流程

智能建模，是将一个业务场景的过程，定义为 IT 技术表示的流程。这个流程必须是逻辑合理且数据通畅的。定义这一流程的目的，就是规范业务场景实现的必要方法和步骤，保证高水平智能建模方案的设计。

如一个钻井参数优化的机器学习应用流程中(图 7-4)，首先需要从不同数据源获得各种样本数据，然后将样本数据中的异常和问题统一处理，进而融合形成训练样本。而后，基于训练样本，从业务角度进行数据的业务分类(可能是不同施工井段，不同地层与岩性或者不同的钻具组合)，进而基于特定的业务分类设计能够体现关联关系的特征工程，最后通过实时的数据进行钻速预测和随钻过程中的钻井参数优化。

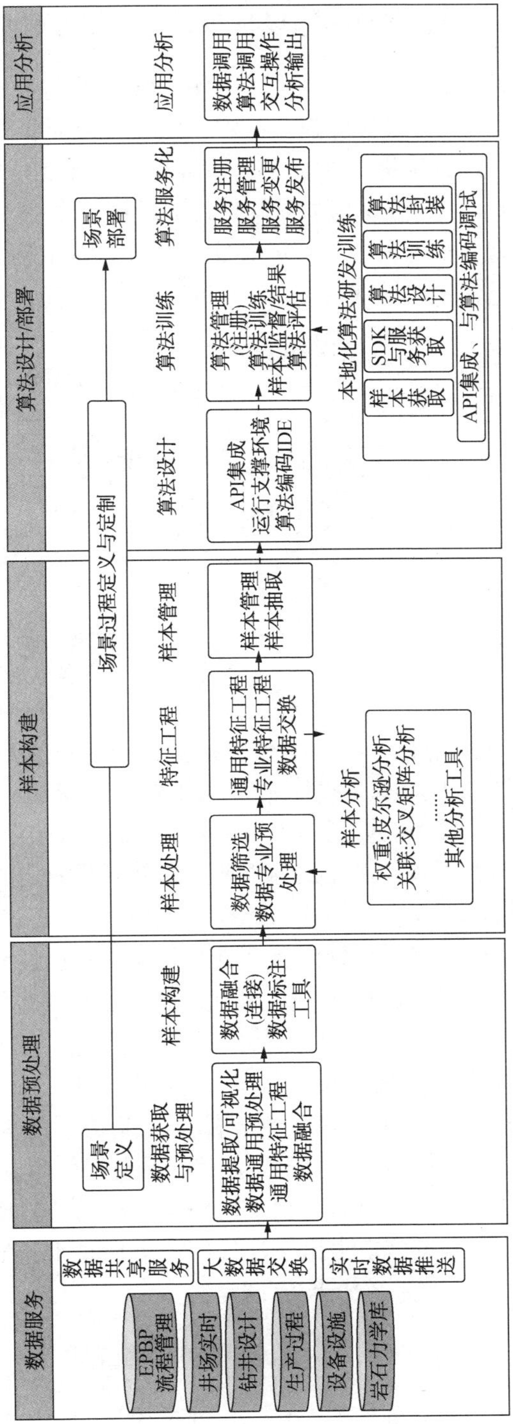

图7-4 机器学习的建模流程

四、算法共享：为业务流程建模形成算法的元素化

业务智能构建最关心的问题是：如何将构建智能的各种要素统一沉淀并实现复用？其方法就是将业务流程建模过程实现"元素化"，即将业务场景的各个流程如数据提取、处理、计算等提取核心元素并对元素进行定义。

业务场景实现包括：依托智能数据服务获取数据，通过数据处理、特征计算、专业特征参数计算、数据融合、智能算法训练等，得出预测值。将这一个过程的各种方法和算法元素化，形成必要的数据元素和算法元素(图 7-5)。

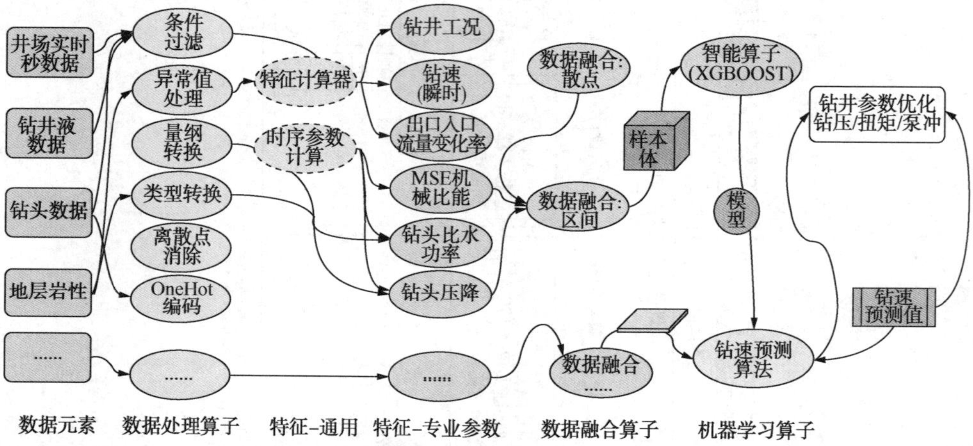

图 7-5 钻井参数优化场景的机器学习分解流程

核心算法的元素化，最为关键的是形成业务算法"元素化"的技术规范定义，及确定一个数据处理元素或者算法元素的重要组成及其代码定义。

数据方面：油气行业不仅数据格式和标准具有高度复杂性，对于这些数据的筛选、预处理、异常处理、多类型融合等都具有高度的专业性方法，这些方法对于行业来讲是长期传统数据分析和方法研究的基础，在大数据和智能建模的过程中，它们同样的有效和重要。

建模方面：智能建模方面最为重要的不是机器学习方法，而是特征提取。大量的专业论文研究的焦点和突破点，主要都是专业特征的提取，从而建立一种与目标对象最为紧密的关联，这是机器学习方法发挥作用的关键。

从工作量看，这一类 API 的梳理和沉淀，可能占据总体行业智能平台建设一多半的工作量。当然在工作难度上，由于油气行业本身的业务壁垒，导致这方面的方法设计和本地化完善都是一个长期的过程。

五、智能建模：实现数据、算法、模型的整合

图 7-6 是一个可视化的流程构建平台，或称之为智能建模平台。

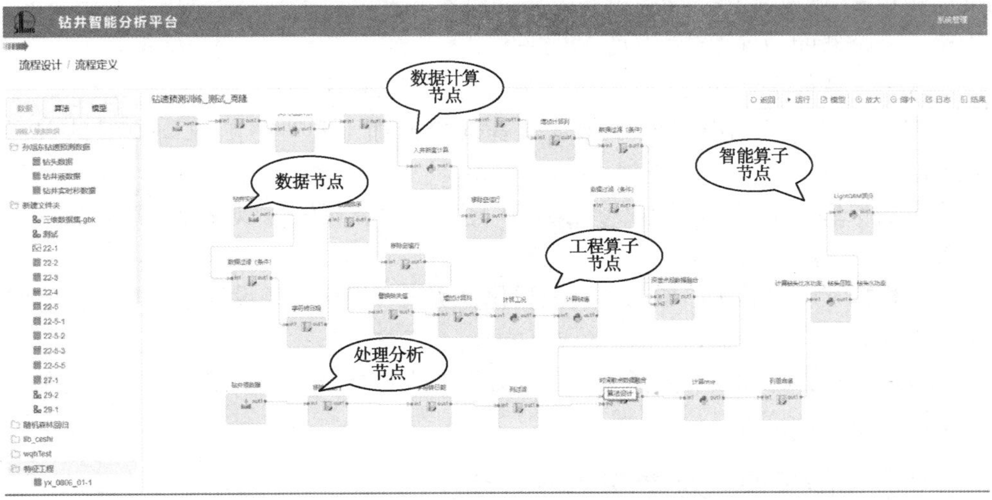

图 7-6　可视化建模平台的流程定时实现实例

通过智能建模平台，实现数据、算法、模型和服务整合，形成智能应用的快速定制；形成关键技术知识的沉淀。最关键的，这个流程定制是为了面向不同区域目标的快速模型构建，以及服务发布部署。

这部分工作量比较大，但也是最成熟的技术，整体流程实现基本上都经过比较全面的研究和探索。而且，这部分工作已经有大量的通用建模工具可以实现支撑，且不说国际上较为成熟的 SAS 与 SPSS 的产品，大学里普遍使用的开源项目也很多。还有国内，这方面基本可以与国际水平媲美，有相当多的公司已经实现了商业化的产品。鉴于其技术体系也比较成熟，可供选择并整合的方案比较多，不再赘述。

六、智能应用：数据、模型与部署的一站式共享

最后一个步骤，是面向业务场景的智能应用建设。

智能应用是业务场景的直接支持者。在智能应用中，一个智能应用节点，一方面要挂接各种来源的实时数据流，另一方面要挂接分析预测这种数据流的算法服务。最终智能应用节点成为一个连接数据、算法和反馈的一个业务决策中心，当多个智能应用节点连接在一起，就是一个完整的业务场景的解决方案。

智能数据服务、智能建模、智能应用，三者将智能场景的设计、构建和集成发布过程串接在了一起，其最终的整合产品，我们称之为“油气智能平台”。

油气智能平台，已经远远不是一个通用软件工具的概念了。它是在传统业务框架和知识经验基础上，整合了智能方法形成的一种新行业生态体系的构建。

通过智能平台构建，实现智能油田建设最为关键的数据、知识和工作方法的

沉淀和积累(数据汇总、算法积累、流程积累、应用积累)持续地从量变到质变，构建一个全新的油气上游智能解决方案。

未来，智能平台的运行，将助力油气行业实现四个积累：

数据积累：实现面向业务场景的基础数据加工整理，形成高质量的关联数据。

算法积累：实现面向行业特色的AI算法、业务算法，以及数据融合、训练方法。

流程积累：将解决问题的方法流程化，实现可视化方法设计，实现方法实时迭代更新。

应用积累：将面向业务场景的解决方案形成智能应用，实现智能应用的集成与主题化组合。

七、智能架构：为业务智能设计应用架构

在上一节提出行业最为关键的问题就是AI技术与行业架构的融合，因此，我们必须为这种融合找到一个完整的解决方案。

这个解决方案，一方面要对业务架构形成一个可描述的方法，另一方面需要对各类优秀的AI技术进行重构，形成针对业务架构中局部节点的解决方案。这些AI的API包括国际开源的Pytorch、Tensorflow等，也包括国内领先的PaddlePaddle(百度)以及Modelart(华为)等，这是构建智能平台可供合作的重要伙伴。

业务架构与AI技术两者交汇的地方，就是特定业务场景之下的业务逻辑。这些业务逻辑在软件代码上表现为一个行业逻辑的智能方法API，在业务框架上，表现为一个流程节点。而从API到节点，需要一个业务类或者业务方法描述的规范。

因此，基于前述的云-边架构的设计，需要形成一个智能平台应用架构。通过这一应用架构设计，实现AI算法、业务算法、业务场景、业务应用的衔接。

不仅如此，通过智能平台应用架构，实现数据专家、软件专家、AI算法专家、行业算法专家、行业专家和协作融合。多学科多专业多角色地协同研发和协同构建，这才是智能平台最大的作用。

第四节　如何应对油气智能时代的挑战

一、以人工智能推动工业智能

人工智能是20世纪40年代诞生的信息技术概念，其技术领域非常宽泛，人工智能在过去十年由于所属的机器学习中一个重要分支——深度学习的发展而获

得了广泛应用。人工智能中的专家系统、数据挖掘、机器学习等分支领域在油气行业的深度应用也有数十年的历史了，但其本质是一种数据分析和挖掘的方法，并非油气工业领域智能化的唯一解决方案。

人工智能技术只是工业智能实现的众多要素和方法之一，工业智能体现的是面向企业价值目标和业务目标而构建的一个复杂智能体，人工智能技术的不断发展为工业智能提供强大助力，但远远不能等同于工业智能所具有的面向业务的复杂逻辑与流程。

1. 油气工业智能的产业定位与技术定位

工业互联网产业联盟在2020年发布的《工业智能白皮书》中指出：工业智能是人工智能技术与工业融合发展形成的，贯穿工业设计、生产、管理、服务等工业领域各环节，实现模仿或超越人类感知、分析、决策等能力的技术、方法、产品及应用系统。工业智能的本质是通用人工智能技术与工业场景、机理、知识结合，实现设计模式创新、生产智能决策、资源优化配置等创新应用。基于这种定位，一个好的工作智能体系设计需要具备自感知、自学习、自执行、自决策、自适应的能力，以适应变幻不定的工业环境，并完成多样化的工业任务，提升企业洞察力，提高生产效率。

油气工业智能，尤其油气上游工业的智能化，本质是综合利用基础科学理论、业务流程、业务逻辑、建模模拟方法以及数据分析方法，构建一种数据互通、模型互通、业务互通的综合性方法，油气工业智能更多的是用技术方法来替代和减少人在系统的交互，从而让系统本身达到面对问题的数据获取、处理、计算、分析和决策的自动化，进而通过这种自动化和局部模型自我学习自我更新，来实现面对复杂问题的自适应性。

油气智能化技术的发展，依赖于油气业务架构而发展。基于这一现实，油气智能化技术的研发，也依赖于面向业务架构建立的数据体系与应用支撑体系。

2. 油气工业智能的数字化转型

一直以来，油藏的发现和开采过程一般是建立在一个明确的研究主线之上，地质和油藏专家就是从宏观角度探索这条业务主线的原理和方法模型。通过各种大量的来源不确定信息，人为地加以数据对比、真假甄别、信息归纳和原理总结，以地学概念和原理为基础，以抽象思维为手段，逐步构建了从地质构造演变到油气运聚成藏、开发开采的数学模型。

无论国内外，早期的石油勘探开发都是这么走过来的，“石油在地质学家的头脑中”这样的经典表述，就是油气发现早期对于人脑的综合思维能力的认可。而国内长期对于地质理论研究的方法单一，恰恰是缺乏大量数据的采集和处理工具，缺乏基于大量数据的自动化计算分析方法所导致。一旦条件成熟，大家都在向着一个方向发展，那就是更加数字化、模型化和自动化。

因此，随着数据采集和数据处理技术的提升，当前的地学研究与油藏研究越来越依赖思维模型的数学化。也即，依托数学模型的创建，来精确表征地质特点和油藏特点。而且，随着大数据、云计算与智能化技术的提升，数学模型的建设也从演绎法向归纳法、从因果性向关联性拓展（大数据分析与 AI 的典型特点），崭新的数学模型不断被集成到地震处理、解释、反演、盆模、油模等工作流程中。新一代的软件，有地震构造解释、反演与成像、油藏模拟、工程模拟，方法越来越多样化，大数据与智能化技术在其中发挥了巨大的作用。

油气勘探开发研究领域的数字化转型，就是在原有的地质与油藏的模型化分析基础上，拓展大数据的采集处理与计算分析，充分推进人工智能技术与业务场景、运行机理、知识经验结合，通过设计模式创新，更加精确地掌控油气全业务生命周期。

3. 推进油气工业智能的关键技术

数字化与智能化不仅是技术趋势，而且是油气行业转型升级的必然方向。基于这种出发点，结合当前数字化发展的不足，对于未来人工智能技术推进油气工业智能，必须重点关注四个关键：

（1）油气数字化的顶层设计。

构建并形成相对标准化、可量化的油气勘探开发专业研究流程。针对流程中的数据、模型和软件逻辑进行梳理，形成一个完整的研究流程，实现勘探开发一体化、地质工程一体化的业务架构设计、信息架构设计、管理流程设计。

（2）补上“软件架构设计”课。

在业务体系信息化框架上缺失的基础能力，除了从底层弥补，似乎别无他途。

面向各个业务细分领域的软件解决方案可以通过购买、引进和整合外部软件或者软件模块来解决。但面向业务研究框架的专业数据体系、专业软件二次开发体系、专业软件集成整合体系的搭建，依旧是未来勘探开发专业化，乃至数字化转型必不可少的部分。

但这种软件架构，并不是云平台、微服务，也不是数据湖和大数据。真正专业软件的架构体系，不是技术堆积的表象，而是面向油气勘探开发的业务逻辑衍生形成的数据、算法和组件，以及依靠这些内容构建的业界生态。以信息技术代替业务架构，是目前行业软件建设中存在的最大认识误区。

（3）局部突破。

在局部的、小型的业务领域首先取得突破。如相对简单的井场随钻分析、完井设计、压裂设计或者其他的局部领域。可以基于相对成熟的业务模型、有限的数据类别、简单的业务需求，形成一个相对整装的智能化解决方案。

这种突破不仅仅是使用 AI 技术实现智能化建模和预测服务的过程，而是将这种智能建模和智能应用过程平台化。具体做法是将特定的应用场景设计成一种固定的模式，通过自动化的更替数据、训练模型、发布应用服务，实现智能化的场景产品化和设计过程的流程化。

（4）充分借鉴人工智能基础框架和先进平台建设的优势。

中国国内互联网行业具有广泛的技术优势和建设经验。通过与行业的深度结合，构建上一段提到的业务智能平台，是促进智能技术在数字油田规模化应用的捷径。目前看，也只有这样，才能快速实现从量变到质变的升级，为行业智能化升级提供最有力支撑。

二、智能化技术的顶层设计

智能化技术的应用正在带来行业方法的改变，如前文所述的慢循环模式，正是利用技术创新结合物联网实时数据分析、人工智能和大数据分析实现快速准确决策，实现升级发展。

工业问题的本质，决定了它是一种基于目标来整合多种技术解决问题的工作模式。使用演绎或者归纳方法，使用经验公式或者使用数据智能并不是非此即彼的选项。

但是，数字化时代的到来，使得大数据与人工智能技术实现了低成本的普及，人工智能的行业应用成为行业转型的新动力，油气行业如果能够充分依托数字化新动力、整合与融合传统的理论方法，将会迎来一个新的转型升级黄金期。

目前，很多油气专业领域已经取得了人工智能方法的突破，基于大数据技术的井震联合属性分析、基于多数据融合的储层预测、基于多源数据油藏数值模拟等，一些非常优秀的解决方案及杰出专家不断涌现。

但总体来说，更多的是将数据分析方法局部性地替代一些经验公式，以获得更快的方法设计以及更好的应用效果。统计分析国内外当前油气人工智能领域的论文，会发现当前智能化技术应用突破的方向，多数是基于油气业务流程的某一个关键逻辑节点而存在。如基于常规业务分析流程中的各类属性值预测、参数优化和方法优选等。多数油气业务场景中，单纯的人工智能技术尚不足以形成一个独立的解决方案。

目前，智能应用平台在落地的过程中，依旧有一些障碍需要解决。由于油气上游工业体系高度复杂，基于 AI 的开源 API 和建模工具，必须应用到油气智能化升级中，才能打破技术壁垒。

开源 API 的壁垒：技术人员在使用开源人工智能的 API 时，很难将整个技术栈全部掌握，如从形形色色的 AI 新技术和面对这些新技术的各种技术架构的 API，以及这些 API 完成的产品如何部署发布和应用实践，复杂度很高。我们需要在行业智能应用和 AI 技术之间，构建一个连接层，将 AI 技术隐藏并转化为行业的智能方法(API)。

智能建模流程：很多油气行业专家(如《深入油气大数据》的作者霍尔德韦)在做数据分析的时候，使用 SPSS modeler、SAS Miner 以及类似的 RapidMiner、WEKA 等 BI 和 DI 软件工具来实现数据分析和智能建模。但是，这样的通用性数据工具定位于常规结构化数据分析，它们一般无法处理复杂的油气专业数据格式，也无法形成较为复杂的数学模型。此外，这种工具在算法的自动发布部署上也较为单薄，并不能满足行业大型应用的自动发布、自动集成的需求。

所以，我们需要基于业务框架来思考如何构建一个这样的智能平台，以形成有针对性的、全流程的油田智能化方案的设计、构建、部署和应用。

智能平台构建所面临的核心问题，还是 AI 技术如何与行业深度融合。

(1) 场景化：业务体系生态中，如何促进智能应用解决局部的业务需求。

勘探开发是一个非常庞大的业务体系，智能应用的突破目前还在于局部问题的解决，而这个在数据流和业务流上的闭环过程，可称为一个场景。因此，选择合适的场景，将这个业务场景用 IT 语言(数据 IO，算法，反馈控制)表述出来，是首要的工作。

(2) 元素化：针对智能应用固化的形态进行拆解，形成一个个元素，可支撑业务模型的局部升级。

目前智能应用的解决方案，还固化在软件代码中，面对 EDA 要求的持续更新，对于各类代码的持续更新、发展完善是较为困难的。因此，如何将一些固定的数据模型、处理方法、分析方法固化，形成一个个可视化的小颗粒，我们称之为元素(或节点)，这样，用户能够在更高粒度上使用这些工具，将各种高度封装的业务元素(数据集、处理算子、ML 算子等)进行基于业务流程的衔接和组装，这是一个最核心的技术问题。

(3) 模式化：对智能应用的流程化、模式化方法形成有效支撑。

目前多数的智能应用均从行业角度建立解决方案，并没有有效利用智能方法自身的研发流程，从数据提取、预处理、特征工程到方法选择，被隐藏在应用之中，无法实现局部功能的复用。因此，需要建立一种流程化和模式化的工作方式，使得业务场景能够以一种相对标准化的流程(如 CRISP-DM)来表述一个智能解决方案。

(4) 自动化：实现智能方法到智能应用研发部署的过程，形成有效支撑。

目前的智能化方法研究中，关注的是算法解决方案，但在算法基础上，如何形成数据支持、训练支持、自动部署发布以及基础设施支持方面，尚未与现有技术成果有效集成。因此，需要运用基础的 IT 技术架构，搭建一个从方法到应用的自动化转化过程。

(5) 封装化：智能 API 资源体系庞大复杂，为智能应用的产业化发展带来难度。

两个方面的技术封装非常重要。一个是 AI 技术方法：从知识图谱、机器学习到深度学习，相关开源算法 API、框架 API、应用 API 资源过于庞大，一定程度上制约了智能应用的产业化发展。另一个是行业方法，将不同行业中特定的数据解析、处理、筛选、融合的方法，以及行业领域专业化参数计算、经验公式、专业模型等，封装成为一系列固定的方法，实现专业领域知识的可复用。

最终的行业 API 将会被组装成一个个元素，这些元素又被组装成一个个流程，而每个流程，就是用来直接支持一个智能应用的后台服务，调用后台服务的前台应用，就具有了智能性。下一个章节，我们尝试带来一个完整的解决方案。

基于这种出发点和实现思路来构建的智能平台，将可以有效地解决智能方法在行业的落地实践。但是，这将会是一个复杂的工程，而构建发展到成熟的过程，将是一场远征。

第五节 自动化机器学习平台的技术现状及趋势

一、数据科学平台的概念

近年来，油气行业中可以应用大数据与人工智能技术解决的问题与需求越来越多。这种场景的多样化发展趋势，刺激了人工智能技术在油气行业中的工具化和平台化应用。这种应用包括传统的数据统计、数据分析、数据挖掘等工具，也包括了大量近年出现的数据科学平台、大数据平台、人工智能平台等新一代人工智能体系。这两种技术具有完全不同的发展路径和基因，前者来源于数据科学研究，重点提供一种数据分析和挖掘工具，后者提供一种数据存储、IO 和分布计算架构(有关这两种模式的渊源，会单独撰文赘述)。

然而，殊途同归。虽然从概念上讲这些各种数据相关的平台具有不同的定义，但到了工业应用的环节，所有的数据科学类工具，都需要一个从数据到结论的信息闭环，都需要面向问题得出一个可反馈的结论。因此，无论什么平台，除了数据处理分析方法的技术上有所差异，但在应用软件的体系结构上变得越来越一致。数据科学平台，当前在一定程度上越来越关注与面向机器学习的关联性分析。而这个技术重点，其实就是围绕以机器学习方法，进行从数据存储、获取、处理、特征提取、方法及参数选择、训练、部署、应用挂接等这个大过程、大闭环的实现。从这个角度，数据科学平台、数据分析平台、机器学习平台、人工智能平台具有了越来越多的同质性。这些内容一方面是针对数据科学平台的技术收集，另一方面也是对油气勘探开发数据科学平台构建的思考素材整理。除了个人零碎思考碎片，更多是对于当前的数据科学平台的知识体系作一个系统化梳理。

二、油气行业对于智能分析平台的需求

近年来，大数据与人工智能(Artificial Intelligence：AI)技术得到了飞速的发展，各行业涌现出众多应用人工智能技术实现效率提升、业务价值增长、商业模式创新的案例。与此同时，油气行业也在积极参与这波 AI 的热潮，在业务环节的各个方面研究、尝试了 AI 相关课题，并在一些领域取得了成效，一定程度上实现了助力企业降本增效的目标。

各大石油公司纷纷寻求变革、转型和突破，数字化、智能化成为众多公司瞄准的突破口，这种趋势在最近几年体现在油气公司与 AI 公司的“跨界”合作悄然兴起并渐成新的潮流，表明 IT 与油气业务的融合已经不仅仅局限于单个合同或单个项目的实践，双方都在探求从管理体系、技术创新、公司运营等更高层面的合作。

国内外领先石油公司信息化建设实践会经历 3 个主要阶段，分别是生产过程自动化、油气生产数字化和油气生产指挥决策的智能化。特别是近期经历了油价从“百元时代”到断崖式下跌，再到价格剧烈波动的过程后，各大石油公司加快了大数据、人工智能等新信息化技术的应用进程，从而实现降本增效，提高采收率，增强生产的安全性和可靠性。

油田公司对于智能油田的命名和定义不同，各自的建设侧重点也有所不同，但是都强调的是 IT 与业务的深度融合，从组织机构改进、工作流程优化、研究方法提高等几方面进行深度改造，如人工智能能够利用模糊逻辑技术处理勘探地震数据，做出靠人工难以实现的预测，从而更精细地描述油田地质模型，为传统的油气勘探技术带来新的变革。

随着 AI 场景的不断增加，使用机器学习算法的各类用户形成规模，需要一个企业级人工智能机器学习平台来支撑 AI 技术在各业务领域的规模化应用。一个企业级的机器学习平台需要支持从数据引入、数据探索和清洗、特征工程、机器学习和深度学习算法建模、模型效果评估、到模型批量投产上线以及机器学习模型自学习(即自适应迭代)功能；此外，平台要覆盖这一过程中各个环节用户的使用方式需求，通过可视化的方式降低建模的工作门槛，做到全用户多样化；同时，也要具有企业级平台应有的高可用性，可扩展性，高性能等特点。

AI 分析平台支持数据应用创新组织，深度挖掘平台数据价值，借助统一、通用、简单的平台，实现资源整合，提供低门槛、能力全、性能高、扩展性强的数据实验室，实现算法应用开发、运行、管理的全生命周期管理，提升 AI 管理、AI 开发能力，并进一步提升 AI 应用水平。平台作为勘探开发生产数据价值深度挖掘和创新型业务敏捷实践的关键载体，需要为勘探开发数据分析及人工智能类应用开发者和使用者提供一整套开发、运行、管理该类应用的工具和服务。针对模型研发的数据分析人员提供灵活、全面的数据建模研发环境；针对分析类应用开发的 IT 工程师提供高效、快捷的应用打包及上线开发环境；针对业务探索及模型使用的勘探开发业务专家提供低门槛、全自动的应用环境。其具体功能包括：

（1）实现覆盖人工智能全流程支持，包含数据接入，数据清洗、特征工程、模型训练、模型评估和模型部署端到端功能；

（2）提供丰富的算法，包含传统机器学习、深度学习、强化学习、自然语言处理、计算机视觉、智能化算法等，提供可视化拖拽式工作流构建；实现统一建模运行控制，灵活资源管控、权限管控，并为未来外部系统接入提供良好的可改造空间；

（3）融合经典机器学习、深度学习、强化学习等多算法管理、异构资源调度等重要特性，提供一站式数据探索、数据预处理、特征工程、模型开发、模型训练、模型推理服务发布的端到端能力，使业务人员 AI 需求快速开发与上线；

（4）兼容其他平台内的各种数据进行数据预处理、模型搭建训练、模型性能评估、数据可视化等技术操作，建立油气特色算法模型，提供算法注册、封装和快速发布能力，形成平台的特色算法资源和服务；能够通过 API 接口体系，与其他数据平台深度集成；

（5）集成集群管理、任务调度、集群节能和性能监控等构成平台管理模块，大幅降低公司 AI 应用门槛。

三、数据科学与机器学习平台产品

2021 年 Gartner 以数据科学与机器学习平台、收入和增长、客户数目、市场牵引力以及产品性能评分 5 个选择标准，确定 20 个平台供应商进入魔术象限进行评价。2021 年 Gartner 数据科学及机器学习平台魔力象限（Magic Quadrant of data science and machine learning platform）其横坐标和纵坐标分别为愿景的完备性（Completeness of Vison）和执行能力（Ability to Execute），通过量化方式对 20 个数据科学与机器学习平台进行了评价。

这些平台产品中有我们熟悉的 SAS，DataIKU，MatLab 等国际领域产品，也有近年来逐渐发展起来的开源平台和商业平台。国内产品由于国际上的普及度不高，以及理论创新性和技术先进性不突出，本次入围的只有阿里巴巴。其实国内也有很多优秀的产品，除了 BAT 三大头部公司产品，还包括九章、四范式、美林、天云等，他们在技术上与此非常接近，虽然在国际知名度不高，但在一些个人习惯上更具有特色。

相对于其他软件平台，数据科学平台的特征主要包括 2 个方面。

(1) 模块化开发及集成能力：数据科学的流水线(life cycle)主要包括的活动有：问题和业务上下文理解、数据提取、数据准备、数据探索、特征工程、模型创建和训练、模型测试、部署、监察、维修保养、数据和模型治理、可解释人工智能、业务价值跟踪、团队合作。

(2) 开发运维一体化：与传统软件开发不同的是，数据科学平台研发活动强调开发运维的一体化(DevOps)，需要将系统的开发、部署、运营和维护进行统筹。

(3) 重视可扩展性：可扩展性(Scalability)是数据科学平台的重要技术特征。其能促进平台高效运行，提升服务质量。

(4) 强调用户体验：用户体验是多方交互的结果，即用户的内在状态(倾向、期望、需求、动机、心情等)、系统的设计特征(复杂性、目的、可用性、功能等)及交互发生环境(如组织/社会环境、活动意义、资源使用等)共同作用的结果。目前，强调用户体验是当前数据科学平台的重要特征。

(5) 重视非专业级数据科学家：相对于专业级数据科学家，非专业级数据科学家(citizen data scientist)一般并不具备数据科学类学科(如数据科学与大数据技术、计算机科学与技术、统计学等)的专业背景，编写代码能力较弱，不参与数据科学的全流水线活动，而是利用自己的某一应用领域知识和经验的优势，主要借助数据科学工具的方式完成数据科学流水线的某一或少数活动。近年来，非专业级数据科学家成为数据科学平台开发的主要目标用户之一。

(6) 重视人机协同场景：这是数据科学平台需要重视的重要产品属性。增强分析(Augmented analytics)与增强人工智能(Augmented AI)是人机协同场景的主要趋势。增强分析指在整个分析周期中应用人工智能；增强人工智能是将人的认知能力或人的认知模型引入 AI 系统。如美国 AI 独角兽企业 DataRobot 公司将增强分析的功能纳入数据科学平台中，支持开发人员、数据科学家、统计人员和业务分析师之间的协作。

综上所述，数据科学平台重要特点是增强人的作用并重视人机协同场景。以上的 6 个特征，“模块化开发及集成能力”和“重视人机协同场景”是从技术集成角度来说的，其他的几个部分重点突出“数据分析过程的简单性与实用性”。

四、数据科学平台的发展趋势

近年来，数据科学平台在技术上逐渐与大数据、数据湖和人工智能技术结合，在过程上逐渐构建起数据科研分析的全流水线支持，在应用上主要向着多领域及多样化应用发展。综合来说，数据科学平台的未来发展趋势主要包括以下 8 个方面(朝乐门，等 . 2021)。

1. 与人工智能的融合

目前，数据科学平台的发展呈现出与机器学习和人工智能高度融合的趋势，具体包括：(1) Gartner 的数据科学与机器学习魔力象限系列报告。2014—2016 年，该报告的名称为《高级分析平台的魔力象限》(Magic Quadrant for Advanced Analytics Platforms)；2017 年，该报告名称被调整为《数据科学平台的魔力象限》(Magic Quadrant for Data Science Platforms)；2018—2021 年，该报告名称修改为《数据科学与机器学习平台的魔力象限》(Magic Quadrant for Data Science and Machine Learning Platforms)。从报告名称的变化可以看出数据科学与机器学习的融合式发展趋势。(2)可理解性人工智能。目前，机器学习模型及数据分析结果的可解释性已成为数据科学及相关领域的主要关注点之一。可理解性人工智能的出现为解决数据科学中的可解释性问题提供了新思路。因此，可理解性人工智能的研究也受到数据科学领域的高度关注，RapidMiner，H2O. ai，Google 等数据科学平台都在关注可理解性人工智能。(3)对抗性机器学习。对抗性机器学习是未来的发展趋势，数据科学平台接受对抗性机器学习，保护平台免受对抗性攻击。目前，IBM，Microsoft 等数据科学平台加强了对抗性机器学习的重视。(4)复合人工智能(Composite AI)在数据科学的应用。复合人工智能是将不同 AI 技术结合起来以达到最佳效果的方法。目前，数据科学平台开始关注复合人工智能。如 IBM Watson Studio 平台的复合人工智能的愿景、MathWorks 的主要产品 MATLAB 的复合人工智能的能力。

2. 对开源技术的支持

开源技术正成为数据科学平台研发的主要趋势，许多数据科学平台采用开源技术推动创新。具体表现有三种。(1)开源软件模式建设和维护数据科学平台。如，以 R 和 Python 语言为基础的数据科学平台通常采用开源软件模式的建设和维护策略。(2)基于开源软件开发数据科学平台。如，H2O. ai 通过 Wave(一种用于构建 AI 应用程序的开源产品)扩展其产品功能。(3)支持调用开源工具包。如，Anaconda 提供了第三方开源工具包的扩展接口，进而实现数据科学平台的可扩展性。

3. 对非专业级数据科学家的重视

非专业级数据科学家正在成为各数据科学平台争夺的目标市场用户。Gartner

预测非专业级数据科学家产生的高级分析和商业价值的数量将超过数据科学家。目前，在数据科学平台的研发中重视非专业级数据科学家的主要动因在于：(1)使用数据科学平台的非专业级数据科学家数量显著增加。越来越多的非专业级数据科学家正在构建 DSML 模型，生成使用高级诊断分析或预测和说明功能的模型。(2)面向专业级数据科学家的供应商也正在调整产品策略，以吸引非专业级数据科学家。如 SAP，RapidMiner 等针对非专业级数据科学家提供相应产品，如拖拽式应用、自动化处理等。(3)部分数据科学平台由于缺乏对非专业级数据科学家的支持在数据科学平台评估中表现不佳。如，Anaconda 的目标受众是专业级数据科学家，缺乏使非专业级数据科学家的功能设计，导致其整体评价受到影响。

4. 数据治理的集成

数据治理成为数据科学平台功能设计的重要趋势之一。具体包括：

(1) 模型治理(model governance)。模型治理主要涉及模型设计、实现、部署、运维、验证和调参等多个活动。作为数据治理的重要组成部分，模型治理也成为数据科学平台需要解决的必要功能之一。如，DataRobot 提供了模型的验证、版本控制、访问权限设置等模型治理功能。

(2) 人工智能治理(AI governance)。人工智能治理研究人类如何最好地向先进人工智能系统过渡，重点关注政治、经济、军事、治理和伦理层面。可见，相对于模型治理，人工智能治理的涉及面广，所讨论的问题并不仅限于模型或技术层面。

(3) 负责任的人工智能(Responsible AI)。负责任的人工智能是数据科学平台未来发展的重要趋势。它是指在真实组织中以公平、模型可解释性和问责制为核心的大规模实施人工智能方法的方法。目前，Google，IBM，KNIME 等数据科学平台在人工智能解释能力和责任领域占据了领导地位，为数据科学平台研发提供了新的指导原则。

(4) 访问治理(Access governance)。访问治理是一个包括策略、控制、激励措施和管理用户对信息资源访问流程的集成系统，其目标是确保信息系统在正确的时间向正确的人提供正确的信息，同时保护信息不被滥用。目前访问治理已经引起数据科学平台，如 H2O. ai 等的关注，将成为数据科学平台研发中不可忽略的细节性问题。

(5) 可信赖与弹性的平台(trusted and flexible platform)或可验证且可靠的机器学习(verifiable and reliable ML)。通常，支持经过身份验证操作的硬件软件平台称为受信任的开放系统。可信任的平台是未来发展的趋势之一。如，Anaconda 在编码社区中提供了一个灵活和可信任的平台，为初学者和专家提供了多种选择；MathWorks 提供可验证和可靠的机器学习。

（6）人工智能向善（AI for good）。人工智能向善是在更大的人工智能领域内开展的一项运动，旨在发展和使用人工智能方法以进一步实现朝着可持续性、健康、人道主义援助和社会正义的目标迈进。未来数据科学平台在开发上会对人工智能向善更加关注，如 H2O. ai 人工智能向善的愿景。

5. 数据湖的引入

数据湖正成为数据科学平台的新的基础设施。数据湖解决了数据格式错误、数据删除、合规性删除或修改数据以捕获数据等问题。而数据湖与数据仓库的结合形成新的数据管理架构——数据湖仓（Lakehouse），在数据湖的低成本存储上实现与数据仓库中类似的数据结构和数据管理功能，支持从非结构化数据到结构化数据的多种数据类型的统一管理。

6. 高级分析及应用的探索

（1）诊断性分析和规范性分析。相对于描述性分析和预测性分析，诊断性分析和规范性分析是数据分析的高级应用。对高级应用的支持是数据科学平台的竞争力所在。如 IBM 的数据科学平台中集成了预测性和规范性的能力，对于数据科学平台的研发具有一定的借鉴意义。

（2）图分析（graph analytics）。通过图分析和可视化，可以方便用户浏览和可视化数据。如 Dataiku 改进图分析和时间序列分析，提供高级分析。图分析已经成为数据科学平台高级应用探索的方向之一。

（3）时空数据分析（Spatiotemporal data analysis）。地理空间分析往往与时间数据分析联系在一起，形成时空数据分析，并将成为数据科学平台的一个重要组成部分。

（4）离散事件仿真或基于主体的仿真（discrete event or agent-based simulation）。仿真是指在计算机上对现实的假设情况进行建模的过程，以便对其进行研究以了解系统的工作原理。离散事件仿真是一种将系统操作建模为时间上离散事件序列的仿真技术。基于主体的仿真是一种对由个体、自治的、交互的“主体”组成的系统进行建模的方法。由于模拟和仿真是诊断性分析和规范性分析的主要技术手段，数据科学平台需要加强在离散事件仿真或基于主体的仿真等高级应用方面的探索。

（5）优化实验与决策管理的设计（design of optimization experiments & decision management）。优化实验和决策管理的设计是数据科学平台的未来发展趋势之一。目前，数据科学平台需要在优化实验和决策管理的设计等高级应用方面加强探索。

7. 向数据科学全流水线的转型

目前，数据科学平台支持数据科学生命期中的多项任务，已经从数据科学的单一活动向全流水线发展。

（1）Alteryx：于2016年通过提供数据准备和高级分析来补充不断增长的数据发现市场，到2017年提供基于云的分析库，用于工作流（workflow）的协作、共享和版本控制。

（2）RapidMiner：支持端到端数据科学功能，完成数据科学项目从创建到模型构建再到生产的全流水线管理。

（3）SAS：加大对全流水线的支持。SAS提供从数据获取到模型部署的系列功能，并推出称为“统一洞察（Unified Insights）”的生命期产品，以降低许可的复杂性，提供从探索到建模和部署的全生命期支持。

（4）Databricks：提供从数据工程（data engineering）到端分析全生命期功能，混合云环境以及对各种用户的可访问性的支持。除了上述数据科学平台，像阿里云、Oracle、Samsung SDS等大多数数据科学平台的关注均从数据科学的某个活动向全流水线转变。

8. 应用领域的多样化

数据科学平台主要应用于生命科学、生产制造、电子商务、银行、保险和其他金融服务、医疗保健、教育和政府、通信、媒体和服务等领域。

（1）DataRobot：为银行、保险、其他金融服务、制造、零售、生命科学和医疗保健等多个领域提供应用服务；（2）Domino：在银行、金融服务、制造业和生命科学领域有自己的业务；（3）Altair：在银行和其他金融服务领域有自身的业务，提供各种模拟和高性能计算解决方案，以吸引汽车、航空航天和制造部门的客户。（4）RapidMiner：在制造业、生命科学、银行业、保险业、能源、商业服务、政府及教育等领域得到较多的应用。数据科学平台的跨行业客户数量逐渐增多，应用领域越来越广是其发展的趋势之一。

五、油气行业之智能整合的关键问题

（1）我们是否需要一个油气行业的智能建模平台？

目前油气行业的数据科学平台或机器学习平台、智能建模平台等类似概念的产品非常缺乏。主要原因，一是油气行业的数据体系具有众多的专业格式，处理和解析比较复杂，同时格式属于保密范畴。二是油气业务具有极大的系统性和复杂性。所以，油气行业的智能建模平台既要求具有足够的机器学习和云平台能力，同时又要求具有特定业务的知识体系，这些都是影响油气数据科学平台发展的制约因素。

（2）如何形成一个完全自动化的智能建模平台？

我们不要去追求一个完全自动化的建模平台，这不是最终需求。在技术教学的时候我们可能追求一个傻瓜化的流程操作，但面对业务问题的时候，需要的是问题的解决方案，流程是否简单完全取决于项目的要求。大多数时候，完全的自动化追求的是简易性，而这种简易性到了一定程度，是与专业性相冲突的，所以从专业需求的角度来设计这个智能建模平台，在此基础上再考虑简易性，这可能是一个更好的思路。

（3）如何使用智能建模平台形成业务逻辑代码的积累和管理？

虽然已经有部分领域使用智能建模平台积累业务方法和知识，但更为主流的做法是：不需要通过智能建模平台来实现业务逻辑代码管理。

智能建模平台就是一个数据探索分析和机器学习模型构建的工具，不需要让它去承担复杂的业务逻辑积累。业务代码逻辑还是使用代码管理系统，如 GitHub 这样的专业代码管理平台，因为传统软件研发不仅仅是算法，更多的是不同类型的组件以及这些组件的整合与集成。

（4）平台如何实现业务功能并对我们的软件开发提供支持呢？

专业功能的实现是专业的事情，平台提供足够简单的接口，真正的功能逻辑还是用户编写软件代码实现。可以分两个维度来说明，一是提供专业支持的方式，包括专业数据格式管理、专业数据处理方法提供、专业特征计算方法提供、专业的模拟分析方法提供等，将以上几个专业成果纳入我们的平台之中提供基础支持；另一个维度是整合的维度，包括基于专业场景管理（包括前后顺序及其联系）、专业场景构建流程的设计、专业场景的服务和模块组装，系统管理机制的挂接等。

第六节　本 章 小 结

大数据与人工智能技术被称为实现油气智能的关键技术，也是油气工业加速工业自动化和智能化而不可或缺的核心技术。

1. 大数据与人工智能为油气智能化提供了新的模式

应用大数据与人工智能解决实现油气业务智能化，被称为快循环模式，就是利用技术创新结合物联网实时数据分析、人工智能和大数据分析实现快速准确决策，实现升级发展。从数字化转型角度看，快循环的新路线提供了一个快速发展的机遇。

2. 人工智能正在进行局部应用到场景应用

人工智能技术是基于一个长期发展形成的复杂业务流程和分析框架基础上构建的局部性解决方案。它需要在专业软件构建的数据体系、模型体系、业务研究体系之上来解决问题，至少在短期内，这种框架不可能被替换。

未来，人工智能将实现以数据为驱动的场景解决方案。在典型业务场景中，在大数据与智能分析方法不断升级的情况下，大量的数据模型和智能模型逐步替换掉过去的经验模型，整体的业务框架才会逐渐变得更加具有适应性和自成长性。

3. 油气智能应用，需要一套规范成熟的实施路线

为了促进人工智能技术的产业融合、积累复用而构建了七条核心方法，并形成了一个可供参考的发展路线。这些方法的核心，是针对业务场景的智能化解决方案中的基础逻辑进行积累，进而探讨这些基础逻辑的标准化且灵活地组合，以实现快速构建一个区域或者目标的解决方案。

在后期如果能够广泛地参与到各类行业场景的应用中，这种智能平台的功能将会得到进一步扩展。

4. 如何应时油气智能时代挑战

油气工业本质是综合利用基础科学理论、业务流程、业务逻辑、建模模拟方法以及数据分析方法，构建一种数据互通、模型互通、业务互通的综合性方法，油气工业智能更多的是用包括人工智能在内的各种技术方法来替代和减少人在系统的交互，从而让系统本身达到面对问题的数据获取、处理、计算、分析和决策的自动化，进而通过这种自动化和局部模型自我学习自我更新，来实现面对复杂问题的自适应性。

5. 数据科学平台长在推动人工智能技术的规模化应用

数据科学类工具是推动人工智能技术的规模化、产业化应用的基础功能。所有的数据科学类工具，都需要一个从数据到结论的信息闭环，都需要面向问题得出一个可反馈的结论，形成对于产业需求的回应。

数据科学平台目前重点关注面向机器学习的关联性分析。它围绕机器学习方法，进行从数据存储、获取、处理、特征提取、方法及参数选择、训练、部署、应用挂接等这个大过程、大闭环的实现。

第八章 OSDU：国际油气数字化新生态

OSDU(Open Subsurface Data Universe)主要面对数据孤岛和专业协同两个业务问题。一个是解决专业软件之间研究成果互通问题，另一个是解决地震、地质、油藏、钻完井及压裂工程等各专业的高效协同问题。

OSDU 论坛可以看作是一个油气行业的数字化技术联盟。它关注问题不是原有的油气数据模型、项目数据库、油气数据交换、油气应用软件等这些已经完全成熟或者趋于成熟的技术，而是面向油气行业的多专业整合与协同，尤其是云计算、大数据与智能化这些新技术引领下的新一代的油气数字化解决方案。

相对于数据的集中管理，OSDU 更关注针对业务数据定义一套完整的业务数据描述的元数据体系，从而实现对不同位置和所有权的数据索引与获取。从一定程度上，OSDU 是一个非中心式的生态体系，是一个集中与自主并存、私有与共享并存的协作化发展模式，是一个面向未来的油气数据共享生态体系。

第一节　OSDU 为油气的数字化变革而诞生

一、OSDU 诞生的行业背景

OSDU(Open Subsurface Data Universe)是一个构建在公有云智商的油气数据共享中心，它被设计为一个数据整合与应用整合的云原生平台，但本质上是多学科、多专业、多技术融合的产业协同方案，是新技术推动下的油气工业数字化转型。

2019 年 3 月 21 日，美国加州的旧金山，技术联盟 OPG(The Open Group)宣布正式启动 OSDU 论坛，该论坛专注于开发标准数据平台，其目的是将勘探、开发和油气井数据汇总在一起实现共享。在这次会议上，领先的石油和天然气公司、油服公司举行了会议，讨论如何使用当代云计算等新技术来变革当前的复杂数据和应用环境。OPG 的 OSDU 论坛的创建，正是为了在支持现有的应用程序和数据框架的基础上，使用云原生的数据驱动应用，从而能够实现无缝访问所有地下地质与井数据。从这个角度，这一论坛可以看作是一个油气行业的数字化技术联盟。它面对的问题不再是原来的油气数据模型、项目数据库、油气数据交换、油气应用软件等这些已经完全成熟或者趋于成熟的技术，而是面向油气行业的多专业整合与协同，尤其是云计算、大数据与智能化这些新技术引领下的新一代的油气数字化解决方案。

2022年，在发布OSDUR3版本后，OSDU论坛活跃企业会员已经达到200家以上。

OPG的OSDU论坛旨在创建一个标准的数据平台。壳牌，BP，雪佛龙等成员与OPG组织共同创建了这一论坛，旨在通过该平台的努力，打破现有油气上游领域的数据孤岛和应用孤岛，并实现对业内的安全、可靠、全局和高性能访问地下和井数据。通过创建此标准平台，OSDU论坛使石油和天然气行业可以专注于创新数字解决方案，以更好地制定决策。目前，OSDU主要面对数据孤岛和专业协同两个业务问题。

OSDU面对的第一个问题就是不同专业软件带来的数据孤岛问题。一般来说，油气各业务领域的软件服务商提供了面向不同业务阶段和研究目标的软件工具，这些相互独立的专业软件由于数据处理和业务分析算法的不同，形成了不同的数据格式与数据模型构建方法，这不仅使得数据被隔离在一个个专业软件中(我们一般称之为项目数据库)，也导致了专业之间、团队之间的研究成果协同问题。

OSDU面对的第二个问题就是专业协同和阶段衔接问题。传统的油气研究方法之下，研究方法和研究成果在一个个专业软件之中发挥作用。但是到了油气工作的一体化协同化时代，地震、地质、油藏、钻完井及压裂工程中需要各个专业和工作环节密切协同，专业化软件反而成为壁垒。此时，基于大数据和云计算技术带来了海量数据管理与处理、软件虚拟化部署以及机器学习的关联分析等新手段新方法，对数据管理和应用管理提出了新的要求。

数据支撑方面，OSDU包括Energetics数据、PPDM数据、采油生产、实时时间序列数据、附录标准数据、油藏模型数据、地震模型数据、完井测试数据、井筒模型数据、完井交付数据的梳理。目前完成了地震、地质、井工程(钻、测、录、试、压，等)开发、开采等大多数环节的数据解决方案。部分核心数据如地质模型和油藏模拟方面的数据模型，在时间上可能还要往后排。但是OSDU提供了访问层面的接口定制，用户通过自己定制JsonSchema，可以充分扩展自己的数据输入输出方法和规格，这为OSDU的生态扩展奠定了基础。

所以，虽然目前OSDU很多数据结构和技术架构还不够完善，但已经具备了商业化应用的基础架构，或者可以说，已经可以用来帮助油气行业的不同企业与团队融入这个生态之中共同发展。从一定程度上，OSDU一开始就不是一个完全中心式的生态体系，而是一个集中与自由并存的协作化发展模式。所以，OSDU可能已有一个开始，但不会有结束，它会随着油气行业的数字化革命而不断地壮大和繁荣。

OSDU 的出现，首先就是通过开发具有标准公共 API 的通用数据平台，让全球云托管供应商一起参与构建一个油气数据中心和数据平台，平台构建后，将形成云时代的一体化标准化数据中心、完整的工作流支撑、大数据与 AI 的应用支撑以及一个崭新的油气数字化生态系统。

这种在数据基础上的改变，将以“大数据”“全数据”“智能数据”的发展方向，彻底变革行业提供新应用功能的能力，并降低整个地下数据社区的实施成本和生命周期。

二、油气上游数字化挑战

当前的油气勘探开发信息化支持技术，经过多年发展已经基本形成了较为稳定的应用生态。随着油气行业各专业一体化协同趋势及基于大数据的新方法发展，打破数据孤岛、实现数据共享和数据集中成为应对未来工作状态的重要课题。

首先是油气上游行业面对的数据孤岛和应用孤岛的问题。

（1）数据链接到应用程序。

国内目前的勘探开发研究工作不是数据驱动，而是应用程序驱动的。正因为某个专业是应用软件开展的局部工作，这种被应用软件分割的业务体系导致了业务孤岛的存在。

（2）数据存储在仓库中。

应用孤岛带来的是数据孤岛，即成果数据多数存储在一些业务软件构建的项目库中，导致数据源之间或从油井到勘探之间没有联系。

（3）元数据未与数据一起存储。

元数据是有关数据的信息，这些关键信息一般是在单独的系统中进行管理，没有与数据存在一起。

（4）受限或者缺乏搜索功能。

由于没有或者缺乏必要的元数据，因此没有真正的搜索功能。

（5）数据应用模式的升级。

这种相对分散的数据管理模式，适用于原有的独立专业板块研究模式，但不适用于数据驱动的应用程序，如大数据分析与智能技术应用。

为了解决上述问题，OSDU 提出了框架性的解决方案。未来，为了让 OSDU 数据平台成为一个行业解决方案，OSDU 论坛将做的几件重要的支撑服务囊括了云端架构、应用标准、大数据共享通过技术整合提供一个统一的数据平台。

（1）云端的数据体系架构。

提供基于云原生技术的地下和井数据平台参考体系结构。

（2）定义全新的应用标准。

统一的应用程序标准，以确保由各方开发的应用程序（微服务）可以在同一OSDU 数据平台上运行。

（3）全领域的大数据共享。

利用行业数据标准实现无缝集成和数据访问，油公司与油服公司的应用，将借助平台实现行业数据的无障碍访问。

基于上述的支撑服务，OSDU 涉及的工作范围包括任何需要存储、管理或分析地下和井数据的组织。而且，为了支持未来数据驱动的应用程序，一个数据平台中的所有数据极大地提高了组织利用高级数据科学、机器学习和深度学习工具的能力。

那么，OSDU 通过什么样的技术体系来实现上述的数据目标呢？这就是OSDU 的应用技术架构要做的工作。

三、OSDU 生态构建方法

基于上述的 OSDU 数据体系与应用架构的分析，我们可以看到 OSDU 最重要的目的是打破现有的数据隔离和应用隔离，在服务端（云端）构建一个统一的大数据层，这个大数据层有两个作用：

（1）实现多种专业研究的协同：支撑现有的油气专业软件的充分数据共享，打通各个业务环节并实现协同。

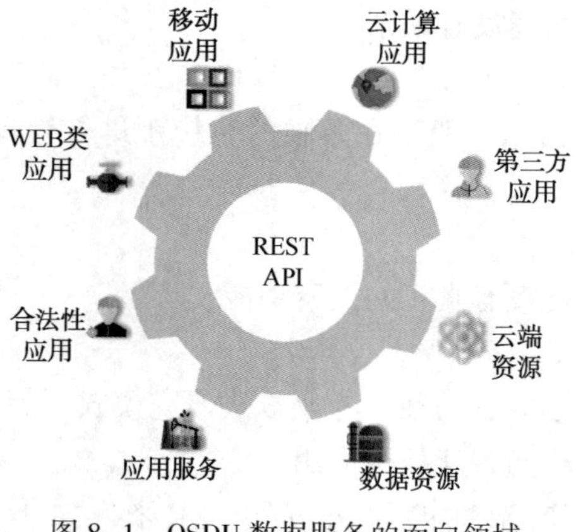

图 8-1　OSDU 数据服务的面向领域

（2）变革油气科学的研究模式：改变现有的模型化（地质建模，油藏建模）的数据处理分析方法，建立基于大数据和智能化技术的全数据分析模式。

如图 8-1 所示，OSDU 面对油气行业所有的参与者和各种 IT 要素，包括数据库资源、云端资源、应用服务资源、合作商应用及各种平台的应用。这种基于生态的组合，围绕四个方面为油气勘探开发行业带来全新的改变。

（1）减少数据孤岛：打破各专业软

件形成的标准壁垒和封闭生态，实现在一个数据平台中的数据集成和统一访问地下和井数据。

（2）云中的勘探开发工作流：利用强大的云原生解决方案，用户可以跨 OSDU 数据平台，可以无缝执行用户勘探开发工作流。

（3）访问所有元数据实现智能检索：用户将有权使用强大的搜索功能，针对全部区域的数据进行最大范围的检索。

（4）构建竞争与合作的新生态：软件供应商，石油公司，学术界和开放社区项目可以在 OSDU 数据平台上开发软件，充分竞争、充分合作。

总而言之，OSDU 的诞生，就是为了一种全新的油气行业协作模式，同时它也担负着未来协作模式升级的愿景。

通过 OSDU 的愿景与工作内容，我们看到了改变未来的一系列操作。隐藏在这系列操作背后的，其实是两个重要的出发点。正是这两个重要的出发点，让 OSDU 带来了巨大的商业价值。

1. 打破传统产业的壁垒和障碍，实现数据和知识的全产业自由流动

（1）OSDU 正在创建的数据平台与共享中心，旨在促进产业的协同化升级。

OSDU 数据平台，首先通过集成改变行业提供新地下功能的能力。这种能力包括油气上游全生命周期的数据资源共享，以及全业务流程的数据应用共享。

该数据平台创建一个开放的，基于统一数据标准和数据访问共享的生态系统。该生态系统可以提供对所有元数据的访问，用户因此可以实现随时随地访问其数据和应用程序，为全生命周期的数据共享和全业务流程的应用共享提供底层支撑。

（2）OSDU 为全领域业务工作流构建奠定了基础。

通过这种涵盖物探、地质、油藏、采油与钻完井工程的数据共享和应用共享，消除不同专业领域划分带来的信息孤岛，实现数字化转型的全局性工作流设计，原来的每个独立的专业应用与专业服务，都能实现与其他环节有效衔接。

（3）OSDU 为数据应用的市场化带来了新的机会。

数据提供商、独立软件与服务提供商、底层算法与方法提供商，都可以找到巨大的工作机会。依托数据平台的标准化机制，数据资源、相关的专业知识产权、专业应用与服务，都可以快速地嵌入到平台中并面对世界范围的巨大市场。

首先，数据平台的标准化机制，为数据资源、相关知识产权的市场化创造了新的机会；其次，由独立软件和服务提供商出售应用程序或服务的订阅模型，为应用提供了市场发展；最后，由于符合 OSDU 标准，多个竞争对手有机会出售易于集成的专用算法或工作流程，以促进市场优化。

2. 构建全领域数据平台，迎接大数据和智能化时代的行业挑战

（1）OSDU 创建了一个面向智能化的数据科学平台。

随着物联网及云计算技术在油田上游企业的逐渐普及，大数据与智能化技术的应用，对数字油田的转型升级提出挑战，企业迫切需要建立一种新的技术生态。

OSDU 创建的统一数据平台是一个开放的、基于标准的生态系统。这个生态系统可以有效整合全领域的数据体系和业务体系，加深两化融合，促进行业更高效地管理与决策。这种基于研究模式的全新变革，为推动技术创新、迎接数字化转型的新时代奠定了基础，也加速了油气上游工业从数字化迈向智能化。

（2）OSDU 构建了一个全球性油气数字生态框架。

总的来说，OSDU 提供的基础平台将带来一个世界范围的数据集成市场、专业方法与服务市场、数字化平台市场、专业应用市场；同时，它也实现了前所未有的行业的业务协同；还带来了数字化、智能化转型升级的新方法和新机遇。

尤其进入 2022 年后，OSDU 并未停止快速发展的脚步，在油气运营商、云服务公司、技术提供商、石油和天然气应用程序供应商、学术界和其他制定标准组织的共同努力下，OSDU 基于统一的数据平台，正在实现将勘探、开发和钻井数据汇集在一起，也正在催生着崭新的数字化产业生态。

四、OSDU 的软件开发过程

应用程序开发人员发现 OSDU 数据平台使用了标准 API，而基于标准 API 的 OSDU 数据平台服务（即 DDMS）减少了客户开发和部署应用程序的成本。开发人员不再需要设计和实现整体数据架构，而依托该数据架构可解决所需的所有数据功能问题，如数据获取，搜索，发现和安全性。OSDU 平台以一致的架构机制来满足这些需求。

采用 OSDU 数据平台，每个公司将可以访问大量的供应商、开源组织和内部组织开发的应用程序，而且这些应用程序都与数据无缝集成。构建维护定制性数字产品过程中，用以匹配用户环境的成本会大大降低。OSDU 论坛针对用户类型细分为四类，OSDU 数据平台面向软件开发人员、油气行业经营者、油气数据供应商、油气软件供应商等，分别提供了针对性的生态整合定位，以及配套的市场支撑。

（1）软件开发人员：使用一个开放的平台来构建新想象的产品，为内部和外部客户提供新的见解、效率的提高、创新的诠释。

（2）经营者：直接从 OSDU 平台内部访问，分析和可视化数据以支持经营活动。

（3）软件供应商。软件供应商可以通过云市场推销应用程序并将其交付给运营商。既可从 OSDU 营销中受益，又为自身发展创造新的市场机会，还不必拥有自己的市场和合同。

（4）数据供应商。帮助数据供应商以行业采用的格式交付数据。

如何开始在 OSDU 数据平台上进行开发？

对于应用 OSDU 开展数据功能和业务功能的软件研发，OSDU 设计了完整的研发流程和集成模式，以指导用户规范化地开发软件，认证，以及在 OSDU 平台上注册发布，最终部署到特定的云计算平台。

OSDU 对用户启动一个 OSDU 应用研发提供了如下建议。

（1）了解 OSDU 数据平台和论坛的工作方式，框架，API，数据原理和数据模型，包括参加 OSDU App Developer 训练营；与云提供商进行对接以获取使用支持；在 OSDU 协作站点中学习文档。

（2）访问云中的 OSDU 数据平台集成环境。

如果用户自己具有云资源，则需要自行建立一个 OSDU 实例，然后联系云提供商，在其集成环境中租户。

1. 获得应用程序认证

OSDU 论坛具有统一认证，以确保 OSDU 平台的统一管理。与此同时，OSDU 论坛正在逐步完善 OSDU 标准，它将不同类型的提供者进行认证所需的一致性标准。该标准和认证计划旨在确保向 OSDU 社区交付产品是标准化的。

OSDU 认证计划将保证用户产品能够符合 OSDU 标准。ODSU 社区包括运营商公司，OSDU 平台提供商，软件供应商，数据服务公司和其他成员组织。为了最好地实现社区的成功协作，OSDU 认证计划的当前范围提供了三个领域的规范化：

（1）平台提供商认证：

平台供应商认证，是为了确保所有 OSDU 认证平台提供商都对预期的 OSDU 平台进行规范化的操作而设计的。

（2）外部数据提供商认证：

外部数据提供商认证，是为了确保所有 OSDU 认证的外部数据提供者都提供统一的方法来访问数据，以便在任何 OSDU 应用系统中使用。这种数据提供商的认证，使数据服务公司可以轻松利用 OSDU 数据平台开拓广泛市场。

（3）应用程序提供商准则：

应用程序提供商准则，是为了确保所有 OSDU 应用软件产品均符合一套技术标准，以便为 OSDU 社区提供安全可靠的产品。同时它还提供了一组一致性准则，以帮助向软件供应商可以与 OSDU 平台服务进行很好的交互操作。

2. 在 OSDU 目录上发布产品

OSDU 目录是销售 OSDU 解决方案和服务的渠道。通过在 OSDU 目录中进行展示，让大众知道任何一个用户所提供的产品。

在 OSDU 在线目录中列出自己的应用程序是一个简单而直接的过程。首先为任意组织创建账户后，将在其中看到组织列出的应用程序进行的清晰概述，以及创建新应用程序列表的选项。

该过程从输入应用程序名称并选择主要类别开始，然后将引导通过网络表单输入更多应用程序详细信息和一些元数据以支持目录搜索和过滤器功能。提交注册表后，目录管理员将对数据进行审核，并做好发布准备。

每个组织都有一个用户仪表板。在这个用户仪表板中，可以清晰地概述目录中列出的应用程序以及它们的状态，还可以在需要时更改或撤消应用程序列表。

3. 将应用发布到云市场

OSDU 是基于公有云的一套数据平台，其集成的应用也是部署在云服务平台之上。因此，用户可以使用自行构建的云平台，也可使用大型公有云企业的云服务产品。但是，为了提高应用程序的可用性和简便安装，OSDU 建议与其推荐的云服务提供商(CSP)之一开展合作集成。

从 OSDU 提供的目录中，用户可以连接到各种 CSP 市场，因此用户将拥有一站式服务，可以搜索自己的应用程序并轻松访问各种 CSP。对于每个云服务提供商，将应用程序集成、验证并在 CSP 市场上列出的过程将有所不同。目前，OSDU 尚未与国内的云服务厂商完成合作，仅提供四家国家云服务的 CSP 厂商，分别是 Amazon AWS(亚马逊云)，IBM Cloud Red Hat OpenShift(IBM 红帽云)，Microsoft Azure(微软 Azure 云)，Google Cloud Plataform(谷歌 GCP 云)。

4. 借助 OSDU 技术文档

OSDU 官方提供的技术文档非常丰富。以下是针对全部用户的使用手册，包括面向架构师、数据提供商、应用提供商、行业用户等，总计二十余个文档。这些文档涵盖数据架构、软件架构、技术体系、开发规范与流程、服务访问方法与规范等。

(1) OSDU Connecting PowerBl(OSDU 连接 PowerBI)。将微软的 PowerBI 数据分析软件连接到 OSDU 数据环境。

(2) OSDU Connecting Spotfire(OSDU 连接 Spotfire)。将 TIBCO Spotfire 数据可视化分析工具连接到 OSDU 数据环境。(注：PowerBI 和 Spotfire 都是流行的数据分析工具)。

(3) OSDU Application Developer´s Guide(OSDU 应用开发者指南)。

如何使用 OSDU 平台来构建自己的应用程序(软件开发手册)。

（4）OSDU Business Model Subcommittee（OSDU 业务模型小组委员会）。

发布 OSDU 的业务模型小组做出的各种决定。

（5）OSDU Certification Policy（OSDU 认证政策）。定义 OSDU 数据平台的操作策略。这个策略定义了认证的内容和操作方法流程。

（6）OSDU Conformance Matrix（OSDU 一致性矩阵）。系统地收集各种合规需求下的成功规范、测试方法和结果。

（7）OSDU Data Loading Guide（OSDU 数据加载指南）。描述 OSDU 数据平台的数据加载。根据数据类型、工作方式以及如何处理问题来指导数据加载过程。

（8）OSDU Data Platform Information Security（OSDU 数据平台信息安全）。描述 OSDU 的数据平台信息安全机制和方法。

（9）OSDU EDS Data Supplier Enablement Guide（OSDU EDS 数据提供商启用指南）。提供实施 API 的指南，使得 EDS（注：企业数据服务）数据供应商能够与 OSDU 兼容平台进行数据通信。

（10）OSDU EDS Data Supplier Engagement Guide（OSDU EDS 数据提供商参与指南）。指导 EDS 数据供应商的参与，突出商机、参与目的和关键的功能。

（11）OSDU Geomatics Conceptual Solution（OSDU Geomatics 概念解决方案）。介绍了 OSDU 的基本地理信息解决方案，帮助数据架构师做概念设计（注：Geomatics 是“地球空间信息学”，用于空间信息的管理，对于国际化数据管理非常重要）。

（12）OSDU JSON Style Guide（OSDU JSON 样式指南）。阐述了基于 OSDU 平台软件开发的 Json 服务接口定义（注：Json 是目前企业数据服务 EDS 最重要的交换格式）。

（13）OSDU Operations Procedures（OSDU 操作程序）。面向平台软件开发，为软件提供商提供 OSDU 数据平台操作指南。

（14）OSDU Operator Onboarding Guide（OSDU 操作员入手指南）。为希望部署 OSDU 数据平台的公司提供一个“请单”。

（15）OSDU Reference Architecture（OSDU 参考架构）。阐述 OSDU 数据平台的概念、原理和结构。本文档是提供给不熟悉或者需要高级理解的读者使用的。

（16）OSDU Schema Usage Guide（OSDUSchema 模式使用指南）。阐述 OSDU 数据定义的框架，帮助数据建模者、数据加载器和应用程序开发人员理解并正确地使用 OSDU Scheme（注：Schema 是指数据库的模式框架）。

（17）OSDU Shared Glossary（OSDU 共享术语）。为保证 OSDU 的一致性定义的大家共同遵守的术语名称和详细定义。

（18）OSDU Systems Concepts（OSDU 系统概念）。描述、设计和实施 OSDU 数

据平台和未来产品的相关生态系统的业务环境以及创意。

(19) OSDU Test Data Guide(OSDU 测试数据指南)。文档用来说明 OSDU 软件开发/软件测试/认证的测试数据集。

(20) OSDU Testing Guide: APl and Service Test Cases(OSDU 测试指南: API 和服务测试用例)。描述使用 OSDU API 和服务测试用例的要求(注: 一个完整的测试需要设计一个“用例”, 就是对于服务 API 调用及结果正确与否的判断)。

(21) OSDU Testing Guide: Testing Guidelines(OSDU 测试指南: 测试指南手册)。描述测试工具和测试软件配置, 用来了解如何运行测试的工作流。

第二节 OSDU 的生态体系与扩张历程

一、油气行业从业者对 OSDU 的需求

油气上游多专业协同的一体化、技术与服务市场生态的一体化, 以及数字化智能化技术框架的一体化, 将深刻改变未来油气领域的一切参与者。越来越多的公司基于不同目的加入了 OSDU 论坛并融入数据和应用标准。或者为了打通 OSDU 的数据平台实现数据获取, 或者为 OSDU 提供复杂的油气数据交换标准, 或者为 OSDU 提供数据分析工具, 或者为了与其他应用实现协同和联动……。

OSDU 虽然是油公司发起, 但对于油服技术公司、IT 技术公司、小型专业领域研究团队都具有极大的吸引力。

为什么 OSDU 联盟会吸引如此众多的油气技术公司共同参与建设?

(1) 对于油公司: 通过 OSDU 可以直接获得各种类型的数据, 包括从地震叠前属性体、叠后属性体、井工程(机械与井筒流体)模型、井地质(测录井)模型、地质构造体、地质属性体、岩石力学体、油气开发动态(开发井动态和油气产量等)等多种复杂的数据, 这些数据有传统结构化数据、图件文档等非结构化, 也有复杂的专业数据体格式。油公司通过 OSDU, 一方面可以支撑来自各个油服公司的大型专业软件(之前其格式是相互不兼容的); 另一方面为大规模的机器学习分析提供了必要基础(这是油气行业发展的大趋势, 之前数据汇集和融合是瓶颈)。

(2) 对于大型油服公司: 可以将自己的数据库在 OSDU 标准上建设, 从而避免了面向不同油公司基础数据采集规格、存储规格上的不兼容(目前这种数据连接一直是手工完成的, 这也是当前数字化转型中最迫切需要改变的环节), 使得软件数据获取、预处理与加工、对象化转换等环节变得流畅。

(3) 对于大学、研究团队和小技术公司: 可以专注于自己的算法和技术, 而数据、平台和架构的问题不必再考虑了。OSDU 帮助油气行业形成了共同的技术

标准和制度规范，让小公司可以专注于自己的研究，并利用 OSDU 平台提供的网络化市场平台，可以快速推广自己的油气行业解决方案和软件应用产品。

（4）对于 IT 技术公司：尤其对于与云技术相关的公司，可以跨越油气地质与油藏专业的壁垒，快速地切入油气行业，以数据平台、云端应用平台、软件云原生平台、数据科学与人工智能平台，来实现与油气行业的快速融合与交叉，形成庞大的油气市场的产业切入。

（5）对于油气技术咨询与技术标准服务公司：因为能源行业的标准扩展，迫切需要一个基础平台。而在过去，这种平台基本被 IT 油服龙头企业所垄断，严重制约了技术咨询和技术服务的扩展。而 OSDU 带来的共享平台提供了更为广阔的市场、更为自由的竞争。如能源流公司（Energitics），基于长期的油气数据交换标准的研究，他们也许会借此机会成为最大的数据技术标准提供商。

二、OSDU 的生态扩展过程

1. *海量存储：Bluware 向 OSDU 论坛发布 OpenVDS*

休斯敦，2020 年 6 月 29 日，Bluware 公司将其 OpenVDS 软件捐赠给了论坛。

Bluware 公司的 OpenVDS 软件是使石油和天然气行业能够加快数字化转型计划，同时为地下数据使用云计算的数字平台。目前，该公司为 OSDU 论坛贡献了 OpenVDS 的 1.0 版本。

OpenVDS 是 Bluware 现有的批量数据存储（VDS™）专有格式的子集，在过去的二十年中，该格式（VDS）已经在工业领域得到了广泛的部署。

随着油气勘探数据采集技术提升，大型勘探生产公司已经不是是否使用云技术，而是如何克服地震数据格式局限性并简化云计算的问题了。而 Bluware 的 OpenVDS 格式非常灵活，可以存储任何形式的数据，这些数据可以表示为具有“键/值对元数据”的数组。它可以用来处理非常大的甚至达到 PB 级的数据体，并且可以存储在云服务的数据对象中，如 Amazon S3 或 Microsoft Azure Blob 存储。

OpenVDS 可以用于存储各类勘探开发数据类型，如正则化的等值线/高程图，地震测线，叠前地震体，叠后地震体，地质体以及任何不超过 6 维数的属性体。而且，地震处理中常用的数据可以与必要的元数据（如 SegY 中地震道位置索引）一起存储，这样，就可以从现有地震数据格式转换为 OpenVDS 并返回，同时保留所有元数据（即，通过元数据实现数据体格式的自由转换）。

Bluware 认为“OSDU 论坛在战略上与 Bluware 的使命相一致，即在大型地球物理数据集上创建并交付高效协作工作流。OSDU 与合作伙伴正在拥抱石油和天然气行业的下一波计算能力和开放源代码框架，同时，为石油和天然气行业提供 OpenVDS 正在为整个行业的数字化转型运动奠定基础，这将从根本上改变 E&P

运营商评估和利用数据的方式。

壳牌 IT 创新的副总裁与数字化创新经理，John Krebbers 评价这一产品："OpenVDS 将在减少数据孤岛组成，并通过高效的数据"I/O"吞吐，来启用高性能计算和机器学习工作。

综上，借助于 OSDU 平台，OpenVDS1.0 为海量的油气勘探开发数据(尤其是数据体)提供了基于公有云平台的高效存储管理工具。

2. 数据标准：Energistics 为 OSDU 平台贡献关键数据组件与标准

OSDU 平台目前由众多领先运营商(云提供商，油气服务公司和软件供应商)组成的财团进行着持续的开发。2020 年 6 月 16 日，Energistics 集团在休斯敦，为 OSDU 平台提供了数据提取和数据解析功能组件，这是一个重要的发展里程碑。

Energistics 是上游石油和天然气行业的数据标准机构，也是一个非营利性的技术联盟。该团队旨在中立和协作的环境中召集行业专业人士，以制定和部署开放的数据交换标准来解决油气信息共享的挑战。他们的成员包括集成石油公司、独立的国家石油公司、油气服务公司，硬件和软件供应商，系统集成商，监管机构以及全球标准用户社区。

Energitics 集团已经成立三十多年，其前身是大名鼎鼎的 POSC。2006 年，POSC 联盟正式更名为 Energitics(中文称：能源流)，在原有技术架构和标准规范的基础上重新调整了发展方向，即从数据存储标准制定转向了数据交换标准制定。2022 年 Energitics 并入 OSDU，开启了新的发展篇章。

目前，Energistics 数据标准涵盖了井、钻探、完井和报告数据，以及地下建模、油藏描述、模拟数据和油气生产数据，如今还补充了数据打包约定、大数据对象管理、流数据传输协议等标准，以应对全球能源行业的现场数据传输、边缘计算和其他挑战。

参考 Energitics 网站提供的技术资料，包括覆盖勘探开发全领域的数据对象交换标准及其标准对象内容规格的定义，其数据表述形式一般为 XML。

(1) WITSML　钻井，井轨迹，测井，完井和压裂等。

(2) RESQML　地下数据，网格，井，地质网格，模拟计算成果。

(3) PRODML　生产数据，流体，PVT，WFT，DAS，DTS。

(4) ETP　能源传输协议，基于 Websocket 的数据流。

(5) CTA　通用技术架构是所有 Energistics 标准的通用基础。

Energitics 的这些标准及配套信息技术为上游行业的数字化转型提供了关键推动力，使数据可以更全面、准确与高效地使用，从而带来更可信赖的分析和输出。这些标准是支持 Energistics 财团的 110 个成员公司之间积极合作的结果。

Energistics 一直认为 OSDU 平台为协作提供了清晰的愿景，也将为上游行业带来巨大的发展优势，因此全力推动了其 Energistics 标准应用与 OSDU 数据平台关键数据类型定义，扩大了油藏领域的数据建设范围。

综上，Energistics 系列数据交换标准，为 OSDU 提供了基于行业的数据交换标准，也打通了各个专业油气软件商的数据壁垒。

3. 智能分析：SparkCognition 实现 OSDU 数据利用

SparkCognition 不但加入了 Open Group OSDU 论坛，而且将贡献其 AI 和 ML 专业知识，以帮助推动石油和天然气行业的发展。

SparkCognition 是一家领先的人工智能（AI）公司。该公司目标是通过 OSDU 社区为石油和天然气行业带来数据革命。SparkCognition 的作用，是将其在能源行业构建 AI 软件方面的专业知识带给 OSDU，以帮助开发论坛的标准数据平台，最终使该行业减少数据孤岛，并实现数字化智能化转型的工作流程。

作为一家为工业应用软件构建基础功能的 AI 公司，SparkCognition 在能源行业拥有深厚的专业知识，并已成功与石油和天然气公司合作部署了人工智能技术，实现了油气公司的运营改善。借助 AI 驱动的预测分析和自动机器学习（ML）技术，SparkCognition 帮助运营商预测故障，识别运营效率低下并提高生产率。

SparkCognition 公司的能源副总裁——菲利普·埃尔韦认为"SparkCognition 的任务就是要解决世界上最困难的分析问题，让石油和天然气行业能触及智能世界的每一个操作，OSDU 计划是将整个行业提升到一个新水平的难得的、但具有革命性的机会"。

综上，SparkCognition 的系列大数据分析与人工智能产品，为 OSDU 已经完成标准化定义并实现存储管理的数据提供了挖掘和分析的平台，使智能化应用成为可能。

4. 智能应用：i2kConnect 加入 OSDU 论坛

2020 年，人工智能软件的全球领导者 i2k Connect 公司宣布正式加入 OSDU 论坛。彼此分工非常明确，OPG 领导开发与供应商无关的开放技术标准和认证；OSDU 论坛（属于 OPG）专注于为能源行业开发标准数据平台，将地下的勘探、开发和油井数据汇集在一起；而 i2k Connect，则通过其基于人工智能技术的微服务软件——i2k Oilfield Places，负责把信息和知识联系起来，从数据中发现智能，从而为油气行业创造价值。

i2k Connect 公司的使命是用人工智能从非结构化数据中创造价值。首先，i2k Connect 通过其人工智能平台对数据资产进行分类、分析、标记和揭示锁定在数据资产中的高价值知识；其次，在石油和天然气、能源、金融服务和医疗保健行业拥有专业知识；最后，i2k Connect 通过 i2k Oilfield Places（i2k Connect AI 平台中的一个微服务）微服务，专门针对石油和天然气行业提供技术支持。

i2k Connect 公司在 OSDU 中的会员资格，将使公司能够在油气能源领域获得与 OSDU 的协同发展。其最重要的表现就是 i2k Connect 通过将人工智能和自动分类功能，集成到斯伦贝谢公司大名鼎鼎的 DELFI 软件系统(已实现与 OSDU 挂接)中，实现了面向油气勘探开发的认知环境构建。

The Open Group 安全与业务开发副总裁 Jim Hietala 表示："我们欢迎 i2k Connect 进入 OSDU，并期待其人员，软件和人工智能领域的领先地位将带给我们的能源社区。i2k Connect 在从半结构化和非结构化数据中创造价值的领导地位将不仅有助于能源行业加快数字解决方案的部署，而且可以使我们所收集的数据更有意义。"

i2k Connect 首席技术官 Eric Sc hoen 认为，OSDU 将通过以新颖的方式组合数据来启用新的工作流程。因此，它将需要新的工具来查找和理解这些工作流使用和产生的数据和知识。而 i2k Connect AI 平台的内容丰富服务集成到 OSDU 中可以满足这一需求。

综上，i2k Connect 的油气人工智能产品，为 OSDU 勘探开发大数据的油气行业应用铺路，使得大数据和人工智能直接切入一个行业转型的高度。

三、不同团队如何在 OSDU 中融合

一个完美的油气行业的数字化转型，涉及云计算和大数据基础架构、油气专业大数据的存储与管理、油气复杂的专业数据体系的定义与交换标准、油气大数据处理与分析工具、油气大数据与智能化分析与传统油气专业软件的集成等。将这些复杂技术与任务放在一起，是一个巨大到几乎不可能完成的工作，然而，在短短的一年多时间里，OSDU 以构筑联盟的方式解决了这一切。

如前文所述，OpenVDS1.0，为海量的油气勘探开发数据(尤其是数据体)提供了基于公有云平台的高效存储管理工具。Energistics 系列数据交换标准，为 OSDU 提供了基于行业的数据交换标准，也打通了各个专业油气软件商的数据壁垒。SparkCognition 的系列大数据分析与人工智能产品，为 OSDU 已经完成标准化定义并实现存储管理的数据，提供了挖掘和分析的平台。智能化应用成为可能。而 i2k Connect 的油气人工智能产品，为 OSDU 勘探开发大数据的油气行业应用铺路，使得大数据和人工智能直接切入一个行业转型的高度。

这样，基于亚马逊的 AWS、谷歌的 Google Cloud Platform 以及微软的 AZURE 等产品，完成云计算、云平台与大数据平台的底层构建；基于 Energitics 的全领域油气数据交换标准，实现了油气数据的管理和交换共享模式；通过 OpenVDS 这样的产品，实现了专业大数据体管理，通过 SparkCognition 和 i2k Connect 的机器学习与 AI 产品，实现了智能化技术与油气领域的深度融合方案。

在关键的头部企业完成这种框架搭建和占位后，大量的油气数据和软件公司正在快速地融入 OSDU 之中。加上国际领域的大型油气生产公司的创始人地位，OSDU 论坛在过去两年进入一个高速成长的时代。

Equinor 地下分析事业部副总裁兼计划负责人 Harald Laastad 说：“我们相信，数字能源公司的基础是随时随地为用户提供数据。OSDU 论坛通过实现对地下数据的标准化访问，将生命周期数据管理与支持创新和创造性地利用地下数据的应用程序分开来支持这一雄心壮志。”壳牌公司通用数字新兴技术/IT 创新副总裁 Johan Krebbers 补充说：“壳牌公司与 The Open Group 合作发起了 OSDU 论坛并贡献了我们自己的一些开发成果，壳牌公司相信将数据作为一个行业放在中心，为应用程序开发提供广泛的 API 驱动的平台对于支持该行业的组织至关重要。”

综上，油气数字化和信息化历史，甚至油气工业历史，正在进入一个全球性的油气产业数字化合作时代。

第三节　OSDU 功能架构与技术架构

一、OSDU 的技术架构剖析

OSDU 被称为一个数据平台。OSDU DataPlatform 是基于云架构构建的，以底层数据湖实现全油气上游领域数据的统一汇聚，以五大数据服务为基础功能的数据全生命周期的管理机制，以油气计算分析可视化技术实现的专业模块集成机制。

1. OSDU 是一个基于云架构形成的数字化生态系统

OSDU 实现了一个产业数字化生态系统。油气行业的油公司、数据提供商、软件技术提供商、专业应用提供商(油服)、云资源提供商、大数据与智能平台提供商、技术咨询和方案设计提供商等，基于 OSDU 的规范和原则，共同构建了基于公有云的生态系统。

OSDU 的应用以云服务方式对外提供。OSDU 面对油气行业所有参与者和各种 IT 要素，包括数据库资源、云端资源、应用服务资源、合作商应用及各种平台应用，基于标准化 Restful Service 实现互相访问与应用服务构建。

作为云原生技术的实现，这些数据应用服务一般是基于 Restful services 的 REST API 构建微服务架构，实现基于容器的部署，并基于技术规范完成了油气上游数据的集成整合流程。

2. OSDU 是构建在公有云上的数据平台

如图 8-2 所示，OSDU 是一个构建在公有云之上的油气数据共享中心，其内容包括构建的基础环境、底层数据服务、上层应用服务三个部分。深色部分是非竞争性合作模式；浅色为竞争性合作模式。

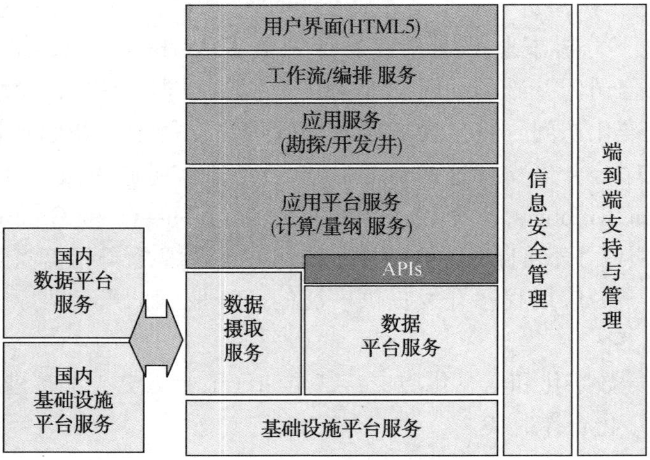

图 8-2　OSDU 的技术架构

首先，OSDU 其构建的基础是云平台的信息安全机制和端到端的支撑管理机制。其次，作为 OSDU 的数据平台本身，其底层是数据摄取集成服务（包括来自本地的数据平台服务的集成）、数据平台服务和云设备平台服务，这三项服务提供基于自身各种数据来源的集中管理。最后，在顶层是应用服务，包括“用户接口（H5 界面）”“工作流/协同服务”“应用服务（勘探/开发/井）”“应用平台服务（算法服务/量纲服务）”四个关键部分。这四部分服务是由具有竞争性的公司通过竞争和协作并存的方式共同构建。

这种构建技术和构建模式带来的好处就是：

（1）基于云原生技术体系：架构解决方案是采用 REST API 构建的微服务架构。

（2）基于公有云的部署：借助云的松耦合机制，提供未来无限的可扩展性。

（3）具有数据处理规范流程：通过元数据提取应用，实现外部数据源提取、索引和发布。

（4）平台服务的互相访问：定义明确的（RestFUL）API，用于定义对数据平台服务的访问。

（5）统一规范的应用程序：基于（微）服务的应用架构实现，技术规范统一。

（6）提供信息安全：涵盖所有要素，重点是数据安全。

（7）提供国内解决方案：针对那些无法将数据移出该国并且没有云服务的国家。

（8）具有继承性和延续性：支持基于 Microsoft® Windows 或 Linux® 桌面的

旧版应用程序。

3. OSDU 技术架构的先进性

OSDU 底层是一个类数据湖的体系，其技术架构是标准的云平台，并严格地遵循了云计算平台一系列技术规范。

在技术上，OSDU 基于云的 RESTfulServices 方式提供统一交换接口，使得原来相互隔离的多个大型软件生态得以联通，促使了行业的多专业大协同时代的到来。

但在技术架构的高性能和高效率方面，云计算相对于传统油气软件常常使用的各种框架如 DotNet、QT 或基础 C 和 C++的框架等，其实是更加低效的。尤其在海量数据吞吐和体数据可视化层面，如面对大地震体和地质体模型的数据交换方面，单体应用其实更加高效；再如面对复杂地质油藏场景的三维可视化方面，基于 DirectX 和 OpenGL 扩展的图形引擎比云原生上的 WebGL 图形引擎其实更加高效。

云计算平台优势是松耦合下的整合性，因此 OSDU 采用云端架构是因为更加关注在不同软件生态和技术架构之间的互通。这种互通，其实就是不同专业软件应用体系之间的互通，其本质是油气行业多个业务板块之间的高效协同。面对油气行业快速迭代的研究需求，以及非常规油气开发等业务高度一体化的需求，这些技术上的互通恰恰解决了业务上的协同和快速迭代，为数字化转型奠定了基础。

总的来说，OSDU 的云原生应用，是通过忽略（或者说牺牲）单体软件运行效率来换取了模块快速构建和整体协同效率的提升。

二、OSDU 数据全流程管理功能

OSDU 数据平台提供油气数据的数据获取、数据加工、集中管理、共享消费的全部流程（图 8-3）。与其他数据平台不同的是，该平台管理的数据是基于领域模型的对象化数据。

1. 数据治理（Governance）

数据治理面向数据的权利与义务（Entitlements and Obligations）进行管理。

所有进入数据平台的数据都带有属性标记，使我们能够就数据使用权作出决定。这些标记广泛地涵盖了数据所有权、数据安全性以及与合同义务、数据驻留和贸易合规性相关的信息。同时，这些标记与有关用户、位置、应用程序和其他因素的上下文信息相结合，在搜索和访问数据时用于确定是授予还是阻止访问。

2. 数据摄取（Ingest）

摄取是吸收信息的行为，它可以实现向 OSDU 数据平台注册数据（通过引用获取)或添加数据(通过复制获取)。该过程的重点是最大限度地减少摩擦和提高可以捕获的信息量。

摄取行为和表示摄取到 OSDU 数据平台的逻辑层不应被误认为是单一实现。摄取是具有明确规则的合同。系统中的任何数据输入都应遵循本合同。如果不是这样，诸如数据合规性和血统之类的问题就不能保证。

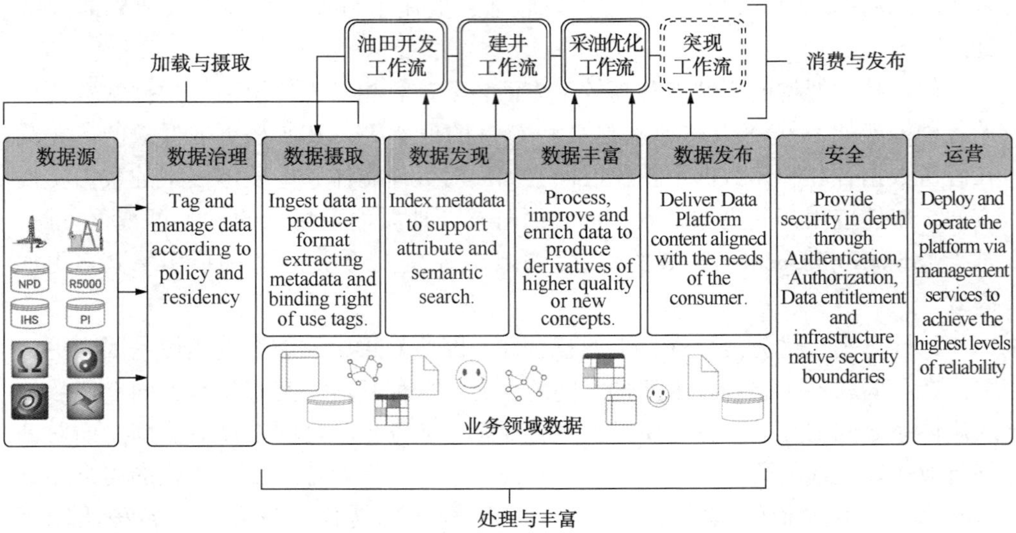

图 8-3　OSDU 数据全流程管理功能图

3. 数据发现(Discover)

数据法相功能是搜索已摄取到 OSDU 数据平台的数据。OSDU 的数据发现支持字符串字段的全文搜索、日期范围查询、数字和地理空间搜索(这对于数据湖的海量数据查找非常重要)。

数据发现搜索元数据是通过索引包含结构化或非结构化数据的文档来创建的。文档和索引保存在针对搜索操作优化的单独持久存储中。索引器捕获在记录摄取时创建的数据定义中定义的属性。

4. 数据丰富化(Enrich)

数据丰富化是从现有数据中创建新数据。这可以像规范化参考框架以支持搜索一样简单，也可以像通过联合来自多个不同来源的数据来创建新类型一样复杂。在所有情况下，新数据都被认为是从现有数据中派生的，因此被视为新数据的同时，保留了在派生数据与其来源之间的沿袭。

在 OSDU 数据平台中如何使用“数据丰富化”的示例包括：

① 标准化参考框架以支持搜索；

② 从多个来源创建更高质量的记录；

③ 优化消费工作流程的数据定义和表示；

④ 从文档中提取事实。

5. 交付发布(Deliver)

数据平台的主要价值是在消费数据的时候实现的。在此之前提到的几乎所有内容，无论是摄取新数据还是丰富现有数据，都代表了为使数据可用和可用而进行的投资/成本。数据平台有多种消费模式，包括：

① 来自(复制或引用的)文件等的内容交付(直接将文件下载)。

② 消费区(在消费区域中进行数据使用)。

③ 域数据管理服务(DDMS)(通过 API 进行数据读写)。

三、OSDU 数据服务的主要内容

OSDU 的数据服务是其数据平台的主要功能，从对外服务角度，OSDUR3 版本将数据服务稳定归类为五类，分别是 Core services、Ingestion framework、Enrichment Framework、Helper Services、Domain Data Management Services(DDMS)。这五类数据服务的主要内容如下。

1. 核心服务(Core Services)

核心服务包括数据存储、Schema 定义、数据索引等系列功能，属于业务数据服务的底层支持服务。

① Storage Service：存储服务提供了一组 API 来管理整个元数据生命周期，如导入(持久化)、修改、删除、版本控制和数据模式。存储服务用于将应用程序生成的元数据信息导入到数据生态系统中。

② Schema Service：方案服务提供了注册新模式和验证现有模式以支持新数据类型的能力。

③ Indexer Service：索引服务提供一种机制，用于为包含结构化或非结构化数据的文档编制索引。文档和索引保存在为搜索操作优化的单独持久存储中。索引器 API 可以索引任意数量的文档。

④ Indexer Queue Service：索引器队列服务支持上述功能。

⑤ Search Service：搜索服务为包含结构化数据的文档提供索引模型。

⑥ Entitlements Service：核心服务—权益性服务。

⑦ Legal Service：核心服务—合规性服务。

2. 辅助服务(Helper Services)

辅助服务包括 OSDU 数据共享必要的一些单位转换、空间坐标系转换处理及 CRS 转换服务等。

① Units of Measure Service：测量单位转换服务。

② Spatial Reference Catalog Service：空间参考坐标系目录服务。

③ CRS conversion service：坐标系统 CRS 转换服务。

3. 数据导入和扩展服务(Ingestion Services&Enrichment Services)

导入服务是将数据从外部的专业软件和系统中导入的 ETL 过程；扩展服务是数据增补过程。

① Data Workflow Framework：数据工作流框架，基于 Apache Airflow 实现的数据导入工作流引擎(R2)。

② Ingestion Workflow Service：数据导入工作流服务，编排引擎是 AirFlow，工作流表示为 AirFlow DAG，任务实现为 Operators(R3)。

③ Ingestion Framework Service：数据导入框架服务，导入服务基本上是[Ingestion Workflow service]的包装器，在开始实际导入之前执行准备工作，准备工作可以包括获取文件位置数据或验证清单。

④ Ingestion Airflow DAGs：一组 Apache Airflow DAGs 实现，用于在 OSDU 平台内协调数据导入。

⑤ WKS(Well Known Schemas)Service：WKS 服务监听存储服务的记录和更改事件。

4. 领域数据管理服务(Domain Data Management Services)

DDMS 是面向油气业务数据的直接消费而建立的最核心服务，将地质、地震、井筒、开发、采油等各个过程的数据，以"特定结构"封装后对外提供。

① Wellbore Domain Data Management Services(Wellbore DDMS)：井筒主数据管理服务。

② Seismic Data Management Service(Seismic DMS)：地震数据管理服务。

③ Well Delivery Service：完井交付数据服务。

④ Product Service：采油生产数据服务。

⑤ Reservoir model Service：油藏模型数据服务，等。

第四节　OSDU 数据模型、对象及 Schema 定义

OSDU 采用 NoSQL 数据库(MiniO，CouchDB，MongoDB)所有数据对象都是基于 Json 格式，Json 格式是通过 JsonSchema 定义，它是一种数据模型格式的定义。OSDU 数据平台的数据模型是用 Rich Json 对象定义的(图 8-4)。

(1) 主数据(MasterData)：代表平台中的资源属性的关键数据，如 well 或 wellbore。

(2) 参考数据(ReferenceData)：用于为其他数据(如组织名称、设施类型或度量单位)提供通用值的数据。

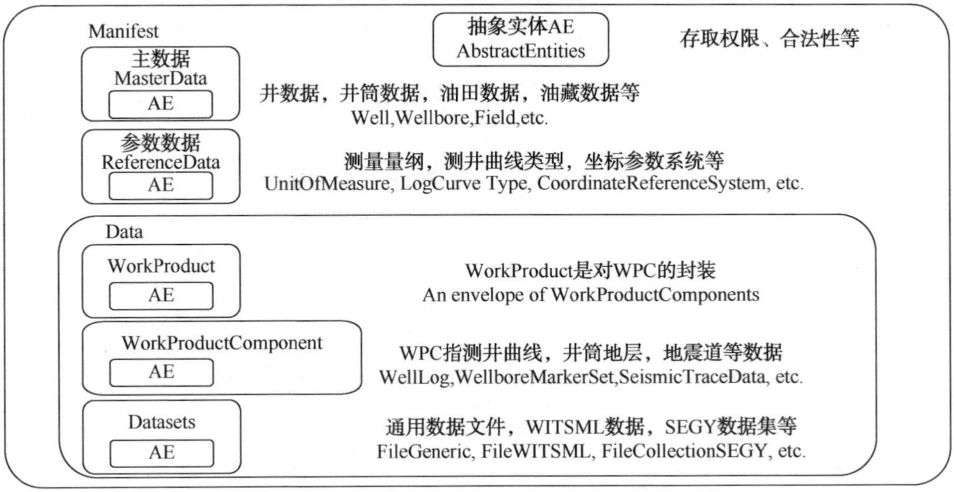

图 8-4　OSDU 数据模型的模式结构

(3) 工作产品(WorkProduct)：由特定“生产活动”生成并作为一组产品集交付给 OSDU 的数据。可以将此视为工作产品组件的递送箱，它实际上只是组件的集合。

(4) 工作产品组件(WP Component)：这是一个独立于格式的单个数据产品，并作为工作产品的一部分交付。通常来自源数据或源文件，使其内容可搜索、标准化和独立。

(5) 文件(File)：这些是单个文件摄入到平台，如 CSV，LAS，或 PDF 文件。文件是工作产品组件(WPC)的扩展资源，扩展以向其添加文件格式。将此视为 WPC 的物理实现。有时会有多个与同一 WPC 相关的文件实例，但一对一关系最为常见。

(6) 类型(Type)：包含所有资源类型的类型实例。

一、OSDU 数据模型的 JsonSchema 格式元数据描述

表 8-1 为 Thomas Gehrmann 在 OSDU 的 Gitlab 中编辑的 WellLog. 1. 2. 0 版本的 JsonSchema(OSDU. 2022a，2022)。

表 8-1　WellLog. 1. 2. 0 版本的 JsonSchema


```
{
  "x-OSDU-license"："描述信息",
  "$id"："https：//schema. OSDU. opengroup. org/json/work-product-component/WellLog. 1. 2. 0. json",
  "$schema"："http：//json-schema. org/draft-07/schema#",
  "x-OSDU-schema-source"："OSDU：wks：work-product-component--WellLog：1. 2. 0",
  "title"："WellLog",
```

续表

"description":"测井曲线的说明.",
"type":"object",
"properties": {
"id": {
"description": "Previously called ResourceID or SRN which identifies thisOSDU resource object without version.",
"title": "Entity ID",
"type": "string",
"pattern": "^[\\w\\-\\.]+:work-product-component\\-\\-WellLog:[\\w\\-\\.\\:\\%]+$",
"example": "namespace:work-product-component--WellLog:c2c79f1c-90ca-5c92-b8df-04dbe438f414"
},
"kind": {
"description": "The schema identification for theOSDU resource object following the pattern {Namespace}:{Source}:{Type}:{VersionMajor}.{VersionMinor}.{VersionPatch}. The versioning scheme follows the semantic versioning, https://semver.org/.",
"title": "Entity Kind",
"type": "string",
"pattern": "^[\\w\\-\\.]+:[\\w\\-\\.]+:[\\w\\-\\.]+:[0-9]+.[0-9]+.[0-9]+$",
"example": "OSDU:wks:work-product-component--WellLog:1.2.0"
},
"version": {
"description": "The version number of thisOSDU resource; set by the framework.",
"title": "Version Number",
"type": "integer",
"format": "int64",
"example": 1562066009929332
},
"acl": {
"description": "The access control tags associated with this entity.",
"title": "Access Control List",
"$ref": "../abstract/AbstractAccessControlList.1.0.0.json"
},
"legal": {
"description": "The entity's legal tags and compliance status. The actual contents associated with the legal tags is managed by the Compliance Service.",
"title": "Legal Tags",
"$ref": "../abstract/AbstractLegalTags.1.0.0.json"
},
"tags": {
"title": "Tag Dictionary",

续表

```
      "description" : "A generic dictionary of string keys mapping to string value. Only strings are permitted as keys and values. ",
      "type" : "object",
      "additionalProperties" : {
        "type" : "string"
      },
    },
    "createTime" : {
      "description" : "Timestamp of the time at which initial version of thisOSDU resource object was created. Set by the System. The value is a combined date-time string in ISO-8601 given in UTC. ",
      "title" : "Resource Object Creation DateTime",
      "type" : "string",
      "format" : "date-time",
      "example" : "2020-12-16T11: 46: 20. 163Z"
    },
    "createUser" : {
      "title" : "Resource Object Creation User Reference",
      "description" : "The user reference, which created the first version of this resource object. Set by the System. ",
      "type" : "string",
      "example" : "some-user@ some-company-cloud. com"
    },
    "modifyTime" : {
      "description" : "Timestamp of the time at which this version of theOSDU resource object was created. Set by the System. The value is a combined date-time string in ISO-8601 given in UTC. ",
      "title" : "Resource Object Version Creation DateTime",
      "type" : "string",
      "format" : "date-time",
      "example" : "2020-12-16T11: 52: 24. 477Z"
    },
    "modifyUser" : {
      "title" : "Resource Object Version Creation User Reference",
      "description" : "The user reference, which created this version of this resource object. Set by the System. ",
      "type" : "string",
      "example" : "some-user@ some-company-cloud. com"
    },
    "ancestry" : {
      "description" : "The links to data, which constitute the inputs, from which this record instance is derived. ",
      "title" : "Ancestry",
      " $ ref" : ". . /abstract/AbstractLegalParentList. 1. 0. 0. json"
    },
  "meta" : {
      "description" : "The Frame of Reference meta data section linking the named properties to self-contained definitions. ",
```

续表


```
        "title": "Frame of Reference Meta Data",
        "type": "array",
        "items": {
          "$ref": "../abstract/AbstractMetaItem.1.0.0.json"
        }
      },
    "data": {
        "allOf": [
          {
            "$ref": "../abstract/AbstractCommonResources.1.0.0.json"
          },
          {
            "$ref": "../abstract/AbstractWPCGroupType.1.0.0.json"
          },
          {
            "$ref": "../abstract/AbstractWorkProductComponent.1.0.0.json"
          },
          {
            "type": "object",
            "properties": {
              "WellboreID": {
                "type": "string",
                "description": "The Wellbore where the Well Log Work Product Component was recorded",
                "pattern": "^[\\w\\-\\.]+:master-data\\-\\-Wellbore:[\\w\\-\\.\\:\\%]+:[0-9]*$",
                "x-OSDU-relationship": [
                  {
                    "GroupType": "master-data",
                    "EntityType": "Wellbore"
                  }
                ]
              },
              "WellLogTypeID": {
                "type": "string",
                "description": "Well Log Type short Description such as Raw; Evaluated; Composite; ....",
                "pattern": "^[\\w\\-\\.]+:reference-data\\-\\-LogType:[\\w\\-\\.\\:\\%]+:[0-9]*$",
                "x-OSDU-relationship": [
                  {
                    "GroupType": "reference-data",
                    "EntityType": "LogType"
                  }
                ]
              },
```

续表


```
…………
…………

  "required" : [
    "kind" ,
    "acl" ,
    "legal"
  ] ,
  "additionalProperties" : false ,
  "x-OSDU-review-status" : "Accepted" ,
  "x-OSDU-supported-file-formats" : [
    "WITSML" ,
    "DLIS" ,
    "LIS" ,
    "LAS2" ,
    "LAS3" ,
    "csv"
  ] ,
  "x-OSDU-virtual-properties" : {
    "data. VirtualProperties. DefaultLocation" : {
      "type" : "object" ,
      "priority" : [
        {
          "path" : "data. SpatialArea"
        } ,
        {
          "path" : "data. SpatialPoint"
        }
      ]
    } ,
    "data. VirtualProperties. DefaultName" : {
      "type" : "string" ,
      "priority" : [
        {
          "path" : "data. Name"
        }
      ]
    }
  } ,
  "x-OSDU-inheriting-from-kind" : [
    {
      "name" : "WorkProductComponent" ,
      "kind" : "OSDU: wks: AbstractWPCGroupType: 1. 0. 0"
    }
  ]
}
```

上述 WellLog1. 2. 0 的 JsonSchema 中，重要的系统属性见表 8-2。

表 8-2　WellLog1. 2. 0 数据对象的系统属性(部分)

名称	是否必须	名称说明	描述
ID	可选	实体编号	以前称为 ResourceID 或 SRN，用于标识没有版本的 OSDU 资源对象
kind	必需	实体种类	OSDU 资源对象的模式标识
Version	可选	版本号	此 OSDU 资源的版本号由框架设置
acl	必需	访问控制列表	与该实体关联的访问控制标签
acl. ower[ ]	必需	业主名单	此数据记录的所有者列表
acl. viewers[ ]	必需	观众名单	此数据记录可访问/可见/可发现查看者列表
Legal	必需	法律元数据	实体的合法标签和合规状态。与合法标签关联的实际内容由合规服务管理
Leagl. tags	必需	法律标签	合法标签列表，在合规服务的帮助下解析为合法属性和规则
Legal. status	可选	法律地位	法律地位。由系统在使用合规服务针对与“合法标签”关联的合规规则进行评估后设置
tags	可选	标签字典	映射到字符串值的字符串键的通用字典，只允许字符串作为键和值
CreateTimes	可选	资源对象创建日期时间	创建此 OSDU 资源对象初始版本的时间戳
CreateUser	可选	资源对象创建用户参考	创建此资源对象的第一个版本的用户引用
ModifyTimes	可选	资源对象版本创建日期时间	创建此版本的 OSDU 资源对象的时间戳
ModifyUser	可选	资源对象版本创建用户参考	创建此资源对象的此版本的用户引用
meta[ ]	可选	参照系元数据项	参考框架元数据部分

二、OSDU 数据存储的主要内容

OSDU 底层使用了数据湖架构(由四个公有云厂商提供)，所有内容都是以大文件块体、多种文件、CSV 数据、Json 文件等存储，数据库包括 MiniO 文档数据库和 couchDB 对象数据库、ElasticSearch 索引库、Redis 键值数据库等四类开源项目数据库，没有关系数据库。

1. *元数据的存储(Json)*

使用 couchDB 数据库来存储数据模型的元数据，以 Json 格式存储，通过元数据管理同一对象的多个版本。

2. 数据本身的存储

使用 MiniO 对象数据库进行大文件存储，实现基于对象的检索。

3. 数据索引的存储

使用 ElasticSearch 进行对象索引的存储。

4. 服务端数据缓存

使用 Redis 减值数据库来进行数据缓存管理，提供对于高性能存取的缓存管理。

而对外的数据访问，OSDU 提供了一个统一的"OSDU 数据访问层"，通过 RESTful Services 接口提供所有数据的提取。也正因为数据湖的架构，OSDU 是一个存储数据库，而不是一个领域数据库(DomainModel，面向对象的数据实体类)，一般的专业软件，都会在 OSDU 的数据访问层之上，有一个自己的"数据访问与交换层"，将提取的数据转换为自己的格式。

第五节　OSDU 典型应用及成功要素分析

一、"艾默生·帕拉代姆"与 OSDU 的合作与贡献

在本小节，"艾默生·帕拉代姆"(Emersen&Paradigm Inc)公司展示了一个完整的勘探开发软件系统是如何利用 OSDU 实现勘探开发数据的一体化，示范了如何为 OSDU 做出持续共享以推动其发展，如何与 OSDU 架构整合并实现生态上的合作共赢。

Open GroupOSDU 论坛正在开发一个开源、基于标准、与技术无关的数据平台。作为 2018 年最早加入该集团的软件供应商之一，艾默生·帕拉代姆一直致力于推进 OSDU 全球计划。

"艾默生·帕拉代姆"公司认为，油气行业正在经历重大变革——通过促进数字化转型和创新工作流程，以适应世界不断变化的能源需求。于是"艾默生·帕拉代姆"公司直接利用存储在 OSDU 数据平台上的地震和井数据，为岩石物理学家和地震解释人员演示一个协同化的工作流程。而 OSDU 将提供油藏数据支持，回顾艾默生·帕拉代姆在油藏 DDMS 中的专业知识和开源代码贡献，实现多学科集成的油藏工作流程。

(一) OSDU 在"艾默生·帕拉代姆"应用概述

1. 当前数据管理最大的挑战

Alice chanvin-Laasoulssi 认为油气运营者(EP Operator)目前在数据管理方面

存在很大的挑战。“艾默生·帕拉代姆”是一个传统油气工业软件厂商，其油气工业软件目前基本上是传统的 PC 端软件。这种传统 PC 端软件架构的一个重要特点就是：软件和数据之间的绑定比较紧密，要么是一个软件中自行管理数据，要么是多个软件共同拥有一个数据库，从而实现一定程度的项目研究成果共享。

但随着互联网领域的软件架构升级，数据管理迎来了变化，主要表现在：

（1）应用软件和数据开始分离。

（2）数据被放在一个数据中心。

（3）元数据和主数据管理需求。

（4）API 的统一管理。

（5）基于数据中心的应用（数据驱动）。

正是由于上述数据管理的需求，OSDU 诞生了。这个 2018 年刚刚诞生的新事物，开始创建一个开放的“云原生”数据平台，来创造一个油气工业的架构、API 和数据标准。

“艾默生·帕拉代姆”不是早期的“Founder”，成员却是“KeyVendor”，而且也就是 OSDU 诞生的同一年，即 2018 年 11 月便加入了 OSDU。和他一起加入的还有亚马逊、微软以及 Halliburton、INT、Schlumberger 等油气服务公司。

2.“艾默生·帕拉代姆”为什么加入 OSDU?

在勘探开发业务关键流程中，从地震处理与成像、地震解释（含构造与属性）、层位评价、地质建模、油藏工程、钻井工程、（采油）生产建模等，“艾默生·帕拉代姆”具有几乎全流程的油气勘探开发专业软件（除地震处理和成像、钻井和采油工程），这些软件之间为了协同运作，需要将底层的数据打通，实现一个统一的数据连接和数据管理。

“艾默生·帕拉代姆”将所有数据放到了 OSDU，然后为 OSDU 提供了全部的“油藏研究”领域的集成化支持（指通过 DDMS 作了扩展定义）。因此，OSDU 为“艾默生·帕拉代姆”专业软件的数据一体化带来了非常省心的解决方案。

3.“艾默生·帕拉代姆”为融入 OSDU 的付出

（1）在应用连接方面：Emerson 为 OSDU 贡献其 Geolog 软件的 OSDU 连接器并持续升级到了 R3 版本，将 EPOS 套件中的流与地震数据用 OpenVDS 进行了管理（这个正在进行中），另外还有建模应用也通过油藏的 DDMS 进行了定义。

（2）在数据标准方面：“艾默生·帕拉代姆”还共享了软件架构和业务知识方面的内容给 OSUD，如油藏标准，油藏数据定义等并贡献了开源的油藏 DDMS 代码。

（3）在协同支持方面：“艾默生·帕拉代姆”的软件提供了与多种 OSDU 相关成员的协同合作，包括与云服务提供商、运营商以及 ISV（独立的服务商）等。

4. 连接并使用亚马逊云(AWS)上的 OSDU 数据平台

目前的国内油气工业领域的数据管理，同过去相比存在四个方面的挑战：

(1) 比过去产生了更多的数据。

(2) 具有更多种数据类型，更多种类的数据存储。

(3) 机器学习方面缺乏技巧积累和使用的灵活性。

(4) 数据安全、隐私及兼容性问题。

因此，AWS 运用自己的系列工具，构建了一个基于数据湖的数据管理的解决方案。这个解决方案面向油气工业数据统一化的 OSDU，形成了一个新的三个层次和一项内容的新架构，三个层次分别是基于联邦市场应用访问层、数据平台层、OUDU 数据服务层，一项内容是提供 OSDU 的数据内容。

(1) 基于联邦市场应用访问层(APP Access via federated marketplace)：通过联盟市场来获得应用的访问。这包括两类：

① 通过 APP 连接器 API 实现的油气工业专业软件访问；

② 通过商务工作流实现的办公、人力资源、SAP 等的访问。

(2) AWS 数据平台层：OSDU 作为一个非关系的数据存储，是由 AWS 的数据湖和数据仓库提供数据解决方案。

(3) AWS OSDU 服务层：基于 AWS 提供的 OSDU 的服务，包括：①高性能计算的工作量；②AI/ML + 数据科学；③自然语言查询；④数据分析与可视化。

(4) OSDU 数据内容包括：地下(地学)数据、采油数据、实时数据、供应链数据。其中，地下数据(指通过 DDMS 提升 OSDU 的访问扩展性)、采油数据、实时数据、供应链数据在 OSDU 的发展路线规划中。

通过以上资料可以看到 OSDU 对于云平台的需求，其实就是一个数据湖(非关系数据库)体系，一套数据存取访问平台。另外一个是油气专业软件与 OSDU 的交互，是 OSDU 与软件厂商共同完成的；另一个是数据分析平台，这里是亚马逊提供的数据可视化、分析、计算、机器学习等功能。当然，也可以使用其他更为专业的 DSML 平台来完成这个工作，Garner 也对如何整合那些领先的 DSML 平台，提出了非常系统的建议。

(二)“艾默生·帕拉代姆”专业软件与 OSDU 协同化

1. Geolog 的 OSDU 连接的商业化发布

Geolog 是与 OSDU 技术标准需求进行统一的第一个应用软件。Geolog 作为“艾默生·帕拉代姆”的重要软件产品，目前已经与 OSDU 的 R3 版本实现了数据加载和查询，在 2022 年还会增加基于井筒的 DDMS 的支持。目前，Geolog 已经实现了对 OSDU 测井数据的获取、加载机制，以及通过 WebApp 来实现数据搜索和质量控制。

在 Geolog 的 DataImporter 工具中，目前有了 OSDU Importer 工具，可以直接从 OSDU 实现数据导入(目前会支持井筒数据，如 LAS 格式)。

2. 通过 Epos 流化 OSDU 地震数据

OSDU 的地震数据是通过 OpenVDS 实现的。桌面应用或者云主机应用从 OpenVDS 中使用地震数据的流程是这样的：

(1) 地震数据以 OpenVDS 的格式实现流式转换，提供 Epos 地震体；

(2) 摄取 Epos 的地震体到 OSDU，并完成 OpenVDS 格式转换；

目前 Epos 仅仅发布了实施计划。未来，Paradigm22(应该就是现在的 Epos)版本将实现针对 OSDU R3 版本的地震数据流式存取(因为地震数据格式是串行读取的)。

3. OSDU 数据的提取、处理和 OSDU 回存

从 AWS 的 OSDU 中获取地震和井数据，处理后再返回到 OSDU 中。一个完整的数据循环过程如图 8-5 所示。

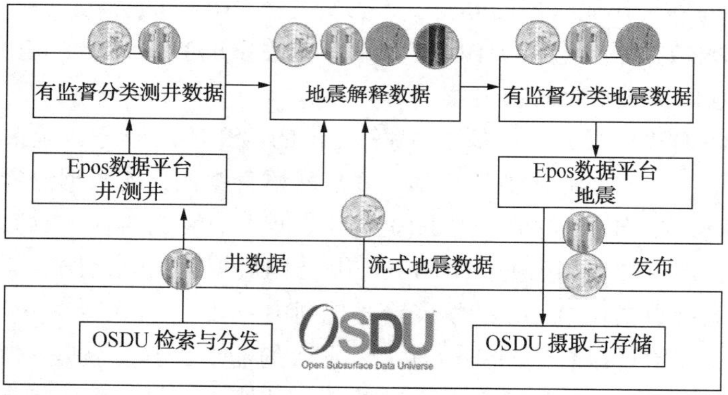

图 8-5　OSDU 井与地震数据的流转(EPOS，Geolog，SeisEarth)

(1) 从 OSDU 获取流式地震数据；

(2) 传递并处理井(测录井与分层等)数据和地震属性体数据，由 GeoLog 到 SeisEarth 解释并进行机器学习的有监督分类；

(3) 加工数据重新摄入 OSDU。

(三)“艾默生·帕拉代姆”对于油藏 DDMS 的贡献

油藏研究领域的协同工作流，是一个覆盖多个学科的、多个软件环境的、持续迭代的过程。这个过程是整个油气行业最关键最核心最复杂和技术含量最高的环节，因此，其底层的模型数据体系必然是一个极其复杂的数据体系。

一个完整的油藏模型包含井筒的各种地质、地球物理和化学数据，以及针对无数种不同属性的地震体属性模型、构造模型、裂缝模型、地质网格模型等，这

些数据本身由于不同的采集方式、数据构建方式、专业软件定义、数据处理模式等，都会带来完全不一样的数据结构，而且是半结构化和复合化的数据结构。

由于这个过程的业务领域复杂、研究周期漫长和迭代过程的多轮次，因此其数据协同方面带来的挑战也是很明显的，如数据的多样化和多尺度、极高复杂度的数据模型、技术设想和不确定性，如：同样一个测井数据可能具有多种不同设备带来的格式差异，最终的油藏模型体数据和体网格构建的高度复杂性，以及不确定性建模方法带来的猜测等。这种复杂性和不确定性，需要油藏数据在面对数据(模型)交换的时候，提供一个开放式的数据表征方法。

RESQML 是 Energetics(POSC)带来的一个面向油藏的数据交换标准，它提供了上面提到的所有油藏模型的数据交换，这种交换标准设计非常细致和专业，如为解决不同的地质体网格的转换而将每一种格式都用点拓扑结构和网格拓扑结构进行了最为底层的定义。而当前"艾默生·帕拉代姆"和众多的第三方油气软件公司一样，也是只用 RESQML 来针对 OSDU 的 API 作了扩展定义。

(1) 模型内容：包含属性数据、图形及表示数据、解释数据、知识数据。

(2) 转换逻辑：应用软件通过 RESQML 实现模型数据的转换，转化内容包含上述的地质类数据、元数据(对于地质数据描述信息及软件来源和用户来源等)

(3) 数据传输：通过 Energetics 提供的 ETP 协议来实现的。

目前 RESQML 已经成为云端不同主机环境下的各类油藏数据交换的标准。

不仅 Emerson 的软件，同时 CMG、Schlumberger 等公司的油藏模型目前也可以通过 RESQML 来完成转换与共享，尤其是油藏模型常用的三维体网格，可以通过 RESQML 实现高保真的切换。

目前，Emerson 在地质建模和油藏模拟的领域数据管理服务(DDMS)中，提供了包括元数据、数据关系和数值属性等的油藏数据存储和优化查询功能。

这些 RESQML 数据内容我们前述章节描述过，它包含地质和储层建模以及一些概念模型和地震解释(井标志、层位、断层、构造框架、储层)。这些数据类型一般是特定的表征(点集、曲线、三角曲面和各种 2D 和 3D 网格类型)及其关联属性(连续、离散和类别值的数组)。

为了用于数据交换的传输，RESQML 数据格式通过 XML 进行定义，目前最新的版本应该是 RESQML 2.0.1(数据结构规范)，同时还配套一系列基于 ETP 和 REST 协议的 API。

(四) 针对该案例的总结

该案例基本将一个油气软件公司如何融入 OSDU 所需的软硬件配置以及数据获取和写入等相关的流程描述得很清楚，"艾默生·帕拉代姆"是油气数字化技术服务公司，是业内领先的油气工业软件厂商，因此这篇内容对于油气服务公司的未来数字化融合发展和协作共赢具有很大意义。

OSDU 是国际油气工业领域最大范围的一次整合。OSDU 自从 2021 年 3 月 R3 发布后，进入一个快速的普及应用期，从 Emerson 的经验来看，国际油气数字化相关的企业都在快速的切入和引进，而且进展比较顺利。从该案例可以看到，基于目前国际的 OSDU 技术的大规模普及，国内对于 OSDU 应用的趋势可能会逐步地引进，进而保证该技术能够与国内油公司的数字化建设现状相适配。

（1）目前国内油气公司因为各种原因并没有积极参与这种整合(国内油公司普遍倾向于自定义技术标准)。但由于围绕 OSDU 的整合趋势难以阻挡，国内油公司最终很可能是通过已有的商业化生态环境(如商业软件)而被动地纳入这个生态。

（2）国内具有构建类似 OSDU 数字化生态的可能性。国内油气信息化工作长期受制于技术和标准的不统一而长期处于低水平重复建设，直接导致了油气数字化核心技术缺失。因此，国内油气领域更加迫切地需要一个具备高度战略的团队来引领，大家联合起来将 OSDU 与国内资源结合构建一个同样开放性的生态。

（3）OSDU 打通数据环节后，不同专业板块之间的数据仓库被打通并连接起来，勘探开发协同化会带来新的变化，一方面原有的软件厂商如今天的“艾默生・帕拉代姆”可能会更加容易地实现与油公司的数据连通；另一方面，不同软件厂商不同商业软件之间的数据交流变得更加简单和自动化了。这可能正在潜移默化的酝酿一种专业软件领域的产业升级。

（4）由于勘探—开发—工程全业务领域的数据连通的实现，后续必然导致全新的基于数据驱动的大数据分析和人工智能技术，以更加快速的迭代进行产业融合和应用升级，这种升级也很有可能带来一种新的业务运行模式。

二、INT IVAAP 实现 OSDU 地下数据全面可视化

IVAAP 是一个产品，也是一个框架。IVAAP 使用了 INT 公司自身的 GeoToolkit 软件开发包而研发的一款云端软件，该软件使用户可以直接访问后台的地震、地质、油藏与井的数据，构建一个面向业务场景的图形化分析模块。

IVAAP 被 INT 公司称为下一代油气上游数据可视化平台，从技术上说，这个产品是一个可扩展的云端 HTML5 油气图形化技术框架，它让程序员和架构师们，能够加速开发用于石油和天然气的地下数字解决方案。一般来说，IVAAP 可以让一个公司或团队在很短的时间内在其组织中定制和实施 IVAAP 的应用，而不是从头开发新的应用软件。而且，IVAAP 可在任何环境(私有云，公有云，容器化部署等)中部署，以满足数千数万级别的用户访问需求。

数字油田的大云物智等新技术应用有一段时间了，很多油田与油服企业都在向着这个方向切入。但是从这些基于云的新技术到业务场景软件之间需要一个数

据组织、数据解析、数据融合、数据可视化、数据分析等较长的技术链，且由于油气行业的模型复杂性，这种新技术应用的难度也比较大。INT 公司利用自己多年数字油田以及信息化技术的经验，为油气终端用户提供一个连接业务逻辑与 IT 新技术的桥梁。

这个桥梁的构建不是将业务逻辑打碎分解并部署到大数据和云平台上那么简单，而是从业务应用角度，建立整装的应用解决方案，将其与 IT 技术整合，建立一种新的架构，然后接入云平台、物联网、大数据以及其他各类在互联网行业成形的 IT 方案中去。即，INT 从底层技术层面向特定行业的解决方案上进行能力升级，走上对于特定业务场景解决方案的主题化、集成化支持，走得更加贴近价值链和效益点，实现全产业链的切入和支撑，从而更加地贴近用户、贴近场景、贴近市场。

IVAAP 作为 INT 公司的新产品便实现了这一目标，而且，这是油气行业中最为专业、最为成熟和最为高效的地下图形解决方案。

在 OSDU 出现之前，IVAAP 需要面对多种专业软件系统的数据来源、数据规范、数据访问接口，基于 IVAAP 的数据集成耗费大量的数据对接工作。OSDU 的出现，使得 IVAAP 数据对接的工作量大幅度减少，并可以直接在 OSDU 的软件架构(微服务)和规范之上构建应用，市场的开拓与服务变得更加顺畅。

INT 是石油行业最为优秀的油气图形化技术公司之一。该公司的 INTGeoTookit 图形开发包提供了包括地震、测井、钻井工程、地质图、生产监测图在内的优秀可视化方案，在国内外具有最广泛的应用。

2015 年之后，该公司全面专项 Web(HTML5)开发，在原来的 GeoTookit 基础上发布了 GeoTookitHTML5 版本，并将研发重点转移到了基于云的软件开发支持并推出了基于 Web(HTML5)的油气三维图形化解决方案(图 8-6)。目前，GeoTookit 是国际应用最为广泛的石油数据可视化软件开发包，同等技术水平下几乎没有竞争对手。国内中国石化、中国石油、中国海油等多家公司引进了该软件开发包，用于油气专业软件研发的图形化支持。

INT 图形化软件开发包发展中存在极大的痛点，那就是对于底层数据支持的匮乏。由于面临多样的油气采集设施和数据标准，图形可视化应用面临着数据流协议多样化、数据对接工作量大、格式解析复杂等一系列问题，而 OSDU 的出现让 INT 产品全面地解决了这一问题。

自 2019 年 OSDU 论坛启动以来，INT 公司便一直与 OSDU 联盟合作。OSDU 作为石油和天然气行业的标准数据平台，它将减少孤岛并将数据置于地下的中心社区。INT 将其数据应用一体化平台 IVAAP(基于 INT 公司自身的 GeoTookit 软件开发包研发的一套油气数据集成与可视化应用平台)提供给 OSDU 作为平台演示版本的一部分。

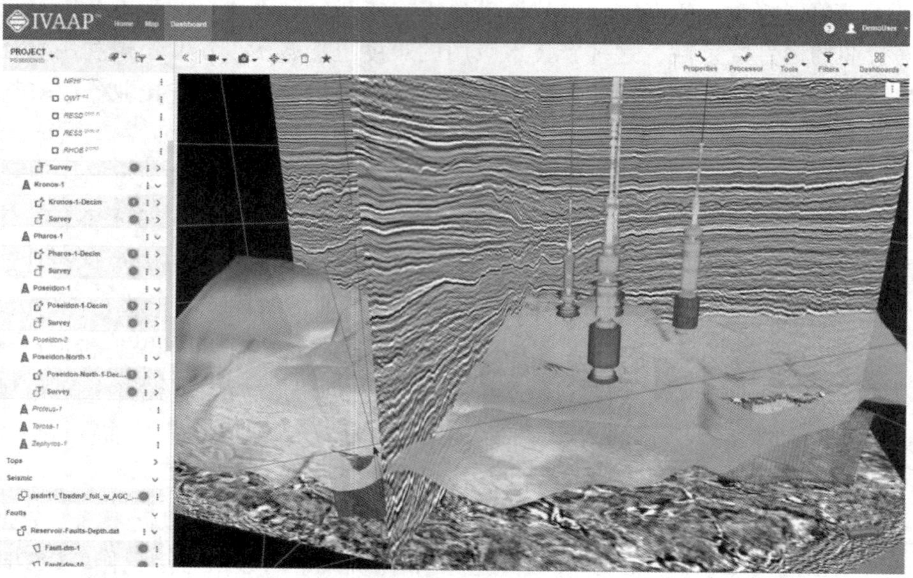

图 8-6　IVAAP 提取 OSDU 数据在 WEB 上构建油气地下三维模型

随着全球范围的油气公司和油气软件提供商迁移到 OSDU 平台，面临着新应用架构改造和部署上线的迫切需求。此时，INT 的 IVAAP 不仅提供了全面的地下地质油藏数据的集成和可视化方案，也为云计算、地下数据管理以及人工智能/机器学习和分析提供高效的用户体验。

借助 IVAAP，油气勘探开发领域的开发人员可以加速在云中交付强大的前端软件功能，并使用所有必要的地下数据可视化功能来探索、选择 OSDU 数据，并通过自动化和机器学习技术。

如图 8-7 所示，IVAAP 使用户可以直接通过 OSDU 进行数据检索、筛选、选择并可视化各类地质油藏数据，借助 IVAAP 的勘探开发数据模型的可视化功能，提供用户在二三维场景下集成钻井、测录井、地震、层位、断层、油藏等油气数据。同时 IVAAP 提供部署即用的工作流，可启动人工智能/机器学习工作流实现对 OSDU 数据的直接分析、训练和应用。

总的来说，IVAAP 作为 OSDU 数据的一个油气数据可视化和高级分析平台，为勘探开发人员提供了一个加强型的协作工作空间，为勘探开发的生产、研究、分析和决策提供了一个快速的（前文所说的快模式）业务工作平台。

IVAAP 所构建的应用平台，通过 OSDU 提供 DDMSAPI（如 SeismicDDMS，WellboreDDMS，Well PlanningDDMS，ReservoirDDMS）进行数据的检索和提取，而不必关心这些数据来源于何种地理位置、何种数据格式、何种数据标准，这使得一个企业的应用软件架构迁移和架构升级变得极其容易。

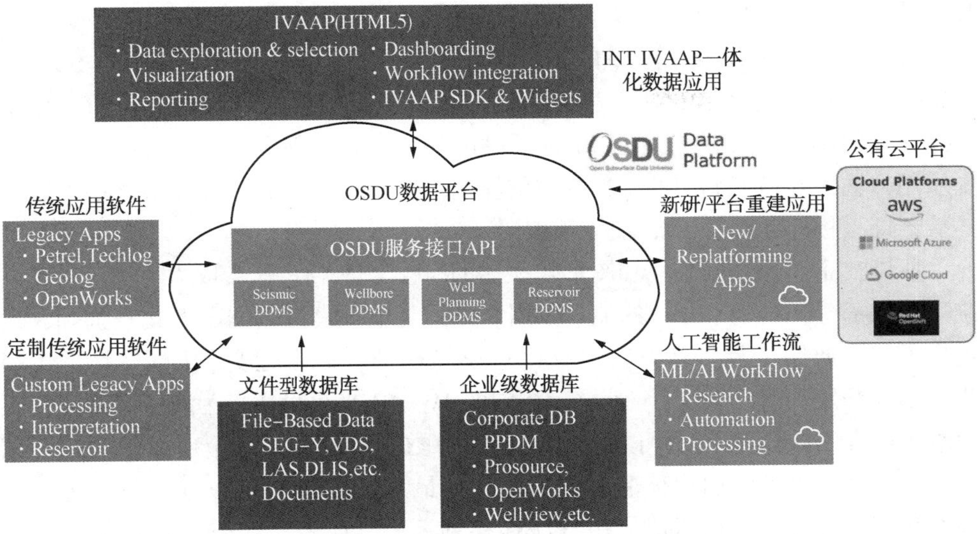

图 8-7　IVAAP 提供的各种可能性的更详细视图

如图 8-8 所示，IVAAP 与 OSDU 完全集成，可支持多种应用相互操作策略：

（1）运营商可以通过 OSDU 重新构建遗留应用程序的平台，以利用现有的机器学习处理并使用 IVAAP 作为其前端在云中访问它们。

（2）运营商还可以通过新的应用程序扩展他们的应用程序组合，IVAAP 可以快速集成，以提供具有访问和可视化数据的关键功能的 UI。

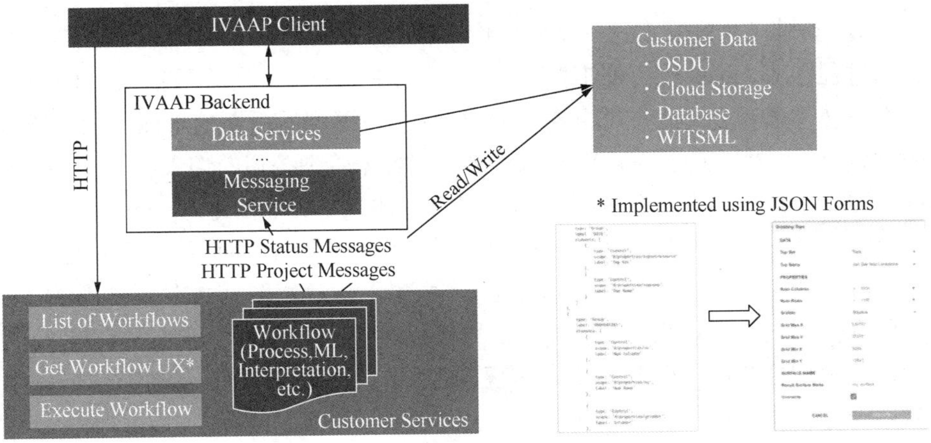

图 8-8　IVAAP ML/AI 工作原理的概述

OSDU 使用者可以利用人工智能/机器学习来实现某些质量优化、分析和计算任务的自动化，随着时间的推移，IVAAP 开发了机器学习功能或新的应用程序来提供这种数据科学。

IVAAP 是一种经济高效的解决方案，可让研究工作可访问、搜索该数据、选择该数据、启动 ML/AI 程序并可视化其结果。

IVAAP 提供 ML/AI 程序的连接器，使用户能够使用数据并与之交互。IVAAP ML/AI 连接器提供了一种独特的方式，可以根据无须编程选择的 ML/AI 程序，使用 Json 表单通过动态 UI 将可视化嵌入到应用程序生态系统中。系统将提示用户输入与他们调用的函数相关的输出。开发人员只需利用 IVAAP 的 ML/AI 连接器即可构建此动态 UI，而无须编码。

所以，企业在数据集成和图形化表达的时候，IVAAP 就会成为 OSDU 生态系统重要的部分，它为 OSDU 的油气数据，尤其是地下模型数据图形化查询和表达提供了一个通用工具。首先，IVAAP 可以轻松部署以创建数据门户（地下可视化、勘探开发、门户系统）。其次，相同的 IVAAP 平台可用于为新应用程序提供前端 UI，其中包含访问和可视化所需的所有数据连接——每个应用程序都可以自定义以拥有自己的用户体验和工作流程。最后，IVAAP 可以通过集成提供一种经济高效的途径，将遗留应用程序迁移到云中。或者，IVAAP 可以通过重复使用相同的技术来帮助避免为每个应用程序重新构建可视化组件。

未来，会有更多的类似 INTIVAAP 这样的图形化工具集成到 OSDU 平台上，在他们从 OSUD 获取全面、海量、合法且安全的数据的同时，也为 OSDU 逐渐打造了一个巨大的服务于油气勘探开发全流程的数字化生态系统。

三、OSDU 的成功因素分析

OSDU 并非一个重新设计的平台。恰恰相反，OSDU 的发展历史就是一个不断整合的过程。从 Amazon 公司构建石油行业的云平台开始，到后面在 OPG 组织推动下，由壳牌等国际主流油公司主导下创建 OSDU；再到后面斯伦贝谢等油服技术公司的全面切入；然后就是 OpenVDS 这样的油气数据管理公司的切入……，这一系列的蓬勃发展的历史过程，都是在非商业化的开源协议基础上构建的。OSDU 是过去长期发展的各类最新的、最需要的、最具实践性的技术的整合，而不是全新创建。

OSDU 的核心竞争力就是整合平台，通过公开、公平、共有、自由的平台，提供国际范围内的业内大协作。OSDU 的核心竞争力体现一个囊括施工生产、研究设计、管理决策的大闭环的生态实现，这种闭环是在多个因素不断发展成熟并充分融合过程中促成的。

（1）以油气业务需求导向：OSDU 是油公司主导，从其油气运营者的甲方身份出发，提出明确的数据内容和功能需求，因此，业务目标很清晰明了，所有的乙方油服巨头可以且必须跟进。

（2）油气数据标准的积累：OSDU 并非从头再来，而是基于国际油气行业过去三十年的业务整合的传统。其核心数据标准来自 OpenVDS（Seismic 库）、EDM

与 SeaBed 数据库(斯伦贝谢与兰德马克的后台业务库)、Epicenter3.1 数据模型(POSC 组织)、PPDM 数据模型(PPDM 组织)、Energitics XML 交换模型(能源流组织)贡献。

(3) 技术架构的优势：云计算技术的成熟，尤其基于云的 RESTfulServices 方式提供统一交换接口，使得原来相互隔离的多个大型软件生态得以联通，促使了行业的多专业大协同时代的到来。同时，其底层使用了数据湖架构(MiniO 文档库和 couchDB 对象库，没有关系库)，这使得业内长期纠结的底层数据结构统一化的问题得以解决，技术上是通过服务层定制 Schema 得以个性化模型扩展，这在油气数据模型技术上是前所未有的。

(4) 开源机制下的大联合机制：基于公有云部署；所有数据库和软件产品开源，所有功能免费；所有云服务代码开源；用户可以定制和扩展自己的服务和应用功能(自己定制的东西是商业化的，且可以不开源)。总之，这种充分共享技术带来了合作的诚意，促使了所有厂商愿意将自己的内容、产品集中共享出来。

第六节 本章小结

OSDU 论坛可以看作是一个油气行业的数字化技术联盟。它关注问题不是原有的油气数据模型、项目数据库、油气数据交换、油气应用软件等这些已经完全成熟或者趋于成熟的技术，而是面向油气行业的多专业整合与协同，尤其是云计算、大数据与智能化这些新技术引领下的新一代的油气数字化解决方案。

1. OSDU 的背景、目标、架构和使命

OSDU 主要面对数据孤岛和专业协同两个业务问题。数据孤岛问题是不同业务阶段和研究目标的软件工具形成的不同的数据处理流程、数据模型和成果数据格式，导致了专业之间成果连通困难的问题；第二个是专业协同问题，是指传统油气研究方法和研究成果在一个个专业软件之中发挥作用，无法实现地震、地质、油藏、钻完井及压裂工程等各专业各环节密切协同。

2. OSDU 生态化发展策略

OSDU 通过开发具有标准公共 API 的通用数据平台，让全球云托管供应商一起参与构建一个油气数据中心和数据平台，平台构建后，将形成云时代的一体化标准化数据中心、完整的工作流支撑、大数据与 AI 的应用支撑以及一个崭新的油气数字化生态系统。

这种在数据基础上的改变，将以“大数据”“全数据”“智能数据”的发展方向，彻底变革行业提供新应用功能的能力，并降低整个地下数据社区的实施成本和生命周期。

3. OSDU 的技术架构本质

OSDU 自称是一个数据平台，技术上是一个类数据湖的架构体系，其技术架构严格遵循了云平台系列技术规范。

在技术上，OSDU 基于云的 RESTfulServices 方式提供统一交换接口，使得原来相互隔离的多个大型软件生态得以联通，促使了行业的多专业大协同时代的到来。OSDU 采用云端架构更加关注在不同软件生态和技术架构之间的互通，关注不同专业软件应用体系之间的互通。这种互通，其实就是油气行业多个业务板块之间的高效协同。而面对油气行业快速迭代的研究需求以及非常规油气开发等业务高度一体化的需求，这些技术上的互通恰恰解决了业务上的协同和快速迭代，为数字化转型奠定了基础。

4. OSDU 最典型的技术特征

OSDU 的文档数据库(CouchDB)不存储业务数据，而是针对业务数据定义一套完整的业务数据描述的元数据体系，通过对这些元数据进行存储管理，实现对对象数据库(MiniO)中的数据管理。第三方用户通过自己定制 JsonSchema，可以充分扩展自己的数据存取方法和数据规格，这为 OSDU 的生态扩展奠定了基础。从一定程度上，OSDU 一开始就不是一个完全中心式的生态体系，而是一个集中与自由并存的协作化发展模式。所以，OSDU 可能已有一个开始，但它会随着油气行业的数字化革命而不断地壮大和繁荣。

5. OSDU 的生态构建方法

OSDU 的核心竞争力就是整合平台，通过公开、公平、共有、自由的平台，提供国际范围内的行业协作。OSDU 的核心竞争力体现一个囊括施工生产、研究设计、管理决策的大闭环的生态实现，这种闭环是在多个因素不断发展成熟并充分融合过程中促成的。

因此，OSDU 是在不断融合各类商业平台贡献的平台架构和应用软件过程中，去商业化的开源代码始终是其重要原则。在数据内容的扩展上，OSDU 也不是重新设计。从开始的地震和井数据，就参考了 PPDM、POSC 和 VDS 等大量数据规范，即便现在还没有发布的油藏建模和模拟方面，Energitics 公司(POSC 后续的咨询团队)也在通过合作来提供其数据交换标准的解决方案。

综上，国内油气行业技术团队对于小型的技术和业务团队，在面向国内领域的市场，还需要等待国内大型油公司的步伐，盯住他们在战略实施层面的规划以及当前开展的探索性实践，目前这些方面还不是那么确定。但在面向国际领域的市场中，OSDU 正在形成产业的全新形态的变革，这已经不是该不该切入 OSDU 的问题了，而是如何切入并利用 OSDU 资源优势。虽然 OSDU 在国内的发展存在一系列的不确定性，但值得期待。

第九章 DELFI：油气数字服务领域的转型方案

DELFI 全称"DELFI 勘探开发认知环境"，是斯伦贝谢用于勘探、开发、钻探、生产和新能源一体化的解决方案。DELFI 是为油气行业的数字化转型而生，它是在一个安全的云环境中，将斯伦贝谢油气专业应用软件、数据管理、人工智能和基于地质与物理的基础科学成果进行整合。通过多专业协同技术和可扩展解决方案，使不同业务板块的团队能够更快地工作和更有效的创新，实现提高业务绩效。

对于 DELFI 的学习和剖析，使我们可以对油气数字化中几乎所有的关键问题获得有效的解答，包括油气地质、油藏与工程的数据管理与共享、知识管理与共享、算法管理与共享、专业软件管理共享、人工智能的应用，以及未来面向多领域协同的基于云原生的新软件形态的解决方案。

第一节　DELFI 一体化平台策略及其巨大改变

一、DELFI 平台的优势与典型特点

"DELFI 勘探开发认知环境"是一个基于云的安全的空间。它利用数据、科学知识和勘探开发领域专业经验，从根本上改变油气勘探开发价值链每一环节的工作方式。在 DELFI 生态环境里，基于原有的油气勘探开发研究流程和业务框架，通过专业软件上云、模拟引擎上云、数据上云，可以访问所有的应用程序和工作流程，使团队成员能够在不同专业板块及其特定软件构成的系统中，为数据、模型和解释构建共同的工作空间。DELFI 利用云计算、大数据和人工智能等新技术实现对上云后软件的技术改造，融合了最新技术、分析模型构建方法、工作流优化方法，形成一个数字化时代勘探开发研究的新生态系统。前述章节中阐述的多数数字化新技术都可以在 DELFI 中找到实践的案例，这也是本章节解构和剖析 DELFI 技术平台的初衷。

1. 安全环境：数据成果安全和过程运行安全的需求

DELFI 在安全方面采用一流的技术标准，把保护数据的安全作为首要任务。

DELFI 提供公有云、混合云应用环境，完全符合标准的云端技术规范，并完全支持云供应商的安全、操作过程和审计。基于当前云计算技术成熟的身份、鉴权与审计等功能，油气领域的生产者与服务商之间的商业规则可以得到充分保护。

2. 协作空间：实现了油气勘探开发的多领域协作

油气勘探开发是一个多学科多专业协同研究的领域，需要各个专业板块的密切配合。尤其在当前降本提效和提升数字化水平的大前提下，实现不同专业充分深入的协作极其重要，因此，这部分是 DELFI 设计的一个重要出发点。

DELFI 环境为多专业团队一起工作，提供一个公共空间。这个工作空间是独立于角色、工作流或物理位置的，实现了无国界的合作。在这个多种技术构建形成的一体化工作空间中，所有利益相关者都能实现工作流程的相互衔接且直接从彼此的专业知识和见解中受益，这为油气勘探开发一体化、地质工程一体化奠定了数字化基础。

3. 开放性：DELFI 在数字化建设上具有很强的开放性

DELFI 环境具有基本的开放性和可扩展性。这种开放性使得集成、共享和构建所有可用的数据源、工作流、应用程序和知识产权变得非常简单。通过使用 DELFI 环境中的“云端 API 的开放和访问”解决方案(基于公开的云原生技术规范)，实现了真正的技术集成，并驱动油气研究中的多方合作和研究协作达到了一个新的水平。

4. 认知提升：DELFI 带来了油气行业的认知能力变革

在油气人工智能领域有两个应用重点，一个是应用机器学习(尤其是深度学习)推进数据驱动型应用，另一个是联通机器和人(行业知识)之间的能力。这两者分属人工智能两个最主流的技术学派，即“连接学派”和“符号学派”。

“符号学派”的认知能力一般称为认知计算(典型技术如知识图谱)。DELF 环境提供了从数据分析到人工智能所有可用的认知技术。DELFI 提供的强大认知系统可以识别每个角色用户并提供独特的个性化体验。DELFI 的智能搜索、主动学习和自动化任务，使其能够针对特定的业务研究提供预测、确定优先级并提出建议。

5. 实时动态：DELFI 带来项目研究实时的、动态的信息更新

DELFI 提供一个面向研究项目数据的实时与动态更新。通过在 DELFI 环境中的任务之间自动共享新数据，每个运行中的活动项目都会使用最新的信息进行动态优化。这种统一的动态更新的数据共享，使得整个团队在同一个项目上同时开展工作，并且保证大家使用的信息始终是最新的和准确的。这种统一化和动态化的数据更新，不仅能够减少重复的工作，提高团队生产力和效率，还能够保证业务连续性。

二、新一代勘探开发一体化应用平台

为什么 DELFI 被称为新一代的油气勘探开发一体化应用平台？

从战略角度，DELFI 面向油气的全行业领域、全生命周期的协同运行，构建业务、数据、管理全面协同的新的数字化体系，满足基于统一门户，加速油田上游业务全生命周期业务的价值交付。这种开放性和协作性体现在：

1. 全球：开放性带来了全球性的技术合作

随着油气数字化选型带来的产业升级，整体油气行业对于降本提效提出了极高的要求。这种要求体现在油气工业的地质与油藏的研究工作中，就是建立一种快速高效且高质量的协同研究模式。这种模式体现在多业务板块的数据流动、多资源链接以及自动化的工作流。

DELFI 勘探与开发认知环境中的“开放性”，是指通过一个开放性的技术平台，面向油气行业中的所有参与者提供实现大规模转型愿景的推动力，并且通过这种开放性的平台，保证所有参与者的合作共赢。

在 DELFI 环境的开放性平台中，研究团队使用 API 和开放的源代码，可以创建、定制、使用一种灵活性、自动化、创新和高效计算的解决方案，从而可以将一个工作平台连接到另一个工作平台（无论是企业内部还是第三方工作平台）。团队之间可以将自己的数据模型与任何系统一起协同工作，从而达到最优化的商业效益。

DELFI 创建者认为，通过提供给不同领域的专家们以新的、最有效且最具开放性的工作模式开展合作，可以更有效地整合利用先前的投资、技术成果和资源投入，进而拥有平台集成的全世界尖端创新科技和全球性技术进步成果，在全球的行业发展中实现长久、持续的价值创造。

2. 确定：开放性体现在唯一真实的数据及其流动

通过数据标准和数据共享带来的开放性，DELFI 解放了数据，即油气数据可以跨越业务障碍（如不同专业软件）和数据障碍（如不同项目库），实现平稳而安全的数据流动。这使得来自所有业务领域的勘探开发团队可以无缝衔接和协作，可以实时地访问和更新同一个数据或模型数据。

同时，开放 DELFI 数据生态系统将其底层技术提供给了 OSDU 开源的数据生态组织来构建更为基础的油气数据存储和集成系统。通过 OSDU 平台的引入和整合（DELFI 将 OSDU 作为其数据管理和数据共享的基础），DELFI 环境可以进一步提高软件开发潜力、提高解决方案的灵活性、可组合性和可移植性。未来，基于 DELFI 扩展的油气勘探开发软件产生的数据成果，可以在任何一款商业化的油气专业软件系统上使用，而且可以实现数据格式与数据模型之间的无缝切换。

统一的数据模型、数据转换、数据组合等能力的加持，最终在油气勘探开发的数据体系上，DELFI 用户面对的是一个确定的、明确的数据体系。这样，无论安全性、决策质量还是运营效率等管理方面，还是从地质研究到现场采收率优化等业务方面，都能具有更加确定的数据基础。

3. 连接：通过云平台实现所有资源的连接

DELFI 环境是一个开放、安全和可扩展的基于云的解决方案，可以是公有云、私有云，也可以是混合云。这种云平台的解决方案，可以无缝地连接整个企业中的专家、应用软件和数据，实现随时随地访问。

（1）数据连接。作为 DELFI 环境的核心，斯伦贝谢的数据生态系统（现已开放源代码并贡献给了 OSDU 数据平台）能够实现跨地域和更远范围的数据无缝连接。各种数据类型可通过具有业务意义和业务关联的 API 调用，在数据传递过程中始终保留丰富的业务描述信息，这对油气数据传递过程中的业务特征表述非常重要。

（2）传统专业软件连接。DELFI 不仅包括云架构软件，也包括传统的单机软件。现有的非云架构的、单体架构的专业软件，通过应用程序托管服务实现快速连接并提供不间断的工作流，以保留和扩展已建立的关键功能。在技术上，为确保安全性和合规性而对每个新版本进行持续管理，以确保稳定性和业务连续性。

（3）业务流的连接。借助丰富的开放接口 API 和专家支持服务，DELFI 可以实现外部系统和其他云平台的交互操作，通过 API 定制化开发，从而实现与油田现有其他数据系统、管控系统、专业软件的连接和集成能力。

4. 解放：DELFI 通过数据、模拟引擎和工作流的共享，实现专家的解放

DELFI 在整个勘探与生产领域中的解放数据、仿真引擎和工作流程，让油气专家从繁琐的工作中解放出来，专注于面向业务目标的挑战。

首先，DELFI 提供了全流程的业务分析与模拟的数学模型。通过 DELFI 提供的协作环境，从个人专家到整个企业，每个人都可以在整个业务范围内利用行业领先的模拟分析功能、先进的机器学习和大数据分析功能。在 DELFI 环境中，打破各类软件和研究项目的孤岛，使得信息沟通和研究的透明性都得到了加速，研究团队可以充分地利用专家、组织和社区的集体智慧。

其次，DELFI 提供了全流程的生产数据和研究成果。作为一种协作环境，数据从以前孤立的数据库和散乱的数据源中解放出来，通过“数据驱动”的共享方式，提供了数据使用的全面（关联）信息和深度（关联）信息。专家们可以在运营环境中发现和使用全球勘探开发信息的多个数据源。

5. 变革：通过新科技，变革勘探开发的新技术研发模式

基于数据科学、大数据技术、人工智能等先进的数字化技术，DELFI 开始探

讨一种全新的、高效的、变革性的油气勘探开发研究模式。

DELFI 通过开放的数字环境，让我们可以不受局限地共同创建，共享和应用新技术，从而可以用更快地、更大规模地加速行业创新。不仅是勘探开发业务领域的专家，在勘探开发之外的用户、供应商和学术界都可以用最智能的方式贡献新想法、新方法，一起推进一种可以改变现有油气行业游戏规则的数字解决方案。

DELFI 通过开发人员门户网站赋予了创新能力。我们可以访问各种 API 和共享软件组件(无论传统的还是最新的技术都可以)，通过这些技术的综合，创建、发布和共享应对行业挑战的新方法。

同时，一些新概念和解决方案可以在这种平台上经过快速测试和快速验证，使用新方法的开发时间从数月缩短至数天甚至数小时。这种开放性协同最大的意义就是将行业内各种创造力融为一体，以探索和定义油气勘探开发行业中新的工作方式。

这种改变尤其体现在数据科学以及创新的机器学习等人工智能技术上。如今，这些新技术正在革新油气行业的工作流程并缩短决策时间，它们带来的全新的数据分析，使我们能够可视化地探索、分析和关联那些新的见解，以扩展和丰富 DELFI 环境中油气科学的深度，从而催生油气行业新的技术生态。

6. 整合：通过 OSDU 数据平台整合所有数据

OSDU 是一个通用的、标准的和开放的勘探开发生产的数据平台。它是基于云技术，将勘探开发生产数据整合到一个数据管理和共享系统中的云平台。未来，所有的国际油田公司和第三方油服公司都需要在这个共同的基础上建立数据生态。该平台通过驱动应用无缝访问全部数据，赋能新的云原生数据框架，并支持现有的应用及数据框架。

DELFI 实现了面向 OSDU 的全面数据体系整合。首先从数据方面，为了对 OSDU 论坛作出贡献，斯伦贝谢开源了基于 DELFI 环境核心组件的数据生态系统，以加快 OSDU 数据平台的交付；其次从软件系统方面，DELFI 通过支持 OSDU 数据平台的联合开发，实现将自身油气软件与 OSDU 作了生态体系的对接，为石油和天然气运营商提供了全面而优秀的功能和经验。

使用 OSDU 数据平台将数据部署到云中，基于对云端数据资源的标准化，可极大地加速行业数字化转型进程。DELFI 通过将自己的应用程序和工作流部署在 OSDU 上面，可以在未来让各类油气专业应用系统具有更大的适应性。此外，勘探与生产行业以外的用户，如技术供应商和学术界都可以在 OSDU 上贡献其软件代码并推广其数字解决方案，这不仅改变了地下油气数据的存储、共享和分析模式，也让它们成为全球性开放生态系统的一部分。

三、DELFI 相比传统软件开发的三个巨变

在 DELFI 的集成环境中，通过承载油气专业知识的软件载体(Petrel、Techlog 等)，不仅集成了斯伦贝谢传统的勘探开发与石油工程领域的专业知识经验，同时借助于全球化、开源的、广泛协作的开放模式，DELFI 带来一系列完全不同的巨大改变。

在进行全新数字化工具完善和产业化升级的过程中，DELFI 不是一个封闭和孤立的系统。在构建 DELFI 的全新勘探开发协同工作环境的过程中，斯伦贝谢依旧发挥了强强联合、协作共赢的传统理念，在 DELFI 构建和部署过程中，Microsoft、Google 等云平台公司，Dataiku、TIBCO 等人工智能平台公司，OSDU 油气数据生态组织等，都参与了 DELFI 的构建合作和部署合作。

这些改变重点体现在全新的云架构平台、人工智能技术的深度应用、底层数据库和数据平台的全新变革。正是这种全新的技术体系的变革，推动了油气工业业务架构和协同工作模式的变革。

下面从 DELFI 的软件开发云端门户、人工智能认知技术、OSDU 数据生态三个方面作一个深度分析。

1. DELFI 提供软件开发人员的云端门户

DELFI 开发人员门户(DELFI Developer Portal)是一个面向软件开发人员的工具。而且，这是一个基于云架构的开发门户。

使用 DELFI 开发人员门户可以自由开发新的或增强的勘探开发软件应用程序。石油公司、独立软件供应商、开发商和学术界可以利用其广泛的开发工具和 API 资源创建有针对性的软件. 共同构建可持续的技术生态，用以帮助解决油气行业中面临的严峻挑战。

目前，DELFI 的开放软件服务已经为 1500 多个活跃的开发用户提供了支持，这些用户包括 120 多家独立软件供应商，50 家石油公司和 60 多家学术机构。这些开发人员共同创建了 3，000 多个新的勘探开发应用程序和插件。借助 DELFI 开发人员门户，将勘探开发软件开发的开放性提高到一个新的水平。

从 IT 技术发展来看，DELFI 开发人员门户是一个面向现代的、高效且易于使用的勘探开发软件开发平台，也是基于目前国际最为先进的 IT 技术构建的一个全新的技术平台。

DELFI 开发人员门户使开发人员可以自由地构建细分市场解决方案，捕获最佳实践，并将新想法更快地推向市场。随着 DELFI 继续丰富其开发人员门户的功能，用户将能够获得针对软件开发范围的更多的扩展自由。

目前，全新的 DELFI 的软件开发门户可以为油气企业的发展带来以下重大提升：

(1) 更快地开发新应用。

借助 DELFI 开发人员门户，用户可以脱离数据管理、数据共享、软件架构、技术应用等方面的复杂度，聚焦业务问题的解决，这使得曾经需要花费数周时间开发的软件解决方案现在可以在几天或几小时内完成。公司和个人开发人员可以专注于创新，而不是基础架构，以克服勘探开发中的工作流程挑战。

(2) 创造自己的应用方式。

为了能够快速有效地创建基于 Web 的服务和应用程序，DELFI 开发人员门户在可伸缩、安全且易于使用的基于 REST 服务 API 开发环境中提供了全方位的软件开发服务。利用针对勘探开发软件数据和应用程序开发而扩展形成且不断扩大的 API 库，公司和个人可以快速构建新的或在传统模式上增强的软件解决方案。

开发人员可以使用门户的一系列基于配置文件的工作区，通过访问开发工具、API 和测试数据，快速利用自己的开发沙盒(只用面向开发的测试运行环境)提高生产力。利用免费提供给开发人员的沙盒环境，用户可以快速注册并立即开始构建应用程序。此外，一旦建立了开发人员或需要更高级的功能，他们就可以无缝地升级到更广泛的开发框架。

(3) 在需要的地方自由部署和使用。

以 SaaS 模型为核心，开发人员可以通过安全且受管控的网关(Gateway，云端访问的控制系统)访问系统或第三方提供的开发人员服务，使他们的工作更加流畅。开发人员也可以将已开发的新应用程序托管在企业自己的云平台中(如梦想云、石化智云开发管理环境)，也可以托管在 DELFI 认知勘探开发环境中。

通过授权，开发人员开发的所有应用程序都可以被 DELFI 环境的最终用户和开发社区访问和使用。

2. DELFI 带来全新的人工智能与认知技术

随着人工智能技术在油气行业的应用开展，一个能够促使人工智能与业务架构深度融合的架构变得越来越重要。未来的人工智能通过深度融合业务知识，实现从智能化技术向业务认知方法的转变，使得系统具有针对油气工业业务更为强大的理解、分析和决策优化的能力，这是人工智能在油气工业的应用方向。

DELFI 认知勘探开发环境富含强大的人工智能(AI)和行业领先的分析技术，这是赋予广泛认知能力的第一步。随着时间的推移，斯伦贝谢将实现从人工智能向认知智能的转变，实现对未来的更多掌控。

针对人工智能技术在油田的应用，业内已经进行过非常多的讨论，目前存在两个比较主流的建设思路。

对于人工智能的应用，一种认为：应该建立一种全新的基于大数据和人工智能的油田勘探开发研究模式；另一种认为：应该基于现有的业务研究分析框架（地震反演与属性分析、构造建模、地质建模、油藏模拟等）逐步地使用人工智能进行局部性方法替代。现有的绝大多数的人工智能应用实践基本都是后一种模式。

两种方法都是具有实践性和可行性的方法，而且在不同的目标和应用环境下具有各自的优势。但是，从当前国际应用现状来看，由于油气工业庞大而复杂的业务架构和业务流程，想要完全替代过去数十年逐渐发展和演变形成的油气研究方法和工业流程，是非常不现实的。即便在油气工业某些相对简单和独立的局部环节可能形成一种完全基于人工智能的方法，但由于应用实践的多样性，导致这种方法的广泛应用还需要较长的完善时间。因此后一种模式，即“基于业务架构的人工智能技术局部应用”反而是更为简单的切入方法，因为人工智能技术在这种模式中是作为一种技术而不是一种架构模式，这是一种基于现有油气工业体系的渐进式扩展，也是油气工业自动化发展过程中的最优选择。综上所述，未来相当长的一段时间，人工智能应用的重心是后一种模式。

DELFI 人工智能技术的应用是在充分尊重油气工业技术架构基础上的全面探索，既有渐进式的融合，也有独立的人工智能平台支撑，其实际的实现方法是将具有认知功能的应用程序嵌入到 DELFI 环境中。这是一种业务全栈式（全周期）人工智能（AI），涵盖了从勘探、开发、生产到中游的整个勘探开发生命周期。DELFI 的 AI 软件解决方案以将油藏性能提升到更高水平为核心目标，并且组织内的每个人都可以使用它。

所以，DELFI 环境中的 AI 建立在三个支柱上：①开放性——与优秀合作伙伴一起交付 AI；②民主化——所有人都可以使用 AI；③可扩展性——根据需求扩展的 AI。

（1）开放性——将世界上最好的 AI 集成到一种体验中。

DELFI 通过与技术巨头、初创企业以及学术界的各种技术合作伙伴进行公开合作，将最好的 AI 工具集成到 DELFI 环境中。通过利用 Google，Microsoft，Dataiku，TIBCO 等公司的 AI 和分析技术，为客户创建了“终极 AI 系统”。如在人工智能工具的应用中，斯伦贝谢重点使用两个产品：

Dataiku：通过这一基于云平台的人工智能建模与分析工具，可以使每个人都能够在企业规模上创建并实现人工智能的方法。

TIBCO Spotfire：人工智能分析工具，是最全面、最广泛采用的视觉分析技术。可以提供基于企业业务数据的处理、可视化分析和商业数据挖掘。

（2）民主化——使石油技术专家能够开发 AI。

现在组织中的每个人都可以创建 AI 解决方案。石油技术专家可以在 Dataiku

中使用机器学习将自己的AI嵌入到日常工作流程中，并使用TIBCO的Spotfire执行高级数据分析。

业务专家可以将自己的定制机器学习任务部署到业务领域的工作流中。这是一种可以“开箱即用”地处理所有类型数据的AI，并且适用于所有领域的所有操作场景，涵盖了整个勘探开发生命周期。

(3) 可扩展性——企业级别的可扩展性。

人工智能很大程度上用一种更为简单的逻辑(更加注重关联性而非因果逻辑)处理不清晰的复杂性问题，尤其善于减少不确定性，预测和定义结果，自动化复杂的流程并优化专家的时间。

无论勘探开发工作流程需要什么人工智能技术，DELFI都提供了可以扩展的解决方案支持研究过程。对于小型特定领域的创新项目或整个企业中部署的全栈解决方案，它都是理想的选择。相对于很多传统的方法，AI可以更快地解决业务领域甚至全企业级挑战，在开发效率上比传统方法快得多。

- 地震处理：地震处理时间从13个月缩短至2.5月。
- 地震解释：减少80%的断层解释时间。
- 井设计：地质设计与工程设计效率可提高50%。
- 开发方案设计：14个现场开发方案设计，只用原来的1/3的时间。

斯伦贝谢DELFI团队总结了现有人工智能技术应用实践和人工智能在勘探开发中的应用优势所在，如下：

(1) 人工智能将数据和商业价值直接联系。

快速数据处理：目前的勘探开发过程中产生的海量数据每天都在增长，即使最好的团队也需要很多年才能对所有数据进行分析。石油和天然气中的人工智能技术，能够立即(实时且不依赖于人工)处理每一个数据，快速给出答案。

业务模式发现：通过在工作流程中进行自动数据分析和机器学习，可以快速看到数据中的模式(模式是从大量数据中训练形成的一种规律的表述，可以是很简单的方程，也可以是不可解释的非常复杂的非线性模型)，这些模式指向提高性能的多种机会。

所以，无论从数据处理还是业务模式挖掘，人工智能优势在于直接、快速、高效发现降本提效的方法，从而带来最高效的商业价值实现。

(2) 通过AI，实现和增强业务智能。

通过DELFI提供的易于开发的AI套件，可以带来传统模式下无法想象的和几乎无限的创新。通过这些AI套件，使业务团队拥有了数据驱动这种更加强大的开发力量。

在油气勘探开发中，业务专家头脑中有无限的灵感，DELFI的人工智能解决方案提供一种 AI 开发工具和开发流程，使得专家们可以应用 AI 更快地找到答案，从而应对各种提效的挑战(如增强可持续性，减少不确定性，持续改进性能)。

在目前国际油气智能化技术的研发中，这种发挥业务人员创造性需求的模式被称为“民主化的 AI”，其本质就是通过数据工具和智能化平台，让专家能够将聪明才智变成特定行业场景中一个个创新方案。

3. DELFI 基于 OSDU 的全新的数据生态系统

如图 9-1 所示，DELFI 数据生态系统(DELFI Data Ecosystem)，核心是经过优化以集成任何数据类型的数据生态系统。这个生态系统的访问、管理、充实和准备要在整个 DELFI 环境中各个业务工作流中使用数据与信息，它是来自 150 多个上游数据源的 270 多种不同数据类型提供的数百万数据记录。

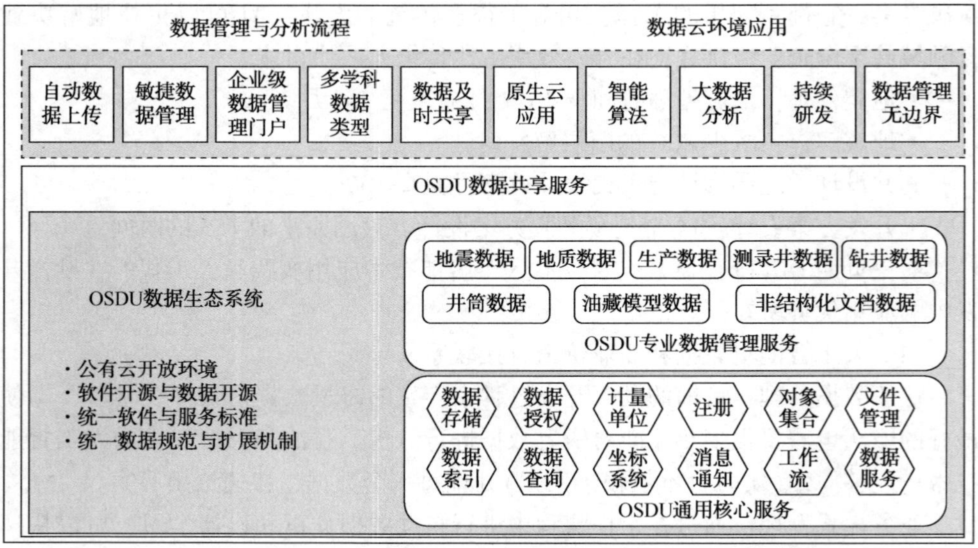

图 9-1 OSDU 在斯伦贝谢 DELFI 中定位于数据管理与数据共享服务

DELFI 通过数据生态系统促进组织之间的协作，保证能够在运营环境中在一处发现和使用全球勘探开发信息的多个数据源。简单地说，就是数据统一存储与管理的大集中。在 DELFI 中，来自所有领域的勘探开发团队可以无缝衔接和协作，可以实时地访问和更新同一个数据(模型)。

同时，斯伦贝谢开放了 DELFI 数据生态系统底层技术，将其全部外包并贡献给了 OSDU 数据平台，构建了 OSUD 从数据管理到数据共享、应用的全部技术架构。这促使 OSDU 数据平台将涵盖多样化的能源数据类型，不仅包括石油天然气等传统能源，也包括风能、太阳能、氢能、地热能等新能源，以及与之相关的碳捕获、利用与封存。在技术实现上，就是通过一套统一、开源的数据标准和公用的 API，实现以数据驱动能源行业的变革，开展能源行业新的篇章。

DELFI 的底层数据体系正在被更新为 OSDU。通过 OSDU 平台的引入和整合，DELFI 环境可以进一步提高软件开发潜力、提高解决方案的灵活性、可组合性和可移植性。未来，在斯伦贝谢专业软件上的研究成果可以用在其他软件系统上，实现无缝切换。

那么，斯伦贝谢对 OSDU 数据平台做了哪些改变呢？

（1）DELFI 认知勘探开发环境在 OSDU 数据平台上运行。

OSDU 是近年来油气数字化领域最为庞大的一次技术变革。通过跨行业合作开发的 OSDU 数据平台，解决了存储、组织、迁移和访问地下数据的难题。现在，任何一个油气研究团队使用数据时都可以在应用程序和业务板块之间拥有无限的灵活性。

基于 OSDU，勘探与开发生产工作流程的数字化转型已成为每个人可以面对的现实。目前，各种规模的油气运营商均可自由部署自己的 OSDU 数据平台，第三方软件供应商可以为通用行业数据基础定制专业软件。DELFI 认知勘探开发环境在 OSDU 数据平台上运行之后，任何一个 DELFI 的开发者和使用者都可以享受到 OSDU 带来的巨大的数据便利。

（2）斯伦贝谢已经成为 OSDU 目前最大的源码贡献者。

OSDU 是开源的，会员企业的程序员可以在它的 Github（IT 行业的开源代码管理平台）上下载最新的源码和文档。

斯伦贝谢在 OSDU 论坛中扮演重要角色。作为 OSDU 管理委员会的 11 名成员之一，斯伦贝谢与雪佛龙，埃克森美孚，Equinor（原挪威国油），BP，谷歌，微软等合作，共同帮助指导勘探与生产行业 OSDU 的发展。

DELFI 环境的核心组件及数据生态系统的源代码，已经贡献给 OSDU 用于构建一体化数据生态，有效地加快了 OSDU 开源数据平台的交付，实现了 DELFI 与 OSDU 数据体系的深度融合。而这种融合，又使得油气运营客户在 OSDU 技术实施的过程中，斯伦贝谢能够利用其专业知识来帮助客户实施最有效的部署和转换其数据。

（3）DELFI 系统与 OSDU 形成了深度的融合。

在 OSDU 数据平台的基础上拥有来自 DELFI 数据生态系统的开源代码非常重要，因为：

① 油气勘探与生产需要一个强大的数据系统，该系统必须能够处理复杂的数据关联网络（井眼，储层），大批量阵列数据（地震，模型）以及其他具有高基数的大批量和复杂数据类型。OSDU 数据平台正在利用斯伦贝谢的深厚领域和数字专业知识。

② 在 OSDU 数据平台不断地投放市场过程中，由于 DELFI 环境已经符合 OSDU 标准，因此 DELFI 环境的用户可以访问 OSDU 数据平台功能。

③ OSDU 数据平台成为斯伦贝谢数字战略的核心，这意味着斯伦贝谢长期致力于 OSDU。

因此，斯伦贝谢在 DELFI 平台中直接使用并集成了 OSDU 的数据基础，包括数据模型、数据访问和基于云的服务架构，而这个架构和斯伦贝谢的 DELFI 的架构是完全一致的。

(4) DELFI 通过 OSDU 带来了统一勘探开发数据的巨大优势。

斯伦贝谢建议企业直接使用 OSDU，这对于使用 OSDU 数据平台的企业数据治理带来了四个明显的优势：

① 统一数据平台，消除数据孤岛，OSDU 数据生态系统支持全系列上游数据（油气勘探到开发生产）。

② 无缝集成专业应用软件，支撑完整的业务流程，打破业务孤岛。

③ 通过开放的数据和服务标准，支持新技术、新程序快速研发和应用。

④ 支持端到端服务，支持现有能源天然气和新能源的完整供应链，可以快速和标准化地采用新的数据类型和服务来支持新的业务领域。

因此，基于这种未来的优势，斯伦贝谢提供了面向 OSDU 数据平台的部署和过渡服务。

在访问 OSDU 数据平台的任何阶段，斯伦贝谢可以为油气行业用户提供自己的 OSDU 数据平台并进行部署，并通过 DELFI 环境立即获得这种部署带来的益处。

第二节　DELFI 如何构建面向生态的混合技术架构

一、DELFI 的总体业务架构分析

所有关于介绍斯伦贝谢 DELFI 的文章中，都会提到"斯伦贝谢 DELFI 勘探开发认知环境，是一个基于云的、安全的空间"。说明了在全新的油气勘探开发应用软件平台中，云计算及相关的软件技术是其最基础的框架。

DELFI 的业务结构和技术架构都是基于云计算技术而搭建的。由图 9-2 可以看到基于云架构的 DELFI 体系之下的所有内容。

1. 最底层的是数据源

所有的油气工业上游的数据都被完成了定义。来源于各种基础数据库、物联网系统、专业应用系统，以及各个管理流程、研究流程产生的数据都被统一定

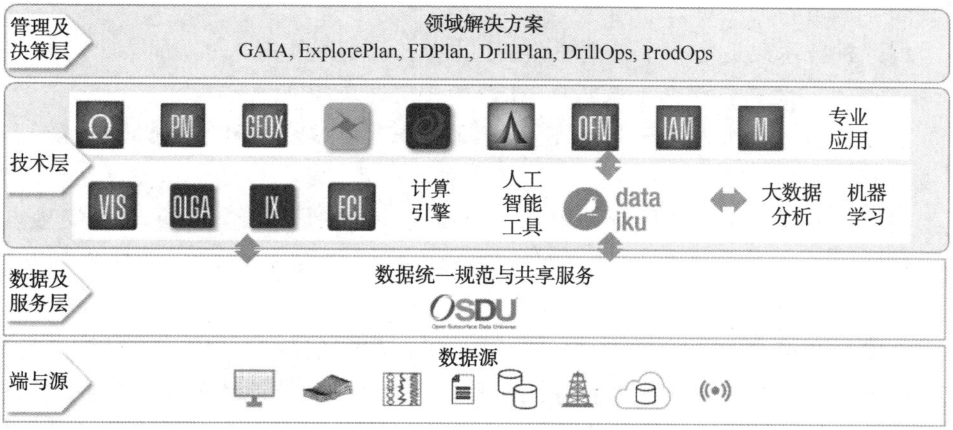

图 9-2　DELFI 总体业务架构体系

义，并纳入数据采集汇总的渠道。

2. 数据生态层：数据生态系统及其共享服务

斯伦贝谢基于 OSDU 的全领域数据整合方案，实现了将数据存储与数据应用的分离。这种分离是通过云计算和大数据平台(或数据湖等技术)实现的。数据被纳入存储后，通过数据统一访问 API，提供规范的数据 IO 标准，OSDU 提供完整而一致的数据共享。

3. 技术层之一：面向研究层面的专业软件

斯伦贝谢传统的专业是 DELFI 平台集成的主体。它包含 Omega、PetrelMod、GEOX、Petrel、Techlog、Avocet、OFM、IAM、Eclipse 等传统专业软件。

这些支撑从地学到开发、开采和钻完井的专业软件，基于云计算的虚拟化技术实现了云端共享，通过专有和通用化的 VDI(虚拟桌面设施)，在避免“大规模软件架构重构”的前提下，实现了基于云平台的 IT 资源共享。

DELFI 的这种做法符合未来软件系统发展的趋势。目前，将专业软件完全改变成为 Web 软件也是一个趋势。但由于 Web 技术架构自身的简单性，尚不足以支撑复杂图形和复杂交互的专业应用开发，因此油气工业的专业软件在今后很长一段时期都会是现有的单体软件技术架构。

4. 技术层之二：面向研究层的专业计算引擎服务

值得注意的一点是：VDI 并非云化的唯一方法。专业化的技术和模拟方法被以云服务的形式共享，充分利用了云计算带来的算力优势。

由于这些专业软件具有海量数据处理、庞大的计算和模拟等计算功能，这些占用算力极高的计算模型被以云计算服务的方式共享，通过云端提供的虚拟设施和巨大算力，计算和模拟模型可以极大地提升工作效率。这是专业软件在云端化过程中非常重要的一点。

但这种技术改造是一个长期持续的过程。

5. 技术层之三：面向大数据和 AI 的油气研究新模式

人工智能技术作为油气工业数字化转型的核心与关键，正在逐渐成为油气工业技术层升级的关键，而且，随着数据科学与人工智能平台的快速发展，如何构建形成人工智能技术的规模化和工业化应用成为油气数字化至关重要的突破点。对于这方面，斯伦贝谢提供了一个完整的数据科学和机器学习为核心的解决方案。

斯伦贝谢结合 Dataiku 平台构建了基于机器学习的智能平台。通过该平台提供数据分析、智能化建模、部署等工作流程。基于这个智能化的平台，我们可以通过 OSDU 带来的数据整合的优势，快速地整合多个学科和多种因素下的数据成果，将它们进行融合分析，从而面对复杂的、不确定的问题，实现对于解决方案的快速探索。

现在，这部分已经成为一个独立的体系。在具体实现上，它包括以数据科学为核心的业务智能分析，以及以机器学习为核心的智能模型构建。这两个方向分别由 TIBCO 与 Dataiku 这两个公司及其产品线来实现和支撑。

6. 应用层：面向管理决策的云原生应用

在云计算技术和云平台技术的支撑下，云原生的应用架构获得了极大的发展。这种基于云端的应用软件开发体系，可以提供更容易融合的软件模块和跨平台(多种 PC、移动)部署功能。更为重要的是，这种应用架构对于管理流程和决策分析这种重协同、轻交互的软件功能具有极好的适配性，因此，当前油气行业的很多软件公司开启了从单体应用向云原生应用升级的热潮。

DELFI 提供了面向管理和决策方向的云原生应用，相对于专业研究的应用，这些云原生应用更加适合管理和决策软件的研发。目前，DELFI 中基于云原生技术研发的软件包括 DrillPlan、ExplorePlan、FDPlan 及 DrillOps、ProdOps 等，它们分别定位于钻完井工程、勘探与油藏开发、采油生产等设计与决策领域。

二、混合架构背后的业务理念分析

1. 混合软件架构

DELFI 作为一种应用平台，其本质是一种面向勘探开发全业务领域的企业级架构解决方案。

DELFI 云平台包含了众多的技术框架实现。既包容了传统软件架构体系，又包含了微服务和云原生的架构体系，还融入了大数据与人工智能技术，解决了企业级的数据整合、应用整合、业务流整合三大整合目标。

这样的架构设计一是出于商业运行成本的考虑；二是知识继承和融合的必然。

传统的专业软件，由于其几十年积累的逻辑和流程方法，已经具有了高度的复杂性，具体体现在数据结构、算法和图形界面以及人机交互形式上。新的微服务架构在相当长一段时间(可能会很久很久)无法替代这种软件体系。因此，如何沟通、融合和协同运行成为这种架构设计的出发点。

2. 面向多业务协同而诞生的应用平台

过去很长的一段时间，面向勘探开发全业务领域的协同工作是一个非常困难的事情。主要原因是：

(1) 专业软件和不同数据规范形成的壁垒，很难实现不同业务板块和流程的协同工作。

(2) 油气公司管理流程本身的条块分割、流程分割，造成了生产与研究的管理分离，阻碍了全领域的协同。

现今，DELFI 的云端服务体系和 OSDU 的通用数据体系，以及企业面向地质工程一体化的管理变革，这两个障碍正在逐渐得以消除。通过微服务架构带来的服务规范和耦合机制，不同的软件和流程可以通过统一的规范进行数据沟通和通信，开启了新的应用方式。

3. 面向数字化转型的最优架构方式

在新的工业软件时代，对于需求的快速响应和低成本方案构建是关键。原有的那种独立应用开发方式已经不能适应这种需求。油气勘探开发的数字化转型与升级，关键在于通过数字化实现一切环节的可量化。通过服务化技术实现一切技术因素(数据、模型、算法)的可调用，通过平台化实现一切方法的可协同工作。

DELFI 正是这种最优架构的典型实现。它是基于云原生架构，将云平台技术及人工智能技术综合应用，将平台作用与业务体系进行有效衔接，支撑业务系统的构建。而在这种构建过程中，加强行业方法的研究深度，形成了非常突出的业务流程和业务场景的支撑。

通过认真剖析 DELFI 的理念与框架设计、协同和协作路线、务实的数字化内容建设，对于国内油气勘探开发的数字化升级也许会有全新的启发和认知。

第三节　DELFI 实现油气专业软件的集成与重构

一、石油技术软件套件(Petrotechnical Suite，PTS)产品及定位

PTS 是我们所熟知的斯伦贝谢公司传统的专业软件的集合。

DELFI 环境将数十年勘探与生产研究中的现有应用技术，也就是 PTS 数据和石油技术知识集中到 DELFI 环境中。PTS 基于 DELFI 的协作性、认知性、开放性和安全性，极大地丰富了市场领先的石油技术平台和引擎。

DELFI 石油技术软件套件汇集了为石油技术工作流程收集的数字解决方案。它们从涵盖整个勘探开发生命周期的配置文件中访问，这些配置文件在云中托管，可按需提供。每个配置文件都由 DELFI 认知勘探开发环境启用并通过 AI 和高性能计算来加强。这种云端化部署意味着一些领先的技术解决方案如海量数据处理计算模型、模拟分析模型等可充分借助云端的并行处理能力、模型训练能力、模拟计算能力进入更高的应用层次。如 Petrel 勘探开发平台上的 INTERSECT 高分辨率储层模拟器的计算时间会显著加快；面向海量数据访问的新工具则可充分提高工作流程的灵活性和生产力。

油气专业研究用户能够在 DELFI 环境中搜索和利用 PTS 中的结构化和非结构化数据，并受益于各种有价值的信息。而这些有价值的信息(和知识)平时要么是“隐藏”在组织内部，要么随着人员变更或者时间流逝而被忽略。

PTS 和 DELFI 连接后，实现了原有的本地专业软件的整合；加上 DELFI 本身具有的全业务流程协同、外部第三方软件接入等，便可以实现全业务协同的工作流程；再加上 OSDU 提供的数据生态体系，便实现了所有数据资源的整合。总的来说，PTS、DELFI、OSDU 三者结合起来，从底层看是实现了“数据”“知识”“算法”“模块”的统一管理与共享，从顶层看就是将上述不同种类的业务资源进行重组，通过重新构建一个新的业务场景和流程，实现了复杂而又不失灵活的数字化转型模式。

从技术实现上讲，在云平台协同环境建立后，这些专业软件通过 VDI(类似于现在的虚拟桌面)技术实现了云端部署。这种部署重点是将前后端分离，后端采用微服务技术，主要完成数据存储与管理；而前端依旧沿用传统的 Windows 桌面技术架构(如 MS NetCore)研发，主要完成图形化交互界面。这种云端部署的架构，是基于成本和效率的综合考虑而形成的。

一方面，这种是最为节省成本的方式。传统的 Windows 软件架构经过多年发展，已经形成了极为庞大和复杂的技术体系，由于巨大的工作量和代码积累，将其完全转变成基于云原生的前端技术架构工作量过于庞大，尤其在油气行业降低成本的大趋势下具有极大的商业风险。另一方面，还是因为这些专业软件的功能非常“重”。这种“重”是指架构上的重，主要体现在图形化的复杂性、交互操作的复杂性、大量数据操作的复杂性、数据处理的即时操作的性能等，以至于从技术层面上无法用云原生或者云服务的方式重写。

但是，在云端化部署的过程中，一些计算服务(目前还是很小的一部分)会逐步放在服务端执行，应用云端强大的 CPU 和 GPU 的并行计算能力，这些计算效率得到巨大提升。

二、PTS 的产品内容

PTS 包括有业务功能软件、知识管理平台、软件开发平台三个层面的产品。软件界面图形与交互风格如上所示(图 9-3)。

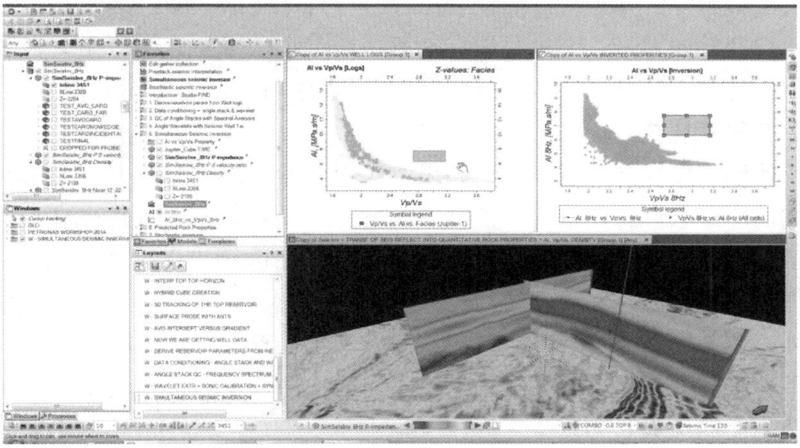

图 9-3 DELFI Petrotechnical Suita 软件产品的图形交互风格

其中，业务功能层面包括：勘探开发地学领域、井筒地质与工程、油藏开发与模拟、钻完井与压裂工程、油气管网等系列业务功能软件；软件研发层面，是斯伦贝谢统一的专业软件开发平台 OCEAN；数据层面，是斯伦贝谢统一的油气勘探开发知识管理平台—StudioManager。

1. Petrel 勘探开发软件平台

Petrel 平台可提供地球科学家和工程师用来分析勘探开发的全部地下数据，使他们能够共同来创建储层的模型。这种共享地学的方法使公司能够实现整个勘探开发工作流程的标准化，并帮助专家明确了解机遇和风险，作出更明智的决策。

DELFI 的 Petrel 平台是 PTS 平台一部分。目前，Petrel 平台数据被重新设计并部署到 DELFI 数据生态系统中(即 OSDU 数据生态)，用户可以从 DELFI 本地应用程序中访问数据，并从 DELFI 工作环境中获得所有可能的优势，这包括云端资源共享和数据共享等。如：

(1) 通过个性化工作空间即时访问最新专业软件。

(2) 更有效的 Petrel 平台项目管理。

(3) 支持基于云的高性能计算，以优化工作流程执行。

（4）通过不同地点团队之间即时无缝共享数据和项目来加强协作。

（5）通过数据分析、认知科学和自动化技术来增强科学研究。

Petrel 勘探开发软件平台：将勘探、开发和生产决策与决策的科学联系起来，其强大的功能体现在：

（1）协同工作的技术。

数据层面的整合是实现多学科集成的基础。这种整合使从石油系统建模工程师到储层工程师等的知识得以捕获和保存，所有这些都有助于形成针对地下研究的统一认识和共同愿景。无论是正在钻第一口深水勘探井，还是在页岩气井作业中提供全面的钻探计划，Petrel 平台都增强了多学科协同的工作流程。

（2）获得最佳技术。

传统的油气勘探开发研究中，如果要应用正确与合适的技术，意味着要使用许多不同的应用软件，而这些软件会造成研究成果隔离并打断完整的工作流程。

Petrel 平台提供从预处理到高级储层建模到辅助历史匹配等各种深度技术，实现一体化的成果整合和流程协同。

此外，OCEAN 软件开发框架(用来研发和扩展 Petrel 软件功能的一个基础软件开发平台)通过将行业内最好的 IT 技术交给软件开发团队，从而创造软件在特定业务功能上的优势。

（3）提高工作流程的效率。

在日益动荡的油气行业中生产力提升是关键。Petrel 平台支持可重复的自动化工作流程，以固化那些最佳实践并在整个组织中共享它们。

同时，Studio 勘探开发知识平台(斯伦贝谢用于成果管理的软件，以下简称 Studio)通过提供统一的多数据库访问和企业团队协作工作机制提高工作效率。Studio 平台不仅可以帮助获取各种数据，还提供存储和共享完成的研究结果以实现知识共享。

2. Techlog Wellbore Software Platform

井场获得的数据错综复杂，变化无常，会导致巨大的钻探投资风险。通过 Techlog Wellbore Software Platform 平台(Techlog 井筒软件平台，以下简称 Techlog 平台)，可以将所有井口数据放入一个简洁而直观的应用系统中进行分析。Techlog 平台除了为业务领域的专家提供高级研究功能外，还为用户审查和分析数据提供了坚实的基础。它支持跨多个学科(钻、测、录、固井等)的复杂工作流程。

（1）实时利用先进技术。

Techlog 平台动态地集成了最新数据。它直接从井场获取流式传输(一般是 WITS0 或者 WITSML 标准)，进行实时处理和即时分析，帮助在钻井施工过程中的决策。

（2）井筒的分析。

通过 Techlog 平台提供的一流技术能够分析其所有可用井眼数据，并能够升级这些数据。石油物理学家可以利用高分辨率数据来检查裂缝的方向，并评估这些裂缝的特性，以了解井筒内和井周的流体流动。Techlog 平台为井筒（以及井周）模型的可视化提供了新的方法。

（3）模拟分析与评估。

Techlog 提供的详细 3D 解释最大限度地提高了在油井中收集的所有复杂数据的价值。通过 Techlog 单井模型（即通用的井筒概念模型）用于创建多井解释，为模拟模型提供输入，以评估储层中的动态行为。

3. Studio E&P Knowledge Platform

Studio 勘探开发知识平台（tudio E&P Knowledge Platform，以下简称 Studio）是一个具有重大意义的产品。

斯伦贝谢的知识管理平台与国内较为广泛使用的油气知识管理平台具有一定的差异。国际范围内的油气行业的知识平台，或者说知识管理，正常的应该是 Schlumberger Studio 这样的产品，以地震与地质研究开始，到油藏建模模拟、开发开采等全过程的核心模型数据为核心，以工程和生产数据（含图件与报告）为外围的数据体系，代表着对于地质和油藏认知的量化表示。斯伦贝谢的油气知识管理概念聚焦于勘探开发全流程的专业软件产生的各类模型和模拟结果，以及必要的图件与报告，其管理内容并没有突出过多的 IT 技术和手段，而是聚焦于软件计算分析成果的迭代升级。

目前，Studio 多用户协作平台专为 Petrel 勘探开发等系列专业软件平台而构建，以保持基于项目工作环境的灵活性和自由度，同时加强用户之间的协作。其提供的访问控制，也关注于高效的数据管理工作流程。

Studio 产品目前的主要作用和特点是：

（1）用于减少查找研究数据的时间。

Studio 平台将搜索数据的时间减少了 60%，这也降低了对返工区域的需求，并鼓励团队在他人工作的基础上迭代研究。Studio 平台强大的搜索引擎被集成到 Petrel 平台中，使用户能够以无缝、直观的方式快速浏览多个数据源。使用 Studio 提供的强大过滤器，可以轻松地向下钻取并识别数据项目。结果在项目中以图形方式预览。可以比较搜索结果以识别唯一的项目、重复或差异，其搜索结果很容易共享。

目前 Studio 的搜索功能，可以实现多个来源信息的搜索，包括：Studio 平台存储数据库；Petrel 软件平台项目；来自 Techlog 软件平台的信息；来自储层特征软件的旧数据；以及其他石油技术来源通过 TIBCO 开放的数据。

(2) 多用途协作。

Studio 平台是现代应用的数据库。它建立在“发布-订阅模型”的基础上，使用户控制他们与他人共享的内容以及何时共享内容。用户同样控制着他们从他人那里获得的东西以及他们何时收到。这确保了用户仅共享数据，同时保留了在自己的项目中勘探工作流程的灵活性。或者，协作的组可以选择基于特定文件夹同步工作，以及以协作方式与其他人共享所有更新文件。

Studio 还提供了警报和通知功能，让用户了解整个团队正在发生的各类数据变化。提醒用户注意他们感兴趣的数据，从而加快用户之间的迭代。此外，标记项目以传达所共享数据的状态(临时、最终或完整)和置信度(低、中或高)的能力，可加强对所作决策的可信度。

(3) 数据和知识管理。

Studio 平台提供经过验证的可扩展数据库，并辅以行业标准技术。它专门设计用于处理勘探开发项目数据以及与该数据相关的知识，这些知识都存储在上下文中。此功能可促进更好地保留和重用生成的知识。

通过 Studio Manager(Studio 的管理工具软件)，数据经理拥有快速了解 Studio 平台状态所需的所有管理和核心数据管理工具。可以提取、保留和向资产团队交付必要的结果，使数据管理者能够确定存储库的状态、审查最近的用户活动、确定要执行的任务以及主动支持用户。

4. OCEAN Software Development Framework

OCEAN 软件开发框架，是一个长期被忽略的产品。

OCEAN 就是斯伦贝谢庞大的专业软件的构建工具。过去十几年来，斯伦贝谢的所有产品，都是基于这一平台而开展，无论是软件设计、软件开发、数据支撑、挂接运行、部署发布。OCEAN 也是斯伦贝谢业务知识和业务经验的沉淀工具，它将数十年积累的业务方法和业务流程，以软件为载体而实现不断记录与迭代升级。由此构建了斯伦贝谢在勘探开发业务领域的强大竞争力。

OCEAN 软件开发框架(OSDF，OCEAN Software Development Framework)将新技术和工作流程无缝集成到斯伦贝谢软件平台中，并配有 OCEAN 插件。

OCEAN 软件开发框架通过三个基础产品直接在斯伦贝谢软件平台内构建专门技术和工作流程，包括：通过 OCEAN for Petrel 支持 Petrel 勘探开发软件平台；通过 OCEAN for Studio 支持勘探开发知识管理环境；通过 OCEAN for Techlog 支持井筒相关技术研究。

通过使用 OCEAN 工具开展技术插件的研发，公司可以从自己专有的技术和理念中获利，并立即将创新方案交到业务分析者的手中。这些功能可以自行开发，也可以通过与 OCEAN 合作伙伴集成，将新的插件迅速融入公司工作流程。

利用斯伦贝谢软件平台的 OCEAN 框架，用户可以创建一流的、统一的工作流程，而无须采用多个分散的软件解决方案。经验丰富的地球科学家和工程师都能够在熟悉的软件环境中立即获得新技术新方法的支持，从而有助于加快项目研发进度。在部署方面，OCEAN 也可以比以往更快地部署新的软件，从而支持生产运营和管理决策过程。

5. O&G Symmetry Process Software Platform

Symmetry 过程软件平台是斯伦贝谢过渡技术产品组合的一部分。该产品可持续地推动以高性能方法最大限度地减少排放。

（1）面向 O&G 行业的综合流程仿真平台。

Symmetry 过程软件平台提供了独特的功能：在一个环境中建模自己的工作建模，将设施、流程单元(对称流程)与管道、网络(对称管网)和安全系统模型集成在一起，同时确保整个系统具有一致的热力学和流体特征。这种方法使公司能够优化上游、中游和下游部门的流程，最大限度地提高利润和减少资本支出。

（2）实现一致的表征和流体模型。

Symmetry 平台为传统的石油伪组分表征技术提供了一种新方法。其基于 PIONA 的流体表征使用化学家族结构，能够更准确地模拟混合、分离甚至反应系统中的准确物理性质。确保整个系统一致的热力学和组件跟踪。

（3）识别并缓解 HSE 和运营风险。

全面识别从火灾场景到设备故障的安全问题，这是所有操作的基本。为了能够缓解 HSE 和运营风险，Symmetry 平台提供了一套完整的救援系统设计工具，使用户能够验证整个安全系统的性能。

（4）确保资产可靠性。

Symmetry 平台支持从概念到操作的整个生命周期建模，为排除性能故障、创建 FEED 和启动算例以及全面优化系统提供了更好的选项。Symmetry 平台提供了广泛的选项提供开放性，从而实现与不同系统的集成，帮助我们充分了解资产状况。

三、PTS 与 DELFI 的底层架构分析

PTS 是原有客户端/服务器软件架构下发展起来的一套“单体式”专业软件，它们一般运行在 Windows 平台，而不是目前流行的云原生架构。这种软件是目前油气工业专业软件的主流技术架构，也是未来很长一段时间的软件架构。

前面也提到，从技术实现上讲，在云平台协同环境建立后，这些专业软件也进行了一定的架构升级。这种升级重点是将软件的前后端分离，后端(即云服务端)采用微服务技术，主要完成数据共享和部分算法共享；而前端(软件图形和

交互端)依旧沿用传统的Windows桌面技术架构(如Microsoft DotNet Framework)研发，主要完成图形化交互界面。

DELFI推荐使用云原生的模式开发软件，但并不局限于云原生。云原生的前端一般基于Web浏览器托管方式部署和运行HTML5技术框架，但PTS中的专业软件通过VDI技术实现了云端部署。

由于PTS与普通的云原生应用具有完全不同的软件技术架构，因此这两套体系的融合还是通过底层服务程序进行相互通信的，而前端技术的实现便分别采用了VDI和Web(HTML5)两种技术实现方式。这样，PTS软件依旧保留原有Windows平台软件具有的图形和交互的复杂性，主要提供交互和核心算法；而DELFI云原生应用主要还是定位于管理协同和敏捷快速的决策支持。

未来，PTS会逐步向DELFI的技术架构进行过渡，但是从技术特征来看，云原生应用完全替代Windows应用并不现实。个人认为：基于现有的Web软件技术的成熟度，是不能代替现有的WIN平台的专业软件框架的。即便随着技术的发展这种转换变得可行，那也必定是一个非常漫长的时期。

PTS，依旧是当前油气勘探开发专业软件的最重要、最核心、最大量的专业化技术的主体。PTS这些传统Windows平台专业软件也可以通过VDI方式运行，实际上这也是目前最为流行的方式，无论斯伦贝谢、哈里伯顿这些大厂，还是一些独立IT虚拟化技术厂商，都推出了大量的基于VDI技术传统软件产品(或者说使用这种低成本技术实现原有软件研发成果的架构切换)。

四、PTS和DELFI融合带来的巨变

前文提到，PTS和DELFI融合从底层看是实现了“数据”“知识”“算法”“模块”的统一管理与共享，从顶层看就是不同业务资源进行重组并构建新业务流程的转型升级。

1. 突破数据和业务壁垒

通过集成广泛的技术组合，用户可以使用新工具和更多功能扩展其功能。在后台，无缝更新可确保每个人都从最新版本的功能中受益。同时，团队可以利用企业内部和全球范围内的石油技术数据，将结果直接调用到他们的工作流程中。

2. 快速地部署和应用

专为提高速度而设计PTS，可立即识别用户，并通过一次安全的登录即可访问诸如在项目中添加新用户或扩大计算能力之类的管理任务。而且，远程协作模式得到了加速，包括动态配置模拟作业、实时显示复杂模型等。

3. 灵活的配置软件功能和算力

DELFI环境中的PTS可以适应不同公司和单个团队的需求。通过选择用户

个人资料，可以添加其他技术，如内部工具和第三方插件。客户可以选择何时执行密集型计算工作的自动化，按需扩展计算能力，并随着业务的增长做出响应。

4. 实现开放的协同工作

DELFI 环境通过其开放性为运营商提供了机会。无论客户是需要集成自己的公司 IP，从整个勘探开发生命周期中提取数据源，还是与第三方解决方案一起使用，DELFI 环境中的 PTS 都将提供更多的协同方式。

5. 自动化的工作流程

PTS 在 DELFI 环境中管理跨多个软件包工作的复杂性，为用户提供了更高效、更流畅的体验。应用程序之间的实时通信使项目数据可以在整个工作流程中自动刷新，重新获得以前在各个技术之间手动传输项目信息所浪费的时间。

6. 可自定义的选项

DELFI 环境中的 PTS 为客户提供更多选择以满足其需求，同时持续管理业务成本。针对油气勘探开发领域的各种角色要求，PTS 专门创建了一系列基本配置文件，通过一系列可选模块和插件，进一步增强了功能，实现从地球科学家、钻井工程师到项目数据经理的全面支持。同时在扩展方面，PTS 提供量身定制的技术可选插件以提供第三方计算引擎的访问，将第三方应用程序功能直接集成到 DELFI 环境中。

7. 按需可扩展的油气技术生态

DELFI 环境中的 PTS 可以根据需要进行扩展。无论在内部添加新用户还是在勘探开发项目上与外部专家合作，都可以在需要时自动调用无限的计算能力，扩大处理吞吐量而不受现场硬件的限制。

第四节 DELFI 的数据科学与人工智能平台

一、DELFI 的数据科学智能平台

DELFI 勘探开发认知环境富含强大的人工智能（AI）和行业领先的数据分析技术，赋予了油气勘探开发更加广泛的认知能力。随着时间的推移，斯伦贝谢将实现从人工智能向认知智能的转变，实现对未来的更多掌控。

基于业务框架的人工智能技术局部应用，关键就是将人工智能尤其是主流机器学习的构建和应用流程实现工业化和平台化。

数据科学与机器学习平台（Data science and Machine Learning，简称 DSML）是近年逐渐兴起的技术产品。Gartner 将 DSML 平台定义为面向数据科学与人工智能

的核心产品和相关集成产品、组件、库和框架(包括专有、合作伙伴和开源)的支持产品组合。它的主要用户是专业数据科学人员。DSML 平台提供了将数据科学的解决方案合并到实际业务流程、组织的基础架构、产品和应用程序中。目前多家互联网企业都推出了较为成熟的通用数据科学平台。

DELFI 也面向油气的大数据与智能化应用构建了自己的数据科学平台。不同于 AI 技术本身，DELFI 数据科学是一套针对能源工作流程的 AI 和分析解决方案，使地球科学家和工程师能够构建、管理和部署 AI 来解决他们的日常挑战，就像使用电子表格一样简单。这套平台关注的是 AI 的模式化、流程化应用，以及 AI 如何实现与油气勘探开发业务的密切结合。

前面提到，斯伦贝谢 DELFI 的数据科学(包括 AI)的解决方案，是与两个商业化软件捆绑而实现的。它们分别是：

(1) Dataiku 的使命是使每个人都能够在企业规模上创建 AI。

(2) TIBCO Spotfire 是最全面、最广泛采用的视觉分析技术。

这些功能的实现，基本体现在以下几个方面(图 9-4)：

(1) 数据搜索、发现、可视化。

通过数据的可视化为数据分析添加新的分析维度。用易于使用的可视化工具查看企业数据，然后简单地单击鼠标即可开始分析工作。

(2) 将数据融合在一起。

连接到大多数通用数据源或特定能源行业的数据源。通过加入来自所有来源的所有数据点可启用新的见解，从而创建更丰富的信息池。

(3) 数据去噪、清洗、重构、融合。

通过集成结构化和非结构化数据，利用机器学习重建信息缺失的部分，使原始数据准备好用于分析。

(4) 可视化的数据分析。

使用扩展的统计工具库可直观地显示数据，可探索和了解数据中的趋势。

(5) AI 自动建模。

凭借人工智能自动化建模工具，将完美的数字解决方案与业务需求拼凑在一起。

机器学习模型从各种 AI 库中提取，自动评估项目并按性能排序。所有 AI 库包括 Scikitlearn、Keras、Tensorflow 等。开发上，则利用广泛的脚本环境(R、Python、Java 等)进行进一步的扩展和微调。

(6) 连接到勘探开发业务引擎。

DELFI 的数据科学平台直接从应用内部调集模拟器和业务的计算引擎，如 Eclipse高分辨率储层模拟器、PIPESIM 稳态多相流模拟器和 GeoX 勘探风险、资

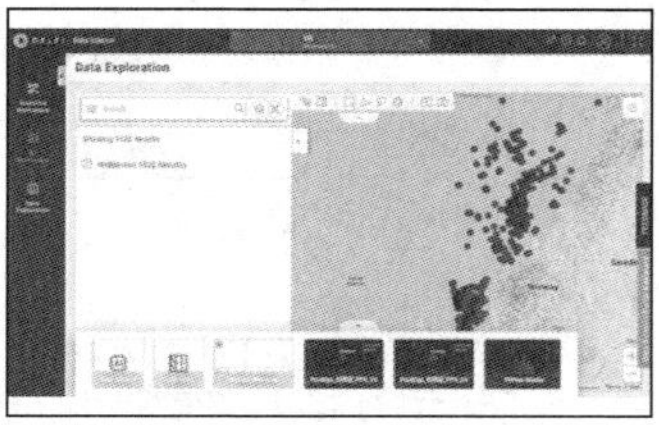

(a)数据搜索发现与可视化

(b)实现数据融合在一起

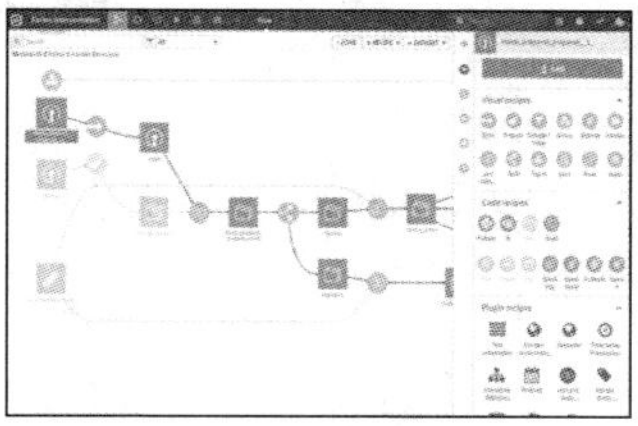

(c)数据去噪清晰重构整合

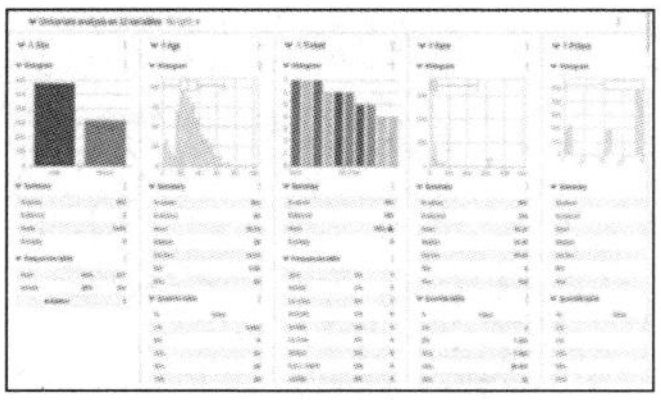

(d)可视化的数据分析

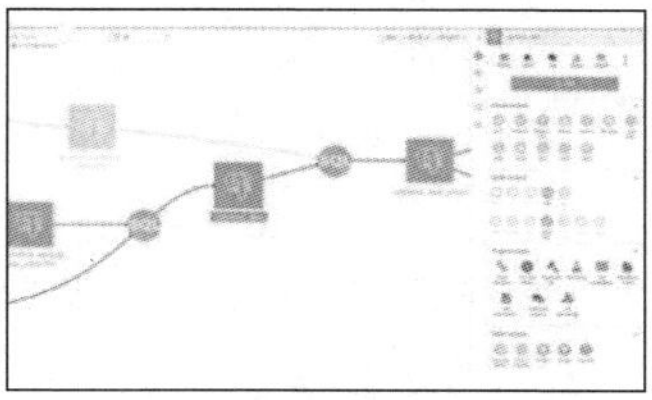

(e)AI自动建模

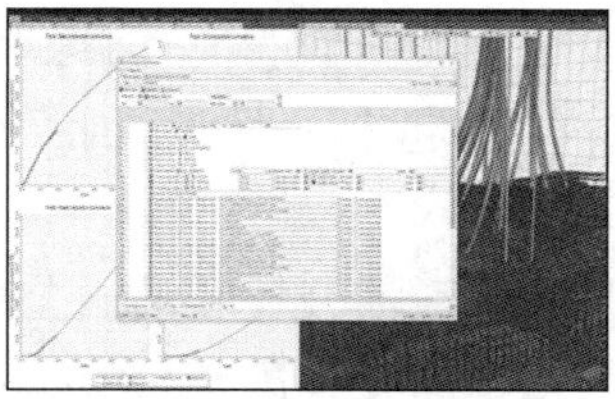

(f)连接到勘探开发业务引擎

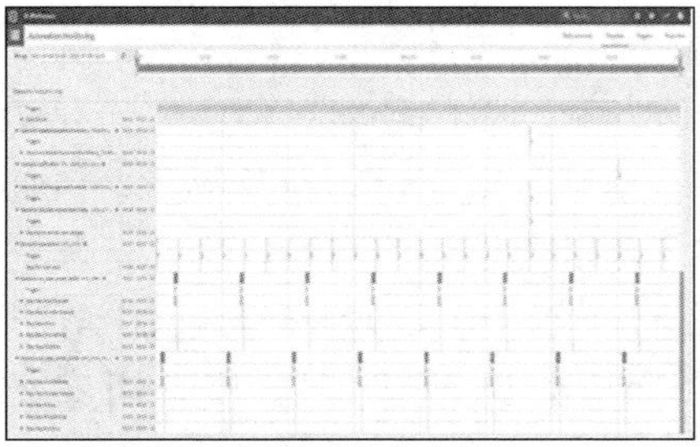

(g)实现AI模型的从设计到部署

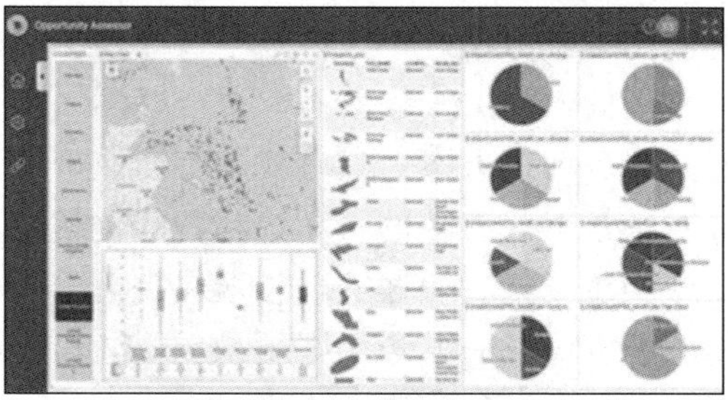

(h)构建数据驱动的工作流实现

图 9-4 DELFI 数据科学智能平台典型功能

源和价值评估软件。

(7) 实现 AI 模型从设计到部署。

已经建设成的 AI 模型可以通过其他应用(通过 API)访问并按需触发。

(8) 构建数据驱动的工作流实现。

使用最先进的分析解决方案访问决策过程。将复杂信息放在一个易于理解的仪表板中。

纵观 DELFI 体系中的数据科学与智能平台，斯伦贝谢提供的 AI 方案的优势是值得借鉴的。

(1) 开发工具包：用户友好、功能强大的人工智能和分析开发工具包。

(2) 基于业务优化：这些开发包为油气勘探开发业务进行了优化(从数据到业务逻辑)。

(3) 快速部署：平台实现一键部署 AI 解决方案。

(4) 数据关联：机器学习和分析与各种基于物理的引擎和 OSDU 数据平台相连。

二、DELFI 中的人工智能及方法实践

并非只有 DELFI 环境中集成的应用才可以开展人工智能方法研究。

上一节提到 DELFI 的数据科学与智能化平台，是支撑油气方法工程师开展数据化、智能化研究的一个基础平台。依托这个平台，极大程度上提高智能应用设计、研发、训练和发布部署的效率。但是这些 AI 解决方案如何被快速构建起来，如设计目标、设计原则、应用方法……等，更是要考虑的重点问题。

国际油公司和油服公司研发机器学习方法遵循规范和技术流程如下：首先，用基本的开发语言(Python，R，C++，等)从原始的起点开始一步步研究解决方案(算法)；然后，在应用中逐步迭代完善形成成熟的功能；最后，集成到 DELFI 的应用解决方案之中。

因此，DELFI 数据科学平台提供一个支撑研发和部署的环境，但不一定是最好的业务解决方案。只有找到有商业价值且具备基础数据支持的业务场景，进而针对场景形成有效的、高效的智能化解决方案才是最为重要的问题。

锚定场景、快速实现、迭代提升、持续发布。这四个实现流程是使用 AI 获得商业价值的重点。从下文中 DELFI 提供的几个典型智能技术应用案例(图 9-5)，可以清晰地看到这一点。

(a)井部署决策:从数据到决策　　(b)数据科学:民主化创新　　(c)井组合优化:降低成本

图 9-5　DELFI 中的人工智能及方法实践-1

1. 井部署决策：从数据到决策

最近的数字时代，更是见证了无限和按需计算能力，带来了井部署决策方面的提升。

地下模型表征方面，算力提升提供了生成更多地质假说的能力，并在短时间内计算出某种地质可能性的广泛分布情况。在瞬息万变的市场中，最大可能地明确地下模型，从而减少现场开发计划的多变性非常重要。只有石油工程师们有了足够的分析工具，才能够快速地正确评估和调查数百或数千个案例(静态或动

态)，进而才能实现这种地质研究方面的潜力。

虽然普遍认为基于人工智能的、替代性的油气工作流程的变革并不会马上到来，但新一代基于人工智能的油藏工程软件和工作流程正在开始慢慢地进入市场。如用于识别连通性和高饱和度油藏，以及专家指导的机器学习(开发井网)布井方案，等。这种技术适用于储层模型的集合，可在地下地质环境的不确定性下，以高度自动化的方式进行稳健的油田开发优化。该方法开始被嵌入到结构化的工作流程设计中以改善井位设计。

斯伦贝谢在这方面提出了对井位设计的迭代改进。其中使用概率井排名来识别性能低下的井，用概率图了解油藏性能，同时针对大连通量和高含油饱和度的分析优化步骤，描述了完整优化循环的应用结果。该技术为在地下不确定性条件下优化井位设计提供了有效且可管理的解决方案。

2. 数据科学：民主化创新

民主化(自主化)创新，就是人人都借助 AI 工具加入创新中来。过去几年，数字领域主要的技术颠覆者改变了行业的工作方式。专业人员、管理人员、投资者对其都抱有很高的希望和期望，研发支出的演变很好地表明了这一转变。人们必须采用和掌握新技术的步伐可能令人觉得害怕，而所收集数据的指数级增长以及对更快业务回报的期望，使对于技术发展的担忧更加恶化。

油气行业进入低迷时期，对成本效率的要求更加紧迫。在未来面临新的挑战中，人才库将发挥至关重要的作用，但一些指标表明，资源短缺(尤其是人力资源短缺)将带来更大的压力，所以必须改变工作方式，为员工提供工具和解决方案，使他们能够承担额外的更高的要求。

地学家和工程师需要适应新的现实。为了实现转型，他们需要新的工具。这些工具将使他们能够使用自己喜欢的语言来操作数据，对其进行切片和切块，编写脚本方式。有解决方案可以轻松地可视化，分析和监视其不断增长的数据量。最后，他们有能力推断新数据，建立关系并找到新方法进一步自动化繁琐而重复的任务。

统计学习方法和分析工具的民主化，将在很短的时间内增加个人的自主权和主动权，这是通过将 AI 平台与 BI 分析工具有效集成在一起而实现的。这些分析工具都集成在通用数据生态系统的顶部(就是应用软件的层面)，可以通过 DELFI 数据科学系统来实现。它将为工程师提供他们所需的解决方案，以有效地使那些耗费大量时间的工作任务自动化，并将业务人员研究的重点，从监视任务转移到前瞻性的计划活动。

3. 智能建模：更多集成，更少工作

传统的三维属性建模是基于地质统计学理论开展的。有经验的地质人员根据掌握的资料以及对地质体的基本认识建立对应的地质统计学模型，通过计算机模拟地质属性在三维空间的分布。传统的地质统计学建模方法步骤复杂，对建模人员的专业知识要求高，模型质量因人而异。

机器学习算法的优势是一旦训练数据达到了一定的数量和质量，可以自动生成预测结果。但是，机器学习算法在地质建模过程中，缺乏地质统计学对地质数据空间相关性的考虑。

斯伦贝谢公司目前推出了一种结合地质统计学和机器学习算法的属性建模解决方案——EMBER。EMBER 为地质统计学嵌入的随机森林算法，可考虑多种三维趋势体(如多个地震属性)和地质统计学模型，并根据这些多维趋势数据与观测数据(测井解释)的相关分布特征开展机器学习，并预测数据的空间分布。

相对于传统的地质统计学工作流，EMBER 简单易学，并通过挖掘数据的价值快速得到模型结果。EMBER 在进行预测时，首先计算目标网格的条件概率分布，进而通过随机函数生成多个实现。这一方法的好处是，不仅可以像传统地质统计学算法一样得到多个模型实现，而且可以定量描述目标点属性的不确定性(如 P10. P50、P90，或甜点概率)。

EMBER 的推广应用将大幅提升属性建模效率和模型质量，为专业建模人员和油藏工程师等非建模专业人员提供强有力的工具。

4. 井组合优化：降低成本 85%以上

资产优化团队的任务是定期地提出增产措施。尽管这个过程对于维持生产至关重要，但确定潜在的修井选择这种任务，一方面要受到预算的限制，另一个方面是耗时极大。从历史上看是一个漫长的手动调整过程，且每次迭代都花费了工程师数周的时间。此外，从过去的干预措施中汲取的最佳实践和经验教训很少被记录下来，这妨碍了候选方法和干预措施选择的系统改进。

在这里，斯伦贝谢提出了一种将人工智能(AI)与生产运营解决方案集成在一起的标准化和自动化的方法，该方法在短时间内，可以重复、快速地筛选排序大型井数资产(数百或数千口井)。该方法在一个集成协同的框架中通过机会成熟过程(OMP)方法加快潜在候选者的选择，能够对现有井进行主动管理。进而，工程师会确认并验证系统生成的建议，然后再将其升级以供批准。

该方法的应用实现了大约 200 口完井作业每周例行进行修井和调控的候选评估(与之前进行的两年一次的批准审查相比)。该解决方案在其早期评估中，识别和审查调控对象节约了 89%的时间。此外，由于消除了手工工作，节省了 88%的成本。

5. 重新定义地震解释：减少 80%的时间

如图 9-6 所示，地震解释一直是勘探与生产活动的基础。但是从这样的数据集中解释和价值提取仍然是整个地质和地球物理学工作流程的主要操作瓶颈。

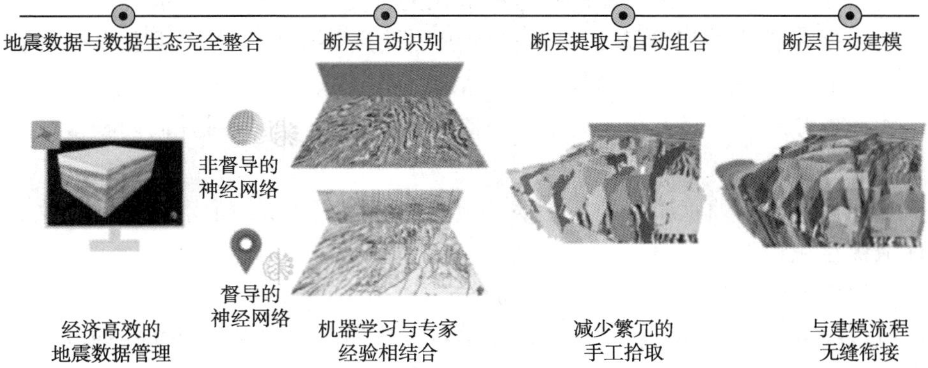

图 9-6 DELFI 中的人工智能及方法实践-2(重新定义地震解释)

高度人工操作和过于主观化的工作流程，导致现有的地震解释工作过程非常慢。此外，针对海量数据的过多重复性工作，导致地震解释过程是一个相当耗时的过程，而且由于操作问题，这种解释工作还常常产生不一致的结果。而机器学习(ML)在故障识别、地震解释以及作为油藏建模工作流的应用，正在优化油藏开发。

使用预训练的机器学习模型故障预测，可以对地震体内的宏观地质构造进行适度准确地预测。如断层预测为初始断层提取和地质构造建模提供了基础，同时也可以突出显示那些可以改善预测水平的区域。

将应用程序扩展到具有用户定义的断层标签，基于用户(标定)驱动的机器学习模型，可以大大提高断层预测的准确性。这组机器学习预测的断层可以进一步由地球物理学家验证，并可以用来指导第二个构造模型的实现。

使用这种增强的断层识别方法可以显著改善业务领域的工作流程，并为解释工作带来可观的价值，这一项目的地质构造解释时间平均也减少了 80%。

6. 智能监控：全天候自动解释现场数据

数字油田项目集成了用于生产监控和技术管理的各种数据。典型数据包括井和流水线操作参数、生产率估算、储层模型以及各种偶发事件，如井干预和试井。所有这些数据和参数都存储在行业标准的历史库、SCADA 系统和专有数据库中。

对高频记录(指实时数据，如以秒、分钟定时采集数据)和散点数据(指那些不定时采集的结构化数据)，以及这些数据的实时数据共享，使数据分析和机器学习解决方案的快速研发和快速应用成为可能。

在发生任何事故时，SCADA 系统都会提供有关运行状况的所需数据，如井口压力和温度以及井况和阀门位置，这使 AI 能够在特定的运行事件中测量井的响应。

使用 AI 解决方案，将模式识别、机器学习和数据驱动的分析应用于自然采油井的石油生产运营的常见情况。这些潜在的智能化应用场景可能会包括：

• 根据井底或井口压力趋势，自动识别储层环境(裂缝，基质或双重孔隙度)，从而可以识别径向或线性瞬态流量。

• 通过井眼的压降变化，可对井口阀门自动优化，实现对井筒内积液的合理处置。

• 通过监测出油管压力的变化率，预测管道在不同条件下水合物的产生，更合理地优化流动保障作业。

• 识别地面设备中未经校准的节流阀。

该解决方案的特点，就是通过机器学习方法来自动化地解释那些现场全周期数据(24 小时×7 天)，并向技术团队提供有价值的信息。不仅提高了监督和分析水平，提高了效率，提升了 HSE 水平，而且带来了更高的经济效益。

第五节　DELFI 环境下的应用实践

一、DELFI 的云原生应用

DELFI 的云原生应用，是 DELFI 为油气全领域的管理和决策设计了一个个性化勘探开发工作区，这在技术上是一个巨大的进步。

这里所说的勘探开发个性化工作支持，不特指分析模拟的研究层面，更多是管理和决策。

PTS 解决专业领域的研究支撑，而云原生应用则关注于协同整合与管理决策。这些云原生应用，目前包括 ExplorePlan、DrillPlan、FDPlan、DrillOps、PodOps、GAIA 等，其中有些已经发布了第一个版本，有些正在不断地研发和测试中，这些具有探索性和前瞻性的优秀产品，令油气业务专家无比期待。

DELFI 为客户提供围绕关键勘探开发学科构建的独特决策解决方案，包括钻完井设计决策、油藏开发决策、油田生产优化和公司管理决策。这些解决方案得益于专业活动(如钻探解释和数据管理)应用程序功能的支持，充分利用 DELFI 环境的协作性、认知性、开放性和安全性基础上，以新的技术架构从头开始重新构建。

未来，这些云原生的应用，将重点定位在多专业的数据成果整合、进度协同、方案计划、过程分析与优化等方面。这种协同和管理工作，将是 DELFI 面向数字化转型系统而衍生出来的新的软件功能领域。

1. DrillOps 钻井自动化

DrillOps 目标井交付解决方案是一个完全集成的运行模块，是一个数字化的建井计划和建井运营解决方案。它可确保钻机在执行数字钻探计划的同时以最高性能运行，并将仪表显示、自动化操作和新的认识直接融合到现有钻探操作中。借助 DrillOps 解决方案，操作员可以通过自主化钻探过程，实现钻井过程的连续性，同时确保实现钻探效率和高产井的钻探目标。

（1）以自动化钻井，提高钻井过程的连续性。

DrillOps 解决方案采用基于目标的自动化方法，使用功能强大的数据分析和学习系统协助和优化从设置 ROP 到钻台的每个任务。

用户可以从自动钻井任务的预设菜单中进行选择，然后使用数据分析和模型，共享一个达到指定目标的设计，并进行校准所需的测量值。操作员可以根据对设备、人员和物资的实时评估灵活地动态修改和重新设计操作活动。

自动化可以降低机械化钻机的人员配备水平，并提供优秀的重复性任务操作，使每口井都能达到技术极限。

预警和上传程序直接内置在 DrillOps 解决方案中，这样更容易解决任何潜在的隐患并执行纠正措施。发生的所有事情都会自动记录在数字化的文件中，从而简化报告的流程，使钻进过程持续的改进。

（2）提供决策建议，优化钻井性能。

DrillOps 解决方案监视并捕获各种操作数据，在钻井过程中为操作员提供实时建议和指导，以改善决策并降低风险。智能咨询系统可指导操作员将参数保持在安全阈值之内。预测分析可连续识别钻探中的异常，并在超出预定门限之前发出警报，以减少可能产生的非生产时间 NPT。

DrillOps 不断将进度与钻探计划中定义的 KPI（Key Performance Indicator）目标进行比较，发现现实与计划的偏差，同时将其与其他操作数据一起记录在数字文件中，以提供实时的运行情况。DrillOps 通过不断获取多个业务和技术领域的操作信息，提升了报告分析和岗位分析的价值，改善了每口钻探井的效果。

（3）策划——同步运营活动。

DrillOps 解决方案执行数字钻探计划并确保计划得到遵守。它通过标准的信息推送来实现协作。这种基于信息推送的协作，就是在正确的时间，将正确的关联信息引导给正确的人，从而改善了相互间的协作与工作流程的协调。由于工作流是由系统集中管理的，因此会为各个操作团队自动生成分步活动计划，以使所有团队保持一致。从起下钻到固井，所有建井活动都得到持续监控，并通过最新的运营活动动态地进行更新，使运营团队始终处于最新状态。

（4）连接—将所有数据集成到一个系统中。

通过相关的井下工具和地表测量工具，实现每一时刻的井下信息的充分利用。逐步简化工作流程，减少对专家或其他人员的依赖性。建立目标导向的数据服务，通过数据服务带来的数据提供方式的变革，实现能够持续地获取数据，保证专家能够与团队随时随地的一起协作。

（5）部署—大规模实施安全。

DrillOps 解决方案是 DELFI 环境的一部分，该环境建立在安全的数据平台之上且可以向所有人开放。DrillOPS 解决方案的特点是边云一体化及可定制，可定制是指根据当前的钻机能力进行系统的定制，无论是标准的仪表钻机还是完全机械自动化的钻机。边-云一体化是指在边缘端和云端实现软件系统的无缝衔接和功能交互，从技术角度确保操作的完整性。

带有 DrillOps 解决方案的自适应钻井自动化系统，可以控制已授权钻机设备并始终掌控钻井设备及其操控情况，从而使钻井活动能够以持续、高效的方式进行。

自适应钻井系统不仅意味着可以持续监控，还能够自动适应不断变化的工作条件。自适应钻井不仅降低了人员配备（降本），而且使得重复性任务具有更好连续性及效率（提效），从而帮助钻井活动达到每口井的技术极限。同时，预警与上报功能直接内置在 DrillOps 解决方案中，围绕预警发生的所有数据都会自动内置在数据文件中，从而使解决潜在冲突和管理纠正措施变得更加有理有据。

（6）实现真正的自动化钻井。

除了支持司钻的功能外，DrillOps 解决方案还提供了真正的钻探自动化，即可以适应不断变化的钻探条件并且提供一致性和高性能。

基本的自动化通过提供预警或减轻间歇性工况（例如黏滑）协助司钻。从概念上讲，先进的钻井自动化技术能够完成无人监管的建井工程而无须人工干预。

即使是在较低级别，钻井自动化解决方案即便仍然需要司钻持续监督并控制设备以保持安全运行，但已经可以让用户无须手动操作，其中有些功能可能非常复杂，如自动钻杆处理以及脚本化的机械设施操作解决方案。

较高级别的钻井自动化解决方案，则可在不断变化的条件下提供自适应的自动化钻井，即可以在钻工很少的监督或没有监督下运行，它可以基于标准操作程序管理多个甚至是相互冲突的运行目标。只有在必要时才让司钻介入，因此司钻可以不必一直处于忙碌状态。

2. DrillPlan 钻井计划

DrillPlan 连续建井解决方案自动连接所有工作流程和井设计的动态信息，而且内置报告与项目的审核与组织，通过一套完整的建井计划流程提高效率和施工质量。

DrillPlan 解决方案是一种数字化建井规划解决方案，它通过建井流程的数字化提升钻井设计方式，让钻井可以获得最大的效益。它的实现方法是将重复性任务和验证工作流进行自动化，不仅快速生成高质量的钻探程序，而且让整个钻井计划保持连贯而持续。

DrillPlan 解决方案同时具有可以迭代升级的循环工作流，即随着每一次施工流程中新数据的增加，软件系统将从建井计划的实施过程中汲取经验，而钻井计划也得到不断地改进。在技术上，DrillPlan 解决方案是基于云计算技术架构而设计，它被集成在 DELFI 平台中访问。

（1）精心策划的编排功能，指导团队之间的协作和责任。

1）监督所有项目和精心计划的工作流，以确保完整性和高质量。

2）绘制和自定义公司的建井工作流程，包括所有必需的阶段和标准。

3）定制主题化的工作流程模板，以提高计划效率和整个组织的一致性。

4）内置的数字审核和批准系统，用于技术和管理签名认证。

5）实时显示所有团队成员对运行项目的所有最新更新。

（2）自动化的钻井工程与设计，实现跨域协作打破业务孤岛。

1）实现一个通用系统中访问所有钻井工程应用程序和数据。

2）集成建井工作流，覆盖井轨迹、套管、钻井液与固井的设计，以及运营活动计划。

3）将重复性任务自动化，使领域专家有更多时间专注于创建新的工程见解。

4）可以自动运行数百次的钻井仿真，在设计约束范围内找到一个最佳解决方案。

5）具有设计可追溯性，我们可以审查钻井项目整个生命周期中的更新，并查看分析设计变更如何优化了钻井程序。

（3）通过设计验证，提高钻井程序一致性和操作可靠性。

1）数据源和分析模型可在所有工作流程之间保持一致。

2）通过仪表板的工程标记突出显示需要重点关注的工程细节。

3）应用程序之间共享上下文信息规范形成最新的工程输出。

4）自动调用如扭矩、阻力、液压以及负载情况分析之类的验证引擎，以交叉检查是否与计划一致。

5）可立即查看设计更改对整体计划的影响，并对最终结果进行分析验证。

（4）充分利用临井数据分析学习，实现井轨迹设计的改进。

1）开放的体系结构可连接到不同数据库和业务域信息。

2）利用知识和经验识别风险，然后在工程和运营上降低风险。

3）立即吸取教训或相关数据，进行计划变更和实施变更的管理。

4）通过邻井性能对非生产时间（NPT）的概率分析，可改善运营预测。

5）从最有效的偏移井中自动生成最佳的作业活动顺序。

6）使用统计工具可以运行历史分析以提升运营绩效。

7）根据经验和工程规范建立优化的操作顺序和约束。

8）通过标准操作程序，以提高合规性和 HSE 性能。

（5）基于时间和成本管理，实现优化分析。

1）通过相关的偏移井对“钻探时间-钻达深度”学习曲线进行基线估算。

2）即时查看工程更新对性能和成本计算的影响。

3）连接的服务合同，使负责人员可查看设计迭代如何影响成本。

4）以图形图标方式可视化井生命周期中每项活动的成本和分布。

（6）提供持续且基于云的钻探计划，实现协同一致。

1）钻探计划可以在现场钻井经理、设计审查等团队中共享。

2）所有团队成员在一个云文档中同时工作。

3）最终确定管理批准制度，生成数字化钻井工作程序。

2021 年 5 月 11 日，OTC 会议宣布，DrillPlan 连续井施工规划解决方案获得 2021 年 OTC 会议新技术聚焦奖。“勘探和生产的未来将取决于其获取、解释和自动化油井项目的能力，以使运营更加高效，成本更低。”OTC 会议执行主任利·安·伦扬（Leigh Ann Runyan）表示。“OTC 会议认可推动近海能源行业向前推进的逐步变革创新，而斯伦贝谢的 DrillPlan 解决方案使科学家和工程师能够做到这一点。”

该报道重点指出了斯伦贝谢开放式 DrillPlan 解决方案所具有的优势，即它通过构建一个基于云的协作空间，实现基于数据驱动的分析方法，可以在很短的时间内快速形成高效且最佳的钻探程序。同时 DrillPlan 解决方案通过自动化端到端工作流程协作，可以有效提高计划效率并加强井设计能力，加快了石油工程的建井活动持续完善。

3. ExplorePlan 勘探计划

ExplorePlan 是一个加速勘探计划解决方案。它通过精心策划的规划解决方案，简化勘探策略，提高勘探效率并让决策更加确定。

为了获得机会并确定机会，将人员、数据和技术结合在一起的协调协作过程至关重要。ExplorePlan 解决方案使操作员可以访问和发现所有相关的数据，包括那些经过处理的结构化和非结构化数据。

（1）即时投资组合评估。

通过 ExplorePlan，能够立即访问当前的投资组合和潜在的前景；可以轻松查看和排列所有全球勘探方案；使我们的解释和结果保持一致，从而提高决策质量。

通过评估潜在客户质量，使管理层专注于决策，尤其是指出在何处进行投资或撤资。通过同步人员、数据和流程提高决策质量。

ExplorePlan 解决方案能够立即重新评估勘探策略，从而提高效率，并使个人能够在产生最大价值的领域中应用专业知识。通过开放和以协作为核心，ExplorePlan 解决方案可根据每个人的选择进行个性化设置，包括自己的 IP、工作方式和知识体系，均已完全集成。

（2）汇集一切数据和功能构建解决方案。

ExplorePlan 解决方案集成了整个操作。包括投资组合和资产清晰显示，目标突出显示，时间表确定，团队分配，等。

所有技术、算法和惯例，均由 DELFI 环境中的高性能计算引擎执行，而结果则由斯伦贝谢市场领先软件（请参考 PTS 产品系列内容）包括 Petrel 勘探开发软件平台，GeoX 勘探风险资源和价值评估软件，PetroMod 含油气系统建模模拟以及 Techlog 井筒软件平台完成，ExplorePlan 解决方案通过集成上述软件的操作进行协调分析。

提取个人资产的当前和空间知识，以评估与就地交易量和价值相关的机会，减少不确定性并提高成功率。资产显示在 ExplorePlan 解决方案窗口中，以显示风险、资源和价值评估以及已发现和未发现的资源。

自己的数据，以及从 DELFI 数据生态系统接收的数据，都是通过连接和协作系统进行统一发布，这些数据可被 ExplorePlan 解决方案中的所有工作流程访问。

数据和结果将显示给资产经理，并且技术评估和进度的详细信息将在团队中无缝共享。

（3）勘探中的开放性增加确定性。

开放性提供了更高水平的效率和性能承诺。首次释放了数据，并实现了完全的互操作性。每个人都可以按需访问一流的勘探开发软件，创新和分析功能。

4. “FDPlan”开发计划

利用 FDPlan 敏捷现场开发计划解决方案，大大缩短了计划周期并缩短了投产时间。该解决方案提供了一个通用的共享环境，在该环境中，多学科团队可以一起工作，以提供完整的高质量现场开发计划。

借助 DELFI 认知勘探开发环境的强大功能，FDPlan 解决方案使业务人员可以并行考虑多个现场开发方案，并指导其选择可提供最佳技术和经济发展潜力的方案。

(1) 从所有相关数据中快速获得见解。

通过连接地下研究团队、钻探团队和设施团队降低风险和不确定性，DELFI可以通过相关大数据的后台分析，实现分析数据的速度大幅提升，将模拟时间从几天缩短到几分钟。

(2) 连接并增强团队能力。

FDPlan 解决方案在实时计划环境中将数据、经济模型和石油技术模型整合在一起，以连接和授权 FDPLan 中涉及的所有学科。这消除了孤立的决策制定，并简化了整个计划过程。团队成员可以根据自己的学科访问量身定制的工作空间，这些工作空间由一组共享的业务目标连接起来，以组织、建立和评估选项，比较这些选项并最终选择最佳计划。

(3) 提高决策质量。

FDPlan 解决方案将技术工作流程与商业评估结合在一起。这将现场开发计划工作流程从顺序过程转变为协作敏捷的体验，所有领域专家都可以一起推进。

FDPlan 解决方案提供的智能见解使团队能够优化井、管网和设施。通过合作，可以精确地比较和评估多个现场开发方案，从而大大改善决策。

(4) 简化计划流程并缩短周期时间。

来自多个内部和外部源(如 DELFI 数据生态系统，以及 OSDU 数据平台)以及用户自己的知识产权内的数据和工作流，可以不断集成到 FDPlan 解决方案中。这使用户能够随着项目情况的变化而保持与公司和运营目标的战略一致性，包括即时扩展 FDPlan 以解决不断增长的资产需求，并随着市场、位置和业务的变化而保持最新状态。

由于 FDPlan 解决方案利用了 DELFI 环境的高性能计算和可扩展性，因此其油藏模拟要花费数小时而不是原来的数天时间。

(5) 重新定义计划，革新绩效。

通过减少不确定性，提高决策的正确性，提供更好的选择并缩短经济和商业评估的时间，FDPlan 解决方案为油气企业带来了新的竞争优势。通过更快更准确的及时响应且完全有效的现场开发计划，将推动企业资产实现性能的飞跃。

5. GAIA 数据发现与市场平台

GAIA 是一个基于数据发现与市场化的平台，通过各类数据发现资源。

GAIA 数据发现和市场平台可让用户轻松触及全球所有的地下数据。通过该平台发现、可视化、筛选和集成全球勘探开发数据集，以加快全球盆地的能源发现。

勘探石油和天然气时面临的主要挑战是对通常存储在多个系统中的无尽数据

（地震数据，井和生产日志，地下测量，文档和报告）进行分类。GAIA 数据发现和市场平台可随时随地通过任何设备将所有数据置于用户面前。它可以在整个勘探开发生命周期中立即将用户与多个内容提供商联系起来，访问地震、油井和生产等结构化数据以及新闻和市场报告等非结构化内容。这种通往地面和地下洞察力的数字门户，能够有效加快全球盆地中数据到发现的过程。

GAIA 平台在 DELFI 认知勘探开发环境中运行，可提供独特的用户体验，从探明和筛选感兴趣的区域到将数据与现有的大量数据集成在一起。用户可以使用该平台在不影响分辨率和规模的情况下发现、可视化、筛选和与区域或盆地中的所有可用数据进行交互。这种数字化支持可以加快决策制定速度，同时增强整个团队的协作能力。

（1）确定感兴趣的领域。

通过 GAIA 平台，可以将各种类型内容无缝集成到高性能地图上，从而轻松识别感兴趣的区域。直观的搜索和筛选功能可显示相关数据，可以快速确定是否满足近期和长期投资组合目标。这些内容类型包括：

- 全球勘探与生产数据集；
- 行业新闻；
- 测井；
- 生产数据；
- 2D 地震线和 3D 地震体；
- 2D 和 3D 授权数据；
- 盆地地质模型数据；
- 地下测量：重力，磁力和测深数据；
- 技术论文和报告：流体包裹体研究，油田数据，勘探研究和地质报告；
- 许可证区块；
- 活动的租赁区块；
- 出租和转让的机会。

（2）在 3D 地震体上绘制高分辨率的速度模型。

在确定了感兴趣的区域后，可立即实时切入二维与三维地震数据、速度模型和测井记录，通过分析关键属性来加深对地质复杂性的了解，明确地质构造与地层复杂性，以减少后续工程工作的风险与不确定性。

（3）评估勘探机会。

集成数据集提高整个勘探与生产生命周期的可信度。

用户在勘探早期阶段所做的所有工作都可以与 DELFI 环境中的现有工作流程无缝集成，在该环境中可以开发常绿地球模型。凭借高性能的计算和机器学习功能，工作流程的建立是自动化的，从而可帮助用户确定经济可行性、关注新业务，并在数周而不是数月内形成更好的领域进入策略。

（4）挖掘数据潜力。

GAIA 平台是一个适合目的的端到端解决方案，使用户可以立即与世界各地以及勘探开发生命周期中的内容提供商联系，迅速获取见解。触手可及世界上的可用数据，可以大大降低风险和成本，并无缝地实现数据迁移到开发，以加快能源发现。

6. ProdOps 生产运行绩效提升

ProdOps 生产运营解决方案是一个自动化咨询系统，可识别表现不佳的资产并创建即时协作，实现大规模生产绩效优化和价值创造。ProdOps 可访问上游数据、校准地质油藏模型并自动生成见解，使工程师和资产管理专家能够快速决策并提升绩效。ProdOps 可随时访问集成分析、机器学习和人工智能，可无缝地将不同的操作、工程数据和工作流程连接起来，从而在规模上更快、更好地为决策提供动力。ProdOps 是一种灵活的解决方案，可基于采油生产数据满足团队需求。

ProdOps 是一个采油生产运营平台，汇集了来自物联网传感器结构化和非结构化源、井数据、网格物理模型、分析算法和 AI 算法。它通过提供自动化见解提高效率并提升组织绩效。ProdOps 利用现有的基础设施和生产运营数据投资不断创造价值，与传统数字油田解决方案相比，其成本效益更高。

ProdOps 由 DELFI 勘探开发认知环境提供动力，采用模块化和可定制机制来设计。除了自动化数据规范和工作流程外，还允许从集成应用程序库中获取信息，并构建到自己的生产解决方案中，从而增强组织获得更深入分析的能力。

（1）面向连续决策的分析模型。

ProdOps 可以识别问题和增强机会，并通过团队在任务分配、验证和跟踪方面的协作，使您的团队将其转移到解决方案上。它是一种先进的应用程序，提供了油井生产管理和监视模式转变，摆脱了解释数据的复杂视图，为工程师提供了连续且可行的见解。这些宝贵的见解基于数据驱动技术、第一原理模型和历史回顾模型。

（2）通过分析多段数据进行调整。

借助 ProdOps，可以根据 KPI 对油井进行排名，以了解整体资产绩效并确定表现不佳的油井。利用 DELFI 环境，在有洞察力或正在审查的情况下，即时访问与每口井相关的所有信息，以增强决策能力。

（3）整个组织的标准化预测。

ProdOps 使用户能够以简化的方式生成、维护和共享预测通道，用于各种工作流和应用程序。

为了提高效率和鲁棒性，ProdOps 生产预测应用程序启用了用户驱动的选定井组的批量预测，并利用先进的算法进行“自动离群值识别”“生产剖面分割”和“最佳拟合下降曲线”方法评估。该应用程序通过马可夫链—蒙特卡罗方法支持概率下降曲线分析，使用户能够在不确定性下预测和估计储量。手动或自动发布的预测将立即提供给 ProdOps 顾问程序和 DELFI 环境。

(4) 建立一种合作环境。

使用生产概览仪表板加快决策制定。该仪表板包含所有资产变量和信息，如井况、KPI 和财务信息、资源、机会和当前挑战。ProdOps 为顾问提供及时且相关的数据流。

实时传感器的测量值可以与来自应用程序的处理数据、第三方系统提供的信息、生产报告以及手动收集的读数结合在一起。

在 ProdOps 中，实时生产运营数据，第一原理物理模型和数据分析被整合到一个环境中。这个单一的框架使运营商对所提供的见解和建议充满信心，并通过优化资本性支出(CAPEX)和运营支出(OPEX)提高资产盈利能力。

二、DELFI 环境中的混合应用实践

以下罗列了几个 DELFI 环境下形成的解决方案，这些方案都是基于 PTS 油气套件、DELFI 平台云端应用、云平台、OSDU 数据库等多种技术整合在一起，最终形成的面向特定问题的解决方案。

DELFI 环境的解决方案使用户能够在需要时自动调用市场领先软件的相关组件。通俗点说，DELFI 是一个基于云架构形成的、以多种专业软件整合为特征的、多业务板块协同运行的油气勘探开发协同工作平台。

在 DELFI 环境中，现有同类最佳技术软件(如 Petrel 和 Techlog 平台)的性能得到了提高。它通过基于云的跨设备访问技术，简化了对最新技术的访问；自动化、流程化了那些耗时的任务(如质量审核和数据处理)；通过新工具使团队协作和访问行业知识比以往任何时候都更加容易。

同时，DELFI 环境消除了各种数据之间的障碍。这些数据包括当前项目和公司遗留的各种数据，包括来自物联网和控制系统的实时数据，以及公有云和第三方资源中保存的非结构化数据等。从工作流和应用程序中解放数据的工作，使团队可以在 DELFI 环境中构建公共工作空间，以共享数据，模型和解释成果。

1. Drilling Interpretation 实践

钻探解释，通过钻井监控和分析提供远程决策支持。

DELFI 钻探解释提供了实时钻探监测和分析工作流，能够提高运营效率和性能，定义 KPI 并进行高级监测。这些工作包括：

（1）协同钻探分析。

通过多用户跨业务域环境，DELFI 钻探解释促进了团队成员之间的协作。与仅专注于单井的常规钻井软件不同，DELFI 钻井解释支持多个井。这使用户能够利用从偏移井中汲取的数据和经验教训提高钻井效率并确定潜在的危害。

（2）改善绩效并降低风险。

DELFI Drilling Interpretation 中的端到端钻井状态监控工作流，将传统的钻探力学分析方法与实时扭矩、摩阻建模、液压引擎以及所有相关的井眼数据集成在一个共同的工作空间中，从而实现充分了解井眼条件和井下动态，并采取预防措施减轻风险并改善钻井性能。

（3）帮助制定节省成本的决策。

独特的钻井效率工作流程可帮助分析钻井事件，以确定无地层影响的钻头性能并计算相关的磨损。这样，可以计算出用当前的钻头性能完成一个断面所需的时间，以及更换钻头是否更经济等。借助此工作流程，还可以根据可用的最佳科学知识，实时做出最有效的节省成本的决策。

（4）分析钻井性能。

DELFI 钻探解释钻机状态和钻探引擎会根据一系列输入参数自动计算分析特定的钻机操作。这使用户可以对钻机的运行性能进行基准测试并实时设置 KPI，以监视和提高运行效率。

（5）跨多业务领域的环境。

DELFI Drilling Interpretation 中的数据库可为实时钻探分析提供协作的跨域环境。这使用户能够优化岗位参数、井眼参数和进行根本原因分析，以实施为将来的现场改进而吸取的经验教训。同时，标准报告可轻松捕获日常绩效和历史基准以及学习情况。

2. On Demand Reservoir Simulation 实践

按需油藏模拟，即通过云服务访问最佳的油藏模拟算法。它直接将模拟算法在 DELFI 云端启动并进行按需定制的油藏模拟过程。其主要内容和特点包括：

（1）可访问性：使用云服务指令调用“按需油藏模拟”的模型开展含油气储层的模拟分析。

（2）可扩展性：运行 INTERSECT 和 ECLIPSE 等软件的并行计算功能，可以提供无限的硬件、算力和算法许可证。

（3）高用户体验：在不更改专业工作流程情况下，将三维图形仿真计算提交到 DELFI 云端环境中进行计算构建。

（4）高效率：通过云端提供的并行化模拟仿真功能，使用 DELFI 按需储层模拟算法调用 ECLIPSE 行业储层模拟器和 INTERSECT 高分辨率储层模拟器，可以实现快速生成油藏开发策略。

3. Reservoir Engineering Workspace 实践

DELFI 油藏工程工作区，实现在 DELFI 认知勘探与生产环境中执行的高级油藏模拟分析功能，并将云功能与先进的数据分析功能结合在一起，带来了先进的油藏模拟模型解释，同时引导产生关于油藏的见解。

（1）集成分析大量历史模型，找到最佳历史匹配模型。

首先，将所有模拟集成在一个地方进行管理，这样使用户可以在开始模拟之前探索和调查以前的现场开发策略，以及这种开发策略的效率。

直接在 DELFI 环境中添加仿真模型并进行集成，创建对不同方案和现场开发策略的最新分析。

DELFI 油藏工程工作区使用户能够可视化、集成和分析大量的集成模型，找到最佳的历史匹配案例，并利用开发的一系列高级可视化技术理解和量化不同不确定性的影响。

（2）制定最佳的油田开发计划，将油藏工程纳入油田决策流程。

DELFI 环境为仿真引擎编排提供了一流的建模，使 DELFI Reservoir Engineering Workspace 的用户可以在数小时内生成数千个模型和仿真。

DELFI 油藏工程工作区使用户能够可视化和分析多个开发方案，并与 FDPlan 敏捷领域开发计划解决方案自动共享，保持最新的领域策略，确保始终对决策进行优化。

（3）寻找最佳油藏开发方案。

地质学家、储层工程师和生产工程师可以使用 Petrel 储层工程技术，通过对地质模型、储层动力学和生产分析的全面集成，共同制定现实可行的油田规划方案，包括：模拟并与观测的生产和注入数据进行比较的多种地质实现、显示地质模型的多种可能变化的地质实现标定、对观测到的数据产生相似的响应。

通过运行 INTERSECT 高分辨率油藏模拟器或 ECLIPSE 行业参考油藏模拟器的多个实例，可以在数小时内完成数月的模拟工作。用更少的时间完成历史记录匹配和生产优化任务。

最后，使用 DELFI 按需储层模拟，可以访问任意数量的许可证以及执行所需的所有储层模拟所有硬件。

4. Virtual Data Rooms 实践

DELFI 虚拟数据室的概念，是为了更快、更安全地促进和评估勘探与生产的收购与撤资机会。

(1) 全球访问。

DELFI 虚拟数据室是一个游戏规则的改变者。传统数据室包括确保物理房间配备所需的硬件和采购解释软件，然后再去加载和配置数据，而 DELFI 虚拟数据室则允许通过基于云的 DELFI 勘探开发认知环境，向全球受众推广其资产。

投资者抛弃了与数量有限的专家一起参与评估数据的过程，并缩小了向全球受众推广投资机会的范围。现在，使用 DELFI 虚拟数据室，投资者可以查看来自世界任何地方的数据，并将其专家聚集在一起，快速评估机会。

(2) 快速设置和管理。

由于投资者需要他们的石油技术专家使用他们知道和信任的工具评估探区，DELFI 虚拟数据室提供 DELFI 环境中的石油技术套件。这项先进技术包括访问行业领先的应用程序，包括 Petrel 勘探开发软件平台和 Techlog 井筒软件平台，使投资者能够使用一套全面和值得信赖的工具，同时分享对探区的共同看法，并评估提供的机会。

虚拟数据室可以从世界任何地方进行配置和管理，允许在一小部分时间内为卖方和买方提供与物理数据室的配置。当用户需要快速行动并响应市场机会时，虚拟数据室只需几个小时即可在合同签订后完全配置。

(3) 数据安全性和机密性。

数据安全是任何油气交易的关键要求。利用 DELFI 认知勘探开发环境，虚拟数据室得到业界领先的安全技术和流程的支持，包括端到端加密，身份管理，24 小时×7 天的勘探开发云操作支持以及遵守行业标准的支持。在 DELFI 虚拟数据室中查看的数据也带有水印，可提供额外的保护。

默认情况下，任何单个投资者或以公司的身份也会与使用数据室的其他任何人隔离开，并且所有者完全可以控制数据室访问者，确保只有有资格的人员才能访问。

(4) 在线文档室。

在线文档室是一个安全的协作环境，公司可以与受邀同行共享高度敏感的资产相关文档和信息，以促进勘探新探区。这一协作环境提供专门的项目支持和完整的数据室管理，用于上载文档、管理访问权限以及提供每日更新和用户报告。使用符合要求的数据室平台对文档进行质量检查，并将其放置在结构化的在线存储库中。

(5) 物理数据室。

物理数据室(PDR)解决方案有两种选择。第一种包括全套软件产品和高规格硬件的可用性，以供专家在现场进行配置和安装。第二种，可以将简化的现场硬件配置连接到用户的在线数据室和/或虚拟数据室。两种解决方案均可支持所有 Schlumberger 软件，用户权利和数据安全标准。可以向源设施提供全面的 PDR 管理、管理会话、并为 PDR 协调提供管理人员，以及在数据室期间提供专家应用程序支持。

三、斯伦贝谢 DELFI 国内外应用实例

1. 案例：Woodside 公司数字化转型

Woodside 公司是 DELFI 第一个全球企业级部署的数字化公司，现已与斯伦贝谢签订了战略合作协议，Woodside 公司 2017 年着手先数据后业务的数字化改造，预想通过数字化改革实现成本 50%的降低和时间效率 70%的提升[图 9-7(a)]。

这部分最为重要的工作就是将分散多源的数据进行集成入库管理，然后通过 API 进入 OSDU 和 DEFLI 平台，实现业务软件的自动化调用和展示能力，对质量低的数据利用 Dataiku 和 Spotfire 工具，实现对数据的治理和实时显示，为后期解释、建模和规划实现模型自动校验更新和油田开发的持续优化。

目前通过数字化转型项目的实施，在数据检索方面提升超过 10%，解决了以往数据质量差，无法跟踪、无法交付的问题，实现数据在不同业务之间的自由流动，成为油田卓越运营的资产保障。

2. 案例：澳大利亚某油公司 AI 赋能地球物理技术

斯伦贝谢 DELFI 平台中的 PTS—Petrel 的机器学习面波谱分析拾取、断层解释功能，基于卷积神经网络算法和来自澳洲、北海等地区的大量标签模型数据，可以在任何一台有网络的电脑上完成模型的构建、校验、应用一系列深度运算，而这种算力是原有的线下 Petrel 软件无法实现的。在断层较多时，该技术相对于肉眼观察能够快速地在短时间内给出不同的可供选择的解释方案。

机器学习技术应用到 SWAMI 这项技术的面波谱拾取中，相比用人工测试花费大量时间调整参数，机器学习技术可以显著地缩短工作时间[图 9-7(b)]。

位于 Angola 中部某油田经过多期构造运动，形成复杂的断裂构造特征，常规解释难，费时费力，无法准确描述中、小断层位置，通过机器学习的智能化辅助，实现对研究区数千条断层的自动拾取、建模功能，大大提高断层拾取能力[图 9-7(c)]。

该案例南澳陆地某油田部署 12000 个接收点进行了面波谱分析拾取工作，面波信息虽然在平时处理中主要作为噪声压制掉，我们也可以用 SWAMI 技术拾取面波频散谱，反演得到近地表横波速度，从而用于后续的深度域速度建模中。

3. 案例：BP 石油公司 OSDU 和 DELFI 部署

BP 石油公司通过数字化改造，已部署了包括 OSDU、DELFI 等在内的一系列数字化产品，并在 OSDU 基础之上，自行开发了诸多 API 应用工具，实现了与 DEFLI 平台的改造能力。数据作为宝贵的资产，BP 将现有的数据进行集成化，

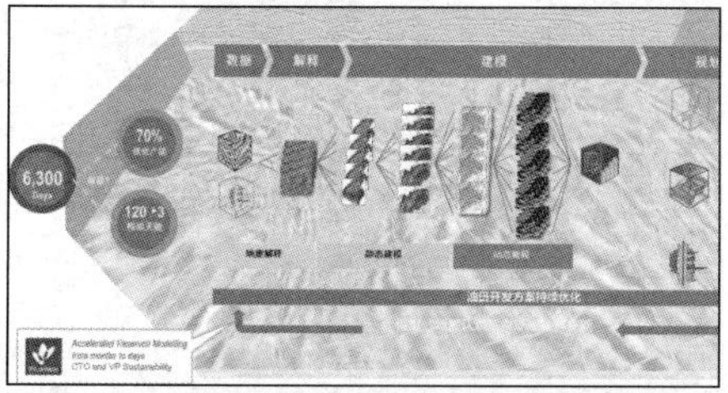

(a)Woodside公司数字化转型中的数据管理案例。解决了以往数据质量差,无法跟踪、无法交付的问题,实现数据在不同业务之间自由流动

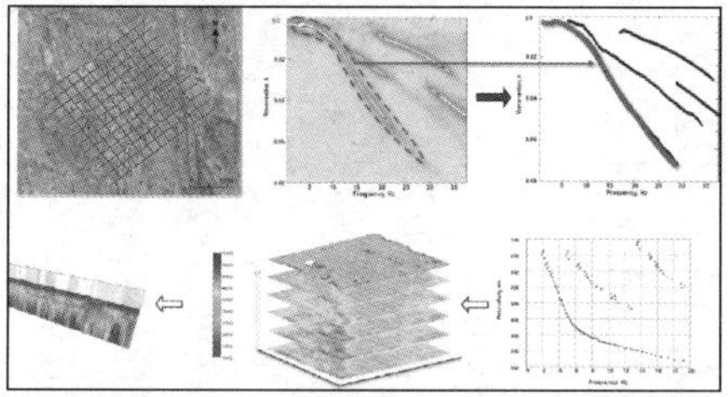

(b)应用机器学习面波谱分析拾取、断层解释功能,基于卷积神经网络算法实现在云端完成模型的构建、校验、应用一系列深度运算

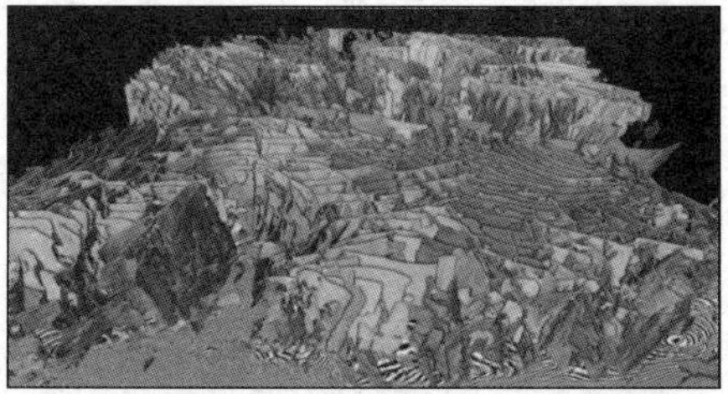

(c)应用机器学习清晰描述Angola的复杂断裂构造特征,准确描述中、小断层位置

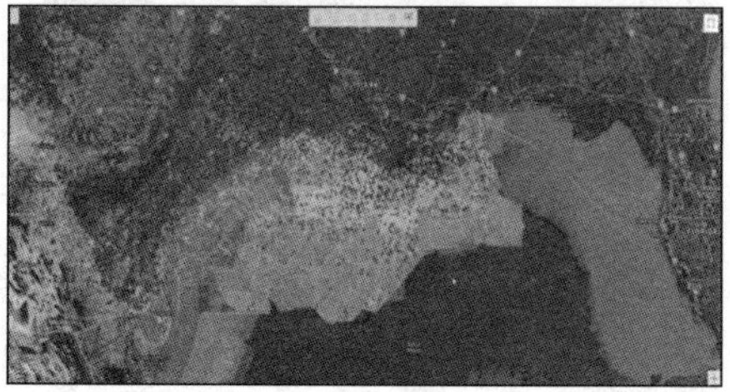

(d)BP石油公司OSDU和DELFI部署。利用GAIA实现对井、地震、管网、非结构化等数据的可视化,用户可以快速聚焦数据资源,并利用一系列AI工具,对数据进行知识提取,支撑日常勘探开发业务

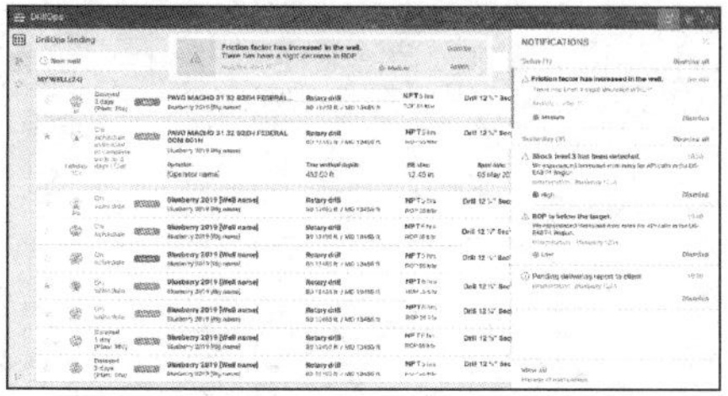

(e)挪威北海油田的DrillOps应用实例。DrillOps内置多种水力学模型、摩阻模型、机械钻速、立管压力模型,实现钻井施工自动化预警和决策,单人2~3口井监督能力提升到24口井

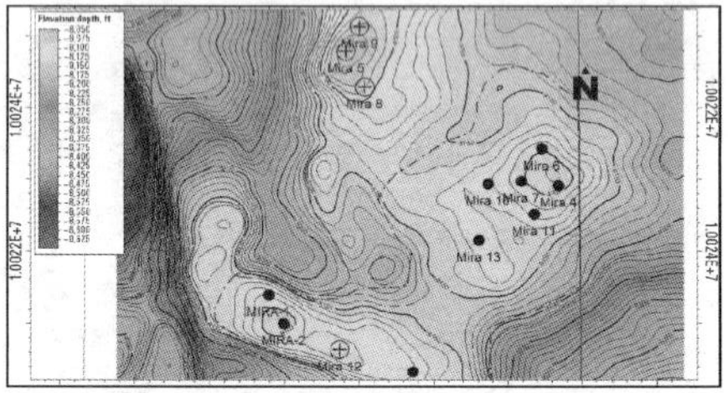

(f)FDPlan以降低风险和现场不确定性,在此基础上建立和评估选择方案以最大程度地提高产量。同时解决方案提供了对Mira油田更深入的经济性了解,促进了协作决策制定,扩大钻探活动

图 9-7　斯伦贝谢 DELFI 国内外应用实例

由线下管理转为线上管理，并利用 GAIA 实现对井、地震、管道、非结构化、新闻等数据的可视化，用户可以快速聚焦数据资源，并可以利用一系列 AI 工具，对数据进行知识提取，支撑日常勘探开发业务[图 9-7(d)]。

4. 案例：挪威北海某油田 DrillOps 应用实例

该油田地质条件复杂，钻井施工难度大，施工周期长，风险作业事故多，自 2019 年开始部署基于 DrillOps 技术的智能化改造，通过内置多种水力学模型、摩阻模型、机械钻速、立管压力模型，实现对钻井施工的自动化预警和处置，将以往单人只能对 2~3 口井进行跟踪能力提升到现在可以同时对 24 口井的监督工作，大大提升现场工作效率[图 9-7(e)]。

5. 案例：Orion Mira 油田开发计划

Orion Energy 公司的 Mira 油田位于南美洲厄瓜多尔的 Oriente 盆地。通过提供一种敏捷的现场开发计划解决方案，实现及时评估现场开发方案。Orion Energy (Orion)通过包括确定和不确定的结构倾角和油/水接触(OWC)技术改进了对现场经济的评估[图 9-7(f)]。

Orion 希望扩大 Mira 油田的生产，并需要准确快速地评估油田经济状况。先前的油田开发计划依赖于电子表格，该电子表格包含确定潜在投资和后续生产所必需的关键油田经济数据，但是 Orion 需要寻求一种更协作，更及时的方法，该方法可以更好地评估现场经济状况，从而制定主动、明智的投资决策。

斯伦贝谢基于云的 FDPlan 用户友好型解决方案促进了协作决策制定，并使现场开发团队能够以比传统方法更高的可靠性快速更新、跟踪和分析现场经济。通过简化计划流程，FDPlan 解决方案可提供更深入的见解，以降低风险和现场不确定性，在此基础上建立和评估选择方案以最大限度地提高产量。

使用 FDPlan 解决方案提供的风险评估和管理工具，Orion 花费了更少的时间评估现场经济状况，并且对储层(如结构倾角和 OWC)有了更深入的了解。FDPlan 解决方案提供了对 Mira 油田更深入的经济了解，缩短了计划时间，使 Orion 得以扩大钻探活动。该解决方案提供了可靠、开放和协作的工作区，使跟踪可交付成果变得容易，及时的决策制定以及对方案的灵活修订，使 Orion 得以扩展其钻井活动和生产设施。

第六节 本章小结

DELFI 全称“DELFI 认知勘探开发环境”，是斯伦贝谢用于勘探、开发、钻探、生产和新能源一体化解决方案。它是在一个安全的云环境中，将斯伦贝谢油气专业应用软件、数据管理、人工智能和基于地质与物理的基础科学成果进行整合。在此，通过多专业协同技术和可扩展解决方案，使不同业务板块的团队能够更快地工作和更有效的创新，实现提高业务绩效。

对于 DELFI 的学习和剖析，使我们可以对油气数字化中几乎所有的关键问题获得有效的解答，包括数据管理与共享、知识管理与共享、算法管理与共享、专业软件管理共享、人工智能的应用，以及未来面向多领域协同的、基于云原生的新软件形态的解决方案。

1. DELFI 有效继承和集成了传统专业软件

DELFI 并非与斯伦贝谢原有庞大的专业软件体系相互独立，而是形成了一个整体。我们所熟知的斯伦贝谢公司传统的那些专业软件，被统称为 PTS 并集成到 DELFI 环境中，提供了丰富的市场领先的石油技术经验知识和计算引擎。

PTS 和 DELFI 连接后，本地、全局和第三方来源都可以直接输入分析和业务领域的工作流程。使用户能够在 DELFI 环境中搜索和利用 PTS 中的结构化和非结构化数据，并受益于组织内部“隐藏”或随着人员变更而随时间而被忽略的有价值的信息。

DELFI 石油技术套件 PTS，涵盖了整个 E&P 生命周期，在被 DELFI 认知环境整合之后，通过 AI 技术和高性能云计算等技术得到了加强，表现在更快计算时间、更多新工具、更大灵活性和更强生产力水平，所有这一切，带来了传统专业化研究的升级。

2. DELFI 应用云平台技术，构建了一个混合协同架构

DELFI 作为一种应用平台，其本质是一种面向勘探开发全业务领域的企业级架构解决方案。DELFI 云平台是一个企业级的应用架构方案，其中包含了众多的技术框架实现。在 DELFI 中，既包容了传统软件架构体系，又包含了微服务和云原生的架构体系，还融入了大数据与人工智能的技术，解决了企业级的数据整合、应用整合、业务流整合。

传统的油气工业的专业化软件（PTS），并没有通过云原生方式进行改造，而是通过 VDI 技术实现了云端部署。这种云端部署是最为节省成本的方式。

而新的面向管理和决策的应用，则完全采用了云原生的模式开发。DELFI 的云原生应用，是 DELFI 为油气全领域的管理和决策，设计的全新的个性化 E&P 工作区。这些云原生应用，目前包括 ExplorePlan、DrillPlan、FDPlan、DrillOps、PodOps、GAIA 等正在持续不断地研发之中。所有这些都是从头开始重新构建的，以充分利用 DELFI 环境的协作性，认知性，开放性和安全性。

3. DELFI 面向数字化转型而生，关注油气全业务领域协作

在新的工业软件时代，实现对于需求的快速响应和低成本方案构建是关键。原有的那种独立应用开发方式，缺陷已经非常明显。各自独立、各自为战、大量

的重复性的开发、大量的重复性的工作等弊端显现；更大的问题是无法针对业务的需求变化和起伏快速形成一个新方案；更无法实现不同板块的业务专家，或者不同学科不同技术领域的知识体系有效地衔接和融合。

DELFI 的基于云端的服务体系和基于 OSDU 的通用数据体系，以及企业面向地质工程一体化的管理变革，这两个障碍正在逐渐得以消除。通过微服务架构带来的服务规范和耦合机制，不同的软件和流程可以通过统一的规范进行数据沟通和通信，这带来新的应用方式。

可以说，DELFI 出现的最核心驱动力，并非技术的变革，而是企业面对降本提效和竞争力提升的迫切要求下，寻求一种多业务板块研究的高质量、高协同和持续优化的数字化支撑机制的必然。

4. DELFI 云原生不仅是技术升级，更是产业模式升级

DELFI 全新的云原生应用在业务上，定位在井规划和建井、油藏开发、油田生产优化和公司管理等的决策活动中。这些解决方案和 PTS（专业软件系列）的关系是：它们完全不是孤立的，而是得到 PTS 专业软件的全面支持，是一体化架构的关系。

数字化转型是一个油气勘探开发产业的业务架构升级，业务架构的协同化重构并带来商业价值。所以，不要把 DELFI 的云原生应用看成一个孤立的新事物，它有着雄厚的技术背景和近乎全面的业务方法积累作支持，它依托于产业架构以及产业架构下数据的系统化管理、地质油藏的模型化与知识化积累、油气产业研究工作流的庞大算法积累、油气工业专业软件工具的模块化调用，所有这些最基础、最核心的东西，都来自企业在过去数十年默默的积累形成的实力。

5. DELFI 云原生为全球范围的软件发展带来了机遇

DELFI 云原生的应用，将重点定位在协同管理和分析决策的工作上。未来，这将是 DELFI 面向数字化转型而衍生出来的新的软件产品领域。

而之前，这些分析管理和决策的软件产品，被国内的一些勘探决策系统、开发决策系统以及数字盆地、智能钻井、智慧油田等协同性应用软件所占据。这些"智能决策系统"功能更多是提供数据的监测和图形化展示，非常匮乏甚至并未提供系统化的、专业化的、具有工业成熟性的决策模型，尤其是计算、分析和模拟性的决策模型。现在，在 DELFI 和国际上类似 DELFI 这样全新的管理决策云应用面前，这种软件产品的发展策略将面临巨大冲击。

第十章 油气数字化整合方法论

数字油田建设多年来，数字化技术在推动过程中产生了巨大收益的同时，也带来了技术变革的阵痛。所以，从全产业和长远发展角度深入思考数字化策略是极其必要的。

多年来，面向油气行业的信息技术支撑方面，国内外的科研机构与行业力量加强合作、致力于统一油藏勘探开发数据标准、统一软件支撑平台、统一应用平台等工作。国际油气领域在过去二十年间，依托精细化的行业分析和技术分工，逐渐统一的油气数据存储标准、数据交换标准、模型（知识）标准、软件集成标准，初步解决了信息架构的标准化问题。随着油气工业"数字化转型、智能化升级"的推进，以 OSDU 为代表的国际化合作逐渐深化，打破数据壁垒和软件壁垒、建立全球油气上游工业的数字化生态成为全球产业共识。

国内油田信息化建设多年，一直处于对于国际先进技术的追赶。本章立足于现有问题与不足的剖析，探讨油气上游工业的一种系统化的数字化整合方法。

第一节 国际油气数字化设计与发展剖析

国内油田信息化建设的重心不仅体现在面向油田运行的专业数据集成与应用集成上，也体现在面向勘探开发基础的方法研发上。然而由于信息技术在顶层设计、技术路线和方法论方面的问题，导致数字化技术在勘探开发应用中存在一定的断层，这种断层体现在信息技术与行业应用两个方面。

1. 信息技术领域

首先，数字油田理论伴随着互联网思维的兴起进入了一定程度上的"唯信息论"。对于物联网、大数据、云计算和人工智能的应用重心放在了技术本身，云架构、大平台、智能化等技术的推进出现了脱离业务需求的倾向。甚至，"建立一个大平台，然后寻找业务应用"的思路的普遍出现，使得将油田数字化建设成为一个通用数字平台而难以达到预期的业务成效。

2. 行业应用领域

面对信息化数字化技术发展，行业领域出现了忽视和忽略数字技术的趋向。由于缺乏在行业技术与信息技术的复合型人才，导致行业人员对于信息技术的理解较为简单和肤浅，尤其缺乏特定业务领域的计算、模拟、分析与决策技术的

“深度”掌控和架构规划。这种业务与技术的分割与分散，使得团队无法构建具有一定复杂度和高度融合的数字化产品，从而导致大量行业项目的数字化技术研发停留在基础技术的重复，未能发挥其规模化作用。

国际油气数字化领域的顶层设计、技术研发、业务模型和组织模式方面的问题，对于数字油田深度推进提出了挑战。下面针对全球领域的数字油田的长远发展趋势，尤其针对一些关键的数字化技术发展趋势作一个总结。

（1）价值链作用凸显：“价值链思维”将是一切信息化设计的出发点。

价值链是数字油田顶层设计的核心。迈克尔·波特 1985 年提出的企业价值链，即创造企业价值的一个完整的流程，就是从专业角度去分析一个信息化产品和工具在这个整体环境中的重要性和适应性，让这个产品活下来并发挥巨大的作用。

因此，无论建立数据库还是设计一款软件，要明确这款产品在整个价值链中的定位、要解决的问题及问题的关键性，才能达到预期回报率。而研发软件的价值链分析，直接决定了软件的投入成本、内容丰富度、功能复杂度及交互要求和运行环境，如数字化产品的分析，就要明确在整个价值链过程中，这款软件的服务环节需要前一环节的支撑需求和后面的要求，以及产品生存的商业模式。

油气上游的勘探开发，其价值链是一个包含地震、地质、部署、油藏开发、开采及工程的复杂流程，围绕地下油藏展开复杂的系统性研究，形成了当今极其复杂但同时非常清晰的业务价值链。这一价值链，是后期所有信息化项目都必须精确掌控的核心，是一切数据、应用、架构及平台设计的出发点和落脚点。

（2）算法成为核心：创建、连接、复用模型的方法日渐重要。

面向专业的算法，是决定数字油田解决方案有效性的最核心因素。从地震资料处理、属性分析、成像、构造解释、地质分析、油藏分析，到工程施工的各个环节，从生产到管理，从模拟分析到关键决策，所有问题的解决都是构建数据模型和分析模型的过程，模型的有效性和适用性，是判别专业化工具水平的最为直接的标准，因为算法与分析直接决定能否针对问题作出正确的判别和分析。

算法面向的是业务，是直接面对问题及其解决方法。通过算法，最终达到想要的业务目标。油气行业的数据分析与算法分析，逐步实现了专家抽象思维向数学量化思维的转变，目前正在从传统的机理模型向大数据模型扩展。这种扩展最为典型的特点，就是算法的重心从演绎方法过渡到归纳方法，也就是说从传统的定量分析模型，向着大数据（机器学习，人工智能）分析模型方面转变。

如何高效地研发算法，基于业务需求连接和组合算法，进而达到在多个软件和场景中充分复用这些不同层次的算法，是油气数字化最为重要的需求。

3. 数据治理普遍化：数据治理向模型化、常态化发展

没有数据，数据不能送达，数据本身质量差，这些都会导致后面的系统根本无法发挥作用。

油气勘探与开发，不仅在专业化研究领域，还是在业务管理、工程施工等领域，随着数据分析和人工智能技术的发展，数据需求更加迫切，对于如何获取海量的、规范的、完整的和高质量的数据，在目前来讲仍旧是一个难题。那么，在数据资产化建设领域，有两个方面的工作较为突出：

（1）以需求为导向建立数据模型。面向具体问题的软件和算法，建立数据规格及数据流转的体系，形成针对行业的数据模型。

（2）依据数据模型建立完整的数据治理。通过各环节的工作流以及流程的标准化定义，来实现完整的数据采集、清洗、预处理和模型化存储，将数据的质与量形成完整的过程治理。

4. 智能技术替代：大数据和人工智能成为变革的重要手段

大数据与人工智能等基于海量数据处理和分析的技术，长期以来一直被应用在专业领域的分析计算。随着云计算和大数据架构的成熟和数据挖掘及人工智能技术的不断成熟和整合，这种基于大数据的分析技术，在专业算法中的所占比重越来越大，甚至在某些领域会逐步取代传统的基于机理模型的专业算法。

相对于传统的数据治理和专业算法，大数据技术是一种在一定程度上曾被忽略的数据和数据分析方法。它实际上包含大数据分析、机器学习、认知计算等一系列的智能化技术方法。相对于传统的数据管理，大数据分析具有三个最突出的特点：

（1）大数据内容：数据不再以人工采集为主，而是以自动化采集建立高频度、低价值的海量数据，这种数据一般通过物联网或工业互联网模式进行采集和处理。通过仪器设备，将采集的范围延伸到声波、振动、影像、视频以及其他的高密度光磁电等信号。这种数据实际上属于一个标准的大数据定义。这些信息人类不能直接获取，因其采集的密度大、采集量大、价值量特别低。

（2）并行计算架构：这些海量大数据信息完美地契合了大数据的特征，对于这些数据的分析也需要引入大数据技术架构，如 Hapdoop 与 Spark 这些并行化处理和计算架构。

（3）大数据挖掘：借助于大数据技术架构，运用数据挖掘、人工智能等以“关联性”为特征的归纳化方法具有快速的模型构建和广泛的场景适应性。

5. 软件生态统一化：专业软件和管理决策软件终于走向统一

国际上对于勘探开发一体化软件平台的建设已经有 20 年以上的历史，在最近 10 年中，以 OCEAN（斯伦贝谢）、JewelEarth（贝克休斯）、DecisionSpace（哈里伯顿）为代表的专业化开发与集成平台，均在以地质与油藏模型为核心的技术体系上形成了专业化的大型集成系统，随着大数据与人工智能技术成熟，这些平台逐渐向着云端化、智能化的方向演变，如 DELFI，已经开始将大型专业研究软件和管理决策软件整合在一套软件平台上，共享后台的数据、知识、模型算法以及并行计算处理能力。

国内针对勘探开发一体化平台的建设，是基于互联网平台的成熟产品引进和开源产品整合两条路线得以实现，相对于国际成熟的软件平台产品，在专业性和整合能力上却处于极为初级的水平。但是，借助于国内油气信息化高涨的数字化转型热潮，各大油公司先后开展了将互联网技术应用在石油行业的云平台建设。与此同时，互联网行业的大型技术服务公司开始将成熟的云平台、大数据平台和人工智能平台向行业应用转化，油气行业的各类软件以及数字化领域的各类技术就在基于这种新的平台架构进行整合和融合，这也许会成为下一代数字油田的新模式。

6. 软件构建敏捷化：问题导向，局部突破，统一规范，实现松散集成

基于云平台的技术发展，应用软件的整合正在从粗粒度的软件模块向更细粒度的数据对象、计算模型和组件接口等要素进行整合。一切要素都是服务接口，随着这些各类资源接口的逐渐丰富，面向特定场景的软件工具研发将变得轻量化、敏捷化。

多种开发环境的整合技术正在逐渐成熟。基于云的平台技术架构目前逐渐向统一规范的方向发展，无论 Java 的 SpringCloud、VB\\C#的 Netcore、Python 的 Django、C++的 QT 等，这些开发语言和开发框架(Framework)可以实现以同一种技术规范形成松耦合系统。这种系统特色体现在：(1)开发上，通过 REST 技术实现服务端的计算逻辑服务化，通过针对访问接口的统一化实现不同开发语言的代码相互访问；(2)部署上，通过微服务与容器机制，实现快速部署和整合，这些都是目前较为成熟的技术，也是当前最为可行的集成思路。

算法之间，软件之间，平台之间，都可以通过统一的技术接口规范实现耦合。我们可以利用这种松耦合技术优势来实现大型专业软件、管理与决策软件、数据治理与共享功能、基础算法与大数据分析方法、专业计算与模拟分析方法等的集成。

这种软件集成方法首先规避了现有平台的复杂性，让小而精的软件模块和短平快的研发过程成为可能。同时，这种软件轻量化研发与部署模式也让软件产品快速迭代成为可能。开发用户通过遵循一种主流的技术规范、从局部的业务需求和某一个层面的需求出发、设计出来一种非常小型的、针对特定环境或者特定技术的小型架构，从而使得局部业务上能快速地分析需求、设计研发和部署应用。

这种在架构标准基础上鼓励应用研发的思路，是目前普遍认可的一种建设思路，如果能够形成合理的组织形式，实现总体架构、技术标准、业务功能、架构技术功能的有机整合与合理分工，那么数字油田，或者说油田数字化转型将走上一条快车道。

7. 组织方式的变革：数字化变成多种用户角色和科学的融合手段

所有具体场景的数字化应用问题其实是运用一切可能的技术来建立一个特定解决方案的过程。一些高效且优秀的油服机构中，一般由于分工的细化可以规避业务板块分割的问题。即便在普通的企业中，借助于平台带来的不同业务的高度

可连接可调用可集成的特性，多个学科专家如数据专家、算法专家、业务专家和软件专家可以快速组件一个团队，进行短平快的软件产品研发与部署上线。

随着技术变革在行业不同层面的渗透，这种组织方式的变革会从企业内部扩展到企业之间，甚至扩展到整体的行业中，正如 OSDU 当前所做的，在一个全球性的开放的软件环境中，不同企业、不同研究机构和不同技术团队的专家可以根据需求共同构建一个项目合作或产品合作团队，而项目成果和产品成果又能够实现基于此全球性开放平台实现快速的市场化推广。

油气行业在国际领域的数字化整合已经开始，在一个全球性的油气上游工业的数字化生态构建的过程中，每个参与者都需要通过自我调适来重新找到自己的位置。

第二节　顶层设计：基于 TOGAF 的油气企业架构规划

数字油田企业软件架构设计中，需要成熟的架构分析、分解与设计方法。

对于企业软件技术架构的规划，目前主流的咨询公司及咨询团队一般都会有一定特色的架构设计流程和方法，这些方法与 TOGAF 的流程方法类似，都是通过从企业战略与需求出发，基于业务架构设计应用架构、数据架构和技术架构，最终形成可执行实践。

通过 TOGAF 方法设计油田企业软件架构，一般做法是，首先依据成熟度评估确定的核心环节与瓶颈问题展开业务架构设计，在此基础上确定应用（软件）架构和数据架构，最后设计 IT 实现的技术架构。经过业务部门的迭代升级，最终以具体实施项目群的方式落实顶层设计。如图 10-1 所示。

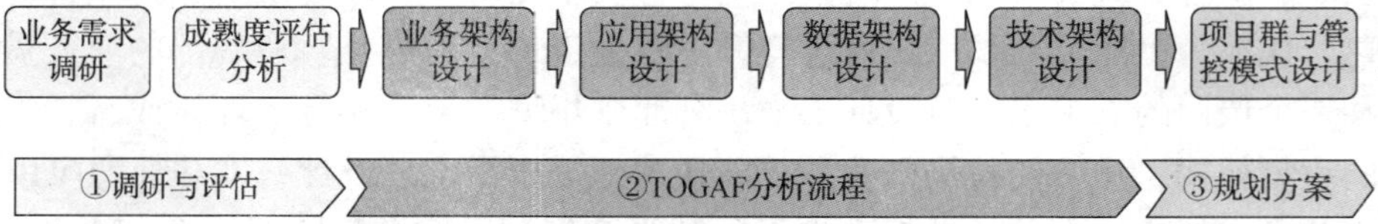

图 10-1　TOGAF 油气数字化企业架构设计流程

从流程方面总结一下，一般是依据 TOGAF 业务分析流程展开现状分析，针对关键环节和技术点细化设计，逐步明确业务、应用、数据和技术框架，辅助管控模式设计，形成目标明确、前后衔接并切实可行的技术方案。

如图 10-2 所示，油气田的数字化与智能化（以下简称为智能油田）顶层设计时，我们会采取一种三步走的方法进行项目的开展，即：首先按照现状调研及需求分析，进行分析流程进行蓝图与顶层设计，最后实施路线图规划三个阶段进行。

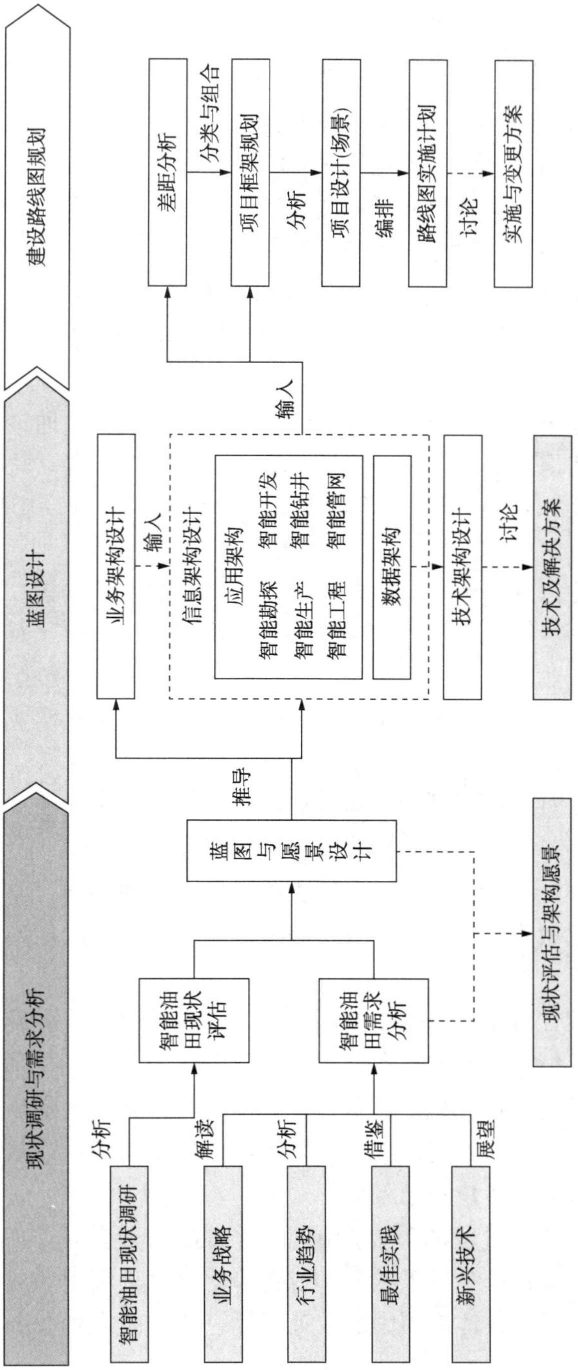

图10-2 油气上游工业数字化顶层设计流程与方法

一、现状调研与需求分析阶段

从企业架构设计方法的角度，这一阶段的成果对应着面向企业业务目标的架构愿景分析环节，如 TOGAF 中的“A. 架构愿景”阶段。这一阶段主要产出是企业愿景、范围、业务驱动力等要素，并将在该阶段完成定义架构项目规模、风险承担者及架构视图，并在多次调研分析的迭代过程中不断的沟通完善和持续演进。

该阶段重点摸清楚油气数字化的外部环境和内部需求。从“企业或油公司的智能油田发展现状调研”和“企业自身发展需求和发展背景、局限的调研分析”两个方向来进行内外框架设计，并基于这种对比分析，形成企业对于智能油田建设的定位与愿景构想。

首先，进行目标企业或油公司的智能油田发展现状调研。通过调研工作明确智能油田的现状，从信息基础建设、数据建设、软件体系、自动化智能化等几个维度，对油田业务体系进行评估，明确其在国际智能油田建设中所处的层次和位置。

其次，进行企业自身发展需求和发展背景、局限的调研分析。企业战略针对目标企业的企业战略、所处的行业发展趋势、行业最佳实践对比及新兴技术的应用展望，进行目标企业的智能油田建设需求分析，这部分工作包括四个重点：

（1）业务战略：对企业业务战略层面的解读，尤其是企业商业环境和业务流程的发展规划解读。

（2）行业趋势：对企业所处的行业发展趋势的分析，明确油气行业发展中的业务模式和方向趋势。

（3）最佳实践：针对企业数字化发展中的最佳实践的调研、学习、剖析，将其中典型化和特色化做法与企业自身战略进行对比，明确可以借鉴、学习和引用的方法。

（4）新兴技术：针对企业业务中的新兴科学技术的调研，明确这些新技术对企业数字化变革及竞争力提升的潜在作用，以及企业应用新兴技术带来的业务模式、组织模式和市场模式的变化，以形成对总体设计方案的重要参考。

最后，通过针对智能油田建设现状与智能油田建设需求和愿景的对比，形成企业对于智能油田建设的定位与愿景构想。

现状调研与需求分析阶段的重要产出是围绕特定“业务场景”的现状调研报告，这种业务场景是针对业务愿景的一个或者多个具象化应用场景的表达，通过技术描述说明业务分析的具体应用中的业务目标、业务内容和业务流程，以及其内部的逻辑关系。

在成果形式上，这个阶段重点记录调研、对比和分析工作，形成对现状分析的文字报告，进而明确企业在内外部的需求和约束情况下所能够达成的、可实施的对于企业数字化建设的定位和愿景构想。

二、顶层规划与蓝图设计

顶层规划与蓝图设计，其重点解决从业务架构到信息架构的问题。

在 TOGAF 方法中，这一阶段的分析设计工作一般被分为业务架构设计(B 阶段)和信息技术架构(C 阶段)、技术架构(D 阶段)三个部分。其中业务架构是创建业务架构，独立于技术，关注业务能力、流程，并进行与业务相关的架构视角分析；信息系统架构是业务转向 IT 的重要架构，内部再分为应用架构和数据架构，两个阶段可以串行或者并行。技术架构关注基础设施、中间件、数据库及一些支撑管控平台，如高可用、容灾、合规等相关技术体系。

1. 顶层规划的架构设计

业务架构设计，就是一种把企业的业务战略转化成日常运作的方法，它承载了企业所从事业务的核心逻辑，涉及从战略到商业模式、价值链的转化，以及业务能力、业务流程，还包括组织结构和运营体系等。

信息技术架构(IT 架构)设计，一般也被称为企业信息化建设的蓝图设计，包括应用架构、数据架构、技术架构。其中，应用架构更多关注领域服务和对应的软件功能。数据架构突出数据模型，包括相关的实体、属性、关系等，以及相关的数据分布存储、管理和共享机制。

技术架构是支撑整个架构体系的技术部分，涉及传统的单体架构、服务化、平台化，以及云计算中比较前沿的云原生技术架构体系，支撑系统的稳定、可靠及高性能。

在具体的实施过程中我们一般会做一定的层级简化，国内大量的此类专著和教材一般将这种设计过程分为业务架构、应用架构、数据架构和技术架构四种，从而实现更为精准的团队定位和阶段定位。

2. 顶层设计是从业务场景剖析开始的

业务场景的设计是基于前期的业务需求与建设愿景的场景细分，构建面向特定业务场景的应用场景及其数据、技术架构。基于业务场景定义的业务架构设计，首先形成针对每一部分业务点的应用设计，以形成针对业务的直接性解决方案，在应用架构基础上进行信息流分析，形成数据架构设计；在应用架构基础上进行软件的技术架构的层次划分，形成技术架构设计，最终通过这三类架构的设计实现业务场景的信息技术架构解决方案。

业务场景具有不同的粒度。从宏观层面，油气数字化一般被划分为智能勘探、智能开发、智能工程、智能采油等多个业务板块。从微观层面，面向特定且具体的业务场景也会有具体的智能化场景描述。如智能钻井场景设计，分别针对其业务流程、应用软件功能、数据体系及其加工流转、软件的技术实现四个层面开展设计。具体落实下来就是：

面向业务架构首先将钻井工程业务分为设计、施工和后评估三个阶段，确定每个阶段的主要业务目标和职能，以及其关键节点的业务逻辑。

面向应用架构就是依据业务架构的框架设计，将其形成一个个有针对性的软件模块或软件接口集合，包括钻井设计、随钻分析、预测预警、过程优化等，进而通过这些特定软件模块支撑特定业务场景的职能实现。

面向数据架构就是依据特定场景的业务架构和应用架构，统一设计和规划整体的数据内容、数据结构和数据流转体系，以明确业务过程中的基础数据的规范化应用。

面向技术架构就是业务架构、应用架构、数据架构的设计，确定一种数据和软件模块的研发组装、部署应用的技术架构，如单体式软件架构、SOA 架构或者基于云原生的软件架构，其本质是建立前述各个架构设计的具体技术选型和技术连接方式，以应对不同场景下业务流程和组织方式的系统性要求。

三、建设路线图规划

实时路线规划一般在 TOGAF 方法中是指解决方案阶段(E 阶段)，即聚焦具体实施阶段的项目及其规划。但这个阶段一般也同时会包含 TOGAF 中的“F. 迁移规划”“G. 实施治理”“H. 架构变更管理”等后续实施阶段，即将架构迁移、迁移的规划及其合规性、架构的变更管理等。

我们建议的实施路线规划，是基于智能油田的应用架构、数据架构与技术架构的设计方案，通过与愿景的差距分析，确定项目实施的规划与内容，进而依据不同项目之间的依赖关系，在时间节点上安排项目的实施路线和时间规划。

通过对标内外部设计框架实现的顶层设计，为建设路线规划提供了框架。基于这一框架开展的差距分析，就是综合对比先进实施案例与自身项目设计案例，通过基于业务架构和应用架构的定位与组合分析，确定引进和自研的项目解决方案。这些项目解决方案综合考虑商业化解决方案和自研替代解决方案，会明确一个自身项目的设计框架。

在此基础上，结合企业自身能力和发展重点开展分析，进一步确定项目的总体规划和实施计划，明确多个项目在不同阶段(短期或长期)的建设依赖关系、优先级并确定实施顺序和时间计划，是建设路线规划的最终目标。

依据这种顶层设计流程建立的项目发展规划(包括引进、整合与自研)，不仅可以减少企业在数字化建设中的投资、降低建设中存在的风险，而且将更加有效地支撑企业整体能力提升和对未来发展环境的适应性。

这样，现状调研及需求分析、蓝图与顶层设计与实施路线图规划三个阶段分别得以完成，在具体规划设计的过程中，现状调研与需求分析为顶层设计提供场景蓝图，而顶层设计为实施路线(项目)规划提供框架设计依据。

长期来看，油气行业的数字化是一个非常复杂的命题。目前，需要明确的重点如下：

(1) 方法积累：油气勘探开发的业务逻辑与方法，将之落实到软件层面以支撑生产、研究和决策，进而实现方法的不断积累和提升。

(2) 沉淀整合：将软件嵌入到现有的数字化生态中，实现软件的落地生根和良性发展，避免一个软件功能的孤立生长带来的消亡。

(3) 生态融合：梳理企业自身的资源，结合开放的行业资源(标准规范和软件架构)、成熟的商业产品，实现一个完整的产业数字化体系的构建，并使这个数字体系与国际油气产业数字体系有效的挂接。

(4) 整体优化：针对企业构建的数字化生态实现，依据面对的企业特点和勘探开发目标，实现数字化系统地不断优化、迭代升级，打造企业自身的数字化生态。

(5) 特色化：在此基础上，提出特色化的内容，实现面向企业自身基础环境、发展背景、目标和对象等的特色化改进，形成具有自身特色的研究内容。

必须明确的是，油气勘探开发的数字化生态构建，最核心的是企业生产、研究、管理的核心方法和整合流程，并将这些方法和流程通过数字化技术进行有形化的沉淀，这就是企业的软件体系，进而通过 IT 新技术进行这种软件体系的高效运行。

第三节　软件梳理：基于业务流的专业软件配置与优化

专业软件优化不仅是为了降低成本，更重要的是构建全产业的业务架构数字化体系。

首先，是为了实现软件主线的协同而建立一条完整的产业大闭环；其次，为了针对自身油气勘探开发的核心需求和特色化发展需求，开展软件自研和发展的持续规划；最后，是构建业务智能最核心的数字化主线，以支撑全流程业务架构的自动化和智能化。

一、为什么要梳理油气工业软件

油气工业软件是油气工业全流程中不可缺少的高技术工具，是企业业务能力与竞争力的核心组成。但同时其种类繁多、价格昂贵，在投资方面无论购买还是维护均耗资巨大。因此，如何梳理和选择工业软件的品牌和产品，形成合理搭配的软件体系，对于控制成本和提升研究能力，是极其重要的信息化工作。

为什么要梳理油气工业软件？可以从以下三个方面加以阐述。

1. 工业软件与自身业务流程框架具有匹配度差异

油气工业软件是面向一个“通用的油气工业生产研究与管理”业务框架而形成的一种有针对性的软件产品。由于软件研发的高成本，这些软件产品一般是面向那些关键的、核心的、具有极大重复性的业务节点而设计。因此工业软件并不会覆盖每一个油田的业务框架和流程，这就需要我们依据匹配度来决策软件的选择及如何弥补产品空缺。

2. 工业软件应用的成本考虑

油气工业软件，无论是研发还是商业软件购买，都耗资巨大。因此如何在关键节点进行软件的对比筛选，在满足油气勘探开发应用需求下以最小成本实现软件工具的配置，就需要对各种来源的软件产品进行精细地梳理。

3. 工业软件的业务需求及长期发展战略的考虑

一方面，每一个具体的业务场景由于地质和管理因素的差异，使得商业软件具有不适用性；另一方面，商业软件由于产权保护具有底层平台和研发环境的封闭性，油气生产公司很难实现其功能扩展。因此，企业面向业务环境具有很大的特殊性和差异性的情况下，就需要合理规划自身研发的软件体系，更重要的是，将自身研发软件体系与现有的商业软件体系进行对接以实现生态的统一。

如何梳理油气工业软件？

石油勘探开发领域的工业软件(业内俗称专业软件)具有软件体系庞大、业务复杂度高、核心算法复杂、流程化、生态化特征明显等行业背景。从梳理油气工业软件的目标来说，一个是形成油气工业专业软件的合理搭配以提供全流程技术解决方案；另一个是通过梳理和筛选确定投资组合以实现成本控制。

石油工业本身具有极高的复杂度。石油作为现代工业最重要的能源与原材料来源，已经形成了人类有史以来最为庞大的工业体系。而油气上游领域的勘探、开发与石油工程业务，不仅投入与产出量巨大，更是当前最复杂、最具技术性和风险性的工业领域。最近二十年来，为不断降低成本并提升油气工业勘探开发竞争力，油气工业化软件借助于新理论新方法新工艺以及新的数字化采集与处理、分析技术，经历了一个快速发展和逐步成熟的历程。

油气工业软件复杂是源于油气业务研究过程复杂性。这种研究过程的复杂体现在数据和业务方法上。其数据体系不仅包括各行业的结构化数据，还有大量的从地球物理数据、地质构造数据、油藏模型到工程数据模型，这些数据模型是从油气井的钻测录，到地震处理解释、地质综合研究、地质与油藏建模、模拟、钻进与压裂等一系列专业数据加工与分析构建的过程。国内外过去数十年都针对这个过程形成了大量复杂的工业方法和系统化的量化研究。这些研究成果不断被有形化成为软件产品和模块，通过统计分析、二三维图形可视化和仿真模拟等手段形成了方法的工具化，这就是现今庞大的油气工业软件体系。

油气工业软件复杂性带来了管理与共享的难度。对于油公司来说，油气工业软件领域目前以购买为主，解决油气行业的地质研究、油藏研究与工程设计是主要目标。但由于专业承载了油气行业的核心技术和研究方法，其购买和维护的费用耗资巨大不说，很多核心软件与核心方法模块的引进还受到地域、国家和企业之间的限制。因此，油气工业软件的产品选择、业务组合、投资采购、管理和共享是一个比较系统和复杂的工作，面对这一工作，其梳理过程的方法步骤和需要考虑的因素也非常复杂。

油气工业软件梳理、管理目前具有可行的方法。从技术上讲，油气工业软件梳理是一个较为成熟的技术。基本在 2015 年以来，国内大型油公司均启动了专业软件云的建设。这种工作一般分为三个技术领域。即，首先实现专业软件使用授权的集中与统一的投资、采购、管理；其次，通过云计算技术和虚拟桌面实现专业软件的共享，并将软件使用过程纳入监测管理与优化分析；最后，实现专业软件与后台项目库数据建立统一管理，实现使用专业软件将勘探开发各个业务板块研究成果纳入统一存储，实现不同研究团队之间的协同与共享。

目前，由于资金和业务模式的约束，各油企和油服公司的进展不一。由于类似的技术关键在于云计算、虚拟桌面、数据湖等 IT 技术，因此，基于类似 IT 技术的快速发展和支持，三桶油均初步完成了集团公司级别的专业软件管理和共享，但随着降本和提升竞争力的要求，对于软件管理、优化组合和协同研究不断提出了新的、更高的要求。

二、油气工业软件的梳理流程

油气工业上游的专业软件（以下简称专业软件）针对如何控制成本并提升研究能力水平有两个重要要求，要完成这两个目标需要专业软件的管理遵循成本导向、标准指引、有序管控的管理方式。

因此，要完成专业软件的梳理，从现有专业软件内容及搭配的合理化方面开展调研，进一步就软件标准化、软件使用授权、软件库使用与扩展管理等关键问题开展调研分析，提出优化建议，并制定相关的标准与规范。

对于油气工业软件的梳理，需要从业务框架与业务流程现状与需求对比开始。企业需要明确内部的业务现状，进一步确定业务结构，针对业务结构确定必要的软件需求，将此需求与现有的工业软件现状进行对比，确认当前业务软件搭配是否合理，以及现有科研软件及许可数量是否与现有的业务需求相匹配，以及从节省成本考虑进一步优化的空间。

1. 油气工业软件梳理的目标

油气工业软件一般指应用于包括油气勘探开发研究、工程设计和经济评价等科研生产过程使用的专业技术软件与数据库系统。广义上，还会包括除勘探开发、钻井工程和采油工程之外的管理、经济与环保等的专业软件。专业软件要求结合业务现状与研究需求，寻求油公司科研软件合理化的机会，其最首要的目标是降低支出，这些工作包括：

（1）主线名单：制定科研软件主线名单，明确管理序列，推动油公司科研软件的统一管理。

（2）统一管理：思考建立一个统一的、标准化的科研软件管理体系，实现科研软件需求申请、评估、审批、采购及应用的标准化管理。

（3）投资优化：基于当前油气工业技术研究特点，通过探究不同软件许可共享的可行性，实现降低软件研发费用支出。

2. 油气工业相关业务分析

基于企业业务框架与业务流程，对当前的专业软件需求与现状开展分析，以明确行业中对专业软件的授权数量、用户数、功能模块、组合方法等的直接指导。

（1）勘探业务分析：

组织体系：包括勘探业务的管理，以及是如何形成一体化业务管理的组织体系。

项目管理：勘探业务以项目形式开展，其工作包括规划、设计、数据采集处理和分析及其流程。

勘探研究：勘探研究工作如何开展，不同团队之间的专业人员如何根据专业研究的不同来开展研究业务。

（2）开发业务分析：

组织体系：开发业务管理及组织体系，相关的开发项目组及支持团队情况。

项目管理：开发业务的管理流程或者项目管理流程，这个管理流程与勘探管理流程的衔接，以及如何完成油藏工程相关的分析设计工作，制定产量计划；后期如何结合工程部分完成工程设计与生产。

研究过程：从开发评估、商业价值、方案设计到规划及详细设计的全过程。

（3）钻完井业务分析：

组织体系：技术支持中心建设及如何实现一体化管理，形成统一的组织体系。

项目管理：钻井业务的项目管理，以及钻井现场的作业监理、地质专家、质量监理等如何开展专业指导和项目监督。

技术工作：钻井技术全生命周期的过程，包括钻井设计、专业设计、工艺指标、质量与费用等。一般说，钻井业务需要与地震地质团队协同，获取数据并开展后续的钻井设计工作，继而交给施工团队。

3. 基于业务框架的软件体系设计

一般来说，国内油公司的储量区块包括常规油气、非常规致密油、页岩气及煤层气等，在地理上可能分布于陆地、海洋、沙漠或戈壁，这些油气资源由于业务生产特点具有不同的研究方法和研究工具。

首先从专业上，可以将地震(地球物理)、地质、油藏、钻完井工程、采油工程、经济评价等多个一级专业可继续划分为二级和三级专业。

如地质可以划分为地震解释、地质构造、地质演变、运移成藏、储层分析等二级专业，地质构造又可细分为层位分析、断层分析、沉积相分析及沉积剥蚀演变等，通过这种分类，将现有的各类商业软件系统(模块)归类到特定的专业等级中。

如此，通过构建一个二维表，便形成了专业软件系统(模块)与专业级别的对应关系。

在这个二维表中，可以看到每个专业软件在业务框架(流程)中的定位与作用。

通过这个油气工业的专业软件体系设计，可实现以一个主流“专业软件应用平台”为主的专业软件主框架，这个主框架可以选择斯伦贝谢或哈里伯顿这样的全业务领域的软件产品套装。

如胜利油田在2016年度开始，已经启动了从地震解释、地质研究到地质建模的Petrel一体化平台，各种勘探开发平台统一Petrel平台迁移，通过其内置的地球物理模块群、地质模块群、岩心模块、地质建模、油藏工程、钻井工程、采油工程等模块群，逐步形成统一的勘探开发全流程研究与设计平台。

4. 设计主线软件设计的短名单

主线软件设计的短名单，即梳理出完成一个油气勘探开发到工程施工全过程的专业软件过程与产品选型，形成最小集合的软件列表，以此作为今后油气工业软件规划的一条主线。

主线软件，也称为主流软件、短名单软件，指的是能够支撑全流程研究的一个软件主体框架，这个框架通过具有强大功能的主流软件来构建。

非主线软件：在主流软件之外，有部分特色化的软件如反演、测井解释、钻完井设计等，油气区域的特色和特定研究技术的优势，使这部分软件具有在局部领域的高效性和先进性。非主线的软件也称为特色软件。

目前，国内较多的油气公司都启用统一勘探开发平台 Petrel(斯伦贝谢)作为其统一的地球物理、地质与油藏研究的基础平台。而斯伦贝谢基于 petrel 提供丰富的数据管理和成果管理(Studiomanager)使得该平台的各个业务模块可以实现有效的数据衔接和业务流程衔接。一般来说，各油公司基于长期的研究应用经验，其科研软件中模块主线较为清晰，并没有过多地搭配辅助性模块，从应用效率看，大部分模块的许可使用虽略有冗余，但基本合理。

随着国内油公司在专业软件集中化管理的发展趋势，更大量的专业以及不同的 IT 油服技术公司的软件逐步汇总管理之后，软件的群体和复杂度都在提升。同时，由于历史原因和成本原因，部分公司依旧采用较早的软件工具来进行解释和地质研究工作，但可以通过数据文件交换的方式实现数据衔接。这时，如何有效地梳理和优化组合成为一个关键问题。一个重要的做法就是形成主线软件名单。如，针对前文所描述的“业务分析的软件体系设计”，也就是专业软件系统(模块)与专业级别的对应关系表，将主线软件梳理出来，这样就针对现有的软件形成了最小集合的软件列表，这个列表，一般被称为短名单设计。

5. 专业软件的集中管理与共享

在明确了主线软件的优化组合之后，近年来企业逐步形成了统一的专业软件管理。

这种专业软件管理环境一般解决的方法是，首先通过云计算技术搭建高性能计算集群，然后提供用户通过虚拟终端来访问集群中的软件，从而实现油气专业研究的过程共享、资源共享、数据共享和高速计算环境共享，从而形成更为高效的数据处理、建模和数值模拟。

这种共享方式一方面使得软硬件资源实现按需使用，另一方面也杜绝了分割形式下带来的资源闲置与投资浪费。专业软件管理功能，一般会形成有针对性的组织管理，被称为专业软件管理中心。该中心的职能包括：

(1) 基于业务研究的需求，制定科研软件主线软件短名单；

(2) 基于业务需求、技术攻关需求、投资计划、软件价格等要求，审核科研软件选择、投资、应用等的相关论证；

(3) 基于业务研究及软件本身特点，针对科研软件技术与应用效果评估，进一步实现专业软件的优化组合；

(4) 基于企业战略和专业软件发展策略，针对科研软件的发展需求，组织编制科研软件技术发展规划及投资预算。此外，还需要针对上述的管理制定管理流程、管理制度和规范标准。

6. 专业软件许可管理与监控

目前，油气工业软件很多是通过 FlexLm License Manager 实现软件的统一授权管理License的发放。部分专业软件和多数通用性软件使用其他的授权模式。企业可以采购并使用软件授权图形化管理工具，统一实现本地软件License管理和控制功能，从而实现对于软件的统一应用监控。

目前国内油公司及油田公司，大多数都已经实现了统一的License证书的管理，其管理智能一般是信息中心和信息专业的信息运维公司，其监控一般是使用科研软件的许可监测系统，监测软件和各个团队使用情况。

三、专业软件管理后续的问题

之前也提到，油气工业软件梳理和管理的目标，一个是形成油气工业专业软件的合理搭配以提供全流程技术解决方案；另一个是通过梳理和筛选确定投资组合以实现成本控制。也就是说，目前油气工业软件管理的基本出发点，还是在支撑现有油气研究基础上，充分地控制投资和成本。但是，未来针对工业软件的梳理还有一个更重要的目的，就是在此基础上设计构建企业自身的技术竞争力。

这预示着，油气工业软件的专业化管理必须延伸到油气工业研究和设计水平的提升上。即如何统筹规划，从基础数据支撑、软件架构支撑，到软件的采购、集成、研发，最终实现专业研究能力和方法的工具化，形成专业研究的系统化支撑。其工作内容与工作量远远大于现有的专业软件梳理和管控系统建设本身。

这项工作面临的主要问题，包括三个关键点：

（1）需要更多地关注专业软件针对油气地质油藏研究的攻关支撑能力。

当前已购软件实现了集中管理，但专业软件关键的匹配与替代规则仍未建立。专业软件之间的流程匹配和功能替代不仅是一个成本节省的问题，更是专业匹配以形成技术竞争力的问题，这需要针对油气研究领域的专业知识，也许要长期的优化和动态的调配，不是一个集中管理就能解决的。

（2）要解决不同专业软件之间的数据流转和成果共享问题。

专业软件成果数据交换共享问题依然存在。专业软件模块之间，尤其是不同的技术公司之间的产品，出于商业目的或者软件数据加工处理的特色，而具有一定的应用孤立性（我们常说的专业领域的数据孤岛和应用孤岛）。也就是说，即便现在专业软件实现了共享，但专业研究成果之间未能共享，依旧导致专业版块之间的孤立性（除非使用同一公司的产品）。也就是说，专业软件研究成果之间的解析读取、流转、标准化交换、多软件共享等问题并没有统一解决，这依然是影响油气科研最关键的问题。

（3）专业软件应用一体化的深层次解决方案严重缺失。

现在国内油服公司最大的技术缺失问题，已经不仅是主流专业软件模块的缺失，更多的是软件集成整合的基础技术与基础标准的缺失。这种缺失的最大问题，是大量研发的关键技术、方法及功能模块，很难接入到主线软件的短名单之中，这导致了行业竞争力无法构建，更无法积累的问题。

油气勘探开发研究过程中如何积累业务知识与经验，如何将自研的业务算法和特色方法沉淀到软件平台中，如何将沉淀的软件模块与已有的商业化模块建立相互协同的产品体系，并逐步形成一个相互衔接的业务流程和产业体系，这是目前专业软件支持方面尚未考虑的、更加严峻的问题。

第四节　架构融合：云架构整合数据、算法与软件

油气业务中各学科、流程和板块之间融合主要通过数据集成和软件集成两种方式来实现。在云计算的体系下，油气上游产业第一次有了全产业链和全学科的统一集成方法。

如图 10-3 所示，油气上游工业的数字化转型，是通过数字化实现一切的可量化，通过服务化实现一切因素的可关联，通过平台化实现一切方法的可协同，其本质是面向油气各个业务领域数字化的技术标准化。因此，数字化转型的结果就是一种技术协同带来的产业业态升级。

一、云平台：提供数据、算法与软件的整体架构

技术架构设计的首要目标是将业务架构落实到具体的软件技术选型中，从而保证业务需求和业务愿景的实现。油气的数字化工作最终是系列软件的研发与集成，从技术角度讲就是一种软件集成平台，因此，建设初期首先要实现的，就是一个油气勘探行业的企业级软件架构设计。目前，一个面向勘探开发业务提供专业级软件开发与数据集成的技术架构，已经成为国际油公司与石油技术服务公司开展数字化转型的核心工作。

目前的油气数字化建设中普遍开始推进云原生的技术架构，国内的软件架构设计也逐渐从 SOA 架构、云计算架构向着云原生方向发展。基于云的软件架构设计目标是企业的资源整合和协同研发，这种架构模式使得数字化建设中的油公司能够与系统集成、数据管理、软件功能研发等团队在保证自身成果的独立性、自主性、安全性的基础上，实现成果的高效集成。

云平台是一个企业级的 IT 架构。它提供了不同层次的云端化架构解决方案。一般分为 IaaS、PaaS 和 SaaS 三个层次。

IaaS 是最底层的，提供各种软硬件及系统资源的虚拟化，如主机、存储、计算力以及系统、数据库，以及网络和安全机制等。

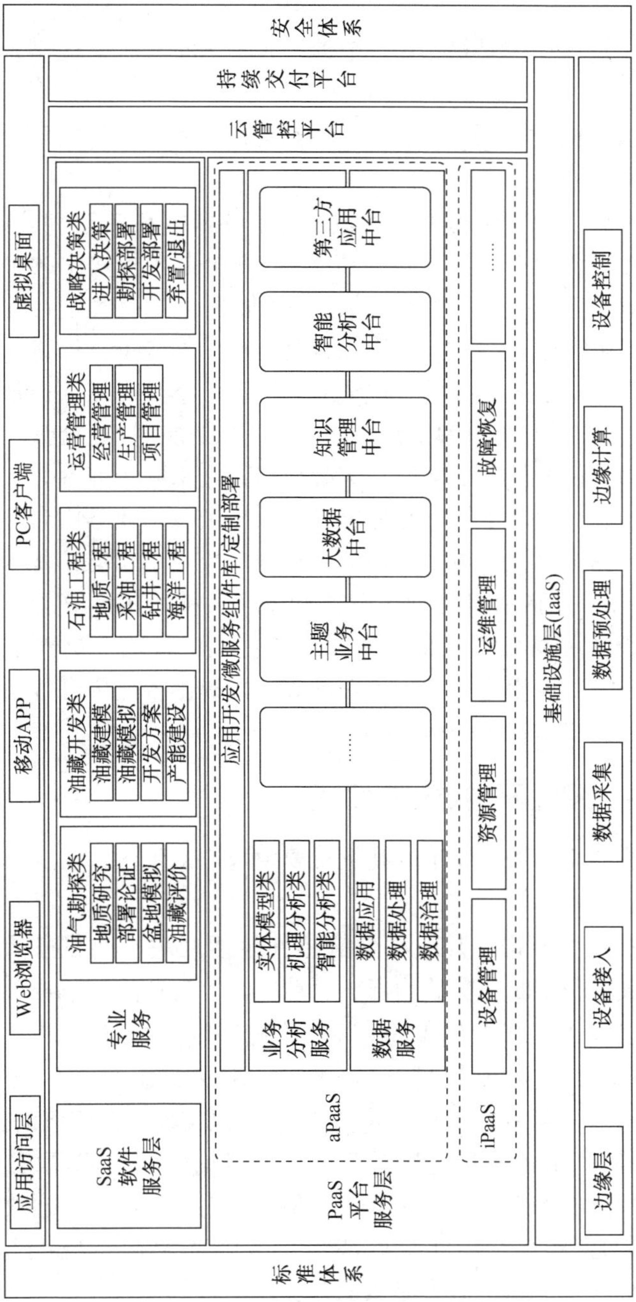

图10-3 云平台、云原生及云中台，如何实现IT资源、数据、算法模型、模块和应用软件的整合

PaaS 是第二个层次，它提供了一些系统性的管理功能，是应用软件运行的一个基础平台。

SaaS 是第三个层次，也是最顶层。它是软件开发的层面，也就是我们常说云应用。

SaaS 层是直接面向业务用户的，IaaS 层是应用运行的底层物理资源，中间的 PaaS 是应用运行的标准平台。

随着企业数字化建设变得越来越复杂，各个领域都在构建自己的业务系统，在这些不同的业务系统中有很多通用的功能(同一个业务板块中的不同应用也会有通用的业务功能)，为了将这些功能共享，我们提出了业务中台的概念。业务中台最早来源于阿里巴巴和腾讯，他们在自己的产品架构中逐渐将一些通用性的功能取出来形成一个基础的业务层，这个业务层虽然不是直接面向最终用户，但它要用来支撑那些面向用户的应用软件，因此这个功能叫作中台。因此可以说，中台就是从前台的软件中抽取出来的一部分功能，它来源于前台。

业务中台提出后，从这个概念延伸出来了数据中台、业务中台、技术中台和智能中台。其中数据中台提供数据管理和数据处理等通用功能，技术中台就是一系列 IT 技术的组合，包括消息通信、软件开发、某种通用计算等，业务中台是业务功能中的通用性和基础性功能。后来，随着人工智能及机器学习技术的发展，为保证人工智能的规模化应用，由百度等公司提出智能中台等功能。

这就是云平台的基本技术架构。

二、云原生：软件研发过程的整合

谈云原生之前，需要谈云原生的几个重要内容：微服务、DevOps、Docker 和 K8S。

微服务是一种技术架构。其核心功能组件包括网关、微服务治理、服务注册、配置管理、限流和熔断、负载均衡、自动扩容、自动故障隔离、自动业务恢复、监控和日志组件等。典型的如 Java 语言的 Spring Cloud 就提供了诸如网关 Zuul 组件、Ribbon 负载均衡组件、Eureka 服务注册组件、LCM 扩容组件、Hystrix 业务恢复组件。利用 Spring Cloud 的能力可以实现一套完善的微服务架构。

Kubernetes 提供了服务注册、配置管理、负载均衡、故障隔离、业务恢复、自动扩容等能力。基于 Kubernetes 的 PaaS 平台又提供了诸如基础数据服务、网关服务、微服务治理服务等基础服务能力。微服务架构本质上与技术无关，Kubernetes 以及 PaaS 平台，可以说是微服务技术运行的平台。

DevOps(Development&Operations)是一种开发模式，重视软件开发人员和运维人员的沟通合作，通过自动化流程来使得软件构建、测试、发布更加迅速和可靠。DevOps 与上述的云原生、微服务、容器等技术应用没有直接的关系，它关注的就是你的软件如何自动化构建、自动化测试、自动化发布。如 Jenkins 就是一个自动化测试工具。

DevOps 就是为了建立一种敏捷软件开发模式，让软件的研发测试部署的过程有更高的效率。DevOps 是云原生应用在开发、测试和发布流程上的必要手段，基于容器的 PaaS 平台和微服务架构，又为 DevOps 的流行提供了基础。

云原生是在容器、微服务及 DevOps 领域里通过一系列的规范和标准帮助企业和组织在现代的云化环境中构建架构一致的应用。

云原生强调自动化以提升开发效率和运维效率，它有三个重要特征：

（1）容器化封装：以容器为基础，提高整体开发水平，形成代码和组件重用，并作为应用程序部署的独立单元。其具体的应用就是 Docker，将一切软件实现容器化管理。

（2）动态和自动化管理：通过集中式的编排调度系统来动态地管理和调度。一般来说，就是通过 kubernetes 实现这种调度。

（3）面向微服务：通过建立一个个微服务应用，来明确服务间的依赖，并实现解耦。

基于云原生的软件整合是一个技术性的概念，需要结合具体的业务领域将其融合落地。如中国石化的石化智云平台作为企业的基础数字平台，提出了“一切软件上平台，一切开发上云”，就是为了将石化智云的技术平台与业务应用进行有机结合。

石化智云是一个企业级的 IT 架构和平台，它为企业运营提供一个基础的 IT 架构，石化智云的微服务架构、云原生应用，以及 PaaS 平台机制的搭建，都是从 IT 角度讲的一种技术整合方案。

在业务领域，如智慧盆地、智能油田、智能钻井、地质工程一体化等非常专业的应用落地项目，是以极复杂的专业逻辑构建而成，石化智云并没有提供直接的解决方案，也无法自动地构建业务应用。因此，这就需要业务领域的研发人员，在石化智云平台的基础上来进行业务架构设计，统筹构建自己的智能应用。

三、云中台：数据、模型与模块的集成

业务中台，是面向业务应用平台构建的一系列通用性功能。目前的业务应用，如智能油田平台、智能钻井平台、智慧盆地平台等都是面向业务数字化和智能化构建的一个高效协同的业务数字化解决方案。为保证这些应用平台的构建更加高效和快速，一个主流的方法是将各个应用平台中通用性的功能进行抽取形成服务，通过基于云的整体架构设计，形成一个统一的应用支撑平台，一般被称作业务平台或业务中台。

油气勘探开发的业务云平台，最初是解决业务逻辑的统一管理和共享问题。随着业务云平台概念的发展，其功能逐步被细分，于是衍生了数据中台、人工智能中台等，其本质上是对具有同一类功能软件的统一管理和共享的机制。

1. 数据中台：数据管理与共享

数据共享包括从数据库提取和共享数据，或者依据用户的调用需求抽取数据。有时候，对于一些数据需要提供定时的数据推送，有时候会提供数据的局部抽取，这些都是基于业务特色的个性化需求，需要自行研发相关的功能来完成。更为关键的是，对于这些所谓的数据服务，需要一种基于业务角度的登记注册、分类组织、查阅共享等机制，这些都需要在业务云平台中提供。

2. 业务中台：算法模型的管理和共享

业务中台是最早的中台。它是解决油气工业各个环节的业务逻辑的统一管理共享，形式上是由不同的算法和数学模型的软件实现，这些软件代码、模块或者组件，通过云平台规范化接口约束、统一服务封装和容器化部署，最终形成一个支撑和构建业务应用和业务平台的软件系统。油气勘探开发中的模型，包括地震体和井信息封装，包括地质构造、地质属性体、岩石力学属性体及沉积相属性体，以及基于这些数据和模型的计算、模拟、分析方法。

油气业务中台关注的是将这些分析计算的数学模型构成不同粒度的服务组件，然后将这些服务组件进行统一管理共享、运行调度。

首先，业务层面的算法模型，需要依据业务应用的不同层级，建立起层次化的服务组合和粒度划分，从粗粒度到细粒度，对外提供更加整装的算法模型，为后期多模型耦合调用、混合应用提供一种技术机制，以解决业务场景下多种因素的混合分析。在算法模型逐渐丰富后，对于模型服务的快速查阅、发现和高效调用是要考虑的问题，此时，基于业务逻辑层面的组织管理就非常重要。所以，在业务中台中的服务注册或者算法注册，其关注的要素可能和底层云中间件要素完全不同。

3. 智能中台：数据驱动的模型构建和管理共享

智能中台提供一个完整的流程，首先使我们能够确定一个可以应用新技术实现的业务场景，在这个场景中快速地集成相关的各类数据，进而提供数据处理、融合、建模、训练，以及到生成模型云端发布的过程，这种大数据分析以及人工智能方法的流程将会被固化到智能平台中，通过无代码开发的方式形成新的分析模型构建流程。

智能中台最终产生的其实是智能算法。这些智能算法最终将被业务平台统一管理和应用。通过智能平台提供的新算法和新模块为行业构建了一种新的、革命性的业务解决方案。

石油业务中台和智能中台会不断的融合，会共同构建产生一个新的面向行业的数字化解决方案。它可以是一种行业数据的可视化分析，也可以是一种新的决策模型，或者是某一个环节的计算模型、应用模块等。所以说，智能平台是业务平台一种新的扩展，它在未来会逐渐融合到业务平台中并成为业务平台隐性的一部分。

第五节　数据融合：油气数据的整合与交换

油气工业上游经过数十年的建设，以 PPDM 和 POSC 为代表的数据模型获得广泛应用，目前基本完成了勘探开发数据模型设计和普及。但随着油气数字化智能化进程的推进，当前数据管理和数据应用存在两个关键问题，一个是海量数据的统一管理和高效共享，另一个是不同油企、专业软件商和专业数据服务商之间的异构数据交换。

基于数据湖及湖仓一体等技术的兼容性优势支撑的海量数据统一管理与共享，基于 RESQML 的油气数据元素级交换技术支撑的油气多源异构成果数据交换，是目前油气数据融合的产业发展趋势。

一、基于数据湖的海量数据统一管理与共享

油气数字化信息技术架构，需要针对油气上游的勘探开发数据进行一个系统的资产管理，用以支持勘探、开发、工程等全过程的一体化管理。在进行数据梳理的时候，面临一个巨大的问题就是海量数据的集成与整合问题。

1. 油气数据统一管理共享的技术背景

部分大型油气专业软件提供商会提供一个用于全领域油气数据管理的软件系统或软件平台，如斯伦贝谢公司针对油气成果数据管理通过 Petrel 软件提供了一个工程概念来统一管理地下数据。在这个工程组织的文件中，地震数据、钻完井(井轨迹、地质分层、测井数据、测试数据)、井压裂(设计、实时、微地震，裂缝模型)、构造模型、储层属性体、岩石力学属性体、地质建模网格体等成果(层面和地质体)数据实现规范化组织和存储，这些成果代表油气研究和施工的不同阶段，具有一定的稳定性，因此具备统一管理的可行性。一直到现在，使用工程文件统一组织成果数据一直是一种国际流行的方法。

随着业务协同化研究的发展，这个模型的工程文件一般被同步到服务端的数据库并做了版本管理。之前的版本管理，一般使用关系数据库来完成这个工作，而大数据体文件(如 SEGY)则使用索引+文件存储的方式管理。随着网络化和云

计算虚拟化技术发展，协同性、可共享、可交换的要求越来越高，对于后端的存储就需要一个更加高效管理方式。

再者，随着油气勘探开发数字化技术的推进，数据规格、数据类型、数据量问题都越来越复杂，包括来自物探、钻井、采油、运输等环节的数据规格越来越多，工业自动化实时采集数据以及声音视频等数据类型越来越多，数据处理方法提升带来的多种加工属性体和模型的体量越来越大等，这种数据管理和应用趋势的变化，需要对油气数据管理提供一种更为高效的解决方案。

2. 基于数据湖的油气数据解决方案

如前所述，OSDU 为打破油气领域的数据孤岛建立统一的数据管理和共享提供了可借鉴的解决方案。

OSDU 是一个油气数据的数据湖解决方案。其后台数据存储管理使用了文件数据库 couchDB 和对象数据库 MinIO。其中，CouchDB 是一个面向 Web 应用的新一代存储系统。它是一个开源的面向文档的数据库管理系统，可以通过 RESTfulAPI 访问；MinIO 是一款开源的对象存储服务器，兼容亚马逊的 S3 协议，对 Kubernetes 能够友好地支持，专为 AI 等云原生工作负载而设计。

关系数据库并没有被抛弃，而是在 OSDU 中并不关注油气基础数据的管理，而是聚焦于不同来源的油气数据如何标识、定位、索引并对外提供多种形式的共享服务。

数据湖是一个存储各类结构化、半结构化甚至非结构化的原始数据，提供标准接口支持各类数据源和分析工具，也是一个低成本的数据存储系统。

标准接口是指数据湖一定有一个被业界广泛接受的标准接口，各个来源的数据通过标准接口顺畅入湖，进而通过各种计算引擎与分析工具对湖中的数据开展分析计算。超低成本是指相对传统数据仓库，数据湖提供基于文件的数据管理模式极大地降低数据管理成本和数据管理的复杂度。

从技术角度，作为一个快速发展的存储与分析技术体系，数据湖逐步整合了数据仓库、分布式文件存储、对象存储等技术，且逐渐成为连接存储和分析的重要核心，这表现在：

(1) 传统的结构化关系数据模型正被取代。

油气数据湖技术正在向湖仓一体架构发展，湖仓一体指的是数据仓在数据湖之中，且是数据湖中的一类应用。

(2) 数据湖极大简化了数据管理的复杂度。

在之前的数据湖技术中提到，数据湖不同于传统的数据提取、转换、加载这样的复杂流程，而是抛开数据本身的逻辑定义，首先将数据加载到湖中纳入统一管理，最后在数据使用的时候才根据业务逻辑定义实现数据的规格化和转换。

(3) 数据湖具有强大的开源项目及其技术生态支持。

不同于商业化数据管理技术的发展缓慢，当前的数据湖拥有 Hadoop 架构、对象存储以及 DeltaLake、Hudi、Iceberg 等多个重量级的构建开源技术。这使得企业数据湖的搭建成本更低，油气企业可以面向不同的业务板块和业务场景进行一套数据的搭建，从而实现分块、分布的建设进程。

3. 数据湖对于油气大数据体管理问题

无论对象还是文件，面向以数据体可视化和分析应用的时候，由于数据湖数据存储的块状化，目前对于复杂数据应用支持存在不足。

首当其冲的是数据体的数据抽取，从一个大文件中抽取数据，前提是对数据有很好的索引，但数据湖是只有在数据提取应用时才确定其模式，这导致与数据湖的应用非常不匹配。因此这部分的解决方案一般会通过特色化的专门技术解决方案来实现。如 SegY，需要使用数据之前将数据道进行索引，这样才能保证数据抽取的最高效。典型的解决方案是 OpenVDS 为 OSDU 提供的内置地震数据体解决模式。

OSDU 针对标准 SegY 和第三方油服厂商格式(如斯伦贝谢的 ZegY)均提供数据湖存储和共享支持，除此之外，还有 VDS 格式(地震数据上云的一种数据格式)的支持。OpenVDS 是一组工具和一个用于读写 VDS 格式数据的开源 API。它提供了对云计算原生数据的随机访问。OpenVDS 将地震数据存储为独立的道或者道集，在抽取的时候根据数据需求实现道的组装，这种做法从根本上解决了数据湖对于用户自定义 Schema 结构的专业壁垒问题。

二、基于 RESQML 的多源异构数据交换

1. 油气数据与知识的异构交换是长期的难题

异构数据的交换是当前油气数据综合应用的难题，且这个难题已经困扰油气行业长达数十年之久。这种困扰不仅表现在井筒处理数据、油气生产管理数据，也同样存在于地质和油藏数据中。

现代油气资产数据集是对一组复杂数据进行组合、评估、处理、解释和分析的结果。地球科学家和油气工程师在过去的研究中，通过专业化软件建立了一系列代表地质与油藏认识的研究成果，而随着时间的推移和新数据的获取，在工作流和油田生命周期的不同步骤中采用的“最佳情况”方案可能会存在缺陷。这将要求团队返回到做出该决定的工作流中的步骤，并使用由新数据或更新的概念支持的替代场景执行后续步骤。

在传统的应用程序使用模式中，地下成果数据的交换一直非常困难。其原因存在两个方面：

（1）各油气技术服务公司倾向于局部共享。即不同企业应用软件之间，根据自身的数据交换需求而自行开发必要的成果数据交换程序，以提供自身用户的使用。

（2）通用性的成果数据交换技术难以推行。在过去曾经出现了大量的成果数据交换的方案，如 OpenSpirit、Rescue 等，但由于我们所使用专业软件的数据规格和标准不同，尤其是其版本变化带来的数据规格的不断变化，导致专业软件的成果文档交换没有足够的研发资源来保持持续跟进。

OSDU 在一定程度上解决了数据交换和共享的问题，但做得远远不够。虽然 OSDU 在构建数据湖时将 Energitics 的 WITSML、PRODML、RESQML 纳入了元数据描述内容，但并未提供各类油气对象数据的自由转换，而这却是油气数据打破不同专业软件数据壁垒的关键。

如面向油藏的构造模型及油藏属性模型的转换，OSDU 在复杂地质和油藏对象的集成上是依赖于不同企业和组织提供的数据标准来实现的，OSDU 提供数据的共享和获取，却并未建立针对复杂地下数据的格式解析功能，更没有提供不同的研究成果如构造模型、网格体的转换功能（如地质建模的网格体，OSDU 并未解决不同软件中的规格定义不一致的问题，而是直接共享原始网格体）。这时，需要建立一种用于油气复杂对象数据，尤其是静态模型数据交换解决方案。

RESQML 就是一种典型的用于各类油气复杂数据对象的交换方法，它不仅提出了一种数据元素粒度的油气成果数据交换方法，更提供了一系列的协议、软件与平台构建技术方法，为此类项目的落地提供全面的支持。如意大利 ENI 公司（MARCO PIANTANIDA，2021）借助于 RESQML 油气行业标准阐述了如何将地质和油藏领域数据进行对象化，以及如何进行不同数据交换、如何统一共享并持续迭代的方法流程。

油气成果数据交换是油气工业数字化最为核心的问题，将在下面的文字中阐述这种技术方法的原理、流程和软件构成，为企业级的油气数据交换方案提供解决问题的视野和参考。

2. RESQML 是地下数据交换的最优方案

通过使用行业标准的数据格式来管理整个勘探开发生命周期的资产状况，可以有效实现降低油气开发的成本。只有建立这种数据资产的有效管理，才可以让未来用户能够追溯到一些关键工作流程中寻找可能的替代方案，重新审视那些关键流程的不确定性。

油气研究团队一般通过建立储层属性和模拟网格体来描述油气系统中的岩石与流体。目前，无论井筒测量数据还是间接探测技术（如地球物理或测井方法）数据都存在数量指数增长且不断更新的问题。由于需要创新技术来处理、解释和分析这些数据，因此要使用许多不同专业软件组合完成一个完整的工作流。

RESQML™是由 Energistics 公司开发的一种数据交换标准，RESQML 支持创建一组完全与应用程序无关的数据(知识)管理文件，这些文件除了充当数据传输角色外，还可以在任何时候用作项目的全面存档。它以快速可靠的方式将一个完整的项目数据集从一个应用转移到另一个应用。而且，RESQML 不仅可以作为一种数据交换手段，也是一种管理油气资产生命周期中的场景和不确定性的重要方法。

RESQML 标准定义了数据模式和元数据，可以根据数据的完整性、数据对象之间的关系及它们空间与时间引用，确保接收应用程序正确地接收传输的数据。

RESQML 可以在常用的油气专业软件当中直接导出一系列标准化文件。这些文件包括一个压缩的 ZIP 文件，包含 XML 格式的所有数据和元数据及一个基于 HDF5 标准的批量数据文件，包含所有大型数据对象，如向量和数组。ZIP 文件使用开放包装约定(OPC：open packaging conventions)的行业特定版本构建，称为 Energistics 包装约定(EPC：Energistics packaging conventions)。该标准规定了分配给每个数据对象的通用唯一标识符(UUIDs：Universal Unique Identifiers)的使用。这确保如果一个数据对象的实例，如一个地质层网格，被导出到另一个应用程序中并被修改，当它被读回原始应用程序时，它不被认为是一个新的数据对象，而应该是一个现有对象的更新版本。

该标准并不强制创建数据交换文件，也可以使用 Energistics 传输协议(ETP)直接将数据从一个应用程序传输到另一个应用程序。ETP 基于 WebSocket 全双工标准建立标准消息，与 HTTP 协议及其 Json 数据结构不同，WebSocket 不需要中间格式，它允许两个应用程序评估可否交换特定数据对象，然后直接进行数据选择和数据检索，这是一个更高效和更快速的过程。

3. RESQML 油藏数据交换方案及其优势

这个解决方案就是，在每个主要的工作流步骤中存储 RESQML 项目文件。

如图 10-4 所示，用户在项目的每个主要步骤都创建一个标准的 RESQML 文件集，这些文件被创建并存储为不同地区的应用程序之间的交换数据，但它同样可能在一个大型应用程序套件的重要步骤中创建这样的文件。RESQML 文件与应用程序无关的特性，确保了这些数据包是经久不变的，并且可以在未来的任何时候由符合标准的应用程序或数据管理系统使用。

基于上述原理，ENI 公司提出了一个叫作 e-RESQML 项目的数据仓库系统。这是一个基于 RESQML 标准构建的油气成果数据管理系统。它由以下三个主要的部分组成。

(1) 数据库：存储在中央服务器上的数据集快照数据库，包括二进制 RESQML 文件(如测井成果 LAS 格式)和标识工作流步骤的特定元数据，以及其他有助于日后标识和检索的信息。

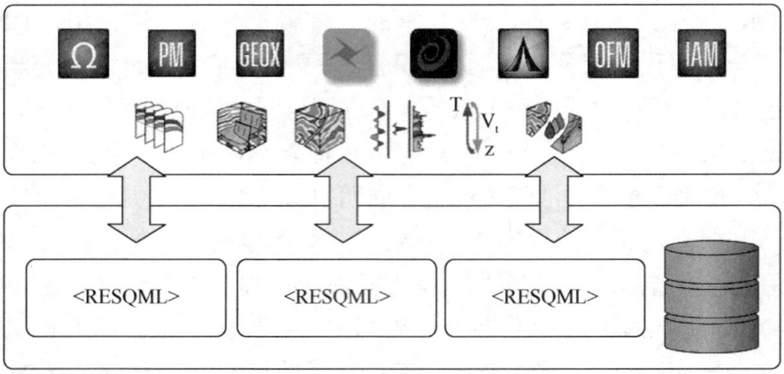

图 10-4　在工作流程的各个步骤中存储打包的数据集需要多个地球科学应用程序

（2）应用软件：一个 Web 应用程序，允许用户上传/下载 RESQML 文件或直接连接到解释应用程序，使用 ETP 协议。

（3）数据平台：即用于治理、托管和共享所有地下应用程序的地下数据，包括测井数据、地质图、层位断层、地质体等（地震数据体不在此管理范畴）。

基于上述工作流和工作步骤的数据一体化共享解决方案，提供了一种地下数据的管理与共享的集成化方案，这种方案充分应用了 RESQML 模型的优点并以此作为一个数据交换的中心，以实现数据交换的局部精确性和整体完整性，即：尽可能少地丢失数据交换中的数据元素，同时保证某个项目数据在整体上的关联性（图 10-5）。

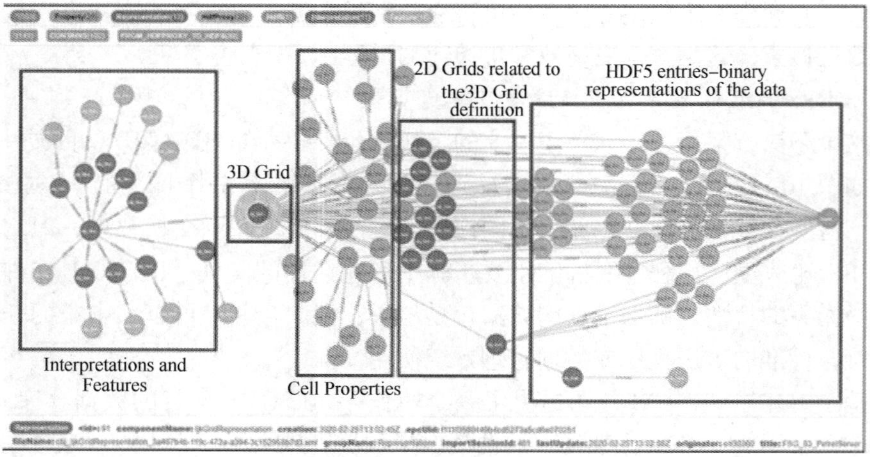

图 10-5　分析元素之间的关系，以确保 RESQML 模型的一致性

这种优势体现在两个方面：

（1）项目数据整体性。

模型保存为一个整体，包含了在解释步骤结束时从解释应用程序中提取的三

维网格、地层/断层、井筒数据包。这些数据可以被在解释过程的以下步骤中使用的应用程序直接使用，因此允许一种有效的方式跨应用程序传输完整的模型。

（2）数据也被分解为基本组件，因此每个组件都可以在数据平台中保存为3D 网格、层位、地质图或测井数据类型的版本化元素。注意，这一特性非常重要，因为未来的解释工作可能从基本数据组件开始，而不是从打包的 RESQML 内容开始。因此，需要建立各类应用软件对这个数据平台的访问，并在最小粒度级别检索最新更新的数据元素。如果只将这些元素保存在打包的 RESQML 内容中，则无法保证这一点。如当用户选择一个“3D 网格”的数据元素时，会显示与网格相连的所有“子表示”，包括用于定义网格的水平面和断层面、与网格单元相关联的属性(如孔隙度、渗透率、水饱和度)等。

在确定了将被分解到数据平台的正确元素集之后，就需要清晰描述 RESQML 模型内容的元数据，主要包括两类：

（1）生成模型的工作流和研究步骤的信息。

一个数据模型的研究过程具有一个完整的工作流和工作步骤。如用户可以指定在工作流的当前步骤中，创建新的力学性质模型和井况分析模型，同时进行综合的岩石物理分析和岩相分类。

（2）RESQML 模型的语义内容信息

在工作流的前一步中出现的模型已经被更新。这样的元数据可以让用户很容易地确定正确的起点，保证未来的储层研究可以从这里重新启动。如，如果获得了新的井数据，并且必须重新计算储层相分布，那么油藏专家可以从 RESQML 文件中获取最新的“储层相分类和岩石物理表征”。

综上所述，依据 RESQML 提供的成熟的油气数据交换技术，用户可以通过元数据表述的方式来存储丰富的多版本的地质与油藏数据。这使得用户能够识别数据集版本并选择要恢复的工作流环节，从而提取相关的数据(模型)并加载到不同专业软件构建的研究场景中。因此，面向多规格、多版本、多软件约束下的地质与油藏数据的交换过程中，RESQML 行业标准提供的全面覆盖数据规格的交换技术，从数据的最底层实现了地下数据的流通。

第六节　拥抱开源：云环境下开源软件及开源协议

一、开源软件对于油气行业软件研发的意义

基于云原生时代的软件研发，大量软件将在云端公开和共享，这带来了原有单体应用和局部应用未曾遇到的问题，那就是软件的知识产权，尤其是开源软件的知识产权问题。

几乎所有软件的研发都无法避开开源软件。不仅在通用的 IT 架构和软件工具领域，乃至在石油乃至工业软件领域，是以大量的开源软件和产品作为基础，而且，这些开源软件经过数十年的发展已经形成了较为稳定的框架和功能。

首先，我们的软件从研发到集成都无法脱离开源软件。油气行业软件的研发，无论是专业软件，还是信息管理系统与决策系统，对开源软件的依赖无处不在，从设计、编码、部署发布等各个环节，几乎没有软件能够避开开源软件产品。

其次，开源软件可以使行业软件得以快速构建。我们无法全部使用商业软件，更无法完全从底层构建一个庞大的应用。面对复杂的行业软件市场，各类软件构建了庞大的开发与市场生态，从数据规格、数据模型、统一数据交换、油气地质对象建模、复杂的油气模型二三维图形化方法等，都有了大量开源软件来支撑并大幅度简化了我们的研发工作。

但是，开源软件不是免费软件，几乎没有一款开源软件是不带任何限制条件的。我们使用开源软件构建的行业应用，一旦需要公开部署或者商业化发布的时刻，就会面对大量的协议制约。因此，在开展软件研发之前，有必要针对每一个开源的 API 方法库或应用软件系统所属开源协议有一个全面梳理，从而避免潜在的法规和法律风险。

二、商业化催生了软件开源生态

软件产品作为一种产品，是人类辛勤劳动和创造的结晶。因此，软件的版权作为知识产权一种，理应受到保护和支持。

商业化软件的存在，在一定程度上保证了人类的创造能够有效地转化成收益，从而支持这种创造的持续发力与升级。过去几十年来，商业化借助个人计算机普及化和互联网普及化的浪潮，在各个领域掀起了一次次技术革命，支撑了众多产业的发展与升级。与此同时，作为软件研发主题的创作人和公司也获得了巨大收益。

但随着商业软件的持续发展，一些问题也逐渐显现。首先，软件本身的私有化，导致技术交流和知识共享难以实现；其次，作为编译后运行的软件产品，可复用、修改和完善的权力仅仅限于创作者自身，不利于技术发展；最后，软件本身的竞争导致绝大部分研究成果并不能获得利益，大量重复研究带来社会资源的浪费。

1. 自由软件运动

“自由软件运动”在此时出现和逐渐发展起来。根据自由软件基金会的定义，“自由软件”(Free Software)表示的是那些赋予用户运行、复制、分发、学习、修改并改进软件这些自由的软件。自由软件的意义，是为了使用户（包括个体和团体）可以控制程序为己所用。当用户无法控制程序时，这样的软件就是“非自由”（Nonfree）或“专有”（Proprietary）的程序（百度：自由软件与自由软件运动）。

自由软件运动是一个推广用户有使用、复制、研究、修改和分发软件等权利的社会运动。接近和相关的运动包括开放源代码运动及自由软件的开放源代码运动。它主要是从社会伦理学和道德的高度，强调每个人都有自由使用软件的权利。

自由软件运动认为自由软件的精神应当贯彻到所有软件：他们认为禁止计算机用户行使这种自由是不道德的行为。Richard Stallman 认为贩卖不附带源代码的二进制软件是十分不道德的，因为这样阻止了软件用户学习以及帮助其他人的权利。然而目前还没有达成如何实现自由软件运动最终目标的共识。有些人认为应当使用法律手段强制软件供应商提供源代码；有些则认为应当通过抵制商业软件来达到目的；还有一些人则认为时间将证明，自由软件最终在质量上要比商业软件略胜一筹，并会在自由市场上取得胜利。

自由软件运动者还创造出 GPL（通用公众许可协议）这一许可协议来保证和保护同道中人彼此共享软件产品。GPL 的基本原则是：你可以“自由”地运行、拷贝、修改和再发行使用 GPL 授权的软件，但你也必须允许别人也能“自由”地运行、拷贝、修改和再发行该软件以及你在该软件的基础上加以修改而形成的衍生软件产品。

2. 从自由软件到开源软件

开源软件，也称为开放源码软件（open-source），是描述其源码可以被公众使用的软件，并且此软件的使用、修改和分发也不受许可证的限制。开放源码软件通常是有 copyright 的，它的许可证可能包含这样一些限制：蓄意地保护它的开放源码状态，著者身份的公告，或者开发的控制。“开放源码”正在被公众利益软件组织注册为认证标记，这也是创立正式的开放源码定义的一种手段（百度）。

开放源码软件主要被散布在全世界的编程者队伍所开发，但是同时一些大学，政府机构承包商，协会和商业公司也在开发它。源代码开放是信息技术发展引发网络革命所带来的面向未来以开放创新、共同创新为特点的、以人为本的创新 2.0 模式在软件行业的典型体现和生动注解。开放源码软件在历史上曾经与 UNIX，Internet 联系得非常紧密。在这些系统中许多不同的硬件需要支持，而且源码分发是实现交叉平台可移植性的唯一实际可行的办法。在 DOS，Windows，Macintosh 平台上仅有少量用户有可用的编译器，开放源码软件更加不普遍。

开源就是源代码是公开的，开源的程序有利于程序开发者得到别人反馈的技术改进建议、BUG、安全漏洞等问题，这样有助于开发者不断改进程序，增加功能，提升性能或安全系数等。开源的不一定就是免费的，如果开发者强调自己的商业版权，那么如果你用了他们的开源程序应用于商业，这就属于侵权行为。购买的商业版权才可以应用于商业。

我们时刻要记住，开源软件不是免费软件（实际上几乎存在完全免费的软件）。开源软件之所以在软件发行的时候附上源码，并允许人们进行更改、发布和再创作，其目的是通过更多的人们参与，修改软件缺陷、完善软件功能，为大众提供共同发展的基础，开源软件期望建立一种发挥个人的奉献精神，进而形成个人和群体之间的互助机制的精神与道德追求。

对于行业来说，软件或者软件功能的开源，可以让整个行业都能共享成熟且强大的研发成果，一方面避免了个人和团队在研发上的低水平的重复劳动，另一方面更是通过这些研发成果来提高软件的生产力，推动企业甚至行业从一开始就处于一个较高的发展水平上。

所以说，开源软件的思想，是来自于“自由软件”，但是开源软件又在自由软件和商业软件之间做了一种折中，它既继承了“自由软件”所提倡的知识共享的理念，同时又允许人们以专利的形式从知识产品中谋取利益，从而保护了人们生产、创造知识产品的积极性。

3. 由 GNU 系统衍生发展的开源协议

GNU 是一个自由的操作系统，GNU 的目标是创建一套完全自由、开放的操作系统。为了保证 GNU 软件可以自由的“使用、复制、修改、发布”，同样也禁止部分人在 GNU 软件的基础上自己修改并发布的软件中添加任何限制他人自由使用的条款，在这个情况下就诞生了 GNU 的许可条款，再后来又产生了其他的（非 GNU）许可条款，统称为开源许可协议。

GNU 操作系统是 GNU 计划的主要目标，名称来自“GNU's Not Unix”的递归缩写（即 GNU 本身被包含在 GNU 的定义中），这是因为 GNU 的设计类似 Unix，但它不包含具体著作权的 Unix 代码。

1985 年 Richard Stallman 创立了自由软件基金会（Free Software Foundation）来为 GNU 计划提供技术、法律以及财政支持。尽管 GNU 计划大部分时候是由个人自愿无偿贡献，但 FSF 有时还是会聘请程序员帮助编写。当 GNU 计划开始逐渐获得成功时，一些商业公司开始介入开发和技术支持。

到了 1990 年，GNU 计划已经开发出了一个功能强大的文字编辑器 Emacs 和编程语言编译器 GCC（GNU Compiler Collection，GNU 编译器集合），以及大部分 UNIX 系统的程序库和工具。唯一依然没有完成的重要组件就是操作系统的内核（称为 HURD）。

1991 年 Linus Torvalds 编写出了与 UNIX 兼容的 Linux 操作系统内核并在 GPL 条款下发布。Linux 之后在网上广泛流传，许多程序员参与了开发与修改。1992 年 Linux 与其他 GNU 软件结合，完全自由的操作系统正式诞生。该操作系统往往被称为“GNU/Linux”或简称 Linux。

自由软件的自由，并不是价格免费，而是一种共享的精神，这和价格无关而是使用软件对所有的用户来说是自由的。GPL 通过如下途径实现这一目标：

（1）它要求软件以源代码的形式发布，并规定任何用户能够以源代码的形式将软件复制或发布给别的用户。

（2）如果用户的软件使用了受 GPL 保护的任何软件的一部分，那么该软件就继承了 GPL 软件，并因此而成为 GPL 软件，也就是说必须随应用程序一起发布源代码。

（3）GPL 并不排斥对自由软件进行商业性质的包装和发行，也不限制在自由软件的基础上打包发行其他非自由软件。

由于 GPL 很难被商业软件所应用，它要求调用它的库的代码也得是 GPL，全部开放，并且一同发布，不能直接连接。所以后来 GNU 推出了 LGPL 许可证。

在 GPL 与 LGPL 许可证保护下发布源代码的结果很相似，对旧代码所做的任何修改对于想知道这些代码的用户必须是公开的，唯一真正的不同之处在于私人版权代码是否可以与开放源代码相互连接，LGPL 允许实体连接私人代码到开放源代码，并可以在任何形式下发布这些合成的二进制代码。只要这些代码是动态连接的就没有限制（使用动态链接时，即使是程序在运行中调用函数库中的函数时，应用程序本身和函数库也是不同的实体）。

人们不太容易区分一个软件是否真正开源，其根本原因在于开源研究院认可的许可有 60 多种。在这 60 多种许可中，有一个许可明显主宰着开源世界。迪博纳说：“GPL 是当今开源世界中最重要的许可。”根据迪博纳引述的 Google 所进行的研究，基于 GPL 的开源代码在所有开源软件中占 45%~50%。

开源许可协议是指为了维护开发者的合法权利，保证软件不被一些商业机构或个人窃取影响软件发展而设立的协议。开源协议规定了任何人在使用开源软件时的权利和责任，也就是规定了可以做什么，不可以做什么。开源协议虽然不一定具备法律效力，但是当涉及软件版权纠纷时，开源协议是非常重要的证据之一。

一个开源许可是一种面向计算机软件的许可证，这种许可证允许最终用户和商业公司审查和修改源代码、蓝图或设计以满足自己的定制需求。但是，开源许可证可能有一些限制，特别是关于软件来源的表达，如要求保留作者姓名和代码中的版权声明，或者要求重新分发许可软件仅允许在相同的许可下。一组流行的开源软件许可证是开源计划(OSI)基于其开源定义(OSD)批准的许可证。世界上的开源许可证(Open Source License)大概有上百种，除了前面提到的 GPL 协议，还有大量的其他协议，简单介绍如下。

Apache License(Apache 许可证)，是 Apache 软件基金会发布的一个自由软件许可证。Apache Licence 是著名的非营利开源组织 Apache 采用的协议。该协议和 BSD 类似，同样鼓励代码共享和最终原作者的著作权，同样允许源代码修改和再发布。但是也需要遵循以下条件：

(1) 需要给代码的用户一份 Apache Licence。

(2) 如果修改了代码，需要在被修改的文件中说明。

(3) 在衍生的代码中(修改和由源代码衍生的代码中)需要带有原来代码中的协议、商标、专利声明和其他原来作者规定需要包含的说明。

(4) 如果在发布的产品中包含一个 Notice 文件，则在 Notice 文件中需要带有 Apache Licence。你可以在 Notice 中增加自己的许可，但是不可以表现为对 Apache Licence 构成更改。

(5) Apache Licence 对商业应用友好。使用者也可以在需要的时候修改代码以满足并作为开源或商业产品发布/销售。

使用这个协议的好处是：

(1) 永久权利一旦被授权，永久拥有。

(2) 全球范围的权利在一个国家获得授权，适用于所有国家。假如用户在美国，许可是从印度授权的，也没有问题。

(3) 授权免费无版税，前期、后期均无任何费用。

(4) 授权无排他性，任何人都可以获得授权。

(5) 授权不可撤销，一旦获得授权，没有任何人可以取消。如，用户基于该产品代码开发了衍生产品，不用担心会在某一天被禁止使用该代码。

BSD(Berkeley Software Distribution)：伯克利软件发行版。BSD 开源协议是一个给予使用者很大自由的协议。可以自由地使用，修改源代码，也可以将修改后的代码作为开源或者专有软件再发布。当使用者发布使用了 BSD 协议的代码，或以 BSD 协议代码为基础作二次开发自己的产品时，需要满足三个条件：

(1) 如果在发布的产品中包含源代码，则在源代码中必须带有原来代码中的 BSD 协议。

(2) 如果在发布的只是二进制类库/软件，则需要在类库/软件的文档和版权声明中包含原来代码中的 BSD 协议。

(3) 不可以用开源代码的作者/机构名字和原来产品的名字作市场推广。

BSD 代码鼓励代码共享，但需要尊重代码作者的著作权。BSD 由于允许使用者修改和重新发布代码，也允许使用或在 BSD 代码上开发商业软件发布和销售，因此是对商业集成很友好的协议。而很多的公司企业在选用开源产品的时候都首选 BSD 协议，因为可以完全控制这些第三方的代码，在必要的时候可以修改或者二次开发。

GPL(GNU General Public License)：GNU 通用公共许可协议。

GPL 协议和 BSD，Apache Licence 等鼓励代码重用的许可不一样。GPL 的出发点是代码的开源/免费使用和引用/修改/衍生代码的开源/免费使用，但不允许修改后和衍生的代码作为闭源的商业软件发布和销售。Linux 就采用了 GPL 协议。这也就是为什么我们能用免费的各种 Linux，包括商业公司的 Linux 和 Linux 上各种各样的个人、组织以及商业软件公司开发的免费软件。

LGPL 是 GPL 的一个主要为类库使用设计的开源协议。和 GPL 要求任何使用/修改/衍生之 GPL 类库的软件必须采用 GPL 协议不同。LGPL 允许商业软件通过类库引用(link)方式使用 LGPL 类库而不需要开源商业软件的代码。这使得采用 LGPL 协议的开源代码可以被商业软件作为类库引用并发布和销售。

但是如果修改 LGPL 协议的代码或者衍生代码，则所有修改的代码，涉及修改部分的额外代码和衍生的代码都必须采用 LGPL 协议。因此 LGPL 协议的开源代码很适合作为第三方类库被商业软件引用，但不适合希望以 LGPL 协议代码为基础，通过修改和衍生的方式作二次开发的商业软件采用。

GPL/LGPL 都保障原作者的知识产权，避免有人利用开源代码复制并开发类似的产品。

MIT 又称 X11 协议，源自麻省理工学院(Massachusetts Institute of Technology，MIT)是和 BSD 一样宽泛的许可协议。作者只想保留版权，而无任何其他限制。MIT 与 BSD 类似，但是比 BSD 协议更加宽松，是目前最少限制的协议。这个协议唯一的条件就是在修改后的代码或者发行包要包含原作者的许可信息，适用商业软件。使用 MIT 的软件项目有 Jquery、Node. js。

MPL(Mozilla Public License 1.1)：MPL 协议允许免费重发布、免费修改，无偿使用。但要求修改后的代码版权归软件的发起者。这种授权维护了商业软件的利益，它要求基于这种软件的修改无偿贡献版权给该软件。这样，围绕该软件的所有代码的版权都集中在发起开发人的手中。

EPL(Eclipse Public License 1.0)：EPL 允许接受者任意使用、复制、分发、传播、展示、修改以及改后闭源的二次商业发布。使用 EPL 协议，需要遵守以下规则：

(1) 当一个贡献者将源码的整体或部分再次开源发布的时候，必须继续遵循

EPL 开源协议来发布，而不能改用其他协议发布，除非得到了原“源码”拥有者的授权。

（2）EPL 协议下，可以将源码不做任何修改进行商业发布。但如果要发布修改后的源码，必须声明它的源码是可以获取的，而且要告知获取方法。

（3）当需要将 EPL 下的源码作为一部分跟其他私有的源码混合成一个项目发布的时候，可以将整个“项目或者产品”以私人协议发布，但要声明哪一部分代码是 EPL 的，而且声明那部分代码必须继续遵循 EPL。

Creative Commons（简称 CC）许可协议并不能说是真正的开源协议，它们大多是被使用于设计类的工程上。CC 协议种类繁多，每一种都授予特定的权利。一个 CC 许可协议具有四个基本部分，这几个部分可以单独起作用，也可以组合起来。下面是这几部分的简介：

（1）署名作品上必须附有作品的归属。此后作品可以被修改、分发和复制。

（2）共享作品可以被修改、分发或其他操作，但所有的衍生品都要置于 CC 许可协议下。

（3）非商业用途作品可以被修改、分发，但不能用于商业目的。

（4）禁止衍生作品。CC 许可协议的这些条款可以自由组合使用。

大多数的比较严格的 CC 协议会声明“署名权，非商业用途，禁止衍生”条款，这意味着你可以自由的分享这个作品，但你不能改变它和对其收费，而且必须声明作品的归属。这个许可协议非常有用，它可以让你的作品传播出去，但又可以对作品的使用保留部分或完全的控制。最少限制的 CC 协议类型当属“署名”协议，这意味着只要人们能维护你的名誉，他们对你的作品怎么使用都行。CC 许可协议更多的是在设计类工程中使用，而不是开发类，但没有人或妨碍你将之使用于后者。

三、油气行业可能涉及的开源协议及选择方法

不同开源协议的软件具有不同的研发和商业化要求。在油气行业，具有商业应用友好的许可是选择开源软件中的重要参考。

Apache Licence2.0 是对商业应用友好的许可。使用者可以在需要的时候修改代码来满足需要并作为开源或商业产品发布/销售。

GPL 协议的主要内容是只要在一个软件中使用“使用”指类库引用，修改后的代码或者衍生代码）GPL 协议的产品，则该软件产品必须采用 GPL 协议，即必须也是开源和免费的，这就是所谓的“传染性”。GPL 协议的产品作为一个单独的产品使用没有任何问题，还可以享受免费的优势。

由于 GPL 严格要求使用了 GPL 类库的软件产品必须使用 GPL 协议，对于使

用 GPL 协议的开源代码，商业软件或者对代码有保密要求的部门就不适合集成/采用作为类库和二次开发的基础。

LGPL 是 GPL 的一个主要为类库使用设计的开源协议。和 GPL 要求任何使用/修改/衍生之 GPL 类库的软件必须采用 GPL 协议不同。LGPL 允许商业软件通过类库引用方式使用 LGPL 类库而不需要开源商业软件的代码。这使得采用 LGPL 协议的开源代码可以被商业软件作为类库引用并发布和销售。

但是如果修改 LGPL 协议的代码或者衍生，则所有修改的代码，涉及修改部分的额外代码和衍生的代码都必须采用 LGPL 协议。因此 LGPL 协议的开源代码很适合作为第三方类库被商业软件引用，但不适合希望以 LGPL 协议代码为基础，通过修改和衍生的方式作二次开发的商业软件采用。

GPL/LGPL 都保障原作者的知识产权，避免有人利用开源代码复制并开发类似的产品。

MIT 是和 BSD 一样宽泛的许可协议，作者只想保留版权，而无任何其他的限制。也就是说，你必须在你的发行版里包含原许可协议的声明，无论你是以二进制发布的还是以源代码发布的。

那么，在开发软件的时候，该选择什么样的开源协议？

乌克兰程序员 PAUL MILLER(PAUL MILLER，2015)画了一张分析图非常直接地提供如何选择的建议，基于该图，我们在根据出发点基础上重新梳理并绘图(图 10-6)。

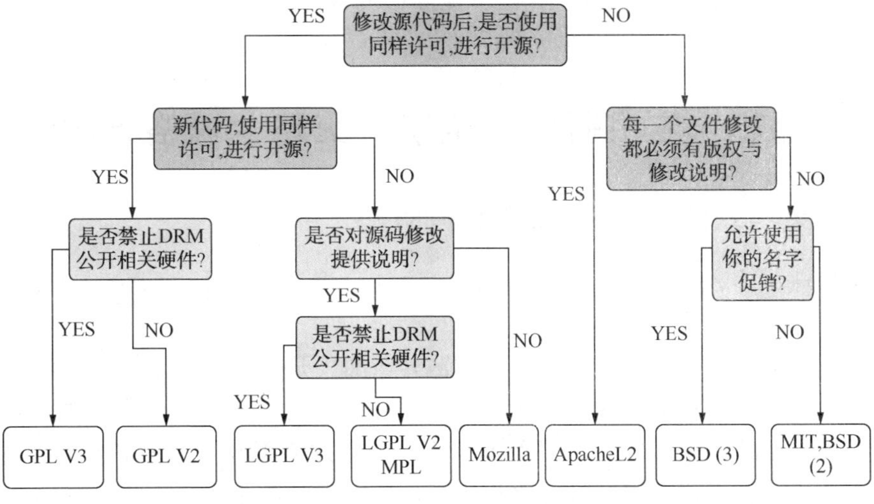

图 10-6 开源协议特点分析及选择流程

近年来，GPL2 使用量呈现逐渐降低的趋势(即便 GPL3 之后有所增长，但非常小)，更多的开发人员转向使用 MIT 和 Apache 许可证。其中的原因一起来分析一下。

GPL 协议具有一定的商业排斥性。如使用 GPL 协议的软件，使用者必须遵循相同的协议进行开源，原作者不承担代码使用的任何风险。GPL 能够保证软件代码发展过程中总是处于开源状态，这种限制对于商业化软件开发者来说是很难接受的。

MIT 协议和 Apache 协议对于商业化就友好得多。如使用 Apache 协议，原作者只是保留了专利，但不会限制使用者。Apache 的要求很合理，如：使用者必须放置协议说明，必须对修改的部分进行声明，不允许使用原作者的名称进行商业广告。而 MIT 协议，对于使用者几乎没有什么限制，可以允许任何人以任何方式使用，只需要对作者进行署名即可。

时代在改变，大众对于软件共享的理解也在变化，越来越多的人意识到了广泛的开源社区贡献与商业模式之间的平衡。各种公司开始考虑如何通过不同的开源方式来盈利，才能够让软件团队或者软件公司生存下来。此时 GPL 对于软件自由度的要求，让很多期望通过自己的软件来盈利的人们倍感压力。

此外，软件行业经过几十年的发展，可以说已经度过了一定的稀缺时代，对越来越多的软件产品有了很多的选择。那么，为了让某些软件有足够支持发展得更好，就需要进行更加密集和高质量的资金投入，从而在大量同质化的软件中出现更加强大的竞争力。这个时候，自由共享的需求将让位于对品质的渴求。

但无论如何，自由精神主导下的开源软件，已经成为这个行业不能遏制的潮流，未来，无论是自由精神的 GPL 还是面向商业化的 MIT 等，开源软件将会更加多元化和丰富化。

第七节　应用研发：陷阱、策略、栅格方法论

一、油气软件研发困难超越任何时刻

作为理论方法与知识经验的载体，油气工业软件是长期业务知识积累的结果。

面对复杂的地质与油藏目标，面对钻井与油气开采的复杂工艺与工序，现有的专业软件生命群都有着复杂而相对独立的理论方法和软件工具。过去数十年来，油气领域的大量分析、模拟和决策方法不断被有形化成为软件产品和模块，通过统计分析、二三维图形可视化和仿真模拟等手段形成了方法的工具化。

1. 油气工业软件市场现状是数十年市场竞争的结果

竞争态势下形成的每一个商业化存在的专业软件，都具有其特定的业务场景和具有竞争力的技术方法，而这些理论、技术、方法、知识、经验，构成了这些

软件特有的市场竞争力，正是这些竞争力的存在，让这些商业化软件具有了顽强的生命力。

自2000年以来的二十多年的时间里，针对勘探开发一体化、地质工程一体化的发展趋势，大型IT油服公司启动了针对从地震资料处理、构造解释、属性反演、地质建模、油藏模拟、开发设计、工程(钻井压裂)设计等全领域的软件整合，逐步形成了串接油气上游全业务流程的一体化工具体系。

如今，国际油服公司的工业软件产品，通过收购、合并、合作等各种商业模式，基本完成了国际范围的市场化，并逐步构建了稳固的、面向油气勘探开发全产业链的软件生态。

目前，以斯伦贝谢、哈里伯顿、贝克休斯为代表的国际油服公司已经形成了全业务流程和全生命周期的软件套件，其相互关联和相互衔接的模块，沉淀着多年的技术与经验积累。不仅如此，这些全流程的专业软件体系逐步构建了前后衔接且互为依赖的软件生态，对于体系外的新软件研发造成了市场壁垒。而这种生态体系和市场壁垒的存在，导致外来的特色化软件在市场生存的难度加大。

2. 国内缺乏有影响力的油气工业软件体系

国内油气上游领域的工业软件产品，无论系统性和全面性，还是方法先进性和特色性，都处于明显的竞争弱势。国内石油工业在面向油气勘探开发研究、分析与设计的过程，极其缺乏有竞争力的软件工具，更是缺乏专业软件应用生态(软件自身的设计、研发、构建和应用)。

从国内市场统计看，主流的勘探开发商业软件基本以国际油服技术公司的产品为主。从国际市场统计看，主流勘探开发软件的差距更为明显。可以说，国内油气勘探开发专业软件已经形成了大范围的空白和缺失，已有的部分专业软件在软件方法水平和实践水平上，与国际主流软件产品的差距极大。一旦这些关键软件供应中断和缺失，将对国内石油工业造成难以估量的冲击。

而与此同时更为严峻的一个问题是，由于油气工业领域的高度成熟以及专业软件市场长期的激烈化竞争，导致油气工业软件领域的追赶者面临巨大的市场困境，即后续的油气工业软件的研发面临市场收益不足的困境。也就是说，一个油气勘探开发的专业软件(或模块)的研发与收益已经无法平衡，其未来的市场机遇逐渐消失。

3. 油气工业软件追赶者面临巨大的技术陷阱和市场困境

当前技术架构的油气工业软件，其最好的发展窗口期已经逝去。

能够取得市场认可的工业软件的发展历程，其实是一个研发与市场长期持续互动的过程。由于工业软件要面对业务的复杂性和多样化的需求变化，一个软件从诞生到在市场立足，具有相当长的发展过程。在这个发展过程中，是否能有足够长的时间、足够多的反馈来完成细节雕琢，这是一个被普遍忽略的重要问题。

软件研发是一种深度思考的领域，也是一个精益求精的领域，其真正的成功是与业务领域需求和工作流程有高度的适配，而不是界面的美观或某些人的喜好。而这个漫长的过程，为软件发展构建了两个优势：

（1）软件可以长时间从用户获得完善需要的反馈。

一个成熟的工业软件绝不是做好计划就能开发出来的。它的成长需要时间，尤其需要不断对依据用户的反馈进行流程调整和细节雕琢，这种优化完善的工作量非常大，以至于团队可能要在漫长的时间里进行高负荷的设计、实验与研发。

从软件本身的成长角度，一个软件并不是一堆代码的拼接，也不是一系列功能的机械组合，它是一个海量的技术、方法、经验与知识的融合体。这就决定一款优秀的软件常常需要从极小的功能做起，一边完善功能，一边应用反馈，一边调试优化，通过无数次迭代升级来保证每个阶段每个部分的功能都能够做到整体最优化。

（2）软件可以长期从市场获得发展需要的资金。

一款优秀的专业软件在市场推广的过程至关重要，在这个过程中使得软件能够与市场共同成长共同发展，应用软件带来的市场收益能够源源不断地回馈软件团队，保证软件的持续研发。软件在漫长时间中的功能积累是一个巨大的投资，正是由于源源不断的市场回馈使得这种投资得以在时间上分散并能够阶段性地承担。

所以便能够理解，为什么市场上很多油气软件哪怕维护不便、软件技术过时甚至界面变得简陋，企业仍旧不会抛弃原有技术架构。正是因为工业软件最具竞争力的内容是长久应用积累的数字方法和算法、经验和知识，所以其真正的价值是那些被整合优化并长期调适后的业务逻辑，而不是漂亮的界面和新的图形界面。

所以更加能够理解，为什么很多投资巨大的专业软件研发总会无疾而终了。

这更多的是没有意识到软件诞生和软件成熟是有着巨大的差距的，这种差距体现在工作量、技术成熟度、方法可靠性和环境适应性等。正如上文所述，软件诞生仅仅是其生命的出现，而软件在市场生存下来则必须要有明确场景定义并解决具体问题，这是一个比软件诞生更加漫长的过程，而这个过程，一方面需要市场的反馈，另一方面也需要市场的滋养。

但是，面对工业软件发展并非束手无策。首先，当企业长期发展的战略需求远远超过软件研发带来的成本，或者企业发展和竞争风险要求必须完成某一领域软件模块研发的时候，软件计划往往可以得到有力的推动；其次，我们应该意识到数字化与智能化时代的油气专业软件架构的演变趋势，即变得更加注重可集成、可连通、可协同，这使得软件设计、研发、实施和过程管理的方式都有了巨大的变化，新一代的软件升级便带来的前所未有的机遇；最后，由于可利用的开源及免费资源越来越多，如何综合利用已有的资源启动某类业务场景下的专业软件功能研发，就会变得更讲究策略性。

二、专业软件突破的策略、方法

对于软件团队，包括油企的研发部门、软件公司、学术团队等的小型软件研发团队，最重要的是：不要从自己的角度去想象产品的需求，而是从用户、场景和产业的三个层次去思考产品的定位。只有基于这三个定位才能开展有效的软件产品发展策略。这里，提供5个可能的软件切入的方法。

1. 局部优化：选择具有功能优势的软件模块，以替换产业生态链上的某个局部模块

如果对于一个关键的节点，如果团队有一个非常优秀的算法且能够带来更为准确的目标表达、更精确的分析或更准确的预测与判断；或者通过创新一个新的数学模型；或者用数据驱动的方法代替数学驱动的方法等；这种核心技术竞争力带来优势大多数时候是起决定性作用，其软件功能无疑是值得研究的。因此，基于核心技术水平带来的优势，在进行一个工业软件模块推广的时候尤为重要。

2. 场景优化：面向特定应用环境，寻找一个更为简单或者快捷的方法

基于现有的业务流程，面向某一类应用环境进行特别的优化，可以实现更少的参数或者更少的操作步骤，可以让操作的过程更为简洁和更加自动化。对于某些应用环境进行过流程调整、方法选择、参数选择等的调整，让面对局部环境时具有更高的适用性。简单点说，国际大型专业软件的学习门槛，对于国内大多数行业专家们还是过高的。他们从软件研发和市场盈利的角度考虑问题，更多追求的是方法的系统性和科学性，而不是各种应用场景的特色化支持。因此，对于国内油气工业的业务流程中的不同团队，如何细分特定的“应用场景”，将这个场景进行更加自动化的流程操作，甚至针对这个场景的业务流程、技术特点和方法特点，构建一个可扩展的简单工作流程，让一个复杂过程的分析和决策变得更加简单，也是一个努力的方向。

3. 数据协同：提供数据流程的优化，从而提升业务流程的协同性

（1）数据来源层面的优化。

很多软件在使用过程中需要从不同的渠道中获取各类数据，这些数据存放在不同的数据库或者文档体系中。我们可以在明确数据来源的基础上，基于软件的数据需求，实现自动化或者半自动化的数据抽取机制，通过简单的选择即可从各

个数据库中将需要的数据抽取出来并加载，将解决软件用户不懂数据来源痛点，解决数据采集加载的难点。

（2）数据输出层面的优化。

使用软件的目的不仅是查询数据，更多时候是将查询的数据用于特定的分析中，包括对数据进行统计与分析；对数据进行可视化输出；对数据进行计算和模拟等，这些最终可能要反映到一个个表格或者文字报告中，那么最好的方式就是根据不同企业对于数据利用的报告性要求，将数据以特定表格和文字的方式直接输出，方便用户直接应用到自己的办公流程中。由于数据获取和数据输出环节均受限于不同企业的数据标准、报告规范和业务流程，国际大型软件群一般很少涉及这部分定制性的工作，这为小型软件发展提供了机遇。

4. 差异拓展：适时地引入开源和软件多样化、差异化发展策略

软件研发初期功能并不完善，可以通过开源和永久免费的方式进行模块推广。随着软件的不断发展，其发展方式变得多样化，包括：

（1）软件功能性差异：提供更特殊化的体验需求，如可以通过架构设计机制增加部分特色化和辅助性模块的扩展，为特定用户增加更多的用户体验，而针对这部分功能收取费用。

（2）数据标准化差异：提供多数据来源和数据成果的规格扩展，如通过对多种不同数据规格和企业数据库以及不同数据成果输出规格的支持，提供不同企业架构下的业务融合支持。

（3）软件复杂性差异：提供更高精度或更高效的多样化功能支持，如根据用户的专业程度不同，要么通过对更多算法和决策模型的支持，提供更加复杂的功能；要么通过自动化智能化操作，在保证效果基础上提供易用性。

（4）业务场景的差异：提供多种场景的适应性，如在不同的业务环境下，针对不同地质环境和施工目标带来的应用背景不同，提供更多的定制性的功能组合，通过这些方法和功能组合带来更高效的工作模式。

5. 充分利用新技术与平台，降低成本并提升商业拓展效率

基于公有云的软件部署无疑带来更为广泛的应用范围，在云端的软件体验也会带来更多的市场机会，将软件迁移到 Web 是一个可能的选择。此外，在手机 APP 的软件体验也会为用户带来全新体验。让多平台策略形成整合优势而非注意力分散。在多平台部署的情况下，不仅要分析使用场景能否部分地迁移到移动端或公有云端，还要分析这些终端与 PC 端如何实现一种更加密切的整合关系（如专业职能、管理职能、决策职能，以及这些职能之间通过消息通信实现协同），从而形成多个平台软件之间的相互协同，这种协同本质上是生产者、研究者、管理者之间的协同。

上述五个方面，其本质就是一个如何“面向用户需求的更低成本支撑”的问题，即面对用户确确实实存在的业务痛点，如何才能够更精确、更简单、更高效、更快速、更自动、更直接地帮助用户达到目标。这不仅是用户的需求，也是这个行业对工作效率和市场发展的迫切需求。这个，才是一切“办法”的最基本出发点。

三、架构+场景的交叉融合方法论

油气勘探开发业务作为一项较为复杂的经济活动，其发展具有一定的产业结构及发展规律。近年来林毅夫提出的新结构经济学在经济界具有较大影响，他提出“经济发展本质上是一个技术、产业不断创新，结构不断变化的过程。”所以，应该“运用比较优势来选择企业的产业、产品和技术结构的发展战略能够最快速的提高要素禀赋结构。”这一理论对于油气地质的信息化，尤其是软件体系的发展具有极大的指导意义。据此我们针对油气勘探行业信息化框架，尤其是软件框架，从产业发展角度作分析如下：新结构经济学认为一个经济体的经济结构内生于它的要素禀赋结构，持续的经济发展是由要素禀赋的变化和持续的技术创新推动的。我们将这一理论从更为微观的一个行业活动中分析，也会发现类似的现象和结论。

油气行业可以设计为一个通用的企业级架构，但这种结构在实现上必须具有业务重心限制和投入计划限制，从而保证架构能够以最符合业务逻辑的方向落地。我们前述的行业软件架构已经不仅是一个单体性技术架构，而是充分考虑到业务特点后设计的一种定制性和混合型的复合架构。因此，这种架构的设计和应用必然不是一次成型的，而是需要依据业务需求特点和实践过程，进行一步步地优化，这就是“架构+场景的交叉融合方法论”。

由于油气勘探开发与工程业务具有的数据复杂化、功能图形化、成果模型化等数字化特点，在设计软件架构时必须充分考虑行业特点而做出架构功能的取舍。不仅如此，油气勘探的软件架构设计其主体内容不应该是软件技术本身，而是通过这个架构核心如何包容复杂的数据处理和业务逻辑功能。这些架构设计内容包括如何获取解析和处理各类复杂的行业数据，如何建立数据的处理和展示分析的工具，如何收集整理业务功能和算法形成通用服务，如何将上述的数据和功能组合成一个具体行业问题的解决方案(应用)等。

我们一般是从架构上进行分层，确定一个不同技术面的分层管理方案，如数据管理层、共享服务层、算法层、模块层等。但在实施的过程中，每个层次的内容填充却必须依靠一个个的场景项目来丰富和实现。

因此，我们设计了称为“交叉融合式”建设策略，在软件架构的建设方面细化为“层次设计，纵向实施，分块落地，迭代丰富”的实施策略，这种策略的核心方法就是提出以特定业务主题的建设方向。具体可以表述为：以信息技术为平

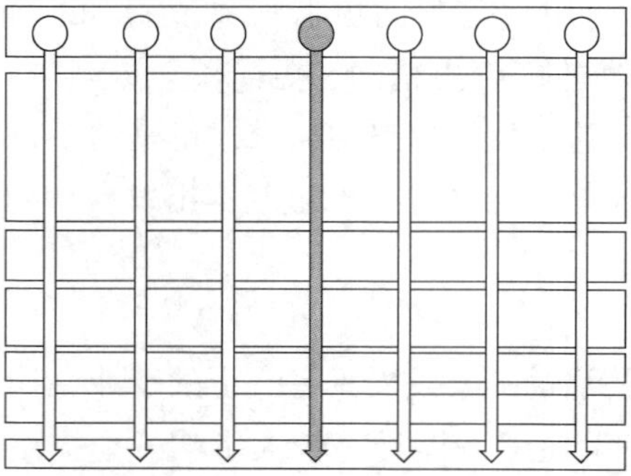

图 10-7 数字盆地软件架构建设策略
（孙旭东，2017）

台的层次，以特定业务需求贯穿框架，自顶向下逐层设计。在具体实现上，可以分为三个步骤和原则(图 10-7)。

（1）建立横向的层次化软件技术框架。

在具体的软件技术框架建设过程中，其框架技术仅仅用于统一数据规范和不同业务逻辑层的软件规范。通过层次化软件技术框架的建设，避免数据、组件和模块等技术概念与业务逻辑相混杂，从而清晰地界定各类技术要素的层次性。

（2）建立纵向的业务应用场景。

依托业务应用场景实现勘探业务需求的逐步落地，逐步丰富完善软件配套体系。

这一策略的核心就是针对复杂业务建立“业务微循环”，即以特定业务场景的主题需求为目标、以软件技术框架为规范，从数据到服务、从模型到方法、从模块到软件集成的一个小型的层次化研发过程。

每一个业务微循环本质上是一个独立的软件模块，但是这个软件模块依据软件架构层次，从数据模型(领域模型)、数据服务、算法、软件功能插件、交互设计等几个层次进行了拆分，保证这一小型软件系统能够融合到软件框架体系之中，从而实现数据模型、算法和功能插件的共享和复用。

这种贯穿了智能勘探架构的业务微循环，首先是以业务目标驱动的，也就是说其最基本的出发点，是源于业务目标。其次，这种业务微循环的内容完善是来自各个业务应用主题的具体实施，包括行业知识、模型方法、应用模块、基础服务、底层数据，通过软件研发过程中的功能迭代升级，不断丰富和加强框架机制。

（3）以业务实现过程不断丰富软件架构，改进和完善架构机制。

架构的最终成型来自业务实现过程，这种业务场景主题的实现过程一方面进行架构功能的扩展，一方面将业务场景主题的内容落实并充实到架构上。即在具体的业务应用实施过程中(而非之前)设计和实现相关的“数据”“知识”“业务组件”“算法组件”“业务模块”等，通过每一个软件的开发不断扩展软件平台的内容，盘活这些内容要素。

综上所述，“架构+场景的交叉融合方法论”本质是一种基于敏捷设计思维的软件架构设计方法。它一方面是对近年来国内油田大型软件框架和数据模型等信息项目的建设教训总结，另一方面也是如何科学地建设一个复杂软件架构的方法。业务软件和软件技术框架两者的建设不是孤立的，也不是毫无关联的，而是统一设计、同步建设、不断融合、互为支持的一体化发展之路。

第八节　业务融合：数字技术与业务要素的融合

技术架构与技术生态研究的最终目的是对油气整体业务能力的提升，最终落实到业务场景和业务职能的实现，为业务竞争力的提升提供数字化支撑。由此开展的油气数字化整合方法，最终都会落实到不同环节业务能力的提升上面。

一、面向业务整合的业务云平台设计

如图 10-8 所示的数字化技术整合体系，就是一个基于云平台支撑数据、知识、模型、软件的技术整合，进而通过该技术架构实现油气勘探开发整体业务整合的业务云平台。

所有的数字化工作目标是以油气勘探开发业务流的支撑(A 业务流)为目的，通过基于油气业务架构的细化形成应用软件架构来实现直接的软件支持。这部分包含两个层次，其一是基于业务场景的应用软件支持(B 应用软件)以及在此基础上分解形成的核心业务逻辑(C 模型算法)，其中模型算法是应用软件最为核心的组成部分，也是构建油气应用架构的关键技术的数字化表现。

在业务架构和应用架构中流转的是数据及其加工过程中不断形成的新数据，我们称为知识，它一般表现为描述不同阶段油气对象及其专业属性的静态模型，通过对这些静态模型展开分析的数学模型和分析模型所做的计算与模拟过程，最终形成用以指导各业务领域决策的研究成果。针对基础数据、计算数据、模型数据和图档成果数据四类成果的统一管理与共享，便形成了整体架构中的重要成果资源(D 数据知识)。

最底层的云平台(E 云平台)为上述应用软件、模型算法、数据知识的统一管理提供专业的数字化管理，以实现各类资源的获取、存储、管理、共享。

此外，为支撑上述资源管理功能而构建的技术架构也是云平台最基础的技术资源，包括对各类资源服务接口的管理、编排，以及通过云平台实现的系统机制与架构机制。

最终的业务层面的集成整合，就是通过该架构得以实现。

1. 为什么要构建面向业务的资源整合架构？

技术架构的设计本身就是为了业务资源整合与协同而服务，即技术架构的设计目标就是构建一个既代表当前业务复杂性和协同性，又面向未来业务灵活性和定制性的架构体系，其最终目的就是业务平台的支撑。

在新的工业软件时代，实现对于需求的快速响应和低成本方案构建是关键。我们需要针对业务的需求变化和起伏，来快速的形成一个新的解决方案；更要不

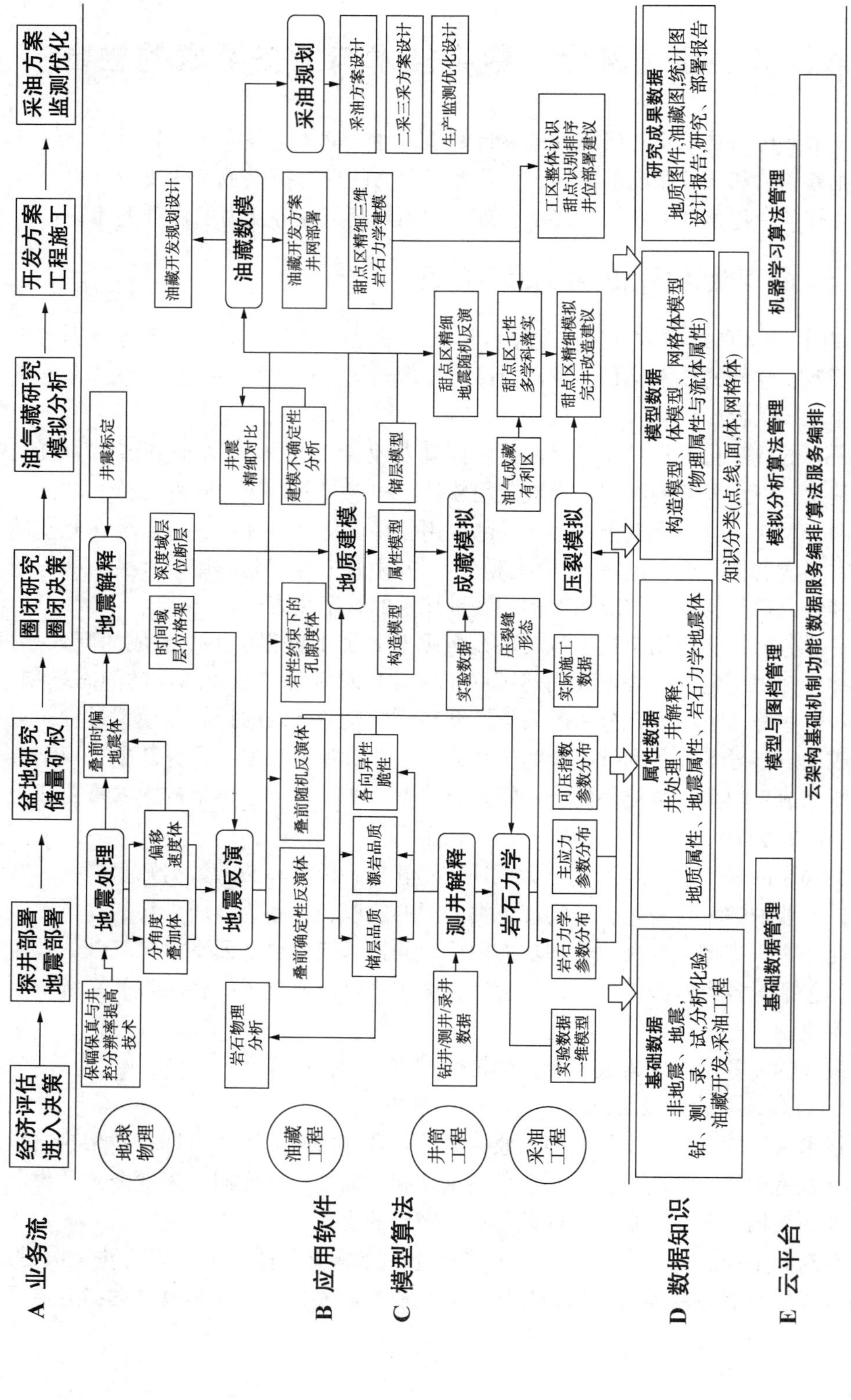

图10-8 基于云平台支撑数据、知识、模型、软件的整合

同业务板块或不同技术领域实现知识体系衔接与融合，通过技术协同带来的产业的业态升级。

因此，创建智能油田关键是数字化技术如何落地、融合与应用，将平台的各种技术与业务流程进行有效的衔接，将云平台技术及人工智能平台的智能化技术构建应用模式以支撑业务体系的系统的构建。进而在业务系统的构建过程中，形成非常突出的业务场景和业务流程的支撑。

2. 如何构建业务云平台

业务云平台构建的主要方法，就是在技术云平台基础上融合所有的业务要素。那么，云架构之下的平台技术，是如何支持企业中各业务要素的融合，又是如何将技术架构和数据架构有效地支撑业务架构的实现呢？

（1）提供组件与模块的管理和共享。

底层技术云平台对于模块的共享提供了组件注册，但这种组件注册目的是组件技术层面的组织管理，关注与组件的健康监测和负载均衡这样的系统性功能。但业务云平台的服务注册或者模块注册，其关注的是模块粒度划分必须满足业务场景的组装要求，要根据行业的应用场景划分不同模块功能，关注于将特定业务场景、依据业务流程和层次进行归类和梳理，为后期的应用定制作准备。

（2）提供数据和指令的高效传递。

业务层面的数据流转和指令流转，关键是构建一个完整的业务闭环。现场终端和边缘端，以及后端的专家团队之间，如何有效地传递数据，然后将反馈的建议或者执行指令一层层传递到控制设备，这些是要面对的技术问题，也是让一个行业或者场景具有智能化的最为重要的因素。

（3）提供面向业务场景的应用软件定制。

业务云平台其实是在业务流程的管理之下，快速实现业务场景数字化解决方案的构建。它所承担的职责是每一个场景的要素如何衔接、组装、融合和系统化，以及如何在运行过程中实现不同场景和板块的协同运作。

业务层面的模块和算法在组织的过程中，大量的系统环境变量，除了身份权限等系统性参数外，还有当前的业务数据如三维工区、井、地质模型，以及多量纲和国际语言等。模块与模块，模块与算法之间的调用和消息通信，这些信息的黏合是应用软件定制的主要技术工作。

（4）提供面向业务流程的解决方案构建。

盆地、区带、油藏、钻井、压裂等面对的业务不同，数据类型、数据处理方式、算法共享方式、多模型混合决策模式的需求也不尽相同。这些都需要在基于业务场景的细化和连接的基础上，最终构成一个面向特定业务领域的工作流程。

所以，业务平台实际上是一个基于云平台的行业解决方案。它是要面对行业建设运行过程中的关键场景，形成一个个完整的业务分析决策的流程与信息闭环，进而在场景基础上进行连接与组合，形成业务领域的工作流程。而这一切，需要对业务需求的充分把握、规划和设计，才能形成一个真正有效的业务平台。

3. 从技术云平台到业务云平台的改造过程

一个面向业务解决方案的油气勘探开发云平台，本质是一种企业云和业务需求之间的数字化落地方案。通过这种数字化方案，所有的业务场景、数据、人工智能、软件模块实现了生态化构建，所有的数据专家、业务专家、算法专家、软件开发专家能够充分地协同构建一个完整的业务体系。

云计算及后续的云原生架构，首先是一种技术架构的升级。通过上云，实现软件中的数据处理、模型计算、模块应用和用户交互的高度自动化。

首先是数据架构随之改变。通过建立基于云的数据统一管理、统一交换和统一共享，打破了原有数据带来的壁垒。

其次是应用架构随之改变。业务框架要求信息传递快，那么必须打破软件之间的藩篱。这个时候专业软件一定要寻求一种新的覆盖各种软件技术的数据通信模式，以建立和促进软件之间的相互链接和协同运行。一个基于云的软件通过数据统一和算法模型统一，实现了软件层面的高度可访问。

最后是业务架构的改变。业务架构方面，由于数字化转型要求业务快速迭代，就需要业务之间信息传递更加快速。油气工业的数字化转型中，新的技术架构带来了数据和应用架构的改变，最后带来了业务流程的标准化，这种标准化通过自动化和智能化流程，实现价值链和业务链的快速迭代。

在油气数字化建设中，云平台、业务云平台、大数据平台、智能平台等有着明确的界限和不同的定位，它们相互依存、相互融合，形成一个行业数字化的完整解决方案。

二、面向业务资源整合的混合技术架构

1. 业务云平台首先继承和集成传统专业软件

企业长期研发的专业软件，如果经过市场验证并取得了一定的市场占有率，那么一定有被继承发展的价值。

如前文所述的 DELFI 平台并非与斯伦贝谢原有庞大的专业软件体系 PTS 系统相互独立，而是形成了一个整体。本地、全局和第三方来源都可以直接输入分析和业务领域的工作流程。使用户能够在 DELFI 环境中搜索和利用 PTS 中数据、算法和软件模块。

同时 DELFI 石油技术套件 PTS 在被 DELFI 认知环境包容之后，通过 AI 技术和高性能云计算等技术获得了加强，表现在更快的计算时间，更多的新工具、更

大的灵活性和更强的生产力水平，所有这一切，带来了传统专业化研究的升级。

2. 业务云平台需应用云计算技术构建混合协同架构

业务云平台其本质是一种面向勘探开发全业务领域的企业级架构解决方案。

如 DELFI 云平台就是一个企业级的应用架构方案，其中包含了众多的技术框架实现。在 DELFI 中，既包容了传统软件架构体系，又包含了微服务和云原生的架构体系，还融入了大数据与人工智能的技术，解决了企业级的数据整合、应用整合、业务流整合。

首先，传统的油气工业的专业化软件(PTS)通过 VDI 技术实现了云端部署。面向油气模拟分析的计算服务逐步放在云服务端执行，应用云端强大的并行计算能力，这些计算效率的提升非常大。

其次，新的面向管理和决策的应用，则完全采用了云原生的模式开发。DELFI 的云原生应用，是 DELFI 为油气全领域的管理和决策，设计的全新的个性化油气勘探开发工作区。这些云原生应用都是全新设计全新构建的，作为未来的软件应用模式会充分展现 DELFI 环境的协作性、认知性、开放性和安全性。

这是数字化转型理念在油气工业落地和发展的真实、有效和务实的案例。这是一个各种新技术包裹下的全新的行业软件生态，带来的远远不是技术层面的革新，而是业务层次的一个新的产业的大协同、大整合、大转型。

随着油气上游工业数字化的不断推进，国内的应用软件会充分地应用云端技术，进行大规模过渡和替代，通过新的技术优化组合、共享数据，主动应对业务需求的挑战。而一旦进入云计算，新的机会将会显现并帮助行业达到更高的效率和商业价值。

三、面向全业务一体化协同的数字化演化

油气数字化转型的本质是基于全业务领域协同基础上的业务应变力的提升。因此，面向勘探开发一体化、地质工程一体化等发展需求，面向全业务领域认知的快速迭代能力是对业务云平台的基本要求。

在新的工业软件时代，实现对于需求的快速响应和低成本方案构建是关键。原有的那种独立应用开发方式，无法针对业务的需求变化和起伏，快速形成一个新的解决方案，更无法实现不同板块的业务专家或者不同学科不同技术领域的知识体系有效地衔接和融合。

过去很长的一段时间，面向勘探开发全业务领域的协同工作是一件非常困难的事情。其主要原因是：(1)由于专业软件和不同数据规范形成的壁垒，很难实现不同业务板块和流程的协同工作；(2)由于油气公司管理流程本身的条块分割、流程分割，造成了生产与研究管理的分离，这种障碍也阻碍了全领域的协同。

现今，基于云端的业务服务体系通用数据体系构建，以及企业面向地质工程一体化的管理变革，这两个障碍正在逐渐得以消除。通过微服务架构带来的服务规范和耦合机制，不同的软件和流程可以通过统一的规范进行数据沟通和通信，这带来新的应用方式。

可以说，业务云平台最核心的驱动力，并不是表面上的技术变革，而是企业面对降本提效和竞争力提升的迫切要求下，寻求一种多业务板块研究的高质量、高协同和持续优化的数字化支撑机制的必然。

这些 DELFI 全新的云原生应用在业务上，定位在井规划和建井、油藏开发、油田生产优化和公司管理等的决策活动中。所以，不要把 DELFI 的云原生应用看成一个孤立的新事物，它有着雄厚的技术背景和近乎全面的业务方法积累作支持。它依托于产业架构以及产业架构下数据的系统化管理、地质油藏的模型化与知识化积累、油气产业研究工作流的庞大算法积累、油气工业专业软件工具的模块化调用，所有这些最基础、最核心的东西，都来自企业的持续积累。

在这种思潮的带动下，国内很可能将开始新一轮的平台化改造和专业软件上云的工作。而这正是国内企业数字化转型的风险。因为当看到如 DELFI 云原生应用这样变革性的新事物，很容易将其认为这是一次云计算和人工智能技术的革命，进而一拥而上搞大平台做基础设施，而忽略了最为重要的业务架构及其之下的数据、模型、知识和算法、方法、工作流的重构和升级。

四、从业务一体化到产业生态的演变

业务云平台的目标是业务资源和流程的一体化整合，但并不仅仅是勘探开发业务的整合，而是随着其技术延伸，这种底层数字化技术反过来会推动油气业务架构向着更大范围的产业生态的方向发展，OSDU 就代表这种演变的趋势。

OSDU 不仅是一个技术平台，更是一个油气数字化生态体系的构建。这种生态体系远远超越了技术框架，延伸到了市场生态和业务生态。面对后者的成熟度，国内油企与国际油企的差距是非常大的。国内在传统的专业数据管理、数据模型化和知识化发展路径、基于业务框架研究模型、专业算法和分析模型方面都极其散乱和薄弱。这种差距的存在，导致即便能够构建一个生态也是极其脆弱的。

面向国内领域的市场，还需要等待国内大型油公司在战略实施层面的规划以及当前开展的探索性实践，而面向国际领域的市场中，OSDU 正在形成产业的全新形态的变革，这已经不是该不该切入 OSDU 的问题了，而是如何切入并充分利用 OSDU 带来的资源优势和生态优势。

首先，在切入的过程中，需要明确 OSDU 的数据服务技术框架，以保证各类数据规格。应用方面，最好以云原生应用作为首选的技术框架。

其次，需要审视自身的技术产品是否具有全局性的竞争力或者局部问题的竞争力，以及这种竞争力的影响领域。如果产品竞争力足够，OSDU 的统一技术架构和数据架构会帮助实现行业的快速切入。

进而，就是真正的产品发展性竞争。真正的竞争力不是体现在这些数据和技术框架上，而是解决方案的精准定位和痛点解决，这是一个长期的过程，也是一个持续迭代的过程。这是通过构建一个能够带来明确效益的节点应用，并且随着产业发展和技术发展动态的升级更新，持续不断的利用 OSDU 提供的各种数据资源和技术资源，将自身应用在整个业务流程中实现前后衔接并充分融入新的业务流程。

最后，是面向 OSDU 带来的协同化特点。利用 OSDU 中集成从地震到压裂的全业务领域成果，从大数据整合的角度思考产品从一个节点向整体协同化管理与决策的升级，思考如何基于这种基础功能实现更加自动化操作过程升级，更加智能化的问题分析，以及更具交互认知能力的专家与系统的融合。综上所述，这是 OSDU 带来的全新生态变革。

第九节　本章小结

数字油田建设多年来，面向油气行业的信息技术支撑方面，国内外的科研机构与行业力量加强合作、致力于统一油藏勘探开发数据标准、统一软件支撑平台、统一应用平台等工作。国际油气领域在过去二十年间，依托精细化的行业分析和技术分工，逐渐统一的油气数据存储标准、数据交换标准、模型(知识)标准、软件集成标准，初步解决了信息架构的标准化问题。随着油气工业“数字化转型、智能化升级”的推进，以 OSDU 为代表的国际化合作逐渐深化，打破数据壁垒和软件壁垒、建立全球油气上游工业的数字化生态成为全球产业共识。

国内油田信息化建设的重心不仅体现在面向油田运行的专业数据集成与应用集成上，也体现在面向勘探开发基础的方法研发上。然而由于信息技术在顶层设计、技术路线和方法论方面的问题，导致数字化技术在勘探开发应用存在一定的断层，这种断层体现在信息技术与行业应用两个领域。前者是指对于物联网、大数据、云计算和人工智能的应用重心放在了技术本身而脱离了业务需求的倾向。后者是指对数字化技术的理解较为简单和肤浅，尤其缺乏特定业务领域的计算、模拟、分析与决策技术的“深度”掌控和架构规划。

国际油气数字化领域的顶层设计、技术研发、业务模型和组织模式方面的问题，对于数字油田深度推进提出了挑战。本章重点针对上述问题，面向油气数字化整合提出了顶层设计、软件梳理、架构融合、数据融合、拥抱开源、应用研发、业务融合等七项建议，并针对七项建议进行了较为系统和全面的阐述。

第十一章 油气数字化转型中的思维升级

世界要完成从混沌走向有序的熵减过程，就要建立复杂的规则体系，实现一个高度自动化和智能化的新系统尤其如此。

此前叙述的油气上游工业的数字化技术生态，虽然在技术架构上是一个巨大创新，但其中的所有行业理论知识和实践方法都是过去长期实践的沉淀，而指导这个技术体系框架构建的思维方法，才是油气数字化转型中关键所在。因此，构建业务战略并指导业务目标实现的指导思想，需要从更为本质的原理上往上走，发现决定油气数字化发展中更为底层、更为核心的关键要素。

第一节 行缓致远：工业数字化没有捷径

油气上游工业的数字化转型是一套顶层设计实现方法论，这一方法论本质是一套不断细化、不断夯实、逐层递进的工作实践。通过应用典型的企业架构设计方法(如 TOGAF)，其核心指导思想就是：逐层地构建这种数字化架构，突出业务模型思维以及业务价值链的重要引导，进而确定一个顶层设计完整的改造实施流程。

一个完整的顶层设计规划一般分为三个必要步骤。

1. 业务价值与商业价值分析

钟华在《数字化转型的道与术》中提出了数字化转型方法的本质：“企业在制定数字化转型战略时，应该把重点放在如何利用数字化方式解决业务问题和实现商业价值上，即企业不需要单纯的数字化战略，而是需要一个更具商业目标的战略，只不过这个战略将通过数字化来实现。”

而企业数字化转型的方法，就是面向业务问题，以产业互联网的建设思路，为各种业务模式商业化提供高价值参考。其核心内容包括：业务全局视角贯穿业务链、构建支撑业务优化的数据链路闭环、提供复用能力支持业务快速创新、支持基于能力开放的外部合作伙伴生态共建等一系列的业务价值变现规则。

本书前面的几个章节中，针对油气勘探开发的业务流程和业务层次开展了较为细致的分析，发现油气上游工业领域业务价值，目标就是以最低成本与最低风险来获取最大的油气产量。由该出发点延伸而来的勘探、开发、采油和石油工程等各个业务领域运作，均是这一出发点的场景细化。

2. 企业架构设计方法论

企业架构设计方法论提供了一个明确的流程和解决方案。需要通过企业架构设计方法(如 TOGAF)逐层地构建这种数字化架构，突出业务模型思维以及业务价值链的重要引导，进而确定一个顶层设计完整的改造实施流程。

油气工业的数字化生态关键是适配的数字化架构设计。也就是说，需要厘清产业中各个模型以及模型之间的相互运作关系，建立信息加工的自由流动和快速联动，从而将这种业务体系构建成为一个数字化生态体系。

数字化架构，或者叫作应用架构，本质是运用这些信息技术构建一个业务理论的模型体系，让这个模型能够自动化、智能化地运转。架构设计需要一种符合层次规律的技术体系，这就是技术架构。技术架构就要建立起来从数据到模型，最后形成一个面向业务场景价值链实现的纵向闭环。而这个业务场景闭环是最终完成价值链的最终体现。

这一点非常重要，目前油气勘探开发领域很多数字化建设失败或建设效果差的原因，都是因为直接切入了技术架构与技术实现，而没有从业务架构角度去细化业务需求，描绘业务场景、设计应用架构，导致技术实施缺乏明确的目标与基础。

3. 架构落地方法及项目群实施规划

企业架构设计成果的实施，便是一个个的建设项目构建的项目群设计。

项目的设计是面向业务场景的。数字技术不是企业数字化的目标，数字只是构建工业数字化体系的底层技术。而这种技术的实现，是通过企业业务愿景和业务模型落实到业务场景上，进而面向业务场景的应用场景，提供应用软件支持和数据支持，最终实现将数据、方法、应用软件、业务场景的业务流程闭环确立起来。而当所有的业务场景被串接起来，就形成了一个完整的商业价值链支撑体系。

数字化转型是面向企业业务竞争力提升和商业价值实现的实践活动。应对数字化转型，企业需要将业务、应用、数据、技术等架构领域紧密关联，使得各领域形成一个有机整体，快速响应外部驱动、技术进步、战略调整等带来的各种变化，精确控制和协调各部分的协作，以打造敏捷性企业。

数据架构、应用架构、技术架构的推进都有着长期优化形成的实施流程和方法论，油气工业的数字化建设没有捷径，支撑工业体系大厦的每个部件都不可或缺，进度可加快，流程不可逾越的原则在这里同样适用。

从更宏观的角度看，基于企业架构设计角度的顶层设计和蓝图规划，是油气勘探开发数字化建设的战略主线，也是最为基本的管理流程。这种基于长期企业信息化数字化实施而构建的方法论，是基于油气工业逻辑、科学管理思想和数字化架构三者的理论结合形成的方法论，且已经在大量国际油公司的实践应用中获得了广泛认可。对于这种理论方法的引进学习和规范应用，可以为油气上游工业数字化建设提供科学化指导，实现有效细化目标、规避风险、分解任务、控制项目、掌控进度，以高质量达成预期愿景的实现。

第二节　技术文化：尊重科技发展的基本认知

要建立尊重科学技术发展的技术文化。这种技术文化一方面维护科技研发的基础底线，另一方面要构建在技术之上的技术创新。前者注重静态的积累，后者注重动态的创新；前者建立技术发展的下限，后者引导并突破技术发展上限。

1. 底线技术文化及其支撑体系

我们在学习解析 RESQML、DELFI、OSDU 这些国际油气工业数字化解决方案的时候，其实面对最大的困难并不是那些庞大且复杂的架构技术，而是作为如此巨大的工程却要用最繁琐也是最规范的方式来描述和构建每一个细节。

油气信息工作者们有多少人还在秉持着一个基本的软件设计规范来开展数据工程和软件工程？如 RESQML 团队那样用 UML(统一建模语言)仔细地设计每一个类图、交互图和顺序图，如 OSDU 团队那样用 JsonSchema 设计每一个本体和数据对象？如 DELFI 那样用 OpenAPI 规范精细地定义每一个服务接口？

自从 1999 年“数字油田”概念和理论体系提出后，油气上游工业信息化和数字化历程已经很多年了。但作为核心方法和理论显性化的软件业，其专业化应用层面一直少有突破。那么是什么原因制约了油气工业软件发展呢？

(1) 技术文化对工业软件发展的制约。

软件发展是一个规范而有序的过程，虽然可以通过各种方法来促进过程管理、加快研发效率和提升软件质量，但研发本身必要的工作流程和工作任务却是不能偷工减料的。

信息工作者要尊重和学习软件研发中的大量专业和复杂的设计、编码、控制和管理方法，避免将企业软件研发流于概念化和形式化，尤其要避免以商务中的抽象概念来代替软件科学中的专业概念，避免以商业运作流程来替代软件研发的技术流程，保证软件研发本身处于一个科学而系统的发展过程。

技术文化需要团队、社会、市场、国家等不同层面的滋养，而对于技术文化的尊重、遵守、扶持、支撑，都需要真正公平有效的规则，需要坚定执行规则的裁判，更需要潜心钻研的竞赛者。

(2)公平竞争赛道对于工业化软件发展的制约。

企业软件研发最为公平的赛道便是市场化竞争，通过竞争实现软件产品的优胜劣汰和优化整合。如果要保证大型企业内部的研发实现良性竞争，则必须为不同团队的竞争者们提供一个公开、公平的竞争规则，进而形成一个开放、透明的支撑、竞争与合作的环境。

专业文化与技术文化的缺失最终带来公平竞争的缺失。这种技术文化缺失直接表现是业务逻辑、技术方法和模块量化指标的缺失，取而代之的是抽象且不可量化的商务奇迹、空洞概念与故事化表述，那么其后果是技术评判机制的失衡。

没有了以技术市场为中心的技术评判机制，在这种失衡中受害的不仅是那些真正按照科学规范研发的研发人员，更是各个企业的自身利益和发展机遇。长此以往，如果这些至关重要的研发人员，因为研究的过程过于“缓慢”、研究亮点过于“普通”、研究成果过于“平淡”等，最后失去了鼓励和持续的资源支持，那么留下来的将是只有响亮概念和华丽动画的软件。

2. 创新技术文化及其支撑体系

创新技术文化引导突破技术发展的上限，但这种上限并非毫无根据地发生。

(1) 创新源于长期的基础技术积累。

凯文·凯利在十年前的专著《创新》中提出，未来技术的创新会逐步以集成创新为主。作为科技创新集成平台的工业软件，其行业体系的复杂性已经让知识积淀、整合与集成模式成为最为重要的变革与升级手段。

如果缺乏必要的业务逻辑分解、缺乏真实的计算分析模型、缺乏新方法的探索，那么在技术的荒漠上难有集成创新。国内研发人员在底层技术以及面向技术的支撑方法上思考得太少了，同时各个分散组织在较低的层面上进行了大量的重复性研发，这直接导致可以复用的软件模块太少，不足以支撑创新的产生。这是国内油气工业上游软件发展缓慢的一个深层次原因。

(2) 创新源于成熟的技术平台支持。

油气工业的专业化软件研发可能是当前软件研发中最为困难的部分，一方面是专业软件本身的技术复杂性，另一方面是生态复杂性导致市场和用户获取艰难。一款专业软件从研发到生存，到最终获得市场的认可是一个漫长的过程，这个过程中如果没有长期的基础研究支撑或者开发者长期的积累，是很难形成有竞争力的产品的。

软件研发的设计定位和规划本身就是一个很复杂的问题，油气专业软件更是如此。所以，假设研发者已经有一款经过一段时间发展具有雏形的软件产品，对于如何将其发展壮大是一个需要深入思考的问题。

首先，必须找到正确的市场定位和切入点。让软件能够适应市场定位的需求，以及基于这种需求变化而快速的升级和演变。

其次是构建一个支撑软件发展的平台。油气行业的软件发展到如今，形成了系统的业内软件生态体系。在这个生态体系中，几乎每一个业务环节都会有一个或者多个专业化解决方案，这些专业软件或者模块，基本形成了某个业务板块的垄断，并对外部的产品形成压倒性的标准规范优势、算法优势、易用性优势、团队效率优势。更有甚者，甚至在局部或者全部的油气业务生态链上形成相互支撑的软件群，这些软件群构建的完整产业链可以实现多个专业甚至是多个团队之间工作的有效衔接。所以，为了促进内部技术创新的产生，油气工业软件需要在局部突破制约并构建业务平台，通过平台对软件研发提供全面的架构、数据、组件、模块的支撑，这是产品打入市场的关键。

综上所述，技术文化是影响油气数字化发展的深层次问题。技术文化缺失会带来最底层技术的薄弱化，公平竞争规则的缺失导致质量问题，而积累不足直接影响了业务创新的产生，业务生态薄弱又使得软件无法实现持续创新和迭代升级，最终影响了企业发展战略的实现。因此，打破油气数字化技术隔离，推进技术的规范化，让技术专家成为规则的制定者和守护者，以规则促进行业的开放、透明和公平竞争，以规则推动成果的自净，以规则催生行业的求真务实，是油气工业软件后续发展的基础。

第三节　第一性原理：基于核心要素的竞争力重构

埃隆．马斯克说：“存在一种好的思维框架有点儿像物理学的第一性原理推理（first principles reasoning），总体来讲，我认为存在将事情缩减至其根本实质……你必须能够把那些问题‘煮沸’才能从里面找出那些最基本的东西。”

第一性原理要求研发者从最底层而不是现状去思考问题的解决方案。业务逻辑简单的互联网行业带来了技术快速更新和软件的淘汰，但油气工业领域则完全不同。现代的油气工业是一个发展了近百年的复杂的工业体系，其中数字化技术的深度应用也有数十年的历史，这种复杂工业技术体系的构建绝不是一个算法和技巧就能够轻易“颠覆”的，有些东西变了，但最基本的架构、流程、原理、方法并没有改变。只有掌握油气工业最为基础的逻辑，才能实现真正的创新。

马斯克对“第一性原理”的自我解读是：“我们运用第一性原理，而不是比较思维去思考问题是非常重要的。我们在生活中总是倾向于比较，对别人已经做过或者正在做的事情我们也都去做，这样发展的结果只能产生细小的迭代发展。第一性原理的思维方式是用物理学的角度看待世界，也就是说一层层拨开事物表象，看到里面的本质，再从本质一层层往上走。”

马斯克用“第一性原理”与“类比”作了个对比。通常来讲，大多数人最爱使用的思考方式是类比推理，也就是在解决一个实际问题之前，会先去看看别人是怎么解决的，然后再在这个基础上作一些细枝末节的改进。而第一性原理这种思考方式，强调的是挖掘出问题的本质，也就是从最基本、最底层的单元，用演绎的方式开始向上推导。

模仿别人是达不到目的的。甚至可以说，油气行业的技术体系发展到了成熟化、白热化竞争层次，单纯的模仿会干扰、束缚到我们自己的创意，成为我们创新的阻碍。因此，或许可以暂时抛开前人给出的路线，直接从最基础知识开始思考，在一次又一次地尝试、实验与反馈中，开始迭代、改进。

油气数字化第一性原理，就是面向特定的业务需求与场景化需求，在充分剖析其机理基础上，综合应用大数据与智能化等新技术，实现算法和方法的创新，完成快速解决方案的构建。基于上述第一性原理的剖析，面向一个全新工业数字化系统的重构，我们可以发现两个要点：一方面基于数据、算法和技术的管理模式升级，建立基础要素的掌控，另一方面从业务场景寻求最优解决方案。

1. 基于数据、算法和技术组件的管理模式升级

研发者需要从最基本的要素上思考和设计。软件的研发是对算法模型以及模型运行相关的输入数据、输出成果、人机交互等工作的组合。它是为了对业务工作流程的固化，以保证在业务研究管理和决策中能够紧紧地抓住业务发展的主线来完成。而算法模型的研究是为了针对业务工作流程中的关键、核心的功能进行突破，以针对油气各业务流程那些面向特定项目和特定场景的研究内容的数字化实现。

在过去的数十年中，油气勘探开发领域的专家们针对地震、地质、井筒和油藏的理论与方法开展大量研究，并以算法和代码的方式得以积淀下来，但是，由于这种积淀并没有被有效地组织和管理，或者说这些成果并没有以关键业务场景和业务流程的方式被梳理和集成，因此没有形成软件，或者没有形成有针对性的软件。

因此，从最基本的发展角度，我们要追求的不是去对比一个成形的架构，一个成熟的软件，而是结合需求对基础元素的统一管理，包括：①对源自业务需求的算法模型分级化、系统化管理；②对基础数据模型和知识模型的统一管理；③对业务构建流程的知识化管理。

2. 业务场景的本质剖析与快速构建

业务场景是一个可复用、可优化、可升级的业务闭环，是业务架构下落地的关键点。

一般来说，对于业务场景的选择、技术要求和应用要求均需要进行明确的边界定义。只有同时满足商业价值、形成业务闭环且具备产业生态的业务场景，才具有实现价值。

基于第一性原理的场景构建方法包括：

(1) 面向场景的数据、算法和技术的快速组装。

不是所有场景数字化方法都是可行的。场景中可用的算法就是对一种理论的探索，用于构建某种理论体系，其中包含的特性参数和常量难以获得或难以计算，这导致我们的算法难以在场景中应用；还有些算法对数据复杂度和环境复杂度有较高的要求，导致这些方法不能有效适应环境的变化。

(2) 面向场景的大数据与人工智能技术的综合应用。

这是指从更大层面的业务流程角度，面向场景或多个场景的综合解决方案的设计。因此，我们需要在原有业务框架及其理论方法、算法模型和知识经验基础之上，思考场景最本质的流程，结合现有的环境特点、资源构成、市场特色和技术积累，通过场景的分解与合并，设计一个基于所有新数字化技术的新业务支撑框架。

综上，由于大数据带来的研究范式的变革，越来越多的国际油公司和技术油服早已经开始了油气核心业务的新数字化转型，做出了众多基于新技术的探索，而这种探索和实践正在一步步构建起一个新的产业生态。

第四节　合作模式：基于松耦合架构的组织合作

基于云计算的技术架构在技术上的优势，是让各种软件产品实现互联互通。随着企业数字化的推进，不同部门和场景之间的联动、不同技术工种和专业学科的深度协同成为一个至关重要的课题。

技术上，云计算架构的快速发展，使得数据、服务、组件、软件等各类技术要素的统一管理和重新组织成为可能。

业务上，传统数据和软件正在被人为地打散成一个业务上相互独立的组件，通过云平台将组件构建成为服务接口，而将内聚度高的组件形成一套微服务并进行容器化部署，成为云计算时代新的软件研发模式。

组织上，云计算提供一个个体产权和群体共享的机制。云计算提供虚拟化和分散式服务，从协同整合层面提供了新的自由度，基于云计算的统一平台为数字化产品提供了一个既拥有权利又保持自由，既进入合作又拥有独立，代码独享又对外服务共享。

因此，更为密切的管理模式和组织方式成为可能。在实施路线和发展规划设计中，我们需要充分考虑已有的建设成果、充分借鉴国内相关技术团队的力量，实现多技术、多学科、多领域团队的充分合作，快速构建油气工业软件的雏形，实现在应用中完善，在实践中发展。

1. 管理体系：建立国家层面的油气工业软件技术组织与管理组织

组织方面，可参考国际在数据规范和软件规范上的整合组织模式(如PPDM、POSC、OSDU)，形成基于行业联盟方式的数据与技术规范管理组织。借助该团队来统一组织专家力量，对行业数据共享和软件共享提供技术标准并形成必要的技术实践原型，对企业研发提供技术和流程指导。

整合方面，可创建主导团队，统一负责必要的数据模型、数据服务、应用架构(含云架构)、模块管理、应用商店等公共性软件功能，以实现对国内油企在技术层面的统一规范和支持。

研发方面，可参考领先的国际IT油服公司运营模式，综合国内油气公司及大学等研究院所力量，建立独立运行的软件技术团队。

技术方面，以内部开源共享模式，基于统一的发展规划与技术架构标准，开展基础性的技术研发和关键性应用模块研发。

2. 项目机制：整合现有的力量，建立竞争发展机制

基于国际油气工业软件基本成熟的现状，在项目运行上需要考虑多团队协同的快速构建模式。充分利用国内信息建设和信息化团队的优势，形成一种全新的发展路线和发展模式。建议通过统一的工业软件规划和技术架构设计，逐步整合国内大学、油服公司、IT技术公司力量，实现统一标准、按需立项、竞争研发、快速上线、迭代升级的快速发展路线。

3. 生态机制：建立统一的产业技术生态联盟

现今国际的油气软件正通过标准化和一体化规范开展大数据整合、云平台技术整合、智能方法整合。依托OSDU这样的技术联盟提供的数据平台，油气软件正在形成一个全球性的新的数字共生体。基于公有云及众多的云产品，油气领域正在融合形成一个独立于任何企业的数字化产业生态。

本土软件的发展需要应对这种生态的机遇与挑战。油企、大学、IT技术公司都需要参与构建这个新的生态。产学研的联合不能仅是一纸契约，而是建立一种常态且持久的互惠互利的整合机制和发展机制。这种整合机制需要制度、标准、平台以及分工；这种发展机制，同样需要联合、需要竞争、需要优胜劣汰。而构建这种机制，更是需要将所有机制变成实实在在的新油气工业体系。

第五节 生态思维：专业软件发展的企业级策略

无论融入现有国际油气上游工业的技术生态，还是构建自身的技术生态，都同等重要。

2021年3月正式发布的OSDU，不仅仅是一个技术平台，更是一个油气数字化生态体系的构建。这种生态体系思维模式远远超越了技术框架而延伸到了市场生态和业务生态层面。从生态思维的角度，国内油企与国际油企的差距是巨大的。

国际领域的市场中，OSDU正在形成产业的全新形态的变革，几乎所有与油气上游工业相关的大型油公司、油服公司、软件公司、数据公司、咨询公司均融入了OSDU所构建的技术生态和市场生态，统一架构、统一标准、统一数据共享、统一应用整合，使基于云原生技术的发展成为可能。这代表着国际油企上游工业的产业生态正在向着一个系统化的方向迈进，而这种趋势也为国内自身的油气工业生态化发展路线提出了挑战。

1. 需要融合并应用国际油气数字化生态的策略

标准方面，需要对齐OSDU的数据服务技术框架，以保证各类数据规格和应用规格的对齐，以云原生应用作为应用整合的技术框架审视自身产品在生态整合方面的兼容性。

产品方面，审视自身的全局性竞争力以及这种竞争力的影响领域。持续不断的利用OSDU提供的各种数据资源和技术资源，将你的应用在整个业务流程中实现前后衔接和充分融入新的业务流程。

最后，就是面向OSDU带来的协同化特点，利用OSDU中集成的从地质到工程的全业务领域成果，从大数据整合的角度思考产品从一个节点向整体协同化管理与决策的升级，思考如何基于这种基础功能实现更加自动化操作过程升级，更加智能化的问题分析，以及更具交互认知能力的专家与系统的融合——这是OSDU带来的全新变革。

2. 需要发挥自身资源优势的重要作用

并不是所有的技术团队只提供技术成果。除了行业知识和技术外，多数团队都有一些本地化的优势资源，这些优势包括数据资源优势、数据标准优势、业务管理权限、工作流程模式的优势等，综合运用这些优势，是获得产品推广的重要因素。市场的主导权，以及带来的工作流程规范、数据标准规范、分析方法积累以及大量的管理职能，这些是企业发展数字化技术的重要基础和倚仗。

3. 需要以业务模型为核心的顶层设计

目前国内油气工业软件研发中最大的问题就是战略性缺失。一方面是过于顶层化和抽象化的总体设计，另一方面是缺乏一个系统化知识量化设计。

第一个方面带来了实施落地的困难。我们很多时候热衷于设计一个美好愿景，但科学发展是一个非常复杂的技术体系，愿景和实现之间，必须充分重视漫长的、庞大的技术困难和实施复杂度。数字化设计，需要对业务流程内部机理进行精细化表述，更需要在业务模型基础上对这些数字化要素之间进行合理的取舍和掌控。要保证油气工业数字化发展战略不仅是信息技术策略，而是应该聚焦产业发展支撑。

第二个方面是一个传统的业务积淀方法问题。由于过于追求技术平台和技术框架而忽略了业务逻辑本身的构建，导致油气工业核心业务理论、实现技术、分析模型不能形成一个有机的整体，搞地质与油藏的和搞软件与数据二者不能有效衔接。这导致我们在地质油藏和工程上的大量优秀的理论和模型无法落实到数据和软件层面。而这些具有专业分析模型的软件本身，其实才是我们先进理论和工作流程最终的量化实现方式。所以，看看国际油企们(油公司与油服)如何做顶层设计，才知道我们真的迫切需要一个科学的顶层设计。

4. 需要发挥产业联合的重要作用

(1) 分块式规划带来了研发碎片化问题。

各个分散的内部企业给具有特色的业务流程和组织管理模式带来了技术探索和进步的同时，在更大范围上也带来了碎块化和割据。很多油企和油服都在自己有限的资源之上做着大量的重复工作，重复的标准、重复的设计、重复的产品、重复的定位，最终形成了缺乏竞争力的低水平重复。

(2) 油气行业进入了漫长的平稳期和低收益期。

由于资源分布和规模所限，国际油气资源的开采成本已经低于国内。从头开始国际油气工业软件构建的全部流程是一个美好的理想，但这是否是目前最为合理的选择呢？

油气工业的数字化已经追赶了二十年且差距越来越大。那么现在一个团队，哪怕是一个大型的油气田企业，想要在短期内构建完成国际无数油气技术公司多年发展形成的数字化理论模型和业务模型无疑是巨大的困难。而且从目前云计算、大数据和智能化带来的技术变革来看，这个产业的数字化又面临一次新的升级。这种未来数字化技术发展高度复杂性和不确定性，导致我们几乎不能全面地“复制”一套国际现有的油气数字化工业体系建设成果。我们需要务实地发展，但也需要创新的战略思考和布局，需要探索和摸索一条新的发展路线。

此时此刻，需要跳出局限的视野而发现和促进联合，我们需要互助互促，需要协同前进。正如200家国际油公司和油服公司组建的OSDU油气数据联盟一样，国内油气上游工业如何构建广泛的产学研联合发展策略？我们需要建立与国际油气技术联盟的协同发展策略，我们更需要以新的技术架构来支撑这种信任与协作。

第六节　本章小结

书中阐述的油气领域数字化技术，既不是虚无缥缈的想象，也不是实验室里的理论，而是国际油气工业上游已经发生以及正在不断发展的技术革新。

这一技术革新发展的过程，为国内探索自己的油气数字化之路提供了宝贵经验。我们需要从局部看到全部，从表象看到本质，深入剖析那数字化技术背后整整的工业骨架与血脉。而且我们也许要意识到，那些如此顺畅而自然发生的事情，其实现的过程却是一个庞大工作量和巨大的复杂度。

所以我们必须为这种巨大的工作量和复杂度建立一个系统而全面的框架和流程。如香浓(Claude Elwood Shannon)在《信息论》中指出的那样，世界从有序走向混沌的熵增过程。如果要反其道而行之，就要建立复杂的规则体系，才能引导着无序一步步走向有序。实现一个高度自动化和智能化的新系统尤其如此。

你所看到的这本书，正是结合了近二十年来架构设计和数据挖掘的技术积累。尤其最近几年，对于软件研发的新技术做了大量架构和应用开发实验；同时也对于 AI 方法(机器学习)进行了有计划的梳理、代码实验和业务实验摸索。渐渐地，对于那些潜在的油气数字化转型有了一些很初步的认识，朦胧中能够感受到一些不同的油气数字化架构在业内逐渐形成，这种新的数字化技术生态的发展已经越来越清晰，清晰到这本书可以让我们一起摸索到了它的全貌。

这就是本书中提到的石油上游工业的数字化生态。

这是一条全新的路径吗？不。因为所有行业理论知识和实践方法都是过去长期实践的沉淀，那些基础的行业机理、模型、方法、知识和经验，最终可能完全融入这个新的数字化体系中，但业务目标实现的方式可能确实不需要全面模仿那复杂而专业的软件模式了，而是需要从更为本质的原理上往上走，找到一条能够适应当前环境与约束，能够充分利用时代优势的新方法。

希望后面的日子，能有机会提出一些油气行业实现快速数字化的策略和方法，以及对于这种趋势的架构实现和平台实现，还有构建在这个架构之上的、如何快速达到行业创新和实践结果的案例。

参考文献

[1] Energistics. 2014a. RESQML V2. 0 Standard(2014)http://www.energistics.org/reser-voir/resqml-standards/cxnrent-standards(accessed October 2022).

[2] The Open Group. OSDU Reference Architecture[R/OL]. (2022). https://OSDUforum.org/getting-started/OSDU-documentation/.

[3] OSDU 最新的 OSDU 手册《latest OSDU brochure》

[4] OSDU 论坛的最新进展通信《In the Pipeline》

[5] OSDU 论坛新闻动态：https：//www. opengroup. org/OSDU/mediacoverage. 斯伦贝谢 OSDU 技术手册《A Schlumberger Guide to the OSDU Data Platform》.

[6] 兰德马克公司. 兰德马克勘探新技术[C]. 2020 中国油气勘探技术交流大会，2020.

[7] Energitics. 2022 Energitics Reference Architecture[R/OL]. https：//www. energistics. org.

[8] 法国石油与发动机工程师学院经济与管理中心. 油气勘探与生产-储量成本及合约[M]. 北京：石油工业出版社，2014.

[9] 托尼·萨尔德哈. 数字化转型路线图[M]. 北京：机械工业出版社，2021.

[10] 李剑峰，肖波，肖莉，景帅. 智能油田[M]. 北京：中国石化出版社，2020.

[11] 迈克尔·波特. 竞争优势[M]. 北京：中信出版社，2014.

[12] 陈雪频. 一本书读懂数字化转型[M]. 北京：机械工业出版社，2020.

[13] 钟华. 数字化转型的道与术[M]. 北京：机械工业出版社，2020.

[14] 托尼·萨尔德哈. 数字化转型路线图[M]. 北京：机械工业出版社，2021.

[15] 安筱鹏. 重构数字化转型的逻辑[M]. 北京：电子工业出版社，2019.

[16] 温昱. 业务架构·应用架构·数据架构实战[M]. 北京：电子工业出版社，2022.

[17] Matt. Stine Migrating to Cloud-Native Application Architectures[M]. O'Reilly Media，2015.

[18] 汤姆斯·约翰，潘卡·米斯拉. 企业数据湖[M]. 北京：机械工业出版社，2018.

[19] 斯科特. 佩奇. 模型思维[M]. 浙江人民出版社，2019.

[20] 张烈辉. 油气简史(第二版)[M]. 北京：石油工业出版社，2021.

[21] 瓦茨拉夫·斯米尔. 石油简史(第二版)[M]. 北京：石油工业出版社，2020.

[22] USCHOLD，MIKE. Knowledge level modelling：concepts and terminology[J]. The Knowledge Engineering Review，1998，13(1)：5-29.

[23] Martin. Fowler. Patterns of Enterprise Application Architecture[M]. Addison-Wesley Professional，2002.

[24] 竹内弘高. 创造知识的螺旋[M]. 北京：人民邮电出版社，2022.

[25] 赵刚. 数据要素-全球经济社会发展的新动力[M]. 北京：人民邮电出版社，2021.

[26] R. L. Ackoff. From Data to Wisdom[J]. Journal of Applied Systems Analysis，1989，16(1)：3-9.

[27] MARCO PIANTANIDA，CLARA ANDREOLETTI，MATILDE DALLA ROSA，BRUNO VOLPI. Geoscience workflow：Tracking multiple scenarios and uncertainties[J]. World Oil，2021，39(3)：49-52.

[28] Ecma International. 2012. Open Packaging Conventions Standard ECMA-376(December 2012)(http://www.ecma-intemational.org/publications/standards/Ecma-376.htm)(accessed October 2021).

[29] Energistics. 2014a. RESQML V2.0 Standard(2014)http://www. energistics. org/reser-voir/resqml-standards/cxnrent-standards(accessed October 2022).

[30] JOHN A. ZACHMAN. The Concise Definition of The Zachman Framework by：John A. Zachman，2008. https://www.zachman.com/about-the-zachman-framework(accessed October 2022).

[31] TonyHey，StewartTansley，KristinTolle，等. 第四范式：数据密集型科学发现[M]. 科学出版社，2012.

[32] Vemey，P.，Gautreau，C·，Rainaud，J. -F.? et alet al. (2014). RESQML Version 2 Uses New Technol ¬ ogies to Improve Data Exchange for Subsurface Modeling Processes. Presented at the SPE Intelligent Energy

Conference & Exhibition, 1-3 April, Utrecht, The Netherlands. SPE-167903-MS. http://dx.doi.Org/doi:10.2118/167903-MS.

[33] Mckenzie, W., Morandini, F., Vemey, P.? et alet al. (2012). Integrating WITSML, PRODML, and RESQML Standards for Cross-Domain Workflows. Presented at the SPE Intelligent Energy International, 27-29 March, Utrecht. SPE-150057-MS. http://dx.doi.Org/doi:10.2118/150057-MS.

[34] 林毅夫. 新结构经济学——重构发展经济学的框架[J]. 经济学：季刊, 2011, 10(1)：1-32.

[35] OSDU. 2022a. Schema and reference-values WellLog. 1.2.0 https://community.opengroup.org/OSDU/data/data-definitions/-/blob/master/Generated/work-product-component/WellLog.1.2.0.json(accessed October 2022).

[36] Keith Holdaway. Harness Oil and Gas Big Data with Analytics[M]. Wiley, 2014.

[37] 詹姆斯·R. 吉尔曼, 切特·厄兹根. 油藏模拟-历史拟合与预测[M]. 北京：石油工业出版社, 2015.

[38] 吴欣松. 油气田勘探[M]. 北京：石油工业出版社, 2001.

[39] PAUL MILLER. 2015. S Simple description of popular software licenses https://paulmillr.com/posts/simple-description-of-popular-software-licenses(accessed October 2022).

[40] 蔡希源. 油气勘探工程师手册[M]. 北京：中国石化出版社, 2012.

[41] 庞雄奇, 张一伟, 等. 油气田勘探[M]. 北京：石油工业出版社, 2006.

[42] 景瑞林. 石油天然气勘探开发数据标准体系研究[J]. 标准科学, 2012(4)：42-46.

[43] 吴冲龙, 毛小平, 田宜平, 等. 三维数字盆地构造-地层格架模拟技术[J]. 地质科技情报, 2006, 25(4), 1-8.

[44] 吴冲龙, 刘刚, 田宜平, 等. 地质信息科学与技术概论[M]. 北京：科学出版社, 2014.

[45] WU Chong-long, LIU gang, TIAN Yi-pin, et al. Geologic information science and technology outline[M]. Beijing: Science press, 2014.

[46] 吴冲龙, 林忠民, 毛小平, 等. "油气成藏模式"的概念、研究现状和发展趋势[J]. 石油与天然气地质, 2009, 30(6), 673-683.

[47] 廖明光, 等. 油气地质与勘探概论[M]. 北京：石油工业出版社, 2011.

[48] 郭元岭. 油气勘探发展规律及战略研究方法[M]. 北京：石油工业出版社, 2010.

[49] 郭小哲. 油气科技创新思维决策及战略管理[M]. 北京：中国石化出版社有限公司, 2011.

[50] 赵文智, 何登发, 等. 石油地质综合研究导论[M]. 北京：石油工业出版社, 1999.

[51] 孙旭东, 吴冲龙, 陈历胜. 油气地质综合研讨厅的设计思路与关键技术[J]. 石油实验地质, 2015, 37(3)：383：389.

[52] 孙旭东. 数字盆地[M]. 北京：科学出版社, 2017.

[53] 庞雄奇. 地质过程定量模拟[M]. 北京：石油工业出版社, 2003.

[54] 石广仁. 油气盆地数值模拟方法[M]. 第三版, 北京：石油工业出版社, 2004.

[55] 马涛, 许增魁, 王铁成, 李阳明. 数字油田软件系统架构研究[J]. 信息技术与信息化. 2010. 41-45.

[56] 许增魁, 马涛, 王铁成王珂项建数字油田技术发展探讨[J]. 中国信息界, 2012, 225(9)：28-33.

[57] Papazoglou, M P 著；龚玲 等译. Web 服务：原理和技术[M]. 北京：机械工业出版社, 2009.

[58] Webber, J. Parastatidis, S. Robinson, I. 著；李锟 等译. REST 实战[M]. 南京：东南大学出版社, 2011.

[59] Erich Gamma, Ralph Johnson, Richard Helm. Design Patterns: Elements of Reusable Object-Oriented Software[M]. Addison-Wesley Professional, 1994.

[60] 高志亮, 高倩, 等. 数字油田在中国-油田数据工程与科学[M]. 北京：科学出版社, 2015.

[61] King M J, Ballin P R, Bennis C, et al. [Society of Petroleum Engineers SPE Annual Technical Conference and Exhibition-Florence, Italy(2010-09-19)]SPE Annual Technical Conference and Exhibition-Reservoir Modeling: From RESCUE To RESQML[J]. Spe Reservoir Evaluation & Engineering.

[62] 朝乐门, 王锐. 数据科学平台：特征, 技术及趋势[J]. 计算机科学, 2021, 48(8)：12.